xingji tezhi jiaoshi

打造"星级"特质教师培养机制的实践研究

Creating
Star Teachers
Training
Mechanism
Practical Research

金维萍·主编

上海社会科学院出版社
SHANGHAI ACADEMY OF SOCIAL SCIENCES PRESS

课题组成员名单

组　　长： 金维萍

副组长： 徐莉莉　李峻峰

课题组成员：

曹　静	乔佩琼	邱莉萍	李　渊	丁蓓莲	陈皓洁
瞿燕红	曹晓红	朱奕纾	乔培青	金如莹	王丽华
何亦微	周小单	杨　洁	卫凤弘	赵佳丽	蒋欢欢
乔　士	褚晨婷	谢灵尧	陈诗意	张莉萍	陈晓琳
邱佳璐	顾舒悦	范晓菲	贾莉莉	黄嘉钰	顾艳梅
付嘉雯	华婷婷	曹丹红	严　洁	庄忆玮	胡燕敏
费俞佳	朱冰青	尹春燕	周　英	龚雨晴	郑婷婷
朱佳思	陆　听	钱春夏	苏睿恒	陈青卿	龚怡萍
邱依萍	姚　燕	梁敏茜	孙　悦	蔡恋莉	陈天悦
郭　晨	徐丽婷	沈燕萍	朱奕沁	姚　叶	张　丹
周　静	黄智慧	俞振豪	朱　玮	尹心怡	胡晓岚
顾天昊	尹　杰	凌霏珣			

序

"观水有术,必观其澜"——"观澜"由此而来。187年的办学史,学校发生了翻天覆地的变化。从当年仅有的一间教室到如今拥有两个校区的较大规模的公办小学,从当年几名教师到现在的200多名教师……"发展"与"前行"是学校时不我待的责任与使命。传承优良传统、跟上时代步伐、擦亮观澜品牌,将"百年观澜"办成有口皆碑的家门口的好学校,是全体观澜人美好夙愿。

2012年,我们再次研究学校创始人黄炎培先生的"实用主义",花费8年心力,理解其核心思想,借力8年的课题研究,形成"新实用"教育思想。

2012年,教师平均年龄接近40,教师在个人专业发展上动力不足,存在滞缓现象,学校依托备课组的建设,设立校"星级"备课组,在机制的激励下,各年龄层教师得到不同程度的发展。教师出版个人专著,多人申报高级教师成功,一人晋升正高;教师在各项专业比赛中获奖也有所上升。近几年,学校新入教师近百人,面对强大的青年团队,学校需要教师整体发展、需要培育优秀、需要打造特色,推动教师团队和个体的和谐发展。

于是,观澜人凝心聚力,逆风冲浪,本着"文化立人"的办学理念,于2019年确立学校区级课题《打造"星级"特质教师培养机制的实践研究》,历时三年多的实践研究,取得了可喜的成效。

如今的观澜有着两个校区,新川校区校园文化建筑古色古香、又靠近内史第,"凸显东方神韵"的办学特色;川周校区校园设施现代、宽敞、又毗邻迪士尼,"尽展现代气息"的办学特色。我们努力通过课题打造观澜"星级"特质教师,培养"有专长、有情怀、善学习、爱学生、会生活"的观澜品质教师。

课题组在专家指导下,针对学校教师现状确立"专业理想""专业理念""专业知识""专业能力""精神生活品质"共5个维度,在发展教师专业的同时全面塑造人、发展人、成就人。我们将这5个维度以5个子课题的形式推进，每个子课题根据学校的实情和当下的需求抓住3个关键词通过各具特色的路径和策略实施，将枯燥的专业成长变得鲜活灵动起来，"学""研""练""演""评""赛""访"一体化的研修模式，呈现了课题的成效。

在为期3年的实践中，我们以专题活动和特色活动相融合的方式，将5个维度子课题高效推进、扎实落地，同时形成一系列学校的特色活动如"寻访前辈""微课设计""每月一学""黄金树下圆梦"等。教师的理想信念、专业能力、精神世界等得以全方位历练和成长。

课题实施中，学校"澜星讲堂"获得浦东品牌项目，学校多名教师主持工作室，自培和外培青年教师，多渠道发展教师。其最为显著的成效就是观澜特质教师气质显现；在市、区比赛活动中成绩优秀。教师工作热情日渐高涨，大部分教师具有强烈的职业认同感和幸福感、成就感。

本书汇集了我校课题的探索和实践，凝聚了全体课题组成员心血和努力，也收入了老师们的收获和思考及来自学生们的反馈和鼓励。然而，我们能力有限，再加上时间紧促，若有疏漏不当之处，还请大家提出宝贵意见。

最后，真诚感谢一直以来支持和指导我校发展，尤其是教育科研发展的各级领导、专家和兄弟学校的同仁们。

编者

2021.10

目 录

序 …………………………………………………………………………… 1

第一部分　报告篇

第一章　总报告 ………………………………………………………… 3
　打造"星级"特质教师培养机制的实践研究 …………………………… 3

第二章　子报告 ………………………………………………………… 71
　1. "星级"特质教师之"专业理想"实践研究 ………………………… 71
　2. "星级"特质教师之"专业理念"实践研究 ………………………… 87
　3. "星级"特质教师之"专业知识"实践研究 ………………………… 103
　4. "星级"特质教师之"专业能力"——教学能力实践研究 ………… 123
　5. "星级"特质教师之"专业能力"——教育能力实践研究 ………… 140
　6. "星级"特质教师之"专业能力"——教科研能力实践研究 ……… 158
　7. "星级"特质教师之"精神生活品质"实践研究 …………………… 180

第二部分　实践篇

Ⅰ　实践活动

第三章　职业道德情怀 ………………………………………………… 197
　活动方案 ………………………………………………………………… 197
　1. 敬业·乐群——"澜星讲堂"师德系列活动方案（一） ………… 197
　2. 敬畏·自律——"澜星讲堂"师德系列活动方案（二） ………… 200
　3. "两策略五个化"树师风——观澜小学《澜星讲堂》师德师风

建设实践案例 ··· 204
情怀故事 ··· 209
　1. 很高兴遇见你 ·· 209
　2. 待家长公正平等 ·· 211
　3. 比赛那些事儿 ·· 213
　4. 杜老师援疆记——杜宏杰老师代表浦东新区援疆支教活动
　　 纪实 ··· 216
　5. 孩子们心中的朱妈妈——朱佩"金爱心"事迹 ················ 218
　6. 用爱打开孩子心灵的窗户——陈霞"金爱心"事迹 ············ 222
道德承诺 ··· 225
　1. 观澜小学教职工道德建设(承诺)考核表 ····················· 225
　2. 观澜小学"形象教师"评选承诺书 ·························· 228

第四章　专业知识技能 ······································· 229

第一节　教学能力 ·· 229

提升素养 ··· 229
　1. 夯实基础　提升素养——语文"学科文化周"活动方案 ········ 229
　2. 构建梯度　生成厚度——数学"学科文化周"活动方案 ········ 231
　3. 拍"板"定案　"书"出精彩——英语"学科文化周"活动方案 ··· 233
　4. 扬百年荣耀　绘红色印记——美术"学科文化周"活动方案 ··· 235
　5. 红色的旋律——音乐"学科文化周"活动方案 ················ 237
　6. 标准示范　夯实基础——体育"学科文化周"活动方案 ········ 239
　7. 赛技能　强内功　促成长——教师学科文化周活动掠影 ······ 240

落实"双减" ·· 242
　1. 从"减"字着手　向"高"处举目——语文教研组"双减"落地的
　　 实施与推进 ··· 242
　2. 把握作业"度"与"效"，做实作业"质"与"量"——数学教研组
　　 "双减"落地的实施与推进 ································· 248
　3. 统整资源　借助工具　提升单元课后作业设计品质——英语
　　 教研组"双减"落地的实施与推进 ·························· 260
　4. 基于"双减"背景的体育作业设计——体育教研组"双减"落地的

　　　　实施与推进 …………………………………………………… 278
　5. "双减"背景下的美术"个性化"作业——美术备课组"双减"
　　　　落地的实施与推进 ……………………………………………… 281
　6. "双减"之下,音乐个性化作业的设计与实践——音乐备课组
　　　　"双减"落地的实施与推进 ……………………………………… 284

线上教学 ………………………………………………………………… 287
　1. 新空间·新模式·新资源·新思考——观澜小学"在线教学"
　　　　实践探索 ………………………………………………………… 287
　2. 基于标准　因时因地因生制宜　把握要求　实在实用实效
　　　　评价——新区语文教研线上经验交流 ………………………… 293
　3. 用好"云端"大平台　实践"教学"微改变——新区数学教研
　　　　线上经验交流 …………………………………………………… 298
　4. 问题导向　打造研学新时空——新区英语教研线上经验
　　　　交流 ……………………………………………………………… 304

　　第二节　教育能力 ……………………………………………… 308

队会设计 ………………………………………………………………… 308
　1. 愤怒的小鸟,变变变——一堂心理辅导活动课 ………………… 308
　2. 走过时光隧道 ……………………………………………………… 313
　3. 我爱我"家" ………………………………………………………… 317
　4. 喜迎百年　领巾向党——喜迎建党 100 周年　红领巾永远
　　　　心向党 …………………………………………………………… 322
　5. 我的浦东,我的爱 ………………………………………………… 327
　6. 挫折,我不怕 ……………………………………………………… 334

课程开发 ………………………………………………………………… 338
　1. 劳动@自己,自我小主人——观澜小学劳动教育课程之内务
　　　　整理 ……………………………………………………………… 338
　2. 劳动@自己,自我小主人——观澜小学劳动教育课程之物品
　　　　规整 ……………………………………………………………… 341
　3. 劳动@家人,家务小帮手——观澜小学劳动教育课程之居家
　　　　防疫 ……………………………………………………………… 343
　4. 劳动@家人,家务小帮手——观澜小学劳动教育课程之垃圾
　　　　分类 ……………………………………………………………… 345

5. 劳动@家人，创新小能手——观澜小学劳动教育课程之加工食品 … 347
6. 劳动@家人，创新小能手——观澜小学劳动教育课程之其他创意类劳动 … 350

家校沟通 … 352
1. 让"美育"成为我们的常态——"相约星期六"家校沟通系列（一） … 352
2. 让孩子们跑起来——"相约星期六"家校沟通系列（二） … 357
3. 乐舞飞扬 让童年有声有色——"相约星期六"家校沟通系列（三） … 362

第三节 科研能力 … 366

项目研究 … 366
1. 青年教师小课题的实施 … 366
2. 青年教师科研社 … 368
3. 观澜小学英语项目化学习案例分析——5AM3U1 Planning a route of the study trip … 371
4. 观澜小学项目化学习教学过程设计框架——以四年级数学"毫升与升的认识"为例 … 377
5. 单元整体设计的语文支架式教学——语文第五册第五单元 … 380

专题培训 … 386
1. 知内涵 明方向 行致远——项目化学习专题培训 … 386
2. 撰写教育论文 促进专业发展——专家科研培训 … 387
3. 行走在"增"与"减"的路上——观澜小学第一届教师论坛 … 388
4. 全员导师制 助力学生成长——全员育德专题培训 … 390

评价及量表 … 392
1. "实用教育"课堂观察要素及相应观察点评价 … 392
2. 出"实锤"，敲开"评价"硬骨——观澜小学落实"基于课标的教学与评价"的实践 … 394

第五章 精神生活品质 … 407

文化建设 … 407
1. 红歌咏"四史" 师者唱"初心"——观澜教工庆祝教师节暨

第四届"观澜好声音"歌唱活动方案……407
2. 我爱"澜精灵"——观澜小学教职工"澜精灵"吉祥物图案征集方案……412

精彩活动 414
1. "巅峰乐团"奏出完美乐章——团建活动(一)……414
2. 同心 同步 同鼓舞——团建活动(二)……415

快乐生活 417
1. 遇见美丽 "珍"贵有你——观澜小学教工庆祝教师节活动方案……417
2. 诵红色经典 庆祖国华诞——观澜小学教师红色经典诵读比赛方案……419
3. 观澜红嗨翻天 唱支山歌给党听——教师迎新活动……421

Ⅱ 实践体会

第六章 实践体会……425
1. 潜心育德,让劳动教育落地生根……425
2. 德育教育在数学教学中的应用——以《认识人民币》为例……430
3. 给孩子们的一束繁花——故事为语文教学工作带来无限可能……436
4. 制定有效的阶段式规则——班级管理中奖牌的规则……441
5. "超限效应"在教育教学活动中的实践……447
6. 传统水墨画走"进"家乡古镇……451
7. 英语活动引领,让德育在体验中"动"起来……455
8. 磨课堂 乐学习 链生活……461
9. 洗手的蝴蝶效应——发育较迟缓的学生的行为规范的改变……466
10. "双线"融合 探索课堂新形式……469
11. 巧用晓黑板助力小学一年级语文课外学习……473
12. 激活学习兴趣 提升数学课堂实效……478
13. 快乐教学法在小学足球教学中的应用……482
14. 小学低年级双向互动式语文口语交际教学研究……488
15. 立足生活实际,重视数感培养——以《万以内数的认识与

表达》为例 …… 494
16. 浅谈如何调动小学生的阅读兴趣 …… 499
17. 浅谈小学语文低年级趣味识字 …… 504
18. 情境生活化,促进学生思考感悟——以小学《道德与法治》
    四年级下册"合理消费"为例 …… 510
19. 让口语交际变得更有"料"——以"我是小小讲解员"教学
    为例 …… 516
20. 让每个孩子成为最好的自己 …… 522
21. 如何避免学生走过场式劳动现象 …… 527
22. 数学课堂中渗透中草药知识探究——三年级数学《周长与
    面积》教学设计 …… 533
23. 四两拨千斤 "晓活动"大改变 …… 538
24. 关注点滴 用心育人 …… 543
25. 精彩探究 玩转垃圾分类——"垃圾的分类"一课在延续 …… 548
26. 以文化润心 助素养提升 …… 553
27. 以德育人 润物无声 …… 558
28. 渗透文化意识 激发学科情感 …… 563
29. 巧设话题,促使学生沉浸故事阅读 …… 568
30. 积极心理学在改善学生行为规范纪律问题中的作用 …… 572

第三部分　成长篇

第七章　教师成长纪实 …… 577
1. 悦努力,悦成长 …… 577
2. 我会成为一颗"闪亮"的星 …… 580
3. 我这样成长着 …… 583
4. 成长路上的脚印 …… 586
5. 温暖团结 心有所依 见证成长 …… 590
6. 多彩的我 多彩的观澜——星级教师成长故事 …… 593
7. 我从"零"开始成长 …… 595
8. "澜"天下成长 青春正飞扬——参加上海市见习教师基本功

大赛有感 ………………………………………………… 597
9. 点亮那盏灯 ……………………………………………… 601
10. 观澜，让我变得更好 …………………………………… 603
11. 静待花开——我的教师成长之路 ……………………… 606
12. "观澜":有魔力的学校 …………………………………… 609
13. "专业"之光照我前行 …………………………………… 612
14. 2020,200 & 100——入选全国"活力校园优秀案例评选"
　　200强背后的故事 ……………………………………… 615
15. 我的科研能力成长之路 ………………………………… 619
16. 我不是"一个人"在战斗——记一次特殊的"新苗杯"比赛 …… 621
17. 磨课·励人 ……………………………………………… 623
18. 努力做"全能"老师 ……………………………………… 627
19. 点点星光引我路　阵阵清波推我行 …………………… 630
20. 绿叶对根的情意——"星级特质教师"成长记 ………… 633

第八章　学生眼中的"明星"老师 …………………………… 637
1. 夜空中最亮的星 ………………………………………… 637
2. 我的"盛大师" …………………………………………… 639
3. 亦师亦友——我的姐姐老师 …………………………… 640
4. 我的"三心"徐老师 ……………………………………… 642
5. 明星老师,宝藏湾 ………………………………………… 644
6. 我身边的"灰原" ………………………………………… 646
7. "神侦探"老师 …………………………………………… 648
8. "可咸可甜"的张老师 …………………………………… 650
9. 我的Super Star 蒋老师 ………………………………… 652
10. 爱在心底,温暖四季 …………………………………… 654
11. 我喜欢的老师 …………………………………………… 656
12. 全能的数学老师 ………………………………………… 658
13. 我的偶像老师 …………………………………………… 660
14. 我心目中的"NO.1"老师 ………………………………… 662
15. 我们班里的"魔术师" …………………………………… 664

16. 红黄蓝的交汇 …………………………………… 666
17. "懂"我们如你 …………………………………… 668
18. 我粉上了语文老师 ……………………………… 670
19. 陈老师的魅力 …………………………………… 672
20. 寻"蜜"之旅 ……………………………………… 674
21. 我的"启明星" …………………………………… 678
22. 幽默大师——郭老师 …………………………… 680
23. 我们的"魔力"老师 ……………………………… 682
24. 非常大明星 ……………………………………… 684
25. 非凡老师,我们最闪亮的明星 …………………… 686

第一部分 报告篇

第一章 总报告

打造"星级"特质教师培养机制的实践研究

执笔：金维萍 李峻峰

第一部分 研究背景

观澜小学创办于1834年，从观澜书院到观澜小学，历经了180余年，从当年学生数只有十几人的书院发展到现有学生数三千多名的学校，从当年仅有的一间教室到如今拥有两个校区的较大规模的上海市公办小学，其间发生了翻天覆地的变化。随着学校规模的扩容，新进教师近几年也是迅速增加，2015年至今，陆续引进新教师80余人。2012年起，学校致力于研究黄炎培先生的"实用教育"思想，借力于课题研究；2020年，形成较为成熟的"新实用"教育，成为百年观澜的初心与坚守。为了让百年老校走向百年名校之路，我们着力于教师成长的研究，让学校的软实力得以提升，成为百姓心目中的家门口的好学校。

一、课题提出

学校现有教师204人，35周岁及以下青年教师109人，整体队伍结构合理，学校教师经过多年的文化打造，具有"求真、务实、大气、协作、进取"的观澜精神。

在百年观澜的历史上，先后出现了教育先驱黄炎培、特级教师乔永洁等教育楷模，也涌现了多名全国优秀班主任、全国优秀体育工作者、上海市优秀班主任等。近8年来，新入职教师共107人，学校教师队伍整体结构走向年轻化，35岁以下教师占学校总教师的53.4%。学校重视教师队伍的建设,2006年被评为新区首批"校本研修"学校,2018年学校被评为区专业化发展学校。学校也重视青年教师的分层培养:做好一年期见习教师基地培训,2—5年期教师从拜师学教到青年沙龙,从专家个别"就诊"到选拔"新秀";中年教师参加区级学科"工作室""基地"等;成熟教师自己主持学科工作室、带教青年教师团队等。从个体到团队,全面提升教师的整体素养。为带动全体教师的专业发展,学校采用"捆绑式"发展的"星级备课组"建设,努力使学校不同年龄层的教师在最近发展区得以最好的发展。然而,尽管学校教师队伍打造的意识虽然很强烈,每学期都有零敲碎打的培训,但缺少整体的、系统的培养机制和长效做法。

百年观澜需要在继承中发展,在发展中创新。为了更好地落实"为孩子生命发展奠定宽厚基础"这一办学理念,学校迫切需要全面提高教师整体素质。本次确立的研究课题"打造'星级'特质教师培养机制的实践研究"旨在有序、有效地打造观澜"星级"特质教师,探索教师培养机制,让优质"星级"教师成为观澜学校的精神引领,将"有专长、有情怀、善学习、爱学生、会生活"作为星级教师的特质,用教师的个人魅力影响学生的生命成长;通过课题实践,形成系统的观澜教师培养机制,打造一批观澜"星级"教师、进而助推数名在区级以上有一定的影响力的教师。

(一)概念界定

1."星级"特质教师

"星级"一词最常用于旅馆、餐厅的质量评定上,也有很多商品或服务采用星级的评定方法。国际上常用的星级评等有5个等级,其中"五星"为最高级。本课题研究将"二星"至"五星"的4个等级用在教师的专业评定上,成为不同年龄阶段教师追求的目标。教师发展的"星级"特质主要指教师的专业成长特质,我们将其限定为以下5个方面,即专业理想、专业理念、专业知识、专业能力、精神生活品质。

2.培养机制

这里的培养机制指以提高教师的教育、教学质量为目标,促进学校教师培养过程中的管理制度建设,创建符合校情的系列培养方式及考量制度。研究过程中制定合理的、适切的评价标准,配置合理的评价团队。

3."星级"特质教师培养机制

以提高当代教师的教育、教学质量为目标,提高教师的职业认同感和幸福感,培养优质教师;通过星级的评价标准及指标全面提升教师的 5 项特质,即专业理想、专业理念、专业知识、专业能力、精神生活品质,并形成较为长效的可复制性的学校机制。

(二) 现状分析

本课题研究针对青年教师队伍迅速增加的情况,力求在短期内进行优质教师队伍的高效打造,提出了"星级"特质这样一个课题,它是教师群体和个体走向优质的一个阶段。

1. 国外对优质教师的培养研究

国外对于优质教师的培养研究起步较早,美国早在 2011 年就出台了基于标准的卓越教师选择标准。该标准规定了卓越教师应该具备 5 个方面的核心素养:①致力于学生及学生的学习;②谙熟所教课程并掌握把该学科知识教给学生的方式方法;③负责管理和监测学生的学习;④反思实践并能够从实践中学习;⑤属于学习共同体。英国为打造世界顶级的教师队伍进行了许多方面的改革,选择优秀教师进行卓越培养。澳大利亚为了儿童都获得优质教育、提高教师质量,发表《澳大利亚国家教师标准》,标准分为 4 个等级,并从专业知识、专业实践、专业发展 3 个方面提出卓越教师的标准。

2. 国内对品质教师的研究现状

2014 年,我国也提出了"卓越教师培养计划",这里的卓越泛指高端教师的打造。逐渐地,相关研究也雨后春笋般涌现,提出了卓越教师培养的 3 个方面:①制定合理的教师培训制度来保障卓越教师的成长;②全面优化师资队伍,使用先进的教师教育教学法;③创新卓越教师培养的评价方法等。但我国对卓越教师的界定、培养机制和培养路径等基础理论研究相对较少。

纵观国内外研究发现:西方国家对优质教师进入全方位实践,具有一定的实践和思考。我国也已经提出了这样的一个命题,但如何在"优质""品质""卓越"上找突破,基础理论研究较为薄弱,实践和评价也较难跟上。加上我国地域辽阔,各省市、地区之间的教师发展极不平衡,就是同一城市,不同学校之间的教师发展也是各不相同的。作为一线城市的上海,改革开放前端窗口的浦东,教育也需走在前列,根据校情和现有的发展基础,我们将有策略地借力课题研究提高教师队伍的整体素质。

教育部颁布的《小学教师专业标准》提出了师德为先;学生为本;能力为重;终身学习四大基本理念,分别从 4 个维度 13 大领域提出了基本要求。

我们课题研究的五大特质细化了这13个领域,并根据需求导向、问题导向,增加了当下需要的观澜教师专业成长需求。

二、研究的目的和意义

(一)教育发展的需要

在重视人才战略的今天,许多国家——无论是发达国家还是发展中国家——为了实现教育强国的目标,都把优质教师的培养作为事关国家发展的重点。2014年,我国开始培养小学卓越教师的规划,这一规划将再次使我国的教师培训和国际接轨,习总书记提出的百年教育复兴梦,也需要有一批批的卓越教师。而后,教育部在2014年12月,推出了全国首批80个"卓越教师培养计划改革项目"。这一导向意味着中国缺的不是教师,而是优质教师,卓越教师培养就是打造优质教师,这是教育的呼唤,也是时代的呼唤。

(二)研究领域发展的需要

优质教师、专业成长是我国近几年刚出现的新名词,对于它们的研究处于起步阶段。新时代优质教师涉及的教育学、文化学、社会学等多个科学领域的知识,是我们需要研究的新内容。新时期的优质教师,其自身素养不仅需要具有科学精神,而且还要闪烁人文精神。从文化学的角度审视优质教师的培养,需要反思现在单一的教师培养模式,改进与优化培养的策略、方法等问题,促进现代教师发展领域的研究。

(三)学校发展的需要

观澜小学在上海浦东的教育史上写下了自己灿烂的历史:学校在百年的办学历史长河中,培养了一批批优秀学生,也成就了不少优秀老师。如今,在教育大发展的今天,周边学校也如雨后春笋般崛起,形成良性竞争。观澜需要在传承中创新,为进一步落实观澜办学理念——为孩子生命发展奠定宽厚基础,落实学校新五年规划中提出的"建立特色、特长教师发展机制,让这部分教师扬己之长,培育出更多有特长的学生,同时进一步打造品牌教师,本轮力求打造2—3名在区内有影响力的优秀教师"的发展目标,落实"让每个孩子站在舞台的正中央"的育人目标,对教师队伍提出巨大的挑战,教师队伍的专业能力、职业理想、精神生活等如何提升,百年老校如何向百年名校发展,是我们每一位教育工作者面临的巨大考验,也是学校发展和教师发展的机遇。

学校教师体量大，年龄结构不一，现有的知识水平也不一，"齐步走""同步走"显然是不科学的。根据现有教师发展的不一致，我们准备借助"星级"教师打造这样一个课题，让不同的教师依据自身的特长和需求在打造活动中都能有目标、有成长，从而构建合理的教师梯队，为浦东、上海市输送优质教师打下基础。

课题是个动态的研究过程，在实践的过程中，科学形成教师发展培养机制，并制定相关考核量表，促进教师按着目标导向努力前进。坚持"需求导向、分类指导、重视个性"的原则，搭建"教师个人成长袋"，按照"五大特质"要求全面立体地以动态形式助推教师纵向晋级发展，同时辅以校内敞开式学习，使之能通过横向比较寻找自己新的生长点。

（四）教师个体的发展需要

教师就是要承担民族复兴的使命。提升教育教学效果和质量，提高义务教育的质量我们义不容辞，众所周知，教育教学质量的决定因素主要在于教师、学生和课程。当课程按照预设的教育目标进行科学合理的设计之后，教师和学生就成了决定教育教学质量的关键性因素。学生这一因素的学习主体性和主动性能否发挥出来，与教师的素养有着直接的关系，作为成长中的小学生，他们具有明显的向师性。拥有优质教师特质的教师必定能保证教育教学的有效性和高质量。

教师的个性化发展，关乎教师个体倾向性的需要、动机、兴趣、理念、信念、世界观，以及专注于自我的认识、体验和监控。学校教师队伍阳光向上，需要学校提供适合的平台和发展机会。

第二部分　研究目标、内容和方法

一、研究目标

（1）通过课题研究，建立并优化各项"星级"特质教师的培养制度并规范运行。借助"星级"评优，完善激励机制，创新督评机制。

（2）通过培养机制的研究，打造一批校内"星级"特质教师，发展优秀教师群体，助推在区内有一定的影响力的若干"星级"教师。

（3）梳理和探索青年教师团队培养机制；通过"星级"特质教师培养机制的实践研究，探索"星级"教师团队建设，提升学校内涵发展。

二、研究内容

1. 学校教师现状调查分析、研究
2. "星级"特质教师的特征研究
(1) "星级"特质教师的专业理想特征。
(2) "星级"特质教师的专业理念特征。
(3) "星级"特质教师的专业知识特征(学科本体知识,实践性知识,条件性知识)。
(4) "星级"特质教师的专业能力特征(教学能力、教育能力、科研能力)。
(5) "星级"特质教师的精神生活品质特征。
3. "星级"特质教师专业成长情况的现状及影响因素
(1) 专业成长现状研究。
(2) 影响专业成长的主要因素。
4. 学校"星级"特质教师打造的行动研究
(1) "星级"特质教师培养的内涵。
(2) "星级"特质教师培养的路径。

三、研究方法

(一) 文献研究法

文献研究法主要在于研读国内外对优质教师培养的途径和方法;学习课题研究中的"五大特质"相对应的理论研究和前瞻思考;学习《芬兰教育——全球第一的秘密》等著作,完成相应的情报综述。

(二) 问卷调查法

通过查阅有关品质教师培养的历史与现状研究,明确本课题的研究价值以及我国对优质教师培养的历史发展脉络。为使课题顺利开展,让课题实践获得第一手的数据资料及研究需要,特在学校进行大样本调查问卷,并做好相关数据汇总,撰写调查报告,为课题实践提供有力的理论基础。

(三) 行动研究法

打造学校"星级"特质教师主要从教师的教育教学行为来检测,课题研究的主体是学校教师,本次行动研究侧重教师全面的个人综合素养,通过"星级"教师培养的途径提升学校教师教育教学行为。在实践中研究,在研究中提炼总结出科学可行的"星级"特质教师培养的系统机制。

（四）案例研究法

在实践研究中选取典型的、有代表性的教师跟踪实践，并及时进行分析、反思，形成有鲜明特征的教师个人成长档案袋，作为学校教师发展的检测的一个长效机制。

四、实施阶段

2019年4月，学校申报《打造"星级"特质教师培养机制的实践研究》课题；同年7月，新区教科室批准为区级课题；课题于2022年3月结题，并进行成果论证。

（一）第一阶段：准备阶段（2019年5月—2019年10月）

1. 研究目标

完成课题实施前的相关准备，做好问卷调查，对问卷进行有效性论证，形成有效的问卷报告，对研究的"五大特质"进行相关的理论学习，明确课题核心概念的内涵和外延。

2. 任务及成效

（1）问卷调查从教师的"基本情况"到"发展需求"20个题目了解教师的情况以及各自现阶段的发展需求，并梳理汇总数据，形成完整的报告，为"五大特质"的实践研究提供相应的参考依据和作证材料。

（2）研读《芬兰教育——全球第一的秘密》《卓越教师的专业修炼》等专著明了优质教师的特质，确定课题研究的"五大特质"的研究内涵和外延。

（3）将课题成员分成5个子课题，分组进行相关文献的搜集整理与学习，并梳理形成本课题组的情报综述。5个子课题分别如下：

1)"星级"特质教师专业理想研究情报综述；

2)"星级"特质教师专业理念研究情报综述；

3)"星级"特质教师专业知识研究情报综述；

4)"星级"特质教师专业能力研究情报综述；

5)"星级"特质教师精神生活品质研究情报综述。

3. 概念诠解

各子课题研究小组对所研究的"星级"教师"五大特质"在情报综述的基础上进行概念的诠释。

（1）专业理想。教师专业理想特质主要内涵即师德，指的是教师在教学工作中注重培养自身的职业道德素养，是教师在从事教育工作中逐渐形成的道德观念、道德情操、道德行为和道德意志；是教师从事教育工作必须遵守的行为规范、道德品质，是教师进行相关教学行为时的行为准则和必备的道德素质。其中包括教书育人、为人师表的基本职业素养，也包括爱岗敬业的综合素养。教师专业理想具有高标准性、自觉性、丰富性、深远性和示范性。教师专业理想是教师的灵魂，直接关系到学生的健康成长，关系到国家兴衰和民族的未来。

（2）专业理念。专业理念是指教师在对教育工作本质理解上形成的关于教育的观念和理性信念。教师需有本学段本学科较强的"课标"意识，拥有前瞻的教育思想。符合教师的教育教学行为观、健康正确的师生角色观、职业交往观及教师的自我发展需求。拥有良好的文化素养，复合的知识结构，是教师专业素养结构的理性支点，在实践中凝聚生成的教育智慧。对于本体知识有系统的了解，做到知识更新，与时俱进，加快教师职业专业化的进程。

（3）专业知识。专业知识是教师从事教学活动所必须具备的智力资源。教师专业知识的丰富程度与运作情况直接决定着教师专业水准的高低。从功能取向划分，可分为本体性知识、条件性知识和实践性知识。

1）本体性知识是教师所具备的本学科知识，包括学科的基本概念、基本规律、基本原理和基本过程。

2）条件性知识是教师进行教学工作所应具备的教育学、心理学知识，包括教与学的知识，学生身心发展知识和评价学生的知识。

3）实践性知识是指教师的教学经验，主要包括课堂教学中对教学内容的灵活处理，对学生在教材理解中出现疑惑或误解的反应，对课堂教学中突发事件的处理等。

（4）专业能力。教师的专业能力涵盖的要点比较多，基于学校实际情况，此课题中对教师的专业能力主要从教师的教学能力、教育能力以及教育科研能力进行研究。

1）教学能力。此课题主要从教材解读能力、信息技术与教学整合的能力、课堂调控与评价的能力这3点展开研究。

a. 教材解读能力。教材解读能力是指充分挖掘、用好教材提供的教学资源，基于教材内容进行合理的二度开发、重组与调整，将静态文本转化为动态学习活动,合理规划学与教的线索,通过多途径的教研活动,开展教材解读,明确"学什么""怎样学""教什么""怎样教"的能力。提高教材解读能力将进一步促进教师对课程内容的整体把握与有序实施,提升学生学习效率,提高教师教学能力。

b. 信息技术与教学整合的能力。信息技术的发展将促成"教师中心"向"学生中心"的转变,课堂教学设计将更多地张扬学生的主体精神,同时,教师的课堂角色也会随之发生系列调整。小学教师传播科学知识和培养人才的职业角色,决定了其应掌握信息技术并具备一定的信息素养。信息技术与教学整合的能力具体体现在几个方面:敏锐的信息意识、扎实的信息知识、熟练的信息能力、高尚的信息道德。

c. 课堂调控评价的能力。课堂调控评价的能力是指教师对教学进行状态的一种灵敏而强烈的感觉、感受和感知能力,并能作出迅速、准确的反应,优化评价的方式。

2) 教育能力。此课题主要聚焦于育德能力,侧重于教师的沟通协调能力,活动设计能力和家校合作能力。

a. 沟通协调能力。教师沟通协调能力是指在教学工作中完成教育目标,用语言、文字、图片、行为等方式相互交流思想、观念、意识、感情等信息,以获得相互了解、信任并达成共识产生一致行为的本领。教师通过在教育活动中对活动参与各因素之间的关系进行沟通、调整,使其能够配合协作,最终完成教育目标。课题实施主要侧重于家校沟通、师生沟通等方面的实践,以此为教育教学服务。

b. 育德能力。教师育德能力是指教师培养学生道德的能力。这里特指的是:教师的育德意识、德育觉知能力以及自身的示教能力和教育引导的能力,使学生养成良好的道德情操。

3) 教育科研能力。教育科研能力是教师运用科学的研究方法,对教育规律、教育问题、教学方法等进行研究的能力。对小学教师而言,主要是指对自身教育中出现的问题进行研究,并将研究成果用于指导教学实践的能力,包括课题选择、研究方案设计、研究实施、实践反思、成果总结、成果应用等能力。基于学校校情,我们主要侧重培养教师参与市、区级课题研究实践能力;独立主持一般课题的能力;运用不同的研究方法进行实践反思的能力;提高经验文章、案例的撰写能力等。教师的教育科研能力可以促进教师队伍的专业化发展,提高教育教学质量;也可以加强学校的师资队伍建设,实现整体办学水平的提高;同时它也是推动教育教学改革的关键所在。

(5)精神生活品质。"精神生活"包含以满足人的精神需要为特征的影响,培育人的心理、意志和心境的各种活动,它既包含智力的,如智力生活(本身)、智力背景;也包含非智力的,如审美能力,丰富的情感和人生体验等。"品质"释义为"行为、作风上所表现的思想、认识、品性等的本质"。品质的内涵不仅在"质",更注重"质"的"质地""品位""雅俗",在深层次上体现的是价值观念的深刻转型,强调了人文向度和价值属性。教师的精神品质包含:①具有强烈的职业幸福感,享受教师职业特有的满足、喜悦、成就感;②有健康的心理品质,内心强大,能协调自己的情绪,并能以健康阳光的正能量传递给身边的人;③有健康的兴趣爱好和价值取向,爱生活、会生活。

专业理想、专业理念、专业知识、专业能力是教师的素养,作为当代教师,地处改革开放前沿的浦东观澜小学教师还应该具有一定的精神追求,这种精神追求也是一种良好的素养和教育资源。

(二)第二阶段:实施阶段(2020年1月—2021年12月)

1. 工作目标

制定切实可行的课题实施方案,形成各子课题的阶段性研究成果。

2. 主要任务

(1)制定各子课题的工作研究方案。

1)"星级"特质教师之专业理想研究方案。

2)"星级"特质教师之专业理念研究方案。

3)"星级"特质教师之专业知识研究方案。

4)"星级"特质教师之专业能力研究方案。

5)"星级"特质教师之精神生活品质研究方案。

(2)子课题根据研究方案开展相应的专项活动。

(3)搭建教师个人成长档案袋。

(4)各子课题对对应特质制定等级量表。

(三)第三阶段:总结阶段(2020年11月—2021年2月)

1. 主要目标

梳理各个子课题研究成果,总结形成子课题报告,并形成课题总报告。

2. 主要任务

(1)梳理总结研究成果,完成各子课题研究报告。

(2) 对课题的成果进行汇总梳理、形成总报告。

(3) 出版成果,形成可复制可辐射的经验。

第三部分　课题的实施

一、对教师的专业发展的问卷调查分析

参与此次问卷调查的教师共 150 人,占学校教师总人数的 81.52%。采用问卷调查方法,让教师根据自己的实际情况与真实想法了解需求。问卷共设置 20 题,内容从教师的基本情况、教师自身专业发展的现状、教师专业发展的需求,以及对学校在教师专业发展上的期望这 4 个方面展开。调查结果与分析见表 1。

表 1　调查结果与分析

题　　目	选　　项	人数/比例	情况分析
1. 您的年龄	(1) 23—30	71/46.71%	我校 30 岁以下青年教师总数所占比例较高,约占教师数的 50%,学校教师队伍整体结构呈年轻化;青年教师队伍整体素养的提升是当务之急
	(2) 31—40	29/19.08%	
	(3) 41—50	35/23.03%	
	(4) 51—60	17/11.08%	
2. 您的性别	(1) 男	19/12.5%	学校女教师比例较高,学校在任课教师安排上也要考虑男女教师的搭配
	(2) 女	133/87.5%	
3. 您的任教学科	(1) 语文	62/40.79%	参与此次问卷的学科比较均匀
	(2) 数学	36/23.68%	
	(3) 英语	21/13.82%	
	(4) 其他	33/21.71%	
4. 您的学历	(1) 大专	18/11.84%	学校教师的学历都在大专及以上,其中本科学历的占 88%,基本可以满足小学教学需求,但是没有更高学历的教师,教师普遍认为学历进修所费的时间、精力较多,在这方面的意愿不强烈
	(2) 本科	134/88.16%	
	(3) 研究生	0/0%	
	(4) 其他	0/0%	

(续表)

题　目	选　项	人数/比例	情况分析
5. 您的职称	(1) 初级	94/61.84%	教师职称晋升还有不小的空间,可以抓住这个契机,有效促进教师的专业发展
	(2) 中级	52/34.21%	
	(3) 高级	6/3.95%	
6. 您是	(1) 区学科带头人、骨干教师	8/5.16%	学校学科带头人、骨干教师等占有一定的比例,但问卷其他数据也显示,大多数教师对自身专业发展有期待,本轮课题实践过程中要争取打造1—2名在区级以上有影响力的教师
	(2) 学科中心组成员	3/1.94%	
	(3) 名师基地成员	2/1.29%	
	(4) 见习教师基地导师	16/10.32%	
	(5) 都不是	126/81.29%	
7. 您所学的专业	(1) 师范类	79/51.97%	本校教师构成中,教育专业比非教育专业的教师只高出3个百分点,对于小学教育来说,非师范类的职前培训是不充分的,更需后期培训
	(2) 非师范类	73/48.03%	
8. 您认为制定个人专业发展规划的必要性	(1) 非常有	133/87.5%	这题的问卷了解的是教师个人对专业发展的认识。从问卷中看出,有80%多的教师认为非常有必要,只有一名教师认为不必要。由此可见,观澜教师的自我发展意识很强,想通过个人专业发展规划来提升自己。根据这一数据,在下一轮的个人专业规划制定中,学校努力针对教师的需求,进行规划制定指导;且专业发展的内容需要细化了解,帮助教师根据自己的现有基础和发展潜能,找到自己的发展平台,能有正确的定位和目标,并通过专家引领、校本研修等多种途径达到目的
	(2) 不必要	1/0.66%	
	(3) 可有可无	18/11.84%	

(续表)

题　目	选　项	人数/比例	情况分析
9. 您对教师职业的满意程度为	(1) 很满意	78/51.32%	此题了解教师对本职业的认可度。从问卷来看，97%的老师对这一职业给予的评价是基本满意和非常满意。由此可见，教师对自己的职业是有情感的，侧面也反映出教师们喜欢这项职业，能带着对职业的兴趣和敬重进行工作。这是做一名优秀教师的前提，学校的师德建设呈现出了显性实效，观澜人爱岗敬业的精神也自然呈现。未来我们会在继续发展品牌项目（澜星讲堂）的同时，创新开展各项团建活动及合作活动，在活动中进一步增加职业幸福感
	(2) 基本满意	70/46.05%	
	(3) 不大满意	4/2.63%	
	(4) 很不满意	0/0%	
10. 您认为较为有效的培训	(1) 学历进修	25/16.45%	此题侧重了解对校内培训有效性的认识，70%以上的老师认可校内培训。从学历层次来看，40岁以下的教师大都有本科学历，从知识体系来看，应该可以满足小学教学的要求。自我培训对一部分老师来说还是有一定的困难，具体表现在：①盲目性，不知如何进行选择性培训；②缺少自我监督。学校以往有比较全面的专业培训，如师德、信息技术、德育、学科等。如果从专业的长远成长来看，接下去的校本培训我们就更应该凸显专业性、主题性。在有主题的系列培训下，提高培训的广度和深度，提升教师的专业发展
	(2) 校本培训	111/73.03%	
	(3) 自我培训	16/10.53%	

(续表)

题目	选项	人数/比例	情况分析
11. 您认为对教师个体成长培养有效的途径	(1) 团队打造	85/55.92%	此题主要了解教师培训的需求途径，从问卷来看，教师的年龄层次不一样，需求不一样，途径也不一样，较多的倾向是团队打造。基于超过半数人选有团队打造的需求，故学校应该建立良好的团队打造机制，为教师的再发展提供有利的空间和途径。其中，根据教师的发展可能和上升趋势，需要对部分教师进行一对一培养和名师指导。为顺应学校发展的要求，现已有比较成熟的学校名师组成的工作室若干，陆续在挖掘和培养优秀青年；同时，学校也已经成立高端名师指导团，邀请上海市专家，有计划地培训校级优秀教师，争取两三年后出成绩
	(2) 一对一培养	41/26.97%	
	(3) 名师指导	26/17.11%	
12. 您认为成为一个专家教师，以下哪种因素中起重要作用（复选）	(1) 教育观念	105/21.74%	从选择最多的前3项来看，依次是专业知识、教学经验、教育观念，稍后排序的是教学技能和教学反思。学校的校本培训也应该以此为侧重，结合学校的各类节周活动，在专业知识上还需有目标地阶段推进，特别在本体知识上需要不断更新已有的知识，积淀更多的知识储备。而教学经验的丰富除了靠自己的积累，学校还努力提供教师各种比赛、培训的机会，让教师能在活动中积累和丰富教学经验。教学观念的更新也同样在自学互学共学的基础上不断优化和调整，教学经验也会因此而得到完善，这几项因素都是相辅相成的
	(2) 教学经验	121/25.05%	
	(3) 专业知识	124/25.67%	
	(4) 教学反思	42/8.7%	
	(5) 教学技能	86/17.81%	
	(6) 学历层次	4/0.83%	
	(7) 其他	1/0.21%	

(续表)

题　目	选　项	人数/比例	情况分析
13.您比较喜欢的培训方式（复选）	(1) 理论讲授	43/10.72%	在培训方式的选择上教师们喜欢的培训方式依次是案例分析、研讨交流、尝试实践。学校在培训方式上也有上述的几个专项，以后在专项培训上更倾向于教师工作中的案例，就教育教学中教师撰写的案例等开展研讨是更有效的。对于青年教师，实践尝试是一个很好的有效途径，借助各类实践，提高自己的业务水平。每一次的实践活动都应做好后续的研讨。在思维碰撞中获取新的体验和收获
	(2) 案例分析	120/29.93%	
	(3) 说课评课	68/16.96%	
	(4) 研讨交流	90/22.44%	
	(5) 实践尝试	80/19.95%	
14.在教师专业发展中，特别是校本培训中，希望学校能够为你做些什么？（单选）	(1) 有健全的考核评价机制	47/30.92%	就校本培训，教师们填写的意愿上最多的是"专家打造"，超过32%，可见有1/3以上的教师希望通过专家打造迅速提升自己的专业素养，课题实施时，就需要有计划地进行设计，对不同层级的教师进行分层专家打造，力争让青年教师在经过一定时期的打造后，涌现出不同层面的骨干力量，做好百年老校的传承工作
	(2) 领导的重视（物力和财力）	23/15.13%	
	(3) 校级交流	33/21.71%	
	(4) 专家打造	49/32.24%	
15.您认为我们学校的教师专业发展方面的主要问题（复选）	(1) 缺少名师的引领	71/29.34%	根据数据显示，大多数教师对平时学校实施的校本培训是认可的；学校有与名师工作室签约等举措，如何让更多的教师从中受益，是广大教师所需要的，在课题实施过程中应予以考虑。至于教师自身会有懈怠、发展欲望不强烈，或者觉得学习时间不充分等问题，在课题实施的过程中可以指导教师给自己设定一个小目标，每学期、每年进步一点点，增加实践性操作
	(2) 缺少有效的校本培训机制	27/11.16%	
	(3) 教师自身发展的欲望不强	53/21.9%	
	(4) 学习时间不充分	91/37.6%	

(续表)

题 目	选 项	人数/比例	情况分析
16. 您有经常自我进修的想法吗?	(1) 经常有	39/25.66%	此题的数据显示我校教师群体中经常有自我进修意识的教师有25%,而有时有进修想法或很少有进修想法的比例达到了74%,主动性不强,教师只有不断地自我学习进修才能把最新的知识、理念运用到教学中去。在后续课题实施的过程中要注重提升我校教师自我学习的积极性、主动性
	(2) 有时有	102/67.11%	
	(3) 很少	11/7.24%	
17. 您每学期参加区级及以上教研活动的次数是	(1) 1—2次	76/50%	每学期参加区级及以上的教研活动有一半的老师仅为1—2次,这显然是不够的,尤其是如今语文、道德与法制等学科统编教材全面实施,很多新的知识,教学的理念可以在一次次的教研活动中得到学习、更新。教师应不断学习更新本体知识,才能有长足的发展
	(2) 3—4次	64/41.11%	
	(3) 5次以上	12/7.89%	
18. 您认为目前学校在教师专业发展上做得	(1) 一般	6/3.95%	从此题汇总数据可以看出75%的教师对学校教师专业发展上做出的努力比较认可,另有3%和21%的教师认为一般或还有上升的空间,为使"星级"特质教师这一课题更有针对性、有效性,对于教师有哪些提升需求还需作进一步的了解
	(2) 很好	114/75%	
	(3) 不够好	0/0%	
	(4) 还有上升空间	32/21.05%	
19. 您认为未来的专业化发展目标	(1) 在新区专业学科领域有较高的造诣	24/15.79%	根据"星级"特质教师这一课题前期的宣传推广,62%的老师希望自己能成为学校中星级高的教师,15%和12%的教师对自己未来专业化发展有更高的追求,希望在学科领域有较高的造诣或成为研究型教学专家。在课题实施的过程中可以为教师搭建学习平台,如参加名师工作室、学科工作坊等,使更多的教师受益
	(2) 成为研究型教学专家	19/12.5%	
	(3) 能成为学校的高星级教师(优质教师)	95/62.5%	
	(4) 不被学校淘汰	14/9.21%	

(续表)

题　目	选　项	人数/比例	情况分析
20.您认为我校现在取得的办学成效得到社会认可,主要是(选两个)	(1) 毕业学生声誉好	40/12.54%	根据数据显示,学校举办的大型活动以及教师专业素养这两点在教师心目中是学校得到社会认可的关键,但是前者占的比例略高一些。活动是育人过程中的一种方法,但只有教师专业素养真正提升了,教师成长才能带动学生成长,教育事业才能焕发勃勃生机,这正是本课题的意义所在
	(2) 学校大型活动展示好	135/42.32%	
	(3) 教师专业素养好	132/41.38%	
	(4) 学生生源好	12/3.76%	

二、调查结论及对策

本次的问卷调查旨在了解教师对个人专业发展的想法及需求,为课题的实施提供一定的依据,根据本次问卷调查的数据反馈,结合教师培训需求,下阶段课题实施过程中考虑对以下方面进行调整和完善。

(一) 学校架构教师分层培养

问卷数据显示,学校30岁以下的青年教师占46.71%,近教师总人数的一半;教育专业与非教育专业教师的比例也几乎各占一半。教师职务的晋升与学科有影响力教师的打造都有一定的上升空间。

不同年龄层的教师都有自身的发展目标与需求;不同专业的教师也是如此,如教育类专业涉猎的范围不够广泛,非教育类专业接受的培训前期不够充分等。故在课题实施过程中,应根据教师自身的优势及特点,针对教师的需求,科学地制定目标。帮助各个年龄层次的教师明确自身的价值及今后可能的发展方向,让他们根据自己的能力在每一阶段有正确的定位和目标,合理制定个人发展规划,最终科学形成学校教师发展目标体系。

(二) 构建教师发展培训体系

观澜小学教师自我发展意识强,对于专业化培训有需求,其中,希望在新区专业学科领域有较高的造诣、能成为研究型教学专家及能成为学校的高星级教师的总数占到了参与问卷总数的90%。同时,问卷数据也显示,教师的年龄层次不一样,他们喜欢的培训方式、对于专业发展需求途径也不相同,有的教师希望得到团队的打造,有的教师更希望得到名师一对一的指导。

如何让各种形式的培训成为教师专业成长中的加油站,学校已经有比较全面、专业的培训,如师德修养、信息技术、全员育德、学科本体知识培训等。如果从长远的专业成长角度来看,接下去的校本培训更应该凸显专业性、主题性,同时尊重教师间的差异性,可以在同一主题下开展分层培训,也可以是同一主题的系列培训,提高培训的广度和深度,提升教师的专业发展。

（三）搭建教师发展交流平台

问卷中,教师认为专业知识、教学经验、教育观念这3项是自我提升发展的重要因素。教师对培训发展有需求,他们想要去学习、去实践、去体验。在课题实施过程中,学校应努力提供教师参加各种比赛、培训的机会。比如,教学实践活动是教师发展成长的关键,除了校内的教学评比、案例分析、课堂展示,学校还应尽可能创造条件,让教师参与到更高等级的教育教学活动中,使这部分教师得到打磨与锻炼,或者给教师提供与专家、名师近距离学习探讨的机会,在自学互学的基础上不断更新和调整教学观念。

（四）健全教师成长考评制度

在校本培训中,部分教师希望学校能有健全的考评机制,课题在实施时要依据新课程的精神和教学改革的方向,科学制定考评内容和考评标准,不仅仅是为了结果而考评,还要努力使考评过程成为引导教师学会反思,学会自我总结的过程。可以为教师建立个人成长档案袋,帮助教师全面了解自己,明确自己所处的成长阶段和进一步努力的方向。

三、"星级"特质教师的"五大特质"实施

如何打造"星级"特质教师,在活动实施中形成有效的培养机制,我们依托"五大特质",明确每一个特质的发展目标,紧扣关键词、确定操作路径,设计相应的特色活动,在特色活动中提升教师的个人素养,特升"星级"特质,从而达到教师全面素养的提升,培养有品质的教师的总目标。

打造"星级"特质教师的关键词与实施途径如图1所示。

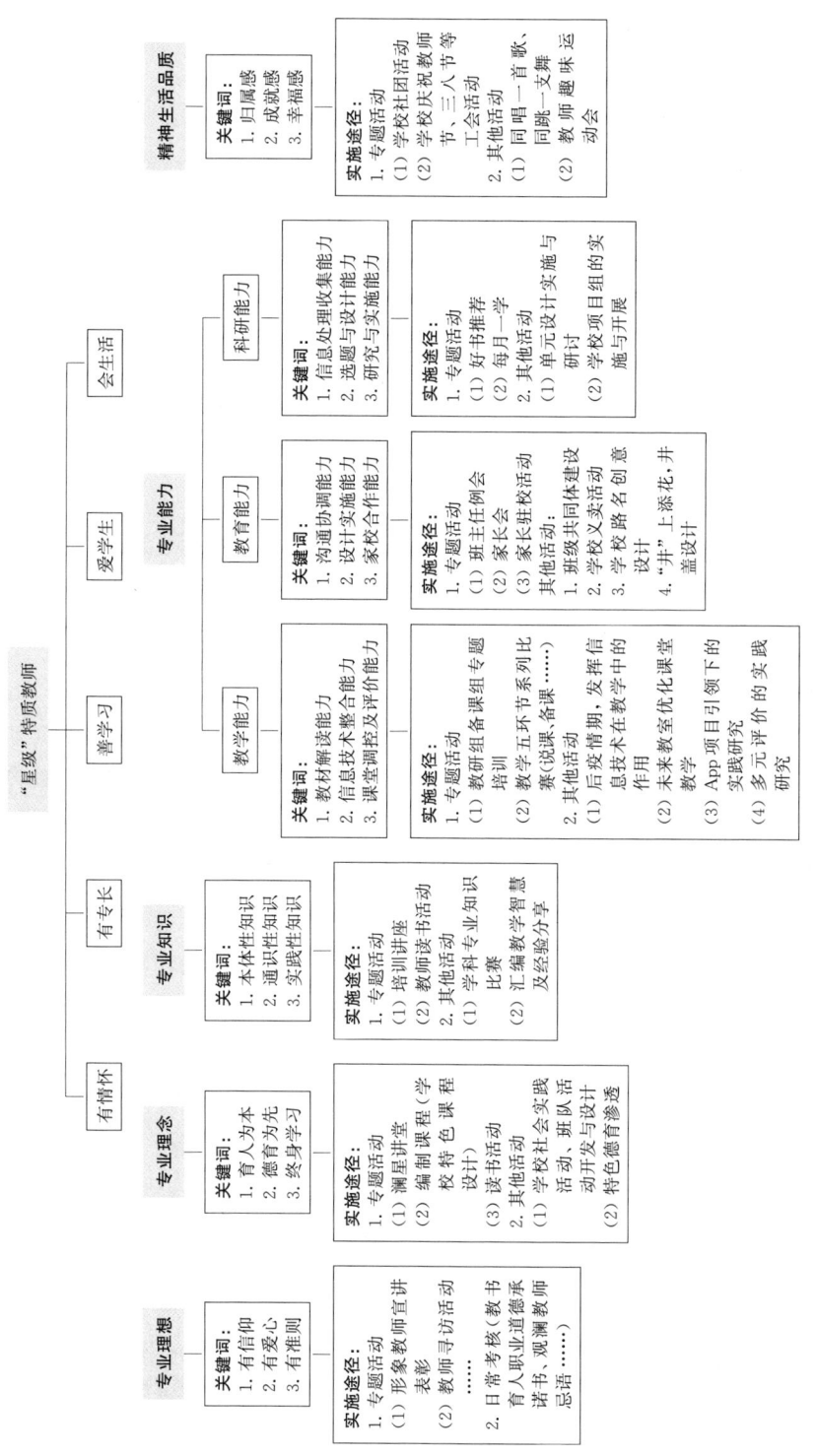

图 1　打造"星级"特质教师的关键词与实施途径

■ 特质一：专业理想

（一）培养目的和意义

1. 显著的示范性

凡从教者，都有属于个人的专业理想，每一位成功的教育者都有稳定的、高尚的专业理想。有理想的灯塔，就具备职业的高标准性、自觉性、丰富性、深远性和示范性。

2. 独特的魅力性

教师专业理想是教师的灵魂，直接关系到学生的健康成长，关系到国家的兴衰和民族的未来。专业理想是教师专业素质的核心和灵魂，它是教师对从事的教育事业的一种向往和追求，是指导教师行动的精神动力，是指引教师专业成长的明灯。在当今社会，人们对教师的职业认可度也在不断提升，但是很多青年从教的初心却可能是非常"功利"的，如希望稳定和有令人羡慕的假期等。入职后，良好的专业理想植入，会使原本的想法发生改变，对教师职业的神圣感剧增，这就需要专业理想的特定打造，也是"星级"特质教师的首要特质。

（二）实施路径和方法

"专业理想"的关键词是"有信仰""有爱心""有准则"，这是我们课题的主打关键词，通过合理路径实施，构建一个立体化、全过程、全方位的专业理想养成体系。

1. 强化意识，坚定教育信仰

在培养教师教育信仰方面，通过先进的学校文化来熏陶和塑造，以学校的核心价值观凝聚教育信仰，以先进的管理文化强化教育信仰，以浓厚的阅读文化涵养教育信仰。

主题鲜明的信仰教育。

教育需要激情、需要持久的士气，这就是一种教育的情怀。学校根据每学期的需要，根据当下的教育热点以及教师身上出现的精神状态，有主题地进行信仰教育。明确并不是站在讲台上就可自称教师，只有努力进取，不断接受思想和职业的炼狱，才有做教师的底气。

学校每学期期初和期末，我们都会进行教育信仰教育。而这种教育的手段就是通过身边的榜样，选用一个个鲜活的事例讲述优秀教师的教育信仰，激发每一位教师的教育热情。

案例一　　【澜星讲堂】"真·实",乘风破浪创未来

2020学年,"观澜"这艘航船向着新征程扬帆起航。8月28日上午,2020年第一学期"澜星讲堂"暨观澜师德第一课在川周校区隆重举行。校史讲解员庄忆玮老师将自己的成长心路娓娓道来,带我们走进观澜的历史长河。陈青卿老师与大家分享了"青云五班"班级公众号的诞生与发展的始末,让人感慨家校合力的无限能量。尹杰老师对教学案例入选全国活力校园优秀案例200强过程娓娓道来。"观澜形象教师"们用热情和智慧演绎了一个个敬业爱岗的动人故事……通过"澜星讲堂",教师们学"四史",听故事,体会着先辈在革命和奋斗中的艰难历程,树立理想信念,更加坚定自己作为一名教师的初心。(主持稿节选)

活动中,校史讲解员、自创班级公众号的班主任、观澜形象教师的故事,一个个身边有教育信仰的教师们在自己本职岗位上践行着一名教师对教育的执著和热爱。这样的契合性高的信仰教育,让每一名教师的教育情结被触发。活动中,身边教师们的一个个鲜活的故事,帮助教师们找到自我脚踏实地的教育信仰。

2. 根植心中的师爱

在教育实践中升华教育情感,内心涌动的爱。高尔基说:"谁爱孩子,孩子就爱谁。只有爱孩子的人,他才可以教育孩子。"教师拥有爱,是一个春天般的话题,有爱就能解冻学生内心尘封的部分,就能让学生心田散发碧绿的气息。爱心是学生打开知识之门,启迪心智的开始。教师有爱,包含着爱学生,也包含爱一切美好的事物。师爱的故事一直在我们身边传颂。如今,学生在发展中变化着,教师也在发展,但是师爱的主题没有变,如何在当下对老师进行爱的教育,具体又该怎么做,我们进行了有效的专题活动。

案例二　　【党团队·学"四史"】寻访学"四史"故居"深度游"

为纪念中国共产党成立99周年,切身实地加强"四史"学习教育,坚定党团员的革命理想信念,2020年8月5日上午,观澜小学党支部与团支部来到上海市爱国主义红色教育基地——张闻天故居,通过走访红色地标,探寻红色征程的方式,开启了教师们一场不同寻常的"四史"学习活动"深度游"。

(活动方案节选)

本次看似和教师的师爱活动有点距离感,实质上是一脉相承的。结合建党的伟大日子,了解他们的奋斗史,激发内心对现在生活的珍惜和对所从事职业的敬畏感,激起强烈的爱心。让在校教师接过前辈手中的火炬,爱家乡、爱岗位、爱学生,谱写教育的新篇章。

师爱的内涵在扩充,学校"让每一个孩子站在舞台的正中央"是我们对学生爱的又一创举。

案例三　五年级毕业典礼——让每个孩子站在舞台中央

陌上花渐开,希望次第来,弹指一挥间,五载好时光。五年间,孩子们在古城墙畔,奋斗在银杏树下,哭过笑过的孩子们,认真地拥抱着,在观澜最好的时光,诠释着成长的意义。2020年是特殊的一年,但毕业季却如约而至,毕业班的孩子们怀揣感恩,相聚云端,用不一样的告别方式,开始属于他们的毕业典礼。让每个毕业班的孩子都站在观澜的舞台上,成为最亮的那颗"澜星"。(2021毕业主持稿节选)

近四年,让每一个五年级的观澜学子站在舞台上,成了我们毕业班的保留项目。为此,学校负责人以及每位毕业班的老师每年都会开启一系列的准备工作,召开五年级班主任会议,重点是每一个孩子都是主角,登上毕业舞台都是舞台上最亮的星。孩子的基础不一样,要让每一个学生上台成为"明星",倾注了教师的大爱。此项活动已延续多年,成了学生小学阶段最美的回忆。

在培养教师教育爱心方面,学校以"以校为本"为理念,以"爱"为主题,不断增强教师的爱心,培养观澜教师的大爱精神。

3. 规范准则见行动

在培养教师教育准则方面,在教育部的指导下,观澜教师的准则更加细化,有每学期教职工职业道德建设(承诺)考核,教职工践行《新时代中小学教师职业行为十项准则》承诺,观澜小学教师赞美语、忌语等。

观澜教师鼓励语

1."只要功夫深,铁棒磨成针",你们要刻苦呀!

2.不要灰心,"失败乃成功之母"!

3. 这次你表现不错,再接再厉,继续努力!

4. 以后有什么困难,尽管找老师。

5. 今天,你表现不错,老师奖你一个五角星。

6. 别怕,说话大声点,好吗?

7. 只要你再努力一点,就一定很棒。

8. 只要认真,一定会有收获。

9. 这次不行,下次再来,只要努力,总能成功。

10. 你的知识面真广,了解得真多!

……

观澜教师忌语

1. 你是不是脑子有问题,这么简单的题目都不会做。

2. 教你们这个班,老师的寿命要短好几年!

3. 你是哑巴还是聋子,不会说呀! 半死人!

4. 你真的比猪还笨!

5. 你可以买块豆腐撞死了!

6. 白痴!(傻瓜! 蜡烛! 有毛病! 十三点!)

7. 一堆(一对)烂"落苏"!

8. 你怎么做事这么不负责,标志摘下来!

9. 站起来,给我站一节课,不许坐下!

……

(备注:部分青年教师混淆严厉和体罚的概念,往往在教育中出现这种那种的不合理语言,我们也将这些忌语作为不良行为之一,特加以罗列,给予正确导向。)

观澜教师十项准则

一、坚定政治方向。坚持以习近平新时代中国特色社会主义思想为指导,拥护中国共产党的领导,贯彻党的教育方针;不得在教学活动中及其他场合损害党中央权威、违背党的路线方针政策的言行。

二、自觉爱国守法。忠于祖国,忠于人民,恪守宪法原则,遵守法律法规,依法履行教师职责;不得损害国家利益、社会公共利益,或违背社会公序良俗。

三、传播优秀文化。带头践行社会主义核心价值观,弘扬真善美,传递正能量；不得通过课堂、论坛、讲座、信息网络及其他渠道发表、转发错误观点，或编造散布虚假信息、不良信息。

四、潜心教书育人。落实立人根本任务，遵循教育规律和学生成长规律，因材施教，教学相长；不得违反教学纪律，敷衍教学，或擅自从事影响教育教学本职工作的兼职兼薪行为。

五、关心爱护学生。严慈相济，诲人不倦，真心关爱学生，严格要求学生，做学生良师益友；不得歧视、侮辱学生，严禁虐待、伤害学生。

六、加强安全防范。增强安全意识，加强安全教育，保护学生安全，防范事故风险；在教育教学活动中遇到偶发事件、面临危险时，不得不顾学生安危，擅离职守，自行逃离。

七、坚持言行雅正。为人师表，以身作则，举止文明，作风正派，自重自爱；不得与学生发生任何不正当关系，严禁任何形式的猥亵、性骚扰行为。

八、秉持公平诚信。坚持原则，处事公道，光明磊落，为人正直；不在招生、考试、推优、保送及绩效考核、岗位聘用、职称评聘、评优评奖等工作中徇私舞弊、弄虚作假。

九、坚守廉洁自律。严于律己，清廉从教；不得索要收受学生及家长财物或参加由学生及家长付费的宴请、旅游、娱乐休闲等活动，不得向学生推销图书报刊、教辅材料、社会保险或利用家长资源谋取私利。

十、规范从教行为。勤勉敬业，乐于奉献，自觉抵制不良风气；不得组织、参与有偿补课，或为校外培训机构和他人介绍生源、提供相关信息。

除此以为，我们通过活动来将看似古板、生硬的条例践行在教师的活动中，在实践中润物无声。

案例四　　做新时代文明教师，节日馈赠我们说 NO

贯彻教育部要求，体现良好师德师风，在2020年教师节来临之际，观澜小学向全校家长发出了一份特殊的信。

教师们践行"不收礼"的准则，在教师节这一特殊的节日，教师更应以身作则成为学生的表率。习近平总书记说过："广大教师必须率先垂范、以身作则，引导和帮助学生把握好人生方向，特别是引导和帮助青少年学生扣好人生的第一颗扣子。好老师应该执着于教书育人。我们常说干一行爱一行,如果身在学校却心在商场或心在官场,在金钱、物欲、名利同人格的较量中把握不住自己,那是当不好老师的。"

这是教师节来临前,为了让当今的孩子和家长抵挡住时下所谓的送礼之风而写的一封"特殊"的信,学校在这之后还设计了"给老师最美的奖章""小风车转出爱""抱抱我的老师"等活动,弘扬良好的师风,形成良好的风气,在学生心中形成尊师重教,在教师心中形成爱生的好风尚。

法国作家卢梭说过:"榜样!榜样!没有榜样,你永远不能成功地教给儿童以任何东西。"榜样的力量是无穷的,我们通过3条主线的专业理想教育,让教师的职业理想信念更强大。

特质二:专业理念

(一)培养目的和意义

1. 理念需要与时俱进

教育需要理念,更需要教育理念指导的实践和实践形成的教育思想,教师作为一种职业,因为教育对象、自身学识、掌握技能、社会认可度等不同尺度,需要用科学的专业理念,针对教育问题给予成熟而富有倾向性的解决方法。

2. 理念导向教学行为

是否拥有先进的专业理念决定着教师本人的教育素养,决定着其所上的每节课的质量和所教学生的不同未来发展。一个仅仅是按照陈旧的教育理念,不主动学习新的教育思想,不考虑学生学情,墨守成规、按部就班来授课的教师,即使拥有完备的学科素养,往往到最后还是避免不了填鸭式的教学。课堂里若没有时代活水流淌,又如何能与学生心灵碰撞?

3. 理念育人更人文

教育不仅仅是教书,更要育人,教育的本质是培养人才。除了教给学生学科知识外,还要滋养学生的心灵,培养健康的人格,提升道德素养,这就需要教师自己拥有明确的育人导向,这也是专业理念需要不断更新的原因。

所以,作为教师更要终身学习,磨炼教学技能、了解先进理念、把握教育大方向,以育人为最终目的,这样才能做一个适应当今社会发展的优质教师。

（二）实施路径和方法

很多老师具有教育的热情，但却似乎始终处于低层级，处于一个比较迷茫的发展阶段，我们努力有意识地以主题式进行专业理念实训，使教师在学习中逐渐转变形成自我高位发展的内需。

"专业理念"实施的关键词是"育人为本""德育为先""终身学习"。由学校课程建设部、专业发展部联合进行落实，引导教师开展有科学专业理念支撑下的教育教学活动。

1. 主题鲜明落实育人为本

（1）"澜星讲堂"明理。

每学期组织的"澜星讲堂"中的一个环节就是给教师们传递最新的教育理念，共同从社会现状中探索当代教师应当具备的各项素养，不断更新教学理念，这个环节也荟聚了前沿的教育理论和一些富有经验的一线教师的教学反思和收获，借助讲堂这个平台与大家分享教学中的困惑和所得，所有教师一起听、一起学。教师们不再都是旁听者，而是讲堂的设计者、讲述者。

"敬业、乐群""敬畏、自律"等主题活动出现在讲堂上，每位教师都是演讲者，有的将远大的理想追求与具体的教育教学工作相结合，有的将帮助学生筑梦、追梦、圆梦的事例和大家一一道来；也有以扎实的专业素养站稳三尺讲台，用自己的学识、阅历、经验点燃其他老师对职业的豪情。

每次都有不同的主题，每次的主题都不脱离教师们的工作、生活，大家在听中学，在学中悟，领悟教育的与时俱进和尊严。

案例五

兴趣组考核情景描述

"一个也不能少！"
——一个教师的纠结

钱筱蕾老师带领的班级兴趣小组多是班级里能力平平的孩子，因为有特长的孩子往往参加了校级的各类兴趣组。根据钱老师的个人特长，她在班内试创了课本剧，和这些学生一起将课文中有趣的故事改变成课本剧。演出一个课本剧目,角色达到十几人已经算是"大制作"了,而班中有49人,如果按惯例操作,选出十几个兼具表演欲及表现力的小朋友,由老师在平时集体辅导的基础上再"精加工"一下,排出一个精彩剧目,获得一个好考核分,这并不难。从效率学角度讲,也是最"聪明"的选择。

但是,剩下的三十多个小朋友呢?如果要追求教育成果展示的"公平",那么必须49人全部上场。钱筱蕾老师答应每一个孩子上场,在孩子们的期待中,他们一起读起了新剧本。三天时间,老师和孩子们在完成学习任务后,全情投入。正式汇报时。超大阵容+"华丽"道具+创意情节+精彩表演,让评审团看得"眼睛弹出来",惊叹连连、欢笑连连。整个表演过程一气呵成,台上与台下就是一个不可分割的整体。当变为天鹅的"丑小鸭"振翅欲飞,全班聚拢齐呼"只有勇敢面对生活中的磨难,才能迎来生命的美丽蜕变"的表演主题时,评审团报以热烈的掌声。每一个孩子的自豪神情也在摄影镜头中定格。

课后总结与思考

教育公平,是全社会瞩目的焦点问题。

当我把每一个孩子的"剧照"上传"家校互动"并以飞信通知家长后,一个班级内部帖子"点击"的"奇迹"出现了。10分钟内,20多个点击,一天内100多个点击!两天就达到了200多,之后还在继续增长。要知道,平时我发班级公告,当天的点击量一般在30左右,一周达到60左右,之后就基本停止了。数据的差异,折射的是家长对于孩子"成功"的渴求。一个小朋友家长私下向我感慨:"老师,我真没想到,原来我孩子也能上台!"

我想,克服如影随形的"选拔"意识,让自己所教的每一个孩子都享受公平的教育过程,获得最适合他的发展,实现其自我价值的展现,这才是教师执掌的"教育公平"。(摘自钱老师感悟,有删减)

(2)社团开发重个性。

实践是检验真知的唯一途径。光有理论还不够,有了专项培训,明确了目标,还需要进行具体的实地操作。

除了教委统一课程外,要重视两类课程的研究和探索。学校要求每位老师人人参与到社团课程开发中去，发挥自己的特长和兴趣。"水墨观澜"书画爱家乡；"澜星沪剧社"唱腔雅曲留芬芳；"少儿武术"彰显华夏精神……在设计课程和授课的过程中，教师们也不断提升着自己的育人能力。如今，教师自行设计的已有近百个社团课程富有鲜明的特色，满足不同学生的个人需求，发挥学生个性特长。

"澜星英语电视台"的社团活动使学生体验到英语的快乐，进一步激发学生学习英语的兴趣；通过专题培训，拓展学生的英语知识、开拓学生的思路，拓展国际视野；通过课内与课外相结合的方式，使学生能更好地理解课本知识，提高解决实际问题的能力。在中华文化和英语的结合中，体验语言的魅力，体会中外文化的传播的异同。不单单是教授英语知识、锻炼英语能力，也在学习中感受中外文化的差异，弘扬中国传统文化。

"澜星沪剧社"全方位、多角度地传播地域传统文化的魅力，让学生的民族自豪感和文化认同感得到很好的培养，同时还能传承非物质文化遗产这份宝贵的财富，让学生在体验中更爱上海，更爱家乡。

"少儿武术"课程发扬和传承的是中国的武术文化和中国精神，还与来自世界各地的选手通过同台竞技交流了武艺，增进了友谊，进一步加强了学生们对中华武术的理解和热爱。

"水墨观澜"课程使学生在水墨创作表达的过程中，学习美学形式语言范畴的构图、线条、结构、肌理、色彩等元素，以及节奏韵律、对比呼应、均衡协调等原理，用心理解、研习、尝试与探索。

像这样的课程学校还有很多，这些丰富有趣且充满教育意义的活动离不开教师们的奇思妙想和对育人为本这一理念的深刻理解。在这些课程中，学生除了学习到了课堂内接触不到的各种技能，开拓了眼界，还通过这样的活动感受到了文化的魅力，体会到伴随自己成长的这片土地的历史文化底蕴，提升了审美，丰富了精神。老师们也因为心中一次次活动的浸润，心中有要求，以"育人为本"这一理念为出发点，发挥才艺，成功做到了课程育人、活动育人、文化育人，达到了社团课程百花齐放且颇有成效的结果。

案例六　　"澜星沪剧社"课程设计

科目名称	沪剧社团	
相关领域(学科):音乐		适用年级:二至五年级

科目背景介绍

课程背景

　　戏曲艺术是中华民族传统文化的结晶,也是涵养社会主义核心价值观的重要源泉。近年来,国家对优秀传统文化的弘扬、传承越来越重视,政府对民间艺术资源的扶持力度也越来越加强。

　　川沙是沪剧东乡调发源地,是浦东文化之根,是川沙文化自信的基础。作为川沙古镇上历史悠久的百年老校,学校历来重视对传统艺术的传承和发展,挖掘和开发沪剧资源引入课堂,让学生充分感受戏曲魅力。传承推广地方戏曲,对建设学校艺术特色、丰富校园文化建设以及艺术校本课程的开发具有深远意义。

　　自2013年起,学校把沪剧引入表演唱社团开展教学实践。2018年,浦东新区政府启动"戏曲进校园"项目,我校与"茅善玉沪剧名师工作室"牵手,成为浦东新区十大戏曲名师工作室沪剧传承基地学校。2019年,学校成立"戏曲进校园"项目组,在传承和推广家乡戏曲文化中,努力挖掘戏曲中的爱国主义、英雄主义、家国情怀、民族情怀,开展沪剧课程读本的开发和实践,激发学生对祖国、对党、对家乡的热爱之情。

　　作为学校"戏曲进校园"项目重点特色社团之一,沪剧社团目前共有沪剧大班和沪剧小班两个班。2018—2020年,在沪剧名师倾情培育和学校社团负责老师的有力指导下,学生戏曲艺术之花在各级各类舞台上绚丽绽放,参与了长三角、市、区、镇等各类活动50多项,为学校赢得了声誉。

课程目标

1. 通过对《沪剧》的探究、学习和体验,让学生感受上海地方戏曲的韵味,增进对民族文化的认同和理解。
2. 通过对《沪剧》经典作品的学习,增强学生的戏曲演唱、舞台表演能力、戏曲欣赏能力和作品创编能力。
3. 通过师生共同挖掘、创作,体验沪剧表演的魅力,丰富学生的学习生活,激发学生的爱乡情怀,丰富学校教育资源,推进学校艺术教育,从而形成和谐、多彩的校园文化氛围。

课程内容

　　本课程读本使用的是学校和茅善玉工作室一起开发的自编读本——《沪剧》,共分5个单元,以小学二至五年级学生为学习主体,以学年为学习周期,排入学校课表,正常教学活动每周2课时,每学期一般安排16周活动,每学期32课时,每学年64课时,开设普及性学习和提高性选修学习。

2. 新理念领航下的德育为先

教育的本质是什么？毫无疑问是育人。而很多老师都把教师的责任看作是教给学生知识，以班级学生分数的高低来衡量自己的教书水平，而忽略了在育人过程中应以德育为先。习近平总书记倡导的"五育"并举，"德"便是首位。

（1）全员育德常态化。

"全员育德培训"是学校定期进行的培训活动。每学期的全员育德总有新的话题、总有贴合实事的主题，也会有专家坐诊给大家指点迷津、剖析现象。

比如，学校近阶段热议的教育话题之一——思政课（小学阶段是道德与法治），专题培训从中共中央办公厅、国务院办公厅印发的《关于深化新时代学校思想政治理论课改革创新的若干意见》这份纲领性的文件谈起，让教师们知道思政课是落实立德树人根本任务的主阵地，也是特殊的课程，发挥着不可替代的作用。"五育并举，德育为先"，以接地气的经典案例从3个不同的方面分享、探讨学校德育工作所存在的现象，强调了爱国教育的重要性，让教师们再次明确全员育德的紧迫性。

除了"例会制"育德以外，学校还设计了不少特色活动，如青年寻访活动中，"追逐这些人，共忆这些事，传承这些情"让教师们在聆听前辈教师足迹的过程中找到共鸣，回归自己的初心，找回德育活动的意义，不断进取。

案例七　　　　观澜185年校庆　寻访"这些人"

185年前，在川沙古城墙边文昌宫右，何士祁建观澜书院，开川沙地区书院教育先河；185年后，观澜小学一北一南，亦古亦今，遥相呼应——凸显东方神韵，尽展现代气息。185年来，观澜历岁月磨砺之艰，培养了众多响彻海内外的著名校友。但更多的是那些在历史长河中默默付出的、为观澜的发展添砖加瓦的普通人。

在祖国70华诞，观澜建校185周年之际，观澜的团员青年和学生们，在这个夏天开启了一场极具意义的特殊之旅——观澜185年校庆，寻访"这些人"！

　　　　寻找——追逐"这些人"！

　　　　访谈——共忆"这些事"！

　　　　握手——传承"这些情"！

（观澜185年校长寻访活动方案节选）

个人简介(采访对象)

金松林老师,1976年调入观澜小学任教数学,1995年荣获上海市园丁奖,2005年在党支部书记的岗位上光荣退休。他教学能力出色,工作尽心尽职。工作三十余载,他愿做红烛,燃尽自己,照亮他人,始终弘扬观澜传统,为了学校的发展鞠躬尽瘁。

访谈1:

在我们查阅资料的过程中发现金老师您是观澜人文的主编者之一,那您能否与我们青年教师分享您在观澜任职期间的一些小故事?

金松林:

【无私奉献,不计得失】那个时候一个月工资只有28.5元,应该说是比较清贫的了,但是从来不会计较工资多还是少,心里想的就是要把工作做好。每天中午先把学生送回家,然后自己再骑自行车回家烧饭,吃好饭返回学校。每天来回奔波多次,但是从没有怨言。

感悟:

金老师的工作理念就是一心一意为学生服务,为学校服务。金老师笑称自己做事比较严格的,每天都早早到校,然后站在学校门口,观察学生们的着装,如果有不符合学校要求的,及时教育并且指导改正。……

访谈2:

金老师,通过与其他教师的交谈中,我们了解到您是一位非常有亲和力的老师,对于青年老师也经常给予关心与帮助,现在学校发展规模日益壮大,一批又一批的青年教师涌入观澜,您能否与我们青年教师分享一些与家长或是学生的相处之道?

金松林:

【把学生当做自己的孩子】老师得把学生当做自己的孩子,特别是一年级的孩子,他们自理能力比较弱,会出现不同的问题。像以前我总是会把无人认领的校服收集起来并且清洗干净,再按照性别、季节、款式保存好,如果有学生弄脏衣服,家长又来不及送来,他们就可以来找我,我这里有干净的衣服可以替换。

……

活动反馈:

在接近2个小时的面对面交流中,我们感受到的是金老师的平易近人和朴实无华。从金老师口中,我们深切感受到了观澜前辈们的观澜精神,是他们一代又一代人的努力,才让观澜生生不息……作为观澜的青年一代,我们一定会继承好观澜的光荣传统,不辜负前辈们对我们的殷切希望!

金松林老师寻访微感言

邱依萍:听金老师说说过去的故事,感受到了观澜教师爱生护生,兢兢业业的奋斗精神,也让我们青年一代明白我们需要做的是传承前辈的敬业精神。路漫漫其修远兮,吾将上下而求索。

张丹:此次有幸能和金老师面对面交流,让我深切感受到了观澜前辈们的精神。金老师一心一意为学生、学校服务,工作认真踏实,无私奉献,这些都是永远值得我们青年一代学习的榜样。

何亦微:我们有幸拜访了金老师,听到了许多观澜人的小故事,相信我们不会辜负金老师对我们的期望,继承观澜前辈们的优良传统,做一名勤恳踏实的观澜人!

访谈活动,教师们跟着观澜前辈走进他们的教育岁月,可能教育手段、方法在不断地更新,但是教育的初衷"育人"是不变的。老教师的敬业精神已深深地传给了观澜的新一代。

(2)联盟共建育德新体验。

共建单位联盟活动是教育实践的延伸,让联盟学校内的教师们通过各项活动再次认识教育的真谛,同时也让教师们有和其他行业的人群接触交流的机会,走出行业、打破格局、听取各种不同的声音,不局限自己这一方小小的"课堂"。

学校和共建单位一同参与的"四史教育主题团建活动"以上海红色教育基地为载体,通过分组活动、实地寻访、参观学习、线下打卡的形式,带领团员青年们一起感受老一辈在历史发展中的卓越担当和伟大贡献,亲身感受城市发展的巨大变化。走进弄堂里的红色上海,参观历史文化遗址,重温中国共产党的革命传统和革命精神,感悟中国共产党的光辉历史,每一位团员教师都深刻意识到自己身上的责任与使命,树立起教育的大格局。

3. 更新自我知识的终生学习

终身学习既是个人可持续发展的需要,也是社会发展的必然要求,是加快建设与实现学习型社会的重要基础和内生动力。尤其是作为培养祖国未来人才的教师一职,更不能轻易停下学习的脚步。

学校为了达到让教师持续终身学习的目的,设置了许多活动,种类多样,每周、每月都有相应的学习。让教师逐渐从被动学习向主动学习发展,全面提升自我素养。

(1) 摘要式读书活动。

读书活动是观澜的校本研究内容之一,学校也在竭力改进各种读书活动,为教师们提供精心挑选过的学习资料。如"五育并举如何落实""防疫期的教学策略""学科单元设计要注意哪些地方"等紧跟当下的教学理念,这样,教师们在平时教学的闲暇之余便能够有针对性地进行学习,减少学习的盲目性。

阅读完学习资料并不意味着读书活动的结束,读完要有思考,留下阅读的痕迹,这样读书活动的效果才算真正达到,学校专业发展部对读书活动就有着一套完备的设计。

每次读书活动的学习资料提供文本阅读,还配有一些简单的概念或主观表达题,让教师们在学习后能根据问题进行巩固知识和检验掌握程度。同时,优秀的应用实例或学习成果也会在后期分享给其他教师,供他们学习、借鉴,有的甚至可以作为下一次的读书活动的资料来使用,做到了良性循环。这样半开放式的学习方式,也鼓励了教师们自发深度研究、深度学习。

案例八　**2020学年第一学期9月教师读书活动反馈**

(主题:单元整体理论学习)

年级＿＿＿＿＿　学科＿＿＿＿＿　姓名＿＿＿＿＿

1. 我的学习理解:
(1) 什么是单元?

(2) 什么是学科单元教学设计?

(3) 学科单元教学设计的基本环节有哪些?

2. 根据教学进度,就本周(下周)所教学的单元如何有效落实单元整体设计。
(建议列举一个小的实例)

(2) 分层式理念培训。

初为人师,充斥耳边的是"上课""评课""磨课",偶尔还会听到"说课"一词。为帮助教师们掌握说课技巧,明确说课的意义,学校见习教师培训项目组特意邀请到专家对新入职教师进行了《说课的基本步骤和要求》专题讲座。帮助青年教师厘清了说课、讲课之间的区别,了解基本的说课模式,明白说课的目的何在,使青年教师们对于如何更好地说课有了比较清晰的认识,提升了他们的教学理论水平。

学校专业发展部在针对教师听评课活动的检查中发现,部分教师评课时存在着泛泛而谈、没有针对性或者只讲好话不谈问题等现象,因此组织全体教师集中聆听由上海师范大学教育学博士后带来的关于《如何评课》的专题培训讲座。让教师们明白了高效的评课不仅有利于帮助执教教师从多渠道获取信息,不断反思总结教学经验,也有助于提高评课者自身的教育教学水平和素养,评课活动最终促进的是学生的学习积极性和学习能力。此外,教师们学到了一些评课时应该注意的重点,收获颇多。

观澜小学团支部在"纪念五四运动暨庆祝浦东开发开放 30 周年"沙龙活动中,邀请有经验的几位老教师为青年教师答疑解惑,内容小到如何批改作业,大到如何与家长建立良好的沟通形式等。活动针对教师们最迫切想要解决的问题,采用答疑式培训,干货满满,让人收获颇丰。不仅是年长教师,青年教师也参与了经验分享,大大活跃了教师团队的研学氛围,提升了教师们对于教学研讨的积极性。

不同层级的教师对专业理念的掌握和认知也各不相同。要基于问题、基于导向需求进行分层培训。

(3) 特殊时期齐步走。

即使是在特殊防疫期间,学校也依旧在线上有条不紊地开展各项教学研讨活动。2020 年暑期云端教研活动"战疫中的思考:赋能实现 1+1＞2"的精彩实践中,教师们一同分享不同学科是怎么样用各种途径打破时间、空间的格局,进行有效的教学研讨,促进学生的学习发展的。特殊时期,每天组内集中的网上教研活动,不同地点相同时间的相遇,线上互动时间的高效设计,都是一起研讨的结果。特殊时期我们的技术学习、心理疏导、教研信息都在新区乃至市里发表交流。

案例九　　　　用好"云端"大平台　实践"教学"微改变
　　　　　　——浦东新区教学经验交流节选(数学学科节选)

　　一场疫情让我们共同经历了"线上教学"这一全新的教学模式,五月开始我们又经历了"线上线下"混合教学模式。在这期间,我们数学教研组的教师们边摸索边思考,边学习边实践,努力解决了一个又一个预想之中或是意料之外的问题:如何钻研教材,把握重难点,做到精准预设;如何关注学情,面向全体,做到以学定教;如何巧用平台,发挥技术优势,实现有效教学、有效评价;等等。总之,我们全方位地体验了一把"云端教学",数学教学与互联网平台有了前所未有的碰撞与交融,信息技术与网络环境对数学教学的辅助作用得到了前所未有的利用和开发。如今,回过头来反思那段特殊时期的特殊教学,有许多好的做法与经验值得延用与倡导。下面我将从以下3个方面来谈谈我们的教学实践,抛砖引玉,和大家共同探讨。

"研"在云端,优化教研模式

　　3月2日起,为保障在线教学的有序高效,我们采取了"每日教研、规范流程、精准对接"的策略,"在线教学"也要实施教学五环节的流程管理要求,教研流程如下图。

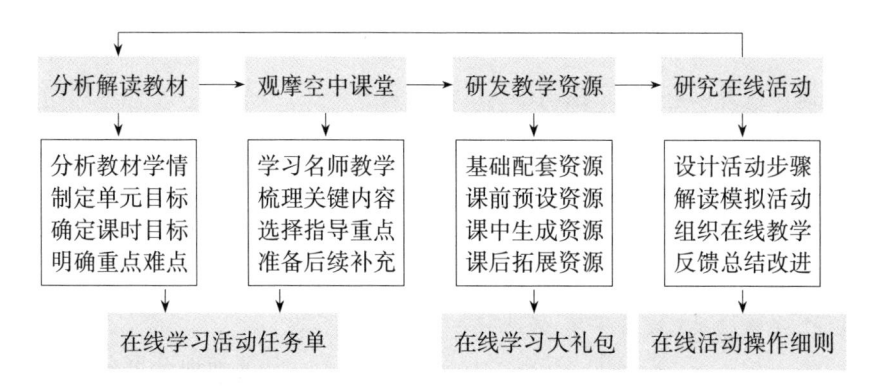

```
分析解读教材 → 观摩空中课堂 → 研发教学资源 → 研究在线活动
    ↓              ↓              ↓              ↓
分析教材学情    学习名师教学    基础配套资源    设计活动步骤
制定单元目标    梳理关键内容    课前预设资源    解读模拟活动
确定课时目标    选择指导重点    课中生成资源    组织在线教学
明确重点难点    准备后续补充    课后拓展资源    反馈总结改进
    ↓              ↓              ↓              ↓
在线学习活动任务单              在线学习大礼包    在线活动操作细则
```

　　多样化的校本研修中,教师的理念在有意识、无意识地改变。众多教师在理念指导下,集教育思想的大成,集聚十年磨一剑的精神,解决教育的问题能力越来越强大,逐渐形成教育教学的个人风格。

■ 特质三：专业知识

(一)培养目的和意义

　　本课题选用的是林崇德、申继亮和辛涛代表的从功能性取向划分的教师专业知识结构,即分为本体性知识、条件性知识和实践性知识。实践活动也是就这三大类别进行培养和打造。

1. 教师成长的必备源

教师专业知识是教师从事教学活动所必须具备的智力资源,对教师专业知识结构的认知是决定教师专业知识发展路径的前提与基础,教师专业知识的丰富程度与运作情况也直接决定着教师专业水准的高低。所以想要打造一批"星级"特质教师,巩固、提升教师专业知识,形成有效培养机制十分重要。

2. 教师现状的紧迫性

近几年我校新教师增量相当快,其中有很大一部分毕业生非师范专业,而年轻教师群体又正是学校长期可持续发展的生力军。增量大、跨专业这两点表明快速、有效提升教师的专业知识势在必行,本课题研究也侧重为年轻教师们提供更多的专业知识成长的平台。

3. 日益发展的时代性

时代呼唤教师的专业知识体系必须丰富而全面。自媒体时代,学生、家长等信息的输入量大而迅速,但教师一旦上岗后,每天要应付的各类琐事就显得比较繁多,个人主观主动汲取知识的需求不那么有序和渴望。然而,随着时代的变迁,教育领域的专业知识更新速度飞快。本课题旨在总结近年来我校在这方面的各种有效措施,形成一套可操作、可复制的专业知识培训体系,帮助教师们在繁忙的工作中便捷、持续地进行专业知识学习。

(二)实施路径与方法

专业知识的打造就是从"通识性知识""本体性知识""实践性知识"这3个关键词入手。

1. 专题讲座,放眼大局,丰富通识性知识

时代的发展、教育教学的艺术性和创造性决定了教师要树立终身学习的意识。习近平总书记要求:"广大教师要牢固树立终身学习理念,加强学习,拓宽视野,更新知识,不断提高业务能力和教育教学质量,努力成为业务精湛、学生喜爱的高素质教师。"更是从中华民族伟大复兴的高度对教师的终身学习提出了明确的要求。

(1)"校长微讲座",扬鞭知识路。

为了让教师们紧跟时事、建立大局观,我校自2019年第一学期起,每学

期开学初,学期末进行的"校长微讲座"(《明"十项"准则　做"四有"老师》《助梦远行,我们需要些什么》《审视当下　乘风破浪　未来可期》《牛年第一课:奋斗百年路　"三牛"启征程》),面向全体教师,学习上级文件精神、接触教育最前沿教育信息的最佳契机。学期开始前的教师专题校本培训让教师们在开学伊始就有知识危机感,时刻树立教师成长意识。

案例十　　　　　以观澜之名　赴百年之约
——2021年校长总结发言节选

没有共产党就没有新中国!只有共产党才有今天的大中国!

2021,百年观澜的大事要事,最最重要的事情,只有一件——"以观澜之名　赴百年之约"。全校上下以出色的表现和优异的成绩献礼党的百年华诞!

今天的"澜星讲堂"是观澜小学教职工迎接建党100周年献上的一份厚礼,也是给年初计划交上的一份答卷。

百年观澜,有3份计划要落实:

第一份是学校工作计划,主题是《"奋斗"开局　全面做"强"》;

第二份是党支部计划,主题是《"一船"红中华　"双强"犇未来》;

第三份计划,是百年观澜在新时代承担社会责任,为教育优质均衡发展作出贡献的观澜教育联盟计划,主题是《谋篇开局　献礼华诞》。

2021年是牛年,我在迎新"讲堂"中要求:"观澜三牛　做强不一样的2021"。

2021,时间过半,任劳任怨老黄牛、俯首甘为孺子牛、敢做先做拓荒牛,让"观澜"做强了不一样的2021。

……

我用三句话概括,献给大家,感恩每一个人。

第一句话:有一种情怀,叫家国情怀,观澜人深耕厚植。

第二句话:有一种基因,叫红色基因,观澜人培育传承。

第三句话:有一种力量,叫行胜于言,观澜人勠力笃行。

(2)"专题研讨",调动发展内驱。

学校根据校本培训和当下教育的热点与大咖进行前端对话。邀请教育专家进行讲座、报告,和教师互动,让教师在校内便能呼吸到教育的新空气,增加专业学习的紧迫性以及当下的职业危机感。也采用结构组团、学科组团的方式走出去专项学习。实践中,我们采用实用主义,即缺什么补什么,在一段时间里集中攻坚,实现跨越式发展。在学习中组建一个学习共同体,通过相互的帮助、竞争、激励或者互评,让教师明确自己的现状和位置,这样有利于自我的发展。

2. 分项学习,问题指向,扎实本体性知识

(1)"问题清单"促学习原动力。

要成为构建学习型社会的倡导者和践行者,不仅要转变传统的知识传授者的角色观念,成为学生学习的促进者和协助者,还要成为终身学习的引导者和示范者,用自身的行为和态度来感化学生树立终身学习的意识。

每个时期,每个学校,每个组室都在进行着教研活动,研什么?怎么研?每所学校始终在研究,"研而思、思而进、进而优"是专业成长的需求。因此,2018学年第一学期的教师节,课程建设部第一次提出了"问题即课题"的观念作为教研活动开展的主题——每学期开学伊始,每个教研组都会在前期调研的基础上罗列出一份"问题清单",语文、数学、英语三门主要工具学科还会将"问题清单"进一步下沉到各备课组。以问题导向展开教研活动,各教研组、备课组有的放矢,针对本组内的情况,带着问题开展教研活动,在教学实际中解决这些问题。在此过程中,教师们发现自身专业知识层面的薄弱之处,自然而然会产生解决问题的动力,即学习的原动力。解决问题的过程和结果,可以形成教育教学案例,供其他教师学习借鉴。在学习他人的"问题清单"案例时,也许又会产生新的问题,或是在课堂实践时出现新的教学事件,教师在积极寻求解决问题的时候,再度为其他教师提供了学习的材料,激发学习的动力,这就形成了良性的、实效的、优秀的学习动力闭环。

(2)"菜单式学习"弱项出击。

通过开展自主学习、校本研修、教学实践、各类培训、赛事活动这5个主要途径推进教师专业知识的学习,学校课程建设部、专业发展部每学期初,都会制订计划,精心选择推送给教师们学习的各种材料与要开展的活动内容。专业发展部每月组织一次全体教师读书活动,是对教师专业本体性知识的学习,所选择的内容首先和教育教学热点、关注点及学校学期制定的教

育教学研究紧密关联的文本材料,具有权威性,时代性。通过学科文化周推送给老师们的学习材料,还要保证时效性和准确性。同时,学校图书馆定期更新书籍目录,根据当前教育教学形势引进教育教学专业书籍供教师学习,不方便借阅的可以直接登录校数字期刊平台阅读。

案例十一 观澜小学课堂教学"问题清单"

2020学年第二学期数学学科一年级　组员张诗音、贾莉莉、何爱芬、杨洁、蔡恋莉

类　　别	存在问题或困惑	改进策略
教材解读	小学生由于感性认识还不够丰富,抽象思维能力还未形成,所以学习起来会感到抽象困难。但是个体的认识应遵循人类认知发展的一般规律,作为小学生也不例外。在几何小实践中,度量、认识物体的位置关系等都需要培养学生的观察能力。通过培养学生的观察能力从而形成初步的空间观念	作为教学内容的数学,在呈现时,应该按照儿童学习数学的特点,还原数学生动活泼的建构过程,让学生亲身经历类似的创造过程,用自己的活动建立对人类已有的数学知识的理解
课堂把控	1. 没有让学生清楚地明白观察的目的,没有教会学生如何观察 2. 没有给学生更多的时间观察,没有培养学生观察的方法 3. 没有很好地提供具体事例	1. 课上教师在组织学生观察前,应该让学生知道:为什么而观察?应该先观察什么,后观察什么?应该从什么角度观察等,从而较好地利用学生认识事物带有很大的形象性的特点 2. 做到观察内容的指导,观察顺序的引导和观察方法的训练 3. 适度提供具体事例,快速地从观察的事物或现象中选择出观察的对象,对之作出完整的、清晰的感知,使学生在思维的过程中积累起丰富的感性材料
教学评价	只是简单的教师或学生口头评价,评价方式单一,如对、错	要指出学生观察好在哪里,从而让学生学会观察、善于观察

(续表)

类　别	存在问题或困惑	改进策略
信息技术与学科整合	往往有一些教学难点无法靠教师的口头、身体语言等来解决，造成学生学习上的障碍，直接影响学生基础知识的掌握和基本技能的提高。但是利用信息技术想来解决这一问题，有时没有很好地把信息技术与教学几何整合好，做得很复杂，却没能便于学生观察	展示思维过程，突破重点、难点。利用形象具体、动静结合、声色兼备的特点，可以把书本上抽象的文字描绘和静止的图像转化为具体、直观的动态过程，提高课堂教学效率
确定组内研讨主题	培养学生的观察能力	
具体改进措施	1. 凡是能观察到的教材内容都让他们亲自去看、去听、去摸、去感受，积极为他们创造观察的条件 2. 尽量找学生常见的、学生熟悉的实物观察，结合学生生活实际 3. 要教会他们简单的分析、比较等观察的方法，对于一年级学生用最简单的一句话说，就是看一看，比一比，想一想 4. 结合已有的观察方法和已有的知识基础加以引导学生观察 5. 利用好信息技术优化课堂教学，发展学生的空间观念	

3. 多维教研，比赛激励，锻炼实践性知识

（1）细化分解，微格教学。

专业知识的学习内容做到分学科、分学段，有针对性，实用性更强。各个教研组罗列的"问题清单"是基础导向，将导向化解为教学行为，需要理论的支撑，就(学科)专业发展部根据各个学科的不同要求与研究目标，选择不同的学习材料。如上面提到的"单元化教学设计"相关文本的读书学习活动就分类到语文、数学、英语和综合性学科，除了将《学科单元教学设计的研究和应用(节选)》一文作为基础学习材料，每个学科都学习另3篇相关的学术期刊文章节选或论文节选。面对不同学段的学生，由于学情不同，每个备课组开展各自的教研活动，将理论导航落地到自己的学科、所教的单元，所教的课时，将学术理论内化在自己的课堂。并进行微格教学，定格教学环节，培养教师的教学设计能力。

（2）"微教研"，短平快求实效。

"微教研"是校本教研活动的一种形式，是教师围绕某个具体可探究的话题而即时发起的小型教研活动，教研活动由教师自由发起，不受时间和地

点限制,也无需提前组织与准备。"微教研"的核心价值在于"微",突出"微"时间,"微"场合,"微"对象,"微"主题4个维度,即教研活动持续时间短,发生具有随意性和即时性;教研活动地点发生在教师的身边,如备课组、办公室等周边场所;参与教研活动教师的人数少,学生个体和研究问题数目也少;教研活动关注的问题细微,往往集中在一节课堂的教学反思、一个核心片断的教学设计、一道习题的突发灵感或解题感悟,甚至是一个教育热点话题等。"微教研"将实践活动细化、微格,而且将研究继续延伸,如延伸至对教材的研读、延伸至对学科的领悟等,指导教学行为。

(3) 专题赛事活动,夯实知识。

每学年,学校都会组织开展教师学科文化周活动,通过不同主题、不同内容的各学科本体性知识的学习交流活动,夯实教学基本功、明确专业发展目标、立足本岗位。在良性竞争中激发学习动力、促进专业成长。2018学年主题是"赛技能　强内功　促成长";2019学年以"互联网＋教育"为平台开展系列教师学科文化周活动;2020学年的主题定为"做强内功,追梦2035"。语文、数学、英语、音乐、体育、美术、自然、信息技术8个学科组会根据主题,制定文化周的内容与形式,严格符合本学科的专业知识特点和技能要求,每个学年都有不同侧重点。既有基本功的竞技,也有专家的莅临指导,同时还和时事紧密结合。如2021年的文化周,英语组的演讲以"汉文化"为题眼;语文组则是毛泽东诗词诵读比赛和粉笔抄写比赛。

案例十二　　　　　　　**Guanlan Reader**
　　　　　　　——澜星英语节教师"朗读者"评选活动

(节选)

环节一:自主练习,纠语貌

时间	学习平台	学习内容	要求	备注
第3—6周	趣配音	以动画、影视、生活为主题,选择片段进行练习(中级难度)	1. 每个视频不少于1分钟; 2. 每周四晚上8:00之前观澜小学英语组大组微信群中上传1个片段录音(视频)或链接,大家相互学习	请反复模仿跟读,上传的视频要有一定的质量,做到语音语调与原声相似

环节二：故事演讲，试身手

时　间	内　　容	要　　求	地点	备注
第6周	学英语讲中国故事（片段）	1. 故事片段：10选1； 2. 制作简单的PPT	阶梯教室多功能厅	各类奖项若干
第7周 周三		现场朗读比赛		

（4）赋能自培，量体裁衣。

专家专题辅导犹如指路灯，为教师专业知识的发展指明方向，学校开展的校本自培，则有效地多点、多线、多方面进行"本土化"培训，更能体现学校治学理念、专业知识素养的提升。

学校每学年开学伊始都会进行一周的集中式培训，学校各部门重点反馈上学期的情况，对本学期的部门进行解读的同时，分类别进行培训。结合学校的办学思路、发展方向，教师的专业发展需求、身心健康需求、自我实现需求，结合学校教育教学的实际来确定自培方案。各学科工作室、班主任例会、各个教研组开展的活动就属于这个范畴。以2020学年第二学期为例，学校面向全体教师开展了"'1+5'项目'心理辅导能力'校本培训"，充实了教师们的心理学专业知识。2020是特殊的一年，观澜青年教师先行启动的信息技术自培"双线融合　赋能'新实用'课堂——我的混合式教学探索"，为特殊期的教学指路。

（5）校本赛事，做好梯度选拔。

"以赛促学，活动促优"，学校每个学期会组织教师参加各类赛事等活动。校内已形成常规性的磨课、献课、评课活动，每个备课组推出组内优质课进行展示，学科教师进行研讨与学习。在澜星教学节、观澜新秀大赛、学科基本功大赛等活动中，每个学期针对某一个知识领域开展各类校内比拼，引导教师们立足课堂，勤练内功，做强专业。

积极组织教师参加校外各级别、各学科的专业技能大赛。如浦东新区的诗歌朗诵比赛、英语演讲比赛、武术比赛、唱歌舞蹈类比赛等。尤其为青年教师创造机会，"送出去"锻炼，为他们的专业成长助力。同时，学校积极承办区级、署级公开教学展示活动、教研活动以及观澜教学联盟的展示课。这些活动举办的同时，也把学习的机会呈现在教师们眼前——观摩优质的教学展示、聆听精准的点评报告，吸收丰富的经验凝练。不同级别的教师在组内全面施展自己的专业素养,输送教师参加新区"新秀"选拔等活动。

4. 丰富教师评价制,常态化中求突破

评价具有导向、诊断和甄别的基本功能,是为了改进和提高,为了促进和发展,而不仅仅为了评判优劣、区分等级。本子课题的多元评价就是从多途径、多角度、多层面对教师工作进行个性化评价,从而充分发挥评价的正确导向、激发潜能、促进发展的作用,也是教师主动进行专业知识学习的动力之一。

常规检查、随堂听课相结合,及时了解教师专业知识水平,及时反馈,及时改进。如期中、期末至少两次的日常作业规范检查,周五随堂听课日和一日教学督导。这种常态下的评价主要帮助教师寻找相应的问题,及时调整教育教学行为。

榜样激励式评价主要发现优秀,培养骨干。课程建设部牵头,搭建平台,鼓励优秀教师分享专业知识领域的各种经验。如优秀作业的展示、年长教师带班经验的分享、青年教师信息技术特长展示等。旨在形成良性竞争氛围,让教师的专业知识提升有目标性。

量表化评价指向准确。与学校的学期考核相结合,量表呈现一学期来教师在教书育人方面的专业表现,量表中的评价内容可以成为教师专业发展的提纲挈领,为他们明确总结出一学期的学习情况与可改进的方向。

课题组设计的量表,以做到时时进行自查,发现各个环节中的薄弱环节,有针对性地"补缺"为目的,发现问题及时处理、跟进、改进,及时反思,小结,做好案头记录,形成有效改进机制和有借鉴价值的案例或经验总结。

■ **特质四:专业能力**

衡量一个教师的能力,其关键要素是教师的专业能力,教师的专业能力实质上是一个有机的能力体系,是综合性的并非某一单独的能力。其中教学设计能力、组织实施力、激励与评价力、反思和发展力等也只是属于专业能力的一个方面,不可能覆盖全部。我们课题研究的也是基于校本和问题的需求,将其分为三大主线作为重点实施——教学能力、教育能力、科研能力。

教学能力常规下的教学设计等按照以往的继续实训,本次课题研究则根据当下的需求,将教学能力的关键词定位为"教材解读能力""课堂调控及评价的能力""信息技术整合能力"。

科研能力的侧重点研究是教师参与市、区级课题研究的实践能力；独立主持课题的能力；实践反思能力及经验文章和案例撰写的能力。

教育能力则聚焦育德能力，其实育德能力中包含的关键词是沟通协调能力、活动设计能力和家校合作能力。

（一）培养目的和意义

1. 提升教材解读能力，助力提升教学品质

教师是提升教学品质的核心要素，教师教材解读能力的培养是推进教学品质提升的关键环节。因此，提升教师教材解读的能力，对于有效提升现代教材观、提高教学品质具有直接的推动作用。

2. 关注课堂调控与评价，强化效能并激发潜力

教师对课堂教学活动的管理、调节以及评价贯穿于课堂教学的全过程。关注课堂的生成、及时进行调控和管理是教师必备的能力，改变评价方式，能更好地优化教学行为，促进学生的全面发展。

3. 提升信息技术素养，适应时代发展要求

信息技术的飞速发展改变着教与学的行为，教师作为肩负社会人才培养重任的专业工作者，提升自身的信息技术素养已成为时代赋予的历史责任。信息技术的发展将促成"教师中心"向"学生中心"的转变，因此决定了老师应掌握信息技术并具备一定的信息素养。

（二）实施路径与方法

1. 教材解读能力的内涵和意义

教材解读能力是指充分挖掘、用好教材提供的教学资源，基于教材内容进行合理的二度开发、重组与调整，将静态文本转化为动态学习活动，合理规划学与教的线索，明确"学什么""怎样学"。教材解读能力的提高将进一步促进教师对课程内容的整体把握与有序实施，提升学生学习效率，提高教师教学能力。

随着课改的推进，教材也在随之产生着变化，新老教师都面临着教材的再深度理解。对于教材的解读，我们要读出教材内容"是什么"，理解内涵与本质"是什么"；读出教材内容"为什么"，沟通学生经验世界"为什么"。这都是反复解读教材后思考的问题，内容为什么选用这样的呈现方式。教师的教材解读有别于非专业人员，要达成儿童的认知发展规律与学科内容的逻辑系统的有机结合。

读出教材内容"想什么",凸显学习思维方式"想什么"指教材内容背后的思考,教材编排、教学过程要体现怎样的逻辑线索,也就是要"读"出内容素材背后所呈现的思维方式,以帮助学生在理解知识的过程中,形成对一类问题的共通的学科思维心理。

读出教材内容"有什么",形成完整分析意识"有什么"指除了关注例题外,教材相关素材应作为一个整体纳入教材内容的解读体系中。

2. 教材解读能力的实施方法

（1）区级活动组内再培训。

每学期,学校要求每位教师参与区级活动次数不少于2次,每位教师参与区级线上教研活动,每两周下发各学科区级教研活动安排表。对于教师而言,在大信息量的区级活动之后,需要更好地二度消化,此时,可以通过开展组内培训让教师们分享收获,找到正确、高效研读教材的切入点。比如,2020年7月,英语教研组组织的研学活动中,教师们一起观看学习了5B M4 U1 Museums 的单元整体规划和各课时的教学说明视频。教师们在分享过程中可以观察其他教师是如何解读教材、如何准确地理解和把握教材内涵的,教师们纷纷表示可以将学到的方法投入实践。也可利用网络和多媒体资源,积极关注小学教学领域的新变化,在研读教材时充分结合教育新形势和本班学生的实际学习情况,以提升教材研读能力。

（2）展示活动共探讨,深挖文本。

作为青年教师超过半数的学校,我们需在高效培训上进行思考,抓住契机的教材研读是有效做法。学校让每位青年教师"拜师学教",让老教师"传帮带",帮助年轻教师提升解读教材的能力。参与展示活动（研究活动）的青年老师,在"师傅"（学科导师）的帮助下解读教材,读懂教材,语文、英语类先背诵课文,达到书读百遍,其意自现。通读教材的前后内容,每个阶段需要学习到什么程度,达到什么教学目标；熟悉教材内容后建立一个整体教材观,才能有效地提升教材研读能力,提高备课效率和课堂掌控能力。

（3）专家分科细化理解。

集中培训为校园注入了新的培训形式,将培训进行二度过滤,再进行筛选,留下精华部分,让教师们"精读"教材,更好地把握教材。

全体教师定期开展分科培训分享会,教师们进行了经验分享。如在教研员吴佩珍老师的讲座中,陈诗意老师醍醐灌顶,认识到了本体知识的重要性,在小学低年级句子教学方面有了自己的体悟;姚剑强老师关于"小学数学单元学习活动设计的思考"让龚雨晴老师意识到了整体把握知识本质的重要性,也对自己提出了"要提升自我教学设计"的新目标。

(4) 学科单项落实教材理解。

学校每年都会开展各科的学科文化周,教师对应自己执教的学科参与活动,如教案设计、综合练习编写等,这些活动需要从教材、学生、教学方法和教学过程等方面入手,直接提升了教师对于教材的解读能力。活动评委也会及时对教师进行点评,同时,也能对出现的问题进行问诊,指出进一步努力的方向。学科文化周的活动既是对于教师所执教的单项学科教学水平的一次检验,更是促进教师教材解读能力和教学技能提升的助力。

3. 课堂调控及评价的能力的内涵和意义

教师对课堂教学活动的计划与实施、组织与管理、反馈与调节以及反省与评价贯穿于课堂教学的全过程,教师教学调控能力的高低将直接影响教师课堂教学反思能力及其发展水平。课堂教学变化不定,课堂的生成性、开放性以及不确定性对教师的要求很高。同时课堂调控的主动权在于教师,教师是课堂的主导。因此教师需要掌握一定的"调控技巧",有了这种技巧,教师才能避免刻板模式,尽可能地预设课堂中会发生的情境,从而找到适当手段去应对。

本课题研究评价的目的是提高教师实施素质教学能力和水平。通过评价,促使教学活动达到《义务教育课程标准》的目标要求;通过评价,改变教师的教学理念和教学行为,促进学生的发展,改变学生的学习方式;通过评价,调整教学现状,激发师生创新意识,在师生互动过程中让课堂充满生命的活力,达到实施素质教育的目的;通过评价,促进小学教学科研水平的提升,提高教学质量。

4. 课堂调控的实施路径和做法

(1) 量表为导航。

课堂调控及评价的实施需要实战的课堂作为训练的主阵地,如何有针对性地借助这个主阵地,导向清晰地进行观察教师的调控能力和评价方式。这就需要借助量表进行一定的目标导向。观澜小学"新实用"课堂观察量表(试行稿)如下:

观澜小学"新实用"课堂观察量表(试行稿)

指导思想:推广观澜"新实用"课题成果,体现"新实用"核心思想,优化学生学习方式:体现学生为主体的教学理念。

评价方式:分类评议。评价要素符合得 A 类;基本符合 B 类;一般得 C 类。

执教者_____ 课题_____ 评价人_____

评价指标	评价要素	评价标准	评价结果(ABC)
学生学习情况	预习情况	及时准确:及时完成预习任务(含任务单),准确率较高。	
		自主发现:预习有深度,能提出一些问题和思考。	
	学习过程	参与状态:学习时精神饱满,兴趣浓厚,积极投入。	
		思维状态:善于思考,善于倾听,思维活跃,大胆发言。	
		自主状态:独立思考,探究问题有主见,能有自己独到的理解和想法。	
		合作状态:合作学习,组织有序,讨论热烈、同伴互助。	
		展示状态:交流观点大胆自信,表达清晰,语气委婉。	
		交往状态:尊重同学和老师,评价公正。	
	学习效果	知识掌握:基本掌握当堂课的知识,学习任务(学习任务单)准确率高,知识目标达成度好。	
		方法运用:有一定解决问题的方法,形成有效的学习方法,并尝试触类旁通。	
		情感发展:学生学习过程愉悦快乐,思想情感积极向上。	
教师导学设计	导学设计	目标达成:体现"学以致用"新实用教育思想。有单元整体设计意识,重难点恰当,合理使用教学资源,体现生活化。	
		练习设计:任务单、作业设计,和生活紧密相连,体现新实用学科框架,体现多样学习方式。	
	课堂活动	资源运用:注重生活情境导入,课堂重生活资源引入和应用。	
		反馈提炼:及时整理归纳学生的生成问题,纠正错误,提炼总结。	
		激励评价:采取多种方式巩固落实课堂教学内容且效果好。课堂评价适时恰当,及时,多样,激励性、并具有指导意义。	
整体评价与建议			

该量表评价指标从"学生学习情况""教师导学设计"两大板块进行实施,同时,细化每一个过程中的观察点,对于学生学习活动中的状态,教师都有意识地根据这样的一个评价标准进行现场调控并进行适当的评价。

(2)多样化评价。

通过校本培训、青年教师沙龙等活动,学校教师逐步树立起了注重核心素养下的教学评价意识。一系列的培训帮助教师认识到了多维度评价的导向作用,评价必须考虑学生个体间的差异,考虑每个学生发展不同阶段特点及知识的多样化,从而使不同程度的学生在不同领域的能力都有所提高。

现代教学评价主体已从单一转向多元,形式也更加丰富。我校引进"豆朋"软件,以多渠道、多方式的信息反馈学生的学习情况和发展。如图2所示,通过"豆朋"软件为学生点赞变得动态化、动画化,吸引了孩子们的注意,根据儿童的兴趣特点,孩子们就会更努力、更积极主动地探究知识、更乐意于表达交流。

图2 通过"豆朋"软件为学生点赞

通过积攒"豆宝",每过一段时间可以进行"豆宝奖励",用一定数量的豆宝进行兑换,奖励也可以根据老师需求进行自定义设置,如奖励"小红花"或者兑换"心愿卡""领袖卡"等,如图3所示,使学生体验成功的喜悦。

图3 奖励设置

针对不同的年级、不同的学科,教师可以设置不同的评价标准,体现不同的学科特色,大大方便了各科老师、班主任对学生的不同评价,更体现出了评价的全面性、综合性。设置的评价标准示例如图4所示。

图 4　设置的评价标准示例

豆朋软件的使用助力我校评价的改革让教师更精准地施教,让学生更有效地学习。

2020的疫情使得学习方式也发生了改变,"线上教学"的新模式,课堂的调控和评价显得尤为重要。隔着屏幕那一端学生的学习状态到底如何,学校实施学科核心组,分组设计学生互动环节,设计多样的评价方式。

比如,"云端奖励"让互动快乐起来。在校期间课堂互动通常是生动活泼的,学生容易进入学习状态。然而在线课堂,学生往往只能听到老师陆陆续续发送的语音、视频,面对这样枯燥单一的教学方式,个别学生容易失去学习兴趣,不主动参与课堂互动,也会造成课堂互动集中在某几个学生上。五角星、小红花、奖状……这都是学生们平时课堂中喜闻乐见的奖励,一旦学生得到这些奖励,他们的学习动力会增强。青年教师发挥技术的特长,将这些趣味的图标等搜集,合理地在课上运用。教师们发挥个性特长,还将平时学生中的游戏打怪升级引入到评价中,大大提高了互动的趣味性,教师也较好地调控住了隔着屏幕的学生。

教师不仅对学科类学习进行评价,还对德育、体育等进行趣味、有效评价。每年的校运动会,学校的宗旨是让孩子爱体育、爱运动,让强身健体成为一种生活习惯。设置各项活动的宗旨是让学生全员参与到各项体育活动,培养运动的兴趣和习惯。图 5 所示为鼓励学生积极参与各项活动的"争章卡"。

争章卡就鼓励学生积极参与各项活动,只要参与,就可得到一枚奖章,如果成绩好就可以再获得一枚奖章。每个学生可以根据获奖总数去获取自己喜欢的奖品。学生们热情高昂,在获得不同的奖章的同时体验运动的快乐。

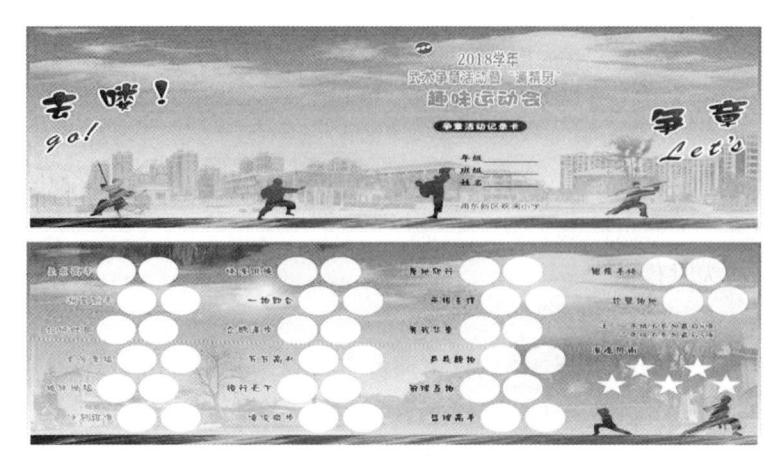

图 5 争章卡

2020 年,我们还全面启用了《观澜学子行为规范达标通行证》,如图 6 所示。该通行证是以 2015 版《小学生守则》要求为依据,结合学生实际行为习惯情况设计的,从生活习惯、学习习惯、交往礼仪、集体规范、社会公共规范 5 个方面细化了训练目标,序列化分年级段设定达标训练内容。学生的品行如何来进行评价,学校的各类奖章是最好的动态诠释。

图 6 观澜学子行为规范达标通行证

5. 信息技术整合能力的内涵和意义

信息技术整合能力是创新人才培养的必然要求。具备信息技术所必须的能力素质,才能适应时代发展要求,具体体现在敏锐的信息意识、扎实的信息知识、熟练的信息能力、高尚的信息道德这几个方面。

教师作为肩负社会人才培养重任的专业工作者,提升自身的信息技术素养已成为时代赋予的历史责任。信息技术的发展将促成"教师中心"向"学生中心"的转变,课堂教学设计将更多地张扬学生的主体精神,同时,教师的课堂角色也会随之发生系列调整。我校正创建浦东新区信息化标杆校,因此学校教师更应掌握信息技术并具备一定的信息素养。

6. 信息技术整合能力的途径和方法

(1) 专题学习,认识技术。

在教育理念更新的同时,教育的手段也在不断推陈出新,在信息技术整合能力方面,学校定期组织专题培训和经验交流,如"一路一起,信息化伴你成长""走进教育云时代,开启智慧新课堂"……为教师充实信息技术与教学整合能力。还推动了信息化创新项目"移动互联进课堂,感受美术真实用",体现了我校在学校文化传承中不断进行技术创新,体现了教学的"真实用"。

(2) 创建中心,云享互动。

我校建立了数字中心、未来教室这两个信息化教学教室,分别配备了希沃白板系统和纬创智能移动终端交互系统。

2012年起,我校投入使用未来教室,引入了纬创智能移动终端交互系统。板端交互的新课堂模式,对于改变学生的学习方式,优化数学课堂教学产生了很大的影响。如2018年,在智慧教室中进行展示的《百数表》一课,执教老师设计教学,将板端交互融入整堂课中,充分体现学生在课堂中的主体地位,使其成为课堂的主人,打造灵动的数学新课堂。

有了数学中心和未来教室,学生和老师都能切身感受到信息技术为教学带来的效益。

(3) 资源利用,高效发挥。

疫情期间的线上教育已经为各位教师打下了扎实的信息技术基础,"晓黑板""钉钉"和录屏授课等技能均已熟练掌握。回归校园后,后疫情期间线上线下学习模式的无缝连接也建立在信息技术的基础上。空中课堂是比较权威的有效资源,一线教师应该运用好这一资源,在备课时提前观看空中课堂,将空中课堂中较好的习题或讲解片段进行截屏、录屏,然后融入自己的授课资源中,供学生观看,这样可以提高课堂效益。

图7所示为我校基于PHP+MySQL自主开发的兴趣社团选课系统,对教学管理的优化与创新起了很大的作用。通过不断地使用及修改,平台构建逐步完善,很大程度上提高了我校教师各类课程开放的效率及科学性,帮助教师面对不同年龄不同兴趣的学生,更科学有效地分配教学资源,并以此指导与督促教师改进课堂教学,从而有力保障和促进了学校学生素质的全面提高。这项举措在小学阶段实施来说是走在前列的。

图7 兴趣社团选课系统

7. 教师科研能力的内涵和意义

教育科研能力是教师运用科学的研究方法,对教育规律、教育问题、教学方法等进行研究的能力。对小学教师而言,主要是指对自身教育中出现的问题进行研究,并将研究成果用于指导教学实践的能力,包括课题选择、研究方案设计、研究实施、实践反思、成果总结、成果应用等能力。基于学校校情,我们主要侧重培养青年教师参与市、区级课题研究实践的能力;独立主持课题的能力;运用不同的研究方法进行实践反思的能力;撰写经验文章、案例的能力等。

对小学教师来说,教育科研工作应该是与教育、教学工作紧密结合的。小学教师进行的教育科研成果既有目标指向性,又有过程性和成长性。在研究过程中,教师要不断主动学习和吸纳最新教育研究成果,积极思考和创新,认真寻找有效的解决办法和教学策略,促进研究者教育观念的转变、专业能力的发展、教学水平的提高,使教师的整体素质得到提升。做科研的过程就是教师素养提升的过程。

8. 教师科研能力的途径和方法

(1) 科研学习,丰富学习视野。

教师应"多读书,读好书,好读书",不断拓展视野,就能提升综合素养。教师学有所思,学有所悟才能更好地将所学知识运用到日常教学中去。学校专业发展部每年寒暑假都会组织教师参加"好书推荐"活动。趁着寒假期间,让教师们多阅读积累,及时更新教育理念,紧跟教育时代潮流,充实头脑,改善自身知识结构。

阅读的内容涉及面广,有"品读美文,提升素养,服务教学"的读书活动,也有主题教育课实例,《人民教育》杂志前沿学习,教育理念、方法学习等;专项学习如《健康与审美是人终身幸福的重要基石》《认知视角下教师现场学习的优化策略》《评价赋学生表达之能》等。引导各位老师阅读学习后完成读书活动反馈表,摘录阅读相关内容;结合实际教育教学工作,谈谈自己的阅读体会与教学实践。读书活动大大丰富了教师们的学习资源,为大家的科研活动提供了更丰富的信息。

学校专业发展部每月会根据一定主题组织"每月一学"活动。一定主题下的系列文章为学校老师提供了丰富的科研信息,如 2020 年 11 月,为引导教师强化课堂主阵地作用,扭转评价体系,树立正确的人才观,学校专业发展部精选了"五育并举"相关的文件及论文,供各位教师学习。学习内容包括学习文件《中共中央国务院关于深化教育教学改革全面提高义务教育质量的意见》,了解"五育"内容,领会文件精神;阅读《观澜智慧》中的文章,学习本校老师怎样在日常教学中融入"五育"理念。

(2) 科研指导,提供科研方法指导。

对于广大一线教师而言,做教育科研的困难在于缺乏专业的科研素养,不知道用怎样的方法去提炼自己的教学经验或是不知道用怎样的方法去撰写经验文章或案例等。为此,学校专业发展部经常邀请上海市浦东新区教育发展研究院的专家为教师们提供专业的培训如经验文章的撰写培训、教学案例的撰写培训、科研论文的撰写培训等,为我校教师的科研工作提供了有效的科研方法指导。

如何把教师们在教学中点点滴滴、零零散散的感受梳理成有价值的、具有可推广性的经验文章,需要专业的撰写方法。

学校专业发展部每学期都做专题培训,根据教师们的需求以及相关问题,采用自培和外配结合的方式提供"经验文章撰写的注意点及要求",带领教师们学习教育教学经验总结的含义以及经验总结与论文之间的区别,详细学习经验总结撰写的注意点及相关要求,培养教师们独立撰写经验总结的能力。

教学案例对于教师们来说非常实用,又是科研的一个组成部分。它来自日常的教学实践活动,贴近教师工作。教师们有大量的实际问题,需要通过研究,妥善解决,在这个过程中教师会自觉或不自觉地进行大量的教学研究,有很多经验和教训,其中不乏典型事例,会给教师留下比较深刻的印象,成为撰写教学案例的素材。教学实践涉及的领域宽,发生的事例多,是教师撰写教学案例有事实可说,有道理可讲取之不尽、用之不竭的源泉。

为了提升我校青年教师的教科研论文撰写能力,学校专业发展部于2020年邀请浦东教育发展研究院的专家就专门对青年教师开设指导"论文写作的若干问题"的讲座,并在指导结束后要求青年教师们各自撰写一篇论文,作为培训的作业,根据教师的撰写质量分别进行个别指导,选取优秀文章进行投稿等。

除了各类刊物,新区的相关比赛外,观澜办学联盟、学校刊物等每学年都会创造许多机会鼓励教师们动笔撰写。不少老师的案例或论文发表或获奖,成果喜人。

9. 教育能力的内涵和意义

教育能力涉及比较宽泛,基于学校的校情以及当下年轻教师多如何面对日益要求更高的家长群体,课题组本次研究的教育能力包括教师的沟通能力活动设计能力和家校合作能力。

10. 教育能力的方法和途径

(1) 创新家校沟通。

现代教育下的家校沟通不是简单的家访、电话来反映孩子在校的情况。家长需要的是更宽领域的沟通,如前瞻的育儿理念,家庭辅导、心里沟通等相关的多渠道沟通。观澜本身就具有一支强大的家长后援团,家校联合,可以发挥沟通的最大效益。

尝试"澜精灵爸妈"家长大课堂,借助家长资源,开展家长进校园授课的活动。为了进一步扩大活动影响范围,我们以家长微课程的模式为基础,项目组的教师们分工明确,主动对接,每位教师按照"年级负责制",负责一个对应的校区中的一个年级,与家长沟通上课主题的确定,上课内容的选择,上课所用的道具、实践材料等其他事宜。教师在活动中主动、热情、积极地与家长沟通,有的放矢地询问家长上课的一些事宜,并不厌其烦地回答家长疑问和困难,真正为家长提供力所能及的帮助,是另外一种新型家校沟通。同时,家长从职业人转化为教师角色走进课堂,体验了教师工作的特殊性,可以很好地进行角色换位思考。理解多了,沟通多了,交流也就更顺畅了。

类似于此类活动,不仅辐射到了每一个班级每一位学生,让更多的学生见识到学校、书本以外的大千世界(其中涉及的课程领域有科技、环保、OM比赛等)也点燃了孩子们的创新火种,锻炼了他们的想象创新能力等。通过课程体验,引导学生从中学习相关知识,加强职业体验、拓宽视野、发展思维,合力培育学生创新素养。同样,家长也在活动的顺畅沟通中获益,他们看到了学校、教师的教育初心和热情,看到了教师的职业能力体现,也看到了学生创新素养等的提升。

(2) 精心指导沟通艺术。

沟通离不开言语交流,沟通是一门艺术。无论是老师找学生家长谈话,还是家长找老师谈话,我们都要秉承"三要三不要"原则,其中"三要"是指:①教师要保持和蔼的态度,耐心倾听家长的诉求,给予家长以充分的尊重;

②要充分考虑家长诉求的根源所在,换位思考,给予家长充分的理解;③要控制好自己的情绪,不能因家长的言语刺激而情绪失控。"三不要"是指:①不要过多地向家长反映学生的缺点、错误,避免家长对孩子的过分失望或认为教师在推卸责任;②不要向家长表述为了其孩子花费如何多的精力,避免家长出现误解;③不要过分地表扬学生,这样可能导致家长盲目乐观,可能忽视自己孩子身上一些缺点和不足之处。

"相约星期六(家长学校)"是我校以"空中课堂"的方式开启的家校沟通的专题栏目。学校以微信公众微视频的方式进行主题推送,每月一次构建家校之间的"空中课堂",为家校联系建立起了沟通的桥梁。

在这场专题栏目里,家长们聆听着疫情期间校长对孩子和家长的肯定,也收获了校长的第三封家书。让感恩成为一种信仰,让努力成为一种习惯,让责任成为一种自觉,让自律成为一种行动。家长们聆听了《如何开展有效的亲子阅读活动》《一起做三"悦"家长》《好班级,好发展,从把握3个不等式起步》《投资好习惯 收益好素养》《让"创造"成为孩子的素养》《爱为原点 用心沟通》等微讲座,一次次的微讲座,融入了学校、教师的沟通艺术,有对家长的尊重和理解,有对学生的期待和目标,拉近了师生间、家校间的心灵距离。

家庭是孩子的第一所学校,而学校则是孩子系统地学习科学文化知识的主要场域。家庭和学校作为影响孩子发展较为关键的两个因素,在孩子的成长与发展中发挥着各自的作用。在孩子的教育过程中,通过教师的桥梁纽带作用,两者若能够有效地衔接与配合,将会非常有利于增强教育的整体有效性。

(3) 多策略设计教育活动。

提高育德能力,教师要提高各种主题设计寓教于活动之中。

教师要善于组织丰富多彩的教育活动,更要善于规划班级活动中的各项工作,一旦缺少这种能力,班级活动就会陷入一片杂乱,顾此失彼,即使再用力,也只能是事倍功半,费力不讨好。

随着素质教育的深入发展,班级活动在学生的成长教育中成了重要部分之一。经过精心设计的班级活动是开发班级成员身心素质潜能的时空条件,是班集体形成和发展的整合因素。做好班级活动的设计和实施工作对学生个人的成长、班级良好人际关系的建立、班集体的形成有着重要的意义。教师作为班级负责人,得天独厚的条件就是可以设计实施各式各样的班级活动,将特定的教育目的寓于一定的活动中,通过这些活动来促成学生的成长。

周末,学校可以在取得家长的认同下,组织亲近自然等活动。如低年级的野外活动。教师设计精细,学生收获就多。对于高年级的学生,还可以让他们参与设计的过程,"我的班级我做主"。学生是活动的主人,只有全身心地投入到活动之中,参与活动的设计、组织、管理,才能发挥他们的主动性、创造性。

结合校园环境与班级发展,学校还为各班定制了个性班级铭牌,我校五(3)班的班级铭牌设计见表2。

表2　五(3)班的班级铭牌设计

班　　名	五(3)奋飞中队
班级公约	学风严谨　奋勇拼搏 优雅大方　文明守信 心胸宽广　表里如一 尊师爱友　团结互助 自立自强　知恩图报 静净敬竞　永不言弃
班　训	做人诚心　学习细心　友情真心　生活开心
班　徽	
班级合照	相亲相爱的我们

班级铭牌设计活动中,活动主体是班级全体成员,教师只是这全体中的重要一员。每位学生充分挖掘潜能,自觉主动投入此项活动,同学相互之间的彼此信任与尊重,更有利于发挥出他们的聪明和才智。活动中,他们独立工作的能力、自我管理的能力以及创造精神都能得到培养,也为以后搞好班级活动打下了坚实的基础。

学校学生发展部根据具体情况,组织教师参加队会评比、班主任主题教育队会课设计等,让教师们的育德能力得以提高。

■ 特质五:精神品质

(一)培养目的和意义

"爱工作,会生活"是观澜教师追求的一种生活品质。观澜小学在管理中以"人文精神"理念促使教师快乐工作,品味生活的管理,提高教师精神生活的品质。学校通过举办各种人文活动,建立共同愿景下的教师归属感。通过搭建实现教师个体生命价值的平台,让教师获得成就感。通过快乐工作,快乐生活让教师获得幸福感。

(二)实施路径和方法

1. 建立共同愿景下的归属感

教师归属感培育的关键是让文化经历从理念到行动、从抽象到具体、从口头到内心的过程,要得到广大教职工的理解和认同,转化为教职工的日常工作行为。有着近两百年办学历史的观澜小学,有丰厚的文化积淀,为了提高教师的幸福指数,培养教师对学校的归属感,学校工会在校党政领导下,在观澜人文的浸润下,开展了一系列的活动,为各年龄层次的教师搭建平台,有效、扎实地推进了教职工文化建设,增强了教师归属感的培养。

案例十三　　　　　　　　**学校美景我来命名**

花团锦簇的春季,斑斓多彩的校园,行走其中,就是你在这个季节与校园的缘分,用影像记录这一刻,它便是永恒。学校工会举办以"美在观澜"为主题全校教职工校园摄影大赛,围绕校园风景、人物采风、精彩活动等场景进行构思,真实反映美丽多彩的校园风貌和品牌特色的校园文化,充分体现我校优美的校园环境。

校园吉祥物是学校的象征，是校园文化的重要组成部分。在观澜，"澜精灵"这个名称已经耳熟能详。它是观澜学子活泼、聪慧、灵气的象征。学校组织全校教职工开展"澜精灵"吉祥物设计图稿征集活动。从午会课上的方案解读，到升旗仪式上的"吉祥物"含义解析，再到少先队活动课上的创作交流展示，多方面激发了全体学生的创作热情。除此之外，我们还在学校微信公众号上发布征集令，工会面向全体老师征集设计稿。以下为校园吉祥物设计的教师作品。

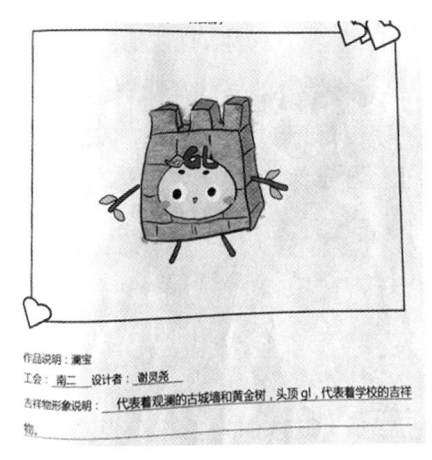

2. 努力奋斗扬正气

按照观澜小学四年发展计划,以树立榜样典型,弘扬正气,激励士气等方式锻造"务实、进取、协作、大气"的教师文化建设,每年设有"观澜形象教师"评比活动。在学校网站、校报、微信公众号上宣传——为其配上照片和事迹简介,向学生、家长、社会等大力推介学校优秀教师。

一年一度的迎新活动也是学校优质文化的展示活动,教职工全员参与,让每位老师都登上舞台,人人是主角,个个是"澜星"。节目精彩纷呈,讲述故事、诗歌朗诵、载歌载舞、小品短剧……教师们化身为舞台明星,充分展示自己的才艺,也展示了观澜人特有的豪迈奔放。

3. 健康取向优雅大气

(1)插花艺术。九月金秋,观澜小学开展了教师节插花艺术活动。教职工们各施己能,通过插花的形式来展现自然,崇尚艺术,抒发情感,交流友谊,度过了一个快乐又难忘的教师节。活动的举办能够为广大教师带来美的享受,在繁忙的教学工作中增添一些乐趣,同时陶冶了教职工的情操,让大家在繁忙的工作之余得到了放松,提升生活品质。

(2)点心制作。在第34个教师节来临之际,观澜小学南北两校区举办了教职工点心制作活动,用实际行动证明教师们个个都具备"出得厅堂、入得厨房、上得讲台"的真本事。活动不仅丰富了校园文化生活,提高了教工的生活乐趣,也增强了团队的凝聚力。

(3)运动会。春日里有吹面不寒的微风,有映入眼帘的嫩绿,还有一个属于女神们特别的节日——"三八妇女节"。穿着统一运动服的"女神"们个个青春靓丽,活力十足。男老师们则担任运动会的裁判。在运动会中,教师们不仅锻炼了身体,也释放了压力。

每一个节日,老师们设计自己的活动,丰富着自己的精神生活,也让自己的快乐感染学生,既辛苦,也快乐。

总而言之,学校以"人文精神"管理,结合"实用"主义思想开展的一系列人文活动,使教师之间互帮互助、诚实守信、平等友爱、融洽相处、充满活力,真正体会身为教师,身处观澜而有的幸福感。教师队伍的凝聚力就这样一点一点积聚起来,向心力也不断增强。

第四部分　经验与成效

一、职业认同度持续提升,教育情怀根植心中

做教育,不能世俗化,不能功利化,也不能平庸,必须保留理想和情怀,才会赢得尊严。因情系教育而幸福,让无限潜能变成现实而拥有社会认定的价值。为师者,拥有理想和情怀才能致远。

在对这一职业的选择上,有的人是因为有对教师职业的憧憬和热爱而选择,也有人则是因为教师职业寒暑假的"小诱惑"或者其他原因而选择。暂且不论前面的动机是什么,只要踏进了校门成了观澜的老师,"如何去爱,去真爱"便是我们的培训目的。让教师们达到"因为爱,所以更爱"或"曾经不那么爱,现在爱了"这样的职业认同,使他们将教师职业作为一种融入自己生命的一份职业,并矢志不渝地去追求。

(一)师德活动重突破,内心情感被激发

教师族群绝非一般的普通群众,对其提出的职业要求相应也高,绝非只是基本需求。正因为这样,学校都会进行师德演讲,用听讲座等方式给教师们"洗脑"。对于年轻教师来说,我们需要的是让他们去体验,去实践。在实践和感悟中审视他们的内心。观澜有着近两百年的历史,前辈们的教学方式和教学手段在今天也依旧具有教育意义,我们在专业理想上采用"寻访观澜人物"的方式,组织青年教师寻访优秀退休教师,倾听他们的教师职业道路。暑假里,青年教师有组织地走进退休教师、观澜年长教师,了解观澜发展史上老教师们当年的工作情况、教育的发展历程,重要的是走进当年的他们,真正走进前辈们对讲台的热爱和执着。就这样,一个个鲜活的故事震撼

着年轻的教师。

（二）教师职业需认同，教育情怀要根植

拥有两百多人的观澜教师团队，学校对他们的打造是不能一概而论的，学校的"星级"教师培养就是对不同年龄层的教师进行打造和提升，在清晰的目标指引下开展一些实实在在的教育教学行为。教师的专业理想是一个不断修炼的过程，在不同的人生阶段有着不同的内涵与要求。

1. 入职初期，能坚定信念

学校的澜星讲堂、个人职业规划、学科带教、志愿者服务等都在让初入职者有职业发展，拥有职业规划，才能胸怀理想，信念坚定，将理想与信念扎扎实实地落实在每一天的工作中、落实在每一堂课中、落实在每一次教研活动上。

2. 入职稳定期，能坚持磨砺

"心想事成"的宇宙法则，需要十年、二十年更多的努力，才可能因为天天勤勉促进人格的提升，从而让"心想"与"事成"画上等号。"胜利者往往不是跑得最快的人，而是最能耐久的人"。我们的专题活动就是让教师们拥有坚持读书、坚持教研，坚持研修的精神，全神贯注地一事一业，努力工作，精益求精。

3. 入职后期，能坚信未来

精力与体力的衰减，是人不可抗拒的自然规律，但年纪的增加，也往往使人经验更丰富，理想与判断能力更强。此阶段最需要的是对工作能依旧拥有饱满的热情。不管工作多么繁重、心有多累，都用一种积极的心态去面对，坚信未来的是美好的，理所应当地担当承前启后的任务。在"星级"教师打造活动中，我们使这部分教师的专业定位更高，通过评高级职称、开设工作室等途径，以及参与指导青年教师等活动，让每一段职业路都精彩。

课题实践中，民意测评显示，家长对学校老师认可度越来越高，满意度以每年超过5％的程度递增，青年教师的职业理想也迅速提升，每年的校内"观澜形象教师"青年教师的比例逐年攀升。

二、教育理念不断更新，学习意识化为行动

如今在职的教师已经大部分都是本科及以上学历，按传统眼光来看，教小学生该是绰绰有余，应该是教师有一桶水了，但是知识体系的丰富仍需要

时常打开"补充键"和"更新键"。

要突破专业知识发展的瓶颈，教师先要具备自我内在的需求。无数教师努力地"盯住"学生的学业，终日忙碌，却在不知不觉中变得不学无术，原因何在？原本还算装满知识的瓶子，知识之水随时间总在不断外流，却没有新知弥补，怎能不漏光？时间、学生、教材、时代、观念一切都在变，我们应对这些变化最重要的就是保持专业知识的更新。知识的时效性决定其有用性。没有前瞻性的新学科知识更替旧库，就没有发展后的教育学、教育心理学知识替代旧的教育教学方式。

在忙碌的日常工作中，学校有系列、有主题的学习活动为教师们提供了学习的平台。课改的推进，课标的实施，五育并举的教育理念都是每一位在职教师必学的知识，有专题化、作业化、研讨化、测试等多样的学习方式。根据培训规划，递进推进理念学习，有了科学的专业理念，针对教育问题便能给予成熟而富有倾向性的解决方法。建构教育思想并非是难事，专业理念就是教育思想的生成，有没有专业理念，就是"教书匠"和"教育家"之间的最大区别。

"愉快教育""新实用教育"借助于课题的研究，在教育教学中自然融合有"星星之火燎原"之势；教师自主开设的"校本课程"社团"微型课程"都体现着教师自我的教育思想，将这种自我个性鲜明的教育思想有机输入给学生，发展学生的个性和独立思考能力，彰显教师的能力。学校近几年成立的项目建设涉及文化、宣传类、科技、艺术、体育特色类，德育与课程类，课题研究类，教师发展类等领域。各组的成员构成涉及教导员、备课组长、普通教师，更有才工作两三年的年轻教师。项目组长个个协调能力强，组员们积极性高，团队意识足，同心同力、敢于争先，他们的潜在能力得到了挖掘，各项综合素质得以提高。在参与项目的过程中，也让教师们主动参与到学校的发展中，自觉成为学校发展的设计者。

我们打造的"星级"教师不是简单的单一的教师角色，还是特色课程和活动的开发者，设计者。学校长期坚持策略地专业理念学习，就会有教师的主动意识。有了主动性，才会设定自我目标并为之努力；有专一的精神，才会发现并挖掘出自身的潜力，并无限放大。

3年内，近60多名老师参与区级课题（项目）负责人，主持校内项目64项，开发社团课程27个。

三、专业知识迅速提升，知识体系趋于完善

（一）本体性知识的巩固与发展

专业知识习得的最佳捷径，是学习他人的思想而后建构自我的专业知识体系，或建构自我的专业知识思想以解决某一专业知识点。专业知识体系涉及面广，目前教师比较需要的是"本体知识""实践性知识"和"条件性知识"。

本体性知识就是要强化学科特点，它涵盖了新信息的习得，还涵盖了传统固化知识的深层次习得。教师求学时所习得的学科知识一般在于量的多少，而为师后在追求量的同时更追求质的问题。"星级"教师的全面打造不是简单的普及活动与考量，作为专业性很强的教师工作，我们要做到学科分类打造，甚至同学科进行分层培养。

专项活动打造的根本宗旨是"实现从知识到认识的转化，将学科知识转化为'我的教学内容'"。否则本体性知识终将还是本体，未曾体现知识的再架构和重组。如语文学科的经典诵读、理解作品的内涵；数学学科的一题多解；英语学科的文化研究；等等。作为分类化的特有路径，教师的学科专业成长是突飞猛进的。

（二）通识性知识的夯实与拓展

通识性知识是指并非职业性、专业性，但是涉及人类兴趣的所有学科的知识。通识性知识丰富的人具备远大眼光、通融识见、博雅精神和优美情感。教师的工作性质决定了不单单是简单的学科知识传授，还需要各种知识体系、丰富的知识面才能应答学生们的种种问题，才能在学生心中树立为师者的形象。

"星级"教师打造活动中的通识性专项培训，提供教师不竭的拓展，如进行好书推荐交流分享会、语言艺术指导、优雅仪态、心理调适等专项学习，强化文化熏陶，提升人文素养和思想修养，拓宽学术视野，驶入教师发展的快车道。学校的有意识的培训学习其目的要形成教师无意识的自我修炼，平时自觉去捕捉学习宽泛的知识，体现"有之以为利，无之以为用"的思想。细化"通识"两字，"通"即通晓、明白；"识"即智慧、见识。

实践期间，图书馆的书籍阅读量成倍提高，学习成了工作生活的一个组成部分。

（三）实践性知识在活动中提升

舒尔曼曾指出教师专业知识分析框架包括学科知识；一般教学知识；课程知识；学科教学知识；学习者及其特点的知识；教育情境知识；关于教育的目标、价值以及他们的治学和历史背景的知识共 7 个板块。这些都是教师很显性的增长点，在专题专业知识活动中，我们实现着教师对学科知识的理解程度，理解的广度、深度及贯通度的最大化。

学校教师体量大，年龄结构、水平也各不相同，如何让他们根据自身需求得到有层次的提升，需要采用创新的活动方式。根据年龄、教师层次等开展"工作室""青年沙龙""导师例会制"等培训，再根据需求和特点分组培训，将问题找准、找精、有的放矢，让教师通过实现自己的一个个小目标，一次次地发展实践能力。

现有学校骨干教师命名的工作室 6 个，近 20 多名教师在各类工作室中成长，参加高一层次的培训和输送。

四、专项能力快速突破，师生关系日益和谐

学校教师持续地为教育教学的发展注入正能量，这是判断学校专业整体能力的一个风向标。课题的实践，预设的教师专业能力有提升，主要表现在以下方面。

（一）全方位提高教育教学的设计力

教育教学设计力是教师直面教育和课堂教学的一种潜能的发挥，是教师综合素质发展中的第一生产力，即对"如何教""如何育"进行总体规划设计的一种能力。学校从三大能力着眼的打造，真正体验着教学设计融入智慧和恒心的过程，坚持长效的科学的培训，不同层级的教师在主动的修正中积累经验，从而提升教学设计力。

在专项培训中，注重提升方法并循序渐进，其间经历模仿优秀，领悟精髓，独立尝试，揭短评判等过程，再进行"高攀"，主动靠近优秀研修团队。新区新苗杯教学设计入选达到史无前例的新高速，远超新区水平。

（二）超越自我的反思力与发展力

教师的反思力是教师在活动中把自我、把教育教学活动本身作为意识的对象，不断进行积极主动的评价、反思、控制和调节的能力。是教师专业能力必备的素质。在有目标性的专业打造过程中，培养有极强反思力的教

师,让他们在成长中继续找到前行的力量,能发现自己的问题,并不断更新解决办法,从而解决问题。反思的起点是回顾"事件",反思的目的是走出窠臼,走向新生,以"学习"为前提,以"更新"和"发展"为目标。每学期案例的撰写,教学研究课的自我反思,组内揭短,都是在提高教师的反思力。

成熟教师开设了学科工作室、班主任工作室。他们的专业能力在不断得到新的发展与成长。

五、教师队伍充满活力,教师内心日趋丰盈

经实践,丰富教师的校园文化生活,确实能提升职业幸福感,同时还能增强教工团队凝聚力。教师们根据自己的喜好选择不同的社团,在舞蹈班中练体型、塑身材,在音乐班里享天籁,在美食班中习技能,在美拍班里发现美,在书画班里感受诗情画意。教职工们都觉得在忙碌了一周以后,参加社团活动既能愉悦身心,丰富文化生活,又能缓解工作的疲惫与紧张。

生活的目的,不在于炫耀财富,不在于炫耀享受,而在于精神上的充实和事业上的成功。不经战火,难以锤炼将军;不经风浪,难以成就船长。多年来,教师们站在这三尺讲台上,与学生共同探索知识的奥秘,一起讨论人生的价值。既然选择了三尺讲台,就定要在这三尺讲台上站稳站牢,站出风采。

六、"星级"特质构成阶梯,教师培训形成体系

课题的研究成效要让教师拥有"星级"特质,由不同的"星级"特质组合成合理的健康的教师梯队。

(一)构建合理的教师成长"梯队"

学校"星级"特质教师的创建,为每一位教师的成长发展提供一把可攀爬的梯子,这把梯子的构建、材质根据教师的具体发展量身定制,每位教师都可以借助它,努力使自己站得更高,看得更远,在专业成长路上发展得更好。

根据学校教师入职的年限及已经取得的现有成绩,我们将为1年期教师设立"二星"级目标,为2—5年期教师设立"三星"级目标;5—10年期教师为"四星"级目标;10年以上教师为"五星"级目标,每一个"星级"都有不同的发展考核量表,根据考核量表的达标程度来评价。

入职的年限不同,教师的发展不一样,1年期的见习教师旨在从合格站

稳讲台,发现与发掘个人特长;成熟期的教师注重特色发展,通过出版专著,开设个人工作室等途径来成长。中青年教师的选拔就从这些梯队中去选择。经过课题的实践,我们让每一位教师在梯队中有自己的正确定位,并找到自己的发展点,寻找下一个努力的目标,并为之有效发展。

(二) 整合学校活动重视教育的有效性

课题的研究终极目标就是打造整体教师队伍建设,不仅仅是单一的课堂教学,还涵盖教师的人文素养、专业技能、职业情怀等。学校借助这5个特质,各部门有效开展活动,每一活动指向明确,在活动中有策略地侧重教师的各项"特质"发展。

纵观学校的培训活动和对教师的专业成长,课题的指引引导我们更好地、针对性地进行专题活动和专项训练,在有导向的量表和目标指导下,彰显每一个"星级"教师的特质,增加培训实效性,寻找到学校教师在某一特质的弱性及新的增长点,教师整体专业化通道更加顺畅。

(三) 以"星级"教师为导向,打造观澜追星人

"星级"教师的打造,是学校为教师们提供的一个优秀外环境,让他们的专业、个性、身心都有积极的磁场。积极、及时、有效、富有创新的方式为教师们提供成长的力量,带来更多的发展机遇。

外环境的作用让教师产生积极的内驱力,内外合力之下,教师对专业价值的认定以及对职业发展的渴求就变得强烈健康。我们让每一个观澜教师有梦可追,让他们真正有驱使自我行动的内部力量,并促成一个强大的动力系统,加上学校优质的、良性的教师培养的外部环境,教师们奋力追逐的势头更为乐观向上,真正实现跨越式发展,实现大体量下的"超常规"。我们取得的成绩如下。

曹晓红　"上海市中小学(幼儿园)见习教师规范化培训优秀指导教师"称号

尹　杰　2020活力校园创新奖优秀案例评选——最佳课外体育活动案例奖

马思遥　上海市中小学信息化教学应用交流展示活动一等奖

顾舒悦　上海市中小学见习教师规范化培训基本功大赛综合奖三等奖、现场教学单项奖三等奖

……

七、困惑和思考

（一）"星级"特质教师评价的立体化如何走向

在课题实践研究中，我们的终极目标是打造教师队伍，体现不同层级的不同发展，构建良性梯队，借力于"星级"特质教师的打造研究，在研究过程中，我们也借助一定的量表，根据教师的经验及入职年限来进行评定和培训。实际上，教师的发展不完全受限于经验和时间，个体的能力和发展不是同步的，如何进行跨越式"星级"和如何实现以人为本的专业发展是需要思考的；如何打造团队和精品的整合也是需要思考的。

（二）"星级"特质教师的内涵和外延需要不断调整

对于教师来说，教师能力的涵盖最为广泛，鉴于未来对教师的需求及自我发展，需要在教师能力的专项上做适当调整，如项目化研究、导师制研究都是未来在培训上要做调整和补充的。特别是在未来几年，现在的一批教师日趋成熟，在培训上又应该侧重些什么，是需要提前做好规划的。

参考文献

［1］谢芝玥　钟发全.卓越教师的专业修炼.福建:福建教育出版社,2014.

［2］刘桂影.卓越教师培养研究:以小学全科教师培养为例.北京:中国社会科学出版社,2018.

［3］何杰.卓越教师核心能力培养:七大关键系统.南京:南京大学出版社,2019.

第二章 子报告

1. "星级"特质教师之"专业理想"实践研究

执笔：邱佳璐

一、概念和作用

教师专业理想指的是教师在教学工作中注重培养自身的职业道德素养，是教师在从事教育工作中逐渐形成的道德观念、道德情操、道德行为和道德意志；是教师从事教育工作必须遵守的行为规范、道德品质，是教师进行教学相关行为时的行为准则和必备的道德素质。教师的专业理想作为教师对其职业的理解与追求，主要包括教育信仰、教育爱心和教育准则3个方面。

教师专业理想具有高标准性、自觉性、丰富性、深远性和示范性。

教师专业理想是教师的灵魂，直接关系到学生的健康成长，关系到国家兴衰和民族的未来。

（一）教师教育信仰

教师教育信仰必须在教育关系中理解，它是教育信仰主体、教育信仰客体二者关系的反映，这种教育关系实质是价值关系，表现为教育本真属性和教师的自身需要二者所构成的价值关系。教育的本真属性就是生成智慧生命和道德生命，实现心灵和心灵的交流，精神和精神的畅游，教师的需要就是用教育智慧来培养学生，生成学生的智慧生命和道德生命。教师教育信仰必然存在于教师和教育所构成的价值关系中，是教师对这种价值关系的评价及对评价结果的持有。因此，教师教育信仰是教师在评价教育本真属性和教师需要关系的基础上，对于某种被认定的终极价值的极度信奉和自觉追求。

（二）教师教育爱心

教育是事业，而教师是职业。我们从事的是教师这一职业，担负的却是教育的责任。师与生之间，维系在一起的是爱，因而爱也就成了教育永恒的主题。教师与学生构成了教育的主体，教师是施教者，学生是受教者，而两者并不是对立的，教师与学生间的和谐成了教育活动得以顺利进行的保障。在教师的核心素养中，有爱心是最核心、最关键的素养。爱心是教师价值系统的核心，是教师职业道德规范的动力和出发点，也是任何时代教师的立身之本和社会评判教师职业的尺度。

（三）教师教育准则

教师的"准则"，是指国家教育机构依据一定的教育目的和教师培养目标制定的有关教师培养和教育工作的指导性文件。如2018年11月教育部印发《新时代中小学教师职业行为十项准则》，包含以下十方面的内容：①坚定政治方向；②自觉爱国守法；③传播优秀文化；④潜心教书育人；⑤关心爱护学生；⑥加强安全防范；⑦坚持言行雅正；⑧秉持公平诚信；⑨坚守廉洁自律；⑩规范从教行为。

二、目的与意义

（一）提升教师自我价值

专业理想是教师专业素质的核心和灵魂，它是教师对从事的教育事业的一种向往和追求，是指导教师行动的精神动力，是指引教师专业成长的明灯。

（二）增强教师责任感

专业理想是教师一生为之奋斗的目标。只有设置这样一个目标，才会不断增强责任意识和使命感，才能在不断进行自我挑战中感受到教育生活的每一天都是崭新的，才能拥有诗意地教导学生。

三、内容与路径

（一）教师信仰培育

1. 树立正确的教育信念

教育信仰来源于教师对教育的理性认识。通过理性认识，教师获得教育知识经验、个性化教育理论观念、教育信念。理性认识是教育信仰的前提和基础。

2. 确立积极的教育情感

（1）正确认识教师的使命。教师的使命是培养积极的教育情感的基础。

（2）在教育实践中产生教育情感。教育情感是在教育关系中产生的，主要表现为实践关系。

（3）在教育实践中升华教育情感。在教师个性化教育理论观念形成的过程中，教师会把这些理论观念不断地运用到教育实践中加以论证，进一步提升对教育的喜欢和兴趣，形成对教育的一种持久的热爱，从而升华教育情感。

3. 形成坚强的教育意志

（1）明确追求的目标。如果教师对教育信念有正确的认识，那么这个信念就会成为教师终身追求的目标，并在行动中加以贯彻落实，最终使这一教育信念转变成教育信仰。

（2）结合积极的教育情感。在实施教育行为中，带有积极教育情感的行为是发自教师内心的，具有极强的主观倾向性，有利于教育行为的展开和教育活动的完成。

（3）具备持之以恒的教育行为。具备了持之以恒的教育行为，教育信念就会持续不断地转变为教育行为，教育情感就会不断地通过教育行为提升，教育信仰就会逐渐养成。

案例一　**(澜星讲堂)"真·实"，乘风破浪创未来**

2020学年，"观澜"这艘航船向着新征程扬帆起航。8月28日上午，2020年第一学期"澜星讲堂"暨"观澜师德第一课"在川周校区隆重举行。首先一首《春天的故事》唱出了观澜人对伟人的敬意。《黄炎培的故事》让我们走进了"内史第"，感受黄氏家训，激励着观澜人办实事、做真人。在乔佩琼老师的带领下，我们学习习总书记经典语录，做好新时代的践行者。曹静老师为我们讲述假期学"四史"的那些事。紧接着校史讲解员庄忆玮老师将自己的成长心路娓娓道来，带我们走进观澜的历史长河。陈青卿老师与大家分享了"青云五班"班级公众号的诞生与发展的始末，不禁让人感慨家校合力的无限能量。尹杰老师对教学案例入选全国活力校园优秀案例200强的经过娓娓道来。最后"观澜形象教师"们用热情和智慧演绎了一个个动人故事……在"澜星讲堂",老师们一起学四史,体会着先辈在革命奋斗中的艰难历程;聆听一则则感人故事,树立起理想信念,更加坚定自己作为一名教师的初心。

案例二 (党团队·学"四史")寻访学"四史",故居"深度游"

为纪念中国共产党成立99周年,切身实地加强"四史"学习教育,坚定党团员的革命理想信念。2020年8月5日上午,观澜小学党支部与团支部赴上海市爱国主义红色教育基地——张闻天故居。党团员教师一同参观了"张闻天生平陈列馆",学习了张闻天同志在各个历史时期作出的伟大贡献,缅怀了他波澜壮阔的一生。张闻天同志坚持真理和无私的精神,赢得了后人的尊敬。一部张闻天同志的纪录片更让教师们对一个优秀共产党员有了更深刻的了解,并为他这种为党奉献终身的精神所感动。党团员教师纷纷表示要传承和发扬老一辈无产阶级革命家的高尚品质和优秀作风,以高度的责任感和良好的精神面貌投身到自身工作中,在教师的岗位上实现自己的人生价值。

(二)教师爱心培育

1. 师爱与感化相结合

教师应真心实意地关心学生的成长与进步,善于发现他们的优良品质,帮助他们发掘自己的潜能,把对他们的期望融化于师爱当中。"亲其师,信其道",如此学生方能从师爱中体验到真情,引起思想的共鸣,从而由外在的行为规范转化为内在的道德要求,实现教育的目标。教师的良好品格对学生具有巨大的感召力和影响力。

2. 尊重与理解相结合

教育心理学认为,在教学的过程中,如果学生在心理上有满足感和愉快感,自身的价值得到充分体现,情感上得到了尊重,那么其潜能就能得到充分的释放。因此,教师在教育过程中要善于发现学生的长处、优点,充分肯定他们的成绩,尊重学生的合理要求,理解他们的正当行为。在尊重他们的同时,做到引导他们进行自我审视,让他们理解教师的良苦用心,善于接受别人的批评意见,学会尊重理解他人。只有这样,师生关系才能更加融洽,才能充分体现"爱心"教育的真正价值。

3. 信任与沟通相结合

信任是实施爱心教育的基础。不要对学生一味排斥和怀疑,阳光雨露般的情怀远胜于硬邦邦的说教。一个亲切的眼神,一个善意的手势,一句真诚的表扬,一句婉转的劝告,往往会事半功倍,收到很好的教育效果。所以,待生如子、呵护有加的关爱之情,是师生关系得以直接沟通的纽带和桥梁。经验告诉我们,教师要多走"学生路线",多接触学生,多组织参与学生活动,多向学生敞开自己的心扉,才能全面客观地了解学生,实现"真正的沟通"。

案例三　　　　党支部"黄金树下圆梦想"学雷锋活动

"'黄金树下圆梦想'五年级学生'微心愿'圆梦行动"是我校的传统活动。每当毕业季来临,五年级的孩子们就可以提出一个自己短期内的小梦想,从而感恩学校,为学校、为老师、为同学做好事,留下有纪念价值的东西。活动初始,教师们征集孩子们的微梦想,建立一个"微心愿"资源库。他们可以提出只有在观澜校园,观澜老师可以帮忙实现的心愿,也可以是为学校做好事的心愿。班主任老师会在班级中对这些微心愿做好筛选、审核工作。随后学校会再进一步审核,确认微心愿的数量,使之与党团员人数相一致。经过审核的"微心愿",党团员进行一一认领,认领后,通过各种方式帮助孩子们实现微梦想。教师们从"圆梦微心愿"开始,传递爱心,传递温暖,让爱的教育如涓涓细流滋润心田,让文明善意如绚丽花朵绽放观澜的校园。作为教师,大家用爱心去温暖学生,用真心打动学生,通过微心愿走进孩子的心灵,谱写一曲曲最美的师爱之歌,真正让学生"乐其师,信其道"。教师要永远做学生的良师益友,永做学生健康成长的指导者。

案例四　　　　五年级毕业典礼——让每个孩子站在舞台中央

2020年是特殊的一年,毕业季如约而至,五年级的每一位孩子怀揣感恩,相聚云端,用不一样的告别方式,开始属于他们的毕业典礼。让每个毕业班的孩子都站在观澜的舞台上,成为最亮的那颗"澜星",这也是我们永恒不变的主题。

毕业典礼前期,学校相关负责人以及每位毕业班的老师就开始一系列的准备工作,召开五年级班主任会议,确定学生节目类型,确定典礼开展流程,制定具体的操作计划等。学生作为个体,是有个性差异的,每个学生都有不同的闪光点。基于这样一个因素,老师们为学生提供一定可供选择的活动,让学生充分发挥自身的优势,这样就能让更多学生表现自己,每个人都有可能是舞台上的"C位"。丰富多彩的活动给学生一个发挥特长的舞台、一个充满自信的舞台、一个相互欣赏的舞台、一个享受成功的舞台,让学生在这里生动地"舞"起来,让学生的行囊里装上能力、机会、友谊、毅力……让学生在人生的舞台上离成功近些,再近些。教师们也会向五年级毕业生征集想对学校说的心里话,表祝福,表心愿等,让每位学生给未来的自己写一封信等,此外还会在班上结合线上学习的表现评选出线上学习小先锋和校优秀队员。通过录制视频《致敬母校　志创未来》,五年级学生在毕业之际,得以抒发他们对未来的畅想。

（三）教师准则培育

1. 构建有准则的校园文化

为进一步贯彻落实上级有关部门"推进依法治教、依法办学"的要求,构建和完善现代学校的管理体制,近年来,学校根据教育发展的需要,结合学校发展的实际,创设和完善适合学校发展的学校管理章程和各类学校管理规章制度,对原有的规章进行认真的修改和完善,形成了新的学校管理制度体系。这次学校规章制度的修订和完善,坚持以宪法、法律法规为依据,突出学校办学特色,加强学校内涵建设,完善学校法人治理结构,提高学校管理法治化、规范化、科学化水平,全面推动学校现代制度建设,不断提升学校办学质量和办学品质,使百年老校不断绽放现代教育的灿烂光辉。

2. 发挥教师自身的作用

教师经常面对各种复杂的情景,当师德和私德相冲突时,他们的行为就容易与道德相违背。因此学校需要重视"思想"的教育,也需要重视教师在教育教学过程中贯彻"行动"上的师德。目前我国的教师师德局限于学校考核,没有专门的组织进行监督,在国外这种教师类专业组织数量众多,我们可以借鉴。组建一个专门的教师组织,可以提供给教师信息、资源,并且监督约束教育工作。

案例五　**做新时代文明教师,节日馈赠我们说NO**

贯彻教育部要求,体现良好师德师风,在2020年教师节来临之际,观澜小学向全校家长发出了一份特殊的信。

教师们践行"不收礼"的准则,在教师节这一特殊的节日,教师更应以身作则成为学生的表率。习近平总书记说过:"广大教师必须率先垂范、以身作则,引导和帮助学生把握好人生方向,特别是引导和帮助青少年学生扣好人生的第一颗扣子。好老师应该执着于教书育人。我们常说干一行爱一行,如果身在学校却心在商场或心在官场,在金钱、物欲、名利同人格的较量中把握不住自己,那是当不好老师的。"

案例六 "创建文明城区·喜迎进博盛会"教职工承诺书

为了创建文明城区,迎接进博会的到来,观澜的教职工承诺:践行"真·实"文化,弘扬观澜精神,争做"四有"好老师!

四、经验与成效

(一) 重熏陶,培育坚定的教育信仰

通过先进的学校文化来熏陶和塑造:以学校的核心价值凝聚教育信仰,以先进的管理文化强化教育信仰,以浓厚的阅读文化涵养教育信仰。观澜小学多年来秉承着在主题实践活动中培育教师信仰的原则,在主题实践中产生教育情感。在主题实践中,教师把所学习的教育理论应用到教育实践中,有一些教育理论会取得成功,这会给教师带来欣喜,这种欣喜慢慢地会转化为对教育的喜欢和兴趣,并逐渐产生积极的教育情感和对教师这份职业的自豪感与荣誉感。每一次参与主题实践活动都会有所收获,这些收获会使教师体会到成功的快乐。经过多次的情感与经验的收获,教师会把对教育的喜欢和兴趣进一步提升,形成对教育的一种持久的热爱,从而升华教育情感,提升职业道德,培育出坚定的教师信仰。在遇到各种盛事时,观澜的教师都会做出承诺,践行观澜精神。这不只是学校对教师的要求,也是教师自己意志的选择,为自己的职业骄傲自豪,希望可以尽自己绵薄之力做出自己的贡献。

(二) 明要求,形成良好的师德规范

观澜小学经过多年实践研究探索的考核制度,贴合现实情境,细致描述现实情境,给教师一个规范的指导,而且配有良好的监督机制,自评、组评、考核相结合,几方共同创建良好的校园氛围,形成一个行之有效的评价教师师德风范的标准。观澜教职工严格按照准则要求自身,提升自身专业理想,以身为观澜教师自豪。在教育部的指导下,观澜教师的准则更加精细化,有每学期教职工职业道德建设(承诺)考核,教职工践行《新时代中小学教师职业行为十项准则》承诺,观澜小学教师忌语等。

(三)付真情,构筑学校教育爱的氛围

学校以"以人为本"为理念,以"爱"为主题,不断增强教师教育爱心的针对性与实效性。每个学生都渴望教师的关注,这是人性。而作为观澜的教师,更是将自己的爱融入平日的点点滴滴之中,将其汇聚成大爱,不断提高自身的爱心修养,用真诚和温情筑起爱的长城,成了塑造学校教育环境稳定的一股重要力量。即使是"云"毕业典礼,也绝不落下每一位毕业生。毕业生通过各种形式展示了自己在观澜校园成长的经历,记住自己的小学生涯,为实现新梦想打好基础。"黄金树下圆梦想"学雷锋活动,教师们尽其所能,做学生们的圆梦"巨人",不仅实现了学生的微心愿,同时点亮了所有人的爱心,构建更加和谐的校园,生动诠释着奉献、关爱、和谐、进步的精神,激发着满满的正能量,让学生演绎着绚丽的人生篇章。

学校在2018年获得第八届浦东新区"十佳职工职业道德先进单位"称号,在2019年获得2017—2018年度首届上海市文明校园。钱筱蕾老师和张燕红老师曾获得上海市园丁奖,沈燕萍、邓晓芳、王鑫、孙悦和陈屹东这5位老师曾获得浦东新区园丁奖。

附一:

教师"专业理想"特质研究情报综述

资料搜集:范晓菲、贾莉莉、陈晓琳、邱佳璐
执笔:顾舒悦

一、解读概念

(一)专业理想(道德)特质的概念

道德是人类社会普遍存在的一种特有的现象,渗透于人类的社会实践活动和生活之中。人是社会关系的总和,人从一开始就处在一定的关系之中。人作为自然中的高级生命体而存在,是自然的存在物,因此人必然要遵循自然的法则。人们在从事其职业活动中,根据一定的善恶标准,依靠行业

内共有的习惯、信念和社会舆论,形成了所有从业人员在该行业内应当遵循的行为准则,这样就产生了职业道德,它包含了行业与行业、行业与从业人员、从业人员与服务对象之间的关系。

(二)教师专业理想(道德)特质的概念

教师专业理想(道德)特质即师德,指的是教师在教学中注重培养自身的职业道德素养,是教师在从事教育工作中逐渐形成的道德观念、道德情操、道德行为和道德意志,是教师从事教育工作必须遵守的行为规范、道德品质,是教师进行教学相关行为时的行为准则和必备的道德素质。其中包括教书育人、为人师表的基本职业素养,也包括爱岗敬业的综合素养。

二、教师专业理想(道德)特质的特征

师德是教师群体在往复循环的教育实践活动中,形成的共有的相对稳定的道德观念和道德规范,因此具有鲜明的特征。

1. 教师道德的要求具有高标准性

教师以自身高尚的品格,潜移默化地影响着学生的心灵,使得学生拥有良好的思想品德和行为习惯,成为健康、积极、向上的新一代。因教师职业的神圣性使人们对教师的道德提出了更高、更严格的标准。

2. 教师道德意识具有自觉性

由于教师的劳动特点,教师的言行举止对学生产生潜移默化的影响,教师无论是在课上面对学生还是在课下的公共场所,都应以高度的责任心为准绳,以身作则,严于律己,时刻注意自身言行的影响,由于教师的这种责任心,促使教师具有道德意识的自觉性。

3. 教师道德情感具有丰富性

教师职业的劳动特点决定了教师所面对的劳动对象是人,是学生,教师的道德行为总是有丰富的情感伴随着,其丰富性主要体现为博大的情感胸怀、细微的情感体验、自觉的情感调控能力和富有智慧型的情感育人方法。

4. 教师道德影响具有深远性

教师在教育的过程中,通过言传身教,以其自身的思想品德深深地影响着学生的人格和道德的形成和发展,不断地改变学生的精神面貌,塑造着学生的灵魂。教师道德影响的"远",透过教师的教育深入到学生的心灵深处,影响着学生的品质和人格的形成。

5. 教师道德的行为具有示范性

青少年学生的思想、性格、人格往往会受到教师的言行举止、处世态度和行为习惯的潜移默化影响，并且他们常常会不自觉地效仿教师的举止、品性和气质，并把这种效仿的结果转化为自己的行为举止和品性。教师应时刻注意以身作则，为学生的成长发展起表率作用。

三、教师专业理想(道德)特质的分类解读

(一) 李军的观点

李军对教师专业理想(道德)特质的研究以小学师德研究为主题，进行了系统的理论与实践探索。通过分析文献，并总结教育教学经验，认为师德有3个层面的内涵。

1. 师德是一种社会意识

师德起源于教师自身生存和发展的需要，起源于教师的教育实践活动，从教育实践中产生的师德，是一定的社会经济关系的产物，这种社会经济关系直接决定了师德的规范和准则，并以这样的规范和准则影响着这种社会经济关系。

2. 师德是一种生存智慧

师德内在的规范，将教师与教师之间、教师与社会之间、教师与学生之间和教师与家长之间等一系列的关系联系在了一起，从而保证教师能够更好地生存和发展，保证教师职业生活的正常进行。

3. 师德是一种实践精神

师德表现为教师群体的不断自我完善，自我调节和自我修养，它不是被动地反映教育实践活动，而是从人的需要出发，以特定的价值要求为准绳来改造教育实践活动。

(二) 首智的观点

首智在师德方面通过研究与教师相关的文献内容，确立了师德的定义，主要侧重写教师职业道德。教师职业道德是随着教育的发展而发展的。春秋以前，教师职业道德虽然已经出现，但很不系统，孔子强调了"学"和"诲人"的师德。荀子强调教师既要以身作则，对教师提出了在德行、能力、知识等多方面的要求。教育部、全国教育工会制定的《中小学教师职业道德规范》(以下简称《规范》)总共罗列了"依法执教""爱岗敬业""热爱学生""严谨治学""团结协作""尊重家长""廉洁从教""为人师表"8个项目，分析了教师

职业道德规范存在的一些问题。

四、教师专业理想(道德)特质的培养策略

(一)李军的观点

1. 净化师德的人文环境,为师德发展提供良好的氛围

(1)加大对优良师德的宣传力度,在全社会树立优良师德的榜样,进一步发挥优良师德的示范作用。各类媒体还应当在宣传师德的过程中发挥主力军的作用,努力营造浓厚的师德氛围。

(2)提升校园文化水平,创造师德发展的精神环境。首先通过其健康向上、积极进取的文化氛围和精神力量,潜移默化地熏陶着在学校中工作的教师的思想意识、价值观念和言行举止;其次,必须努力提升校园文化水平,净化育人环境。

2. 完善学校体制建设,为师德发展提供制度化的保障

(1)提高学校师德建设的领导水平。①应当加强对师德建设的领导力度;②不断提高学校领导的自身素质,有助于学校师德水平的整体提高,为教师起到师德的表率作用。

(2)完善师德的考评制度。①完善师德考评制度,建立健全的师德考评标准;②建立科学有效的师德考评方式;③建立教师师德考评档案;④及时反馈考评结果,并且注重对考评结果的运用。

(3)健全学校师德教育制度。①学校健全其师德教育制度,应当将师德教育划入学校制度化的工作日程之中;②改革空洞的师德教育的内容,使师德教育的内容符合当前社会的要求;③运用灵活多样的师德教育方法。

3. 教师应不断提升自我,完善自身的道德水平

(1)树立"终身学习"理念,不断增强自身的业务水平。教师应当树立终身学习的理念,还应当不断发挥自己的聪明才智,利用手头可利用的现代资源,进行学科知识创新、教学手段创新、教学方法创新,使自己由"经验型"的教师逐渐转化"创新型"教师。

(2)正确处理法律与道德的关系。在日常的教育教学活动中,就可以自觉发挥其师德功能并在遵守有关法律规定的前提下,做到依法执教与以德执教相结合,从而提高自身的师德水平。

(3)提高自身师德修养的自觉性,坚定师德信念。教师应当在自我发

展、自我成长和自我锻炼的过程中,不断地加强自身的师德修养,努力提升自身的师德水平,提高自身师德修养的自觉性,积极抵制不良思想对自身的影响。

(4)积极调整自身心态,保持健康的心理。教师应主动学习心理健康知识,不断地提高自身的心理素质,接受相关的心理健康教育。采取一些减压的方式,定期宣泄自己心中的压力,在无法缓解心理压力的情况下,可去心理咨询中心咨询心理医生。

(二)庞雪的观点

1. 改善社会教师职业道德环境

(1)指引正确舆论导向。主流媒体要宣传党的重要方针政策,监督并报道社会重大事件,尤其要重视有关道德问题的新闻报道,要给予正面的舆论评价和引导,使小学青年教师具有明确的道德判断,进一步指导自己的道德行为。

(2)营造良好道德氛围。对于腐败现象严厉整治;对行业不正之风实行调控与纠正;国家要采取强有力的有效手段保证商业道德落到实处。

2. 健全道德监督机制

(1)学生监督。学校管理者要在保证客观、公正、可操作的前提下,通过问卷调查、个别座谈、校长信箱等学生监督的具体方法,反馈学生对教师职业道德的意见和建议。

(2)家长监督。家长监督可以从听取孩子观点、当堂观摩、家长教师座谈、校长热线等多种方式入手。另外,在听取家长意见时要注意甄别家长是否因立场不同产生片面又有失公正的看法,不能盲目信从。

3. 优化教师职业道德的培养模式

(1)关注小学青年教师的职前培训,加强师德培养的学习。

(2)形成有效的职后培养模式,加强小学青年教师职后师德培训层次性。

(3)注重小学青年教师职后师德培训的层次性。

(三)马玉秀的观点

1. 加强思想政治教育

小学教师要严格控制自己的言行,在学生面前展示好的言行,避免坏的言行被学生模仿。通过思想政治教育让教师明白每一个小学生都是祖国的未来,要关心、重视每一个小学生的身心发展,努力为学生营造良好的学习环境。

2. 做好宣传教育,树立典型

要有效推动小学师德师风建设,就要做好宣传工作,营造良好的社会舆论氛围。对优秀小学教师提供适当宣传,能提高从事教师职业的荣誉感和生活幸福感,能够使教师重视师德师风,激励教师不断努力工作,为中国教育事业贡献更强大的力量。

(四)朱春菊的观点

在小学教师师德培养中,实践是重要途径。教师应通过言传身教、以身示范,为学生、为教育树立典型形象,以赢得学生和家长的信任。

1. 完善监督机制,促进教师爱岗敬业

学校要担负主要的监督责任,营造良好的校园师德建设氛围。制订教师"失德"惩戒机制,加强对教师的综合评价与监督。另外,引入校外监督机制,发挥家长、社会各界的监督作用,以此促进小学教师师德的建设。

2. 尊重学生,构建良好师生关系

良好的师德要尊重学生,爱护学生,平等地对待每位学生,与学生保持良好的师生关系。了解学生的诉求,尊重学生的选择,对学生的意见给予重视,用爱心、关怀来营造和谐的师生氛围。

(五)王佳慧的观点

1. 与学生平等对话,建立良好师生关系

教师要善于倾听,对于小学生的意见应该予以重视或采纳。教师应用爱心与关怀为小学生创造和谐、宽松的环境,小学生才会信任教师,同时在与教师相互尊重、合作、信任中全面发展自己,也会逐步完成良好个性和健康人格的确立。

2. 培养合作意识,不断提升自我

教师要学会与同事交流,促成教师职业共同体的形成。在团体中,教师之间共同促进,共同发展,同时又互相监督,互相激励。

教师还要与家长合作,可以通过定期举办家长会,与家长共同探讨,也可以利用现代化手段,借助微信群等与家长及时沟通反馈,从而拉近教师与家长之间的距离,使教师实现师德发展的同时,完成教学内容等方面的任务。

附二：

观澜小学"星级"特质教师之"有情怀"(1)
——热爱教育

学科_____ 姓名_____

指标	要素	具体描述	评价(ABCD)
热爱教育	爱国守法	热爱祖国，拥护中国共产党领导，全面贯彻国家教育方针。	
		遵守国家法令法规，遵守学校规章制度，树立正确的是非观。	
	爱岗敬业	热爱教育事业，树立崇高的职业理想和坚定的职业信念。	
		认真履行岗位职责，有强烈的责任心，甘为人梯，乐于奉献。	
		潜心钻研业务，勇于探索创新，实现专业成长。	
合计		（　）A（　）B（　）C（　）D	
星级		（　）五星（　）四星（　）三星（　）二星	

备注：1. 评价：A 非常符合；B 符合；C 基本符合；D 有待改进。
   2. 星级：合计 2A3B 及以上五星（不含 C、D）；2A2B1C 及以上为四星（不含 D）；5C 及以上为三星；4C 及以上为二星。

评价者：_____
评价日期：_____

观澜小学"星级"特质教师之"有情怀"(2)
——乐于公益

学科_____ 姓名_____

指　标	要　素	具　体　描　述	评价 (ABCD)
乐于公益	公益活动	心存善念,乐于奉献,积极参加"一日捐"活动、帮扶贫困生、帮助有需要的同事。	
		主动参加"大墙志愿者""黄金树下圆梦想"等学校组织的教育服务活动。	
		遵守社会公德,积极参加"垃圾分类""爱老敬老"等社会公益活动。	
		参加社区所在的志愿者等服务工作。	
		主动报名参加学校双休日节假日"义卖"、社团志愿服务。	
合　计		(　)A(　)B(　)C(　)D	
星　级		(　)五星(　)四星(　)三星(　)二星	

备注:1. 评价:A 非常符合;B 符合;C 基本符合;D 有待改进。
　　2. 星级:合计 2A3B 及以上五星(不含 C、D);2A2B1C 及以上为四星(不含 D);5C 及以上为三星;4C 及以上为二星。

评价者:_____
评价日期:_____

观澜小学"星级"特质教师之"有情怀"(3)
——恪守准则

学科_____ 姓名_____

指　　标	要　　素	具　体　描　述	评价 (ABCD)
恪守准则	为人师表	坚守高尚情操,知荣明耻,严于律己,以身作则。	
		衣着得体,语言规范,举止文明,作风正派。	
		严于律己,遵守学校各项规则。	
	团结协作	关心集体,顾全大局,服从学校安排。	
		尊重老教师,爱护青年教师,同事之间相互支持、相互帮助。	
		主动承担工作任务,不推诿、不抱怨,充满正能量。	
	廉洁从教	坚决杜绝有偿家教。	
		不以职务之便谋取私利,不收受学生和家长财物。	
合　　计		(　　)A(　　)B(　　)C(　　)D	
星　　级		(　　)五星(　　)四星(　　)三星(　　)二星	

备注:1. 评价:A 非常符合;B 符合;C 基本符合;D 有待改进。
　　 2. 星级:合计 4A3B1C 及以上五星(不含 D);3A3B2C 及以上为四星(不含 D);7C 及以上为三星;6C 及以上为二星。

评价者:_____
评价日期:_____

2. "星级"特质教师之"专业理念"实践研究

执笔：陆朱芸、褚晨婷

一、研究背景

观澜小学作为一所有着百年历史的学校，师资力量不容小觑。教师们人人制订五年发展计划，在传承中不断创新，不断进步。随着校区扩建，一股新鲜的血液涌入了观澜。这些青年教师，抱着满腔的热血投入教育事业中，但他们对"专业理念"这一概念还很模糊，而一些中年教师，思维固化，需要与时俱进。

为了百年观澜能在继承中持续发展与创新，为了更好地落实"为孩子生命发展奠定宽厚基础"这一办学理念，"专业理念"实训下的"星级教师"培养机制的实践与研究迫在眉睫。

本次"星级"特质教师之"专业理念"实践组，将紧紧围绕星级特质教师专业理念板块开展研究。

国内教育专家叶澜教授较早地对教师专业理念进行了研究，她认为教师专业理念是教师在对教育工作本质理解基础上形成的关于教育的观念和理性信念，是教师专业素养结构的理性支点，是将先进的教育教学理念转化为教师教学行为的关节点。

简而言之，专业理念的内在含义就是教师自身的教育观念和对教育所持有的信念的集合，对外表现为教师的教育方式和教育热情。

本子课题也将以叶澜教授给出的解释为基础，从教师教育的观念的树立以及理性信念的激励出发，探讨如何立足于专业理念来培养出这些能紧跟时代发展趋势，立足教育舞台的星级教师。

针对专业理念概念中的教育观念和理性信念这两个部分，我校提炼了"育人为本、全员育德、终身学习"这3个关键词，结合培训，让教师们由浅入深地学习。此子报告中将向读者展示学校实际操作方式，以"育人为本、全员育德、终身学习"这3个突破口来阐述学校是如何通过这3个板块来培养教师们的专业理念的。

二、目的和意义

(一)有理有据,专业理念融培训

教师专业理念为教师的专业行为提供了理性支点,决定着一个教师教育活动的目的、内容和方式,影响着教师教育活动的水平和效果,直接影响到教师的教育教学行为、师生角色观、职业交往观以及教师的自我发展。所以,必须把"专业理念"作为星级教师培养的其中一个重点,并将其巧妙地融入培训机制,使这些机制具有高度可操作性。否则脱离了"专业理念"打造出的这批"星级特质"教师就达不到能培育人才的标准。

(二)学而时习,不问教龄共成长

由于我校体量大,且近几年新入职教师不仅限于教育专业的应届毕业生,有很大部分的教师因各式各样的理由入职,实际上对教育的理解并不到位;老教师们则往往思维定性且固化,这对任何一所学校,对学生来说都是有巨大影响的。在这些教师的心中植入并更新教育理念,点燃他们心中的教育热情是摆在眼前、必须立刻采取行动的任务。本课题的研究也重点放在为所有教师提供有效的成长和学习的平台上。

(三)因地制宜,丰富活动显成效

为了能在有限的时间里,让尽可能多的老师学习最新的教育理念,提升教育信念,我校设计了许多切合当下实际需求的活动,并统筹将其分类,形成不同系列的活动。本课题中将总结近年来我校在这方面所做的各种有实效的措施,形成一套可操作、可复制的方式,帮助教师们能够在有限的时间内,更新和提升专业理念。

三、过程与分工(结合总课题)

(一)第一阶段:准备阶段(2019年4月—2019年12月)

1. 主要研究目标

对学校内的全体教师进行调查和访谈,并做好相关数据汇总,制定"星级"特质教师之"专业理念"子课题的实施方案。

2. 主要任务

(1)设计学校教师现状调查的问卷内容,并对问卷做好统计,形成调查报告。

(2) 收集《新世纪教师专业素养初探》《教师专业理念与师德的定义、内涵与生成》等文献,撰写情报综述。

(3) 确立子课题研究小组实践人员。具体分工与实施安排见表1。

表1 具体分工与实施安排

关键词	实施途径	特色项目	领衔	参与人员	呈现形式及具体要求	形成的培养机制
育人为本	树立思想	澜星讲堂	李峻峰	蒋欢欢、张诗音	澜星讲堂 1. 整理收集讲堂相关内容(围绕育人这一核心内容,包括过程性资料搜集,搜集5—6个和"育人为本"为主题的讲堂活动方案及讲述内容,视频1—2个,照片5—6张。如"公平公正"方案有些需要微调,突显专业理念中的育人文本); 2. 撰写小结:澜星讲堂下的专业理念浸润——育人为本(3 000字左右) 完成时间:2020年11月	特色项目机制的建立与实施 利用校情,挖掘校本资料的机制研究
	编制课程			褚晨婷、谢灵尧	编制课程 1. 学校育人社团简介(体现育人要求,如校史讲解、水墨城厢等); 2. 选取有特色的社团(课程设计、学生作品、活动照片、视频等); 3. 小结:学校社团课程编制对育人目标的导向(3 000字左右) 完成时间:2020年12月	
	设计活动			朱奕纾、周小单	设计活动 1. 搜集相关社会实践活动、班队活动(体现全面育人的大教育观不少于6个); 2. 收集撰写相应的活动方案、活动体验等; 3. 收集、梳理活动照片、视频; 4. 小结:学校实践(班队)活动创设优质育人环境(3 000字左右) 完成时间:2021年1月	

(续表)

关键词	实施途径	特色项目	领衔	参与人员	呈现形式及具体要求	形成的培养机制
终身学习	专题学习			邱依萍、王丽华	**专题学习** 1. 专家讲座及骨干教师培训。(选取相关骨干培训材料6份左右); 2. 培训体验信息收集(视频、照片); 3. 小结:专题学习促进教师专业理念的发展(3 000字左右) 完成时间:2020年11月	
	专业知识			乔培青、杨洁	**专业知识** 1. 教研组专题学习内容(含新实用课堂专题学习); 2. 学科文化周比赛活动(方案、内容、呈现方式等齐全资料); 3. 小结:强化专业学习丰富专业理念(3 000字左右)	
	读书活动			陆朱芸、金如莹	**读书活动** 1. 学校读书活动方案及相关推荐资料等(不少于6份); 2. 读书活动体会及撰写的相关文章(选取有代表性的及相应的活动照片); 3. 小结:读书活动拓宽教育的视野(3 000字左右)	
子课题分报告:专业理念实训下的星级教师打造实践研究						

(二)第二阶段:实施阶段(2020年12月—2021年6月)

1. 主要工作目标

按子课题的实施计划进行各项研究任务,完成形成相关课题研究的各类专项成果。

2. 主要任务

确立核心组人员,确定子课题内容,并实施:"星级"特质教师的专业理念特征(育人为本、德育为先、终身学习)。

(三) 第三阶段：总结阶段(2021年6月—2021年12月)

1. 主要工作目标

总结子课题实施的全过程，形成子课题研究分报告。

2. 主要任务

汇总课题实施阶段的阶段性成果，撰写子课题研究分报告。

四、途径与方法

核心组成员制定子课题实施方案后，将参与子课题的研究人员分为：育人为本、德育为先、终身学习3组，各组成员分别通过查阅图书馆、知网中关键词的相关研究信息，进行专业知识方面的情报收集；收集历来相关活动资料及学习反馈和感悟，同时根据本次的研究主题和活动的反馈内容在接下来的实践中进行相应调整，反思活动所得并针对问题产生改进措施。随后，将活动中的各项记录以及活动成果进行汇总、整合。最后，根据这些内容形成相对应的小结。核心组成员在3篇小结的基础上撰写整个子课题组的报告。

五、经验与成效

学校对于提升教师的专业理念一直都很重视，并且可以说是浸透在学校各条线工作之中的。通过开展主题学习、集中问题研究、平台自主实践、各类专家讲座培训、社会实践等途径，教师们边学边思考，在实践活动中不断钻研、提升自身的专业理念。本子课题报告中将这些具体经验分为"更新理念、平台实践、提升自我、坚定信念"4方面来阐述。

(一) 关注当下教育热点，更新教师育人理念

1. 澜星讲堂共分享、共学习

观澜小学作为一所拥有着百年历史的学校。在悠悠时间长河中，观澜人从未停止奔跑，有着明确的奔跑方向，有着不断鞭策着教师们前行的动力——"澜星讲堂"。以"明'十项准则'做'四有'老师"为例。教师们通过学习，树立了"积小善为大善，积小德为大德"的价值观。甘做道德建设的宣传者、推动者和引领者，时刻自重、自省、自警、自励，争做以德立身、以德立学、以德施教、以德育德的楷模，维护教师职业形象，提振师道尊严。

在讲堂，每个老师都可以是演讲者，可以是将远大的理想追求与具体的

教育教学工作相结合,帮助学生筑梦、追梦、圆梦的例子和大家一一道来;也可以是以扎实的专业素养站稳三尺讲台,用自己的学识、阅历、经验点燃其他老师对职业的信仰。

每学期一次的"澜星讲堂"给老师们传递最新的教育理念,共同从社会现状中探索当代教师应当具备的各项素养,不断更新教学理念,它也荟聚了前沿的教育理论和一些富有经验的一线教师的教学反思和收获,借助讲堂这个平台与大家分享教学中的困惑和所得,所有教师一起听、一起学。教师们都不再是旁听者,而是讲堂的设计者、讲述者。

每次都有不同的主题,每次的主题都不脱离教师们的工作、生活,大家在听中学,在学中悟。

2. 全员育德培训,激励教师人人参与育德

在新时代的背景下,教育不能一成不变,应当与时俱进。教师也不能墨守成规,应当顺势而为。在"五育并举,德育为先"的大环境下,若要用八个字来描述学校当下的德育工作,那就是"大势所趋,势在必行"。全员育德提供给教师们最新的思想理念,为教师们点迷津、解疑惑。用当下的现象举例,结合实际,剖析问题,为教师们提供解决问题的方式方法。教师们从中有所得,德育为先,重视学生健康品性发展的重要性。

师者,传道授业解惑也。在传授知识的同时也要培养学生的人格品质。德育对每个老师来说都应渗透入学科之中,这就要求教师自身具有较高的道德感,正确的价值观人生观。不管教师还是学生,若是缺乏育德,都会在当前教育体制中滑向分数功利主义,评价标准单一的后果。学校也同样基于这种考量,非常重视对老师们正确的引领,做到德育为先。每学期的全员育德会议总有贴合实事的主题以及专家坐镇给大家指点迷津、剖析现象。

如学校前热议的教育话题之一——思政课,从中共中央办公厅、国务院办公厅印发的《关于深化新时代学校思想政治理论课改革创新的若干意见》这份纲领性的文件谈起,让教师们知道思政课是落实立德树人根本任务的主阵地,也是特殊的课程,发挥着不可替代的作用,"五育并举,德育为先"。培训以接地气的经典案例从3个不同的方面分享、探讨学校德育工作所存在的现象,强调了爱国教育的重要性,让教师们再次明确全员育德很紧迫。

除了例会,学校还有不少特色活动,如少先队寻访活动中,"追随这些人,共忆这些事,传承这些情"让教师们听到前辈教师的一路足迹,从中找到

共鸣,回归自己的初心,不断进取。

通过这类活动,教师们除了受到心灵上的浸润,也多能在活动中找到适合于平时课堂中的育人点,可谓是一举两得。

(二)学校搭建相应平台,满足教师实践需求

1.提出问题清单,共同打磨课堂

教师们在固有的教学上,加上了"新实用教育"的理念,意在通过结合课堂与生活实际的方式,对学生进行育德。"新实用教育"成了观澜的一个品牌,观澜的一个标志,已经成了观澜人的共识,深深植在每一个观澜人的心中。一个学期,磨一堂课,课堂中蕴含着教师们与时俱进的育人理念。课后撰写的"新实用"设计、案例,更是饱含着观澜人的智慧与理念。

(1)新实用课堂学案设计。每学期一次针对自己所上磨课的新实用课堂学案设计,就提供了实践机会。让教师们更能静下心来思考自己课中各个环节设计的意图,研究更好地将生活与课堂链接的方式。在不断反思中,打磨自己的课堂,明确自己课堂中的育人点,千方百计将全员育德的理念带到课堂中,达到学科育德的目的。

(2)教研组、备课组问题清单。当一个人的力量无法解决自己的疑问时,教研组给予教师们坚强的后盾。每周一次的教研组、备课组活动中,教师们互相探讨教学中的种种困惑,如"疫情期间如何教""低年级语文如何进行写字指导""如何提高学生阅读文本的能力"等,列出问题清单、集思广益,学期末撰写一篇与探讨问题相对应的经验论文。这既是教师们思考、实践的过程,也是珍贵的教学经验。教师们就在一篇篇经验文章的撰写和阅读中,获得灵感、找到方法,潜移默化地在心中植下学科育德的理念,同时也将这一理念运用到自己平时的教学中去。现在,学校也将教研组和备课组的问题清单研究与新实用课堂展示相融合,每学期备课组精备一节课,在课中体现本学期备课组研究的问题,真正做到了带着问题去实践,用实践来解决问题。

(3)撰写经验论文屡获佳绩。在浦东新区教育学会组织的"2018年优秀教育论文评比"活动中,观澜小学的青年教师积极参与,认真撰写了各自的教学经验论文。这些论文涉及面广泛,有班主任的经验工作总结,有教学的设计与分析,有教学方法在学科中的运用,更有针对教学中难点的突破的实例研究等。在此次论文评比活动中,我校共有5位老师获奖,具体如下:

一等奖:黄嘉钰《小学语文课堂中"学习单"的使用》
二等奖:龚雨晴《小学植树问题易混淆的原因及对策研究》
三等奖:郑婷婷《小学数学主题单元设计的分析与研究》
优秀奖:何亦微《奥尔夫教学法在小学音乐教学中的有效运用》
优秀奖:费俞佳《"小""特"班会实例研究》

2. 社团开发显个性

实践是检验真知的唯一途径。光有理论还不够,有了专项培训,明确了目标,还需要进行具体的实地操作。

除了课本规定的课程外,学校也要求每位教师都参与进社团课程开发中去,发挥自己的特长和兴趣。如"水墨观澜"一笔画春秋;"澜星沪剧社"唱腔雅曲留芬芳;"少儿武术"彰显华夏精神等。在设计课程和授课的过程中,教师们也不断提升着自己的育人能力。

"澜星英语电视台"的社团活动使学生体验到英语的快乐,进一步激发学生学习英语的兴趣;通过专题培训,拓展学生的英语知识、开拓学生的思路,拓展国际视野;通过课内与课外相结合的方式,使学生更好地理解课本知识,提高解决实际的能力。在中华文化和英语的结合中,体验语言的魅力,体会中外文化的传播的不易。不单单是教授英语知识、锻炼英语能力,更真正做到了育人。

"澜星沪剧社"全方位、多角度地传播传统文化的魅力,让学生的民族自豪感和文化认同感得到很好的培养,同时还能传承非物质文化遗产这份宝贵的财富,让学生在体验中更爱上海,更爱祖国。

"少儿武术"课程发扬和传承的是中国的武术文化和中国精神,社团成员还与来自世界各地的选手通过同台竞技交流了武艺,增进了友谊,并进一步加强了学生们对中华文化的理解和热爱。

"水墨观澜"课程使学生在水墨创作表达的过程中,了解美学形式语言范畴的构图、线条、结构、肌理、色彩等元素,以及节奏韵律、对比呼应、均衡协调等原理,在用心理解中研习、尝试与探索。

像这样的课程学校还有很多,这些丰富有趣且充满教育意义的活动,都离不开教师们的奇思妙想和对育人为本这一理念的深刻理解。"社团活动"着眼于基础性学习的提高,兼顾创造性学习的培养。为满足学生的兴趣爱好和个性特长的发展需要,我校为有能力的教师搭建平台,整合教师资源,以"育人"为主体,开设了各类"社团活动"。教师们能文能武,亦动亦静,勇于发现自己,善于发掘自己的才能,绽放自己的才艺,成为一名有个人特色的好老师。各类社团代表学校参加比赛,累获佳绩。

(1) 武术社团。武术社团成立以来,在教练团队的努力下,武术队员每年参加的区级、市级及以上的武术比赛平均有3—4次,历年来,获得的奖项可以说是数不胜数。国际武术邀请赛比的是武术,发扬和传承的是中国的武术文化和中国精神。来自世界各地的选手通过同台竞技交流了武艺,增进了友谊,并进一步加强了对中华文化的理解和热爱。武术社团获得奖项如下。

第四届国际武术邀请赛荣获26金10银2铜
2010—2020年上海市武术拳操十连冠
第十五届上海市中小学武术套路锦标赛荣获13金11银6铜
2019年上海市中小学武术套路锦标赛荣获8金2银7铜

(2) 沪剧社团。沪剧社团的教学通过全方位、多角度地传播传统文化的魅力,让学生的民族自豪感和文化认同感得到很好的培养,同时还能传承非物质文化遗产这份宝贵的财富,让学生在体验中更爱上海,更爱祖国。沪剧社团获得奖项如下。

2019年8月《红梅赞 绣红旗》获浦东新区第四届"Yue声音"校园好声音·第八届"南风杯"青少年沪语大赛 铜奖、团体第一
2018年12月《百年观澜风光好》获艺术节戏曲/小戏专场二等奖

(3) 水墨观澜社团。水墨观澜社团帮助学生孕育审美素养及精神,引领学生探知和表达美学形式语言,进而引导学生建立起自己的个性修养与品格蕴涵的精神家园。2019年12月11日下午,我校迎来了上海市各区美术教育同仁300多人,开展了2019"水墨·老城厢"小学国画教学研讨活动暨观澜小学育美特色课程建设成果展示会。整个活动用一展(师生画展)、一集(师生画集)、一册(活动手册及课例)、一课(展示课)和一讲(课程总报告)展示了学校《水墨·老城厢》特色课程建设的丰硕成果。

(三) 组织每月专题学习,促进教师提升自我

1. 专家讲座,对症下药

除了大大小小的读书活动,观澜最不缺的就是专家讲座培训,不同的专家,不同的学科,不同的主张。怎么说课、怎么评课、怎么撰写教学案例、怎

么构建家校间良好的沟通桥梁等,场场讲座内容丰富、精彩纷呈。教师们就在这些最前沿理论和思想的浇灌下,不断学习他人经验,用理论充实自己,达到自我提升,终生学习的目的。

为帮助教师们掌握说课技巧,学校见习教师培训项目组特意邀请到原浦东教育发展研究院的童燕丽老师进行了《说课的基本步骤和要求》专题讲座,帮助青年老师理清了说课、讲课之间的区别,了解了基本的说课模式,也对如何更好地说课有了比较清晰的认识,提升了教学理论水平。

教师专业发展部在针对教师听评课活动的检查中发现部分教师评课时存在着泛泛而谈、没有针对性或者只讲好话、不谈缺点等现象。为此组织全体教师集中聆听由上海师范大学教育学博士后李冲锋教授带来的关于《如何评课》的专题培训讲座。让教师们明白了高效的评课不仅有利于帮助执教教师从多渠道获取信息,不断反思总结教学经验,也有助于提高评课者自身的教育教学水平和素养,评课活动最终促进的是学生的学习积极性和学习能力,也学到了一些评课时应该注意的重点,教师们都收获颇多。图1所示为专家培训文档。

文件名	日期	类型	大小
2018学年度第二学期分学科教研活动	2020/12/8 15:51	DOCX 文档	15 KB
2018学年度第一学期德育专家讲座	2020/12/8 15:54	DOCX 文档	15 KB
2018学年度第一学期教科研专题培训	2020/12/8 16:27	DOCX 文档	14 KB
2018学年度第一学期名师进校园数学专场	2020/12/8 16:49	DOC 文档	15 KB
2018学年度第一学期名师进校园英语专场	2020/12/8 16:50	DOCX 文档	15 KB
2018学年度第一学期名师进校园语文专场	2020/12/8 16:57	DOCX 文档	464 KB
2018学年度第一学期名师进校园综合学...	2020/12/8 16:51	DOCX 文档	15 KB
2018学年度第一学期专家讲座	2020/12/8 15:45	DOCX 文档	14 KB
2019学年度第二学期名师进校园	2020/12/8 15:59	DOC 文档	16 KB
2019学年度汉字应用水平测试辅导培训	2020/12/8 17:00	DOCX 文档	15 KB
2020学年度第一学期名师进校园	2020/12/8 16:02	DOCX 文档	16 KB
2020学年度第一学期青年教师论文撰写...	2020/12/8 16:43	DOCX 文档	16 KB

图1 专家培训文档

2. 读书活动,有学有反馈

读书活动为教师们提供了精心挑选过的学习资料,如"五育并举是什么""防疫期间的教学策略""学科单元设计要注意哪些地方"等紧跟时事、紧贴实事的教学理念,让教师们在平时教学的闲暇之余能够有针对性地进行学习。

读完要有思考,脑中要留下印象,这样读书活动的效果才算真正达到,学校专业发展部对读书活动有着一套完备的设计,每次读书活动的学习资料都配套有一些简单的概念或主观表达题,让教师们在学习后能根据问题进行巩固知识和检验掌握程度。同时,优秀的应用实例或学习成果也会在后期分享给其他教师,供他们学习、借鉴,有的甚至可以作为下一次的读书活动的资料来使用,做到了良性循环。这样半开放式的学习方式,也鼓励了教师们自发私下里去研究、去学习。读书活动学习资料如图2所示。

文件名	日期	类型	大小
完成-陈雨--链接生活 渗透德育 学以致用...	2020/12/8 16:48	DOCX 文档	21 KB
完成-陈晓琳《图书馆里的小镜头》实用...	2020/12/8 16:38	DOCX 文档	16 KB
完成-韩玲-4AM2U2案例(实用)	2020/12/8 16:38	DOCX 文档	16 KB
完成-空气中的流浪汉教学案例--严蓉	2020/12/8 16:38	DOC 文档	292 KB
完成-陆敏--字母表示数--案例	2020/12/8 16:47	DOCX 文档	19 KB
完成-实践活动助力实用作文教学(初)-钱...	2020/12/8 16:54	DOC 文档	4,039 KB
完成-唐晓敏教学案例	2020/12/8 16:54	DOC 文档	41 KB
完成-徐凤---案例	2020/12/8 16:53	DOCX 文档	18 KB

图 2　读书活动学习资料

在信息时代,学生信息的来源很多,知识老化的周期很短,更新的速度很快。只有不断学习,随时更新储备知识,才能成为一名合格的教师。学习知识,更要学习教的方法、教的内容,学是为了更好地教。在追寻新教育理念的征程上,不断前行。以《"防疫期"可以这样学(教)》的征文活动为例,如图3所示,一篇篇征文,选材角度准、有吸引力;题目新颖、切入口小、简短易懂;论述结构清晰,各个观点之间篇章结构安排合理。观澜教师有所思,有所想,总结经验,人人有所得。

- "云"上教学　"艺"网情深　胡燕敏
- "防疫期"这样教写字　陆雯
- 录频,优化在线教学方式　严洁
- 马思遥--悦读战疫情,成长不延期
- 情深一"网"　隔屏亦有惊喜　赵佳丽
- 线上教学中的神奇钥匙　微视频　谢灵尧
- 疫情,也可以是教学契机　王丽华
- 在线作业指导的小妙招　陆春妍

图 3　《"防疫期"可以这样学(教)》征文

（四）开展"红色"实践活动，坚定教师育人信念

1. 社会实践走出校园，聆听他人声音

在观澜，社会实践活动不仅是学生的专利，教师们也在学校的组织下了解各个领域的最前沿技术，寻访四史路，体会感受祖国的发展历程及未来趋势。

教师们来到张江人工智能岛进行学习，体验了 VR 实验课堂，通过亲身体验，了解人工智能发展简史和上海在科技创新方面取得的成绩，零距离体验未来社会的生动场景，全方位感受人工智能的科技魅力，感受祖国的飞速发展的同时也重温做老师的初心。

在红色寻访活动中，团员教师们来到川沙新镇社区党群服务中心参观学习，在群团之家观看了纪念上海解放 70 周年的短片《战上海》。观看完短片，团员教师们深深感受到作为教师，在工作中也要时刻不忘初心，为人师表，言传身教，用坚定的理想信念迎接每一次挑战。

习近平总书记曾说："历史是最好的教科书。学习党史、国史，是坚持和发展中国特色社会主义、把党和国家各项事业继续推向前进的必修课。这门功课不仅必修，而且必须修好。"

2021 年是中国共产党成立 100 周年，党的航行历程就像是一本沉甸甸的史书，蕴藏着矢志不渝奋斗的精神密码和共产党人的卓越智慧，再次回望党的百年历程，更感使命艰巨、责任重大。

正值建党一百周年之际，教师们开展了丰富多样的实践活动。活动中，教师们使命感更强了，责任感更强了。在教师这个岗位上，不忘初心，砥砺前行。

2. 联盟活动打破桎梏，学习他人精神

共建单位联盟活动是社会实践的延伸，让联盟学校内的教师们通过各项活动再次明确自己的目标，同时也让教师们和其他行业的人们有接触交流的机会，走出行业、打破格局、听取各种不同的声音，不做局限于自己这一方天地的"井底之蛙"。

共建单位一同参与的"四史教育主题团建活动"以上海红色教育基地为载体，通过分组活动、实地寻访、参观学习、线下打卡的形式，带领团员青年们一起感受老一辈在历史发展中的卓越担当和伟大贡献，亲身感受城市发展的巨大变化。走进弄堂里的红色上海，参观历史文化遗址，重温中国共产党的革命传统和革命精神，感悟中国共产党的光辉历史，每一位团员教师都深刻意识到自己身上的责任与使命。

"专业理念"作为教师自身的教育观念和对教育所持有的信念的集合,对任何一名教师的职业生涯来说都是举足轻重的,先进健全的教育观念以及热情坚定的教育信念能成为教师成长之路上的有力双翼。因此,立足"专业理念",从为师最内在、核心的地方入手,方能更好进行"星级教师"的培养。

附一:

教师"专业理念"特质研究情报综述

情报收集员:谢灵尧　褚晨婷
执笔:蒋欢欢

一、教师专业理念的定义与内涵

国内教育专家叶澜教授较早地对教师专业理念进行了研究,她认为教师专业理念是"教师在对教育工作本质理解基础上形成的关于教育的观念和理性信念",是教师专业素养结构的理性支点,是将先进的教育教学理念转化为教师教学行为的关节点。

二、教师专业理念的作用与价值

教师专业理念为教师的专业行为提供了理性支点,决定着一个教师教育活动的目的、内容和方式,影响着教师教育活动的水平和效果,直接影响到教师的教育教学行为、师生角色观、职业交往观以及教师的自我发展。

教师专业理念是教师热心从教的基本条件,也是提高专业素质,实现教师专业化成长的动力基础。教师有了正确的专业理念,就能在各种环境和条件下都把自己所从事的工作与社会发展的未来联系在一起,以强烈的事业心和高度的责任感投身教育事业,从而加快教师职业专业化的进程。

只有教育者本人树立强烈的专业化的教育理念,不仅视自己为新型的知识传授者,而且要视自己为教学过程中的促进者、研究者、改革者与决策者,及时对教育实践中提出的问题进行思考、筹划,清理出面对教育问题与挑战的正确思想倾向和理念,充分认识教育的意义、作用和未来,提高工作的使命感和自豪感,专业自主性才能真正发挥出来。

三、教师专业理念的树立与更新

在信息化开放式的教育条件下,新型教师必须构建全新的专业理念:由封闭式单一化的教育转变为开放式多元化的教育;由知识传播型的教育转变为知识催生型教育;由终结型教育转变为终身型教育;由整齐划一型教育转变为个性化教育,树立尊重爱护学生,注重开发学生潜能,促进学生个性全面发展的教育观;树立"教师的主要职责是越来越少地传递知识,而越来越多地激励学生思考,教师将越来越成为一位顾问,一位交换意见的参加者,一位帮助学生发现矛盾论点,而不是给出现成真理的人"的教师观;树立学生是有主观能动性的千差万别的个体,是教育活动的主体,是学生和发展的真正主人,学生有多方面的需要和发展的可能,教育应不断满足学生发展需要,促进学生尽可能发展的学生观;树立主体性、公平性、效益性相结合的教育过程。

新时代教师应树立正确的职业价值观,在内心培植起一种坚定的教育理想和信念:教书育人,履行全面塑造下一代青少年人格的承诺。为全面适应经济、科技以及社会发展的要求,必须建立起一支高水平、有活力的教师队伍,努力实现教师的专业化。通过不断自我反省、自我调节、自我促进来提高教师专业化素养,展现新时代理想教师的风采:"对人类的热爱和博大的胸怀,对学生成长的关怀和敬业奉献的崇高精神,良好的文化素养,复合的知识结构,在富有时代精神和科学性的教育理念指导下的教育能力和研究能力,在实践中凝聚生成的教育慧"。

四、教师专业理念的生成途径

教师专业理念不是凭空产生的,它们一方面来自教师对教育科学理论的系统学习、深刻理解和科学把握;另一方面也来自教育改革实践的不断磨炼和体会。教育理念对教师具体的教育实践活动起指导作用。

(一)读书:让教师专业理念在理论引领下生成

教师专业理念素养生成的过程首先是教师通过读书学习活动对社会倡导的教育理论解读、内化的过程。

随着教育改革的不断深入,小学教育逐渐呈现出了新的时代特点,对教师的教育教学也提出了新的要求,不可能照本宣科、一成不变地照搬照抄,要在教学中不断地反思,不断地学习,将学习变成一种习惯,从而成为能够适应新时代要求的学习型教师。

教师的学习是应用型学习,是与教育教学工作融于一体的学习。教师在教育教学实践中会遇到各种各样的问题,这些问题需要在学习中得到解决。因此,教师的学习是为了改进自己的教育教学的学习;是针对自己的教育教学问题而进行的学习;是贯穿于整个教育教学过程中的学习。

(二)反思:让教师专业理念在行动研究中生成

1. 要求教师能在教育科学理论的关照下从事教育实践活动,并能将自己的教育活动作为反思的对象,将教育实践上升到理论高度。

2. 要求教师能以自我作为反思的对象,对自己"习以为常"甚至"日用而不知"的教育理念进行重新审视和重构。

3. 学校组织要为教师的教育教学研究创造时空环境;为教师的教育教学研究提供组织保障;为教师的教育教学研究制定激励措施;为教师的教育教学研究提出明确的目的要求等。

(三)合作:让教师专业理念在相互学习中生成

教师的专业理念是在教师不断学习的过程中得以生成的,教师的学习是群体性的合作学习。在教师的合作共同体中,教师之间取长补短,互相帮助,从而实现了情感的交融,心与心的对话,思想与思想的碰撞,教师的专业理念必将获得共同的提高。

1. 教师要克服"文人相轻"的传统观念,充分认识到合作对于个人成长的重大意义,通过不断自我强化,增强对他人教育经验学习需要的动机。

2. 通过相互听课、相互评课等形式,对他人教育经验中的行为和思想方面的精髓给予提升,针对自己所面临的教育情境化问题给予反思。

3. 学校组织应为教师之间的集体备课、互听互评课等相互学习的形式给予组织支持。

(四)提炼:让教师专业理念在体悟、总结中生成

教师对自身直接经验的鲜活的教育生活的体悟和总结是他们专业理念素养生成的实践来源。教师通过对自己教育经验的提炼,将其感性的、具体而纷繁的教育经验上升为理性、抽象的教育理念,同时不断抛弃与修正那些被证明与时代不相一致的教学理念与行为,让理念素养在体悟、总结中生成。

1. 教师要有崇高的敬业精神,只有这样教师才能戒除浮躁心理,专注于平凡的教育教学事业,在平凡的工作中生成先进的教育理念。

2. 将每节课的教学、对每个学生的教育均视为一次实验性的行动,对于成功与失败的感受及时给予总结、提炼。

3. 教师要不断丰富自己相关的知识经验,不断培养自己观察问题与分析问题的能力,不断增强自身对教育问题的领悟能力。

附二：

观澜小学"星级"特质教师之"善学习"1
——积极教改

学科_____ 姓名_____

指标	要素	具体描述	评价(ABCD)
积极教改	观念更新	积极参加各类教改学习、研究活动。	
		根据学生身心发展规律、年龄特点来研究、探讨课堂教学方式、方法；从学生全面发展的目标出发来组织和实施课堂教学。	
		在传授多种科学文化知识的同时，对学生进行思想道德教育，实现"德育为先"。	
		遵循教育活动的规律，充分注意学生的"差异性""潜在性"，努力提高学生学习的"主动性"。	
	角色转变	由权威者变为引导者、组织者。在设计教学活动时体现学情和关注学习活动的设计。	
		在教学中不断学习、研究、实践、反思，撰写相关教学案例、反思等。	
	方式改革	能运用新方法、新理念解决教育教学实际问题，撰写心得，在不同层面进行探讨与研究。	
		善于进行分层教学，体现差异。	
		师生关系和谐、平等，班风积极向上。	
		关注学生的心理健康，并能及时疏导。	
合计		(　　)A(　　)B(　　)C(　　)D	
星级		(　　)五星(　　)四星(　　)三星(　　)二星	

备注：1. 评价：A 非常符合；B 符合；C 基本符合；D 有待改进。
　　　2. 星级：合计 5A4B1C 及以上五星（不含 D）；4A4B2C 及以上为四星（不含 D）；9C 及以上为三星；7C 及以上为二星。

评价者：_____
评价日期：_____

3. "星级"特质教师之"专业知识"实践研究

执笔：朱玮

一、研究背景

百年观澜在继承中发展与创新，为了更好地落实"为孩子生命发展奠定宽厚基础"这一办学理念，学校迫切需要全面提高教师队伍整体素质，打造拥有"有专长、有情怀、善学习、爱学生、会生活"特质的星级教师队伍。如何有效提升教师专业知识暨"有专长、善学习"的特质，就是本子课题的研究主题。

本子课题紧紧围绕星级特质教师专业知识板块开展研究。中外许多专家、学者关于教师专业知识结构的研究有不同观点。国内学者对教师专业知识结构的研究可以概括为实践取向的教师专业知识结构理论、学科取向的教师专业知识结构理论、功能取向的教师专业知识结构理论以及复合型取向的教师专业知识结构理论4种。本子课题选用的是林崇德、申继亮和辛涛代表的从功能性取向划分的教师专业知识结构，即分为本体性知识、条件性知识和实践性知识。

本体性知识是教师所具备的本学科知识，包括学科的基本概念、基本规律、基本原理和基本过程；条件性知识是教师进行教学工作所应具备的教育学、心理学知识，包括教与学的知识，学生身心发展知识和评价学生的知识；实践性知识是指教师的教学经验，主要包括课堂教学中对教学内容的灵活处理，对学生在教材理解中出现疑惑或误解的反应，对课堂教学中突发事件的处理等。

教师专业知识概念界定中的"本体性知识""条件性知识"和"实践性知识"是相关实践研究活动的3个核心词，我们在子课题研究中逐渐明晰概念、提升素养，形成有效的培养机制。

二、研究目的

1. 教师专业知识是教师从事教学活动所必须具备的智力资源，对教师专业知识结构的认知是决定教师专业知识发展路径的前提与基础，教师专业知识的丰富程度与运作情况也直接决定着教师专业水准的高低。所以想要打造一批"星级"特质教师，巩固、提升教师专业知识，形成有效培养机制是十分重要的。

2. 近两年我校新教师增量相当快,其中有很大一部分应届毕业生就职的新教师并非师范专业出身。年轻的新教师群体是学校长期可持续发展的生力军,增量大、非师范表明快速、有效提升教师的专业知识势在必行,所以本课题研究也侧重于为年轻教师们提供成长平台。

3. 教师的时间是有限的,知识是无限的,且更新速度快。本课题旨在总结近年来我校在这方面的各种有效措施,形成一套可操作、可复制的学习方案,帮助教师们能够在繁忙的工作中,持续提升自己的教师专业知识。

三、过程与方法

(一)第一阶段:准备阶段(2019年4月—2019年8月)

1. 主要目标

对学校内的全体教师进行调查和访谈,并做好相关数据汇总,制定"教育能力"子课题的实施方案。

2. 主要任务

(1)设计问卷,开展调查,并对问卷做好统计,形成调查报告。

(2)学习文献《品质教师是如何炼成的》《打造优质教师队伍,增强学校发展实力》等,激发教师主动发展的内需。

(3)确立子课题研究小组实践人员,具体分工与实施安排见表1。

表1 具体分工与实施安排表

关键词	实施途径	特色项目	领衔	参与人员	呈现形式及具体要求	形成的培养机制
本体性知识,夯实素养	专题培训	教师学科文化周	曹晓红 陈皓洁	★胡晓岚 顾天昊	学科素养 1. 整理学科文化周相关资料(围绕教师本体性这一核心内容) 2. 备课组、教研组本体学科知识学习资料(涵盖各个学科) 3. 见习教师培训通识课程资料 4. 骨干论坛材料 5. 撰写小结:校本研修活动夯实教师本体性知识	特色项目机制的建立与实施 基于教师结构的针对性校本研修机制研究
	基本功大赛	见习教师基地培训				
	自主学习	骨干论坛				

(续表)

关键词	实施途径	特色项目	领衔	参与人员	呈现形式及具体要求	形成的培养机制
条件性知识，辅助教学	专题培训	相约星期六——家庭教育指导、班主任工作室		★朱玮	教育学知识 1. 家庭教育指导记录 2. 相约星期六活动视频 3. 班主任学习札记 4. 班主任工作室活动资料及班主任培训资料 5. 小结：家庭教育指导实践，丰富教师育人知识	
	实践活动	互联网＋的教学评价	陈皓洁	尹 杰	评价知识 1. 晓评价平台培训资料 2. 评价指标学习 3. 评价案例及经验交流（搜集相关论文） 4. 小结：互联网＋环节下的教学评价优势	
		"心大陆"心理指导中心、心理咨询师项目		朱佳思	心理学知识 1. 心大陆活动方案 2. 心大陆活动记录（个别辅导记录） 3. 心理咨询师培训及心理教师自培资料 4. 小结：心理辅导研究实践提升教师心理学知识	

(续表)

关键词	实施途径	特色项目	领衔	参与人员	呈现形式及具体要求	形成的培养机制
实践性知识，积累经验	专题培训	青年沙龙活动	曹晓红	★尹心怡 凌霏珦	专题学习 1. 青年沙龙活动、拜师学教、学科工作室活动资料中关于教学经验的学习资料 2. 寻找关于教师处理教学中突发事件案例、教学小故事等 3. 小结：实践性知识促青年教师课堂应变能力的提升	
	案例研究	拜师学教活动				
	实践活动	学科工作室				

（二）第二阶段：实施阶段（2019年9月—2021年6月）

1. 主要目标

按子课题的实施计划进行各项研究任务，完成形成相关课题研究的各类专项成果。

2. 主要任务

（1）核心组成员制定子课题实施方案后，将参与子课题的研究人员分为3组，分别为本体性知识——夯实素养；条件性知识——辅助教学；实践性知识——积累经验。

（2）各组成员分别通过借阅图书馆资料、查询搜集知网相关文献等方法进行专业知识方面的情报收集并汇总。

（3）各组整合汇总的情报，形成组内小结汇报。

（三）第三阶段：总结阶段（2021年6月—2021年12月）

1. 主要目标

总结子课题实施的全过程，形成子课题研究分报告。

2. 主要任务

核心组成员在小组汇报小结的基础上，交流、汇总课题实施阶段的阶段性成果，撰写子课题组分析报告。

四、经验与成效

在子课题的研究过程中,我们发现学校对于提升教师的专业知识一直很重视,可以说是浸透在学校各条线工作之中。通过开展自主学习、校本研修、教学实践、各类培训、赛事活动这5个途径,教师们在日常工作中不断地钻研、提升自身的专业知识素养。具体经验分为"树立意识、精选内容、合理规划、多线并进和检测效果"5方面来阐述。

(一)树立意识明方向,提升学习原动力

1. 放眼大局,明确目标

时代的发展特点、教育教学的艺术性和创造性决定了教师要树立终身学习的意识。我国古代教育文献《礼记·学记》中有写到"学然后知不足,教然后知困",说的就是教师终身学习的思想。习近平总书记要求:"广大教师要牢固树立终身学习理念,加强学习,拓宽视野,更新知识,不断提高业务能力和教育教学质量,努力成为业务精湛、学生喜爱的高素质教师",更是从中华民族伟大复兴的高度对教师的终身学习提出了明确的要求。为了让教师们紧跟时事、建立大局观,我校自2019年第一学期起,每学期开学前的"校长微讲座"(如《明"十项"准则 做"四有"老师》《助梦远行,我们需要些什么》《审视当下 乘风破浪 未来可期》《牛年第一课:奋斗百年路 "三牛"启征程》等),就是面向全体教师,学习上级文件精神、接触教育最前沿理念的最佳契机。同时,学校会邀请教育专家进校园,举办教育前沿的专题报告与讲座,全体教师再以校本研修的形式开展深入学习与研讨。针对年轻教师,则有每月一次的青年沙龙,为新教师们指明学习方向,解决困惑,帮助他们树立继续学习、终身学习、挑战自我的理念。

2. 联系实践,奠定基础

有了全局意识,紧跟时代变迁的节奏之后,终身学习意识的树立还必须从教师的教学实践中自然产生。"知人者智,自知者明"。教师要成为构建学习型社会的倡导者和践行者,不仅要转变传统的知识传授者的角色观念,成为学生学习的促进者和协助者,还要成为终身学习的引导者和示范者,用自身的行为和态度来感化学生树立终身学习的意识。因此,2018学年第一学期的教学节,课程建设部提出了"问题即课题"的观念作为教研活动开展的主题——每学期开学伊始,每个教研组都会在先期调研的基础上罗列出

一份"问题清单",语文数学英语这3门主要工具学科还会将"问题清单"进一步下沉到各备课组,图1所示为本学期英语各备课组制定的问题清单。

优化单元整体设计 关注单课有效实施

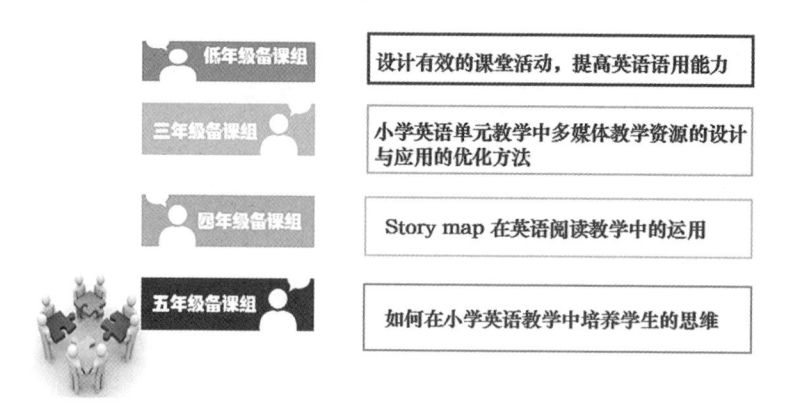

低年级备课组	设计有效的课堂活动,提高英语语用能力
三年级备课组	小学英语单元教学中多媒体教学资源的设计与应用的优化方法
四年级备课组	Story map在英语阅读教学中的运用
五年级备课组	如何在小学英语教学中培养学生的思维

图1　英语各备课组制定的问题清单

以问题导向展开教研活动,各教研组、备课组有的放矢,针对本组内的情况,带着问题开展教研活动,在教学实际中解决这些问题。在此过程中,教师们发现自身专业知识层面的薄弱之处,自然而然会产生解决问题的动力,即学习的原动力。解决问题的过程和结果,可以形成教育教学案例,以供其他教师学习借鉴。在学习他人的"问题清单"案例时,也许又会产生新的问题,或是在课堂实践时出现新的教学事件,教师在积极寻求解决问题的时候,再度为其他教师提供了学习的材料,激发学习的动力,这就形成了良性的、实效的、优秀的学习动力,奠定了教师提升自身专业知识的基础。

(二)精准选择定内容,彰显专业实用性

1. 精选内容,提供资料

通过开展自主学习、校本研修、教学实践、各类培训、赛事活动这5个途径推进的教师专业知识的学习,学校课程建设部、专业发展部每学期初,都会制订计划,精心选择推送给教师们学习的各种材料与要开展的活动内容。专业发展部每月组织一次全体教师读书活动,是对教师专业本体性知识的学习,所选择的内容是和当下的教育教学热点、学校当前学期制定的教育教学研究紧密关联的文本材料,具有权威性,比如2021学年第一学期课程建设部的研究主题是"单元化教学设计",教师读书的学习材料就选择了上海市教委教研室的陆伯鸿所著《学科单元教学设计的研究和应用(节选)》一文。通过学科文化周推送给老师们的学习材料,还要保证时效性和文本内容准确性。同时,学校图书馆定期更新书籍目录,根据当前教育教学形势引进教育教学专业书籍供教师学习,不方便借阅的可以直接登录校数字期刊平台阅读。

2. 有的放矢,合理分类

专业知识的学习内容做到分学科、分学段,有针对性,实用性更强。各个教研组罗列的"问题清单"是基础导向,专业发展部根据各个学科的不同要求与研究目标,选择不同的学习材料。如上面提到的"单元化教学设计"相关文本的读书学习活动就精确分类到语文、数学、英语和综合性学科,除了《学科单元教学设计的研究和应用(节选)》一文作为基础学习材料,每个学科都另有3篇相关的学术期刊文章节选或论文节选。面对不同学段的学生,由于学情不同,每个备课组开展的教研活动,所需要学习的专业知识也是截然不同的,只要有需要,专业发展部和课程建设部都会及时提供帮助,服务好每个备课组。还有学校导师制,即"师徒结对",导师手把手、一对一地带领徒弟踏进教学领域,从备课到上课、从课上课后的评价、单课和单元的练习设计到撰写反思案例,徒弟从导师那里学到的专业知识,是最具实用性和针对性的。所以学校每次选择的"师徒结对"也是通过精心选择和仔细讨论后作出的最佳安排。

(三)合理安排巧规划,形成共学共进风

教师工作有其特殊性,班主任几乎离不开班级,非工具类学科任课教师课时量很大,教师也有家庭,放学后、假期中大量组织学习也不够人性化。繁重工作之余强加学习任务,即使教师的学习意识再强,也难免会疲累,学习效果得不到保证,可谓"事倍功半"。如果只采用自主学习、网上交流的方式,对于理论方面的学习,是能够达成目标,显现成效的;但是教学实践方面,就不能尽如人意了。为此,为教师们整体设计和安排整个学期的专业知识学习,协调好各方面的工作、合理安排学习时间,也是十分重要的。

1. 定时定点,集体学习

要说明的是,这里的集体学习不包括开学前的校长微讲座等集中培训,主要是指以大教研组为单位的集体学习活动。每学期至少安排4次大组教研活动,放在周五下午的教师学习时段开展。每个双周挑选半天作为各学科备课组的教研活动——周一综合学科教研活动、周二数学教研活动、周三英语教研活动、周四语文教研活动。课程建设部制定学期课程表时,就根据以上安排,每个学科有专属半天的教研时间。这段时间,相关学科教师不安排课务,确保组内教师全部出席教研活动;如果遇到突发事件、临时活动等,时间上与教研活动相冲突,课程建设部也会及时调整,保证教研活动的正常开展。如果教师因个人特殊情况而影响参加教研活动,上报后课程建设部也会帮助其解决。总而言之,必须将这半天的学习时间落实到位,让每个备课组都能够保质保量开展集中教研活动,完成市、区级各种教研活动的学习任务,凝聚集体力量,有效提升教师的专业知识。

青年教师也有专属自己的集体学习时光。由于我校是新区见习教师基地学校,所以处于见习期的新教师们参与基地活动,基本每周都安排不同主题的学习研究活动,如三笔字的培训、案例撰写的培训等。六年期以内的青年教师参加每月一次的青年沙龙,和学校领导直接面对面,畅谈困惑,开展学习。

2. 随时随地,微型教研

微型教研是教师围绕某个具体可探究的话题而即时发起的小型教研活动,教研活动由教师自由发起,不受时间和地点限制,也无需提前组织与准备。微型教研的核心价值在于"微",突出的 4 个维度是:①"微"时间,教研活动持续时间短,发生具有随意性和即时性;②"微"场合,教研活动地点发生在教师的身边,如备课组、办公室等周边场所;③"微"对象,参与教研活动教师的人数少,学生个体和研究问题数目也少;④"微"主题,教研活动关注的细微问题,往往集中在一节课堂的教学反思、一个核心片断的教学设计、一道试题的突发灵感或解题感悟,甚至是一个教育热点话题等。如各班级组织排练红歌大赛节目时,唱游课 A 老师经过 B 老师的教室,看到她在指导的队形,提出了自己的意见,解决了 B 老师一直找不到的盲点问题。回到办公室后,两位老师就刚刚发生的事情向组内老师转述,另两位唱游课老师也加入讨论,扩充了 A 老师的意见,并且在下节课应用到自己班级的排练中。这就是一个非常实用、高效的微型教研。再比如,一个语文办公室内,一位实习教师问自己导师一个教材中有争议的问题,导师回答的同时向其他语文老师征求意见,大家快速聚拢,一起研讨,最后得出一个较为统一的教学方案,这也是个微型教研。学校积极鼓励各个备课组、教研组、师徒之间,随时随地开展这样的微型教研,"现学现卖",教研成效直接在实际教学中应用,见微知著,点滴的学习也是积累教师专业知识的绝佳途径。

3. 灵活机动,名师引领

工作室的成立,是学校特色之一。乔佩琼老师主持的"澜星名师工作室"、龚怡老师主持的"原色空间工作室"、陈霞和钱筱蕾老师分别主持的两个校区的"班主任工作室"都招募了不少优秀青年教师,在名师和前辈们的引领下,青年教师在教育教学专业方面的成长令人惊喜。在集体学习和"微教研"之余,工作室的负责人会"见缝插针",灵活机动地组织开展学习活动。如钱筱蕾老师的班主任工作室有"早餐会",食堂成为他们的"临时会议室",快速有效地交流,也能让新班主任们得到许多经验。他们也会抓住这个时机,把自己班级教育中遇到的棘手问题向钱老师请教,大家群策群力,共同出谋划策。这样的教学相长,使得工作室的发展稳步前行,每一届都有学员积极报名。

(四)多线并进显特色,赋能专业成长力

1. 教师学科文化周

每个学年的第二学期,学校会组织开展教师学科文化周活动,通过不同主题、不同内容的各学科本体性知识的学习交流活动,夯实教学基本功、明确专业发展目标、立足本岗位。在良性竞争中激发学习动力、促进专业成长。2018学年主题是"赛技能、强内功、促成长";2019学年以"互联网+教育"为平台开展系列教师学科文化周活动;2020学年的主题定为"做强内功,追梦2035"。语文、数学、英语、音乐、体育、美术、自然、信息技术8个学科组会根据主题,制定文化周的内容与形式,严格符合本学科的专业知识特点和技能要求,每个学年都有不同侧重点。既有基本功的竞技,也有专家的莅临指导,同时还和时事紧密结合。比如,今年的文化周,英语组的演讲以"汉文化"为题眼;语文组则是毛泽东诗词诵读比赛和粉笔抄写比赛。又如,2019学年以"互联网+教育"为平台开展系列教师学科文化周活动处于线上教学期间,教师们的专业知识学习不停步,各学科利用"晓黑板"或微信开展了线上的活动,语、数、英3门学科的主题就是以"线上教学与线下教学有机结合"为主开展案例评比,不仅仅是比拼写作能力,同时也是在学习从线上回到线下后的教学如何衔接。在一次次的技能大比拼中,每个学科的任课教师本学科的本体性知识都得到了一次"充电"。

2. 专家专题辅导

"走出去，请进来"——以往学校会安排个别教师参加市区级的大型活动，聆听专家讲座报告。现在，我们直接把这些专家请进校园，为教师们带来更加直观、更加近距离的专家辅导。如2019年请浦东新区语委办吴慧老师开展了汉字应用水平测试的辅导培训；2020年请上海师范大学现代校长研修中心张艳辉博士进行《新时代教师专业发展的思考》讲座；2021年的"名家进校园"系列主题讲座，更是将戏曲带进了校园，为全体教师开拓了本学科教学与传统文化相结合的新思路、新视野。

2019年开始实施的"星火工程"，以学校为主阵地，以教师为主体，通过校外名师带教等方式提速，探索教师阶梯式成长模式。"星火工程"的一大特色就是"名师进校园"。2019年，上海市教研室教研员、特级教师朱浦老师，上海市教研室教研员、特级教师姚剑强老师和徐汇区教研室主任、特级教师高永娟老师受邀签约，此后连续3年，每年带来一次英语、数学、语文的学科专题讲座，令所有教师受益匪浅，在专业知识领域的进步层层递进。

近几年，随着学生心理健康教育得到重视，心理学专业知识也逐渐成为教师专业知识体系中不可或缺的条件性知识。除了面向班主任的心理学资料自学、每学期的心理周活动也会邀请心理学专家开设相关讲座，如著名主持人梦晓的《爱商情绪管理》、社科院专家陆震教授的《教师的工作发展和人生》、心理咨询专家张楚涵的《关注心健康、呵护心成长》、上海市教科院普教所学生发展研究中心主任王枫的《试点"全员导师制"，共筑"成长守护网"》等。这些来自教育心理学领域最前沿、最专业的知识，通过这些专家"接地气"的解读，能更好地被教师们内化，应用实践于自己的教育教学中。

3. 校本自培

专家专题辅导犹如指路灯，为教师专业知识的发展指明方向，学校开展的校本自培，则有效地多点、多线、多方面进行更为"本土化"、更能体现学校治学理念的提升教师专业知识素养。课题组结合学校的办学思路、发展方向，结合教师的专业发展、日常生活，结合教师的专业发展需求、身心健康需求、自我实现需求，结合学校教育教学的实际来确定自培方案。各学科工作室、班主任工作会、各个教研组开展的活动就属于这个范畴。以2020学年第二学期为例，面向全体教师，开展了"'1＋5'项目'心理辅导能力'校本培训"，充实了教师们的心理学专业知识。2018年开始启动"观澜小学中小学教师信息技术应用能力提升工程活动落实方案"，全体在编在岗教师"十三五"师训期间完成此项方案。以及，观澜青年教师先行启动的信息技术自培"双线融合赋能'新实用'课堂——我的混合式教学探索"，新的学期中，将以点带面，推广至全体教师中。

4. 各类赛事、活动

"以赛促学，活动促优"，学校每个学期会组织教师参加各类赛事与活动。校内有各学科磨课、评课活动，每个备课组推出一节校级展示课，学科教师进行研讨与学习。澜星教学节、观澜新秀大赛、说课比赛、基本功大赛等，每个学期针对某一个专业领域，开展各类校内比拼，引导教师们立足课堂，勤练内功，做强专业。

积极组织教师参加校外各级别、各学科的专业技能大赛。如新区的诗歌朗诵比赛、英语演讲比赛、武术比赛、艺术节唱歌舞蹈类比赛等。尤其为青年教师创造机会，"送出去"锻炼，为他们的专业成长助力。同时，学校积极承办区级、署级公开教学展示活动、教研活动，以及观澜教学联盟的展示课。这些活动举办的同时，把学习成长的机会呈现在教师们眼前——优质的教学展示、精准的点评报告，丰富的经验凝练。这些都是教师教学专业知识阶梯式上升的最佳途径之一。

（五）多元评价重实效，促推持续发展力

评价具有导向、诊断和甄别的基本功能，是为了改进和提高，为了促进发展，而不仅仅为了评判优劣、区分等级。本子课题的多元评价就是从多途径、多角度、多层面对教师工作进行个性化评价，从而充分发挥评价的正确导向、激发潜能、促进发展的作用，也是教师本体主动进行专业知识学习的动力之一。

1. 全覆盖、落点准

常规检查、随堂听课相结合，及时了解教师专业知识水平，及时反馈，进行改进。如期中、期末至少两次的日常作业规范检查，周五随堂听课日和一日教学督导。

2. 找亮点、树榜样

课程建设部牵头，搭建平台，鼓励优秀教师分享专业知识领域的各种经验。如优秀作业的展示、年长教师带班经验的分享、青年教师信息技术特长展示等。旨在形成良性竞争氛围,让教师的专业知识提升有目标性。

3. 条目清、量表细

与学校的学期考核相结合,量表呈现一学期来教师在教书育人方面的专业表现,量表中的评价内容可以成为教师专业发展的提纲挈领,为他们明确总结出一学期的学习情况与可改进的方向。(参见附一)

4. 善"找茬"、有跟进

课题组设计了3个量表,以做到时时进行自查,发现各个环节中的薄弱环节,有针对性地"补缺",发现问题及时处理、跟进、改进,及时反思,小结,做好案头记录,形成有效改进机制和有借鉴价值的案例或经验总结。

附一:

( )学年(   )学期观澜小学教师教书育人素质发展评价表

组别_____ 姓名_____ 主教学科_____ 评价日期_____

教师专业发展:(70分)(由课程建设部考评)

评价内容	标准	信息来源	分值	自评	组评	考评
学习培训 18	1. 积极参加校本研修活动(缺席1次扣0.5分,扣完为止,公出除外)。	平时检查记录	2			
	2. 认真填写校本研修教师手册:①填写完整(1分);②每次校本研修活动填写完整,做好记录并有体会或收获(2分,缺1次扣0.5分);③"课堂教学"案例撰写认真(4篇共2分,每篇0.5分)。		5			
	3. 组长听课不少于12节,其他教师不少于10节,分析有质量(缺1节扣1分,扣完为止)。		5			
	4. 积极参加教师学科文化周活动(获奖:3;参加:2;不参加:0)。		3			
	5. 认真参加学科育德培训活动,并做好记录。		2			
	6. 认真参与"晒晒各班优秀作业"活动。		1			

(续表)

评价内容	标准	信息来源	分值	自评	组评	考评
教学实践 44	1. 备课。精备一单元要体现个性化,设计好单元教学目标,确立学习难点、重点(3分);形成配套的练习、教案、课件等(3分);教学反思符合学科特点、学生实际(2分)(分值8为优;7为良;6为一般)。	有关部门反馈 平时考查	8			
	2. 上课。按《观澜小学随堂听课评价》要求(分值8为优;7为良;6为一般)。		8			
	3. 作业。适量、落实减负增效、上交率齐(1分);批改及时、规范、有激励性评价(2分);学生书写认真规范、质量高、订正及时(2分)。		5			
	4. 辅导。关爱学习困难学生,并认真完成困难学生补习记录本。		2			
	5. 积极参加组内"磨课"活动。(参加:3分;不参加:0分)		3			
	6. 期初根据学生情况制订教学实践研究计划(1分);期末制订复习计划(1分)。		2			
	7. 认真参加教研组活动,组长做好管理协调等工作,组员主动承担组长分配的任务(缺席1次扣0.5分,累计扣,公出除外)。		3			
	8. 主动积极参加市、区级组织的各项活动以及校对外展示活动(市、区级教学比赛、运动会、艺术节、科技节等)。		3			
	9. 能独立指导兴趣小组活动,活动规范有效,努力形成个性课程(按《观澜小学兴趣活动评价指标》评价)。		10			
信息技术 8	1. 认真完成学生过程性评价(按晓评价数据反馈考核;优秀:5分;良好:4分;参与:3分;不参与:0分)。		5			
	2. 完成教师资源应用平台资料上传(教案6篇+案例4个+综合练习1份)。		3			
附加分	1. 积极参加校级教学展示活动(1分); 2. 承担教学突击任务,如外省市访学活动教学展示等(1分)。					
小计			70			

附二：

教师"专业知识"特质研究情报综述

情报收集：朱玮、尹心怡、胡晓岚、顾天昊、尹杰、凌霏珣

执笔 胡晓岚

【摘要】 教师专业知识发展研究是教师专业发展研究核心领域之一。从不同视角对教师专业知识发展研究的一些内容、意义和研究方法进行透视分析，不仅为教师专业知识发展研究提供了框架和具体的方向，而且在研究方法方面提供了诸多启示。

【关键词】 特质教师；专业知识；

一、教师专业知识结构内容

（一）国外教师专业知识结构研究

1. 舒尔曼(Shulman)的观点

舒尔曼的观点是国外众多教师专业知识结构研究中最具代表性的观点。舒尔曼认为教师对其专业知识的理解、转化、反思等，直接关系到学生能不能较为容易地理解教师所教授的知识，从而影响教师的教育教学效果。基于以上理解，舒尔曼将教师专业知识分为：学科知识、一般教学的知识、课程知识、教学内容知识、学生及其学习特点的知识、教育环境的知识、关于教学的目的和价值及它们的哲学和历史基础的知识七大类。

2. 格罗斯曼(Grossman)的观点

格罗斯曼关于教师专业知识结构的研究也引起了不少学者的关注。在格罗斯曼看来，教师专业知识的特殊性正是教师职业区别于其他职业的关键所在。格罗斯曼认为，教师的专业知识可归纳为内容知识、学习者和学习的知识、一般性教学法知识、课程知识、背景知识、自身的知识六大类。显然，格罗斯曼的观点与舒尔曼有很大的相似性。

3. 梅纳德·雷诺兹(Maynard Reynolds)等人的观点

美国教育学院协会(American Association of Colleges Teacher Education, AACTE)于1986年成立了"师资教育改革中心"(Center Change Teacher Education)，该中心所属的"知识基础行动小组"旨在建立一套初任

教师必备的知识基础,其研究成果由梅纳德·雷诺兹汇总出版了《新教师的知识基础》(Knowledge Base for the Beginning Teacher, KBBT)一书。梅纳德·雷诺兹在该书中将教师专业知识分为14类。

4. 艾尔贝兹(Elbaz)的观点

艾尔贝兹基于个案研究,于1983年将教师专业知识分为学科知识、课程知识、一般教学知识、关于自我的知识、关于学校的背景知识5类。

5. 吉尔伯特(Gilbert)、赫斯特(Hirst)、克拉里(Clary)等人的观点

赫斯特、克拉里和吉尔伯特等人提出了一个关于"课堂教师"专业知识基础的分类,该分类既前后有序又具有层次,他们将教师专业知识分为关于学校作为一种机构的知识、关于学生的知识、关于教学的知识、决策层次共4个层次。

不难发现,所有学者教师专业知识结构类型划分中,学科知识和教学知识都是教师专业知识结构中最基本的部分。

(二)国内教师专业知识结构研究

1. 葛斯曼的观点

葛斯曼在《教学和教师教育百科全书》中认为,教师知识结构体系可以包括这些方面的内容:学科专业知识,有关学习者和学习的知识,普通教育学知识、课程理论知识,关于自身的知识。

2. 林崇德的观点

在研究中把教师知识分为3个方面,即教师的本体性知识、实践性知识和条件性知识。

教师的认知结构应该基本包括学科专业知识、人文社会学科学知识、普通教育学知识、学科教育知识。这四者之间的关系是学科专业知识是基础,人文社会科学知识是学科专业知识的扩充,学科专业知识和普通教育学知识同时是学科教育知识的基础,学科教育知识包括教师的实践知识和教师的专业知识。

二、教师专业知识的养成

按照终身学习理念,教师专业知识的养成包含职前培养和职后培养两个阶段,职前培养阶段的教师教育在高等教育中进行,大学教育的办学模式大致可分为科研型、教学科研型和教学型3种,无论哪一种类型的大学,学科教育知识的养成,都应是高等学府教师教育的重要内容。

学科教育知识(Pedagogical Content Knowledge，PCK)是针对以前，特别是教师教育专业化改革带来的培养机构分离、阶段割裂、知识隔离等问题提出的，它强调几种知识的融合和相互作用，突出了其作为教师专业的基点。

这一概念对当前我国的教师教育改革同样具有重大的意义。

（一）重新认识教师的知识基础

（1）这种知识结构缺少情境性知识。根据这种认识，教师培养专注于脱离现实的理论知识的传授，忽视在教育实际、学校、班级和课堂等实际情境中知识的应用，形成"两张皮"。

（2）这种知识结构是分离的、松散的。学科教育按照学科知识的逻辑开展，教育学科按照纯教育思维来组织，两者缺少沟通和交互作用。学科知识不因教育知识而更加适宜于传授，教育知识也没能够在学科知识教学中彰显其魅力。这种知识结构不能彰显教师的教学能力（教师尽管掌握了大量的教育知识，但他们与其他人员、特别是学科专家在教学实际中没有形成本质的区别），因此不能成为教师的专业知识基础。

（二）改革教师教育实践

（1）首先我们要重新认识教师教育体制，根据学科教育知识的要求创建灵活的机制。在学习美国"分离式"的教师教育体制时，我们应该同时看到今天美国教师教育为弥补"分离"带来的弊端而提出的新的理论和改革措施。

（2）创设合理课程，改革教材教法。要根据教师专业知识基础确立课程结构，在开设普通课程时要增加具体课程。

（3）在学位颁发和教师资格认定上，要有新的举措。

（三）改变教师教育研究趋向

学科教育知识概念的提出要求我们改变当前这种分离式的教师教育研究趋向，加强学科教学的交叉研究；要求我们改变传统的科学研究中重一般、轻具体，重思辨、轻实证的做法，鼓励对学科教学的实证调查分析和行动研究；要求我们改变目前高校的科研管理体制，师范大学要特别重视学科教学的研究，把其看作是真正的科学研究，给予同等的待遇。

三、优秀教师专业知识的特质分析

我国优秀教师或特级教师是经过层层筛选最后定出的,评选过程、方式方法可能有不完善的地方,但总体而言信度还是非常高的。这些教师除了师德素养外,在专业知识拥有方面也有其特质。那么,这些教师的专业知识特质如何?从专业知识发展角度对各学科优秀教师的特质进行分析与研究是一个非常有意义的课题。研究优秀教师的成长经历以及专业知识构成,对于构建教师专业成长"路线图"和专业知识发展途径,对指导教师积极主动可行地自我专业发展、改变教学方式、提高教学有效性、应对课程改革的挑战均具有重要的指导意义。对优秀教师专业发展历程进行全方位考察,获得教师专业发展的成功经验和针对性强的专业发展有效路径,能为教师向优秀发展提供参照。

可以通过质的研究方式和量的研究方法进行细致分析,获得其专业知识特性。如内在的知识在行为方面应有一定的表现,可以通过对优秀教师的教学行为进行观察分析,获得良好的教学行为受怎样的专业知识影响,引起好的教学行为的专业知识方面具有什么特殊性等结论。

加强优秀教师专业知识发展历程的个案分析研究和开发,不仅有利于引导一般教师专业发展,而且有利于探索基于优秀教师个案分析研究的教师学科专业知识发展的有效途径。从个案角度去研究各学科典型优秀教师的成长经历和方法,揭示各学科典型优秀教师的专业知识特征,总结优秀教师成长规律,这方面的研究不多,我们需要建立典型优秀教师专业(知识)发展个案集锦或案例库,包括数字媒体的和文本格式的,展现其专业发展历程,使更多的教师从中获得启示。

教师专业知识发展具有一般性和特殊性,教师专业发展路径和策略既有共性又有个性。不同的专业知识成分有不同的来源和发展途径,各学科教师的专业发展重在学科教学内容知识的丰富和更新,优秀学科教师的成长经验和教学经验有着重要的借鉴价值。所以,教师专业知识发展应注重学科特色研究。

附三：

观澜小学"星级"特质教师之"有专长"1
——知识素养与专业特长

学科_____ 姓名_____

指标	要素	具体描述	评价(ABCD)
素养及专长	知识素养	具有大学本科及以上学历。	
		具有普通话水平测试证书，语文老师二级甲等以上，非语文老师二级乙等以上。	
		参加汉字水平测试获合格及以上成绩。	
		担任区级及以上中心区成员。	
	专业特长	具备任教学科所具有的特长：如具有大学英语六级及以上、声乐、国画、朗读、写作等相关等级证书或获奖证明。具有指导学生社团能力，并获得区级及以上奖项。	
合计		( )A( )B( )C( )D	
星级		( )五星( )四星( )三星( )二星	

备注：1. 评价：A 非常符合；B 符合；C 基本符合；D 有待改进。
2. 星级：合计 3A2B1C 及以上为五星（不含 D）；2A2B2C 及以上为四星（不含 D）；5C 及以上为三星；4C 及以上为二星。

评价者：_____
评价日期：_____

观澜小学"星级"特质教师之"有专长"2
——教学特色

学科_____ 姓名_____

指　　标	要　　素	具　体　描　述	评价 (ABCD)
个人素养	语言仪态	普通话标准、口齿清楚。	
		教学语言清晰流畅、生动准确。	
		板书端正、正确、美观。	
		体态优雅、着装端庄。	
		教态亲切有感染力、语言幽默。	
	课堂驾驭	善于倾听学生的发言,并能及时作出判断与正确引导,学生乐于接受并能及时纠正。	
		能妥善调控课堂纪律、偶发事件,效果良好。	
		引导学生主动合作学习,组织适合学科特质的多种探究、交流等活动。	
		创设情境合理,激发学生学习兴趣,课中善于引导,关注表达,培养自信。	
		学生学习兴趣高。	
教学能力	学科把握	正确领会本学科特点。	
		明确本年段、本单元、本课教学目标。	
		正确制定课时目标,突出重难点,寻找合适突破口。	
		教学"五环节"清晰,有效落实。	
		根据教学目标设计符合学生年龄特点、难度适宜的学习活动。	
		体现三维教学目标,关注学生学习方法和技能的养成。	

(续表)

指标	要素	具体描述	评价（ABCD）
教学能力	学科把握	教学内容正确，层次清晰，推进有步骤，体现学法指导。	
		关注学生差异，教学内容符合学生接受程度，作业有梯度。	
	课堂风采	有一定的人格魅力吸引学生。	
		师生课堂氛围轻松愉快，互动效果好，学生参与面广。	
		学生学习兴趣浓厚，学习主动，思维积极，乐于表达。	
		及时激励学生，课堂评价方式多样，关注学生的学习表现。	
		充分尊重学生个性，打造利于学生独立思考的课堂。	
		教师知识储备运用灵活，能把握教育契机。	
		达成教学目标，学生能力有提高，有收获。	
		信息技术与课程整合度高，提高教学有效。	
合计		（　）A（　）B（　）C（　）D	
星级		（　）五星（　）四星（　）三星（　）二星	

备注：1. 评价：A 非常符合；B 符合；C 基本符合；D 有待改进。
　　　2. 星级：合计 13A10B3C 及以上五星（不含 D）；11A11B4C 及以上为四星（不含 D）；24C 及以上为三星；22C 及以上为二星。

评价者：_____
评价日期：_____

4. "星级"特质教师之"专业能力"

——教学能力实践研究

执笔：孙悦　梁敏茜　龚怡萍

一、研究背景

教师专业发展是素质教育深入推进的必然要求，也是教师适应教育发展、教育变革的自我要求。因此，我们此次课题研究的目的是为了培养有专业能力的特质教师，对于专业能力的侧重点主要是教材解读能力、课堂调控评价能力和信息技术整合能力。

1. 教材解读能力

教材解读能力是教师的基本功，属于备课工作任务之一。对于教材，教师不仅要读懂，更要读透、读通、读活。解读教材，不仅仅是对教材的深刻理解，也是对教材内容的梳理及深度耕犁。作为教师，明晰教材编排体系，顺应儿童思维，才能深度解读教材，才能让教学抵达思维通透、运筹帷幄的境界。

2. 课堂调控评价能力

课堂调控能力一般是指教师对教学进行状态的一种灵敏而强烈的感觉、感受和感知能力，并作出迅速、准确的反应。课堂教学的评价一般是作为一种对教师在课堂教学中所展现出的价值判断的过程。本课题下的评价必须考虑学生个体间的差异，考虑每个学生发展的不同阶段和知识的多样化，从而使不同程度的学生在不同领域的能力都有所提高。

3. 信息技术整合能力

信息技术整合能力是教学改革的必然趋势，是创新人才培养的必然要求，教师必须转变教育理念。具备信息技术所必须的能力素质，才能适应时代发展要求，具体体现在：敏锐的信息意识、扎实的信息知识、熟练的信息能力、高尚的信息道德这几个方面。

二、目的意义

教师的专业程度和发展水平直接决定了教育教学质量和学校办学层

次。此次我们课题所研究的教材解读能力、课堂调控评价能力、信息技术整合能力这3个能力是为了迫切解决如何有效促进教师专业发展的问题。

1. 提升教材解读能力,助力提升教学品质

教材解读能力是教师进行教材解读以及开展教学活动的基础,教材观是教材解读观以及教学观的核心组成部分。从历史发展来看,伴随着社会的发展与教育教学观的转变,教材经历了从"蓝本"到"文本",从"'教'材"到"学材",从"知识"到"文化"等众多转变。这些转变在契合社会发展与教育发展的同时,也在不断推动着教育与社会发展。教师是提升教学品质的核心要素,教师教材解读能力的培养是推进教学品质提升的关键环节。因此,提升教师教材解读的能力,对于有效提升现代教材观、教学品质具有直接的推动作用。

2. 关注课堂调控与评价,强化效能并激发潜力

教师对课堂教学活动的管理、调节以及评价贯穿于课堂教学的全过程。教师需要掌握一定的"教育技巧"才能避免刻板的教学模式,尽可能地预设课堂中会发生的情境,从而找到适当手段去应对,为自身的专业发展赋能。课堂中的教学评价对于学生的学习具有重要的导向激励功能,是落实素质教育、提高课堂教学质量的重要途径之一。通过评价,改变教师的教学理念和教学行为,促进学生的发展,改变学生的学习方式;通过评价,调整教学现状,激发师生创新意识,在师生互动过程中让课堂充满生命的活力。

3. 提升信息技术素养,适应时代发展要求

教师作为肩负社会人才培养重任的专业工作者,提升自身的信息技术素养已成为时代赋予的历史责任。信息技术的发展将促成"教师中心"向"学生中心"的转变,课堂教学设计将更多地张扬学生的主体精神,同时,教师的课堂角色也会随之发生系列调整。我校正创建信息化标杆校,因此决定了教师应掌握信息技术并具备一定的信息素养。

三、内容与方法

我校开展有针对性的指导活动,将教师队伍建设成为学习型组织,如:开展读书汇报活动,营造书香校园,切实推进教师的读书反思;给予每位教师在校和外出听课的机会,学习他人优秀的教学理念和模式;在各学科开展教研活动,促进教师专业化的提高,在各类培训中学习新的教育教学模式,

结合本校实际认真探索教学新模式。

(一) 教材解读能力

1. 读"透"教材,理清教学思路

每一位教师须先熟读课标,从整体上了解所教学段的课程内容,解读教材,充分了解每一个知识点在各个学段间的分布情况,理清各册教材与各个单元之间内容分布的联系。教师只有在熟读课标、整理清楚课程内容的整体结构后,才能更深入地去研读教材,体会知识所包含的基本思想,才能从中去确定教学目标、教学内容,去突破教学过程中的重点和难点,从而达成预设的目标任务。

在对教材的分析加工过程中,教师要坚持从学生的认识发展水平出发,并联系教材的前后连贯性,从学生的角度去思考问题,才可以使教学效果最优化。站在学生的视角去看问题,教师的教学设计才更具针对性。因此,在研读教材时,最重要的是领会教材编写的意图,从而透过知识层面,充分挖掘教材中蕴含的思想。

2. 用"活"教材,提升教学效益

在正确解读文本之后,教师应在尊重教材的基础上进行适当的引申、拓展、调整和重组创新设计、合理取舍、使复杂问题简单化,充分发挥教材的功能,做到用"活"教材,提升教学的实效性。也就是说,不是直接照搬教材转化为教案,更不能随意改编教材或完全把教材抛开。以语文学科为例,教材中的"空白"给学生留下了想象的余地,教师抓住教材"空白",引导学生补白,巧妙拓展延伸,培养学生的创新思维能力。

(二) 课堂调控及评价能力

1. 一科一表,促进教学反思

针对"青年教师居多"的师资结构特点,我校以课堂调控能力的培养为切入口,结合各学科特点与课程目标设计课堂观察量表,以此为载体提高教师的自我反思能力,各具特色。磨课后,教师通过多维度、有针对性的课堂观察,对自己的教学理念和行为进行积极主动地剖析与反思,及时探寻解决问题的方法;也可以学习他人长处,加以内化,调整教学方法,提升课堂调控能力。

以英语学科的课堂观察表为例(见表1),针对该学科交际性强的特点,观察量表从合作、展示、交往三方面关注学生学习过程,反观教师平时对学生的课堂训练是否到位,课堂调控是否有效。

表 1 观澜小学"新实用"课堂观察量表(试行稿)

指导思想:推广观澜"新实用"课题成果,体现"新实用"核心思想,优化学生学习方式:体现学生为主体的教学理念。
评价方式:分类评议。评价要素符合得 A 类;基本符合 B 类;一般得 C 类。

执教者_____ 课题_____ 评价人_____

评价指标	评价要素	评 价 标 准	评价结果(ABC)
学生学习情况	预习情况	及时准确:及时完成预习任务(含任务单),准确率较高。	
		自主发现:预习有深度,能提出一些问题和思考。	
	学习过程	参与状态:学习时精神饱满,兴趣浓厚,积极投入。	
		思维状态:善于思考,善于倾听,思维活跃,大胆发言。	
		自主状态:独立思考,探究问题有主见,能有自己独到的理解和想法。	
		合作状态:合作学习,组织有序,讨论热烈,同伴互助。	
		展示状态:交流观点大胆自信,表达清晰,语气委婉。	
		交往状态:尊重同学和老师,评价公正。	
	学习效果	知识掌握:基本掌握当堂课的知识,学习任务(学习任务单)准确率高,知识目标达成度好。	
		方法运用:有一定解决问题的方法,形成有效的学习方法,并尝试触类旁通。	
		情感发展:学生学习过程愉悦快乐,思想情感积极向上。	
教师导学设计	导学设计	目标达成:体现"学以致用"新实用教育思想。有单元整体设计意识,重难点恰当,合理使用教学资源,体现生活化。	
		练习设计:任务单、作业设计,和生活紧密相连,体现新实用学科框架,体现多样学习方式。	
	课堂活动	资源运用:注重生活情境导入,课堂重生活资源引入和应用。	
		反馈提炼:及时整理归纳学生的生成问题,纠正错误,提炼总结。	
		激励评价:采取多种方式巩固落实课堂教学内容且效果好。课堂评价适时恰当,及时,多样,激励性、并具有指导意义。	
整体评价与建议			

2. 评价语言,调节教学氛围

在前期调查发现,教师对学生的评价而言,教师以往的课堂评价语言较为单一,笼统,缺乏针对性与激励性。如以"很好!""真不错!"来回应学生的精彩回答;面对学生错误的回答会说"你说错了,请坐!谁来说?"。因此在本课题背景下,基于课程目标,各学科尝试预设课堂中的情景,在各个教学环节融入针对性的评价语言,活化原本平淡的课堂,鼓励学生,引领学生快乐地学习。

以美术组为例(见表2和表3),在发现学生能完成课堂任务但不够美观时,针对其优点进行鼓励"他的涂色完整不马虎,说明做事有始有终,锻炼了耐心!",着重关注该学生的学习态度。

表2 根据学生特点评价

学生特点	教师评价语	评价关注点
能完成作业但不够美观	他的涂色完整不马虎,说明做事有始有终锻炼了耐心!	关注学习态度
造型能力弱,但能基本体现本课时学习重点	虽然形状还不够完美,但他能表现出这节学到的色彩知识(如渐变的色彩、对比色、类似色等),很了不起!	鼓励学生的当堂接收能力,强调课时重、难点
作业速度快行事风格简单粗糙	他的构图很饱满,线条也挺大胆,但是还缺少细节,可以粗细线、点面结合、黑白有对比!	鼓励养成细致描绘的创作习惯并明确指出努力方向
作业比较细腻但作业速度特别慢	这部分细节描绘方法多,特别细腻精彩,以后加快速度大胆走线!	善于发现作品闪光点,明确指出不足
作业有想法但表现力较弱	虽然画面不够饱满,造型不够漂亮,但是挺有创意,想法特别!	捕捉个体优势,强调创意表现

表3 根据学生作品特点评价

学生作品特点	教师评价语	评价关注点
涂色细腻工整	涂色均匀整洁,说明你很细致!	强调创作习惯

(续表)

学生作品特点	教师评价语	评价关注点
用色鲜亮并注意色彩对比	色彩丰富明快,你一定活泼开朗!	关注配色方法技能和色彩知识
用色接近,喜欢蓝绿或淡雅色调	你的色彩感觉柔和,小清新风格嘛!	关注配色方法技能和色彩知识
用色清淡,或涂色较轻	你的作品淡雅、细腻、也很美!	尊重学生创作个性和个人风格
用色浓重但粗糙	你的作业效果浓郁醒目,如果能细致点涂完整就更棒了!	保护创作个性,提示创作习惯

(三)信息技术整合的能力

1. 专用教室,科技牵手实用

我校建立了数字中心、未来教室这两个信息化教学专用教室。这两个教室分别配备了希沃白板系统和纬创智能移动终端交互系统。

2019年6月13日下午,我校承办了区"数字学习中心"项目展示活动,专家有上海市电教馆副馆长潘丽芳女士,上海市特级教师、区英语教研员车建琴老师,区信息中心副主任周伟老师,区"数字学习中心"项目15所试点学校的负责人和英语老师。项目组马思遥老师在数字学习中心进行英语课教学展示。她使用"希沃白板""易动课堂""蓝鸽语音"等软件,为大家呈现了高科技元素满满的英语课堂。课后,老师们围绕智慧教学进行了研讨。马老师运用"科大讯飞"的微课录制工具进行教学设计说课,通过当堂生成的二维码分享思维成果。潘丽芳老师和车建琴老师进行了精准专业的点评。

我校从2012年起投入使用未来教室,引入了纬创智能移动终端交互系统。板端交互(交互式智能平板与电子白板)的新课堂模式,对于改变学生的学习方式,优化数学课堂教学产生了很大的影响。如2018年,在智慧教室中进行展示的《百数表》一课,执教老师将板端交互融入整堂课中,充分体现学生在课堂中的主体地位,使其成为课堂的主人,打造灵动的数学新课堂。

有了这样的两间教室,学生和老师都能切身感受到信息技术为教学带来的效益。

2. 云端课堂,科技优化教学

课题组通过"晓黑板"平台搭建了全校工作"云管理"后台,便于各部门、家校之间的联系,实现了一键发送全校、全年级、全体老师、全体学生家长的及时通知和调查问卷。在 2020 年上半年新冠疫情肆虐期间,课题组着重抓好了全校所有教师的技术培训工作。为此课题组对所有教师在"晓黑板"分组架构,按学科分班,由课题组骨干担任培训组长执行具体管理任务。在组长的带领下学习技术、完成任务;质疑解答、分享做法。

3. 优秀资源,科技提高效益

疫情期间的线上教育已经为各位老师打下了扎实的信息技术基础,"晓黑板""钉钉"和录屏授课等技能均已熟练掌握。回归校园后,后疫情期间线上线下学习模式的无缝连接也建立在信息技术的基础上。空中课堂是比较权威的有效资源,身为一线的老师应该运用好这一资源。因此,教师们在备课时提前观看空中课堂,将空中课堂中较好的习题或讲解片段进行截屏、录屏,然后融入自己的授课资源中,供学生观看,提高了课堂效益。

我校对本课题研究主要侧重在以上 3 个方面。聚焦教师的教材解读能力,是丰富、完善与提升教师学科素养的有效途径;强化教师的课堂调控及评价能力,是提高学生学习效率、激发学生学习兴趣的便捷途径;善用教师的信息技术整合能力,以科技反哺教育,是转变学生学习方式的新途径。在此过程中,我校也得出不少经验,为教师成长保驾护航。

四、经验与成效

学校对于提升教师的教学能力一直予以重视,融合在各项活动中,具体通过提升教材解读能力、课堂调控及评价能力以及信息技术整合能力 3 方面进行阐述。

(一)教材解读能力

1. 探讨解读方法,准确把握教材

区级培训后组织再培训,可以帮助教师借鉴优秀的教材解读方法,找到正确、高效研读教材的切入点。可以通过开展组内培训让教师们分享收获,找到正确、高效研读教材的切入点。2020 年 7 月,英语工作室组织的研学活动中,教师们一起观看学习了 5BM4U1 Museums 的单元整体规划和各课时的教学说明视频。教师们在分享过程中可以观察其他教师是如何解读教材、如何准确地理解和把握教材内涵,老师们纷纷表示可以将学到的方法投入实践。也可利用网络和多媒体资源,积极关注小学教学领域的新变化,在研读教材时充分结合教育新形势和学生的实际学习情况,提升教材研读能力。在培训的过程中,观察其他教师是如何研读教材、准确地理解和把握教材内涵、如何高效地完成备课工作。

集中培训为校园注入了新的培训形式,将培训进行二度过滤,再进行筛选,留下精华部分,让教师们更好地把握教材。开展一场分科培训分享会,教师们进行经验分享也是非常高效的方法。

2. 建整体教材观,有效"精读"教材

学校让每位青年教师"拜师学教",让老教师"传帮带",帮助年轻教师提升解读教材的能力。参与展示的青年老师,在师傅的帮助下解读教材,充分理解初步该认识什么,再认识又有什么新收获,每个阶段需要学习到什么程度,达到什么教学目标,熟悉教材内容后建立一个整体教材观,有效地提升教材研读能力。

学校每年都会开展各科的学科文化周,教师对应自己执教的学科参与活动,比如教案设计、试卷题目编写、说课比赛等,这些活动需要从教材、学生、教学方法和教学过程等方面入手,直接提升了教师对于时间和环境变化与教材研读后结合的能力。活动后评委也会及时对教师进行点评,同时,也能对出现的问题进行问诊,指出进一步努力的方向。学科文化周的活动是切合生活实际与时代变化的,通过对教师所执教的单项学科教学水平的检验,让教师"精读"教材。

(二)课堂调控及评价

1. 关注课堂问题,提升有效调控

在课堂观察量表的助力下,我校教师不断地剖析自己在课堂教学中的优缺点,增强了自我效能感,在实践中学习,在反思中提高。教师具体地对于某一教学环节中出现的问题及学生的质疑展开思考,已有的经验得以积累,成为下一步教学的能力。原本经验不足的职初期教师也迅速成长,在区"新苗杯"等比赛中获得佳绩;成熟期教师也在区内各项专业比赛中脱颖而出。

课堂观察量表也使教师对教学更有信心,产生可控感。因此课堂观察量表它不是为了获得一种结论,而是为了促进课堂的改变,加强课堂调控,帮助我校教师在感悟和提升自己的教育教学能力,在教学实践和教学理论之间架起一座桥梁,为教师的专业发展赋能。

2. 明确评价指向，注重核心素养

学生才是学习的主人，而教师是学生学习过程中的领航员，在课堂教学中教师要及时捕捉学生学习过程中的亮点，运用准确、生动的语言予以肯定与赞赏。在此模式下，我校教师逐步养成了注重核心素养下的教学评价意识，认识到了多维评价的导向作用，评价必须考虑每个学生不同发展阶段和知识的多样化，从而使不同程度的学生在不同领域的能力都有所提高。针对性的评价语言助力我校评价的改革，让教师更精准地施教，使学生感受到学习的乐趣，发展学生多方面的潜能，帮助学生认识自我，建立自信，从而有效地促进学生的发展。

（三）信息技术整合能力

1. 提升教育技术，加强应用实践

针对"被动""高控制性""无法顾及学生差异"的教学弊端进行反思和改良，借助先进信息技术凸显"主动""交互""差异"等教学本质和规律，推动课堂变革，引导学生自主学习、学会学习。通过常态化的信息应用不断提高教师的现代教育理念和技能，加强现代教育技术在教育教学中的应用实践，以应用促发展，带动学校教师围绕信息技术更好地开展教学实践的研究工作，来促进一批青年教师的专业成长。教师们在实践过程中积累优秀教学视频、优秀学习资源和优秀教学案例，提高资源的利用和共享的效率。最后在信息化学习环境中探索新实用探究型、拓展型课程的创新性实施，以信息化软硬件环境的支撑，带动学校教与学方式的变革，同时提升个人的信息技术整合能力，培养学生核心素养，改变学生的学习方式，促进学生个性化学习。

2. 促进素质发展，优化学习方式

我校教师能从学生学习素养发展入手，助推学生发展，以学定教，促使学生乐学、好学、快学的品质，掌握有效的学习方法，形成有效的学习策略，改变了传统的被动接受的学习方式。

尤其是课中微视频的使用、数字学习中心借助移动终端的学习、网上资源自主学习等，增强了学生学习的兴趣，调动了积极性，学生们对新技术进课堂抱以极高的热情，逐步树立学习上的自信、互助、共学。系统的学习方法与技能的培养，让更多的学生获得了有效的"学习武器"，并在实践中体会运用，在运用中积累经验。学习活动与生活相连接，引导学生观察生活，从生活中寻找与新知的联系，并思考运用新知解决实际问题的方式，有助于强化学生学习动机，也有助于培养学生的自主探究能力以及运用知识解决问题的能力。

运用"晓黑板"平台进行的在线教学,让师生在任何时间、任何地点,足不出户就能进行实时而又快捷的课堂交互。还可共享各种优质的教学资源,帮助学生根据自身情况实现个性化学习。极大地提高了学生学习的积极性与主动性,使学生的自主性、主体性地位得到了提升,改变了学生获取知识的方式。在实际应用的这段时间里,发现学生对于在线学习方式比较有新鲜感,所以在线上的活跃度和参与度远大于平时,也正是因为这样的内在需求,孩子们主动学习,努力去克服学习上遇到的困难,学习品质得到发展。一些学业水平原本处于中等,容易"被忽视"的"沉默一族",发展最为迅速,成为学习获益最为明显的一族。

我们可以优化学生学习的外在条件和内在素养,创造适宜的教育环境和条件,促使学生具有乐学、好学、快学等的品质,养成良好的学习习惯,掌握有效的学习方法,形成有效的学习策略,并在其过程中提高学生的综合素质,这也是为其终身学习和自主持续发展奠定良好的基础。

总之,随着教育大形势的变化与不断丰富,教师要想提高教学能力就必须掌握最新的教学理念,始终用发展的眼光去对课堂调控及评价进行分析和研究,还要不断学习信息技术,思考与课堂的有效整合,这样才可以形成自己独特的教学新见解,再用新见解不断丰富自己的教学方法和教学经验,提升自己的教学能力和素养。

附一:

教师"专业能力"之教学能力研究情报综述

情报搜集:郭晨 龚怡萍

执笔:孙悦 梁敏茜

【摘要】

教师学科素养的提升是深化课程改革、促进教师发展的重要环节。教师的学科素养,首先体现在对学科内容的实质认识与整体把握上,其次体现在提升推动课堂教学活动过程及方式的丰富与转型上。聚焦教材解读,形成基于文本素材的"二次加工"与教学转化,是丰富、完善与提升教师学科素养的有效途径。

教师应具有的信息化能力相关文献进行了详细检索和解读,并在本文中进行了综述。其中包括教师要进行信息化推进发展的必要性和如何在教育教学中进行信息化推进。翻转课堂也称"颠倒课堂",通过对知识传授和知识内化的颠倒安排,改变了传统教学中的师生角色,实现了对传统教学模式的革新。项目学习的方法对当前的国家课程进行了改造,整合了多种的学习资源,重组了教学内容,为学生学习方式的转变探索了多种的途径。

反思对教师专业化成长具有重要意义。教师的反思能力包括教学反思能力和自我反思能力两部分。教学反思能力是教师对自己的教学过程进行反馈和调控的能力,自我反思能力是教师对自身的教育理念等进行反思的能力。反思能力与教学效能感之间存在显著正相关。教师的背景变量对教学反思能力、自我反思能力和教学效能感有不同程度的影响。

【关键词】 教师学科素养 专业化教材解读 信息技术 项目式课程 教学反思

一、教师教材解读能力

教师学科素养是教师在学习过程和实践过程中所养成的、学科特有的、较稳定的心理素质和能力水平,提升教师学科素养是深化课程改革的必然要求,是教师专业化发展的基石。基于实践,教师学科素养的提升可以从教材解读、业务培训、教学实践3个维度出发,以此达到巩固、提升、深化学科素养的良好效果。

1. 教师教材解读的内涵理解

蒋敏杰认为,要充分挖掘、用好教材提供的教学资源,基于教材内容进行合理的二度开发、重组与调整,将静态文本转化为动态学习活动,合理规划学与教的线索,明确"学什么""怎样学",进一步促进教师对课程内容的整体把握与有序实施,提升学生学习效率,提高教师教学能力。

徐国裕认为,教师读教材、研教材、用教材的能力是专业素养和教学水平的直接反映。教师的专业素质决定着对教材知识广度、深度、高度的把握,决定着能否挖掘出知识背后的思想、方法、思维品质和育人功能等,决定着能否做透、做厚、做深教材,最终在正确理解和灵活把握教材本身,不肢解、脱离教材的基础上,超越和创新教材,实现真正意义上的"用教材教"和"创造性使用教材"。

2. 教师教材解读存在的问题与归因

根据徐国裕的调查与思考,教师研读教材时存在主体研读意识不强、方法不当、没有经历深层次研读的过程、没有对话沟通的平台等问题,具体表现为:缺乏系统、深入研究教材、读教学用书的习惯,一味依赖现成的教案集,信奉"拿来主义",缺少创造性。

蒋敏杰指出,一般教师通识性综合知识较弱,很少对知识的发生、发展有系统研究,更多教师对于学科本身的知识体系建构相对还不完善,存在知识断层现象。这样一来,他们面对教材,往往只观其貌,而不能深入其意。

3. 教师教材解读的实践策略

蒋敏杰和徐国裕提出了几个策略:读出教材内容"是什么",读出内涵与本质;读出教材内容"为什么",沟通学生经验世界;读出教材内容"想什么",凸显学习思维方式。

二、教师的信息技术与教学整合的能力

教师作为肩负社会人才培养重任的专业工作者,提升自身的信息技术素养已成为时代赋予的历史责任。

陈思铭老师指出信息技术应用于教育,弥补了传统教育的众多不足,改变了传统的知识存储、传播和提取方式,引起了教育新的变革。在教学中的应用与传统的教育技术相比,有着更强大的优势和显著的功能特点:①丰富的表现力;②有效的资源共享与信息交流;③良好的知识组织形式;④自主式学习的良好实现;⑤支持协作式学习;⑥提供虚拟化的教学环境;⑦提供良好的教学管理功能。

赵婧老师指出信息技术的发展将促成"教师中心"向"学生中心"的转变,课堂教学设计将更多地张扬学生的主体精神,同时,教师的课堂角色也会随之发生系列调整。所以作为一个对技术信号高度敏感的教师,必须能够在信息技术的优化升级中捕捉到更新教育观念的契机,并在此基础上自觉地反思和摒弃旧有观念,主动地实现教育观念的吐故纳新。与来自外部施加的教育观念相比,这种由信息技术意识激发的、生成于内心的教育观念会更有生命力。

小学教师传播科学知识和培养人才的职业角色,决定了应掌握信息技术并具备一定的信息素养。基础教育改革和新一轮的课程改革对教师工作提出了很高的要求。具体体现在敏锐的信息意识、扎实的信息知识、熟练的信息能力、高尚的信息道德这几个方面。

"翻转课堂与'以教师为中心'的教学模式完全不同,教师从'知识传授者'变成了学生学习的指导者和答疑解惑者。让教师实现了角色的改变,'以学生为中心'这一理念,很大程度上适应了信息时代对小学教师的要

求。"这样的教学理念使学生对自己的学习有了个性化的选择,既能促进教师与学生间的联系,又能进一步内化学生的知识,有利于教学质量的提升。

姚妙老师认为:"'翻转课堂'以提高教师的专业化水平作为出发点和归宿,可以切实提高教师的实践能力和反思能力,全面提高小学教师再培训的教育质量。'翻转课堂'是信息化环境下所产生的一种新的教学模式,它变革了班级授课制的讲授方式,能满足学生个性化、差异化的需求。"小学教师是特殊的学习群体,他们课时较多,在教学中积累了很多疑惑,需要有人解答、交流,因此,"翻转课堂"的模式适用于小学教师培训。作为一种新型的教学模式,"翻转课堂"在国内外的开发才刚开始,所以,这种新方法的教学效果和它在培训中的具体应用方式,还有待开发研究。

三、学科项目式课程

基于项目的学习是以学科的概念和原理为中心,以制作作品并将作品推销给客户为目的,在真实世界中借助多种资源开展探究活动,并在一定时间内解决一系列相互关联着的问题的一种新型的探究学习模式。强调以学生为中心,倡导学生主动参与,积极动手实践,注重学生的信息素养、全球化视野、批判性思维和问题解决、有效沟通、数据分析等21世纪技能的培养。在国际上多通用在科学、艺术、综合实践等课程上。

项目式课程是一套从学生已有知识经验出发,在复杂、真实的生活情景中引导学生运用课程知识自主地进行问题分析与探究,通过小组合作方式解决问题或制作作品来完成自己知识意义建构的教学模式。

夏雪梅认为项目化学习本质上是对学生的格局观、策略性知识的观照,学生要验证自己的方案。所以她提出了素养导向的项目化学习。素养导向的项目化学习还有一步——迁移。教师要关注学生的这种思维方式是否可以迁移到其他情境中。学生不可能通过一次实践就完成迁移,需要在类似情境中进行复盘,再思考、再建构,再次与同伴分享到底怎样解决了这个问题。经过这一系列过程,才能说是素养导向下的项目化学习。

在李霓虹《小学项目式课程的实践研究初探》一文中,列出了项目式课程的特点如下:

(1)问题情境为导向。复杂的、有意义的问题情境,能促使学生在情境中分析情况,综合运用所学的学科知识解决问题,主动构建自己的知识体系。

(2)突出学科特色。学科素养是项目式课程核心培养目标,项目学习以课程为导向兼顾了学生的课程知识结构和能力发展,符合新课标的要求,既突出了教学重点,又能促使学生运用所学的学科知识发现问题、解决问题,培养了学生解决问题的能力,发展了批判性的思维。

(3) 项目式课程的类型:①大项目,在全校、全学科开展,时间跨度较大、学科和知识主题综合性更强的项目,涉及社会、自然、比较复杂真实的问题,需要跨学科知识进行;②小项目:在本学科内进行,时间跨度较小,以单元或若干学科知识主题整合为项目来源。

四、反思能力

教师专业化是一种动态的发展过程。教师需要通过不断的学习与探究来拓展其专业内涵,提高专业水平,从而达到专业成熟的境界。培养反思型老师,促进教师反思能力的发展已经逐渐成为当今教师教育的重要目标。

1. 熊宜勤的结论

(1) 观念转变、录像课自评和研究人员现场指导三种方法合理运用,能有效地促进教师教学反思能力的提升。

(2) 教学反思能力的核心部分教学监控力的 4 种成分对课堂教学反思能力作用的大小顺序是:反馈与调节→组织与管理→反省与评价→计划与实施。

(3) 教师的反思意识和反思能力可以通过培训干预得到提高,但更重要的是教师如何养成反思的习惯,教师培训及学校教学如何创设反思的氛围,尚有许多问题值得我们深入探讨。

2. 高玲的结论

(1) 教师的性别、职称和任教年级对教学反思能力存在显著影响。女教师与男教师的教学反思能力存在显著差异。高级职称教师和任教高年级的教师的教学反思能力较强。

(2) 教师的学历和任教科目对教师的自我反思能力有显著影响。本科学历教师的自我反思能力比本科以下学历的教师要高。语文教师与其他类教师(自然、英语等科目教师)的自我反思能力之间存在显著差异。

(3) 教师的学历和任教科目对教师的效能感存在显著影响。本科学历教师与专科学历教师的效能感得分之间存在显著差异。主干课程教师的教学效能感比非主干课程教师的自我效能感要高。

(4) 教师教学反思能力、自我反思能力与教学效能感的相关分析结果显示,三者之间存在显著正相关。三者相互影响、相互促进。

附二：

观澜小学"星级"特质教师之"有专长"3
——信息技术

学科_____ 姓名_____

指　标	要　素	具　体　描　述	评价(ABCD)
应用信息技术优化课堂教学	技术素养	正确认识信息技术对改进课堂教学的作用，具有主动运用信息技术优化课堂教学的意识。	
		熟悉多媒体环境的类型与功能，熟练操作常用设备。	
		有效通过多种途径获取数字教育资源，进行简单的课堂媒体制作。	
		熟练掌握日常课堂操作的演示文稿，能在数字中心进行白板技术交互使用。	
	计划与准备	依据课程标准、教学目标等选择适当的教学方法，找准运用信息技术解决教学问题的契合点。	
		根据教学需要，能合理选择与使用技术资源。	
		确保相关设备与技术在课堂教学环境中正常使用。	
应用信息技术转变学习方式	组织与管理	利用技术支持，转变学习方式，帮助学生有效开展自主、合作、探究学习。	
		有效使用技术工具收集学生学习反馈，对学习活动及时指导和干预及评价。	
		支持学生积极探索使用新的技术资源，初步开展学习活动。	
合　计		(　　)A(　　)B(　　)C(　　)D	
星　级		(　　)五星(　　)四星(　　)三星(　　)二星	

备注：1. 评价：A 非常符合；B 符合；C 基本符合；D 有待改进。
　　　2. 星级：合计 5A4B1C 及以上五星（不含 D）；4A4B2C 及以上为四星（不含 D）；9C 及以上为三星；7C 及以上为二星。

评价者：_____
评价日期：_____

观澜小学"星级"特质教师之"有专长"4
——特色课程开发

指　标	要　素	具　体　描　述	评价(ABCD)
设计理念	遵循原理	以学生发展为本,体现学习知识、培养能力与塑造健康人格的和谐统一。	
		课程落实"五育并举",发挥教师个人特长,符合小学生的兴趣及年龄特点。	
教学实践	目标确立	具有针对性,契合课程要求和学生实际。	
		具有综合性,能体现三维目标的有机整合。	
		具有层次性,对不同层面的学生有不同的达标要求。	
	内容处理	以教材为例,训练学生能力,发展兴趣。	
		知识正确,教学容量适当,学生能够接受。	
		把握教材的内在联系,突出重点,突破难点,解决疑点。	
	过程安排	教学活动结构合理,有利于学生认知结构的建立。	
		教学程序科学自然,有利于学生参与学习实践。	
		教学节奏、密度适当,时间分配合理。	
		注重探究性和实践性。	
评价与检测	调控检测	精心安排有层次性、针对性和开放性的练习活动。	
		师生情感融洽、和谐平等,注重多样评价。	
		对学生的学习信息及时反馈,有效肯定与纠正,课内完成教学任务。	
		给学生自主学习空间,提高学习能力。	
合　　计		(　　)A(　　)B(　　)C(　　)D	
星　　级		(　　)五星(　　)四星(　　)三星(　　)二星	

备注:1. 评价:A 非常符合;B 符合;C 基本符合;D 有待改进。
　　　2. 星级:合计 8A7B1C 及以上五星(不含 D);8A4B4C 及以上为四星(不含 D);14C 及以上为三星;12C 及以上为二星。

评价者:＿＿＿＿＿＿

评价日期:＿＿＿＿＿＿

观澜小学"星级"特质教师之"有专长"5
——主题活动设计

学科_____ 姓名_____

指　标	要　素	具　体　描　述	评价(ABCD)
主题活动设计能力	观念态度	拥有正确的价值观。	
		能够正确把握当下的教育热点。	
		能够正确理解教育方针。	
	育德能力	能够体现"五育并举"的理念。	
		能够关注学生个体的发展需求。	
	规划设计能力	善于根据学生的生活经验、已有的知识基础和特定的背景条件,围绕相关主题和规划、设计活动内容。	
		设计的活动应为学生提供参与和体验的机会,为每个学生提供更宽广的学习与发展空间。	
		活动设计充分考虑资源特点,设备、场所等条件,充分调动社会各界力量。	
合　计		(　)A(　)B(　)C(　)D	
星　级		(　)五星(　)四星(　)三星(　)二星	

备注:1. 评价:A 非常符合;B 符合;C 基本符合;D 有待改进。
　　2. 星级:合计 4A3B1C 及以上五星(不含 D);3A3B2C 及以上为四星(不含 D);7C 及以上为三星;6C 及以上为二星。

评价者:_____
评价日期:_____

5. "星级"特质教师之"专业能力"

——教育能力实践研究

执笔：曹丹红

一、研究背景

百年观澜在继承中发展与创新，为了更好地落实"为孩子生命发展奠定宽厚基础"这一办学理念，学校迫切需要全面提高教师队伍整体素质。本次确立的研究课题"打造'星级'特质教师培养机制的实践研究"旨在有序、有力地打造观澜"星级"品牌教师，探索教师培养机制，让优质教师成为学校的一种精神代表，将"有专长、有情怀、善学习、爱学生、会生活"作为星级教师特质，用自己的个人魅力影响学生的生命成长。通过课题实践，形成系统的观澜教师培养机制，打造一批观澜"星级"教师、数名在区级及以上有一定的影响力的教师。

基于学校实际情况，教师专业能力子课题主要从教师的教学能力、教育能力以及教科研能力3个方面进行研究。而我们是"专业能力"中的"教育能力"实践组，紧紧围绕专业能力中的教育能力板块开展研究。根据我校教师的实际需求和现状，我们将"教育能力"聚焦为"育德能力"，而"育德能力"中包含的关键词是沟通协调能力、活动设计能力和家校合作能力。

育德能力是指教师培养学生形成良好道德品质的能力。包括：教师的育德意识、德育觉知能力以及自身的示教能力和教育引导能力。其中，沟通能力是教师在教学工作中为完成教育目标，用语言、文字、图片、行为等方式相互交流思想、观念、意识、感情等信息，以获得相互了解、信任并达成共识产生一致行为的本领。本项研究中，教师侧重对活动参与的学生、家长等进行沟通、协调，使其能够配合协作，最终完成教育目标。

二、目的与意义

教师专业能力是教师从事教育教学活动所必须具备的能力，诸如语言表达、教学组织、教学设计、问题解决等方面的教育教学能力。教育能力是其中必不可少的一部分。对教育能力的认知是决定教师专业能力发展的前提与基础，教师专业能力的掌握程度与运作情况也直接决定着教师专业水准的高低。所以想要打造一批"星级"特质教师,巩固、提升教师专业能力,形成有效培养机制,十分重要。

近两年我校新教师增量相当快,其中有很大一部分新教师是跨专业的,且非师范专业出身,而年轻教师群体又正是学校长期可持续发展的生力军。增量大、跨专业这两点表明快速、有效提升教师的专业能力势在必行,本课题研究也侧重为年轻教师们提供成长平台。

教育能力多种多样,其中沟通能力和育德能力是重中之重。本实践组旨在总结近年来我校教师在沟通协调、活动设计和家校合作方面的各种有效措施,形成一套可操作、可复制的实施范例,帮助教师们能够在繁忙的工作中持续提升自己的教育能力。

三、过程与方法

(一) 第一阶段:准备阶段(2019年4月—2019年8月)

1. 主要目标

对学校内的全体教师进行调查和访谈,并做好相关数据汇总,制定"教育能力"子课题的实施方案。

2. 主要任务

(1) 设计学校教师现状调查的问卷内容,并对问卷做好统计,形成调查报告。

(2) 学习文献《品质教师是如何炼成的》《打造优质教师队伍,增强学校发展实力》等,激发教师主动发展的内需。

(3) 确立子课题研究小组实践人员,具体分工与实施安排见表1。

表1 具体分工与实施安排表

关键词	实施途径	特色项目	领衔	参与人员	呈现形式及具体要求	形成的培养机制
沟通协调能力	专题活动:家长会;全员育德	家长驻校日活动	曹静	尹春燕、朱冰青	1. 全员育德培训中体现沟通协调能力的资料; 2. 家长会亲职教育资料(教师的、家长的); 3. 家长驻校日资料; 4. 撰写小结:沟通协调能力的实践研究(3 000字左右) 完成时间:2020年11月	利用校情,挖掘特色项目的机制研究 特色项目机制的建立与实施

(续表)

关键词	实施途径	特色项目	领衔	参与人员	呈现形式及具体要求	形成的培养机制
活动设计能力	专题活动：班队会；家委会实践活动；班级铭牌设计	学校路名创意设计；"井上添花"井盖设计活动；校园吉祥物设计	曹静	庄忆玮、胡晓岚	1. 班队会资料(含十分钟队会)； 2. 家委会活动资料； 3. 班级铭牌设计资料； 4. 学校路名创意设计资料(学生家长)； 5. 井盖设计活动资料(学生家长)； 6. 学校吉祥物设计； 7. 撰写小结：设计实施能力的实践研究(3 000字左右) 完成时间：2020年12月	利用校情，挖掘特色项目的机制研究
家校合作能力	专题活动：护校安园；OM亲子科技活动；澜爸澜妈课程	爱心义卖活动；相约星期六；澜爸澜妈课程		曹丹红、严洁	1. 护校安园(家长志愿者)资料； 2. OM亲子科技活动资料； 3. 爱心义卖活动资料； 4. 相约星期六资料； 5. 澜爸澜妈课程资料； 6. 撰写小结：家校合作能力的实践研究(3 000字左右) 完成时间：2020年12月 子课题分报告：提升教育能力激活教师活力的星级教师打造实践研究	特色项目机制的建立与实施

（二）第二阶段：实施阶段(2019年9月—2021年6月)

1. 主要目标

按子课题的实施计划进行各项研究任务,完成形成相关课题研究的各类专项成果。

2. 主要任务

确立核心组人员,确定子课题内容,并实施："星级"特质教师的专业能力特征(沟通能力、育德能力),关键词是：沟通协调能力、活动设计能力和家校合作能力。

3. 主要方法

通过一些专题活动,找到其中的特色项目,在理论研究的基础上,结合实践的个案,从而形成实践研究的小结。3组各有侧重,分别为:沟通协调能力组——寻找理论依据;活动设计能力组——积累实施案例;家校合作能力组——总结研究经验(具体参见表1)。

各组成员分别通过图书馆资料、知网查阅等方法进行专业知识方面的情报收集,汇总后首先开展学习。随后分组进行相关资料的搜集和整合,最后形成小结。核心组成员在3篇小结的基础上撰写整个子课题中的实践组的报告。

(三)第三阶段:总结阶段(2021年6月—2021年12月)

1. 主要目标

总结子课题实施的全过程,形成子课题研究分报告。

2. 主要任务

汇总课题实施阶段的阶段性成果,撰写子课题研究分报告。

四、经验总结

要在活动实践中加强育德能力,首先要让教师认同其职业价值和专业性,使教师具有积极的情感、端正的态度,具有强烈的从教意愿,树立"为天下育英才,为世人作师表"的教育信念,立志成为有理想信念、有道德情操、有扎实学识、有仁爱之心的"四有"好教师。

(一)多途径增强职业自信

我校通过"澜星讲堂"师德第一课、"四有"好老师主题培训等,激励教师拥有职业自信,将情感、兴趣精力专注投入于教师工作本身。

推行"澜精灵爸妈"家长大课堂,借助家长资源,开展家长进校园授课的活动。为了进一步扩大活动影响范围,我们以家长微课程的模式为基础,项目组的教师分工明确,主动对接,每位教师按照"年级负责制",负责一个对应的校区中的一个年级,沟通上课主题的确定、上课内容的选择、上课所用的道具和实践材料等其他事宜。教师怀揣着教育教学沟通的动力和高昂的兴趣,主动、热情、积极地与家长沟通,有的放矢地询问家长关于上课的一些事宜,并不厌其烦地回答家长疑问和困难,真正为家长提供力所能及的帮助。

类似于此类活动,不仅辐射到了每一个班级每一位学生,还让更多的学生见识到学校、书本以外的大千世界,其中涉及的课程领域有科技、环保、OM比赛等;也点燃孩子们的创新火种,锻炼他们想象创新能力。通过课程体验,引导学生从中学习相关知识,加强职业体验、拓宽视野、发展思维,合力培育学生创新素养。同样,家长也在活动的顺畅沟通中获益,他们看到了学校、教师的教育初心和热情,看到了教师的职业能力体现,也看到了学生创新素养等的提升。

（二）多策略设计专题活动

教师要善于制定出明确具体、切实可行的活动目标,要善于培养学生自主、自治、自理的能力和精神,使学生发挥班级主人翁的作用,善于寓教育于活动之中。教师要善于组织丰富多彩的教育活动,更要善于规划班级活动中的各项工作,一旦缺少这种能力,班级活动就会陷入一片杂乱,顾此失彼,即使再卖力,也只能是事倍功半,费力不讨好。

随着素质教育的深入发展,班级活动在学生的成长教育中成了重要部分之一。经过精心设计的班级活动是开发班级成员身心素质潜能的时空条件,是班集体形成和发展的整合因素。做好班级活动的设计和实施工作对学生个人的成长、班级良好人际关系的建立、班集体的形成有着重要的意义。教师作为班级负责人,得天独厚的条件就是可以设计实施各式各样的班级活动,将特定的教育目的寓于一定的活动中,通过这些活动来促成学生的成长。

1. 有教育性、针对性

使教育内容真正"内化"到学生心里,从学生的实际需要出发,针对学生的年龄特点和身心发展需要。不同年龄阶段的学生有着不同的生理、心理特征,活动主题的设计需要与之吻合。在低年级,活动主题要与学生的生活直接、紧密地联系在一起;中年级,活动主题要多与自然与社会相结合;到了高年级,活动主题要常与科学实践发生联系。学生认识事物或从事某项活动表现出明显的个性倾向性,活动主题的设计需要把握这种倾向性,予以有效利用。加强社会、家庭与学校、班级的相互联系、相互了解、相互沟通,共同完成学校及班级的教育教学任务。促进孩子德、智、体、美诸方面发展。共同为培养具有创新意识,创新能力的人才奠定基础。

教师要想成为"星级"特质教师,爱学生是其中的必要元素,建设一个积极向上的班集体,一定要在"班风建设""班队活动""家班共育"和"家校合力"方面有相关的实施举措和评价标准,因此,我们实践组在研究和实践的基础上,结合学校学生发展部的《观澜小学班主任(辅导员)工作学期考核表》,形成了相关量表。

以我校原二(1)班开展的一次家委会活动为例。在家委会的组织下,全班学生在家长带领下来到"百欧欢"有机农场开展一次生态游。学生被分成了两组进行学习与体验,体验过程如下:第一步,认识植物&品尝植物;第二步,午餐时光,午餐是农场自己种植的有机植物与其他的健康食材;第三步,投喂小动物,这是孩子们很喜欢的活动环节,他们亲自喂了小兔子与山羊;第四步,植物拓印,将花朵与叶子正确地摆放在布包的夹层中,用小锤子轻轻敲打,做成了人手一只的"限量版"帆布包;第五步,趣味采摘,每个孩子都可以采摘4颗生菜,3个橘子,孩子们学会了正确的摘取技巧并亲自动手体验,收获满满。

2. 有整体性、多样性

强调活动的全过程和活动的各个侧面,使活动成为一个系统,最大限度地发挥教育作用。活动设计实施要丰富多彩,一般分为常规活动、学习专题活动、思想教育活动、劳动教育活动、文娱体育活动、科技创造活动等,结合学校教育主题,开展班级特色活动。我们也对主题活动设计进行"技术专长"方面的考量,形成了相关量表。

为丰富观澜学子的艺术生活,并加强亲子互动艺术体验,也为观澜185周年献礼,不断提升观澜校园的文化气息,发挥校园文化的心育功能,作为2019校园艺术节系列活动,学校将再次组织开展"小小井盖大变身"活动,让更多学生协同家长亲历参与观澜的校园文化建设,在艺术实践活动中切实提升审美水平和创美能力。此活动最大限度地调动了全校学生和家长的积极性,从画稿设计、作品递交到汇总评选并组织落实绘画,涉及面广。活动也持续几届进行,成为校园艺术节和文化建设的系列活动。

3. 有自主性、创造性

学生是活动的主人,只有全身心地投入到活动之中,参与活动的设计、组织、管理,才能发挥他们的主动性、创造性。结合校园环境与班级发展,学校各班定制个性班级铭牌,表2为我校五(3)班的班级铭牌设计。

表 2　五(3)班的班级铭牌设计

班　　名	五(3)奋飞中队
班级公约	学风严谨　奋勇拼搏 优雅大方　文明守信 心胸宽广　表里如一 尊师爱友　团结互助 自立自强　知恩图报 静净敬竞　永不言弃
班　　训	做人诚心　学习细心　友情真心　生活开心
班　　徽	
班级合照	相亲相爱的我们

班级铭牌设计活动中，活动主体是班级全体成员，教师只是这全体中的重要一员。每位学生充分挖掘潜能，自觉主动投入此项活动，同学相互之间彼此信任与尊重，更有利于发挥出他们的聪明和才智。活动中，他们独立工作的能力、自我管理的能力以及创造精神都能得到培养，也为以后搞好班级活动打下了坚实的基础。

（三）多方式加强家校沟通

1. 讲艺术有原则

沟通离不开言语交流，沟通是一门艺术。无论是教师找学生家长谈话，还是家长找教师谈话,我们都要秉承"三要三不要"原则,其中"三要"是指:①教师要保持和蔼的态度,耐心倾听家长的诉求,给予家长以充分的尊重;②要充分考虑家长诉求的根源所在,换位思考,给予家长充分的理解;③要控制好自己的情绪,不能因家长的言语刺激而情绪失控。"三不要"是指:①不要过多地向家长反映学生的缺点、错误,避免家长对孩子的过分失望或认为教师在推卸责任,并认为教师水平不高;②不要向家长表述为了其孩子花费如何多的精力,避免家长出现误解;③不要过分地表扬学生,这样可能导致家长盲目乐观,可能忽视自己孩子身上一些缺点和不足之处。

2. 讲策略出机制

家庭是小学生接受教育和影响最持久最广泛的地方,家校沟通能为孩子的健康成长营造良好的氛围。家校沟通就成为教育工作中的一个重要的组成部分,沟通和协调能力在这个过程中扮演着极其重要的角色,关系到是否能达成自己所期望的或者预期的目标。我校紧紧围绕星级特质教师教育能力开展相关实践活动,并在活动中形成了有效的培养机制,形成了系列化的操作方案。

全员德育培训"五大"亮点,助力教师沟通能力提升。分别有:家校沟通之专家来支招——实用;学期德育计划之分析解读——全面;突发事件处理之指导流程——规范;德育工作之阶段性梳理——精准;教育热点之学习分享——及时。

家长会亲子教育中也有体现,我们巧施"四大招",家校沟通显示相应的活动机制。专家讲座解疑惑、明方向;学校办学理念分享达共识、有成效;分学科交流促了解、强合作;家庭教育故事诉心声、有共鸣。

3. 讲创新出奇效

"相约星期六(家长学校)"是我校以"空中课堂"的方式开启的家校沟通的专题栏目。学校以微信公众微视频的方式进行主题推送,每月一次构建家校之间的"空中课堂",为家校联系建立起了沟通的桥梁。

在这场专题栏目里,家长们聆听着疫情期间校长对孩子和家长的肯定,也收获了校长的第三封家书。让感恩成为一种信仰,让努力成为一种习惯,让责任成为一种自觉,让自律成为一种行动。聆听了《如何开展有效的亲子阅读活动》《一起做三"悦"家长》《好班级,好发展,从把握三个不等式起步》《投资好习惯,收益好素养》《让"创造"成为孩子的素养》《爱为原点,用心沟通》的微讲座。一次次微讲座中,融入了学校、教师的沟通艺术,有对家长的尊重和理解,有对学生的期待和目标,拉近了师生间、家校间的心灵距离,以创新的形式为在教育路上有疑问的家长们提供了些许建议,你我陪伴,共学同进。

家庭是孩子的第一所学校,而学校则是孩子系统地学习科学文化知识的主要场域,家庭和学校,作为影响孩子发展较为关键的两个因素,在孩子的成长与发展中发挥着各自的作用。在孩子的教育过程中,通过教师的桥梁纽带作用,两者若能够有效地衔接与配合,则有利于增强教育的整体有效性。

4. 讲方法助成功

"成功的体验永远是突破心理障碍、获取沟通自信的强大武器。"在成功体验面前,沟通恐惧往往不攻自破,所以解决沟通恐惧问题的关键是教师要获取足够的成功体验或经验,要讲究方式方法。

(1) 聚集过往成功。将过往成功聚集放大,使沟通者的内心变得强大起来。子课题实施以来,我校的教育教学工作已经形成一种和谐进取,团结奋进的氛围,从而取得好的教育教学效果。教师个人研究成果和相关荣誉也颇丰富。

(2) 借用别人成功。有的教师在实践过程中觉得自己成功经验不足,他们取长补短,借用别人的成功,助力自己的内心积累成功自信的体验。

(3) 确保初次成功。特别是我校"家长志愿者"护校安园、"家长驻校日""家长开放日",家长参与"元宵节"庆祝活动、亲子实践活动、亲子爱心集市等家长共同参与的工作和活动,有了第一次的成功,能为教师加油打气,积累经验,改进方法奠定基础,是不可或缺的精神财富。家校合力开展工作、活动中,特别是年轻教师都有开展的"第一次",每位教师都应尽最大努力做好最充分的准备,确保首战告捷、一炮打响,因为哪怕是再微小的初次成功,都是持续构筑沟通自信、取得更大成功的导火索和"临门一脚"。

如上工作和活动开展的背后,是活动设计、沟通协调、家校合力这张大网的有力支撑。正是教师与学生家长进行有效沟通,在一定程度上引导家长学会教育自己的孩子,支持配合学校各项工作和活动,才逐步形成了家校教育合力的良性循环。当然,工作中还存在着一些问题,如特殊家庭的沟通、特殊学生的教育等,都值得我们继续研究和实践。

五、经验与成效

此课题的开展,对于学生、教师和学校都有不同程度的促进作用。

学生层面,在行为规范、文明礼仪、道德品质和综合素养都得到了增强,一大批学生荣获学校优秀少先队员,单项积极分子,"最亮澜星"等荣誉称号。部分学生荣获市区级优秀少先队员。

教师层面,涌现了一大批爱岗敬业的好老师,每年都有教师被评为校"形象教师",市区级"园丁奖""金爱心奖"等。

学校层面,被评为上海市行为规范示范校、上海市家庭教育示范校、上海市文明校园、依法治校示范校、劳动教育特色校、健康教育促进校、近视防控示范校等。

六、反思

(1) 活动的设计中部分预设和实际成效、取得的成果之间有些不一致。我们在以后的研究和工作中要根据学生的实际需求和社会环境的变化适时调整,让活动设计更接地气,更易操作,更符合学生年龄特点和性格特征,以取得更多成效。

(2) 现今学生家长绝大部分都是年轻家长,有的是二胎家长,他们的教育理念和教育思想与传统的教育思想有出入,我们在尊重他们想法的基础上相互协调,更好融合,期待共生共长。

(3) 个性化的学生、个性化的家长也日趋增多。面对这样的学生、家长,我们要"对症下药",采用合理的方法,针对性地解决相关问题,让育德活动得到学生、家长的大力支持、配合,实现共赢!

总之,教师应当多途径增强职业自信,对沟通对象、沟通过程有正确、有效的方法,乐于实施,巧于设计。讲究设计的多种策略,沟通的艺术,有效协调。不断加强成功体验,和学生家长共同开阔视野,从不同的角度来审视相同的问题。

不管是设计实施还是沟通协调,对于提高教师积极的心理功能和心理健康水平都有一定的作用,有效的沟通也必能支撑一名教师从新教师走向老教师,从骨干教师成为教学名师,乃至于成长为教育专家,从而推动教师自信前行、奋发有为,不负国家、社会和时代赋予的神圣教育使命。

附一:

教师"专业能力"之沟通能力研究情报综述

资料搜集:费俞佳、朱冰清、严洁
执笔:曹丹红

一、概念

沟通是教师的核心素养,教师传道、授业、解惑,哪一样都离不开沟通,而教师的沟通成效取决于其沟通自信力水平。

人际沟通技能主要是指同情、倾听、观察、言语与非言语回应等一些相关的综合能力。

二、内涵与作用

教师沟通自信力包括教师对自身职业、沟通对象和沟通过程的自信,教师只有厚植职业情感、掌控职业知识和扫除沟通障碍,才能不断培育沟通自信力,进而提升教学能力和育人水平。

教师的人际关系和沟通能力也会极大地影响学生的学习承诺、学习成绩、人格发展和心理健康等。

三、核心因素

共情、尊重和有效回应是教师人际沟通能力的核心因素。教师的沟通技能的提升主要就体现在这3个方面。

(一)共情的应用

共情即通过从对方的角度着想,理解对方的情绪和感受,但又不陷入其中,保持自我的独立。共情不是同情,而是在沟通中兼顾双方的需要。

(二)学会尊重

尊重是一种品格,是对他人人格和价值的充分肯定。尊重是有内涵的。对求助者个人要尊重,对求助者问题要尊重,对求助者解决问题的能力要尊重。

(三)学会倾听与有效地回应

积极聆听又称主动聆听,指教师不仅要仔细聆听学生的感受,还要对学生的情感作出反应。

四、沟通自信力的来源与构成

教师沟通自信力作为一种人格特征和心理动能,不是与生俱来,而是经过后天磨练和长期培育而逐步形成的。教师沟通自信力是多维立体、复杂综合的心理特征,主要包括教师对自身职业、沟通对象和沟通过程3个方面的自信。

(一)对教师职业的自信

对教师职业的自信,就是对教师职业价值和专业性的认同,具有积极的情感、端正的态度,具有强烈的从教意愿,立志成为有理想信念、有道德情操、有扎实学识、有仁爱之心的好教师。

(二)对沟通对象的自信

对沟通对象的自信,是指了解和掌控沟通对象的心理确认。教师的沟通对象主要是同事、家长和学生,而教师的职业特性决定了教师最重要、最频繁的沟通对象是学生,所以教师对沟通对象的自信主要表现在对学生的自信。

(三)对沟通过程的自信

对沟通过程的自信,包括教师对自己设置沟通目标确定沟通内容、选择沟通手段、反思沟通效果等沟通环节的正向评价和心理确认,其中最主要的是教师对沟通成效和沟通内容的自信。

五、分类

(一)师生沟通

倾听、解读、鼓励是师生有效沟通的3把钥匙。

1. 钥匙一:积极倾听——走进学生的内心

(1)我们首先要学会积极倾听,尝试觉察自己有没有打断、评价或者命令学生。教师需要保持足够的耐心和好奇心,这样,学生才会感到被尊重和接纳,教师才更容易走进学生的内心。

(2)鼓励学生充分表达自己。应适时给予学生回应:"嗯,还有呢?能具体说说看吗?"用开放性的提问鼓励学生表达内心想法。

2. 钥匙二:解读密码——读懂学生的行为

教师应学会解读学生的行为密码:是基础薄弱,还是上课听不懂?是自律性不够,还是亲子关系紧张?

3. 钥匙三:有效鼓励——为学生的改变赋能

(1)用"我句式"告诉学生你的感受。如:

我看到_____（观察、现状）。

我感到_____（表达感受的词汇）。

我希望_____（启发式提问或提出相互尊重的解决办法）。

(2) 用启发式提问帮助学生明确行动方向。如：

你觉得自己哪些地方做得好？

哪些地方还需要改进？

你打算怎么做？

你需要做些什么来实现你的目标？

教师可以和学生一起做头脑风暴，一起想出改进的办法来。用启发式问题来代替说教和提要求，让学生学会设立目标及明确行动方向。同时，及时关注学生的改变，清晰描述他们值得鼓励的行为，肯定学生的小进步。真诚地表达对学生的信任，关注学生的正向行为，用鼓励为学生的改变赋能。

（二）家校沟通——"三明治"沟通法

我们把家校沟通方法形象地比喻成"三明治"，如图1所示。

图1 "三明治"技巧

第一层面包片代表的是认同、欣赏、肯定、关爱对方的优点或积极面；中间一层代表的是分析、建议或不同的观点；第三层面包片代表的是鼓励、希望、信任、支持和帮助。

"三明治"沟通法把建议、问题夹在表扬中，不仅不会挫伤家长的自尊心和积极性，还会让家长愉快地接受教师的建议，正确对待孩子身上存在的问题，自觉关注孩子的成长。

教师与家人、同事、朋友和学生沟通时，都可以尝试用"三明治"沟通法，甚至可以教家长使用这种方法。

教师与家长沟通时要注意以下几点：①要保持和蔼的态度，耐心倾听家长的诉求，给予家长以充分的尊重；②充分考虑家长诉求的根源所在，换位思考，给予家长充分的理解；③控制好自己的情绪；④不要过多地向家长反映学生的缺点、错误，更不要过分地表扬学生。

（三）小学班主任管理工作中的沟通

1. 对学生呵护、关爱

班主任要管理好班级，应从学生日常的学习、思想和生活的细微变化当中重视对学生爱的教育，与学生进行主动沟通、交流和谈心，努力创设关心、呵护学生成长的班级环境和氛围，向学生展现自己的真诚，积极拉近、缩小师生间的距离，做学生的良师益友，引导他们时刻要树立正确、积极的世界观、人生观和价值观，帮助他们及时改正在学习和生活中所犯的错误，真正感受和体会到班主任对他们的呵护、关爱。

2. 对学生信任、尊重、宽容

在班级管理中，班主任应重视"以人为本"，采取恰当合理的沟通技巧和教育方法，鼓励学生主动发挥各自的特长，适时采纳学生的意见。同时对待学生要宽容尊重、耐心细致，允许学生犯错误、有过失，理解包容他们。

3. 对学生激励、肯定、赏识

在实际管理中，教师采取多表扬、少批评的方法，运用激励性的语言鼓励学生，给予每一个学生展示自我的机会。

此外，教师也应深入到学生中间，及时发现每个学生身上的闪光点，全面、客观、辩证地认识和了解学生。

（四）教师工作中的沟通

1. 教师与学校领导间的沟通

与校领导沟通交流工作上的事情，一定要简洁明了，目的明确，便于领导思考如何给予你相应的答复。

2. 教师与教师间的沟通

在同事之间的交流谈话过程中应充分考虑的是：首先要有文明修养，不能影响同事的正常生活、工作，不能不顾对方心理感受而口无遮拦；其次要考虑对方的受纳限度；最后，教师之间的交流谈话一定要在平等互助、正当合理的基础上进行,交谈双方语言要得体,态度要谦和,目的要符合双方的意愿。

六、教师沟通自信力培育的路径与方法

教师通过厚植职业情感、掌控职业知识、扫除沟通障碍3条途径,能够不断提升自身沟通自信力和教育教学水平。

(一) 厚植职业情感

职业情感,尤其职业自豪感,是激发和保持教师沟通自信力的心理倾向。教师可通过知识学习、榜样比照、教育反思等途径,进而建树自己的职业自豪感和教育信仰。

(二) 掌控职业知识

教师职业知识包括学科专业知识、教育教学知识和科学人文知识,是教师沟通内容的基本构成,是催生和支撑教师沟通自信力的物质基础。正确认识恐惧、主动消减恐惧、降低心理预期、借力成功经验是有效的解决方法。

(三) 扫除沟通障碍

1. 正确认识恐惧

全方位认知沟通恐惧,有助于克服沟通障碍。

2. 主动消减恐惧

我们无法改变已发生的事情,但通过改变构成记忆的经验元素,就能改变事情带给我们的情绪。具体的做法和步骤如下:第一步,置身安静、无人打扰的环境,闭眼放松;第二步,找到主要经验元素;第三步,构建内心景象;第四步,改变经验元素;第五步,消除内心景象。

3. 降低心理预期

调低心理预期,能够有效缓解沟通恐惧。就能欣赏接纳、从容应对、坦然处置。

4. 借力成功经验

解决沟通恐惧问题的关键是教师要获取足够的成功体验或经验,办法有三:①聚集过往成功,将过往成功聚集放大,使沟通者的内心变得强大起来;②借用别人成功;③确保初次成功,应尽最大努力做好最充分的准备,确保首战告捷、一炮打响。

附二：

观澜小学"星级"特质教师之"爱学生"1
——师德高尚

学科_____　姓名_____

指　标	要　素	具　体　描　述	评价(ABCD)
师德高尚	关爱学生	尊重信任学生，不体罚、变相体罚、心罚学生。	
		全面了解学生的学习生活、思想健康等情况，及时妥善处理学生中的偶发事件。	
		悉心找学生谈心，有成效，撰写的评语有特色、激励学生成长。	
		重视"五育并举"，落实"立德树人"的要求。	
		师生关系平等、民主，做学生的引路人。	
	关注差异	定期进行家访，对特殊需求的孩子进行特殊访问。	
		及时推送家庭教育、亲子沟通等资料，做好家庭教育指导。	
		不排挤、歧视班级后进生，并给予个别帮助。	
		对心理障碍的学生进行疏导沟通。	
		重视特长生，并加以兴趣引导培养。	
合　计		(　)A(　)B(　)C(　)D	
星　级		(　)五星(　)四星(　)三星(　)二星	

备注：1. 评价：A 非常符合；B 符合；C 基本符合；D 有待改进。
　　　2. 星级：合计 5A4B1C 及以上五星（不含 D）；4A4B2C 及以上为四星（不含 D）；9C 及以上为三星；7C 及以上为二星。

评价者：_____
评价日期：_____

观澜小学"星级"特质教师之"爱学生"2
——班级向上

学科_____ 姓名_____

指　　标	要　　素	具 体 描 述	评价(ABCD)
班级向上	班风建设	每学期认真撰写班级自主发展计划，有班级特色，小结有特色。	
		创建温馨教室，布置班级文化墙契合班级特色有亮点，定期更新。	
		认真落实学校星级行为规范示范班评比细则（三星级A，二星级B，一星级C）。	
	班队活动	每学期至少精心组织4次班队主题活动，教育有成效，按要求认真做好记录。	
		组织好每周行规、心理、安全、卫生等行规教育课及道德讲堂。	
		组织学生参与校级（区级及以上）德育类主题教育活动，班队会设计等，认真指导，有成效。	
	家校合力	组织建立班级家委会，定期召开会议，联合家校组织学生参加活动。	
		每学期开展一次班级家委会亲子班队活动，效果良好。	
		协助"澜精灵爸妈"课程资源库建设，促进学校与社区、家庭建立良好密切联系。	
		家校沟通顺畅，关系和谐，班风向上，获区级（联盟）优秀中队等以上荣誉称号。	
合　　计		(　　)A(　　)B(　　)C(　　)D	
星　　级		(　　)五星(　　)四星(　　)三星(　　)二星	

备注：1. 评价：A非常符合；B符合；C基本符合；D有待改进。
　　　2. 星级：合计5A4B1C及以上五星（不含D）；4A4B2C及以上为四星（不含D）；9C及以上为三星；7C及以上为二星。

评价者：_____
评价日期：_____

观澜小学"星级"特质教师之"爱学生"3
——学业有成

学科_____ 姓名_____

指标	要素	具体描述	评价 (ABCD)
学业有成	学业考查	所任教的班级学生学业水平考查优秀率居年级组前列。	
		所任教的班级学生学业考查水平合格率达100%。	
		学生学业考查水平进步明显(或保持年级组前列)。	
		班级学困生明显进步。	
		学生学习兴趣提高,有主动学习的欲望。	
	各类比赛	组织学生积极参加各类比赛活动。	
		学生在校级比赛中获奖(获奖3项以上A,2项B,1项C,没有D)。	
		学生在教育联盟及以上级别比赛中获奖(区级以上比赛获奖A,小教中心比赛B,联盟比赛C,没有获奖D)。	
合 计		(　)A(　)B(　)C(　)D	
星 级		(　)五星(　)四星(　)三星(　)二星	

备注:1. 评价:A非常符合;B符合;C基本符合;D有待改进。
　　2. 星级:合计4A3B1C及以上五星(不含D);3A3B2C及以上为四星(不含D);7C及以上为三星;6C及以上为二星。

评价者:_____
评价日期:_____

6. "星级"特质教师之"专业能力"

——教科研能力实践研究

执笔：周英

一、研究的背景

本课题是"打造'星级特质'教师培养机制的实践研究"，旨在有序、有力地打造观澜"星级"品牌教师。"星级"特质教师不仅需要扎实的课堂教学能力、优秀的教育管理能力，还需要具备良好的教育科研能力。因为教师的教育科研能力可以促进教师队伍的专业化发展，提高教育教学质量；也可以加强学校的师资队伍建设，实现整体办学水平的提高；同时它也是推动教育教学改革的关键所在。

教师专业能力包括教学能力、教育能力和教育科研能力。教育科研能力是教师运用科学的研究方法，对教育规律、教育问题、教学方法等进行研究的能力。对小学教师而言，主要是指对自身教育中出现的问题进行研究并将研究成果用于指导教学实践的能力，包括课题选择、研究方案设计、研究实施、实践反思、成果总结、成果应用等能力。基于学校校情，我们主要侧重培养青年教师参与市、区级课题研究实践能力；独立主持课题的能力；运用不同的研究方法进行实践反思的能力；经验文章、案例的撰写能力等。

二、目的和意义

（一）引导教师学习理论知识，提高教育理论水平

引导教师把经验总结和理论研究结合起来，不断主动学习和吸纳最新教育研究成果，积极思考和创新，认真寻找科学有效的教育教学策略，提高教育教学质量。

（二）提升教师教育科研能力，提高教育教学水平

促进教师教育观念的转变，提升教师专业能力和教学水平，使教师的整体素质得到提高。

三、内容与方法

（一）研究内容

（1）"星级特质"教师的科研能力特征研究。

（2）"星级"特质教师科研能力培养的路径。

（二）研究方法

1. 文献法

通过文献梳理深入了解提高小学教师科研能力的最新动态，学习有效的教师科研能力培养方法。

2. 行动研究法

根据文献法搜集到的培养方法，学校开展一系列的专题学习和培训活动，致力于提高教师的科研能力，在实践中提炼总结出科学可行的提高教师科研能力的培养方法。

四、过程与步骤

（一）第一阶段：准备阶段（2019年4月—2019年8月）

1. 研究目标

通过文献梳理深入了解提高小学教师科研能力的最新动态，找到我们学校科研能力培养的路径。

2. 研究任务

（1）学习文献《品质教师是如何炼成的》《打造优质教师队伍，增强学校发展实力》等，梳理出我们学校科研能力培养的路径。

（2）确立子课题研究小组实践人员，具体分工与实施安排见表1。

（二）第二阶段：实施阶段（2019年9月—2021年6月）

1. 研究目标

按子课题的实施计划进行各项研究任务，形成相关课题研究成果。

2. 研究任务

确立核心组人员，确定子课题内容，并按"星级"特质教师科研能力的3个特征（信息处理收集能力、选题与设计能力和研究与实施能力）分角度进行研究，并形成研究成果。

（三）第三阶段：总结阶段（2021年6月—2021年12月）

1. 研究目标

总结子课题实施的全过程，形成子课题研究分报告。

表1 具体分工与实施安排

研究目标	关键词	实施途径	领衔	参与人员	呈现形式及具体要求	形成的培养机制
具有一定的科学研究方法,并能指导实践,具有一定的实践与反思能力	1. 信息收集处理能力	1. 专题活动 (1) 好书推荐; (2) 每月一学 2. 特色活动 (1) 情报综述撰写; (2) 小课题研究中的信息收集与处理	翟燕红	周英(英)、钱春夏	1. 资料整理 (1) 整理"好书推荐"相关资料(活动方案、推荐内容、推荐理由); (2) 整理"每月一学"相关资料(活动方案、学习内容、学习体会); (3) 情报综述相关资料的情报,集搜综述的情况(基于课题的需要,各组搜集汇总的资料文章); (4) 小课题实施过程中收集的信息); 完成时间:2020年12月 2. 撰写小结《阅读是教师最好的修行》——信息收集和处理能力(3 000字左右)	1. 鼓励教师不断学习,自我发展的培养机制; 2. 营造科研环境,鼓励教职工进行教学研究的培养机制(科研兴校的理念,平台的营造,团队的建设,校园的搭建); 3. 科研奖励机制。
	2. 选题设计与能力	1. 专题培训 (1) 经验文章的撰写培训; (2) 案例的撰写培训; (3) 专家培训		郁婷婷、葉雨晴	1. 资料整理 (1) 经验文章的撰写培训讲座资料(培训稿、PPT、推微稿); (2) 案例的撰写培训讲座资料(培训稿、PPT、推微稿); (3) 专家经验文章培训讲座资料(7月3日卫民老师讲座照片、推微稿);	

（续表）

研究目标	关键词	实施途径	领衔	参与人员	呈现形式及具体要求	形成的培养机制
具有一定的科学研究方法、开展研究指导实践,具有一定的实践反思能力	2.选题与设计能力	2.特色活动 (1)小课题选题与设计项目组指导; (2)小课题选题与设计	瞿燕红	郑婷婷、蔡雨晴	(4)小课题资料(项目组对选题的指导文本资料;青年教师小课题开题报告中的选题理由及思路); 完成时间:2020年12月 2.撰写小结 源于实际,问题导向,服务教学——选题与设计能力	
	3.研究与实施能力	1.专题活动——单元教学设计实施与研究; 2.项目研究——学校项目组实施与开展; 3.小课题研究与实施; 4.论文、案例撰写		朱佳思、陆昕	1.资料整理 (1)单元设计实施与研究活动资料(活动方案、单元项目设计资料,实施过程资料); (2)项目组活动资料(项目组计划小结,项目组活动照片、过程性资料); (3)小课题研究实施资料(小课题实施照片、教师随笔等过程性资料); (4)小课题论文、案例撰写(论文初稿,导师修改记录,最终稿,发表或获奖的照片资料); 完成时间:2020年12月 2.撰写小结 能分析、会实施、善总结,提升自我发展能力——研究与实施能力(3000字)	1.鼓励教师不断学习,自我发展的培养机制; 2.营造科研环境,鼓励教职工进行教学研究的培养机制(科研兴国的理念、校园的营造,平台的搭建、团队的建设); 3.科研奖励机制

2. 研究任务

汇总课题实施阶段的阶段性成果,撰写子课题研究分报告。

五、经验与成效

(一)组织专题活动,提供科研信息素材

教育科研工作是与教学工作紧密结合的。科研课题的确定都是从社会要求和学校实际出发。为了解决教师缺乏专业教育理论知识的问题,为了确保教师站在时代的第一线,就要帮助他们掌握最新的教育资讯。学校教科室应组织各种专题活动,将最新的教育资讯和教学理念推送给学校教师。这样就可以"抛砖引玉",引导教师紧跟时代潮流,重新审视自己的教育教学活动,并从中发现值得研究的教育教学问题。

专题活动的类型可以是一定主题下的系列信息推送,如"好书推荐"等;也可以是以时间为单位的定期信息推送,如"每月一学"等。

1. 系列信息推送活动

教育教学不仅具有规律性又具有时代性。尤其是当今这个正处于教育改革的时期,我们不能因循守旧,而是要不断学习最新的教育教学理念。当某个教育理念出现时,学校教科室就可以抓住这个教育理念搜集相关的信息。这些信息可以是同一主题下相关的几篇文章或专题著作,只要是值得学习的,都可以罗列进来。为了让大家有序地学习相关主题下的资料,教科室可以将这些相关信息整理出来,并按一定的顺序陆续推送给教师,这就是系列信息的推送。

系列信息的推送活动可以是一定主题下的"好书推荐活动",推荐相关主题下的系列丛书;也可以是一定主题下的"好文共赏活动",推荐相关主题下的多篇文章;也可以是一定主题下的相关书籍和文章。针对不同教师群体,还可以组织一定主题下不同内容的读书活动。系列信息推送活动具有"系统性"的优点,可以帮助教师循序渐进地把握教育教学理念的精髓。

2. 定期信息推送活动

除了"系列信息推送活动",教科室还可以搜集一些与学校教育教学改革相关的优秀教育教学理念、经验文章等,并定期推送给教师,如"每月一学""双月一学"或"一期一学"等。这个时间单位可以根据学校实际工作以及教师的学习需求来调整。定期信息推送活动具有"规律性"的优点。学校可以根据实际需求定下学习主题,让教师定期接收并学习专业知识,这有利于帮助教师养成主动学习专业知识的习惯,能激发教师在工作中思考和探索,为教育教学科研活动提供素材。

(二)组织专题培训,提供科研方法指导

对于广大一线教师而言,做教育科研的困难在于缺乏专业的科研素养。为此,学校应为教师提供相应的科研专题培训,为教师提供有效的科研方法指导。

教育科研工作的类型较多,如独立开展研究课题,撰写科研论文,撰写经验文章、撰写教学案例等。学校可以根据不同年龄层教师的需求,针对不同教师群体进行专题培训活动。

1. 经验文章的撰写培训

对于一线教师来说,教学科研的素材主要来源于自己的教学经验。因此,撰写经验文章是最贴近教师的科研方式。如何把教师在教学中的点滴感受梳理成有价值的、具有可推广性的经验文章需要一个专业的撰写方法指导。

学校可以邀请专家进行撰写经验文章的专题培训,从教育教学经验总结的含义,经验总结与论文之间的区别,经验总结的重点操作步骤以及结构、参考文献的规范写法等角度进行全面的讲解,帮助教师初步掌握科学的经验文章撰写方法,为平时的教学经验总结提供科学的保障,也为进一步的科学研究奠定了坚实的基础。

2. 教学案例的撰写培训

教学案例来自日常的教学实践活动。教师有大量的实际问题需要通过研究妥善解决,也有很多经验和教训,其中不乏典型事例,会给教师留下比较深刻的印象,成为撰写教学案例的素材。教学案例不是一般的教案,需要教师运用教学理论深入分析教学案例并产生独到的见解。它有着一套专业的写作方法。

因此,学校应为教师们组织撰写教学案例的专题培训。可以通过优秀案例的分享让教师们了解撰写案例如何选择并确立主题,如何拟定凸显主题的题目,如何在描述案例时凸显主题以及如何准确诠释案例等要点。通过这样若干次撰写教学案例的专题培训,教师们对于案例的撰写就会有一个更深的认识,继而掌握科学写作教学案例的方法。

3. 教学论文的撰写培训

教学论文的撰写是教科研工作的重要内容之一。无论是教师参与学校的课题研究还是自己独立进行的小课题研究，或是教师撰写职称评审时需要鉴定的论文，都需要教师有能力撰写好教学论文。但论文撰写的专业性让教师产生了一定的距离感。为了解决这个问题，学校应组织一些教学论文撰写的专题培训，帮助教师系统掌握撰写教学论文的方法。

学校可以对全体教师进行论文撰写基本方法的统一培训，也可以根据不同教师群体进行相应的专题培训。比如对班主任群体可以进行德育方面的教学论文撰写的专题培训；对参与小课题的青年教师可以进行小课题成果汇报类教学论文撰写的专题培训；对参与学校课题的课题组成员教师可以进行针对课题的子课题教学论文撰写的专题培训。在专题培训中要说清科研论文与经验总结文章、教学案例的区别，并从选题、构思、撰写等角度进行详细的辅导。通过撰写教学论文的专题培训，提高教师对论文撰写的认识，有助于教师规范撰写教科研论文，也提升了他们选题和设计能力方面的能力，为今后教学科研工作的开展打下一定的基础。

（三）组织特色活动，培养科研实践能力

科研实践活动是锻炼和培养教师科研能力的重要途径。教育科研能力主要分为信息处理收集能力、选题与设计能力和研究与实施能力这三大能力。学校可以根据这三大能力分别或整合起来组织一些科研实践特色活动。如针对信息处理收集能力可以组织情报综述撰写活动；针对选题与设计能力可以组织一定主题下的选题与设计活动；针对研究与实施能力可以组织小课题的项目研究活动等。总之，以活动来促使教师参与科研活动，并在实践中形成科研能力。

1. 情报综述撰写活动

情报综述在教育科研中是指对目前这一时期中某一个学科知识点、某一教学方法或教育理念相关情报资料的综合叙述。这需要教师懂得如何去搜集资料、整理资料，并通过综合叙述梳理出当前大家对这一内容的所有观点，其目的就是为后续的科研服务。

由于情报综述是科研的第一步，所以学校组织这类活动要定好主题。可以将目前学校研究课题的内容作为主题，也可以将最近热门的教育新理念为主题，组织教师进行情报综述撰写活动。在情报综述活动中，学校课题组首先需要梳理出此课题中涉及的不同概念，然后让课题实践组的教师通过中国知网、教育教学杂志等途径，广泛阅读、研究、汇集大量文献资料，经过筛选整理、分析研究,进而概括出相关概念。在进行文献综述的活动过程中,课题组成员搜集新思想、新理论、新信息,并把各种原始文献中的相关部分予以集中、穿插、融合,使概念的描述更加明确、清晰,也培养了课题组教师收集信息和处理信息的能力。

2. 小课题项目组活动

提升教师科研能力最直接的方式就是参与课题实践研究活动。相较于校级课题的宏大和复杂,小课题研究具有灵活、小巧、实用等特点,因此更适于青年教师成长过程中去实践研究。学校可以组织青年教师进行形式多样的小课题项目组活动。

小课题研究中教师可以一个人承担一个研究项目,单独开展研究,也可以两人或两人以上共同研究,还可以教研组、备课组、年级组为单位开展研究工作。在小课题项目实施的过程中,教科室除了要引导青年教师确立研究主题,梳理出自己的研究方法,确定好自己的研究计划,还要在他们研究的最后阶段予以青年教师实际、有效的指导,为他们的论文提出修改意见,使他们的小课题研究得以顺利进行并得到一个较好的成果。

小课题研究针对教师教育教学工作中遇到的难点、热点问题,选题贴近教育教学实际;生成于教师的教育实践之中,让教师体会到有成长、有收获就是成功。小课题人人都可以研究,时时都可以开展,处处都可以进行,研究在兴趣中生根,在实践中开花,在过程中结果。

在本课题研究的近三年里,经过一系列的专题活动、专题培训以及特色活动的开展,我校教师收获了丰硕的科研成果。教师在国家级、市区级刊物上发表文章46篇;教师所撰写的论文在国家级、市区级论文评比中获等第奖或交流奖29篇;教师完成小课题研究并撰写小课题论文22篇。

附表1 2018学年小课题研究成果汇总

姓　　名	成　　果
顾怡慧	小学高年级课堂语言实践活动有效落实的策略研究
杨　洁	一起作业App在小学数学低年级课后作业布置上的运用
郑婷婷	小学"班级微信公众号"在家校沟通中的探索与实践

(续表)

姓　名	成　果
张诗音	小学低年级数学应用题教学策略的实践与研究
谢灵尧	一年级数学列式计算教学策略研究
乔培青、金如莹、褚晨婷、陈诗意、朱佳思	新入职小学教师常见的教育困惑及其心理学对策的实践研究
顾思语	利用评价语提升小学语文课堂效率的实践与研究
乔　士	四年级数学几何教学策略的研究
李　怡	趣味识字法在小学低年级语文教学中的实践与研究
汪　璐	"口语100"软件在小学英语课后作业中应用的实践研究
陆春妍	小学语文中高年级作文预习单设计的探究
胡燕敏	小学美术课堂中学生创新与实用意识培养的实践与探索
何亦徽	小学低年级音乐教学中"身体乐器"应用的实践研究
费俞佳、金晓婷、凌霏珣	小学高年级数学高阶思维的教学现状分析及应用
尹心怡、邱佳璐、龚璐妮	青年教师与家长进行有效沟通的策略研究
陆朱芸、陆春妍、郭晨	低年级语文说话训练教学策略的实践与研究
龚雨晴、黄嘉钰	对低年级学生暴力行为的原因探索及对策研究
蔡晓双	赏识每片叶子坚持多元评价——小学低年级班级管理初探
庄忆玮	"网游式"班级管理办法的探索与实践研究
陆雯	提高低年级识字效率的实践研究
陈晓琳	小学高年级语文写作指导的策略研究
邱依萍、黄诗怡	运用评价方式提升低年级学生英语学习兴趣的实践研究

附表2　2019学年教育科研成果

序号	时间	项目	发证单位	论文名称	成绩	获奖者	等级
1	2019年3月	上海市普教系统党建研究会第十四届党建优秀论文	上海市普教系统党的建设研究会	抓好"两学一做"助推"三型"党组织建设——浦东新区观澜小学推进学习型服务型创新型党组织建设实践研究	二等奖	金维萍	市
2	2019年10月	浦东新区第二十三期青年教师教育科研骨干培训班	浦东教育发展研究学校发展中心	小学中高年级数学学习中生活化链接的实践研究	优秀论文	胡晓岚	区
3	2019年9月	2019年青少年科技节活动——教师科技教育论文评选	浦东新区教育局德育处	基于"新实用教育"多途径加强青少年科普教育	二等奖	沈燕萍	区
4	2019年9月	2018年度浦东新区德育实践研究课题优秀成果	浦东教育发展研究学校发展中心	小学音乐学科德育资源库建设的实践研究	二等奖	金佩红（组员）	区
5	2019年11月	小学教育指导中心2019年基层党组织党建论文评选	区小学教育指导中心委员会	强组织优岗位 勇担使命做先锋	一等奖	金维萍	区
6	2019年11月	浦东长三角区域科普交流活动论文评审	区科技和经济委员会	基于"新实用教育"多途径加强青少年科普教育	提名奖	沈燕萍	区

(续表)

序号	时间	项目	发证单位	论文名称	成绩	获奖者	等级
7	2020年5月	2020年度（上）全国中小学名师优课（论文）大赛	中国中小学教育学会	小学数学课堂活动方式的现状研究	一等奖	胡晓岚	国家
8	2020年1月	2019年度浦东新区小学体育、艺术领域教师教学案例评选活动	浦东教育发展研究院教师发展中心	以术塑美 以美润心——小学生人物写生教学《写生校园里的伟人》	一等奖	盛卫东	区级
9	2020年4月	浦东新区信息教育技术协会2020年论文评选	浦东新区信息教育技术协会	Notability软件在云端教学中的优化作用	一等奖	金晓婷	区级
10	2020年4月	浦东新区信息教育技术协会2020年论文评选	浦东新区信息教育技术协会	在线教学环境下开展教师技术培训的实践研究	二等奖	沈燕萍	区级
11	2020年4月	浦东新区信息教育技术协会2020年论文评选	浦东新区信息教育技术协会	"互联网＋教育"新模式下"晓评价"的应用与实践	交流奖	朱怡玲	区级
12	2020年4月	浦东新区信息教育技术协会2020年论文评选	浦东新区信息教育技术协会	PHP选课系统促进教学管理的优化与创新	交流奖	袁佳华	区级
13	2020年4月	浦东新区信息教育技术协会2020年论文评选	浦东新区信息教育技术协会	信息技术助力小学数学高阶思维能力培养	交流奖	何爱芬	区级
14	2020年4月	浦东新区信息教育技术协会2020年论文评选	浦东新区信息教育技术协会	基于晓黑板平台在线教学的应用研究	交流奖	乔士	区级

附表3　2020学年教育科研成果

序号	时间	项目	发证单位	论文名称	成绩	获奖者	等级
1	2020年9月	2020年黄浦杯长三角创新教学征文评比	浦东教发院	基于问题 优化教学 创设平台 以评增趣	三等奖	金佩红	长三角
2	2021年3月	2020年见习教师规范化培训系列案例征集	上海市师资中心	帮助见习教师学习方法、及时解决问题	优秀	曹丹红	市级
3	2021年4月	浦东新区信息教育技术协会2021年论文评选	浦东新区信息教育技术协会	后疫情时代开展"3+1"模式数学作业讲解的实践研究	一等奖	凌霏珣	区级
4	2021年4月	浦东新区信息教育技术协会2021年论文评选	浦东新区信息教育技术协会	巧用"空中课堂"视觉资源叠加"双线融合"教学效能	二等奖	胡燕敏	区级
5	2021年4月	浦东新区信息教育技术协会2021年论文评选	浦东新区信息教育技术协会	巧用"希沃"信息技术打造智慧互动课堂	二等奖	郑婷婷	区级
6	2021年4月	浦东新区信息教育技术协会2021年论文评选	浦东新区信息教育技术协会	晓黑板，让低年级语文写字教学部打"折扣"	交流奖	方琴	区级
7	2021年4月	浦东新区信息教育技术协会2021年论文评选	浦东新区信息教育技术协会	巧用"云平台"小杠杆撬动"双线教学"新模式	交流奖	卫凤红	区级
8	2021年4月	浦东新区信息教育技术协会2021年论文评选	浦东新区信息教育技术协会	有效利用信息技术创新"别样"音乐课堂	交流奖	卢华	区级
9	2021年4月	浦东新区信息教育技术协会2021年论文评选	浦东新区信息教育技术协会	希沃白板助力，树新课堂盛辉	交流奖	孙悦	区级

附一：

教师"专业能力"之科研能力研究情报综述

资料搜集：朱佳思、郑婷婷、龚雨晴
执笔：周英、瞿燕红

一、解读概念

（一）教育科研的概念

一种观点认为，教育科研是以教育现象为研究对象，以揭示教育现象背后的教育规律为研究目的；另一种观点认为，教育科研是以教育问题为研究对象，以解决教育问题为研究目的。这两种观点虽有其合理性，但也有局限性。

叶澜认为教育科研的对象是教育活动，其性质属于事理研究，它以研究教育的综合生成和动态转化过程，揭示这一生成过程的一般规律为理论研究的目的，其中包括教育活动的价值取向及规律性演变，教育过程的本质及规律研究。把事理研究揭示的一般规律运用于对教育实践的直接具体认识及其合理性、有效性的研究，可称为应用性教育研究。

教育科研是一种运用科学的理论和方法，有意识、有目的、有计划地对教育领域里的现象、问题和规律进行研究的认识活动。教科研不同于传统的教学研究，前者是有计划有目标，而后者是无目标的，在研究途径、方法上不同。

教育科研是教师在从事教育教学活动过程中对发现的问题，运用科学的方法，结合自身的实践进行系统的研究，并实施改进措施，来揭示教育教学现象本质和客观规律的一种活动（吉林孙犁书）。

（二）学校教育科研概念

潘国清认为学校教育科研是以中小学幼儿园校长教师为主体，以学校教育现象为对象，运用科学方法，有目的、有计划地遵循和探索教育规律的创造性的认识活动。

王真东认为学校教育科研主要是一种以实践为中心的低重心的经验研究，研究的主体是学校的教师，研究的方式以观察、访谈、案例、行动等为主，研究的问题主要来源于教师的亲身实践和亲身体验，研究的结果应有助于学校教育实践问题的解决。

孙菊如认为学校教育科研是指借助教育理论以有价值的教育现象为研究对象,运用相应的科研方法,进行有目的、有计划地探索教育规律的创造性认识活动。学校教育科研是教育科学研究的一个特定领域,它具有教育科研的一般特点,是以教师、教研员、教育行政工作者作为研究主体,在实际教育教学情景中,针对具体现象自行进行研究,并将研究结果在同一情景中加以应用,经历计划、行动、反馈与调整的活动过程,也可以是研究者利用自己所学知识和工作经验探索出好的教育教学方法进行研究、探索,总结出具有科学性的方法,并建立自己的理论和观点,这些都属于学校教育科研。

(三)教育科研能力概念

教育科研能力是教师运用科学的研究方法,对教育规律、教育问题、教学方法等进行研究的能力。对小学教师而言,主要是指对自身教育中出现的问题进行研究,并将研究成果用于指导教学实践的能力,包括课题选择、研究方案设计、研究实施、成果总结、成果应用等能力(广东曾志伟)。

教育科研能力是一种高级的、来源于教育实践而又有所超越和升华的创新能力。具体指教师应当具有扎实的教育学、心理学的理论知识和方法论知识,具有收集利用文献资料、开发和处理信息的能力,具有较好的文字表达能力,具有开拓精神、理论勇气、严谨的治学作风以及执着的奉献精神等。

二、简述教师教科研能力的作用和价值

重庆廖英翠认为如果教师想要发展,必然与教育和研究直接相关。每个老师都有不同的人格特征,其教育的手段和方法不会因学习先进而同质化,因此,从教师发展的角度出发,必须进行教育研究。同时,研究过程中不可避免地需要教师了解研究方法和途径,并整理从该问题研究中获得的阶段性成果,找出需要自己研究解决的问题,然后找到解决方案。主题研究的创新点,并形成自己独特的方法。

教师从事教育科学研究有着重大意义:它可以促进教师队伍的专业化发展,提高教育教学质量;也可以加强学校的师资队伍建设,实现整体办学水平的提高;同时它也是推动教育教学改革的关键所在。科学研究能促进教学水平的提高;研究者借助教育理论以有价值的教育现象为研究对象,运用相应的科研方法,进行有目的、有计划地探索教育规律的创造性认识活动,其本质是在教育教学过程中教师的一种创造性的认识活动(黑龙江常亮)。

前苏联著名教育家加里宁说,"教师在任何时候都不能忘记自己不单单是一个传授知识的教师,而应该是一个研究者、一个教育家。"越来越多的中小学校把教育科研作为振兴学校、提高教师素质、促进教师专业发展的重要手段,也逐步认识到提升教师的科研能力是搞好科研工作的关键因素。

(一)教师成为研究者是课程改革的迫切需要

研究型教师,是懂得新的教育教学理论、能自觉地运用教育理论去教书育人、提高学生的综合素质、对教育问题能做深入研究与探讨的教师。伴随着教育改革,尤其是新课程改革的推进,每一所学校、每一个教师都面临着一些新的问题、困惑和矛盾。要真正解决这些矛盾和问题,仅仅依靠原有的老经验、老办法,恐怕难以奏效,这就需要教师通过研究找到新的途径和方法。研究的过程就是发现问题、分析问题和解决问题的过程。教师应当学会用研究的态度对待教育教学中的各种问题,而不再是课程简单的执行者,要用研究的成果促进自己的教学,使之更加有效。教师成为研究者,这是新课程改革对教师的热切呼唤,教师科研能力的提升更是推进课程改革、实现教师专业发展的有力保障。

(二)教师的科研能力是提高教育教学质量的重要保证

美国著名教育家鲍林说过,"如果一个人在进行教育的同时也进行研究,那么他的教学效果一定会得到进一步的提高,即使他的研究工作不像他希望的那样有成就,但他也可以继续有效地进行教学。"教育教学质量的提高,关键在于教师。实践证明,一个教师能不能以科学研究的态度来从事教育教学工作,是教学实践结果优劣的关键。具备一定科研能力的教师往往能够使教育教学活动更加具有创造性,能更快地接受新的教育理论,对其进行批判性地吸收,最终将其应用于自身的教育活动中。正是从这个意义上说,教师的教育科研能力是提高教育教学质量的重要保证。

(三)教师的科研能力是教师职业生涯获得成功的有效途径

没有中小学教师的职业成长,就没有基础教育的可持续发展,更谈不上培养出高素质的学生。从中小学教师自身的发展来说,21世纪的新型教师不再是教书匠,而应当是教育教学的研究者。他们必须能反思自己的教学行为,进行教学的研究和实验,只有这样,才能在反思和研究中获得专业发展,一步步走向教师职业生涯的巅峰。教师的职业发展要经历从新手到成熟,最后成长为专家的历程。多少位名师、骨干教师的职业经历告诉我们,在这一过程中,教师科研能力的不断提升既是教师进行教学研究工作的基础,也是其获得职业生涯成功的有效途径。只有在实践中研究,在研究中成长,才能从根本上提高教师实施新课程的能力,最终实现教师从"教书匠"向"研究者"的角色转换。

三、揭示教师教科研能力的特征

小学教师教科研能力作为教师完成教科研活动所需的基本能力,是一个由思想、态度和行为组成的综合的稳定而统一的系统,它具备自身的特点。

(一) 整体性与互补性

小学教师教科研能力具有整体性的特点,教科研能力是个体能力和心理品质的综合体,它包含个体内部的知识系统、能力、意志品质、对教科研的认知观念等,是由各个部分组成的一个稳定的结构。作为结构中的各部分并不是独立存在的,而是相互依存、相互影响、相互补充,共同结合成小学教师教科研能力的整体。独立的教科研动机或者能力都不足以支持教师完成教科研活动,只有作为整体中的一部分互相补充、共同发挥效能才能保证教科研活动顺利进行。

(二) 稳定性与发展性

现代的教育理论越来越强调"个人知识"对个体行为的决定作用,与外在的"客观"的知识体系相比,个人知识是个体内在建构的包含情感、态度色彩的信念体系,它存在于个体内部,具有稳定性、整体的内在一致性。教育理论并不能简单的通过灌输的方式就能进入个体的个人知识体系,只有经过个体的深入了解与认同后,某些理念才有可能被接受,并被个体主动地建构为个人知识的一部分,成为个体信念体系的一部分,从而能对个体的行为产生影响。同样,教科研能力具备稳定性的同时,也具有发展性。个体可以通过学习、反思自身的教育信念等方式调整内部的个人知识体系,当先进的理念被建构到个体的个人知识中后,与先进理念不一致或者相冲突的认知将得到审视与调整,进而实现整体的转变进步。

(三) 外显性与内隐性

教科研能力具有外显性与内隐性,胜任力冰山模型是由斯宾塞等人提出,他们认为胜任力包含了5种类型的行为:特质动机、特质、自我概念特征、知识和技能,这5种特质可以运用冰山模型加以分析。按照冰山模型,"知识和技能"处于水面以上看得见的冰山,是对任职者基础素质的要求,也称为基准性胜任力,它是可见的,易于培养的,但它不能把表现优异者与表现平平者区别开来。动机、特质、自我概念特征等潜藏于水面以下,又被称为区分性胜任力,是区分绩效优异者与平平者的关键因素,深层次的看不见的信念之类的内隐之物是胜任力构成的重要组成部分。实践性知识是教师教科研素质的重要部分,陈向明按教师对其实践性知识的意识和表达的清晰程度,此类知识可分为3类:①可言传的;②可意识到但无法言传的;③无意识的、内隐的。第一类大都属于教师对理论性知识的理解和解释,比较容易用概念和语言表达;后两类大都来自教师的个人经验,与波兰尼提出的"默会知识"非常类似。

四、教师教科研能力的分类解读

(一) 从教科研各阶段所需能力进行分类

教育研究的一般过程包括选题阶段、研究设计阶段、搜集资料阶段、整理与分析资料阶段、撰写研究报告和评价阶段。只有每个阶段都能恰当、完善地处理,研究才能得以顺利完成。每个阶段又具有不同的任务和要求,因此教师需要具备处理每个具体阶段任务的具体能力。

1. 选题能力

选题是研究者确定所要研究的问题的过程。它是教育研究的开始,也是关键的一步,它决定了选题的方向、目标和内容,也在一定程度上决定了研究的方法。在选题的过程中研究者形成研究假设、确定变量,并查阅文献。

这个过程要求研究者具有发现问题的眼光,并保证研究课题在具有价值的基础上,还有可行性。搜集、查阅文献资料了解前人研究的成果和达到的研究水平,避免做重复研究等,还可以学习到前人的智慧有益于形成研究思路和方法。形成研究假设、确定变量,并适当地表述出来。

2. 研究设计能力

研究设计相当于整个研究的施工蓝图,具有重要的作用。一般包括确定研究对象,选择抽样方法,确定研究方法、手段,制定研究行动计划这几方面。

研究者需要在确定研究对象的总体和分析单位后,选择科学的抽样方法,并根据研究目的选择合适的研究方法,之后才是制订详细的研究行动计划,研究计划要包括研究的各个工作阶段与程序,并明确每一阶段的工作任务和要求,时间规划和经费规划等。

3. 实施研究设计,搜集资料能力

搜集资料的阶段要求研究者严格按照研究行动计划中确定的策略、方式和技术进行资料的收集工作。这个阶段的工作量很大,有的研究需要招募助理协助资料的搜集,这就务必做好助理的搜集资料能力的培训。不管是研究者亲自还是招募助理,资料收集过程,都要严格地执行研究计划,并掌握处理中间可能出现的意外状况,以保证资料的真实、可靠、准确,研究的信度和效度。

4. 分析资料、撰写报告并评估的能力

研究资料的搜集完成后,研究者会得到大量的研究资料,只有经过系统的整理分析,这些杂乱无章的资料才能论证研究结论。资料分析阶段的主要任务是对研究所收集的原始资料进行系统的审核、整理、归类、统计分析。如对原始资料的清理、转换和录入计算机等工作;对原始资料、图片资料、音像资料等得整理、分类和加工工作;对数据资料的各种定量分析和对定性资料进行的综合、归纳和分析等。

研究资料经过整理分析,并得出研究结论后,还需要研究者将其用一定的形式表达出来,如论文、专著等形式。这也需要研究者不仅具备研究的能力,还要掌握研究报告的撰写能力,将自己的研究简明、清楚地表述出来,才能为大家所接受。

在研究的最后阶段,研究者还需要具备一定的研究评价能力,回顾整个研究过程,评估研究的完成质量、研究目的的达成等,总结经验,进一步提升教科研能力。

(二) 基于学校改革和发展需求的能力分类

学校教育科研是在先进的教育思想和理论指导下,对学校改革和发展中的一些带有普遍性、实践性的问题进行研究和实验,运用科学的方法,探索教育规律,指导教育实践,推动教育改革,提高学校各类教育活动的质量和效益,并对完善、丰富和发展先进的教育思想和理论作出贡献。基于这样的要求,我们认为,教师的教科研能力主要包含以下内容:①发现、分析和解决课题研究中实际问题的能力;②收集、整理、分析和运用材料的能力;③学习、掌握和运用材料的能力;④总结、提炼和展示科研成果的能力等等。

五、教科研能力的培养策略

（一）金锄头网

1. 转变观念,培养强烈的科研意识

教育科研意识就是一种寻求问题和不断探索问题解决方案的积极倾向。在教育实践中,我们面临的主要问题不是教师能否从事教育科研,而是现在的中小学教师普遍缺乏教育科研的意识。教师必须转变观念,通过学习,充分认识教育科研的重要性,培养强烈的科研意识。教师只要通过刻苦学习,就能够从教育教学的诸多环节中、从教育改革的热点和难点中抓住值得研究的问题,积极探索教育教学规律,不断地进行教学改革实践。

2. 学会反思,提高自身的科研素养

反思是研究型教师必须具备的核心品质。"吾日三省吾身"的古训时刻提醒每一位教师:要想做一名研究型教师,首先就要学会反思。反思是教师以自己的职业活动为思考对象,对自己在职业中的行为以及由此产生的结果,进行审视和分析的过程。作为教师专业发展重要的助推器,反思是教师回顾历史,总结经验的过程,是发现问题、寻找方法的过程,更是教师实现自身成长、提高科研素养的过程。教师的科研工作,实际上就是对自身或他人的教育教学的一种反思,积极参与,勇于创新,才能不再一味地重复经验,才能在行动和研究中逐步提高反思的能力,才能做一个真正的研究型教师。

3. 善于学习,掌握科学的研究方法

教师应当学会学习,通过不断提高自身的学习力,掌握科学的研究方法,让学习引领教科研。

（1）向书本理论学方法。教育科研能力的提高不是一朝一夕,而是一个循序渐进的过程,它需要教师自觉地学习教育理论,并能够把所学理论和日常教学的实际及科研活动巧妙结合。因此,教师一定要养成读书和写读书心得的习惯,自觉阅读教育教学理论与实践方面的书籍和期刊,掌握前沿的教育信息,学习科学研究的方法。只有这样,才能不断提高教师的理论水平和理论素养,只有具备扎实的理论素养,教育科研能力的提升才有稳固的基础。

(2) 向专家同行学经验。"三人行,必有我师"。中小学教师要虚心向身边的前辈、名师请教,获取这些教育专家宝贵的教学经验。教育专家的优势在于他们具有系统的教育理论和丰富的专业素养。通过与他们的交流对话、合作研究,有助于教师吸收众人之长,达到提升科研能力。

(二) 申小杰的观点

1. 提高教育行政部门的引导能力,完善教师教科研活动形式

(1) 提高对教科研活动形式的宏观引导能力。具体表现在:①对教科研引导方向的反思;②对教科研管理效能的反思。

(2) 整合形成教科研的地区专家引领团队。

(3) 注重培训的灵活性和多样性。具体表现为:①在调研基础上,广泛了解教师需求,提供有针对性的培训与指导;②宣传灵活的培训形式。

2. 营造良好的学校教研文化,加强校本研修提高教师教科研素质

(1) 校长要提高教科研领导力。

(2) 营造良好的学校教科研文化。

(3) 建立校内教科研共同体,形成教科研素质发展的校本培训形式。

(4) 提供教科研素质发展的时间和资源。具体为:①提供一定的教科研时间;②提供教师教科研需要的资源。

3. 提高教师主体意识,在实践与反思中提升教科研素质

(1) 提升教师的教科研责任意识。

(2) 在实践中反思与学习。

(3) 寻求创造的幸福,追求"诗意的栖居"。

附二：

观澜小学"星级"特质教师之"善学习"1
——争当骨干

学科_____ 姓名_____

指标	要素	具体描述	评价(ABCD)
骨干先锋	学习提升	积极参加区级及以上各类后备骨干培训。	
		认真研究学生的成长规律，积极从事学生个案研究或班风研究，校内形成一定的教学风格，并被认可，带领组室一同提升。	
		成为区、联盟、校工作室主持人。	
	辐射影响	克服困难，在学校有需要时，勇挑重担。	
		发挥"传帮带"作用，积极担任青年教师导师工作，指导青年教师解决教育教学中的问题与困惑。	
		能把教学经验、教学反思在备课组、教研组内分享，主持教研组、备课组活动。	
		乐于分享经验，每学年校内及以上进行经验介绍或者教学展示。	
		积极主动报名承担区内流动、外省市支教活动。	
合计		（　　）A（　　）B（　　）C（　　）D	
星级		（　　）五星（　　）四星（　　）三星（　　）二星	

备注：1. 评价：A 非常符合；B 符合；C 基本符合；D 有待改进。
   2. 星级：合计 4A3B1C 及以上五星（不含 D）；3A3B2C 及以上为四星（不含 D）；7C 及以上为三星；6C 及以上为二星。

评价者：_____
评价日期：_____

观澜小学"星级"特质教师之"善学习"2
——科研实践

学科_____ 姓名_____

指标	要素	具体描述	评价(ABCD)
理论学习	读书学习	能积极参加教师读书活动,学习前沿教育理论,高质量完成读书笔记,能灵活运用新知指导自己的教育实践活动,并有成效。	
		能主动阅读教育教学书刊、杂志,学习教育教学前沿理论知识。	
	专业培训	能积极参加教科研讲座培训,有详实的培训记录,结合教育教学工作,撰写心得有质量。	
		能主动接受"教师教育管理平台"培训,认真完成规定课程与学时。	
		能承担新区继续教育课程。	
科研能力	信息处理能力	及时捕捉国内外教育信息和动态,能对信息进行重组、整理、归纳,形成自己的观点、意见和看法。	
	选题与设计能力	能敏锐地发现要研究的问题,选择和确定对他人有启示作用的问题进行课题研究。	
		能组织团队或者项目组有计划的实施研究,并形成研究成果。	
	研究与撰写能力	能科学地运用课题研究方法进行实践研究,并具有良好的实践能力,能主持课题研究,制订可行的操作计划。	
		善于总结,能将研究的问题、研究的方法,梳理、撰写成经验文章或论文,并在区级以上教育刊物上发表或在区级成果、论文等评选中获奖,在区内能有一定的辐射。	
合计		( )A( )B( )C( )D	
星级		( )五星( )四星( )三星( )二星	

备注:1. 评价:A 非常符合;B 符合;C 基本符合;D 有待改进。
2. 星级:合计 4A5B1C 及以上五星(不含 D);4A4B2C 及以上为四星(不含 D);9C 及以上为三星;8C 及以上为二星。

评价者:_____
评价日期:_____

7. "星级"特质教师之"精神生活品质"实践研究

执笔:顾艳梅

一、研究背景

当前,中小学除了普遍存在教师的校园生活单调和乏味之外,教师的个性和独特性受到忽视。久而久之,教师的工作也变成了无聊的劳役与机械的应付。但事实上,教师的精神生活是否丰富,不仅关乎教师个人的生活质量和发展前景,也关乎教师对学生的影响力,关乎教育活动所能达到的高度及触及的深度,关乎教育质量及学生的长远发展。教师不是教育流水线上的技术工,而是有生命的个体,应该在教育教学和研究中经常聆听到自己发展的声音,在自我发展的过程中时时感受到生命成长的快乐。因此,学校开展打造"星级"特质教师培养机制的实践研究,关注教师精神生活品质,努力提升教师精神生活的质量。

"精神生活",包含以满足人的精神需要为特征的影响、培育人的心理、意志和心境的各种活动。它既包含智力的,如智力背景;也包含非智力的,如审美能力,丰富的情感和人生体验等。"品质"释义为"行为、作风上所表现的思想、认识、品性等的本质。"品质不仅在"质",更注重质的"质地""品位""雅俗",在深层次上体现的是价值观念的深刻转型,强调了人文向度和价值属性。教师的精神品质包含归属感、成就感和幸福感3个方面的内容。

二、实施策略

(一)环境创设策略

教师在舒适和谐的工作环境中才能更好地发挥自己的主观能动性,从而提高工作效率,一个优雅的生活环境十分重要。绿树成荫、鲜花盛开的美丽校园可以让工作繁忙的教师有一个舒适的心境,净化心灵。

(二)信心提升策略

在学校的舞台上,人人可以是主角。在观澜小学年度优质文化展示活动中,每个教师都可以将自己的所长展现出来,在"奥斯卡"般的舞台上绽放自己的魅力,展示自己的成就,诉说自己的故事,从而更好地提升自信心。

(三)增强聚力策略

三个臭皮匠,赛过诸葛亮。个人的力量有限,团队的力量却是无限大。每学期一次的团建让教师们在放松的娱乐过程中看到团队成员的优点,在运动场上感受团结协作的重要。

全校教工同唱一首歌《相亲相爱观澜人》,同事之间互帮互助,共同排练,唱响观澜"最强音"。红色经典诵读比赛——"我爱您,中国",传承红色基因,弘扬革命精神,深入培育和践行社会主义核心价值观,营造了良好的校园读书氛围,为祖国70周年华诞献礼。教师队伍的凝聚力就这样一点一点积聚起来,向心力也不断增强。

三、实施途径与方法

(一)建立教师归属感

为了提高教师的幸福指数,培养教师对学校的归属感,学校工会在校党政领导下,在观澜人文的浸润下,开展了一系列的活动,为各年龄层次的教师搭建平台,有效、扎实地推进了教职工文化建设,增强了教师归属感的培养。

1. 观澜美景命名征集

学校处处皆风景,"定格校园一角,畅想别致景名"——观澜美景命名征集活动汇聚了师生的奇思妙想。学校努力打造"凸现东方神韵,尽展现代气息"的文化校园,充分挖掘和利用校园每一处空间,力求让墙壁说话,让花草传情,使校园内每一件物质形态的设备、设施都蕴藏有学校文化教育的内涵。

本着"文化归源,赋义创新;寓史于景,明意通达"的原则,经过大家的头脑风暴,"思源广场""弈空间""动力方"等赋义创新的命名孕育而生。

图1所示的"思源广场"是校门口东侧的广场,以4个标志年份以及象征意义的门框作为装饰主体,1834、1903、1949、2004穿越重重历史之门,表达了在满怀豪情开创辉煌新事业的同时,观澜人不忘初心,奋楫前行。

图 1　思源广场

雨露滋润幼苗壮，春风吹处百花香。观澜新川校区原来有一个"百花园"，因建设室内体育馆的需要而拆除了。百花园的名字又在川周校区的这座位于敬业楼和兴教楼之间的花园复生，这也象征着观澜的传承与发展生生不息。图2所示即为"复生"的百花园。

图 2　百花园

2."澜精灵"吉祥物设计

校园吉祥物是学校的象征，是校园文化的重要组成部分。在观澜，"澜精灵"这个名称已经耳熟能详，它是观澜学子活泼、聪慧、灵气的象征。2020年2月，学校组织全校教职工开展"澜精灵"吉祥物设计图稿征集活动。

图3所示为校园吉祥物"澜精灵"设计图。头戴印有"观澜"拼音的蓝色

发带,身穿印着观澜校徽的白色T恤,蓝色的裤子上观澜的创始年份标识醒目。头顶的五棵嫩芽代表"五育"并举,学生在"观澜"沃土上德、智、体、美、劳全面发展,茁壮成长。手握的金色五角星,象征着每个"澜精灵"拥有自己独特的闪光点。脸上调皮灵动的表情,尽展"澜精灵"的朝气与活力。

让"澜精灵"成为校园文化的重要组成部分,充分激发了全体教工对观澜的热爱之情,增强归属感。

图 3　校园吉祥物"澜精灵"设计图

3. "美在观澜"摄影大赛

行走在斑斓多彩的校园,就会发现每一个不同的季节都展现其迷人的景致。用影像记录这一刻,它便是永恒。学校工会举办以"美在观澜"为主题全校教职工校园摄影大赛,围绕校园风景、人物采风、精彩活动等场景进行构思,真实反映美丽多彩的校园风貌和品牌特色的校园文化,充分体现我校优美的校园环境。

(二)实现教师生命价值的成就感

成就感是教师教育生涯不可缺少的良好体验,也是促成教师成长的基本素材。真正能激发教师工作热情与事业追求的,是学校管理者注重培养教师的成就感,善于为教师创造一个精神层面的工作环境,善于为教师的成功搭建好平台。

1. 教学评比促成长

(1)"观澜之星"教学评比。一场疫情改变了传统的上课方式,相见"云端"成为教学新模式。观澜小学以此为契机,适时开展了第五届的"观澜之星"教学评比活动。本次活动于2020年4月底启动,比赛时间为5月24日至6月5日。活动要求参赛的青年教师根据所提供的教学内容,通过手机拍摄,结合PPT等制作一段教学微视频并上传教学设计。一年一次的教学大比拼首次在"云端"进行,在提高青年教师教学水平和运用现代教育技术手段能力的同时,也探索了教学新模式。经过评委组老师们的反复斟酌和讨论,陈晓琳、周小单、尹心怡、孙悦、朱奕纾、卫凤弘等27位老师脱颖而出,在本届"观澜之星"教学评比中分别荣获了一、二、三等奖。本次活动为青年教师的成长再次搭建了平台,激励并促进青年教师不断提高自身的专业知识、专业技能和专业品质,实现自我超越。

(2)"乐学杯"教学评比。 2019年10月22日下午,第十五届"乐学杯"学习设计教学评比活动在观澜小学川周校区进行,上海市愉快教育研究所的专家及评委老师莅临指导。本次比赛由我校青年教师张丹执教。比赛前期的准备工作最为煎熬,学情分析、教案设计、单元分析撰写、备课解读方案制定等,每一个环节都倾注了张老师和备课组内老师们的心血。在集体的智慧下,张老师的课堂生动、精彩,她依托支架,顺学而导,以文为例,巧妙地利用学习任务单为学生的学提供路径与支架。在课后的答辩环节中,评委们就"集体智慧——团队是如何进行备课"等问题进行了提问。张老师沉着自信,逻辑清晰,语言简明流畅,获得评委们的一致好评,并称赞我们的年轻教师学科素养扎实,课堂中有"浓浓的语文味"。

学校具有浓厚的教研氛围,凝聚了团队的智慧,帮助青年教师快速成长,让他们在一次次课堂的打磨中提升教学能力,获得作为教师的成就感。

2. 师德形象扬正气

学校以树立榜样典型,弘扬正气,激励士气等方式锻造"务实、进取、协作、大气"的教师文化建设,开展了"观澜形象教师"评比活动。在第36个教师节来临之际,观澜"形象教师"新鲜出炉,在学校网站、校报、微信公众号上宣传——为其配上照片和事迹简介,向学生、家长、社会等大力推介学校教师。观澜"形象教师"的评比活动弘扬正气,树立典型,凝聚力量。

3. 特色文化展风采

一年一度的迎新活动其实也是学校特色文化的展示活动,教职工全员参与,让每位老师都登上舞台,人人是主角,个个是"澜星"。节目精彩纷呈,如讲述故事、诗歌朗诵、载歌载舞、小品短剧等,教师们化身为舞台明星,充分展示自己的才艺。图4所示为观澜教师管理团队(部分成员)以自创歌曲的形式为全体观澜教职工送新年祝福。

(三)提升工作与生活的幸福感

每个人都希望得到幸福,教师的职业幸福感可以通过各种社团活动来获得,去提升。教师社团是让兴趣爱好相近的教师,发挥特长,开展有益于身心健康的活动。

图 4　观澜教师管理团队的节目

1. 插花艺术

九月金秋,适逢第三十二个教师节来临之际,观澜小学开展了教师节插花艺术活动。教职工们各施已能,通过插花的形式来展现自然,崇尚艺术,抒发情感,交流友谊,度过了一个快乐又难忘的教师节。活动的举办能够为广大教师带来美的享受,不仅在繁忙的教学工作中增添一些乐趣,同时陶冶了教职工的情操,让大家在繁忙的工作之余得到了放松。

2. 点心制作

在第三十四个教师节来临之际,观澜小学南北两校区举办了教职工点心制作活动,用实际行动证明了教师们不仅"上得讲台",也"入得厨房"。活动不仅丰富了校园文化生活,提高教工的生活乐趣,也增强团队的凝聚力。

3. 运动会

春日里有吹面不寒的微风,有映入眼帘的嫩绿,还有一个属于女神们特别的节日——"三八"妇女节。穿着统一运动服的"女神"们个个青春靓丽,活力十足,男教师们则担任运动会的裁判。在运动会中,教师们不仅锻炼了身体,也释放了压力。图 5 所示为部分教师参加庆"三八"妇女节运动会。

四、经验与成效

教师作为一个育人职业,会对学生产生重要影响,只有教师"幸福地教",学生才会"幸福地学"。费尔巴哈说:"生活和幸福原来就是一个东西。

图5 部分教师参加庆"三八"妇女节运动会

一切的追求,至少一切健全的追求都是对于幸福的追求。"观澜小学为提升教师幸福感开展了丰富教师的文化娱乐活动,增进了同事间的感情,缓解了工作中的压力。工会的有效领导,组织广大的教工社团有序地开展各项活动,这在构建和谐校园文化建设中起到独到的作用。

(一)就地取材,营造温馨文化氛围

学校的创办人黄炎培先生主张"实用"主义,要以"人文精神"来提高教师精神生活品质就需要一些有效的实施策略。就地取材为教师创造优雅生活,可以使他们拥有积极乐观的人生态度,增强其自信心,并以饱满的精神状态去工作,同时提升教师团队的凝聚力、向心力。

利用校园美景这现成的素材,为这些景点命名,可以使教师们聚焦美丽的校园,感受到校园的一花一草皆有情。这样的校园文化建设活动不仅能提高教职工文化鉴赏水平,还能激发他们去发现工作环境的美,激发他们用一双发现美的眼睛去感受生活。

热爱生活才能更热爱工作。学校"澜精灵"吉祥物的设计活动很好地发挥了师生创新思维,激发了师生艺术表现力和创造力。学校吉祥物能够形象、生动地展示观澜学子风采,这样的活动更加丰富校园文化的内涵,展示观澜学子的精神面貌和骄人风采。

在实践过程中,我们清晰地认识到,热爱生活的教职工才能热爱工作,也能更好地在其岗位上做出自己的贡献,引导学生、教育学生,用自己一颗热忱的心去感化学生。这样的教职工总是有着蓬勃向上、积极进取的精神风貌。

(二)搭建平台,促进教师专业发展

教师承担着传播知识、传播思想、传播真理的历史使命,肩负着塑造灵魂、塑造生命、塑造人的时代重任,是教育发展的第一资源,是国家富强、民族振兴、人民幸福的重要基石。教师要不断拼搏,才能取得成功,提升自己的成就感。学校要注重培养教师的成就感,不断满足他们渴望尊重、希望成功的心理需求,用人文的东西去唤醒教师内在的激情和自觉的追求,使每一位教师找到合适的价值定位,而将工作热情长期维持在较高水平上。

一方面,教师需要提升思想境界,加强品德修养;另一方面,教师需要提升专业能力,增强综合素质。学校提供了广阔的平台让教师们积极进取,发挥所长,在自己的专业领域崭露头角,各种比赛着力提高教师专业能力。85%的教师在各种比赛中主动适应信息化、人工智能等新技术变革,积极有效地开展教育教学。一分耕耘,一分收获。教研教改中的付出与收获,教育教学中的累累硕果,见证了教师们的学习、历练、成长之路。90%的青年教师通过不断拼搏提升了素养,获得了满满的成就感。活动达到了让教师自己努力成为学科知识扎实、专业能力突出、教育情怀深厚的高素质教师,渐渐形成了一个积极向上的良性竞争,全面提高了学校教师队质量,建设出一支高素质的教师队伍。

(三)创设文化生活,提升职业幸福感

"教育兴则国家兴,教育强则国家强"。教师好则教育好,教育好则国家好。教师幸福感对学生幸福感、家长幸福感和人民幸福感都具有重要影响。作为一名教师,工作占据了生命中大部分的时间,所以从工作中寻找快乐尤为重要。在工作中不失去热情,就会生活得更快乐。只要你喜欢这项工作,就不会感觉一节课的时间那么长,工作中的苦累、疲倦也会大大减少,而更多的是充满干劲、充满激情。

经实践,丰富教师的校园文化生活,确实能提升职业幸福感,同时还能增强教工团队凝聚力。100%的教师们能根据自己的喜好选择不同的社团,在舞蹈班中练体型、塑身材,在音乐班里享天籁,在美食班中习技能,在美拍班里发现美,在书画班里感受诗情画意。99.5%的教职工们都觉得在忙碌了一周以后,参加社团活动既能愉悦身心,丰富文化生活,又能缓解工作的疲惫与紧张。

我们生活的目的,不在于炫耀财富,不在于炫耀享受,而在于精神上的充实和事业上的成功。不经战火,难以锤炼将军;不经风浪,难以成就船长。多年来,我们站在这三尺讲台上,与学生共同探索知识的奥秘,一起讨论人生的价值。既然选择了三尺讲台,就定要在这三尺讲台上站稳站牢,站出风采。

总而言之,学校以"人文精神"管理,结合"实用"主义思想开展的一系列人文活动,使教师之间互帮互助、诚实守信、平等友爱、融洽相处、充满活力,真正体会身为教师,身处观澜而有的幸福感。他们享受着职业特有的满足、喜悦、成就感,同时也拥有健康的心理品质,他们的内心强大,能协调自己的情绪,并能把健康阳光的正能量传递给身边的人。

附一:

教师"精神生活品质"特质研究情报综述

资料搜集:黄嘉钰、华婷婷、付嘉雯

执笔:顾艳梅

【摘要】 教师丰富多彩的精神生活是其从教的前提和取得教育成效的基础。教师应该不断以"丰富多彩的精神生活"来提升个人的教育素养。丰富的精神生活会对教师的教育对象以及整个教育活动的过程产生重大的影响。

【关键词】 精神生活、丰富多彩的教师精神生活、方法途径

在学校乃至全社会大力关注学生兴趣爱好的今天,我们却往往忽略了教师的兴趣爱好。人们只关注教师能否把书教好,却没有意识到兴趣爱好的有无对教师生活及事业的影响、对学生成长的影响以及对教育质量的影响。教师没有兴趣爱好会影响个人的生活质量。很多教师除了在学校上课及回家做家务,几乎什么兴趣爱好都没有。特别是一些在课堂上叱咤风云的骨干教师、名师,他们除了教学,再无其他特长。在学校组织的文体活动中,他们只能落寞地静坐一隅,没有个人才艺可以展示;当他们成了退休教师后,因为没有兴趣爱好,只能与寂寞相伴,严重影响生活质量,甚至影响到身体健康。

一、什么是精神生活

"精神"在《辞海》中大致有下面几项意思：①指心理状态、人的思维活动和意识；②指心神和神态的指向程度；③指精力、活力；④指神采、韵味；⑤指内容的实质。这5种解释大体分为两类：第一类是指人的主观状态所表现出来的某些特征，是对人的情绪、意志、心理以及心境的描述；第二类是指事物所体现出来的意境、神韵或主题。

对"生活"一词，在《辞海》中的释义有4项：①指生存、活着；②指为了生存和发展而进行的各种活动；③指进行各种活动；④指生活景况和生计。这4种解释分为两类：第一类是指有意识或无意识的活动；第二类是状态或者状况。

把"精神"和"生活"的含义组合在一起的"精神生活"有以下解释：①指精神活动，包含人的心理、意志、情绪和心境的活动；②指精神状态，包含人的心理、意志、情绪和心境的状态；③指精神生活，包含以满足人的精神需要为特征的影响，培育人的心理、意志和心境的各种活动。这也是广义的精神生活。

二、教师丰富多彩精神生活的内涵

凡是具备了正常生命体征的人都会具有一定的精神生活，作为教育者的教师，仅有一般人的精神生活是难以担承教书育人的责任和实现有效育人的目的的。

首先，丰富多彩的精神生活的第一要义是"丰富多彩性"，即立体而多样，它既包含智力的，如智力生活(本身)、智力背景；也包含非智力的，如审美能力，丰富的情感和人生体验等。

其次，丰富多彩的精神生活具有"高品质"的特征。"精神"意指人的意识、思维、情感等内心世界，精神生活是指人的心理活动，是区别于物质生活和政治社会活动的人的心理活动。人的生存发展需要一定的物质生活条件，但丰裕的物质生活不能完全替代丰富多彩的精神生活。"丰富多彩"除了有数量或种类的繁盛，人生色彩绚丽之意外，还有品质好，品位高的含义。因此"丰富多彩的精神生活"既要求教师的精神生活达到一定的"量"，还要求教师的精神生活达到一定的"质"。

第三，精神生活所追求的境界是教师把自己视为学生志同道合的朋友，学生忘记教师是年长的同志和教导者角色的这样一种和谐的教育状态。

三、教师精神生活的重要性

对于教师而言,职业的特殊性决定了教师可以是物质生活的贫者,但他必须是精神生活的贵者。教师作为特殊的职业群体,更应该拥有高尚的精神生活。因为教师是文明的传递者、文化的传播者,更是学生完满人格、精神生活的塑造者。丰富的精神生活是一种教育力量,一个享有丰富多彩的精神生活的教师,必定具有健康完善的人格和个性。教师是孩子除父母以外接触时间最长、最频繁的人,孩子从教师身上学到的不仅仅是知识,通过耳濡目染,学到的还有精神品质、行事风格等潜移默化的东西。

四、具有多彩的精神生活的方法

(一)专业信仰,矢志不渝

教师要有自己的专业信仰。教师的职业特点决定了教师的物质生活可能是清贫的,不管怎样提高教师的待遇,要想靠"教书"发大财注定是不可能的。教师又是极其崇高的职业,故有人把它说成"太阳底下最光辉的职业";也有人说它是"拖着太阳升起的人";更有人用"春蚕到死丝方尽,蜡炬成灰泪始干"来比喻,教师美誉集身。教师理当坚守自己的教育信仰,全身心投入到自己的教育工作中。用爱心去塑造,用真情去感化,用榜样去激励,用人格去熏陶。无论面对什么样的学生,都要做到努力改变他的现状,让他受益,让他喜欢自己,也喜欢老师,喜欢学校。就像《窗边的小豆豆》中的小林宗做校长一样,爱是他教育的全部。教师应当永葆教育初心,永存幸福从教之心,立振兴教育之志,扬教育改革之帆,育天下之英才。

当桃李芬芳之时,教师的青春展现在孩子们灿烂的脸上;当繁华退却之日,教师的无悔铺就在学生们人生的小路两旁。教师的信仰已铸成他们人生的辉煌。

(二)手不释卷,笔耕不辍

1. 专业阅读

博览群书,手不释卷,应该是教师最美的姿态。一盏孤灯,一杯香茗,一缕书香,应该是教师最美的生活。谈笑有鸿儒,往来无白丁,应该是教师最美的交往。月光清幽的夜晚,听,书声琅琅;看,奋笔疾书;思,凝视顿悟。一床月光半床书,三更做梦书作枕。此景唯有天宫有,此人疑是圣人来。记得狄金森曾赞美道:"没有一艘船能像一本书,也没有一匹骏马能像一页跳跃着的诗行那样,把人带往远方。"

2. 专业写作

每当灵感款款而来,轻扣我的房门,我会立刻停下手中的事,或者立马放下筷子,或者披衣下床,热情地请她进来,而后,把她俊俏的模样写下来。时间久了,奋笔疾书成为一种习惯,笔耕不辍成为一种自觉。我将自己藏在文字中,我将岁月留在文字里,它们在,往事就在,思念就在,故事就在,梦想就在。写作的人让生活变得诗意芬芳,让生命变得高贵典雅,让信仰变得坚定弥久。

(三) 热爱生活,敬畏生命

精神生活富裕的人,都是热爱生活的人。生活像太阳一样,每天都是新的。拥有精神追求的人,无论身处顺境还是逆境,都能坦然面对。他知道,生活如时光,从不多给谁一分,也从不少给谁一秒。精神生活健康诗意的人,面对困难挫折,总是习惯嫣然一笑,他深深地明白,困难、挫折一如"雨后彩虹",阳光总在风雨后。

五、具有多彩的精神生活的途径

(一) 阅读

在苏霍姆林斯基的眼里,一所学校,首先意味着书籍。阅读是教师专业发展的重要源泉和重要标志。没有书籍的滋润,就没有深厚的学识和素养。教师要想不做浅薄的教书匠,就必须从"阅读"开始。教师通过"阅读",可以汲取进行教育和教学工作的精神营养,并把这种精神营养转化为自己的工作能力和综合素质,充分提高教育和教学效果。苏霍姆林斯基认为,优秀教师的教育技巧的提高,正是由于他们持之以恒地读书,不断地补充他们的知识的大海。他指出,只要有强烈的求知欲,勤奋学习,一个教师在从教之初即使在知识上有空白和在教学论、教学法方面存在欠缺,都不可怕,可怕的是教师没有求知的欲望,对学习没有兴趣,疏于读书,由此导致思想僵化。能否不断地补充、更新、完善、丰富、加深自己的知识,增长自己的学识,对教师来说是非常关键的问题。教师缺乏渴求知识的强烈愿望,不仅使教学失去光彩和热情,而且会使工作会成为苦差和重负。学生在这样的教师手下受教,求知的乐趣就会丧失殆尽,蒙受死记呆读之苦,禀赋和才华会遭到扼杀,从而趋于愚钝。

(二) 发展兴趣爱好

个人的兴趣爱好作为丰富的精神生活的一个重要组成部分,并不一定局限在与所教学科直接相关的内容上,可以发展其他多种多样的兴趣爱好,如文学、书法、艺术、园艺等。教师工作的特点,是高度脑力紧张时期与比较平静的时期相互交替,一方面是通过合理使用休息时间让消耗的体力得到补充,另一方面,教师也能够有充足的休息时间发展自己的兴趣爱好。一个教师兴趣爱好广泛,审美情操高尚,他就能有充实、饱满的精神生活,就能保持精神健康。健康的兴趣爱好既可以锻炼一个人的能力,还可以舒展身心,缓解疲劳和压力,构成个人完满的精神生活。比如,有的教师喜欢体育,他们利用课间或平时空余时间,约几位好友,甚至与学生一起打打篮球,玩玩象棋,一天的疲劳,即刻烟消云散;有的教师热爱绘画和书法,他们常常在周末和节假日到野外写生,或与书法迷们共赏那一幅幅书法精美艺术,于是由于紧张的脑力劳动所消耗的精神力量,便会在轻松悠闲的活动中得到及时的补充;有的教师钟情于音乐,工作之暇可以进入音乐之乡,当他沉浸在那优美、悠扬的轻音乐中,品味那艺术的真谛时,一天的劳累一转眼工夫就消失了。总之,举凡唱歌、跳舞、打球、绘画、摄影、旅游、读书、写作,乃至装修电脑、种植花木、制作航模等,这一切的爱好、专长、审美,都会给教师生活带来无穷的乐趣,能使我们保持旺盛的精力,充实的思想,更好地完成本职工作。

(三)交往和游历

由于受到种种条件的限制,教师外出考察和访问的机会并不算多,生活的单调,接触面的狭窄使得教师的社会化程度受到了一定的影响。事实上,教师的风度举止和阅历会成为无形的教育资源而一点一滴地影响受教育者,这些主要通过与人的交往及对自然和人生的种种体验而来,通过这些方式锻造自己的人格,拓展视域,开拓胸怀,使得自己的精神世界丰富多彩。只有丰富的心灵才能影响孩子的心灵,"我不能想象,不到故乡各地旅行游览,不观察自然景色,不用词语抒发感情,怎能去讲授语言。"古人云,"行万里路,读万卷书",游历对增长见识、增加阅历所起到的作用不言而喻。教师应该利用假期,多出去走一走,看一看。看看祖国的大好河山,异国的风土人情,开阔一下眼界。哪怕是一次远足,一次小小的探险,对丰富自己的精神生活都是有益的。

教师保持精神健康的方式方法,当然不止以上所阐述的这3个方面,但只要亲自去体悟、去感受、去总结,就一定会有新的发现,新的认识。采取有效而适合自己方式方法,便可赢得科学、健全、乐观、充实、有意义的精神生活,从而保持精神健康,这将使我们受益匪浅,不管是依旧在职的或已经退休都是如此。

附二：

观澜小学"星级"特质教师之"会生活"

学科_____ 姓名_____

指标	要素	具体描述	评价(ABCD)
会生活	身心健康	热爱本职工作，服从学校安排，积极适应环境与教育工作要求。	
		乐观开朗，充满热情，善于调节和控制自己的情绪。	
		同事之间互相帮助，不嫉妒，传递正能量。	
		处事沉着冷静，有较好的遇挫心理，会自我排解压力，勇于承担大事、要事，以大局为重。	
	兴趣广泛	有健康的兴趣爱好，能积极参加各级各类工会社团活动，快乐生活。	
		合理安排自己的业余时间，丰富自己的生活。	
	文明和谐	合理安排学校、家庭、个人生活。	
		团队、处室相处融洽，有团队意识。	
		处事公平、公正，维护集体。	
		尊重别人，信任别人，欣赏别人，真诚对人。	
合计		（　）A（　）B（　）C（　）D	
星级		（　）五星（　）四星（　）三星（　）二星	

备注：1. 评价：A 非常符合；B 符合；C 基本符合；D 有待改进。
    2. 星级：合计 5A4B1C 及以上五星（不含 D）；4A4B2C 及以上为四星（不含 D）；9C 及以上为三星；7C 及以上为二星。

评价者：_____
评价日期：_____

第二部分　实践篇

| 实践活动

第三章　职业道德情怀

活动方案

1. 敬业·乐群

——"澜星讲堂"师德系列活动方案(一)

一、活动目标

学习《严禁中小学校和在职中小学教师有偿补课的规定》,在敬业·乐群中树立有型的正能量,鲜活的价值观:敬业者成事,乐群者得助!

二、活动地点

新川校区多功能厅。

三、参与对象

全体教职员工、实习教师、观澜见习教师基地学校的全体学员。

四、活动过程

【环节1】讲故事,表情意

(1)第一批疗休养花絮。

(2)短片《LNT 贵阳荔波之旅》看"敬业·乐群"。

【环节 2】讲故事,深主题

(1) 最伟大的力量是敬业。

(2) 敬业,就是不厌其烦。

【环节 3】诵经典,明古训

(1)《礼记·学记》:"一年视离经辨志,三年视敬业乐群。"

(2) 朱熹曰:"敬业者,专心致志以事其业也;乐群者,乐于取益以辅其仁也。"

【环节 4】学文件,看问卷

(1) 讲通知,学文件。

(2) 看问卷,作要求。

【环节 5】作承诺,见行动

团支部书记作承诺解读。

【环节 6、7】作点评、送吉祥

校长点评、送吉祥。

【环节 8】践承诺、做善事

结合新学期、教师节,倡导为团队(年级组、备课组、办公室、工会小组等)或者为学生做一件"敬业·乐群"善事。

五、活动反馈

2021 年 8 月 27 日下午,在观澜小学的多功能厅里举行了"澜星讲堂"活动。此次"澜星讲堂"的主题是"敬业·乐群",通过讲故事的方法表情达意,深化主题,更要求我们每一位观澜人要信守承诺、规范言行、提升师德。

1."讲故事,表情意"环节

徐莉莉副校长与我们分享了暑期里部分观澜小学的老师在荔波疗休养期间的趣事。由于此次轮到疗休养的是学校里比较年长的一批教师,所以他们戏称自己是"LNT",即"老年团",虽说是老年团,可心态一点都不老,他们不仅自己设计动作、拗造型、玩自拍,还编辑视频发到朋友圈里。从徐校长跟我们分享的 4 段花絮中,我们感受到观澜的老师们在朝夕相处的工作中已由同事之间的工作关系转变成了朋友、甚至是家人之间浓浓的情谊。是敬业才成就了这个快乐的群体,祝福你们,可爱的观澜"LNT"!

2."讲故事,深主题"环节

盛卫东和曹静两位老师分别讲述了《最伟大的力量就是责任》《敬业,就是不厌其烦》这两个道德小故事。社会主义核心价值观中的"敬业"二字已经在观澜学习、领悟、践行了近一年,我们也深深地知道:敬业背后是责任,敬业的践行在细节。

3."诵经典,明古训"环节

校长助理华燕老师带领大家诵读了《礼记·学记》中的"一年视离经辨志,三年视敬业乐群。"以及朱熹的"敬业者,专心致志以事其业也,乐群者,乐于取益以辅其仁也。"这两句名句,勉励我们在工作中要爱岗敬业,对待同事要团结友善,互相帮助。

4."学文件,看问卷"环节

赵玉茹老师组织大家学习了教育部下发的文件《严禁中小学校和在职中小学教师有偿补课的规定》。

5."作承诺,践行动"环节

大家郑重签名承诺做到教育部下发的文件《严禁中小学校和在职中小学教师有偿补课的规定》中的要求。

6."做点评,送吉祥"环节

金维萍校长这样说道:"教育的宗旨就是用教育的理想打造理想的教育,用理想的教育实现教育的理想。敬业,是责任的升华,敬业是我们观澜的竞争力,敬业是我们观澜的立业之本,也是观澜百年追梦的基石。"

敬业是各行各业生存与发展的基础。在观澜,敬业是广大教职工的一种习惯,更重要的是,同事之间互相关心、帮助、凝心聚力。这样一支敬业、乐群的优质团队在今后的工作中定能无往不胜,创造新的辉煌。

2. 敬畏·自律

——"澜星讲堂"师德系列活动方案(二)

一、活动目标

解读24字社会主义核心价值观中的"公正""法治",敬畏制度,是依法办学、依法治学的保障。学会自律,"带着信仰做教育、为了师生做事情、坚持'新实用'成特色"为目标。

二、活动地点

新川校区多功能厅。

三、参与对象

全体教职员工、实习教师、观澜见习教师基地学校的全体学员。

四、活动过程

【序】

24字社会主义核心价值观,从国家、社会、公民个人3个层面提出了建设中国特色社会主义的价值要求。3个层面的价值要求互为条件、相互融合,共同构成了一个不可分割的有机整体,成为了实现伟大中国梦、民族梦的保障。

核心价值让中国梦有生命,民族梦有根基。

学校党支部以打造浦东新区党工委党建品牌项目"澜星讲堂"为载体,着力培育和建设社会主义核心价值观。"澜星讲堂"与师德第一课整合,讲堂与师德相得益彰;与学校优质文化建设展示活动联手,建设成果可圈可点。学校在纵观全局的基础上,以一年两个主题词为侧重点开展"核心讲堂"系列活动。

从公民个人层面的"爱国·敬业",到"诚信·友善"基础上,2017年我们的"核心讲堂"主题词是社会层面的"公正·法治"!

为了便于学习、理解,我们细化主题,上半年为"公正·法治"之一"敬畏·自律";下半年为"公正·法治"之二"公正·平等"。

为此,观澜小学"澜星讲堂"暨观澜师德第一课主题是"敬畏·自律"!我们的讲堂,从故事说起。

【环节1】讲故事,说敬畏,谈自律

1. 故事一:老虎咬人事件(说敬畏)

敬畏制度是一种强大的力量,让我们自我保护,也保护他人。

2. 故事二:五色漆和M&M豆的故事(谈自律)

他律很重要,自律更重要。自律,能带给我们自由,最终得到自我修炼的惊喜。"敬畏"是强大的力量,"自律"才能自由。

【环节2】看短片,揭主题,知内涵

观看"公正、法治"短片。短片中强调了什么是公正,什么是法制,这便是短片的内涵。

【环节3】照镜子,看问卷,析现象

(1)从两份问卷中摘录一些与"公正、法治"有关的数据进行解读。

(2)从家长来电来访、学校各个部门反映的现象来分析。

1)敬畏职业——看工作。现象:极少数教师对部门不尊重。

2)敬畏制度——看师德。现象:极少数教师对制度不敬畏。

3)敬畏学生(家长、同事)——看语言。现象:极少数教师语言不规范。

【环节4】学制度,说敬畏,谈自律

1. 学制度,说敬畏

第一方面(上位制度):《中小学教师职业道德规范》《严禁中小学校和在职中小学教师有偿补课的规定》。重点解读:严禁有偿补课,到社会培训机构兼课。

第二方面(学校制度):《观澜小学教师一日常规》《观澜小学考勤制度》。重点学习:请假制度、规范办公、衣着要求。

第三方面(条线制度):《观澜小学教师教育教学管理制度》。重点学习:教学常规要求、德育常规要求。

2. 作要求,谈自律

组织学习《观澜小学教职工廉洁自律承诺》。

【环节5】讲自律,不逾矩

以"公正、法治"为准绳,开展"敬畏·自律"为主题的系列活动,具体见表1。

表1 以"敬畏·自律"为主题的系列活动

序	活动主题	形式	参与对象	负责	时间
1	敬畏,我们更有尊严	微语言征集	全体党员	徐莉莉	3月份完成
2	自律,我们更加自由(我眼中的"自律")	感悟网上征集	全体团员	陆继人	4月份完成;作为五四青年节活动素材用
3	向陋习告别	"观澜小学教师好习惯自我养成督促"活动	全体教职工	徐莉莉	第2、7、12、15周落实四次!根据实际情况,一次自我监督两点!
4	寻找最美瞬间	微镜头大放送——配一句话文字	观澜小学教师日常教育教学活动中瞬间镜头采撷	党支部	日常工作
5	搜集最美语言	在学生、家长中搜集最喜欢的教师日常用语	全体学生、家长	德育室——李渊	5月份
6	争做最美教师	2017形象教师评选——表彰活动	全体教职工	徐莉莉 邱莉萍	6月评选、9月表彰

【环节6】公正·法制,发起倡议,努力践行

(1) 学习《观澜小学教职工道德建设承诺表》。

(2) 学习《观澜小学教职工"廉洁自律四一二"承诺书》。

(3) 学习《心存敬畏 自律自强——观澜小学培育和践行社会主义核心价值观倡议书》。

五、活动反馈

2月15日,观澜小学全体教职工齐聚北校多功能厅,一起参加"澜星讲堂"暨观澜师德第一课,为新学期的教育教学工作拉开序幕。

本次活动的主题是"公正·法治"之"敬畏·自律",分为6个环节,由马思遥老师主持。

1."讲故事,说敬畏,谈自律"环节

卫凤弘老师带大家一起回顾了老虎咬人事件,让我们感受到敬畏制度不仅自我保护,也保护他人。

凌霏珣老师带来的《五色漆和M&M豆的故事》则向我们展示了自律的重要性。"敬畏"是强大的力量,"自律"才能自由。

2."看短片,揭主题,知内涵"环节

两个短片向我们直白生动地解读了24字社会主义核心价值观中的"公正"、"法治",敬畏制度,是依法办学、依法治学的保障。

3."照镜子,看问卷,析现象"环节

徐副校长从问卷中摘录了一些与"公正·法治"有关的数据进行解读,接着从家长来电来访、学校各个部门反映的现象进行分析,明确了在座教师们努力改进的方向。对于每位教师来说,敬畏职业、敬畏制度、敬畏他人就是要从小事做起,严格执行规章制度,讲业务,重品质,讲自律,重师德,讲尊重,重和谐。

4."学制度,说敬畏,谈自律"环节

在德育室华老师对《中小学教师职业道德规范》、《观澜小学教职工考勤制度》的细心解读中,活动进入了"学制度,说敬畏,谈自律"环节,教职工们意识到,学校规章制度应作为重点深植于每位人的心中。

5."讲自律,不逾矩"环节

学校以"公正·法治"为准绳,开展"敬畏·自律"为主题的系列活动。

6."公正·法治,发起倡议,努力践行"环节

由团支部书记陆继人老师宣读倡议书,在座的每一位教职工签署了承诺书。

紧接着,金校长对"责任点亮品质,遇见更好未来"这两个学校工作要点进行了解读。学校将以"带着信仰做教育、为了师生做事情、坚持'新实用'成特色"作为指导思想,按照五年规划,对内凝聚"新实用"力量,对外塑造"新实用"澜星品牌,用新规划引领新高度、新内涵拓展新宽度、新管理展现新深度、新创意打造新高度。金校长对十大重点项目的说明,让在座的教职工们对于新一年的工作有了一个明晰的了解。

敬畏之心,要用制度来约束,敬畏之心,要拿行动来证明。新的一学期,让我们保持心中敬畏,自觉恪守底线,遵守规矩,自律自强。

3. "两策略五个化"树师风

——观澜小学《澜星讲堂》师德师风建设实践案例

一、背景

师德是教师的灵魂,直接关系到一所学校的品质,关系到国家兴衰和民族的未来。师德师风是教师专业素质的核心和灵魂,它是教师对从事的教育事业的一种向往和追求,是指导教师行动的精神动力,是指引教师专业成长的明灯。2021年观澜教师数达200余人,平均年龄35.4岁,面对这样一个团队,我们需要将师德师风日常化、具体化、生活化,使高尚的价值观内化于心、外化于行,充分发挥师德榜样模范作用。

观澜小学重视文化建设,"澜星讲堂"已经成为观澜优质文化的一个品牌,借助讲堂,通过活动提高广大教师"争做四有好教师"的重要性、紧迫性的认识;加深对"敬业"内涵的理解,感悟"敬业"是观澜人的优良传统,是观澜生生不息的动力源泉。我们努力将高尚的师德作为为师的首要准则。

二、举措

(一)实施保障——两策略

1."项目推进"策略:讲堂推进严要求

根据"组织引导、点面结合、有序推进、务求实效"的原则,成立"澜星讲堂"项目领导小组,确立项目负责人,学期初制定实施方案和细则;项目组成员负责项目的推进,精心策划内容和形式,中期进行项目反思;期末阶段,以不同形式展示项目成果,把"澜星讲堂"建设情况与团队评比、年度考核等结合起来,定期择优表彰"澜星讲堂"建设先进团队和"优秀宣讲员",同时做好资料整理和归档,深入总结经验,不断丰富讲堂内容。

2."队伍培育"策略:讲堂推进有团队

按照"自身素养强、道德素质高、文化修养好"的标准,组建专兼职结合的"澜星讲堂"宣讲队伍。一是发挥学校党团员的先锋模范引领作用;二是发挥学校骨干老师、优秀班主任、学科教师的带头示范作用;三是整合家庭、社区资源,邀请其中的优秀代表参与活动,形成合力。通过"身边人讲身边事,身边人讲自己事,身边事教身边人"的形式真正实现"我的讲堂我做主"的教育目的。

(二)特色创新——五个化

1. 主题系列化

按照"明大德、守公德、严私德"总体要求和围绕"争做四有好老师"的教育内容,"澜星讲堂"按照各年度以系列化主题有效开展。如2018年以校庆为契机开展"寻访先辈足迹"为主题;近几年将主题聚焦在培育和继承这个价值观上,每年一个主题,两个主题词,2019年为"爱国·敬业",2020年为"诚信·友善",2021年为"公正·法治"。这样形成系列,层层递进的学习方式让核心价值观的内涵及"四有好老师"的准则得以深刻诠释。

2. 整合日常化

"澜星讲堂"能得到教师们的拥戴,"整合"策略很重要。学校将"澜星讲堂"与"观澜师德第一课"整合,做到互促共进;"澜星讲堂"与"观澜优质文化展示"整合,做到形式多样;"澜星讲堂"与见习教师基地培训工作整合,夯实职业信仰;"澜星讲堂"与中心工作整合,做到讲堂接地气,中心工作严要求,讲堂中形成共同的价值需求。

3. 内容生活化

"只有实现生活化,才能保证常态化",注重生活化是"澜星讲堂"的最大特点。围绕"身边的榜样"的目标,我们的讲堂还原了一个个工作、学习、生活场景,真情流露,充满温情。

(1)写故事、晒幸福。开展不同级别及不同层面的故事会,"学雷锋"活动、党团员先锋模范作用向8小时外延伸活动、教职工家庭生活中的乐事、趣事等,让全体教师在寻找和发现、体验和感悟、分享和传递中感动自己,也感动他人;也在别人的故事中,幸福和快乐自己。

(2)车门传情、平安校园。"澜星讲堂"展示学校"护校先锋岗"中党团员、值日教师及家长志愿者们为守护学生上下学乘车安全的一个个感人事迹,这一道道充满爱心和强烈责任感的靓丽风景线定会带动更多的人为孩子们保驾护航。

(3)点亮微心愿,圆梦学子情。学校在学生中开展"微心愿"征集活动,每个党团员帮助一名困难学生,在"澜星讲堂"进行"心愿认领"和"圆梦行动",孩子们脸上满足的笑容,坚定党员们关爱学生、服务教育的决心;让这种在党员们的示范引领下产生的正能量带动越来越多的教师汇聚"微力量",将圆梦进行到底,让爱心永远延续。

4. 素材校本化

"澜星讲堂"是属于观澜的。虽然道德讲堂规定的环节相对统一,但我们的内容决不能复制。

(1) 经典诵读、"实用"结合。"澜星讲堂"中的经典诵读环节是基于学校创始人黄炎培先生教育思想的内化与传承,与"实用"教育思想的礼仪修养、行为规范等相结合,同时纳入校史内容,让广大教职工熟读成诵,耳熟能详,以此内化自己的言行,提升修养和品位。

(2) 歌曲传唱、精心创编。根据学校开展的各项主题教育活动,学校不定期创作或改编,主题歌曲从讲堂开唱,传唱观澜校园。正向的主题歌曲体现校风、校训的精神内涵,并富有时代特色,进一步展现了观澜师生朝气蓬勃、奋发向上的精神风貌。

(3) 数字故事、不同寻常。给时光梳理的同时,也让过往的时光越发清晰,让未来的路更加坚定,这是数字故事对于学校的印迹。"澜星讲堂"中的道德短片环节会发现有"情"的教育故事,将学校中心工作、特色工作中有突出表现的人物、事迹用数字故事的形式一一呈现。力求做到主题突出、题材新颖、内容真实。虽然篇幅不长,但信息量大,让更多的人感受教育的力量和教育工作者的魅力。数字故事《百年追梦》《敬业——百年追梦的基石》《心心相印》等都达到了震撼人心的效果。

(4) 创新形式,凝聚人心。"澜星讲堂"在讲堂形式上采取"4+N"工作流程模式,"4"是规定动作,即学唱一首道德歌、看一部道德短片、讲一则道德故事、诵一段经典;"N"是自选动作,比如做一番评论、演一个道德舞台剧或小品、朗诵一段道德诗歌、开展一次师德知识竞答、开展一次道德美文欣赏等。具体活动采取"唱、诵、听、看、讲、议、选、行"等多样化模式,对"道德讲堂"进行不同的定位、组织和载体安排,说身边的感动,谈内心的感想,聊喜欢的话题,有效扩大覆盖面,在丰富讲堂内涵的同时,也赋予了讲堂新的生命活力,让观澜人形成共同的价值导向。

5. 联动效应化

强化联动机制,强化信息传播机制,科学高效地利用"互联网+"这一平台,激发道德讲堂新的发展空间。学校与共建单位联合开展"协作共赢、资源共享"为主题的"澜星讲堂"活动;与城厢社区联合开展"社校联动、与爱同行"为主题的"澜星讲堂"活动;结合家长学校,开展"家校同心,和谐共育"为主题的"澜星讲堂"活动。并与兄弟学校单位进行现场交流观摩,及时通报建设进展、吸收借鉴成功经验、共同分享建设成果,进一步开阔建设思路,提升建设成效。通过区域力量与资源的整合,集合优势,形成学校的精品项目,实现思想教育从单一校园到开放性区域的转变。2017年讲堂也成为了浦东新区教育(体育)系统党建重点品牌项目,相关的实践研究案例荣获了上海市教卫系统优秀案例奖。

三、成效

近3年的努力和项目化推进,"澜星讲堂"成为了学校"澜星"系列的品牌之一。

（一）道德文明常抓常新

作为教师思想道德教育新的实践模式,"澜星讲堂"把感性教育与理性教育结合起来,把道德认知与道德行为结合起来,先进典型层出不穷,增强了师德建设的吸引力和感染力,具有强大的辐射性,有利于增强党员对美好道德人生的感性认识,完善其道德人格,提升其思想道德素质。

（二）榜样示范更凸显

通过"澜星讲堂"建设,使每位教师在精心准备的过程中收获满满,大家形成共识:一要努力学习,知晓新鲜事;二要为我所用,做到学以致用;三要勤奋钻研,学到精髓成特色;四要任何事情都要预设周全,才能沉着冷静随机应变,化险为夷。每月一次的节奏,一次次鞭策,一次次敲响警钟,要在自己的岗位上从不同层面发挥模范带头作用,使教师的思想素质、业务素质得到锤炼,坚决践行社会主义核心价值观,一个党员一面旗帜在群众中看得见摸得着,以先锋模范积聚观澜正能量。

（三）学校事业蒸蒸日上

"澜星讲堂"的初始效应体现在广大教师这一群体,"澜星讲堂"的鲜明主题、是非观点都具体化,立体化。身边的榜样更先进,身边的群众有标杆,形成了比学赶帮的良好氛围,提高了广大教师工作积极性和学生素养的全面提升,从真正意义上推进了学校事业的进一步发展,这也是我校澜星讲堂坚持不懈建设的根本出发点与最终目的。获上海市五一劳动奖状、连续几年学校绩效考核优秀一等的好成绩、上海市文明单位，为百年观澜生生不息添上了浓墨重彩的一笔，讲堂的作用功不可没。

四、反思

（一）不断关注"热点"

为了丰富师德学习的教育形式，"澜星讲堂"需要时时关注"热点"，特别是教育的热点，当下全面推进的"双减"，我们努力挖掘这方面教师的具体有效做法，组建青年教师"故事组"，将优秀做法通过"澜星讲堂""澜星之声"进行辐射。

（二）继续挖掘"亮点"

弘扬做"四有好老师"，学校借力课题研究，打造观澜特质"星级"教师。其中，把"四有好老师"落实到有情怀、有专长、善学习、爱学生、会生活这几个特质，通过专业培训、活动体验、比赛活动、分享交流等提升教师专业、树立教师理想信念。

（三）努力找准"焦点"

当下，家校之间的和谐沟通是学校的"焦点"问题，特别是庞大的年轻教师队伍，我们借力学校班主任工作室的培养，借力观澜联盟集团的活动，通过学校有特色的栏目"相约星期六"创建，努力让家长了解学校，教师走近家庭。

（四）齐力解决"痛点"

全国吹响的集结令"双减"，新区的"五项管理"都是给现代教师新的挑战。如何做好"课后服务"，让老百姓放心，我们已经着手在"课后服务"上进行创新做法，联合联盟学校分享优质做法，将多样的课后服务满足学生的需求、家长的需求。

如何继续将"澜星讲堂"做得更亮更有特色，需要我们从制度、机制等方面去思考，将"澜星讲堂"纳入学校师德建设、群团工作等的范畴，更需要学校创新思路，广开言路，聚力汇众做好规划和设计，主推学校在新一轮建设中更好更快发展。

（本文入选浦东新区"争做四有好老师"优秀案例）

情怀故事

1. 很高兴遇见你

陈皓洁　严洁

严老师:有一句话这样说:"无论你遇见谁,她都是你生命中该出现的人,绝非偶然,她一定会教会你一些什么。"

陈老师:也有人告诉我:"无论走到哪里,那都是你该去的地方,经历一些你该经历的事,遇见你该遇见的人。"

合:于是,在黄金树下,我们相遇了!

严老师:你是我教师生涯的第一位导师,热情真诚!

陈老师:你是我教师生涯的第一位徒弟,青春活力!

合:想说:很高兴遇见你!

一、初见

严老师:依然记着那个日子,2014年3月18日,那是初见你的日子。手捧着你的教案,详细手写的十几页纸,哪个环节有预设,哪个环节需要板书,哪个环节需要放音频,一一呈现。和孩子一起端坐课堂,轻松活泼的课堂气氛,动静相生的课堂节奏,热烈平等的师生互动。认真、严谨是你给我上的第一堂课。

陈老师:看着端坐在课堂中的你,打开手机的录音功能,一边观察我和孩子的互动,一边奋笔疾书。下了课,你拿着密密麻麻的记录来问我:老师,这个环节为什么要这么设计?老师,这里设计,孩子配合不了,该怎么处理……从你诚挚的目光中我看到了你的虚心好学,还有一股子韧劲,钻劲!

严老师:第二天,相同的课,我学着你的样子,上了我的人生第一课。紧张得感觉连心都要跳出来了,是你鼓励的目光,让我有了坚持下去的信心。课后,你给了我及时的反馈。我按照反馈,整理了足足十几条。

陈老师:是啊,第一次上课,紧张在所难免,但信心和努力可以助你乘风破浪!

二、历练

严老师：还记得我上见习考评课么？试教中，我发现我讲的多，学生没有真正参与到课堂中来。我讲得辛苦，学生听得茫然。课后，你马上指出我的教材处理还不够得当，教学手段有些单一。

陈老师：是的，于是我和你一起探讨修改，展开了一场头脑风暴。我们达成了共识——真实、有趣、有效是教学设计的首要条件。

严老师：陈老师，这个语篇，我准备这样编！这个单词，我用猜谜形式引出，好么？这个操练，我换成思维导图形式，可以么？这个环节，我做一个视频，把整个故事呈现给孩子们，好么？

陈老师：爱动脑的你，想出了很多闪光的点子。大胆，敢于尝试，陈老师要向你学习！还有你娴熟的制作视频，处理音频的技能，让我啧啧称赞。在信息技术的应用方面，你是我的老师！

毕竟是第一次上评比课，由于紧张，你老是忘了板书环节！你的双眼，不知道看哪儿，双手不晓得放哪儿？

严老师：我怎么会忘记！录播室里，凌老师、钱老师和你配合当我的学生。你示范动作，眼神，我一一学习。每一句教学语言，每一个教学环节你们陪我练了一遍又一遍！

陈老师：当看到考评课前夕，拥有自信笑容的你，我暗暗对自己说，好运一定属于勤奋好学的你！

三、共进

严老师：陈老师，你的言传身教，使我获益匪浅。

陈老师：严洁，你的快速成长让我欣喜不已。

严老师：陈老师，很高兴遇见你！你是我的导师，从你身上我学到了严谨治学，乐于奉献；你又像我的姐姐，一声声关切的问候，有如和煦的春风。

陈老师：严洁，很高兴遇见你！你是我的徒弟，但从你身上我也学到了勇于创新，迎难而上；你更像我的朋友，你那甜美的笑容，有如冬日的暖阳。

合：感谢你的陪伴！让我们在教学之路上互相学习，共同成长！

2. 待家长公正平等

金晓婷

给孩子留下一个纯净的教育空间。在这片天地里，我们不会被任何教育以外的事物干扰。让表扬和"提拔"，仅仅是因为他确实值得表扬和"提拔"。让批评与惩处，仅仅是因为这时的确需要批评与惩处。让一切藏在暗处的怀疑、猜测烟消云散，只留下一个信念——这是为了孩子的健康成长！

有些家长送礼是为了表示对老师付出的那份感激，有些家长是有所求，但更多的家长是抱着一种人家送，我不送，老师会有意见的想法勉强送。初任班主任的第一次家访中遇到了很有趣的现象。大部分家长在我走的时候都会有所表示，当我表示不接受时，他们仍是强硬的表示要我收下；当我表示所有人的礼都不收时，许多家长的手都软了下来；当我表示不用给我，我对所有的学生依然还是一样时，决大部分的家长手都软了下来。真的想要拒绝的话其实不难，最重要的是，拒绝之后，要让家长看到你对孩子是绝对的公正平等。

拒绝收礼，摒弃与家长的一切利益纠葛，做到公正平等。吃人家嘴软，拿人家手短。拒绝收礼，是为了不想授人以柄，让以后的工作更难展开。有了底气才能摒弃一些家长的"特殊指望"，处理事情才能更容易做到公正平等。就像钱老师所做的，明确地告诉家长，他们想法的误区，同时说到做到，让"优势"群体的家长断了通"捷径"的念头，让"弱势"群体的家长放下猜忌与不安，大家同回教育本身。

作为一名教师，应始终保持清醒的理智和头脑，建立和维护属于自己的精神操守：没有家长给我们送礼，我们应该感到欣慰，在教书育人之中尽心尽力；有家长给我们送礼时，我们在体察家长良苦用心、表示感谢的同时，更应学会拒绝，以此鞭策和激励自己把学生工作做得更好。活得坦然，保持尊严，最大程度恪守做人的良知和道义，才是为师之本。

教育家陶行知说："捧出一颗心来，不带半根草去。"教师的职业注定安于平凡，淡泊名利，讲究职业良心，它的平凡才能创造出不平凡的事迹。做一个好教师的标准不仅仅是教学业务精湛,更是要挺起腰板,在教学中做到公正平等地对待每一个人。愿我们每一位老师都能端平心中的那碗水,把你的爱心献给每一位学生。

3. 比赛那些事儿

——顾天昊

假期里,带队参加了两个比赛,一是第八届浦东新区"南风杯"青少年沪语大赛,二是第二届上海市青少年口头作文大赛。在指导老师和同学们的努力下,战果不凡。沪剧表演从400多个参赛节目中脱颖而出,以团体组第一的好成绩荣获铜奖。"澜精灵小队"和"澜之星小队"一举夺得6个直接晋级团体决赛的名额中的两个。

这一项项荣誉的取得正是应了"观澜出品,必出精品"这句话。是什么促成了这一次次成功?今天在这儿要跟大家说说那些鲜为人知的台前幕后的小故事,或许,我们可以从中找到答案。

故事一　今天你投了吗?

"今天你投了吗?"假期中曾有那么一段日子,这句话成了观澜人的招呼语。这是怎么回事?原来是主办方特邀个人与团体节目的30强来到浦东广播电视台的专业录音棚录制了节目音频,开通网上票选通道,让大家投票、点赞集人气呢!为期一周,每天可投。投票活动发起两天后,我校的票数处于中游,金校长果断发出"动员令"——这是一次爱校教育,一起行动起来吧!目标是争取前十。于是从管理团队→年级组长→班主任→班级家长群,天天提醒转发,为学校的荣誉而投。观澜的老师们频频刷屏,观澜娃的爸爸妈妈、爷爷奶奶、叔叔阿姨都行动起来了。

到8月2日早上10点,离投票结束时间还有两小时,观澜又一次发力冲刺,两小时近3 000的票数增长,最终以10 593票稳坐第10位的宝座,为沪剧队晋级10强,闯入决赛争取到了宝贵的人气分。

观澜的成功,源于观澜人对学校的一往情深的挚爱,所以团结如一、心向一处、事事用情。

故事二　"利奇马"来了

"超强台风来袭,原定8月10日的沪语大赛决赛改期到8月17日!"

8月9日傍晚收到紧急通知,活动改期,这原本也没什么,可再一想,不对啊,假期里比赛,最难的是集齐这些参赛队员。沪剧队完成7月底的比赛后,有2名成员8月10日要外出旅游。为此,瞿燕红这位超级给力的"家长后援团",又是微信,又是电话,忙活了好一阵才联系到了另外两位队员补上,可当一切准备就绪,比赛的时间一改,又得重新确定人员。果然,8月17日,另有参赛队员要外出,那就再联系、再补台。人员一换,节目只得再排练,队形还需再设计,王跃峰和金佩红老师挑起排练的重任……

仅沪语大赛这一项赛事,复赛、半决赛、决赛,沪剧队暑期就出征3次,每次上台表演只有5分钟,但上台前的排练、赶场、化妆、彩排、走台不下5小时,何况这样的赛事在短短的两个月的假期内一个接一个!可每一次,师生都尽心尽力。

观澜的成功,源于观澜人始终保有的工作热情,所以不厌其烦、事无巨细、事事用心。

故事三 原来这就叫"落汤鸡"

大家看到的一位是从头湿到脚,像刚从水里捞起来的老师是顾天昊老师。还有,这位小朋友在公共场合脱下衣服,只是为了方便拧干衣服里的水,因为实在太湿了。

这一幕就发生在6月29日中午,上海电视台门口,离口头作文比赛开始不到半小时。我校两个参赛队8名整装一新准备登台的小选手在电视台门口外等待进场时,被一场突如其来的暴雨淋得浑身湿透,连袜子里都能拧出好多水来。娃娃们连连感慨:"以前只在书上看到过'落汤鸡',今天才真正体验到'落汤鸡'的滋味。"

如此狼狈,怎么登台?一进大楼,空调一吹,湿透的孩子们冷得直哆嗦。小顾和筱蕾老师将孩子们带到避风处,用干毛巾给他们擦拭。我则连忙冒着大雨去给孩子们买衣服。所幸的是在附近唯一的一家卖成人服装的店里淘到了8件广告衫,孩子们凑合着还能穿,总算解了燃眉之急。看,这就是我们的澜精灵小队队员穿着中国帆船队出征奥运会的广告衫参赛的情景。衣服上的风帆和奖杯图案也确实给我们带来了好运。小小澜精灵们以零失误的精彩表现力压群雄,以得分第一的好成绩挺进决赛,届时我们将在电视荧屏上一睹决赛选手的风采。

观澜的成功,源于观澜人面对困难的临阵不慌,所以有条不紊,积极行动,攻无不克。

故事四　不打无准备之仗

说起口头作文团体赛,或许工作了几十年的老教师也没有听说过这样的比赛形式吧!不错,这是主办方SMG上海电视台的创新赛事。

初赛,由主办方命题,各校以视频的方式选送作品。为此,我们组建了口头作文智囊团,一次次头脑风暴后由钱筱蕾和顾天昊老师执笔完成了文稿,然后精心挑选参赛队员,一次次排练改进,最终呈现了两个令人耳目一新的精彩作品:低年级组围绕着用十二生肖中的动物编故事的命题创编了《蛟龙和玉兔》作品,立意高,创意足。高年级组围绕"你想如何安排自己的一天"的话题当起了川沙小导游,开启了一场文化寻根之旅。

如果说初赛还有充裕的时间准备,那么复赛就是荷枪实弹的即兴表演。当场抽题,20分钟准备,团队的每个成员相互配合,完成口头作文,这难度可见一斑,不光需要每一个上台的学生镇定自若,能说会道,幕后的那位指导老师更是核心人物。在拿到题目后的短短20分钟时间里要完成作文的整体构思、人员分工、作文指导、修改、排练等所有的准备工作。尽管,赛前我们有专题培训,有模拟演练,但真正比赛时还需克服紧张的心理因素。但我们睿智多才的钱筱蕾老师和顾天昊老师做到了,我们机智勇敢的"澜精灵"们做到了。好成绩实至名归!

观澜的成功,源于观澜人不打无准备之仗,所以精诚协作、各展所长、战无不胜。

小故事就跟大家分享到这里,最后,我想说的是:观澜出品,必出精品,精品迭出,必有其因,那就是心有观澜,全情投入,全力以赴!

注:1. 我校沪剧社团在第八届浦东新区"南风杯"青少年沪语大赛中获得了铜奖,也是团体组第一的好成绩。

2. 2019第二届青少年口头作文大赛,我校高年级"澜之星小队"、低年级"澜精灵小队"和个人组徐乐瑶同学全都荣获"十强"称号。

4. 杜老师援疆记

——杜宏杰老师代表浦东新区援疆支教活动纪实

习近平总书记说：青春是用来奋斗的，到祖国最需要、最艰苦的地方才能锻炼自己，增长才干。在响应市级五部门"援藏援疆万名教师支教计划"，成为首批援疆支教教师中的一员，我在疆支教工作已是第三个学期了，这也是我在疆支教的最后一个学期。在这一学期中，我很好地履行着援疆支教教师职责，在受援学校做好、做实、做优各项援疆支教工作。而在临近结束的这两个月里，我认真上好每一节课，与学生一起学习，课堂上，创设有趣的教学情境，为学生提供丰富的学习素材，鼓励维族孩子大胆地上台讲述故事，教会他们用标准的国语进行交流、回答，孩子学习、交流方式的转变，让孩子们逐渐喜欢上了学习，他们一天天地健康成长，使我信心十足，动力倍增。

当然，在这两个月里，我更多地还是在关注学校教师的成长。和"一小"的老师一起集体备课，指导开展组内听、评课，主题化集团捆绑教研活动以及质量分析会等多种形式的交流、研讨，提高"一小"教师的专业能力及教研活动能力。在县级层面召开的中小学教学常规互观互学活动中，我代表学校将我们上海援疆教师加入"莎车一小"教育教学管理团队、开展日常教学及常规工作指导和检查，向参与活动的领导和老师做了《手挽手，齐发展，共成长》的经验分享。在莎车县小学部第一集团数学捆绑教研活动中，我提出立足学生，明确目标，为学生搭建学习支架，让学生能基于学习单，开展更多时间的讨论、合作探究。演一演、说一说，进行全班分享，发挥"兵教兵"模式。使用好"你真棒，下次我要比你棒"等激励性评价语言，养成学生良好的学习习惯。指导上课教师充分利用现代信息技术，合理使用班班通，突出教学重点、突破教学难点，给听课教师以示范。在期中质量分析会、数学薄弱班级会议上，通过大量的数据分析，帮助每一位数学教师查找问题，为调整教学、弥补不足、提高教学质量提出建议；在后方学校参与的两次大组团援疆活动中，我全程参与，制定活动安排，落实上课班级、听课教师等工作，撰写主持词并亲自主持活动，拉近沪莎两地教师彼此间教学交流的距离，为亟需学习、提升自我的老师们提供前进的方向和动力。在莎车县教坛新秀比赛中,和参赛老师一起修改教案,设计灵动的教学过程,一起制作高效的教学课件。在一次次成功的试讲后,老师们信心倍增,在比赛中力压群雄,获得县级教坛新秀称号。百分之百真心付出就会收到百分之百真心回报,我在2019年度考核中考核为优秀,在支教教师期满考核中考核为优秀,获莎车县教育局优秀共产党员荣誉称号,所在的支教团队被授予"先进集体"荣誉称号。

  在疆支教的岁月里,我在莎车这片热情的土地上辛勤地耕耘,努力地奋斗。守得初心,方得始终,我衷心希望我们每一位沪莎两地的教师都能成为一颗教育的种子,为了美好的教育梦想与光荣,一起携起手来,为南疆教育共同整装再出发。

5. 孩子们心中的朱妈妈

——朱佩"金爱心"事迹

"朱妈"这是观澜小学老师对朱老师的爱称。就像大家所称呼的那样，朱老师对待每一位孩子就像对待自己的孩子一样，每天用心付出，用热情感染着孩子们，用耐心辅导着孩子们，用真情感动着家长们。

"朱妈"是一位数学老师，在数学教学中，注重精益求精；在带领学徒上，注重一丝不苟；在班主任工作上，她更是注重爱的付出。

一、甘于奉献——风雨无阻的家访工作

人们常说：寒暑假老师最舒服了，可以休息，可以尽情游玩。可朱老师每年的寒暑假除了适当的休息调整之外，更多的是她对孩子们的牵挂。

为了全面了解孩子们、了解孩子们的家庭，朱老师每接一个班都会对每一位孩子进行家访。由于家长们都要工作，所以她会先用电话跟家长联系，了解孩子家的确切地址，家长的休息时间等，随后再跟家长确定上门家访的时间。不管是37℃以上的高温，还是寒冷的冬天；不管孩子住在川沙城区，还是住在路途遥远的偏远的农村地区，只要是跟家长约好的，朱老师都会准时前往。记得有一天的早上，又是刮风又是下雨，可这是跟家长约定好的家访时间，为了准时到达孩子的家里，朱老师只能冒着风雨前往，当她赶到孩子的家中时，她的鞋子、裤子已湿透。可是她毫无怨言，因为她看到了孩子在见到老师时的那股高兴劲儿，听到了家长在见到老师时说的一句话："我还以为你不来了呢。"其在同孩子、家长的交流、沟通中朱老师了解到了孩子的学习、生活情况，也了解到了孩子家庭的大致情况。

每年的寒暑假，朱老师都会放弃十天左右的休息时间，对每一位孩子进行家访，可她无怨无悔，因为她和孩子、家长面对面的交流，及时的掌握了孩子们的第一手资料，为她开学后更好地开展教育教学工作做好了准备。

二、用心育人——关爱孩子的成长

朱老师所带的班是一个让人羡慕的集体：有着"朱妈"火一样的工作热

情,有着充满着正能量的家长。但是,孩子们的各种意外有时也会让她"头疼"。

记得有一年她班中有这样一位学生——上课时经常发出怪声音;用勺子敲铅笔盒、桌子等;他的行为有时也非常异常,有一次他把书撕了放在嘴里吃了,又有一次他竟然用剪刀把自己的裤子剪成了一条条,随后脱下外裤,穿着短裤在教室里奔跑;有时还用剪刀等尖锐工具伤害同学,好几次把同学的衣服弄破了,甚至把同学的手也划破了。面对孩子一次次的异常举动,朱老师除了对孩子付出更多的爱之外,他还一次次地跟家长沟通,力求得到家长们的理解。一次次地利用休息时间进行上门家访——与家长促膝而谈,真诚交流,让家长放下包袱,告诉家长特殊的孩子应该进特殊的学校——辅读学校,那里的教学进度较慢,还会教孩子一些简单的生活技能等,对孩子的成长有利。在朱老师的真诚感染和耐心的疏导下,家长同意了,可是新的困难又来了:由于辅读学校没有寄宿,需家长每天接送,一笔不小的车费苦恼了孩子的家长。于是,朱老师把这一情况及时地反映给了学校的领导,学校领导相当重视,及时地跟镇相关方面取得了联系,为此家庭解决了燃眉之急。同时,学校红领巾基金会也给予孩子一定的补助,使孩子顺利在辅读学校上学,得到了更好的教育。孩子虽然已离开了朱老师的班级,可是朱老师还是一如既往地关心着孩子,时不时地打个电话了解孩子的学习、生活情况,每年的寒暑假还给孩子送去学校的慰问基金。如今,孩子已在辅读学校顺利毕业。

特殊的学生我们会经常碰到,朱老师在教育这些特殊学生时,做到了耐心、爱心、细致。朱老师以心换心,以爱育爱的教育赢得了孩子及家长的尊敬和爱戴。

三、心系孩子——用真心感染着家长

在朱妈的身上有着一股使不完的劲,她用自己的实际行动感染着全体学生和家长。短短几年时间,她所教的班级将会是全校人人羡慕的集体,家长们有着超强的凝聚力,大家都说这是朱老师的魅力所在。

朱老师经常会利用自己的空余时间组织家长志愿者组织策划班级活动,为孩子们创造更多的体验平台。记得一年级的那个寒假,他们班级组织了"文明小使者"的活动,虽然是家长志愿者发起,但是当家长们要求朱老师

一起参加的时候,朱老师放弃了自己的休息时间,硬是挤出时间一起参加了孩子们的活动。受那次活动的启发,朱老师每学期都会提前组织一些活动。如2015年暑假的"宝贝带你去奔跑"的活动,朱老师牺牲个人休息时间,多次跑去实地考察,为了孩子们的安全,想了一个又一个的预警方案,利用傍晚时间组织召开家长志愿者的工作会议,为了使活动更精彩更有意义,朱老师为孩子们制作了背贴——logo,制作了活动背景,活动结束为孩子们颁发活动证书等。在家长志愿者和孩子们的共同努力下,活动圆满而成功。之后,朱老师把此活动照片发在了区五月花海网站,与大家共享他们的活动成果。

2016年的寒假,朱老师又一次运用家长资源组织学生开展了"寒假消防我来学"这一活动。孩子们首先听张江消防中队的叔叔讲解消防知识,观摩云梯表演等,随后亲手体验了水枪、感受了登上云梯的感觉。之后,孩子们又来到了张江霍尼韦尔亚太区总部参观,在那里,孩子们认真倾听家长志愿者及工程师叔叔的介绍,认真参观各种高科技设备,再次感受科学的魅力。在朱老师的精心组织下,孩子们增长了知识,获得了体验。为此,家长们都竖起了大拇指,感慨地说:在朱老师班真好。也曾有人问朱老师:"你常放弃休息时间,组织带领孩子们活动,这样累不累?"可朱老师常说:"我不累,只要孩子们高兴、有收获,就值得。"是呀!正如朱老师在家长会上所说的一句话:"孩子快乐我快乐,孩子成功我成功。"

朱妈就是朱妈,有着火一样的热情。她和班级同学一起大扫除,孩子小,她亲自爬上桌子擦日光灯和吊扇;和同学们一起做游戏,带领孩子们一起活动;精心策划每一次的主题班会,让不同的学生都有锻炼成长的机会;关心着每一位孩子的身心健康,及时提醒身体不舒服的孩子吃药,使每一位孩子都能健康成长;每天中午常把自己碗里的菜夹给班里几个"大胃王"吃,并带头不浪费一粒粮食,不剩一口饭菜;常和家长们交流育儿心得……为此,孩子们常说:"朱老师最宝贝我们了"。家长们常说:"虽然朱老师很严格,但是朱老师为孩子们付出了很多,我们都是看到了。"也有的家长说:"朱老师不仅是我们孩子的老师,也是我的老师。"多么朴素的一句句话,却凝聚着孩子、家长对朱老师的深厚情感。是呀!正因为朱老师毫无保留的付出,付出了时间,付出了真心,才能感动家长、带动孩子们,让她所带的班成了充满着正能量的集体。

一位优秀的教师能让她的学生终生难忘的。教师不仅仅是知识的传播者,更是心灵的点拨者。朱老师就是这样一个让学生信赖的老师,她的凝聚力,她的敬业,无一不为她所教过学生和家长所崇敬。她用自己的行动诠释了一个老师的职责,她用自己的行动孕育着一批又一批的祖国栋梁,这就是孩子们心中的"朱妈妈"。

(本文作者获上海市"金爱心奖")

6. 用爱打开孩子心灵的窗户

——陈霞"金爱心"事迹

一直以来,特别喜欢孩子,可惜独生子女的政策,让我常感遗憾。然而我却又常常庆幸我拥有一份让我的"爱"可以发散的职业——光荣的人民教师。

跨入这个教师行业整整三十年,遇到过许许多多不同的孩子:学业棒品行端的多么惹人爱、爱服务乐助人的多么讨人喜欢;当然,机灵鬼爱惹事的常会让人心烦、学困生多内向的孩子需要多多关注……可是不管怎样的孩子,对孩子们的付出、对孩子们的爱,他们都感受到了,孩子们有快有慢地成长、有多有少地收获着,此时,我的幸福也满满地溢着。

可是,这一次不一样了,那个刚入学的孩子——小君,从不看你的眼睛,即使刚触碰到你柔柔的、试探的眼神,他也马上闪开。平时,孩子们欢乐地叽叽喳喳,他就像一只受了伤的小猫,蜷缩在旁边。难得地他会痴迷地看着周围同学欢乐的样子,嘴角微微上扬一下下。在我生活的周围,通常只看到童年无忧,这个小小的男孩背后难道有什么故事?

每天放学了,都是奶奶来接孩子,我从没有见过他的父母。这天,我叫住了奶奶,请奶奶带着孩子跟我回到校园内。我借来一个篮球,让孩子到操场上自己玩耍一会,在操场边,我了解了孩子不自信、不交流、封闭自己的原因:孩子的爸爸妈妈十八九岁的时候,就把孩子生了下来,父母的不成熟让孩子的年幼阶段都是在争吵、打架中度过,他没有享受过来自父母的阳光,父母一个不顺心,给孩子的是训斥、打骂。幼儿园阶段,有时老师会布置一些小任务,还爱玩耍的父母没有耐心好好地带着孩子一起去完成,嘴里蹦出的总是"你真是一个小笨蛋!""你怎么那么傻?"。渐渐地,孩子心里有了"标签"——我是笨蛋。本来就内向的他开始更不愿和别人交流,逐渐地封闭起自己。前不久,年轻的父母大闹一架后离婚了,谁也不要孩子,最后孤身一人的奶奶收留了他。

既然这个孩子来到我的班上,就是和我有缘分,我要像对待其他孩子一样,在给他爱与关注的同时,给他更多的柔情与温暖。课堂上,他从不发言,即使开火车轮到他,他也站着低着头不说话。我就改变策略,不再请他回答问题,只是常常过去摸摸小君的头,说"小君真认真!""嗯,小君在开动脑筋,大家要向他学习。""哇,小君打开书的动作是最快的!"……我抓住小事用语言来暗示:小君,你是很棒的,你也和别的小朋友一样好,甚至有时也可以超过别的小朋友。课间活动,我常常牵着小君的手走到操场;下课帮老师拿本子,我会有意识地叫课代表和他一起去做……渐渐地,他认可我了,和我的眼神接触多了,和他的交流也有了质的变化:羞涩的点头摇头变成了"是的""我知道了"。学习上,我会单独跟他多讲几次,多练习几道题,虽然比别的孩子还慢一点,但是也能紧紧地跟在班级队伍里。小君和别的孩子也开始有了语言、活动上的交流,看别人的眼神不再是拒绝,眼神里流露出了欣喜、疑问或者担心。真好!

转眼两年多过去了,还在读三年级的小君已经完全融入了学校的集体生活,跟着奶奶过着正常的生活。忽然有一天,奶奶神情焦虑、面色苍白地来到学校,跟我说,要带孩子离开学校,接下来不来学校上课了。原来,常年在外的小君爸爸因为做生意失败,借的债还不了,只能用小君奶奶唯一的一套住房抵债。他们在学校这边没有了房子,准备去投靠亲戚,但是孩子那边的入学是不能安排的。说着说着,奶奶老泪纵横:"我的孙子怎么办呐?"我连忙请奶奶坐下,跟奶奶说:"大人的事情可以慢慢处理,但是孩子的学习不能耽搁,更重要的是:千万不能因为大人的事去影响刚刚有了自信的孩子的心理。"奶奶失声痛哭:"那我该怎么办呀?"

此时我的心里也很难过,难道因为家长的原因,就让小君再次心灵受到创伤,跟着他们漂泊吗?正好,我儿子出去上大学了,平时家里有一张空床,要不就让小君先来借宿几天,等奶奶和爸爸去把事情处理好再安顿孩子吧。我把想法告诉了奶奶:不能让小君不上学,你们就想办法在周边借房子,孩子暂时我来负责,你们安顿好了来接孩子回去。奶奶心里也牵挂孙子,连声道谢。

孩子跟着我的时间里,我没有刻意地去同情他,而是跟他一起看了一些家庭困难的孩子,遇到了坎坷是怎样照顾家人、怎样乐观面对的视频,然后告诉他:小君,每个人都会遇到困难,我们一起笑着面对它,困难才会不可怕。小君似懂非懂地点了点头。

一周后,奶奶来跟我说,房子借好了,为了节约点钱,借到了比较远的三林亲戚的房子,孩子要乘半小时的地铁上下学了。同时为了帮助家里补贴家用,奶奶帮助一家棋牌室搞卫生,就是不能按时接送孩子了,前两次奶奶会带一带,接下去让我能不能负责每天放学时送孩子到地铁站,让孩子自己乘地铁回家?听到孩子仍然能上学,我揪着的心一下子也放松了,连忙说:"行!假如我有事,我也会安排好的,不过到了家一定要给我信息,安全最重要。"从此,不管刮风下雨,放学后我会把孩子送到地铁口,有时我没空,我就会请班级里顺路的家长,把孩子送到地铁口。班级里的其他孩子知道了,也都愿意和我一起分担送小君的任务。

小君也在这件事中成长,他不再是那个不自信的小男孩,每天在路上,他感受到了同学的温暖、感受到了老师对他的爱,虽然每天要比别的同学起得早、到家要比别的同学晚,可是小君的能力比有爸妈接送的孩子强了,他眼神透露出的自信多,他脸上绽放的笑容灿烂了,学习上也更主动自觉了。

路上行进了两年的小君越来越成熟,即将毕业,他的那个也在成熟的父亲来到学校,咨询孩子是不是可以到三林去读初中,这样孩子省力点。了解下来,原来孩子的户口还是在那个被抵债的房子里,按照政策小君只能在户口所在地读中学。我帮助小君爸爸打电话到招生办,但是因为政策原因,孩子不能在借宿地附近就读。五年了,班里的每个学生都已经是自己的孩子了,想着小君还要在"路上行走"四年,没有能帮助到小君解决困难,我的心里真是难受。这时,小君却像一个小小男子汉,安慰我道:"陈老师,没关系,我已经有两年的地铁经验了,再来四年,不怕!"看着那张对我笑意盈盈却稚嫩的脸,透露出的却是我教会他的笑着面对困难!

现在,奶奶时常会打个电话来表示感谢,小君微信上常会发来一个问候,告知近来的学习情况;节日了,常会第一个收到小君的"陈老师,节日快乐!"

当你给孩子的是全身心的付出,当你洒向孩子的是真心的爱,那么你收到的必定是满满的幸福!

(本文作者获上海市"金爱心奖")

道德承诺

1. 观澜小学教职工道德建设(承诺)考核表

组别：_____ 姓名：_____

精神	内 涵	行 动 表 现	分值	承诺	自评	组评	考评
求真	坚定政治方向	1. 爱国、爱党、坚定中国特色社会主义思想、贯彻教育方针；积极参加教工政治及业务学习，做好笔记；踊跃投身教育改革，探索教育真谛。	10				
	自觉爱国守法	2. 遵守国家法令法规，遵守学校规章制度，树立正确的是非观，并以此指导遵循社会公序良俗。	10				
求是	潜心教育育人	3. 立德树人，因材施教；认真执行教学计划，落实教学常规，完成教育教学任务并指导学生开展兴趣活动。	10				
	规范从教行为	4. 勤勉敬业，乐于奉献。学习教育教学理论，努力改进教育教学方法；不得组织、参与有偿补课，或为校外培训机构和他人介绍生源、提供相关信息。	10				
守信	秉持公平诚信	5. 坚持原则，处事公道，光明磊落，为人正直；服从安排，主动为学校分担困难。不得在招生、考试、推优、评优等工作中徇私舞弊、弄虚作假。	10				
	传播优秀文化	6. 弘扬真善美、传递正能量；与人交往不说空话大话，实事求是，作风正派。做正向舆论和网络安全带头人。	10				
	坚守廉洁自律	7. 严于律己，清廉从教；不得索要、收受学生及家长财物或参加由学生及家长付费的宴请、旅游、娱乐休闲等活动，不得向学生推销图书报刊、教辅材料、社会保险或利用家长资源谋取私利。	10				

(续表)

精神	内涵	行动表现	分值	承诺	自评	组评	考评
踏实	关心爱护学生	8. 尽职尽责，为人师表，仪表端庄，举止文明，关心学生，公正评价学生，不歧视偏差生。不作有偿家教或索取回报，做好家校沟通，善用资源助力学生成长。	10				
	坚持言行雅正	9. 为人师表，以身作则，举止文明，作风正派，自重自爱。无特殊情况不在办公室用餐；校内不叫外卖、不抽烟；自觉做好办公室、办公桌整洁工作。认真参加拳操晨练，尽职指导、服务学生。	10				
	加强安全防范	10. 增强安全意识，加强安全教育，保护学生安全，防范事故风险；严禁体罚与变相体罚；遇突发事件、忠于职守。确实履行疫情防控的责任，确保本人和学生的身体健康，生命安全和教育教学秩序，守好校园这方净土。	10				
	合计总分		100				
一票否决		1. 杜绝参加校外机构、家长等有偿补课。	打√即可				
		2. 杜绝违规收费。					
		3. 杜绝体罚与变相体罚学生。					
		4. 杜绝重大安全事故和责任事故。					
		5. 杜绝其他严重违规违法行为。					

自评："承诺达成度"评述(在括号内"√")

　　100%达成承诺　　（　　　）

　　未100%达成承诺　（　　　）　　项目及原因＿＿＿＿＿＿＿＿＿

(续表)

精神	内涵	行动表现	分值	承诺	自评	组评	考评

组评:组长意见(在括号内"√")
　　完全同意教师自我评价　（　　）
　　基本同意教师自我评价　（　　）　　补充说明＿＿＿＿＿＿＿＿＿＿

　　　　　　　　　　　　签名＿＿＿＿＿＿＿＿＿＿＿＿＿＿＿

考评:学校意见(在括号内"√")
　　完全同意组长意见　　（　　）
　　基本同意组长意见　　（　　）　　补充说明＿＿＿＿＿＿＿＿＿＿

　　最终考核分数＿＿＿＿＿＿。
　　　　　　　　　　　　　　　　学校印章

观澜小学

2. 观澜小学"形象教师"评选承诺书

观澜形象教师候选人，严格执行形象教师六要求：

1. 提高道德水平，树立**规范者**形象，遵纪守法，为人师表，务实守信，以身作则。

2. 丰富情感世界，树立**关爱者**形象，关爱学生，友爱同事，关心社会，情系祖国。

3. 坚定理想信念，树立**奉献者**形象，献身教育，淡泊名利，抵制家教，不收礼金。

4. 发展协作能力，树立**合作者**形象，同事和睦，真诚相待，师生互动，家校携手。

5. 钻研本职工作，树立**率先者**形象，善于学习，积极探索，业务精湛，追求超越。

6. 注重身心健康，树立**乐观者**形象，主动锻炼，调节心理，热爱生活，陶冶情趣。

承诺人：_____

____年____月____日

第四章　专业知识技能

第一节　教学能力

提升素养

1. 夯实基础　提升素养
——语文"学科文化周"活动方案

一、活动目的

基于日常教学中的需求和问题,以扎实基础知识为本,以学科文化周活动比赛的形式,进一步提高语文教师的专业素养,提升语文学科本体知识的运用能力,促进教学水平的提高。

二、比赛时间

笔试:第15周的周四。

三、参加对象

全体语文教师。

四、活动安排

时间	地点	内容	负责人
第7周—第10周	各办公室	自主学习《上海市小学语文学科教学基本要求》	备课组长 语文教师
第11周—第12周	各办公室	语文规范化知识学习活动与培训 小练习	备课组长
第13周的周二	北校多功能厅	专家指导讲座与学习培训	
第13周—第14周	各办公室	复习巩固《上海市小学语文学科教学基本要求》重点章节及讲座内容	备课组长 语文教师
第15周的周四	北:录播室 南:未来教室	语文学科文化周之教师基础知识比赛(笔试)	

五、活动注意事项

学习资料:《上海市小学语文学科教学基本要求》、专家讲座内容。

阅卷安排:相关老师。

获奖比例:活动按20%、20%、20%的比例评出一、二、三等奖。

观澜小学教导处
2019年5月

2. 构建梯度 生成厚度
——数学"学科文化周"活动方案

一、活动目的

通过"练习设计"评比,进行学科知识问题积累,提升对知识精准度的把握;以核心问题引领学生探究活动,以探究活动培养核心素养,进一步夯实教师的教学基本功,提升教师的学科专业素养。

二、活动内容

数学:新授课练习设计。

三、活动时间:第9周—15周

第9周的周二:培训(邀请教研员朱伟老师来校指导)。
第15周的周二:比赛。
第17周的周二:反馈。

四、活动过程

环节一:专题讲座,明理念

时间	内容	专家	地点
第9周的周二	新授课设计讲座	朱伟	川周校区未来教室

环节二:练习设计

时间	内容	要求	地点
第15周的周二下午	练习设计现场比赛	1. 低中高年级各一个课题,教导处定课题。 2. 在比赛专用纸上进行设计,要求在每组题目下面写清设计意图。	南校:未来教室; 北校:录播室。

评选要求如下。

(1) 梯度:练习的设计,应有阶梯性,由简及繁,由易到难,逐步扩展深化的"递进"。

(2) 广度:可以跨越学科,丰富本学科教学内容,教学横向渗透。

(3) 厚度:加强学科知识间的积累,对知识精准把握。

环节三: 设计解读,促相长

时间	内容	要求	地点	备注
第17周的周二	获奖设计解读	将优秀设计制作成电子版。	南校:未来教室;北校:录播室。	选取部分优秀作品进行展示和解读。

观澜小学教导处
2019年5月

3. 拍"板"定案 "书"出精彩

——英语"学科文化周"活动方案

一、活动目的

通过"板书设计"评选活动,凸显板书设计的三大要点,创设教师教学相长的平台,进一步夯实教师的教学基本功,提升教师的学科专业素养,进而促进学生语用能力和思维能力的协同发展。

板书设计的三大要点为:突显核心学习内容、支持语用任务完成、呈现内容的逻辑性。

二、活动时间

第3周—第15周。

三、参与人员

全体英语教师。

四、活动过程

环节一:专题讲座,明理念

时 间	内 容	专家	地 点	备注
第3周的周三	板书设计讲座	吴建新	新川校区录播室	已落实

环节二:板书自荐,试身手

时 间	内 容	要 求	地点	备注
第11周、第12周的周四前	板书自荐	1. 教材:任意选择自己所任教年级的教材。 2. 板书:须在黑板上进行手写板书,字迹端正。 3. 自荐:板书照片一张,以自己名字命名。放在ftp-英语组-板书自荐文件夹内。	各班教室	一等奖:20%; 二等奖:20%; 三等奖:30%; 参与奖:30%

环节三：全员参赛，书精彩

时间	内容	要求	地点	备注
第13周的周三	板书设计比赛	1. 时间：1:30—2:30。 2. 教材：学校提供，按任教年段选择。 3. 项目：板书＋设计意图。	南校：未来教室；北校：录播室。	1. 学校提供草稿纸。 2. 如有需要可自带彩色笔。 3. 一等奖：10%；二等奖：20%；三等奖：30%。

环节四：设计解读，促相长

时间	内容	要求	地点	备注
第15周的周三	获奖板书解读	1. 制作电子板书。 2. 板书设计解读。	南校：未来教室	南北校集中培训，各选取部分优秀作品进行展示和解读。

观澜小学教导处
2019年5月

附：

2018学年澜星英语节教师"板书设计"评选活动

活动要求：

1. 根据任教年段选择相应的教材，进行板书设计。
2. 根据教学目标和板书设计的三大要点，撰写设计意图，字数300字内。

板书设计

设计意图

设计者：_____
备课组：_____

4. 扬百年荣耀　绘红色印记

——美术"学科文化周"活动方案

一、活动宗旨

以美术学科核心素养为引领,依据《美术学科小学教学基本要求》,结合学校水墨课程教学研究项目的相关要求,紧跟庆祝党建 100 年辉煌成就的时代步伐,学习和弘扬"红船精神",用画笔表现和歌颂建党历史红色经典,以"提高美术教师基本功,夯实美术教师专业素养"为宗旨,开展教师学科文化周活动。

二、活动主题

水墨主题创作——"扬百年荣耀　绘红色印记"。

三、比赛时间

第 8 周周三下午。

四、活动地点

川周校区美术室。

五、活动要求

(1) 以"扬百年荣耀　绘红色印记"为主题,每位教师自选内容完成一幅水墨画主题创作作品。

(2) 运用水墨画基本表现语言,用笔有变化,墨色有层次,有一定的审美趣味。

(3) 体现创作主题,作品完整,配有落款与作者印章。

六、活动流程

(一) 创作准备

个人收集梳理红色建筑、老物件图片资料,组内筛选。

（二）专题培训

1. 专家培训

水墨建筑写生创作集体指导。

2. 自培训练

第六周组内集中培训，个人创作练习。

（三）现场比赛

1. 活动准备

(1) 打印图片。收集党建历史上的经典建筑或纪念性场馆图片，如一大会址的石库门建筑，或反映建党以来见证国家发展的物件等。

(2) 工具准备。毛笔、墨汁、宣纸或宣卡纸、国画颜料、羊毛毡等。

2. 集中比赛展示

(1) 时间。第8周的周三下午。

(2) 材料。由学校统一准备绘画材料。

(3) 比赛内容。在规定时间内每人创作完成一幅主题鲜明的水墨创作作品。

（四）活动评奖

优秀奖50%，作品整理，推微展示。

七、活动分工

策划负责：龚怡。

自培落实：盛卫东。

活动摄影：卫夙弘、胡燕敏。

推微制作：韩昕、施宇蓓。

观澜小学课程建设部
2021 年 4 月

5. 红色的旋律

——音乐"学科文化周"活动方案

一、活动宗旨

唱不尽的时代变迁,说不完的峥嵘岁月,为进一步提高音乐教师的专业素养,提升音乐学科音乐教师"三台"即"讲台"(课堂)、"舞台"(才艺)、"写字台"(科研)综合素养,本学期将结合建党 100 周年,向党百年华诞献礼活动,以"红色的旋律"为主题,开展红色经典作品赏析及红色经典歌曲、乐曲的演唱和演奏才艺展示活动。

二、活动主题

红色的旋律。

三、活动时间

第 7 周的周二下午 1:00 起。

四、活动地点

新川校区多功能厅。

五、比赛项目及要求

(一)比赛项目

1. 歌唱类

(美声、民族、通俗、戏曲)不限,限时 3 分钟(伴奏形式自选)。

2. 器乐类

(西乐、民乐)不限。限时 3 分钟。

(二)曲目要求

1. 曲目难度

选择难度适宜、展现本人才艺最高水平的歌曲或乐曲。

2. 曲目范围

以赞美祖国、歌颂党为主题的爱国主义歌曲或乐曲。如《我和我的祖国》《我的祖国》《游击队歌》《弹起我心爱的土琵琶》《红梅赞》《绣红旗》《映山红》《党啊亲爱的妈妈》等。

六、活动流程

（一）专题探究

自主探究活动:红色经典作品创作背景赏析。

（二）现场比赛

1. 活动准备

背景PPT、比赛节目汇总、比赛评委落实。

2. 场地准备

座位安排、器乐(古筝)、摄像机。

七、活动分工

策划负责:金佩红。

自培落实:金佩红、卢华。

录像:严勇 比赛全程录像,所有参赛老师全程观赛。

主持、背景设计:姚叶。

通讯:王跃峰。

评委安排:课程建设部统筹安排。

观澜小学课程建设部
2021年3月

6. 标准示范　夯实基础

——体育"学科文化周"活动方案

一、活动宗旨

根据《体育与健身课程标准》要求为指引,以继续提升全校学生广播操、室内操质量为目标,提高每位体育教师的广播操指导水准,通过文化周活动开展自培强化与集中比赛,规范体育教师的学生广播操动作示范,夯实教师的学科素养。

二、活动主题

教师专业技能赛——广播操《希望的风帆》镜面示范。

三、比赛时间

第十一周。

四、活动地点

奋飞楼体育馆。

五、活动方法

(1) 南北校区各一组。
(2) 比赛使用有口令的音乐伴奏带,无领操员。

六、评比标准(总分10分)

(1) 服装正确、整洁(1分)。
(2) 进退场队形整齐,踏步有力,精神饱满(2分)。
(3) 动作标准、有力到位,能完成整套广播操(3分)。
(4) 动作节奏与音乐节拍相符,且舒展优美,整体效果好(4分)。

观澜小学教导处

2019年2月

7. 赛技能　强内功　促成长

——教师学科文化周活动掠影

初夏五月,观澜小学教师学科文化周活动拉开了帷幕。活动中,教师全员参与,根据各学科的不同特点,开展了一系列丰富多彩的基本功比武,同时为教师们搭建一个个锻炼自己、展示风采的平台。教师们积极参与,认真对待,喜获佳绩。活动历时一个多月,以赛促学,以赛促练,有效夯实教师教学基本功,促进了教师的专业发展。

语文学科——夯实基础　提升素养

语文学科基于日常教学中的需求和问题,以扎实基础知识为本,在语文教师中开展了语文基础知识比赛。

赛前,老师们学习了《上海市小学语文学科教学基本要求》一书,利用教研活动,对汉语拼音、字词句和标点的运用以及文章内容的理解做了专题研讨;通过参与第十五届全国语文规范化知识学习活动教师组的比赛来练兵。

比赛中,老师们奋笔疾书,游刃有余,取得了良好的成绩。

数学学科——构建梯度　生成厚度

数学学科进行了"练习设计"评比。

赛前,邀请浦东新区数学教研员朱伟老师来校做了专题辅导讲座,朱老师指出练习的设计应有梯度、厚度和广度。老师们积极参与比赛,现场设计练习,设计的练习既有阶梯性,又对知识有精准把握。

赛后,部分优秀作品在教研组内作了解读和交流,本次活动进一步夯实教师的教学基本功,提升教师的学科专业素养。

英语学科——拍"板"定案　"书"出精彩

"澜星英语节"教师板书设计活动分3个环节。

环节一:专题讲座,明理念。新区教研员吴建新老师带来了一场关于如何进行有效板书设计的讲座,令老师们受益颇丰。

环节二:板书自荐,试身手。老师们展示分享教学中的优秀板书,互评互学。

环节三:全员参与,书精彩。板书设计的比赛中,大家分析单元教材,精心设计板书,撰写设计意图。

赛后,老师们利用教研活动介绍获奖板书的设计思路与亮点,活动开展得扎实有成效。

综合学科——业务精良　各展所长

音乐学科组织教师们展示才艺,老师们自信上台,优美的歌声、悠扬的琴声,展现了各自所长。体育学科开展广播操比赛,老师们动作规范、一丝不苟,展现师者的"精气神"。

美术学科以"我眼中的最美观澜"为主题开展观澜景点绘画比赛,一幅幅韵味十足的水墨画绘出校园美景。自然学科以"实验记录及活动评价的设计"为主题,开展教学设计比赛。信息技术学科以"祝福祖国　祝福观澜"为主题,制作演示文稿或动画作品参赛。丰富多彩的活动,学科特点鲜明,充分展示老师们的特长与风采。

落实"双减"

1. 从"减"字着手 向"高"处举目
——语文教研组"双减"落地的实施与推进

"双减"政策让我们更多地聚焦到了"作业"这一板块。怎样让语文作业量少质优,实用高效,是我们所思考的。本学期以来,我校语文备课组是这样做的。

一、着眼单元整体,用心设计单元作业

从上一个学年开始,我们就针对部编版语文新教材开展了单元整体设计。这当中,也涉及了单元作业的设计板块,但之前的作业设计是较为笼统的,多数只针对单元重点目标设计了每一课重点作业,没有分课时的安排,也没有对作业的水平层级、类型、时长、难度及是否精准对标作细致的考量,老师们布置回家作业还是比较随意的。这学期,为了作业的提质增效,使作业设计更具系统性、科学性、实用且可操作性,我们特地编制了一至五年级《语文单元作业的设计与实施手册》,在以下这些方面可以说是下足功夫,煞费苦心。

(一)明确作业目标,严格对标设计

我们组建核心团队,设计出单元作业样例,在教研组、备课组中开展专题学习,研读范例,然后分工协作,人人参与单元作业设计的实践。要设计作业,先要确定作业目标。大家研读了自己设计的单元的教学目标,在此基础上,针对性地列出每个单元的作业目标。要求单元作业目标既体现课程标准要求,又考虑学生特征,目标数量恰当,表述清晰,这样方能有效指导单元作业的设计与实施。同时,我们列出了每条作业目标的学习水平层级,形成体现知识、能力、方法、态度、价值观等维度的单元作业目标体系。随后,根据单元作业目标,列出了每一课的课时作业目标,使每一项作业都严格对标设计,教师做到心有目标,有的放矢。

(二)丰富内容形式,促进提质增效

日常作业设计一般从书面与口头两方面来考虑,既有常规的抄默读背

的积累和造句写话习作,也有针对单元重点知识的书面习题、说话训练、资料查找等,一个单元各课的作业形式既有相对稳定的结构,又针对课型与教学内容的不同有变化。每项作业的设计也力求明晰适切。

如看似简单的作业背诵古诗,我们会这样布置:

在给定的时间内(5分钟)背诵古诗《所见》,记录完成时间。

提示:

(1) 看看插图上都有哪些事物。

(2) 想想小牧童一开始在干什么,后来又想干什么。

设计说明:先结合插图关注古诗中写到了哪些事物,再引导学生梳理古诗的叙述顺序,在此基础上背诵,避免死记硬背。

这样的作业设计,既有要求——背诵古诗,又有可操作的方法的指导——看图想想古诗中写到的事物与事情,还有标准——要争取在 5 分钟内完成背诵,并记录时间向老师作反馈,也更契合学生的学习需求。

鉴于每个班的班情不同,学情不同,我们鼓励老师既布置统一的保底作业,也可根据实际对备课组设计的单元作业做适当删改,还可以在考虑作业不超量的情况下,布置个性化作业。个性化作业有的是基于课堂教学情况,对课堂某些知识点的强化巩固;有的是结合学科项目化学习的综合性、探究性作业,如最近我们高年级学生在做的用绘制思维导图的形式探究民间故事与神话故事,中年级开展的绿豆发芽观察记录,低年级学生做过的"我当小导游"——校园景点介绍活动等;有的是结合读书节等活动开展的跨学科、长周期作业,如21天读书打卡行动、读书笔记、亲子绘本朗读、"我喜欢的童话人物"演讲、团队合作讲故事等。这些作业,让学生走进生活大课堂,关注知识融合学以致用,完成形式多样、成果丰富,这些生动活泼的作业,令学生喜闻乐见,也让他们的学习变得更有趣,更有味。

(三)兼顾时长难度,落实控量减负

对每一项设计的作业,我们都要求教师根据中等甚至中下水平的学生预估作业时长,合理分布作业难度,既要避免出现明显超出作业目标要求的题目,又要避免过多低层次的机械重复训练。比如,我们会从每课中精选难记易错的重点词语让学生抄写,且严控抄写遍数。又如,我们统一设计的每份课时作业,口头和书面的作业时长加起来大约在20分钟左右,这样就为教师的个性化作业、综合性语文活动留出时间和余地。

我们将一个单元的作业目标在各个课时中合理分布,对于各课中反复出现的实现重点作业目标的作业,设计时注意了作业之间联系的紧密性和难度的层递性。这样有了量与难度的控制,学生的作业负担得到了切实的减轻,据我们的调查统计,大约有半数的中高年级学生能在校内利用课后看护时间完成书面回家作业。对于一些综合性作业,我们也会考虑整体协调此类作业的难度与总量,避免流于形式,增加学生负担。

(四)倡导分层作业,力行因材施教

不同学生的认知能力、兴趣风格存有差异,因此,在设计作业时,我们倡导分层作业,从多种途径满足不同学生对作业差异化的需要。

我们经常为学生提供可供选择的作业。如为了识记字词进行的抄写,我们在抄写遍数上可以让学生选择,能力弱一些的可以抄两遍,能力强一些的抄一遍即可,甚至不抄能记住的可免抄。又如按不同难度为作业标注星级,在大家都完成基础作业的前提下,难度较高的作业可让学有余力的学生选做。如《观潮》一课的口头作业设计:

必做作业:正确朗读课文,说说作者描写钱塘江大潮的顺序。

选做作业:向爸爸妈妈介绍印象最深的观潮画面,请爸爸妈妈评一评得星数。

(评价标准:1.语句连贯★2.想象合理★3.内容生动★)

有时,我们针对相同要求,应用共同情境,设计作业菜单,让学生根据自身情况自行选择作业题,使多数学生均能获得不同程度的成功体验。如四年级《大青树下的小学》一课,我们设计了这一拓展作业小菜单:

从以下作业菜单中选一至两项作业来完成:

1. 画一画

你的学校有什么特别之处呢?选一处画一画,并为你的画作取个名。

作品名:_____

2. 说一说

如果有客人老师来学校参观,你最想把学校的什么景点介绍给他们,你准备怎么介绍?(评价标准:1.说出景点★2.讲清特点★3.语句连贯★)

3. 写一写

我们学校的_____很特别。看,_____

二、关注学生个体,重视作业评价反馈

(一)规范化、多样化的作业评价

我们知道学生才是学习的主人,我们重作业设计也重作业评价,借助评价来了解关注每位学生的学习情况与发展水平。我们建立作业批改的实施细则,让每位老师明确不同作业的批改具体要求,书面作业全批全改,做到

有做必评,有错必纠,对学有困难的学生进行面批面改,个别辅导。对较难评价的口头作业,我们也想尽办法,用量表助评、生生互评、家长参评、重点抽评等多元方式实现评价。这样教师对作业评价的细致全面高度重视,也让学生达成这样一个认识:每一项作业都是老师精心设计,为我们量身定制的,无论口头还是书面都需认真完成,马虎不得。

我们也借助学科文化周、澜星读书节等活动赛事,对布置的长作业、综合性作业进行评优选拔,通过比赛评奖、澜星电视台展示、学校公众号推送等方式,让学生优秀的作业成果有展示的舞台,以此激发学生的学习积极性。

(二)有准备、有针对的作业反馈

我们在每课的作业设计与实施手册上专门设计了作业完成情况和讲评要点栏目,见表1。让老师可以比照作业的预期结果和实际完成情况,发现差异,分析差异产生的可能原因,制定作业讲评的要点与策略,采取有针对性的集体或个别辅导。这样,教师的作业讲评有了侧重点,自然提升了课堂效率。而这些也为进一步改进完善作业设计与优化课堂教学过程提供了有力的依据。

表1 作业完成情况分析和讲评要点

作业完成情况	□全部完成 □部分未完成,原因: 个别辅导记录:
本课作业讲评要点	

作业,是科学与艺术的有机融合;作业,是设计与实施的双向互动;作业,是个人与团队的智慧结晶。在如今的"双减"这一大背景下,我们要着眼"减"字,切切实实为学生减负;还要追求一个"高"字,设计高效高质量的作业,落实高标准的作业监督与管理,方能真正让教学提质增效。

附件

《观潮》作业设计
——四年级第一学期第一单元

课题	1 观潮(共 2 课时)			
	第 1 课时			
课时作业目标	1. 抄默指定词语。 2. 正确朗读课文。 3. 边读边想象画面,能说出印象深刻的画面。			
课时作业设计	作业内容	作业类型 (填序号)	预计用时 (分钟)	作业难度(低、中、高)
	口头作业	1. 必做作业 正确朗读课文,说说描写钱塘江大潮的顺序。	朗读背诵	5	低
		2. 选做作业 向爸爸妈妈介绍印象最深的观潮画面,请爸爸妈妈评一评得星数。 (评价标准:1.语句连贯★ 2.想象合理★3.内容生动★)	口语交际	5	高
	书面作业	3. 抄写词语表中第 1 课的词语一遍并记住字形。	识字写字	10	低
	个性化作业				
	第 2 课时			
课时作业目标	1. 背诵课文第 3~4 自然段。 2. 能默写课文第 3 自然段。 3. 想象第 4 自然段描写的画面。			
课时作业设计		作业内容	作业类型 (填序号)	预计用时 (分钟)	作业难度(低、中、高)
	口头作业	1. 在 10 分钟内背诵第 3~4 自然段。	朗读背诵	10	中
	书面作业	2. 完成练习部分第四大题。	综合学习	10	高
	个性化作业				

注:作业类型分为:1.识字写字;2.朗读背诵;3.阅读理解;4.写话习作;5.口语交际;6.综合学习。

2. 把握作业"度"与"效",做实作业"质"与"量"

——数学教研组"双减"落地的实施与推进

众所周知,"双减"中的一个"减"就是减轻学生的作业负担,减少学生回家完成作业的时间。一二年级不能布置书面回家作业,三四五年级的书面回家作业时间,语数英加起来不能超过一小时。但是教学质量不能减,那作为数学老师该怎么办,那就是以"激兴趣、启思维、重应用、育素养,追求有品质的作业"为追求,努力把握作业的"度"与"效",既体现"质"的要求,又注意"量"的平衡,在整体性、思维性、应用性、新颖性、科学性等方面做深入思考。

开学初,数学教研组研究制定了"数学单元作业框架",从单元作业目标、课时作业目标、作业内容、作业属性分析等几方面,规范作业的设计与实施。有了作业框架,数学组又是如何来具体实践的呢?

一、合理规划,关注单元作业目标

以三年级"两位数除两、三位数"单元为例,本单元共6课时,教材呈现5个例题和一个小练习,课时名称及对应教材内容见表1。

表1 课时名称及对应教材内容

序号	课时名称	对应教材内容
1	整十数除两、三位数	整十数除两、三位数 P22—P23
2	两位数除两、三位数①	两位数除两、三位数 P24—P31
3	两位数除两、三位数②	两位数除两、三位数 P24—P31
4	两位数除两、三位数③	两位数除两、三位数 P24—P31
5	两位数除两、三位数④	两位数除两、三位数 P24—P31
6	小练习(涉及本单元内容的单元练习)	小练习 P37

老师们可以参考教学参考资料,结合本班学情,合理地划分课时。合理划分课时后,拟定单元作业目标是开展单元作业设计的出发点,也是检测单元作业品质高低的重要依据之一。这要通过仔细研磨教材,根据学生学情,将每个课时的作业设计关注点作适当界定。还是以三年级"两位数除两、三位数"单元为例,单元作业目标描述见表2。

表2 单元作业目标描述

课时	目标描述	学习水平
第一课时	理解整十数除两、三位数的算理,掌握相关计算方法,并能正确计算。	A(识记)
第二课时	理解两位数除两、三位数的算理,掌握常用的试商方法,根据试商结果合理改商,能正确进行竖式计算。	B(理解)
第三课时	能以联系的眼光,理解横式与竖式计算过程之间的关系,深化对算理的理解。	B(理解)
第四课时	运用两位数除两、三位数的计算解决简单实际问题;能自觉利用估算,整体把握计算结果的合理范围。	C(运用)
第五课时	在用两位数除的计算中,增强数感,提高计算正确性,发展计算的灵活性。	B(理解)
第六课时	在用两位数除的计算中逐步养成规范、合理、严谨的习惯。 **能从日常生活中发现并提出简单的数学问题,经历与他人合作交流解决问题的过程,能比较有条理地叙述解决问题的思考过程。**	D(综合)

单元作业目标既要体现知识形成和巩固,又要兼顾知识的运用和创新,指向学生的未来发展。基于这样的想法,针对本单元设计的跨课时、实践类作业,制定如下作业目标:能从日常生活中发现并提出简单的数学问题,经历与他人合作交流解决问题的过程,能比较有条理地叙述解决问题的思考过程。

二、整体设计,体现关联与递进

数学知识的教学,要注重知识的"生长点"和"延伸点",把每堂课教学的内容置于整体的知识体系中,注重知识的结构和体系,处理好局部知识与整体知识之间的关系,引导学生感受数学知识的整体性,体会到数学知识可以从不同角度加以分析,从不同层次加以理解,体现出数学知识之间的关联性和递进性。

还是以"两位数除两三位数"单元为例,第二课时学习算理,我们设计了"理一理"的练习,学会把除数看成整十数来试商。

小丁丁理清算理后明白了,原来两位数除两、三位数是这样做的。

(1) 452÷72＝　　452 里有几个 72?
竖式计算：
想:452 里有几个( )?
452 里有( )个( ),
所以商( )。
( )×72＝( ),余数是( )。
余数比除数( )(填"大"或"小"),
商( )合适。

第三课时在此基础上,让学生学会灵活地试商。

小胖家需要购买防疫物品,小胖和爸爸妈妈一起来逛网上超市。
妈妈想买这组洗手液,她支付宝的余额有 203 元,那么她最多能买几组呢?
小胖是这样想的:可以把 29 看做( )来试商。

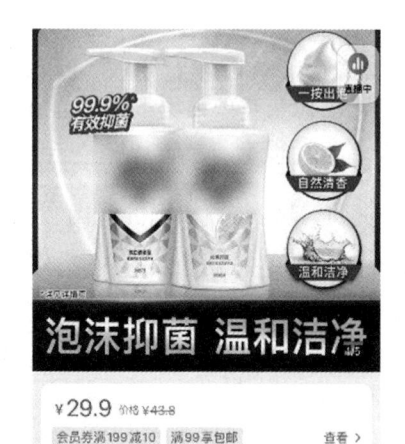

竖式可以这样列：

想:203 里有几个( )?
203 里有( )个( )。
___×___＝___,余数是( )。
余数○除数(填">"、"<"或"＝")

商( )太( ),改商( )。
___×___=___,商( )合适。

通过这样梳理思路,帮助学生理解算理,让学生在学习中感受数学思考的乐趣,完整地经历发现问题、提出问题、分析问题、解决问题的全过程,不但习得知识,还能感悟思想方法,获得成功体验。

三、创设情境,联系数学与生活

计算单元的学习很容易让学生感到枯燥和乏味。在本次作业设计过程中,老师们也在思考怎么把情境融入到作业中,增加作业的趣味性,顺应儿童天性。针对儿童的思维特点和认识规律,以"思"为核心,以"情"为纽带,以"儿童活动"为途径,以"周围世界"为源泉,从而构筑具有优势的作业范式。

如:本单元的设计关注的情境是"真实发生、学生可见"的。因此选用了3个与学生学习生活密切相关的情境:

* 常态化的防疫防控情境(购买口罩、消毒液、一次性雨衣;居家线上学习)
* 实施至今已两年的上海市垃圾分类情境
* 源于购物方式改变的网购情境

再以五年级数学《几何小实践》为例,让学生算一算生活中常见的道路交通警示标志牌的面积。

单元课时作业四:(三角形的面积)

课时作业目标

(1)掌握三角形的面积计算公式,熟练计算它们的面积。
(2)能运用计算公式解决一些实际问题。

作业内容

一、基础部分

1.填一填

(1)你认识这些道路交通警示标志吗?一块标志牌的面积大约是
( )

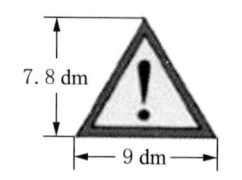

(2) 已知一个三角形的面积和底(如右图),它的高是 （　　）

2. 辨一辨

(1) 三角形的面积是平行四边形面积的一半。（　　）

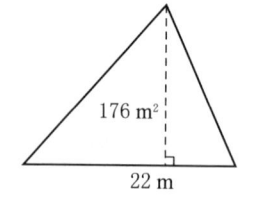

(2) 三角形内任意一条底乘任意一条高再除以2,就得到这个三角形的面积。（　　）

(3) 一个三角形的底是5米,高是4分米,这个三角形的面积是20平方米。（　　）

这些问题情境立足于学生的真实体验,伴随学生日常生活,并带有祖国发展的时代烙印,可以很好地引导学生增加对"生活世界"的关注,感受数学来源于生活、运用于生活。

四、面向学生,注重思维过程

数学教学既要形成技能也要发展能力,聚焦难点、易错点,针对性设计,夯实技能。比如行程问题:

周五下午,小巧和小胖一起从学校去少年宫参加兴趣社团活动,从学校到少年宫的距离是2460米,小巧和小胖谁先能到达少年宫呢?

我步行的速度是60米/分

我步行的速度是82米/分

本题的第一个知识点是"时间＝路程÷速度",并能熟练地计算两位数除多位数。第二个知识点是在实际生活中,时间用得越少,速度越快,就更先到达目的地,所以在本题中小胖用时更少,最先到达少年宫。

再比如设计面积这一课时的作业时,从基础部分的给出条件,利用面积公式计算,到数一数规则的和不规则的图形的面积,最后让学生自由想象,画出形状不同,但面积都是12格的长方形,层层递进。

单元课时作业九:(面积)

课时作业目标

1. 通过学生动手操作实践,感知、理解面积的含义。
2. 经历比较两个图形面积大小的过程,体验比较方法的多样化。
3. 学会用方格的多少来表示面积。

作业内容

一、基础部分

1. 求下列图形的面积

5 cm   3 cm

2. 下面图形有多大? 用方格数表示

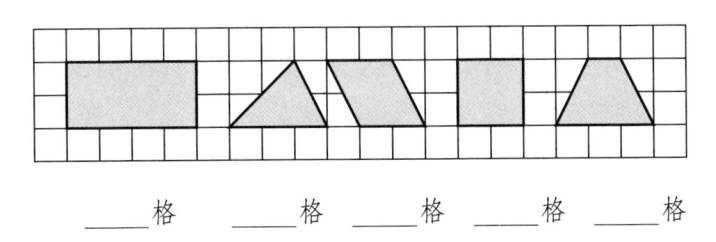

____格   ____格   ____格   ____格   ____格

二、拓展部分

3. 在下面格子中,画出三个形状不同,但都是12格的长方形。

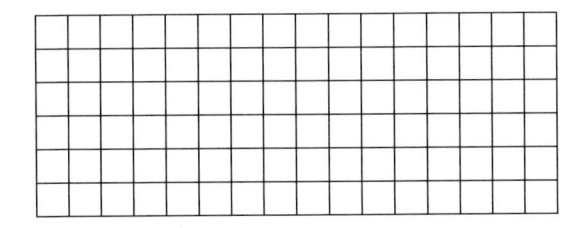

五、学以致用,落实数学素养

形成计算技能,灵活运用,解决问题,是计算学习中落实学科素养的重要诉求。因此,在问题情境的创设中,要刻意避免信息较少、暗示解题方法的题干形式,而采用"大任务"式、与生活实际紧密相连的问题情境。多个相关联的任务集中在一个主题下,学生在问题解决的过程中需要综合运用已有的数学经验,从而指向学科素养的培育。比如:

华夏社区的健康步道长 1 050 米,小胖和小丁丁相约去走一圈。

我用了21分钟走完,我的速度是(　　)

我用了15分钟走完,我的速度是(　　)

比一比:谁的速度快?

你家附近也有健康步道吧,周末请你和爸爸妈妈一起走一走,算一算你行走的速度是多少?

姓名	路程	时间	速度

根据你和爸爸妈妈的行走情况,你还能提出哪些数学问题?

六、分层实施,落实双减政策

我们的"数学单元作业框架"作业内容中针对不同基础的学生设计了基础作业、拓展作业,分层实施,尽最大努力落实双减政策。如:

作业内容

一、基础部分

1. 填空

(1) 表示较长的路程时,经常用(　　)作单位。

(2) 10 个 100 米是(　　)米,也就是(　　)千米。

(3) 运动场的环形跑道 1 圈是 250 米,(　　)圈正好是 1 千米。

2. 填上合适的数。

2 km＝(　　)m　　　　　　8 000 m＝(　　)km

5 km＝(　　)m　　　　　　36 000 m＝(　　)km

20 km＝(　　)m　　　　　　50 000 m＝(　　)km

3. 算一算,填一填。

560 m＋800 m＝(　　)m　　　　1 306 m－600 m＝(　　)m

8 000 m－5 000 m＝(　　)km　　3 km＋2 000 m＝(　　)km

5 km＋6 000 m＝(　　)km　　　12 000 m－9 km＝(　　)km

8 km＋50 m＝(　　)m　　　　　15 km－7 km＝(　　)m

二、拓展部分

4. 出租车的起步费是 12 元(可以行 3 公里),超过 3 公里的部分按每公里 3 元收取,小胖从学校到家 6 公里,需要多少元?

还应对作业的完成度进行详尽的分析,如图 1 所示。

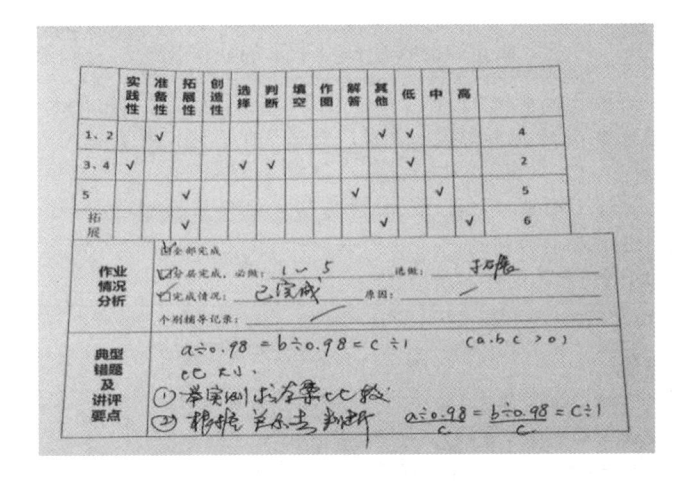

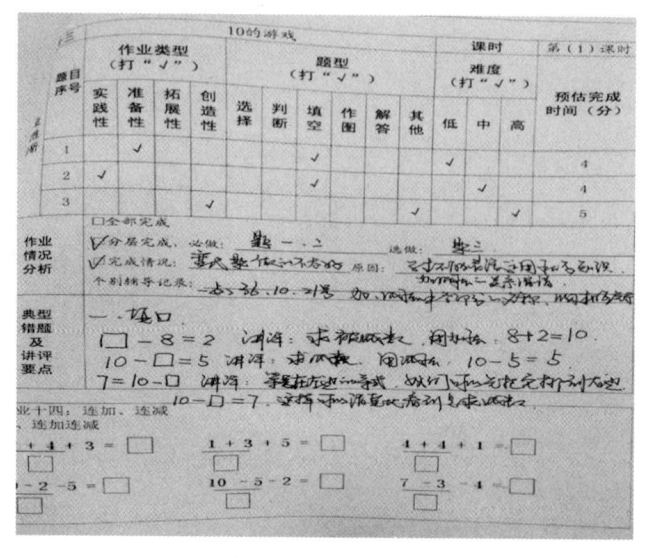

图1　对作业完成度的分析

用严谨践行设计理念,用细致诠释作业品质。数学组老师将继续追求有品质的作业设计,把双减真正落实到行动中。

附件

《千米的认识》作业设计
——三年级第一学期第五单元

	单元课时作业一:(千米的认识)
课时作业目标	(1) 认识长度单位"千米",知道表示较长的路程通常用千米作单位。 (2) 结合生活实际,感知对"1千米"有多长,并知道1公里就是1千米。 (3) 掌握1千米=1000米,能进行相应的换算,并能运用所学知识,解决生活中的问题。 (4) 千米、米之间的换算。

作业内容

一、基础部分

1. 填空

(1) 表示较长的路程时,经常用(　　)作单位。

(2) 10个100米是(　　)米,也就是(　　)千米。

(3) 运动场的环形跑道1圈是250米,(　　)圈正好是1千米。

(续表)

2. 填上合适的数
2 km＝(　　)m　　　　　8 000 m＝(　　)km
5 km＝(　　)m　　　　　36 000 m＝(　　)km
20 km＝(　　)m　　　　50 000 m＝(　　)km

3. 算一算，填一填。
560 m＋800 m＝(　　)m　　　　1 306 m－600 m＝(　　)m
8 000 m－5 000 m＝(　　)km　　3 km＋2 000 m＝(　　)m
5 km＋6 000 m＝(　　)km　　　12 000 m－9 km＝(　　)m
8 km＋50 m＝(　　)m　　　　　15 km－7 km＝(　　)m

4. 比一比(在○里填入">""<"或"=")
6 km○650 m　　　　970 m○9 km　　　　2 km 30 m○23 km
8 km 3 m○8 003 m　650 m○6 km 5 m　404 km○4 km 4 m

二、拓展部分
4. 出租车的起步费是12元(可以行3公里)，超过3公里的部分按每公里3元收取，小胖从学校到家6公里，需要多少元？

单元课时作业属性分析

作业一		千米的认识							第(1)课时			
作业属性分析	题目序号	作业类型(打"√")			题型(打"√")					难度(打"√")			预估完成时间(分)
		实践性	准备性	拓展性	创造性	选择	判断	填空	作图	解答	其他	低	中	高	
	1	√						√				√			2
	2	√						√				√			2
	3	√						√				√			3
	4	√						√				√			3
	5			√				√						√	5
作业情况分析	□全部完成 □分层完成,必做：_____　选做：_____ 完成情况及分析：_____ 个别辅导说明：_____													

本课时个性化作业	
典型错题及讲评要点	

单元课时作业二：(千米的认识)

课时作业目标	(1) 认识长度单位"千米"，知道表示较长的路程通常用千米作单位。 (2) 结合生活实际，感知对"1千米"有多长，并知道1公里就是1千米。 (3) 掌握1千米＝1 000米，能进行相应的换算，并能运用所学知识，解决生活中的问题。 (4) 千米、米之间的换算。

作业内容

一、基础部分

1. 在( )里填上合适的单位名称。

汽车每小时行60( )。教室里的黑板长约4( )。

马拉松比赛全程约42( )。乐乐每分钟走80( )。

2. 单位转换

2 000 m＝( )km　　　　　　8 km＝( )m

26 km＝( )m　　　　　　　10 000 m＝( )km

23 km＋6 km＝( )km　　　　6 km＋5 000 m＝( )km

12 km＋6 000 m＝( )km　　　21 000 m－15 km＝( )m

12 000 m－8 km＝( )m　　　8 km＋2 000 m＝( )km

3. 按从小到大的顺序排列

4 km　40 m　40 km　400 m　4 m

( )＜( )＜( )＜( )＜( )

4. 数一数

从学校到小巧家共有( )条路可走。

(续表)

二、拓展部分

5. 小高家、小军家、图书馆在同一条路上。小高家离图书馆有 600 米,小军家离图书馆有 950 米。

(1) 如果小高家、小军家在图书馆的两侧,从小高家到小军家有多远?

(2) 如果小高家、小军家在图书馆的同侧,从小高家到小军家有多远?

		单元课时作业属性分析										
作业二		千米的认识								第(2)课时		
作业属性分析	题目序号	作业类型 (打"✓")				题型 (打"✓")					难度 (打"✓")			预估完成时间(分)
		实践性	准备性	拓展性	创造性	选择	判断	填空	作图	解答	其他	低	中	高	17
	1	✓						✓				✓			2
	2	✓						✓				✓			2
	3	✓						✓					✓		5
	4			✓						✓			✓		3
	5			✓						✓				✓	5
作业情况分析	☐全部完成 ☐分层完成,必做:_____ 选做:_____ 完成情况及分析:_____ _____ 个别辅导说明:_____ _____														
本课时个性化作业															
典型错题及讲评要点															

3. 统整资源　借助工具　提升单元课后作业设计品质
——英语教研组"双减"落地的实施与推进

一、明确单元课后作业设计的操作路径

《小学英语单元教学设计指南》提供了如图1所示的设计操作路径，遵循这一路径进行单元作业设计。

分析教材内容 / 制定单元目标 / 分析学生情况 → 确定单元作业目标 → 设计单元作业内容 → 分析优化作业品质

图1　设计操作路径

（一）基于教材与学情，制定单元教学目标

这一部分是在教学设计时进行的活动，之前就已经完成了全套教材的单元整体教学设计，每单元都制定了完整规范的单元教学目标。

（二）基于单元目标制定单元课后作业目标

单元课后作业的设计是英语单元整体教学设计中的一个重要环节，是为完成单元目标而服务的。因此，在着手作业内容设计前，我们先根据表1所示的单元教学目标来制定单元作业目标，见表2。换而言之，这项工作的起点是"单元作业目标的制定"。

表1　单元教学目标

知识与技能	1. 能知晓元音字母 i 在重读开音节单词中的发音，能根据其发音规律正确朗读含有其发音的单词及语音儿歌。 2. 能在语境中用降调朗读特殊疑问句和陈述句。 3. 能在语境中理解、运用 grandfather, grandmother, father, mother, brother, sister 等家庭成员类称谓以及自我称谓类单词 me，能正确拼读与书写。 4. 能在语境中理解、运用核心句型 who's he/she? He's/She's ... 等与他人交流，了解他人的家庭关系或社会关系，并正确书写。同时能用降调朗读特殊疑问句和陈述句。 5. 能理解并朗读语篇，提取相关信息，借助语篇结构仿说和仿写。

(续表)

项目	内容
策略与方法	1. 通过倾听、模仿、跟读、朗读等形式学习元音字母 i 的读音规则。 2. 通过倾听、模仿、跟读、朗读等形式学习特殊疑问句和陈述句的朗读语调。 3. 通过文本视听、跟读模仿、看图说话、文本朗读等形式学习本单元的相关单词。 4. 通过文本朗读、问答交流等形式学习本单元的核心句型。 5. 通过阅读、判断、问答等形式理解语篇。
文化与情感	1. 通过学习,能在角色扮演、问答、游戏等活动中积极、快乐地与他人交流。 2. 通过学习,能感受家人的不同、体验亲情的美好。

表2　单元作业目标

项目	内　　　容
教学基本要求	1.1.1　元音字母读音规则:元音字母 i 在重读开音节单词中发音 1.3.2　基本句式的朗读语调:特殊疑问句的朗读语调 2.1　核心词汇 grandfather, grandmother, father, mother, brother, sister 4.2.2.2　核心句型:特殊疑问句 5.1.1　语篇:基本信息
教材内容	3A M2U2 My family Look and learn, Look and say, say and act, Look and read, Listen and enjoy, Learn the sound
单元作业目标	1. 能根据元音字母 i 的读音规则,正确朗读儿歌中含有此字母的单词及儿歌。 2. 能用正确的语调朗读特殊疑问句和陈述句。 3. 能在语境中正确朗读、书写、背记和运用核心词汇 grandfather, grandmother, father, mother, brother, sister。 4. 能在语境中理解、运用核心句型 who's he/she? He's/She's …等与他人交流,了解他人的家庭关系或社会关系,并正确书写。 5. 能理解并朗读语篇,提取相关信息,借助结构进行仿说和仿写。 6. 能加深对家人的了解,体验与家人在一起的快乐,感受亲情的美好。

(三) 基于作业目标设计单元作业内容

接下来,对照着作业目标设计单元作业内容,设计时考虑作业形式、难易度、作业时间等方方面面的内容,这部分是高品质作业设计的核心。

4. 分析优化作业品质，提升教师作业设计能力

最后一环节通过对作业的分析，能够更好地了解单元作业的整体质量，合理安排设计各课时作业，及时优化和调整作业设计，进一步提高作业设计能力。

二、借助工具量表，建构单元作业设计与实施框架

从《小学英语单元教学设计指南》第五章单元作业设计中选取了"单元作业目标制定属性表""单元作业内容设计属性表"和"单元作业品质分析属性表"等工具量表，构建了单元作业设计的基本框架。有了这些工具的辅助，可以帮助我们制定作业目标，厘清设计思路，明确设计方向。表3所示为单元作业目标。

表3 单元作业目标

项 目	内 容
教学基本要求	
教材内容	
单元作业目标	

参照《上海市小学英语学科教学基本要求》填写教学基本要求，书中对于每一个知识单元都有内容和要求的规范样式，如图2所示。老师们只要仿写将它具体化到相应的单元中就可以了。

学习内容		学习水平	具体要求
1.1 读音规则	1.1.1 元音字母的读音规则	A	背记元音字母的读音规则
	1.1.2 辅音字母的读音规则		背记辅音字母的基本读音规则
	1.1.3 常见字母组合的读音规则		知晓常见字母组合的读音规则
1.2 国际音标		A	识别并正确朗读国际音标
1.3 朗读	1.3.1 语调的交际功能	A	知道语调的种类与交际功能
	1.3.2 基本句式的朗读语调		用正确的升调和降调朗读基本句式
	1.3.3 句子的朗读节奏		感知朗读句子时的节奏

学习内容		学习水平	具体要求
2.1 核心词汇（不少于600词）		C	背记、理解和运用核心词汇
2.2 词形变化	2.2.1 名词的词形变化	A	识别、背记常见的可数名词复数的词形变化
	2.2.2 动词的词形变化	A	识别动词一般现在式（第三人称单数）的词形变化
			识别动词现在分词的词形变化
			识别动词过去式的词形变化

学习内容		学习水平	具体要求
3.1 名词	3.1.1 可数名词的数量表达	A	知晓可数名词的数量表达
	3.1.2 不可数名词的数量表达	A	知晓不可数名词的数量表达
	3.1.3 名词所有格	A	识别名词所有个的两种表达方式
3.2 代词	3.2.1 人称代词、物主代词	A	了解主格、宾格的意思及用法
			了解名词性物主代词的意思及用法
			了解形容词性物主代词的意思及用法
	3.2.2 指示代词	B	知晓指示代词的意思，并根据情境正确使用
	3.2.3 疑问代词	B	知晓疑问代词的意思，并根据情境正确使用
	3.2.4 不定代词	B	知晓不定代词的意思，并根据情境正确使用
	3.2.5 it的用法	A	了解英语中可以用it表示时间和自然现象

学习内容			学习水平	具体要求
4.1 句子成分			A	识别句子中的主语和谓语
4.2 句子种类	4.2.1 陈述句		C	用陈述句（肯定式、否定式）进行表达
	4.2.2 疑问句	4.2.2.1 一般疑问句	C	用一般疑问句提问，并作出回答
		4.2.2.2 特殊疑问句	C	用特殊疑问句提问，并作出回答
		4.2.2.3 选择疑问句	A	识别选择疑问句的提问，并作出回答
	4.2.3 祈使句		B	理解祈使句的表达和应答方式
4.3 句子类型	4.3.1 简单句		B	区别简单句的五种基本句式
	4.3.2 并列句		B	理解并列句的意思

学习内容		学习水平	具体要求
5.1 记叙文	5.1.1 基本信息	A	简单讲述对话、故事等记叙文中的时间、地点、人物、事件等基本信息
	5.1.2 基本结构	B	描述人或物；阐明事件的起因、过程和结果

图 2 学习内容与对应要求

教材内容:写清模块单元和教材板块

单元作业目标则是从单元教学整体设计中的"单元教学目标"中提炼和转化。

【单元教学目标】

项目	内容
知识与技能	1. 能知晓元音字母 i 在重读开音节单词中的发音,能根据其发音规律正确朗读含有其发音的单词及语音儿歌。 2. 能在语境中用降调朗读特殊疑问句和陈述句。 3. 能在语境中理解、运用 grandfather, grandmother, father, mother, brother, sister 等家庭成员类称谓以及自我称谓类单词 me,能正确拼读与书写。 4. 能在语境中理解、运用核心句型 who's he/she? He's/She's …等与他人交流,了解他人的家庭关系或社会关系,并正确书写。同时能用降调朗读特殊疑问句和陈述句。 5. 能理解并朗读语篇,提取相关信息,借助语篇结构仿说和仿写。
策略与方法	1. 通过倾听、模仿、跟读、朗读等形式学习元音字母 i 的读音规则。 2. 通过倾听、模仿、跟读、朗读等形式学习特殊疑问句和陈述句的朗读语调。 3. 通过文本视听、跟读模仿、看图说话、文本朗读等形式学习本单元的相关单词。 4. 通过文本朗读、问答交流等形式学习本单元的核心句型。 5. 通过阅读、判断、问答等形式理解语篇。
文化与情感	1. 通过学习,能在角色扮演、问答、游戏等活动中积极、快乐地与他人交流。 2. 通过学习,能感受家人的不同、体验亲情的美好。

【单元作业目标】

项目	内　　容
教学基本要求	1.1.1　元音字母读音规则:元音字母 i 在重读开音节单词中发音 1.3.2　基本句式的朗读语调:特殊疑问句的朗读语调 2.1　核心词汇 grandfather, grandmother, father, mother, brother, sister 4.2.2.2　核心句型:特殊疑问句 5.1.1　语篇:基本信息

(续表)

项目	内　　容
教材内容	3A M2U2 My family Look and learn，Look and say，say and act，Look and read，Listen and enjoy，Learn the sound
单元作业目标	1. 能根据元音字母 i 的读音规则，正确朗读儿歌中含有此字母的单词及儿歌。 2. 能用正确的语调朗读特殊疑问句和陈述句。 3. 能在语境中正确朗读、书写、背记和运用核心词汇 grandfather，grandmother，father，mother，brother，sister。 4. 能在语境中理解、运用核心句型 who's he/she? He's/She's …等与他人交流，了解他人的家庭关系或社会关系，并正确书写。 5. 能理解并朗读语篇，提取相关信息，借助结构进行仿说和仿写。 6. 能加深对家人的了解，体验与家人在一起的快乐，感受亲情的美好。

老师们看一下这个样例，从单元教学目标到单元作业目标，涵盖了本单元语音、词汇、词法、句法、语篇五大知识单元内容，同时还兼顾能力、情感方面的目标。

1. 课时作业目标

单元作业目标是通过各个课时逐层推进达成的。因此，每个课时都需要填写"对应作业目标"，如图 3 所示。以 3A Module 2 Unit 2 My family 单元为例，本单元共四课时，因此在四课时的作业中分别制定了课时作业目标，如图 4 所示。

• 作业内容

项目	内容
1. 对应作业目标	
2. 形式和水平	形式： □听 □说 □读 □写 水平： □记忆性 □理解性 □应用性
3. 完成时间	＿＿＿＿分钟
4. 完成方式	□独立完成　□合作完成
5. 提交时间	□当天　□＿＿＿＿天后

图 3　对应作业目标

【单元课时划分】

课时	话题	项目来源
Period 1	My family tree	Learn the sounds, Look and learn & Listen and enjoy
Period 2	A photo of my family	Learn the sounds, Say and act & Look and say
Period 3	Meeting my family members	Learn the sounds & Look and read
Period 4	I love my family	Revision

Period 1

* 作业内容

项目	内容
1. 对应作业目标	1. 能正确朗读含有元音字母 i 的单词。 2. 复习巩固核心词汇，能拼写单元核心词汇。 3. 能读懂 Family Tree，理解家庭成员的关系。

Period 2

* 作业内容

项目	内容
1.对应作业目标	1.通过作业活动，能用正确的语调朗读特殊疑问句和陈述句。 2.通过作业活动，能理解、运用 Who is he/she? He's/She's…等句型问答与他人的家庭关系或社会关系，并能正确书写。

Period 3

* 作业内容

项目	内容
1.对应作业目标	1.通过作业活动，能用正确的语调朗读特殊疑问句和陈述句。 2.通过作业活动，复习巩固所学单词和句型。 3.通过作业活动，能理解并朗读语篇，提取相关信息。

Period 4

* 作业内容

项目	内容
1.对应作业目标	1.通过作业活动，能复习元音字母 i 在重读开音节单词中的发音。 2.通过作业活动，能用正确的语调朗读特殊疑问句和陈述句。 3.通过作业活动，复习巩固所学单词和句型。 4.通过作业活动，能理解并朗读语篇，提取相关信息，借助结构进行仿说和仿写。

图 4 课时作业目标

需要注意的是，各课时作业目标之间要有关联性和递进性。通过每一课时的作业，帮助学生逐步达成语言知识与技能的巩固和各项学习能力的发展，这样才能确保单元作业目标的达成。

比如：五年级第一单元中，教师制定了这样的语音单元作业目标：识记国际音标/iː/和/ɪ/，知晓含有音素/iː/和/ɪ/的字母与字母组合的读音规则。为了达成这一单元目标，她制定了以下5个课时的作业目标：

（1）初步感知音标/iː/和/ɪ/。

（2）认读音标/iː/和/ɪ/，建立音标和对应字母或字母组合之间的联系。

（3）在句子中尝试朗读含有音标/iː/和/ɪ/的单词，知晓其对应的字母、字母组合的读音规则。

（4）正确朗读音标/iː/和/ɪ/，知晓其对应字母组合的读音规则。

（5）正确朗读音标/iː/和/ɪ/，并能根据发音规律进行归类。

这些课时目标逐步递进，最终达成识记音标，知晓字母和字母组合读音规则的单元目标。

2. 形式与水平

通过不同形式的作业，可以激发学生挑战不同语境下作业任务的积极性，发展学生听说读写各项语言技能，切实提高学生综合语言运用能力。每个课时都应填写对应的形式与水平，如图5所示。

* 作业内容

项目	内容			
1. 对应作业目标				
2. 形式和水平	形式	□ 听	□ 说	□ 读 □ 写
	水平	□ 记忆性	□ 理解性	□ 应用性
3. 完成时间	＿＿分钟			
4. 完成方式	□ 独立完成　□ 合作完成			
5. 提交时间	□ 当天　□ ＿＿天后			

图5　形式与水平

在设计作业时，需要对作业的形式和水平有一定的理解和把握。不同类型的作业有不同的水平要求。此表中的记忆性、理解性、应用性是根据作业水平由低到高排列的。但是，哪些作业形式是记忆性的？哪些是理解性的？哪些又是应用性的？可以参见《小学英语单元教学设计指南》第70页的表格，见表4。

表 4　作业形式和要求

类型	水平分级	作业形式和要求
听力	记忆性作业	通过听教材录音,跟读、模仿、背记相关内容
	理解性作业	通过听教材录音,了解内容大意,获取简单信息
	应用性作业	通过听与教材长度相仿的不同场景、话题的对话或语篇,获取时间、地点、人物、数量等信息
口语	记忆性作业	通过大声朗读教材内容,背记相关内容
	理解性作业	通过朗读教材或教材之外的语篇,准确理解所读内容的意义,并能用规范的语音语调进行朗读
	应用性作业	运用语音、词汇、词法、句法、语篇的知识,结合话题,进行问询、回应、描述等活动,准备表达自己的思想
阅读	记忆性作业	通过阅读教材文本,巩固语言知识
	理解性作业	通过阅读与教材长度相仿的相同话题、不同内容的语篇,获取关键信息,把握文本结构,读懂内容大意
	应用性作业	通过阅读相关英语资料或故事,以读促写,培养阅读兴趣和习惯
写作	记忆性作业	通过抄写、摘录等活动背记、积累语言知识
	理解性作业	围绕教材主题,通过主题解析、问题引导、图片解读等进行简单写作
	应用性作业	能运用所学语言和相关文本体裁,进行写话、写信、写电子邮件等知识写作练习,准确表达自己的思想

3. 作业时间

每个课时都应设计作业时间,如图 6 所示。

* 作业内容

项目	内容			
1. 对应作业目标				
2. 形式和水平	形式	□听 □说	□读	□写
	水平	□记忆性	□理解性	□应用性
3. 完成时间	____分钟			
4. 完成方式	□独立完成　□合作完成			
5. 提交时间	□当天　□____天后			

图 6　作业时间

作业时间预估有助于我们把控好"小学生家庭书面作业不超过一小时总时长"的"双减"要求。完成方式的选择中"独立完成"和"合作完成"的选项,还可以提醒教师在设计作业时需要考虑到作业的可操作性。比如,某位教师设计了"就某一话题和同学一起交流对话"的回家作业,这是一项需要学生合作完成的作业,但是通常学生回家后并没有同伴可以交流,从实际操作层面来说,其实这是一项无法真正有效完成的回家作业。

将"单元作业品质分析属性表"与学生作业情况、学生错题及讲评分析组合成"课时作业分析表",见表5,并将此表附在单元每一课时的作业单后面,这可以帮助老师了解单元作业的质量、更加直观地了解学生作业完成情况、方便教师能够给予学生适时而准确的指导,便于教师更好地做好作业分析工作,提升作业的"以评促教"功能。

表5 课时作业分析表

序号	对应目标序号	类型						完成方式		预估完成时间(分钟)	
		形式			水平						
		听	说	读	写	记忆	理解	应用	独立	合作	口头	书面
小计												

作业情况分析	☐ 全部完成 ☐ 全部完成 ☐ 分层完成,必做:_____ 选做:_____ ☐ 完成情况:原因:_____ 个别辅导记录:_____
典型错题及讲评要点	

三、基于学情与教学,统整资源设计高品质作业

设计有质量的作业内容必须关注单元整体,紧扣单元作业目标和课时作业目标,联系课堂教学内容,进行选择、整合和创编,实现教、学、练、评的一致性。

(一)在低年级作业设计中,关注学生学习习惯和兴趣的培养

一二年级的作业设计,不仅要兼顾教材配套练习册的使用、语言知识的巩固和应用,更要关注学生学习习惯和学习兴趣的培养。

比如一年级的听读作业中,为了帮助学生养成良好的听读习惯,老师在作业后附上贴心的听读小贴士;为了鼓励学生挑战说话练习,附上说话小贴士,如图 7 所示。

图7 听读小贴士和说话小贴士

为了养成学生每天学习英语的习惯,在没有课的日子里也能够温习一下,老师们在每份作业单上都会加上备注,如"以上作业分两天完成,第一天完成1、2、3题,第二天完成1、2、4"等字样。

根据一年级学生特点,在常规的听读作业外,老师还设计了一些画画类的作业,如图8所示。这类作业可以激发学生的学习兴趣,学生在涂涂画画中认读记忆单词,不会觉得无聊枯燥。

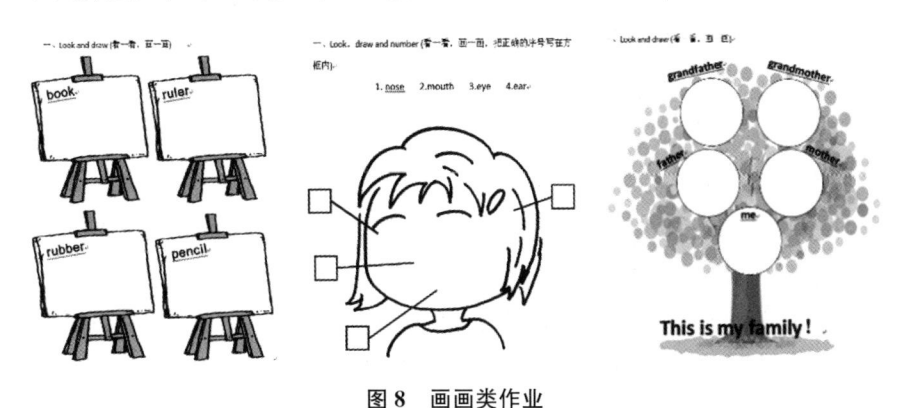

图8 画画类作业

但是,为了加强引导学生对知识的实际运用。其实我们还可以在book,ruler这项作业,后再加一项:打开你的书包和铅笔盒,看一看有没有这些物品,并且数一数,在画板上写下它们的数量。如此一来,这个作业就从知识的认读、记忆、理解,进一步优化为对知识的运用了。

(二)在中高年级作业设计中,关注知识单元的巩固理解和运用

三至五年级,作业设计分为口头与书面两方面。根据知识单元的划分,

通常以语音类、词汇类、语法类、阅读类、写作类等不同内容的作业,并根据单元中每一课时的教学目标各有侧重,既要保持课内外连接,又要体现课时之间的联系性和递进性。

1. 语音类作业

语音板块是核心板块,仅仅靠课堂上的学习是不够的,还需要课后的复习巩固和延伸。以 3A Module 3 Unit 3 的语音作业为例,老师设计了这样的分层作业:

1. Try to read

(★)① pupli tube music use cute

(★★)② Tuesday huge excuse

(★★★)③ Judy is a pupil. Have some tubes. Make the music. Use the tubes.

一星作业是正确朗读学生在课堂上学习过的五个含有元音字母 u 的单词,复习巩固课堂所学;二星作业第一项是让学生根据元音字母 u 的读音规则,尝试着读一读这三个单词,是对所学语音知识的运用;二星作业第二项是根据前面的五个单词编的儿歌,是为第二课时学习教材完整语段的提前预习。这样的作业设计,既帮助学生复习巩固了课堂所学,又给予他们学以致用的简单任务,还为后一课时的学习奠定了基础,体现了课时间的联系性。

2. 词汇类作业

改变以往单纯、机械的单词抄写,采用猜字谜、走迷宫、看图写单词、读语段猜单词、在语篇中填写单词等作业形式,使学生在经历了阅读理解、观察思维等活动过程之后书写词汇,使作业更有意义,学习更有深度。

朱浦老师曾经介绍的经典作业 Family Tree,我们借鉴用在作业设计中,并在这个案例的启发下,设计了图 9 所示的作业。

这两份作业来自 3A Module 3 Unit 1 My school 这一单元。对应"背记、理解和运用核心词汇"的单元作业目标,第一课时,让学生写出学校平面图上标记的场所名称;第二课时,阅读小语段,完成字谜。完成第一份作业学生首先需要认得学校里的这些场所,再完成几个核心词汇的抄写或者默写,同时还要关注到核心词汇 school 在学校名称中的准确书写。为了完成这份作业,有学生还去校园里实地确认了一下,热爱学校之情也在作业中得以激发。

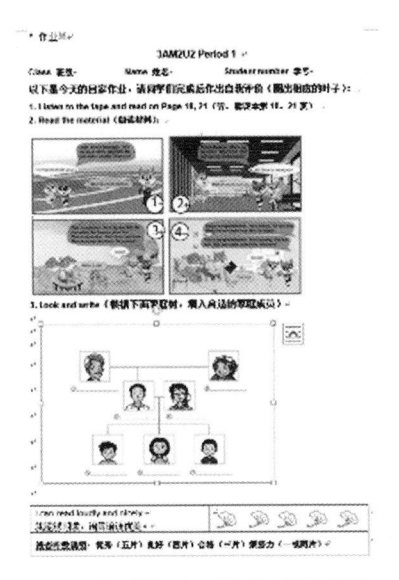

图 9　词汇类作业设计

第二份作业体现了课时间的递进，学生能力从读图转向小语段的阅读，理解并获取相关信息，形成字谜答案，并填写到合适的格子内，属于中等难度的应用性作业，老师在设计这一内容时，预估 5 分钟完成。但实际实施下来，中等程度的学生平均用时 3 分钟。

对于四五年级的学生，老师们还巧妙地将机械的单词抄写变成整理笔记的作业，不仅起到了作业的复习巩固功能，更是对学生良好学习习惯的培养。还可以鼓励学生为笔记中的词汇配上图片、或者写上例句什么的，那就更有意义了。

3. 语法类作业

教材配套练习册上提供了丰富多样的语法类作业。简单的练习，直接布置在课后作业中；有难度的练习，参考空中课堂，在课堂上完成口头练习，再布置到课后作业中，从口头转化为书面，既降低了作业难度，也使有困难的学生得到了帮助和指导，减轻了学生的负担。

4. 语篇类作业

每个课时都可以设计放入语篇类作业，根据不同作业目标分别侧重于词汇、词法、句法等，形式上听、说、读、写可以。组内老师设计的作业，基本从以下两个角度进行设计。

（1）关注听读。

1）教材内容作为基础型听读语篇，作为每天的听读作业。

2）把课堂教学文本打印给学生，作为朗读作业学习资源。这些教学文本都是老师在单元教学设计中，根据教材内容创编的情境语篇，源于教材又比教材丰富，是很好的提高型朗读语篇。

（2）关注语用。

老师将教学文本改编成词汇类、语篇阅读类作业。比如图 10(a)所示的三年级的作业，第一项作业要求学生大声朗读学习材料，也就是打印给学生的课堂教学语篇，属于记忆性语篇作业；第四项选做作业完成语段，学生既可以参考复习的语篇完成填空，也可以根据自己的理解填空，属于语篇理解和应用性作业；而第二项作业是口语语篇作业，当天完成；第三项作业是一个书面语篇作业，四天后完成。这份作业关注学生语用能力的培养，涵盖了听说读写不同的技能，并且融入学生生活情境，体现了长短作业的有机结合。

再看图 10(b)，是五年级老师设计的应用性语篇作业，将语言知识的复习巩固和输出融入语境之中。其中 Ask and answer 部分，学生需要读懂地图，表达想法。写作部分，学生需要合理规划参观路线，并进行书面表达。这份说写结合的作业，很好地体现了对学生语用能力的培养。

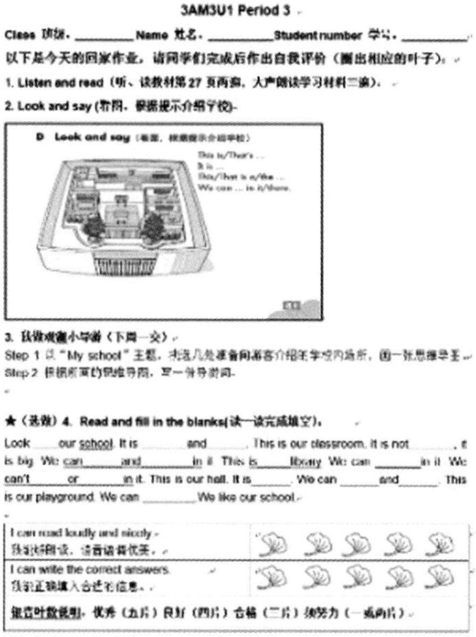

(a)

(b)

图 10 语篇类作业设计

通过实践我们也领悟到,一份高品质的作业设计并不是独立存在的,在它之前还需要教师对单元整体教学的高品质设计,以此为基础,才能达成教、学、练、评的一致性和高效性。

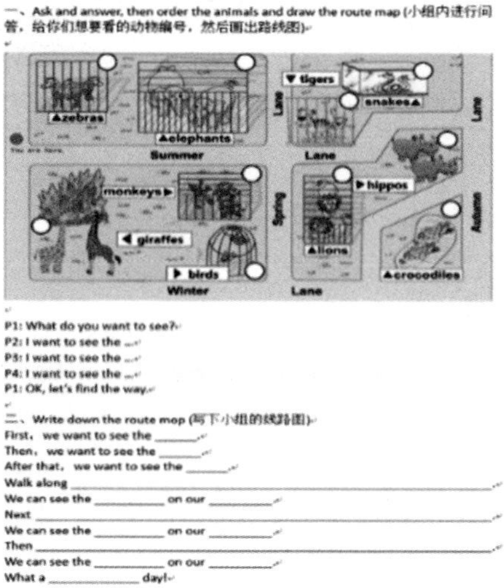

附件

Assignment sheet
——5A M4U1 Period 3

I. Listen and read the dialogue on P49 and read the sounds on P51.

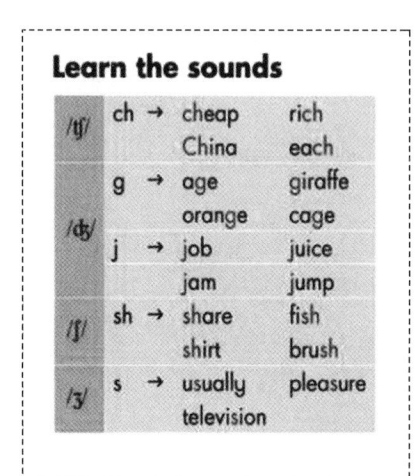

Learn the sounds

/tʃ/	ch →	cheap China	rich each
/dʒ/	g →	age orange	giraffe cage
	j →	job jam	juice jump
/ʃ/	sh →	share shirt	fish brush
/ʒ/	s →	usually television	pleasure

Say and act

The Yangtze River

The students are giving a report about the Yangtze River.

Alice: The Yangtze River is very, very long. First, it starts high in the mountains in the west of China.
Peter: Next, it runs down the mountains and through the beautiful Three Gorges.
Jill: Then, it meets more water from many other lakes and rivers.
Danny: Finally, it runs into the sea.
Mr Zhang: Does the Yangtze River run through Shanghai?
Alice: Yes. Our Huangpu River flows into the Yangtze River at Wusong Port.
Mr Zhang: That's right!

II. Write your report.

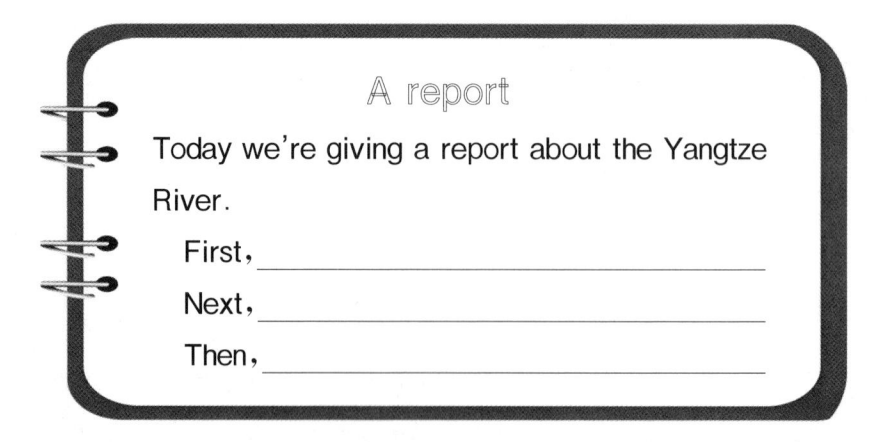

A report

Today we're giving a report about the Yangtze River.
First, _____
Next, _____
Then, _____

III. Read the map and say the report about the Yellow River.

The Yellow River

The Yellow River is also called Huang He. It is the second longest river in China and the fifth longest river in the world.

This is how it runs.

First, it starts in ...

Next, it ...

Then, ...

Finally, ...

We call it Mother River of China.

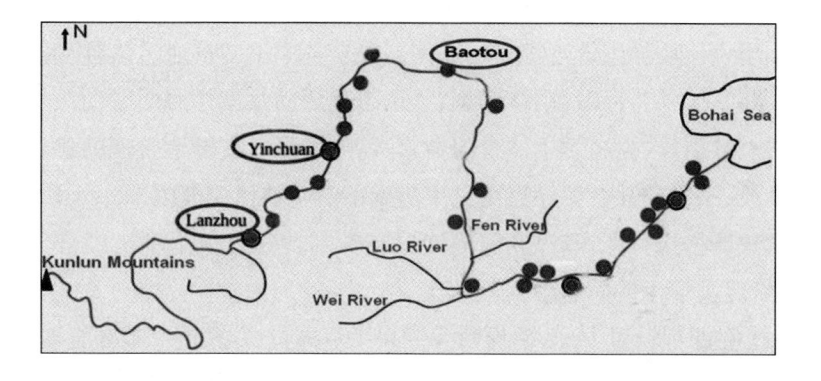

我能够朗读,语音语调优美。 I can read nicely.	🍃 🍃 🍃 🍃 🍃
我能用英语对长江的信息做简单描述了。 I can describe the journey of the Yangtze River in English.	🍃 🍃 🍃 🍃

银杏叶数说明:优秀(五片)良好(四片)合格(三片)须努力(一或两片)

4. 基于"双减"背景的体育作业设计

——体育教研组"双减"落地的实施与推进

在"双减"背景下，语文、数学、英语学科全面压减作业总量和作业时长，压减后空出来的时间，学生用来做什么？怎样让这些时间变得更有价值？为了让学生根据兴趣爱好进行多样化的综合活动，促进他们的健康成长和全面发展，综合学科在作业设计方面，面临了新的挑战。

同时，2021年5、6月，国家、上海市和浦东新区相继出台了《进一步加强中小学生体质健康管理工作的通知》，要求各中小学校通过体育与健康课程、大课间、课外体育锻炼、体育竞赛、班团队活动及家校协同联动等多种形式加强教育引导，提高学生体育与健康素养，增强体质健康管理的意识和能力。学校、家庭和社会关注点更是聚焦到了学生的体质健康上。

学校严格执行课程计划和《通知》要求，主要通过以下举措提升体育锻炼效果，促进学生体质健康。

（1）在课程设置方面，确保每天开设1节体育课，每周2节体育活动课。

（2）大力推进"小学兴趣化"，逐步构建针对性强、有效性强的体育与健康课程体系，让每位学生在校期间掌握至少2项运动技能。

（3）全面落实大课间体育活动制度，体育老师和正副班主任协同管理，每天统一进行30分钟大课间体育活动。

（4）创建体育社团、校运动队，组织开展田径运动会、各类体育竞赛、体育周节活动等提升学生的体育素养。

（5）建立学校家庭体育作业制度，提供优质锻炼资源，指导学生的家庭体育锻炼。

然而，运动锻炼仅仅靠课堂上的这点时间是远远不够的，利用课后时间进行体育锻炼是提高学生健康水平的有效途径，所以体育学科家庭作业的改革势在必行，恰当、合理、巧妙的体育作业，可以让"双减"大大增效。

本学期，我们体育学科试行体育家庭作业制度，以"科学、适量、安全"为作业设计的原则，结合教学目标、学习目标、学生能力、环境安全等具体情况，精心设计每周的基础练习和提高练习，确定体育作业的锻炼内容、锻炼强度、锻炼时长,并且确保前后周次之间的关联性、递进性,实施过程中有记录、有检查、有评价,促进学生运动技能的发展,切实提高学生的身体素质。

一、巩固型作业

观澜小学 2021 学年第一学期体育作业设计见表 1。

观澜小学 2021 学年第一学期体育作业设计

年级	第 1 周		年级	第 2 周	
	基础练习	提高练习		基础练习	提高练习
一	1. 开合跳 2. 深蹲 3. 跳短绳 30 秒×2~3 组	1. 平板支撑 2. 臀桥 3. 跪姿对角支撑 45 秒×3~4 组	一	1. 侧向开合跳 2. 俯身快速踮脚 3. 原地快速摆臂 30 秒×2~3 组	1. 屈膝卷腹 2. 正踢腿 3. 支撑交替摸肩 45 秒×3~4 组
二三	1. 前后交叉小跳 2. 高抬腿 3. 慢速跳短绳 30 秒×2~3 组	1. 平板支撑 2. 臀桥 3. 反向跳绳 1 分钟×3~4 组	二三	1. 平板支撑 2. 深蹲提膝 3. 正踢腿 30 秒×2~3 组	1. 俯卧开合跳 2. 跪姿对角支撑 3. 屈腿单腿硬拉 1 分钟×3~4 组
四五	1. 开合跳 2. 缓冲深蹲跳 3. 后撤交替箭步蹲 45 秒×2~3 组	1. 平板支撑 2. 臀桥 3. 下蹲挺 1 分钟×3~4 组	四五	2. 左右小跳 3. 支撑平移 3. 后撤交替箭步蹲 45 秒×2~3 组	1. 勾腿跳 2. 高抬腿 3. 深蹲跳 1 分钟×3~4 组
年级	第 7 周		年级	第 8 周	
	基础练习	提高练习		基础练习	提高练习
一	1. 原地小跳 2. 双手甩绳 3. 甩跳结合 30 秒×2~3 组	跳短绳 30 秒×3~4 组	一	慢速跳短绳 30 秒×2~3 组	快速跳短绳 30 秒×3~4 组
二三	跳短绳 1 分钟×2~3 组	慢速跳短绳 30 秒×3 组 快速跳短绳 30 秒×3 组 慢快间歇一分半休息	二三	跳短绳 1 分钟×2~3 组	慢速跳短绳 30 秒×3 组 快速跳短绳 30 秒×3 组 慢快间歇一分半休息

第 7 周			第 8 周		
年级	基础练习	提高练习	年级	基础练习	提高练习
四五	跳短绳 150 下×3～4 组	慢速跳短绳 30 秒×4 组 快速跳短绳 30 秒×4 组 慢快间歇一分钟休息	四五	跳短绳 150 下×3～4 组	耐力跳短绳 建议 2～3 分钟×1～2 组

二、激趣型作业

这类作业可以有效调动学生自觉而积极参加体育锻炼,如三年级体育项目化学习《五禽戏》,学生作为传统养生功法探究学习者、"养生小达人"训练者以及家庭养生指导者,通过运用信息技术自主探究学习相关知识,了解《五禽戏》的历史渊源及养生功效,逐步形成对传统文化的热爱与学习兴趣,继而可以引导学生将所学功法传授给家人,带领家人一起运动养生,还可以拍摄视频等进行展示交流,由此逐步提升家庭健身氛围,养成热爱运动、终身运动的意识。老师设置"养生小达人"与"小导师"等评价,激发学生学练的兴趣与热情。

又如二年级体育作业《我来设计一个跳跃游戏》,学生在体育课上掌握了立定跳远基本的动作方法后,自己设计一个跳跃小游戏,学生通过完成作业的过程,体验跳跃中出现的问题,寻找解决问题的体育技巧,更好地掌握这项运动技能。学生可以把自己设计的游戏分享给同学,可以相互投票、选出人气最高游戏。

这样的作业设计,让课堂上未能获得有效锻炼的体育技能,通过作业形式进行复习巩固和提高,既丰富了学生课余生活,又获得健康的生活方式,是养成运动习惯、提升体育素养的有效措施和途径。

"双减"政策让学生拥有了更多可以自主支配的时间,作为体育教师,要精心设计家庭作业,推广家庭体育锻炼活动,增加校外活动时间,促进学生体质健康发展。

5. "双减"背景下的美术"个性化"作业

——美术备课组"双减"落地的实施与推进

为积极响应"双减"政策的出台,真正让我们的教学为学生"减负不减质",美术学科教师从美术"个性化"作业的设计这一方面作为一个突破口,进行了一些粗浅的探索与尝试。

美术学科教师依据小学美术的学科特点,各年级段学生的年龄特点,结合美术学科的各单元教学内容和教学目标,并按照每月一次分年级进行长作业的设计,将个性化作业设计的类型主要分为:常规类、探究类、欣赏类、体验类。

美术备课组老师们设计的一至五年级美术个性化作业见表1。

表1 一至五年级美术个性化作业

年级	月份	类型	内容
一年级	9月	常规	看看你的课程表,知道自己的美术课是星期几的?请经常自主检查自己的美术工具包,准备齐美术工具和材料,养成自己准备美术工具的好习惯!
	10月	探究	秋天的树叶呈现出很多的色彩,请你捡几片不同颜色的落叶,跟同学说说它的色彩特征。
	11月	体验	用学过的"彩纸撕贴"的方法装饰一次性小纸杯,也能创作出漂亮的作品,有空在家里试一试吧!
	12月	体验	将你课堂上画的"美丽的鱼"剪下来,贴在透明的小瓶子上,透过玻璃瓶观察,你一定会有新的发现。回家找个透明的小瓶子试试看吧!
	1月	体验	你还能在家里的哪些物体表面找到特殊的纹理呢?请你和爸爸妈妈一起试着把这些纹理拓印下来,然后想办法把它变成一幅有趣的图画。
二年级	9月	探究	探究制作贺卡的材料,在家里边收集一些可以装饰制作"敬师卡"的废旧材料。
	10月	探究	学学手形的表演,想想影子可以变成什么。
	11月	探究	探究昆虫的外形,寻找它们的细节之美。

(续表)

年级	月份	类型	内容
二年级	12月	欣赏	通过网络了解傩面具的艺术特点,感受独特魅力。
	1月	欣赏	网络了解画家毕加索,感受变形夸张的方法所形成的独特风格。
三年级	9月	探究	探究民族服饰中的线条装饰图案,有兴趣可尝试表现。
	10月	欣赏	了解画家吴冠中的艺术作品,找找作品中的点线元素。
	11月	欣赏	周末和家长一起去欣赏城市中的雕塑,感受它的造型、色彩。
	12月	欣赏	实地或网络探究,了解金山农民画的历史及艺术特点。
	1月	探究	寻找上海城市景观,向大家介绍一个你最喜欢的美景。
四年级	9月	体验	请你探寻一下我们的校园有哪些景点,与同学说说哪一处校园景点最有特色,让你最想用绘画的形式把它表现出来?
	10月	欣赏	上网查询水墨画家的艺术作品,欣赏画家作品中画的树,并跟同学交流这位画家用水墨画树的特点。
	11月	探究	找找生活中对比色和类似色的运用的例子,和同学交流一下。
	12月	探究	你能在我们自己的家乡找到民间艺术的样式吗?跟家长和同学一起分享一下你的发现。
	1月	体验	在你家的厨房里完成一张"静物写生"一定非常有趣,有空请你试一试!
五年级	9月	欣赏	在网上搜索了解1—2位当今漫画家,记住他们的名字,了解他们的作品特点,选择他们的一幅漫画作品与同学、家长欣赏和交流!
	10月	探究	选择你最感兴趣的一种民间艺术,跟家长说说它的特色,也可以自己尝试做一做。
	10月	欣赏	纸艺作品丰富多彩,有空跟爸爸妈妈去"奉贤区博物馆"看一看以"大爱守望"为主题的"国际纸艺双年展"。

（续表）

年级	月份	类型	内容
五年级	12月	探究	石库门是极具上海特色的建筑，请与家长一同上网了解关于石库门建筑的历史、特点、风格，也可以跟同学交流一下你对石库门建筑的认识。
	1月	欣赏	网上了解画家林风眠，选择一幅你喜欢的林风眠的作品，跟家长一起欣赏。

"双减"政策的出台，让学生有更多的时间去学习和体验自己感兴趣的艺术活动。"个性化"的美术作业，应该更加开放，更加自主地让学生延展课堂学习的内容，走进大自然，走进美术馆，走进生活的每一个角落，自由地去收集各种艺术信息，去体验各项艺术活动，鼓励学生在美术学习的过程中去感受美、体验美和创造美！

6. "双减"之下,音乐个性化作业的设计与实践

——音乐备课组"双减"落地的实施与推进

一、"双减"下的"双增"

2021年8月,上海发布的《关于进一步减轻义务教育阶段学生负担和校外培训负担的实施意见》中明确提出:将通过用"双增"来推动"双减"。所谓"双增"就是"增强学校主阵地功能、增强校内教育质量",它是落实"双减"工程的主要内容。"减"作业的目的不只是为了给学生减负,对我们校内教育来说是"增"加了更高的要求,推动师生更高效地教与学。而这种高效,体现在作业的设计与管理上,也体现在教学的所有环节中,更体现在培养新时代人才的系统思考中。

二、"小"作业下的"大"育人观

作业折射了学校与教师的教育理念和专业能力,作业是为学生巩固知识、锻炼能力、发展思维的主要手段。科学合理的作业可以培养学生的学习兴趣、学习习惯、学习方法、责任感、持之以恒的意志力、自主学习能力、时间管理能力等。作业本质上是全面育人的过程。

"双减"政策落地是重塑全面教育价值观的过程。在"双减"和五项管理的大背景下,教师要努力打破惯有思维,作业设计要聚焦教学缺漏,更要关注学生核心素养的培养,除了要体现学科知识与技能外,更要坚持立德树人、基于课程标准、体现单元意识、创新作业实践等基本理念,也就是从学科技能到立德树人的教育价值观的转变。

三、我们眼中的"个性化作业"是这样的

综合学科如何开展个性化作业设计?老师们在研讨会讨论激烈,大家各抒己见,虽有困惑和焦虑,但在思想的碰撞和相互启发借鉴中,会后大家积极行动起来。

作为非工具学科老师,我们眼中的"个性化作业"是这样的:打破学科边

界、连接生活场景、激发多元学习,提升综合素养。

1. 围绕单元主题,开展主题探究性作业

三年级音乐上册第一单元的单元作业设计,本单元主题"来跳舞",呈现的是4首不同民族的音乐作品,有新疆维吾尔族民歌、彝族乐曲、土家族民歌、朝鲜族歌曲。

三年级是强化学生已有音乐表现基本方法和基本技能,并提升乐感与美感能力总体水平的过渡阶段。要注重培养学生乐观、积极、自信的学习态度,以及与老师和同伴分享、交流的能力,培养学生热爱祖国优秀音乐文化,增强民族自豪感,形成正确审美观念和积极实践态度。根据三年级学生特点和学科素养培养要求,结合"音乐学科教学基本要求",落实课内教学重点1.1"音乐情感与形象"、1.2"音乐要素"的学习体验基础上,将1.4"音乐相关文化"加以补充开展课外作业设计。我们设计了以下作业:请同学们找一找其他少数民族的歌曲或乐曲,与小伙伴分享学习收获。完成形式可以个人自主完成,也可以小组合作完成。

2. 融合学科知识与个性创意,开展创作性作业

要"授之于鱼",更要"授之以渔",才能将核心素养的培养真正落地。老师要有意识地设计高阶思维训练,从被动学习到主动学习的实践中,老师要为学生提供思维支架和必要的学习方法指导。比如:对三年级第一单元知识点的复习和梳理中,通过写一写、画一画,让学生融合学科知识与个性创意来制作单元知识的思维导图。

音乐知识融入思维训练和书画创意,既有助于加深学生的学习记忆,又提升了学生的思维能力。其实这还是跨学科作业,激发了学生的创新实践能力,也提升了"创造性分析问题、解决问题"的能力。

3. 与校园生活搭建桥梁,开展活动性长作业

作业不只是在本子上、教室内,更是在校园乃至社会大舞台上。我们学校各级各类活动丰富多样,一直是常态也是学校特色。学校晓黑板平台的推出,综合学科开设的学科类长周期作业已经是常态性作业。

在音乐作业设计中,与校园艺术生活相结合,开展线上与线下活动性长作业。如学校每年的"艺术节""戏曲节"等校园节周活动或艺术比赛的推进中,音乐老师在晓黑板"音乐晓活动"中统一开设全校艺术实践类活动性作业。

比如，在本学期的校园"百名小乐手比赛"中，孩子们的参赛作品就是活动性作业，全校429位学生参加了比赛。又如，本学期学校大课间操，舞蹈《加油 omigo》的推广，音乐老师们统一推出舞蹈实践作业，通过"晓黑板""晓活动"平台设置一个学期的长周期作业，鼓励孩子在家学习，线上展示分享成果。我们很欣喜，这样开放式的线上长作业，吸引了一部分原本在音乐学习中胆小内向，在课堂中不敢展示的孩子被发现和关注到，让大家看到孩子们的表现。让更多的孩子自己勇敢绽放花姿态，为这样一批孩子点赞助力，也是活动性作业的意义所在。

跨学科、综合实践类、长周期、合作类、体育锻炼、艺术欣赏、社会与劳动实践等都是非传统作业类型也有其独特价值。作业不仅是课堂教学的延伸，更是培养学生自律、自主品格和自主学习能力的重要阵地。"双减"之下是全面育人教育观的建立。学校在积极推进，老师们都紧跟时代变革，努力为孩子们呈现一份份与众不同的作业。

线上教学

1. 新空间·新模式·新资源·新思考
——观澜小学"在线教学"实践探索

一场突如其来的疫情,改变了教与学的固有模式,在线教学逼迫我们改变了传统的教学方式,但是"基于课程标准的教学与评价"的主旨不变,变的是如何"基于在线教学的特征","聚焦学科核心素养",为每个年级开发符合学生学习特征与规律的在线教学辅助学习资源;变的是设计什么样的学习活动、怎么组织和推进这些活动,从而发挥学习资源的促学效能。为了高品质实施"在线教育",让每个学生获得更好的发展,观澜小学奋战云端"新空间",探索实践"新模式",创新"五小"课程新资源,全力打好"在线教学"保卫战。

一、做法与成效

(一)疫情一"线"牵,打造"新空间"

1. 疫情"特线"

一个多月在"线"教和学,观澜人通力合作,把"在线教学"这根"线"打造成了"特线"。全校183位教师分成8个小组铺架了8根线,每一根"线"都成了"战线";技术培训成"导线","每日一推清单"学习成"快线",演练讲求细节成"丝线",视频解困成"视线",互帮互助成"热线",为不在沪学生开"专线",疫情教学做到"全线"畅通。

2. 互联"成网"

抗疫"在线教学"初期,学校就连"线"成"网",全力打造《观澜疫线"互联网"》,以五大"空中站点"(协调保障站、技术支撑站、教学指导站、资源服务站、心理预防站)打造云间"新空间"。不同"站点"有不同的职责、任务和要求,每一个教师在规定的时间内转换站点,学习实践;一站站过,一仗仗打;打赢了换站,战输了原地再练,直到过关了继续前行。互联网"新空间"承担和保障了五个年级,74个班级,2 800多位学生"疫"线空中学习。

（二）双师＋主备，"一图"提品质

学校采用"1＋1双平台双师在线教学"模式（以下简称"'1＋1'模式"），即市级平台名师统一授课＋本校老师在线个性化辅导。空中课堂名师课，学生到底学到多少？学到什么程度？怎么让"1＋1"的成效大于2？

1. 师资重组，推行"主备制"

全学科、全年级由64位骨干教师组成"主备"核心团队；以问题为导向，采用"双重把关制"（备课组＋学科教研组），开展以"在线教学"为主题的主题式教研实践活动，将"每日一研"成为教研常态，把开发学科"在线教学"资源包作为每日重点教学常规工作。

2. "四性"导航，关键"细节中"

从一开始就推行"主备制""双重把关制"的观澜"在线教学"，追求品质做到"四性"，教研流程如图1所示，关键成败都藏在细节中。

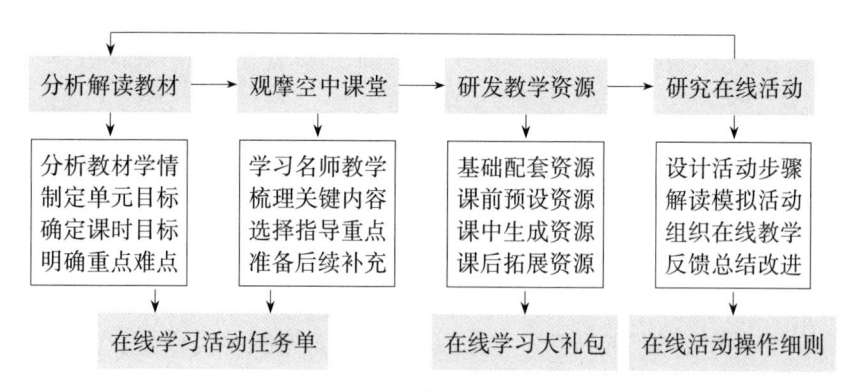

```
分析解读教材 → 观摩空中课堂 → 研发教学资源 → 研究在线活动
     ↓              ↓              ↓              ↓
分析教材学情    学习名师教学    基础配套资源    设计活动步骤
制定单元目标    梳理关键内容    课前预设资源    解读模拟活动
确定课时目标    选择指导重点    课中生成资源    组织在线教学
明确重点难点    准备后续补充    课后拓展资源    反馈总结改进
     ↓              ↓              ↓              ↓
   在线学习活动任务单          在线学习大礼包      在线活动操作细则
```

图1 教研流程

（1）一致性。 上海市名师打造的"空中课堂"从单元视角设计教学进度，突出了课程的整体性、连续性和关联性。"1＋1"模式，我们要做的第一步就是提前制定单元教学目标，与"空中课堂"保持一致，双师教学做到同向同步、同频共振。

（2）延续性。 做好与"空中名师"教学内容和教学活动等拓展性、延续性是"1＋1"模式发挥"1＋1＞2"功效的第二步；教师无论是同步收看还是提前观摩，在"每日一研"中完善观澜"学习任务单"是规定动作和硬指标，是提升"共性＋个性"教学品质，是因观澜校情施教、因班级学情施教的重中之重。

(3) 趣味性。"隔屏"吸引住孩子学习兴趣是关键。为了满足不同年龄段、不同学习层次学生等需求,各学科教师每天都为学生准备丰富的学习大礼包。根据单元教学目标和单元课时目标,准备"基础配套资源""课后拓展资源"等内容、以文字、音频、视频;儿歌、动画、PPT 录屏;核心知识汇总与讲解等在细节中突出趣味性,丰富性,达到有效性。

(4) 便捷性。"1+1"模式对多班教学甚至是跨年级多班教学的教师提出了很高的平台操作要求,为此采取了设计操作细则模板,分年级备课组开设模拟班,课前模拟互动,找寻最便捷的操作方式等一系列方法,经过第一周实践研讨,"便捷性"成就了观澜"在线教学"提质提效的关键做法。

(三)"五小"齐在线,"五育"展新姿

《澜精灵"五小"课程》是观澜落实"五育并举"特色课程,有五大类;在此框架下"五小"课程因时、因事、因地动态开发、生成、实施。

1."五小"蕴"五育"

"在线教学"学校开发"抗'疫'特辑",全面开花有 16 个系列资源,如图 2 所示,成为"空中课堂"拓展特色课程,学生在图、文、视频等个性化学习中提升学科素养;家校携手"五小"课程把观澜"将课堂连接生活,让生活因学习而改变""学以致用"等教学思想落到实处,成为观澜"在线教学"最大生长点和新特色。

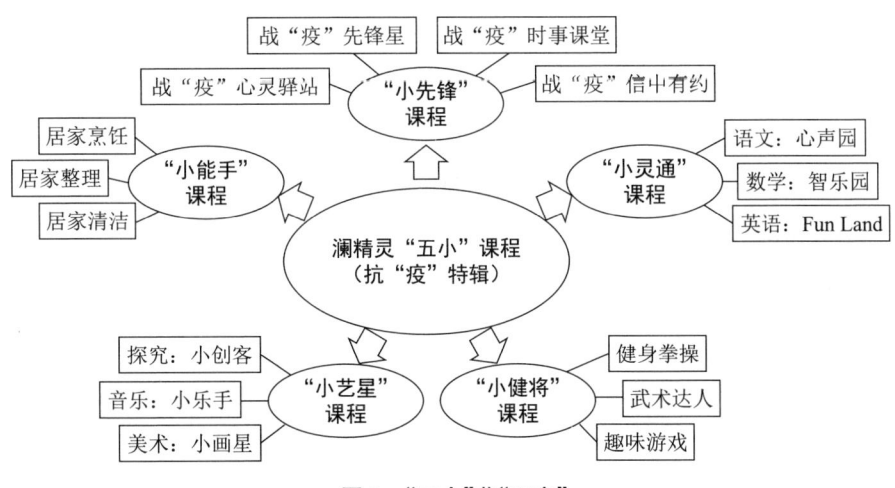

图 2 "五小"蕴"五育"

2."班队"育"忠诚"

每周"空中"升旗仪式主题鲜明,"队会"课成系列,晨会课沟通是关键。

爱国、爱党、爱浦东,社会主义核心价值观培育等线上面更广、量更大,要求更严格。

3."周节"扬"才干"

四月份开始的抗疫在线"周·节"活动(体育节、科技节、艺术节;语、数、英学科文化周等)丰富在家学习内容,在彰显学校特色的同时,让学有所长、学有兴趣的孩子获得不一样的成长体验,获得春天般暖暖的幸福感。

(四)"四步"新模式,"支架"育新人

"在线教学"是需要更强自控力的学习,是有规律的学习,是多种学习方式组合的学习。自律是关键,激发兴趣是重点,养成习惯、提升素养是目标。按模式搭支架是"在线教学"新实践,为此,提炼"在线教学"模式成为"每日一研""空中课堂"重要任务之一。奋战一个月,各学科"四步"教学模式初露端倪,"四步"新模式成为自主学习支架,助力教师的教和学生的学。

语文:导入→质疑→感悟→拓展(阅读课)。

数学:练习→发现→开拓→应用。

英语:自主→感知→导学→语用。

音乐:赏析→学练→创编→展演。

体育:激趣→练习→展示→比赛。

美术:收集→整理→创作→展评。

自然:问题→探究→发现→应用。

(五)在"线"一个月,手可"摘星辰"

教学五环节,评价不可少。基于课标教,客观公正评。

1. 多元评价增兴趣

课上,"点赞""跟帖"有讲究,做到教学流程呈队列,方便"复学"有路径;"大拇指"成为了解学生学习状态进度表。"有条件的同学跟帖分享朗读成果,无条件分享的同学完成后听听同学们的分享吧!"学生化身为在线小主播和小听众,"点赞""加星"快乐忙,课堂即时评价更加多元化。图3所示为"澜精灵"居家学习星星榜。

2. 多元主体鼓士气

全校每天16:00是查收、布置作业的约定时间;学生们变身朗读者、小画星、演讲家、小百灵、小健将、小先锋等,作业内容实用又有趣,师生以语音、

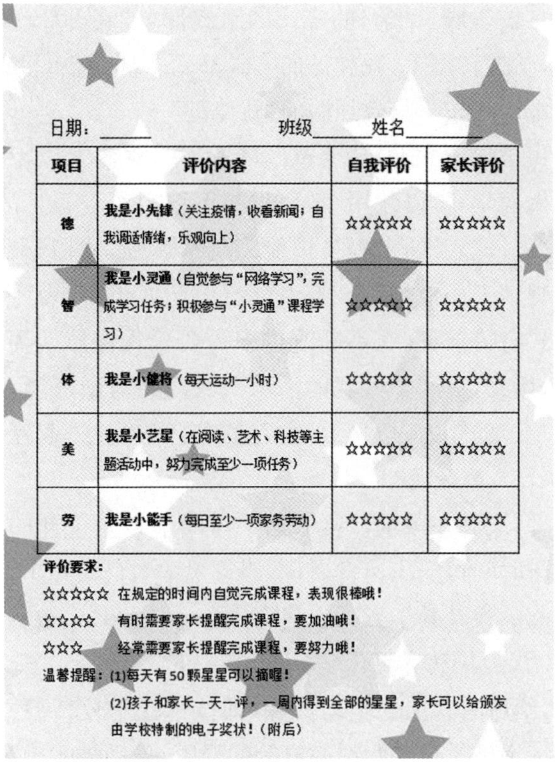

日期：______ 班级______姓名________

项目	评价内容	自我评价	家长评价
德	**我是小先锋**（关注疫情，收看新闻；自我调适情绪，乐观向上）	☆☆☆☆☆	☆☆☆☆☆
智	**我是小灵通**（自觉参与“网络学习”，完成学习任务；积极参与“小灵通”课程学习）	☆☆☆☆☆	☆☆☆☆☆
体	**我是小健将**（每天运动一小时）	☆☆☆☆☆	☆☆☆☆☆
美	**我是小艺星**（在阅读、艺术、科技等主题活动中，努力完成至少一项任务）	☆☆☆☆☆	☆☆☆☆☆
劳	**我是小能手**（每日至少一项家务劳动）	☆☆☆☆☆	☆☆☆☆☆

评价要求：

☆☆☆☆☆ 在规定的时间内自觉完成课程，表现很棒哦！

☆☆☆☆ 有时需要家长提醒完成课程，要加油哦！

☆☆☆ 经常需要家长提醒完成课程，要努力哦！

温馨提醒：(1)每天有50颗星星可以摘喔！

(2)孩子和家长一天一评，一周内得到全部的星星，家长可以给颁发由学校特制的电子奖状！（附后）

图3 “澜精灵”居家学习星星榜

文字、加星、点亮等方式进行逐一评价，“在线教学”让评价方式变得更加多样化。家长参与、作业“相互可见”设置等方式，作业分享和互相评价变得更加简便，实现了评价主体的多元化。

3. 有效监测早跟进

本着“上下沟通、了解信息、监控实施、提供服务”工作原则，实行线上蹲点制、线上检查制、线上学情调查制、线上学习培训制等，以事实为据，数据为器，实时跟进，确保知识在云端“新空间”有效传递，线上教学和线下课堂同质等效。

二、反思与跟进

一场疫情，转变了教学观念、改变了教学行为、提升了技术水平，观澜师生以成长的姿态站在抗疫第一线。

（一）新空间·新变革

不确定的时代，无常秒变的世界！教育家预言的“我们的‘学’，不一定发生在'校'中;'校',成了'学'的方式的组成部分"在2020年成为了现实。基于网络技术,学校转型了,教和学的方式都变了!要应对和胜任"新"的一切,教师、学校都被迫按下长效经验的"暂停键"。

在这场全民被迫的"暂停""变革""考验"中,观澜人以特有的教育初心和担当,在"为做而学,学以致用"教育思想下取得了看得见的成果:教师的信息技术突飞猛进;孩子的自控自护能力越来越强,我们不在课堂,但是学习比在课堂多得多……但是应该来说"变革"还处于"浅表"层,正如我们的"在线教学"模式有待求证,在不断改进中需要延长保质期等。我们只有始终聚焦"学习",始终按照"学习者的需求",始终面对新环境,让新空间和教育方式都具有"变"的能力,与学习、生活在其中的师生一起互动,共同生长。

(二)新方式·共融通

春暖花已开,决胜在眼前。复学后的教学应该是怎样的?不能漠视教育信息化在这段时间里的飞速发展,不能忽视学生自主化个性化的学习,不能回到疫情之前的教育教学方式。消除执念,实行"共生融通"策略。

1. 顺势而为,加快教育现代化步伐

此次疫情,给所有人上了生动一课,即技术让学校转型,技术改变教和学。教师要继续突破学校、课堂、教材等的局限,借助技术力量,不断学习新技术实现教学和学习的自主化和个性化。坚持技术的早用、快用、恰当用的原则,坚持"未来已来"必须走教育现代化之路,并且做到全覆盖。

2. 因势利导,发挥"线上"后效应

一个多月的"在线教学"创新了很多做法,收获了很多"线下"难以达到效果,最难能可贵的是我们思维的转变:教师自觉自发的学习意识和行为;学习和生活融为一体,学习成为了我们最常态的生活方式;按下"暂停键",大胆把学习的过程还给孩子;"在线教学"中教师的主要任务不是教,而是提供资源,包括文本资源、网络资源、视频资源、阅读资源、学习建议;等等。我们要在学科知识和技术、技能的查漏补缺之外,把疫情期间的"线上"教学得失,作为资源用于后续教学的优化上,让"线上""线下"衔接顺畅,疫情后的"线下"也不是原来意义上的"线下"教学,是已经在"变革"中走向未来的"线下"教学。

因为疫情,身处其中的我们都尝到了不一样的滋味,我们也都拥有了宝贵的体验和经历,反思和改变,已经让我们成长!复学后,我们遇到的都是更好、更强大的彼此!

(本文原刊于《当代教育》2021.11)

2. 基于标准　因时因地因生制宜 把握要求　实在实用实效评价

——新区语文教研线上经验交流

转眼,在线教学已经开展了近两个月了。对于网课,和屏幕前的您一样,我们语文组的老师们也经历了从忧虑彷徨到逐渐适应,再到精益求精的过程,在这当中,离不开老师们的用心付出,也离不开集体的智慧。面对"云端教学"这一全新的教与学的方式,我们思考与实践着,努力解决一个又一个预想之中或是意料之外的问题:如何钻研教材,把握重难点,做到精准预设;如何关注学情,面向全体,做到以学定教;如何巧用平台,发挥技术优势,实现有效教学、有效评价,真正做到"隔屏不隔教"。我们对照课程标准,精心设计讨论环节,与空中课堂的老师一起引领学生学语习文,使课堂得以顺利推进。那么,"评价"这一块,又该怎样操作呢?我们组以"基于标准,因时因地因生制宜;把握要求,实在实用实效评价"为原则,做了以下几方面的尝试。

一、未雨先绸缪,头脑风暴集智慧

二年级语文组共有教师 16 名,其中既有经验丰富的年长教师,也有执教多年的教学骨干,但绝大多数是教龄不足三年的教学新兵。考虑到这一情况,为了让整个团队 16 个班的语文教学齐头并进,定时有主题的每日教研成了我们的工作常态。我们就在线教学中评价的有效实施展开了研讨,先让老师们各自提出困惑,抛出问题。

课堂时间有限,怎样实现高效评价?
作业怎样布置与批改能更好地检测学生的学习成果?
隔空隔屏,学生的注意力是否集中如何观测?
网络课堂,怎样既关注全体又因材施教?
网络课堂,怎样更好地激发学生的学习兴趣与热情,使他们成为学习的主人?

……

我们以这一系列问题为导向,头脑风暴集体商议,有针对性地提出解决措施。在教研活动中,我们还认真学习了《语文课程标准》《小学低年级语文学科基于课程标准评价指南》《本市中小学在线教学工作的指导意见》《关于做好在线教育期间中小学作业管理工作的通知》和《观澜小学教师"在线"教学须知》等文件精神,明确标准,统一认识。将有效的评价细化落实到课前准备中,落实到每堂课的"思考与讨论"环节中,落实到每天的课后作业与学科活动的开展中。

二、优化教与学,巧作评价出成效

(一)环环跟进,关注评价时机的灵活性

1. 及时性评价

平时的课堂中,我们倡导"教—学—评"的融合,将评价贯穿在整个教学活动中,教师要善于倾听学生的发言,观察学生的表现,关注课堂生成,通过及时评价对学生的学习情况与学习状态进行诊断与激励,同时发挥评价的引导作用。如今的课堂,师生间的交流在线上进行,表情达意没有面对面的教学来得直接与直观,但便捷的互联网使我们之间的信息传递没有丝毫障碍,学生可以用文字、语音、图像甚至视频来回答问题,展示学习成果,甚至与线下课堂相比还有其不具备的优势,比如可以同一时间多人参与答题等。面对几十位学生发送来的大量信息,教师及时的反馈与评价显得尤为重要。我们力争做到"有答必有评",让学生每一次的课堂参与都不被冷落。

那么,如果全部用文字回复时间上来不及怎么办?我们组的老师们找到了一种绝佳的方式——语音指导与评价。老师们达成了这样的共识,和文字相比,语音能更快地表达意思,更好地传递情感。孩子们听到自己老师的声音也会倍感亲切。针对学生课上的互动交流,老师们用语音和文字相结合的形式当场点评,收获了良好的教学效果;批改作业后,老师们用语音进行作业评价,有热情洋溢的鼓励与表扬,有耐心细致的讲解与答疑;老师的声音似有"魔力",孩子们从中感受到了老师热切的关注、暖暖的鼓励和殷殷的期待,学习的劲头也更足了!

2. 延时性评价

互联网的优势在于能存储信息,便于我们有需要时"回头看""反复看",这也为延时性评价的操作提供了可能。我们提倡对学生的课堂表现、作业

等做及时评价,但在一对几十的情况下可能会有顾此失彼的情况,这时,利用课后的时间细心翻看,对课上没来得及评的发言等作补充评价就很有必要,就算讨论区已关闭,老师的评价信息仍会作为新消息显示在学生的电脑端,便于学生查看。作业的批阅也一样,考虑到学生的实际情况各不相同,我们会给学生两天甚至更长的时间上传作业,再由教师自主安排批阅时间,这样评价时间更灵活,且不影响评价效果。

(二)拓宽途径,关注评价主体的多元化

我们认识到,在教与学的过程中,参与评价活动的人并非局限于教师。如果课堂评价仅仅是师评生的单线模式,学生就只能是被动接受者,他们的学习主动性、学习的主体意识不能得到调动,这样的课堂也不可能充满生命的活力。因此,我们比较多地考虑让学生参与到评价环节中来,生生互评、学生自评等环节设计都可以有效地激发学生的学习热情,让学生在评价他人或自己的过程中习得知识,锻炼表达。

当然,二年级的学生还小,教师就得在如何指导他们"会评"上下功夫。在这当中,一系列"评价小贴士"的呈现给予了学生评价的标准。如教学《枫树上的喜鹊》一课时,指导学生朗读文中人物对话时出示老师的范读录音,还附上了"朗读小贴士",要求学生口齿清楚响亮读,合理停顿连贯读,有声有色感情读。在让学生展开想象,完成课后说话练习时,出示"说话小贴士",要求学生想象合理,说话完整,表达连贯。在指导学生写字时,"写字小贴士"又再次提醒学生端正书写姿势,看清笔画位置,认真写好每一个字。一个个这样的贴心"小贴士"贯穿课堂始终,既对学生的学有引导作用,又是学生自评、生生互评的依据,一举两得。

除此之外,学生自评,家长评价等也是我们常用的评价方式。"这一题全对的小朋友在题号旁边画一面小红旗""这段话你能注意停顿,一字不差地读下来了,在旁边画个笑脸吧""把这首诗背给爸爸妈妈听一听"……这样的要求让学生自己与家长都参与到评价过程中来,实现了评价主体的多元。

(三)细处着眼,关注评价内容的多维化

《基于课程标准的评价指南》中指出,评价学生的维度不能仅局限于"学业成果",还应关注学生的学习兴趣与习惯。"空中课堂"对学生的自主学习能力提出了更高的要求,在这方面教师的督促与评价对提高学生的学习力有重要作用。学生上课听讲认真了吗?讨论参与积极了吗?作业完成用心了吗？对这些方面的评价隔着屏幕似乎很难实施，怎么办？我们也有"妙招"。

1. 晒晒"课堂小笔记"

正所谓"不动笔墨不读书"，晒晒"课堂小笔记"的举措可以帮助学生养成认真听讲，勤记笔记的好习惯。空中课堂的老师会让学生圈圈画画有关词句，在讨论环节中也会让学生记一些小笔记。每课结束后，让学生将语文书上的小笔记拍照上传至作业中，学生可以通过互相学习，查缺补漏，对那些上课吊儿郎当心不在焉的小朋友也是督促与提醒，因为一旦上课不听，很可能他们的书上会空白一片，这样的话，老师可要批评的哦。

2. 听听"一课一点评"

每堂课的讨论环节最后，老师都会针对本课做一个一两分钟课堂小点评。一方面重点表扬课上积极参与的学生，为他们加油点赞；另一方面指出学生存在的不足，提出希望与要求。同时也对前一天的作业完成情况做点评。这样的点评及时而又有针对性，从小处着眼，关注细节，在班级中树立榜样，督促学生见贤思齐，积极参与课堂，努力改进不足，养成良好的学习习惯。

3. 做做"单元小调查"

为了更好地了解学生的阶段学习成效，我们利用"晓黑板"平台的"晓调查"功能，让学生完成在线小练习。这样的"晓调查"一方面紧扣单元学习的重点知识，检测学生的知识掌握情况，方便老师查缺补漏，在下阶段的教学中有措施跟进；另一方面了解学生在线学习的态度、习惯与遇到的困难，帮助老师及时掌握学情，发现问题，更有针对性地开展教学。

（四）创设平台，关注评价功能的激励性

在保底教学、保底作业的基础上，我们也为学生创设一些喜闻乐见的平台，让学生在自愿参与，提高听说读写的能力，这一过程中，评价的激励功能也得到了发挥。

1. "春之歌"诵诗小舞台

本册第一单元以"春天"为主题编排内容，老师们带着孩子们走入字里行间，开启别样的"春之旅"。现实生活中的春天也已来到，桃红柳绿春意正浓，残酷的疫情又使这个春天显得来之不易，置身其中的孩子们也有太多的情感想抒发。基于此，我们各班在"晓活动"中开设"春之歌"诵诗小舞台，让孩子们以"春天"为主题来诵诗,一场别开生面的诵诗会拉开帷幕。孩子们诵读古诗或现代诗歌,还有不少是以抗击疫情为主题的诗歌,这样的活动语文味十足又具有教育意义,真是"春雨润物细无声",同学们徜徉在诵诗会中,相互倾听、点赞,乐在其中,学在其中,收获成长。

2. "墨之香"书法我来秀

每个单元,我们都会开展一次"大家来练字"活动,教师提供范本,全年级六百多名学生书写同样的内容,发在"晓黑板"班级作业中展示,由教师点评或学生互评,评选出优秀作业。特别优秀的还有机会入选年级优秀作业展,制成微视频,推送给每一位学生,供大家欣赏学习。这对入选的学生而言是莫大的肯定与激励,对其他学生而言也是很棒的学习机会。

3. "童之趣"我笔写我心

对于二年级下的学生而言,书面表达已经到了起步阶段。不少学生对写话兴趣浓厚,有的小朋友还能写写小诗,这份兴趣需要老师的呵护与引导。如第四单元,学生尝试看图创编童话故事,老师们对学生上交的每一篇作业都做了精心的批阅,或直接在作业图片上编辑,或用文字或语音评价,热情洋溢地鼓励和赞扬学生写得好的地方,同时指出修改建议,细致到一个词一个标点的正确用法。我们将优秀的写话作品在班中作阅读推荐,还将全年级的好作品集结成电子文集,分享给每一位小朋友。这样的激励性评价让孩子们感受到一种"成就感",他们拥有了更多写的自信与乐趣。

特殊的时期,全新的教学方式,我们的教学与评价还在实践中和改进中,我们和互联网那头的每一位教育同行一样,正本着一颗为师者的初心,在探索中前行。有了大家协力同心,奉献智慧,用心耕耘,一定会让孩子们的空中课堂精彩、实用、硕果累累。让我们携手走过这段有些艰难的路途,非凡的经历会使人成长。

3. 用好"云端"大平台　实践"教学"微改变

——新区数学教研线上经验交流

一场疫情让我们共同经历了"线上教学"这一全新的教学模式，五月开始我们又经历了"线上线下"混合教学模式。在这期间，我们数学教研组的老师们边摸索边思考，边学习边实践，努力解决一个又一个预想之中或是意料之外的问题：如何钻研教材，把握重难点，做到精准预设；如何关注学情，面向全体，做到以学定教；如何巧用平台，发挥技术优势，实现有效教学、有效评价；等等。总之，我们全方位地体验了一把"云端教学"，数学教学与互联网平台有了前所未有的碰撞与交融，信息技术与网络环境对数学教学的辅助作用得到了前所未有的利用和开发。如今，回过头来反思那段特殊时期的特殊教学，有许多好的做法与经验值得延用与倡导。下面从以下3个方面来谈谈我们的教学实践。

一、"研"在云端，优化教研模式

3月2日起，为保障在线教学的有序高效，我们采取了"每日教研、规范流程、精准对接"的策略，"在线教学"也要实施教学五环节的流程管理要求，教研流程如图1所示。

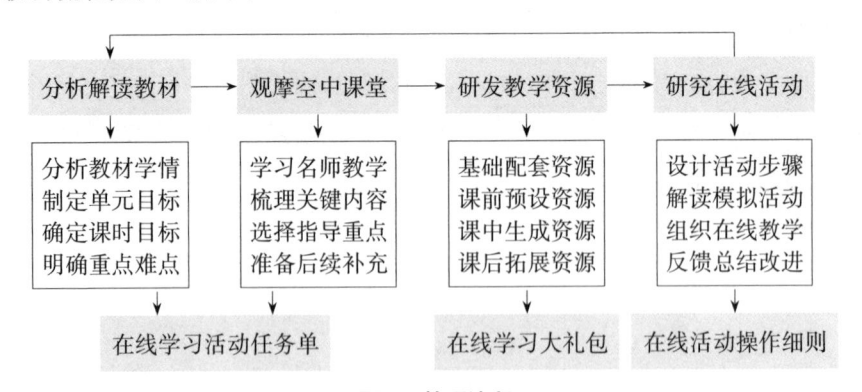

```
分析解读教材 → 观摩空中课堂 → 研发教学资源 → 研究在线活动
     ↓              ↓              ↓              ↓
 分析教材学情    学习名师教学    基础配套资源    设计活动步骤
 制定单元目标    梳理关键内容    课前预设资源    解读模拟活动
 确定课时目标    选择指导重点    课中生成资源    组织在线教学
 明确重点难点    准备后续补充    课后拓展资源    反馈总结改进
     ↓              ↓              ↓              ↓
          在线学习活动任务单     在线学习大礼包    在线活动操作细则
```

图1　教研流程

（一）每日教研，规范流程，精细管理

老师们除了随时的微信、晓黑板交流，每天下午1点到1点半是我们数学各备课组雷打不动的教研时间。大家认真研讨,充分了解教学内容和教学目标,分析解读教材,提前观看空中课堂名师授课,对明天课中学生可能发生的问题充分预设,编制学习活动任务单。

备课组研讨好后,由主备老师执笔撰写明日思考与讨论教学环节,主要由3部分组成:①上一课时的教学重难点复习;②本课时的重难点内容梳理;③学生练习或提出问题教师答疑。主备老师在充分了解教学内容及预设学生可能会存有疑惑的问题后,完成课堂"思考与讨论"教学环节撰写,经教研组审核,发送给每位老师,老师再根据班级学情做个性化修改。

课中的练习,主备老师们都要自己提前做一遍,在做的时候,旁边注明怎么做、怎么讲,重点是什么。如果遇到年轻教师不理解,有时还会录上音频分析给他们听,或是录上一段视频,让青年教师跟着视频讲一遍,一遍不行两遍,直到过关为止。组内的青年教师信息技术能力强的,负责音、视频的录制工作,一旦审核不合格,必须重新录制,直至合格,为在线空中教学提供了有力的保障。

(二)查漏补缺、及时改进,精准对接

一天的教学活动结束后,老师们会及时将教学中碰到的问题(包括技术上、和学生的互动交流等)发送给组长,组长和教学骨干研讨后,将解决方案再推送给老师。数学组根据小学低中高年级学生学习特点(见表1),及时改进新增学习资源,探索作业、反馈、互动三位一体的模式。对于个别学生在课中来不及提出的问题,我们鼓励孩子在平台上跟老师私聊,做到一对一有针对性的答疑。

表1 小学低中高年级学生学习特点

年级	学习特点	学习资源
低年级	对学习充满新鲜感、好动、易疲劳、注意力容易分散	提供贴近生活的教学资源,包括音频、视频、图片等资源,文字资料不宜过多
中年级	随着经验和知识的积累,学习能力不断提高,注意力、记忆力、理解力、思维能力不断增强	除提供贴近生活的教学资源,包括音频、视频、图片等资源,提供的文字类资源适当增加
高年级	已形成一定的学习态度,随意注意进一步加强,理解力进一步提升	提供知识类和思维类的学习资源,可以更多是文字类的学习资源

（三）对线下教学的启示

线上教研这一全新的模式，打破了时间和空间的限制，随时随地地在线研讨可以成为今后教研活动的常态模式之一，我们发现面对面的教研和网络教研相结合、相穿插的模式，让大家的思考和教研随时随地发生。

高效便捷的学习资源共享更是观澜线上教学的一大亮点。微视频是在线期间最受学生喜爱的学习资源，可以反复学习是最大功能，可以为理解能力差的学生、为家长辅导反复提供"原汁原味"的服务。今后，微视频也要成为线下教学最好的辅助手段，可以作为课前的学习，可以作为课中的重难点突破，可以作为课后辅导的巩固。我们观澜小学第五届"观澜之星"教学评比——青年教师"微视频"制作大比拼，就是对教学的"新式妙招"的延续。

二、"学"在云端，创新学科活动

基于"核心素养"的数学教学，更加注重数学知识的实用性，更关注学生创新意识能力的发展，激励学生多样化独立的思维方式。小学阶段的综合与实践活动，让学生感受数学在日常生活中的作用体验，能运用所学的知识与方法解决简单问题，获得初步的数学活动经验。我校每年开展的数学学科文化周活动，就是这样的一种项目化学习的综合实践活动。那么线上教学期间，怎样突破物理距离的限制，让孩子们过一个不一样的数学节呢？我们因地制宜，结合当时国内外新冠疫情的发展状况，设计了"'数'说疫情、联'享'智慧"云端数学节。

（一）"数"说疫情，生活即课堂

以年段为单位，探究新冠肺炎疫情在我市、我国，乃至世界的发展情况。通过电视、网络、报纸等渠道了解防疫情况，收集整理相关的数据，选择"口罩的价格、种类、佩戴时间……""防疫产品如口罩、防护服、呼吸机……的生产数据"、新冠肺炎"患病人数""治愈人数"等主题进行探究，结合统计数据进行分析，提出一些关于"抗击疫情从我做起"的建议。

（二）巧搭支架，活学又活用

老师们通过头脑风暴，设计确立了各年段的保底探究单，如低年段研究口罩个数，可以算一算每个人一天使用几个口罩，一家人需要几个口罩，一个星期需要几个口罩，家里的口罩储备量是多少，富余量或者短缺量是多少，还可以和当下的口罩生产量联系起来，孩子们很容易就能联想到"口罩的紧缩"这一问题。同时我们也鼓励学生富有个性地运用思维导图、统计图表等,把所学的数学知识和生活实际联系起来,除了基础知识的掌握,更要注重数学成果的运用和转化。

(三)成果丰硕,舞台在云端

数学教师在执教班级"晓黑板"平台开设好"晓活动"栏目,并下发探究活动单给学生,进行辅导。学生人人参与,完成探究活动单后发送至班级"晓活动"栏目,还可以把自己的探究成果拍摄成视频、录制音频进行分享。学生作品可上传到晓黑板的"晓活动"中,大家相互交流与点赞;还可以通过微信公众号展示每个年级中最优秀的作品。

(四)对线下教学的启示

疫情期间,老师树立了"生活即课堂"的课程意识,线上的一堂堂抗疫知识宣传、一个个抗疫故事、一张张活动探究单、一个个抗疫小主播;等等,生活就是课堂的"实用"教育彰显,疫情就是教科书,让学生明白尊重生命、敬畏自然、懂得感恩、热爱祖国。

回到线下教学后,我们依然要将校园生活、社会生活等作为我们的教学内容,先做到"生活即教育",然后才能"教育即生活"。虽然线上教学告一段落,但借助网络平台的综合实践活动可始终沿用,它既便捷可操作,又能面向全体,向每位学生敞开展示自我的舞台,学生借助活动既可以相互学习借鉴,又能收获更多的自信与动力。

三、"评"在云端,优化评价方式

(一)关注评价时机的灵活性

平时的课堂中,我们倡导"教—学—评"的融合,将评价贯穿在整个教学活动中,教师要善于倾听学生的发言,观察学生的表现,关注课堂生成,通过及时评价对学生的学习情况与学习状态进行诊断与激励,同时发挥评价的引导作用。而线上教学,表情达意没有面对面的教学来得直接与直观,但便捷的互联网使我们之间的信息传递没有丝毫障碍,学生可以用文字、语音、图像、视频来回答问题,展示学习成果,甚至与线下课堂相比还有其不具备的优势,比如可以同一时间多人参与答题等。面对几十位学生发送来的大量信息,教师运用语音、文字等进行及时的反馈与评价显得尤为重要。

我们也经常会遇到来不及回复评价的问题,这时就会用到延时性评价。

互联网的优势在于能存储信息,便于我们有需要时"回头看""反复看",这也为延时性评价的操作提供了可能。我们力争做到"有答必有评",让学生每一次的课堂参与都不被冷落。

（二）关注评价主体的多元化

如果课堂评价仅仅是师评生的单线模式,学生就只能是被动接受者,他们的学习主动性、学习主体意识不能得到充分调动,这样的课堂缺乏生命的活力。因此,我们比较多地考虑让学生参与到评价环节中来,生生互评、学生自评等环节设计都可以有效地激发学生的学习热情,让学生在评价他人或自己的过程中习得知识,锻炼表达。

让学生参与到评价中来,教师还需在如何指导他们"会评"上下功夫,要让学生明确每次评价的依据与标准是什么,可以附上"评价小贴士",这样的贴心"小贴士"贯穿课堂始终,既对学生的学有引导作用,又是学生自评、生生互评的依据,一举两得。除此之外,学生自评、家长评价等也是我们常用的评价方式。

（三）关注评价内容的多维化

《基于课程标准的评价指南》中指出,评价学生的维度不能仅局限于"学业成果",还应关注学生的学习兴趣与习惯。"空中课堂"对学生的自主学习能力提出了更高的要求,在这方面教师的督促与评价对提高学生的学习力有重要作用。学生上课听讲认真了吗？讨论参与积极了吗？作业完成用心了吗？对这些方面的评价隔着屏幕似乎很难实施,怎么办？我们也有"妙招"。

1. 听听"一课一点评"

每堂课的讨论环节最后,我们都会针对本课做一个一两分钟课堂小点评。一方面重点表扬课上积极参与的学生,为他们加油点赞;另一方面指出学生存在的不足,提出希望与要求。同时也对前一天的作业完成情况做点评。这样的点评及时而又有针对性,从小处着眼,关注细节,在班级中树立榜样,督促学生见贤思齐,积极参与课堂,努力改进不足,养成良好的学习习惯。

2. 做做"单元小调查"

为了更好地了解学生的阶段学习成效,我们利用"晓黑板"平台的"晓调查"功能,让学生完成在线小练习。这样的"晓调查"一方面紧扣单元学习的重点知识,检测学生的知识掌握情况,方便教师查缺补漏,在下阶段的教学中有措施跟进;另一方面了解学生在线学习的态度、习惯与遇到的困难,帮助教师及时掌握学情,发现问题,更有针对性地开展教学。

(四)对线下教学的启示

在我们平时的教学中,学生一般对写的作业比较重视,而对读、背、说的作业有的学生就不能做到一丝不苟,很大一部分原因是教师评价的缺失。而网络的信息储存功能可有效地解决这一问题。如一二年级没有笔头回家作业,怎么检测呢?可让学生用音频或视频的方式发送到晓黑板中,教师可灵活安排时间进行评点,这样有评价手段的口头作业,教师关注到每个个体成了可能,学生完成的劲头会更足。

在线下教学中,有的老师仅停留于教师评的单线模式;有的老师为活跃课堂气氛,也会让学生参与评价,但只是为评而评,没有对学生的评提供标准、进行引导,导致学生评价语言单调贫乏,缺少针对性。所以说,关注评价主体的多元化并非是让教师完全放手让别人去评,而是要在指导"怎么评"、点评他们"评得怎样"上下功夫。这样的生生互评才是实实在在的,才不至于让评价仅仅是换了个花样,走了个过场。

在全面推行素质教育的今天,评价学生不能只盯着学生的学习成绩,还要全方位地关注学生的学习态度、学习习惯、学习兴趣,但具体怎样关注,如何评价态度、习惯、兴趣这些看似无形的东西呢?其实,我们大可以将无形之物转化成有形的实体来考量,如以上说到的课上点评、做做小调查等方式在线下教学时也同样适用。我们还可以在单元小练习上放上这样的一个评价表,包含知识与能力、态度与习惯等多维度的师评、自评,充分发挥书面小练习的诊断评价功能。

线上教学带给我们诸多思考与启示,后疫情时代对教育教学带来诸多挑战,同时也带来新的机遇,教育变革的必要性和迫切性再一次凸显。未来,让我们紧跟时代的步伐,本着创新的理念,开拓的思维,务实的教风开展数学教学工作,将云端经验有效地运用到线下教学中去,使我们的数学教学更扎实、更高效、更快乐!

4. 问题导向　打造研学新时空

——新区英语教研线上经验交流

基于我校校情,我们采用在晓黑板中开展"晓讨论"的方式组织思考与讨论,统一备课,采用统一学习资源。具体做法如下。

一、思中求变

(一) 调整组合,优势互补

我们由区级骨干教师领衔,以校级骨干教师为核心,组建了"在线英语教学备课组";以青年英语教师为成员,创建了"在线教学英语技术组"。

"备课组"负责每天"思考与讨论"的活动内容、活动方式和作业的设计;"技术组"负责资源的制作、收集和整合,并为组内教师提供技术咨询和辅助。

(二) 研制细则,明确职责

为了保障在线教学的有序推进,制定了《观澜小学英语教师"空中教学"操作细则》,明确每天网上教研时间,教师的分工和职责,并对教学常规提出了具体的要求。

(三) 定时研讨,主题导航

从 2 月 28 日开始,我们团队以问题为导向,采用"双重把关制",开展以"在线教学"为主题的教研实践活动。

1. 运用教材分析属性表,导航教学方向

以"英语学科教材结构属性表"为支架,提前制定统一的单元教学目标,确保"1+1 双平台双师在线教学"目标的一致性。

2. 观摩空中名师课堂,完善学习任务单

空中课堂的名师教学,是教研组每一位老师宝贵的学习资源。无论是同步收看还是提前观摩,大家在学习名家教学的同时,还及时记录课堂问题链、关注重点教学片段等,在组内进行在线研讨之后及时对预设的学生活动任务单加以改进与修正,确保"1+1"教学内容和活动的延续性。

3. 基于学生实际需求,研发教学资源

我们每天为学生准备丰富的学习资源。

（1）将牛津英语教材配套光盘内容进行翻录，作为基础配套资源。

（2）收集整理儿童英语歌曲、英语课外阅读动画故事等作为课后拓展资源。

（3）将重难点解析、练习讲评、核心知识汇总、学习方法指导等制作成图片、音频和视频，形成自制教学资源。

（4）将空中课堂中的文本语篇、重点片段、教学难点等进行再加工，形成课堂链接资源。

备课组结合当天空中课堂的教学内容和活动，对预设资源做科学的选择与调整，确保"1＋1"学生学习资源的趣味性、丰富性和有效性。

4. 规范教师操作细则，简化多班活动

我们有老师同时要在四个班级开展教学。因此，我们的每一份操作稿中，都包含了以下几项内容。

（1）"友情提醒"区。罗列了值班老师点名时间、思考与讨论区发布时间、学生课前准备所需物品。

（2）"活动任务"区。写明了思考与讨论的教学步骤，包括学生学习任务、互动方式、辅助学习资源名称、活动建议时长等。

教师只要按照操作稿的步骤，布置任务、推送资源、组织互动即可。课前，备课组组织教师在线解读或模拟互动，以确保活动的可操作性。

二、探索求质

五个多星期来，我们遵循"每日一研"教研基本流程，规范有序地进行在线教学的研讨和实践。

一年级的学生还处于学习习惯的养成阶段。但是，在经历了"史上最长寒假"之后，学生是否能迅速地进入学习状态并适应在线教学这一新模式呢？为此，我们团队在过去的五周里，从帮助学生恢复学习状态、适应在线学习入手，逐步提高在线教学的实效性。我们通过推送"学习任务单＋学习资源"的方式，帮助学生适应在线教学，培养学习习惯，激发学习兴趣。

（一）基于学生学情，设置学习任务

学习任务单的设置，方便学生快速了解学习任务，巩固操练所学，也方便我们一师多班教学的切换操作。

1. 任务要求清晰，指向性强

考虑到一年级学生识字量不多，阅读任务要求有困难的问题，我们将任务呈现视频化、语音化、图片化。清晰明了的指令,让学生迅速明确要求之后就可以开展自主学习了。任务单中,教师亲切的声音、精致的图片、巧妙的视频都为思考与讨论环节添彩,更重要的是提高了学生学习的积极性。

2. 任务链接生活,富有童趣

为了让隔着屏的低年级学生始终保持着旺盛的学习兴趣,我们在设置任务单时,寻找学生喜欢的卡通形象,链接生活情境,吸引住学生的眼球,让孩子在这种模拟真实的生活情境中,主动去获取信息,挑战自己,完成任务。

(二)根据阶段目标,慎重选择资源

1. 教学的进程

根据在线教学的进程,我们在"+1"(思考与讨论)学习资源的制作和运用上有不同的侧重。

第一周,我们以"培养学习习惯,恢复学习状态,适应在线学习"为目标,采用"视频跟读"为主的学习活动,巩固课堂所学并为他们提供朗朗上口的英语儿歌和简单有趣的英语歌曲作为拓展,培养学生兴趣。

第二周开始,我们以"链接空中课堂,优化学习资源,努力提升1+1品质"为目标。提前收看空中课堂,使我们的课前准备更加充分。和第一周的匆忙截屏直接推送相比,我们有了思考和修改的时间,使"1+1"链接更加紧密。

2. 教学的方法

(1)聚焦重点难点,分步训练夯实。

1)纠正读音。基于空中课堂节奏快,担心学生没有掌握新授单词与句型读音的问题,我们录制视频,在视频中,老师讲解强调单词和句型的朗读。然后老师推送课文视频,学生再一次模仿跟读,加深记忆。

2)巩固操练。基于学生在空中课堂来不及消化操练所学的问题,我们在情境中创编儿歌,巧设游戏,让学生在动口动脑中,复习所学知识,加深对新知识的理解,巩固记忆。

3)语言训练。为了检测学生的学习成效,我们创设人机对话,让学生在模拟交流。我们运用语言支架和丰富的图片资源,让学生尝试创编对话或说话练习,以此进行语言的训练。

(2)选择文本语篇,开展二次朗读。

空中课堂为学生提供了一些学习文本和语篇,对于那些学习能力较弱的学生来说,课堂中提供的阅读时间是不够的,因此我们从中选取一些,进行再加工,指导学生进行二次朗读。

(三)提供作业资源,培养学习习惯

我们统一在晓黑板作业区推送作业。我们的作业首先以激发学生兴趣为切入点,考虑面向全体学生。因此我们采用摘星的方式,进行分层布置作业。一星作业为基础作业,听一听,读一读当日所学的内容;二星作业,根据老师提供的情境图片完成一个简单的对话练习;三星作业,采用做做,画画的方式,对当日所学进行描述。摘星练习,学生可以采用语音分享,也可以采用视频的方式进行呈现。让学生根据自己的实际学习情况,选择完成其中的一项作业,可以接受所有的挑战。

我们采用分批让学生上传作业的形式对他们的学习成果加以检查。对于学生提交的每一份作业,老师们都会仔细地聆听和审阅,并以语音、文字、加星、点亮等方式进行逐一评价,在线教学让评价方式变得更加多样化。作业相互可见的设置方式,也让学生之间的作业分享和互相评价变得更加简便,实现了评价主体的多元化。

为了检测孩子对单元核心知识掌握的情况,我们利用晓调查开展"云端练习活动"。通过调查结果,老师及时掌握孩子的学习情况,有针对性地在复习环节对孩子进行指导。

因为疫情,我们被迫走向云端;我们守望相助,不断摸索,携手前行。在线教学,我们走得不快,但是每一步都扎实地走来。

春天已经到来,疫情即将消散,不久的将来我们会重逢在美丽的校园。无论是线上还是线下,相信我们的教研永远在线。

第二节　教育能力

队会设计

1. 愤怒的小鸟，变变变
—— 一堂心理辅导活动课

顾艳梅

在校园生活中，学生们经常会碰到一些让自己不开心的事，尤其是与同学间的小矛盾、小争吵，往往让自己变得生气、愤怒、难过。针对这些情况，我与其他几位心理老师一同商量、探讨，设计了一堂心理辅导活动课，希望通过这堂课可以帮助孩子们初步形成自我调适、自我控制的能力，能够较理智地调控自己的情绪。

一、教学目标

（1）在身心互动游戏中让学生初步体验多种情绪。

（2）在活动中引导学生找找引发"生气"甚至"愤怒"情绪的原因，初步了解到人与人的相处往往是因为自己的利益受到侵犯而改变情绪。

（3）讨论和学习一些情绪调节的有效方法，初步形成自我调适、自我控制的能力，能够较理智地调控自己的情绪。

二、教学重点

（1）在活动中引导学生找找引发"生气"甚至"愤怒"情绪的原因，初步了解到人与人的相处往往是因为自己的利益受到侵犯而改变情绪。

（2）讨论和学习一些情绪调节的有效方法，初步形成自我调适、自我控制的能力，能够较理智地调控自己的情绪。

三、教学难点

讨论和学习一些情绪调节的有效方法，初步形成自我调适、自我控制的能力,能够较理智地调控自己的情绪。

四、教学对象

小学三年级学生。

五、课前准备

媒体、小品、小鸟头饰、翅膀形卡片、板书等。

六、教学过程

(一) 游戏揭题

1. 游戏:《情绪达人秀》

师:孩子们,让我们来做一个小游戏吧,全体起立,请你用动作把这些词语所表达的情绪表现出来!

(媒体出示)哈哈大笑、手舞足蹈、心急如焚、闷闷不乐、垂头丧气、愁眉苦脸、痛哭流涕、火冒三丈、咬牙切齿、怒气冲天、暴跳如雷。

学生进行游戏。

2. 播放动画片段:《愤怒的小鸟》

师:小鸟为什么愤怒?

生交流。

3. 交流分享

学生说一说自己感到生气、愤怒的事情。

4. 引出辅导课主题:愤怒的小鸟,变变变

师:看来,我们在生活中经常会碰到些不愉快,这些事让我们变得生气甚至愤怒,就像这只——愤怒的小鸟。愤怒是一种不良情绪,为了帮助大家学会调控这种情绪,今天,我们就让这只小鸟——变,变,变!(出示课题板书)

(二) 探寻原因

1. 演小品,找原因

(1) 表演小品(铅笔盒事件)。

师:不久前,×××碰到一件事,让我们一起看一看。

(2) 生交流:为什么主人公很生气?

(3) 师小结:就像他说的那样,铅笔盒坏了给他造成了很大的麻烦,所

以他会很生气。

2. 看图片,寻源头。

(1) 出示图片(A.插队。B.被人打翻饭盒。C.墨水洒到自己身上)。

师:大家看,这样的事情你碰到过吗?当时你的情绪是怎样的?和你的同伴交流一下。

(2) 小组交流。

(3) 个别交流。

(三) 初步解决

1. 教师引导

师:这样的亢奋情绪若是愈演愈烈,危害很大,我们会吃不下,睡不着,身体疼痛,情绪低落,甚至影响学业,这可怎么办呀?你有好建议控制愤怒情绪吗?各小组讨论交流,在每张卡片上写一种办法,再贴到黑板上,多多益善哦。

2. 小组活动

(1) 重现图片,学生在卡片上写下办法(每组至少3张)。

(2) 学生交流调节和控制情绪的方法。

(四) 小结凝练

1. 展示

师根据学生的交流(媒体)出示卡片。

深呼吸:冷静。

换想法:三问。

变方法:行动。

深呼吸(冷静):观看视频。学生学做、体验,让自己冷静。

换想法(三问):当你愤怒时,先试着问自己3个问题。

变方法(行动):当你冷静下来,换了一种想法,相信你一定会有更好的处理方法,变成一只——平和小鸟。

2. 总结

师:你们的方法建议都很棒,当之无愧是今天的"平和小鸟",今天老师送你们每人一顶"平和小鸟"的头饰,赶紧戴起来吧!

(五) 实践应用

(1) 师:平和小鸟们,让我们一起来运用我们刚才讨论的方法,帮助

×××(回到小品《铅笔盒事件》)解决他当时遇到的愤怒的情绪问题吧!

(2)生自由说。

(3)×××,你现在也是一只平和小鸟啦,面对之前那件事,你还会那么愤怒吗?你会怎么做呢?

(六)总结

师:孩子们,人与人相处难免会有摩擦,运用恰当的方法来调控好自己的情绪,就可以让我们的身心变得豁达愉悦,让快乐永远相随。

播放歌曲《快乐颂》,媒体出示幻灯片:本班学生快乐的生活照片。

"平和小鸟"(学生)在歌曲声中飞翔。

(七)板书设计

板书设计如图1所示。

图1 板书设计

七、有感而发

人的情绪有许多种,有积极也有消极情绪。愤怒情绪就是一种消极的情绪体验,在愤怒情绪驱使下的冲突行为会造成不良的后果。针对平时处理小学生之间的矛盾、争吵后所作的反思,为了有意识地帮助学生认识愤怒情绪带给自己的危害,我设计了这堂心理活动辅导课,通过身心互动游戏让学生初步体验多种情绪;在观看小品后引导学生找引发"生气"甚至"愤怒"

情绪的原因;通过合作探究的方式让学生讨论和学习一些情绪调节的有效方法,初步形成自我调适、自我控制的能力,能够较理智地调控自己的情绪。

课前,我针对这个年龄的孩子作了实际的学情分析。三年级学生由于生活经验不足,处理问题简单、冲动。他们自我调节能力比较差,在与伙伴共同游戏、学习中会由于情绪不稳定而容易激动、冲动,常为一点小事而表现得生气、愤怒,而且情绪变化极大,内部的自控能力薄弱,还不能有效地调节和控制自己的情绪。

上课伊始,我让孩子们参与一个热身游戏,起初孩子们还不敢彻底放松,有点拘束,但后面几个词语如"哈哈大笑、火冒三丈",大家都能够用上肢体语言夸张地表现出来,整个课堂气氛活跃了很多,为下面的环节创设了一个温馨和谐的环境。当孩子们看到自己熟悉的动画形象——愤怒的小鸟后,他们的情绪完全被调动起来,看得津津有味。

活动中,我设计了不同的体验方式让学生充分发挥主动性。如游戏导入法、动画激趣法、情境体验法、合作探究法等。

(1) 游戏导入法。根据小学生心理特征,我设计了热身游戏——情绪小达人,让他们充分发挥自己的肢体语言,活跃课堂气氛,同时也为教学目标埋下伏笔。每个学生自主学习,自由发挥。

(2) 动画激趣法。《愤怒的小鸟》是时下很"火"的一款小游戏,学生几乎都知道。为了更好地激发学生对本课堂的兴趣,我根据教学目标选择动画观赏的教学方法引出本课主题。

(3) 情境体验法。学生表演贴近自己学习生活的小品,引起共鸣,带着"主人公为什么很生气?"这个问题去思索,在情境中体验,最后解决问题。

(4) 合作探究法。探究式的教学方法把教师的主导作用、学生的主体作用有机结合。学生的学以合作学习法为主,在课堂上,当教师出示图例后,学生进行小组讨论,每个组员都有任务,讨论、记录、最后交流等,讨论出一些情绪调节的有效方法。

这样的心理辅导活动课,通过组员间的互动,促使个体在交往中通过观察、学习、体验来习得一些有效的调控自我情绪的能力。

(本文获浦东新区心理活动课大赛二等奖,并编入上海市心理协会《心理活动课教案集》)

2. 走过时光隧道

朱玮

一、辅导目标

(1) 走过"时光隧道",通过比较,体会"成长的脚印"。
(2) 回忆在成长过程中经历过的成功与失败,初步了解成长的意义。
(3) 知道"时光隧道"通向未来,明天的成长取决于今天的努力。

二、辅导重点、难点

能回答"我是怎样长大的"。

三、准备

(1) 利用微课平台,展示教师小时候的照片,与现在对比,并要求学生准备小时候的物件。
(2) 事先收集班中一位学生的成长资料。
(3) 信封、信纸。

四、辅导过程

1. 热身游戏:对对碰

(1) 明星、名人小时候与现在的照片"对对碰"。
(2) 师过渡:你还记得自己小时候的样子么,让我们走进时光隧道,看看过往的辉煌。

2. 活动一:寻找成长的足迹

(1) 书 P70(一位同学介绍自己的成长资料)。
(2) 你留下过哪些成长足迹(展示小时候的物品,和现在的比较,谈谈感想)?

3. 活动二:感悟成长的能力

(1) 魔力画板(P71)PPT 展示,学生轮流介绍。

师小结过渡:看过之后你有什么样的感想?你可曾想过,连和别人一起玩,都是我们在成长过程中学会的本领。这几年,你又学会了一些什么本领呢?快来想想,记录下来吧!

(2) 想一想,画一画,写一写(P71)。

(3) 特别统计(P71)。

(4) 师:看看你的自主手册上的记录和统计,有什么感悟吗?

(师引导学生:经历过摔倒、犯错、弄砸……,才有了成长的意义。)

4. 活动三:畅想我的未来

(1) 故事《小蝌蚪的成长》(P72)。

(2) 学生交流:听了故事,你有什么想说的?

(3) 师小结过渡:从一个婴儿成长为一个10岁的儿童,我们真的长大了不少,学会了很多。那么未来呢?明天的明天,我们还会具有怎样的能力,掌握怎样的本领?

(4) 写一封信给毕业时的自己,放入"时光宝盒",在毕业时,再读一读。

附:

走过时光隧道(说课)

一、学情分析

《走过时光隧道》这一课属于《小学生心理健康自主手册》"我想未来更精彩"模块。整个"我想未来更精彩"模块的核心内容是学生畅想未来以及职业初体验。我认为这一课主要是让学生了解自己身心的成长,是从"过去、现在"过渡到"未来"的一座重要桥梁。三年级的孩子,已经对"生命"有了初级的探知欲望和好奇心,而且大部分孩子能够通过各种媒体渠道,收集有关自己"成长"的信息。所以我将这节课定位在让他们体验成长的"收获与喜悦",引导他们用积极乐观的心态去面对未来。

二、辅导目标

(1) 引导学生回忆在成长过程中的收获,感受成长的喜悦。

(2) 引领学生畅想未来,激发他们乐意以今天的努力获取明天的成长。

三、准备工作

我们学校正在三年级开展"翻转课堂"的研究,我利用微课程平台,将自助手册中"寻找成长的足迹"板块做成微课,学生可以根据自己的需求进行学习,并有充分的时间,在思考后完成"二十年后你希望成为怎样的人"这一作业。此外,学生还需要准备幼儿园《我的成长档案》。

四、辅导过程

我设计的辅导过程由"热身游戏"和3个活动组成。

1. **热身游戏**:《小蝌蚪成长记》

对于三年级的学生,游戏比较简单,"成长""身体的变化"两个关键词和活动一"我的身体在成长"相切合。游戏结束后,我将小结:"和小蝌蚪一样,每个人都经历着一个不断成长的过程。"以此为过渡进入活动一。

2. **活动一**:我的身体在成长

(1) 明星对对碰。通过学生熟悉、喜爱的明星们小时候和现在的照片对比,引导他们观察随着年龄的增长,身体外貌的变化。这一环节、包括热身游戏,都是"观察他人的成长"。

(2) 同学对对碰。照片从明星变为身边的同学,看着熟悉又陌生的人,学生的兴趣被调动、注意力也能集中。我会随机点击放大其中某一张照片,全班猜是谁,然后请他谈谈感想。这个环节由"观察他人的成长"进入到"观察我的成长"。我会鼓励他们如果带了拍这张照片时穿的、用的小物件,也可以展示给同学们看。根据他们的回答,我继续慢慢引导他们说出心中的感受,从而感受"随着时间的流逝,我的身体在成长"。通过提问"你知道除了身体,我们的什么也在成长呢?"过渡进入活动二。

3. **活动二**:我的本领在增长

这个活动分为"幼儿园学会的本领"和"小学学会的本领"两部分进行。第一部分以幼儿园的《成长档案》为载体、小组讨论、全班分享的形式展开。我会提示他们:"感谢时光隧道,帮助我们记录了在幼儿园里的成长过程。翻翻你的《成长档案》,看看你学会了哪些本领,挑选出让你记忆最深刻的,和大家分享当时的情景吧!"首先进行小组分享交流,然后是全班分享交流。并且在交流的过程中用实物投影来展示他们的《成长档案》,激发他们的自豪感,体验成功的喜悦。最后由我小结:"祝贺你们,在幼儿园学会了这么多本领,收获了这么多成长的快乐!"《成长档案》是将他们在幼儿园获得的成功实体化,看得见、摸得着、想得到的收获与成功,更加直观地帮助他们重温成长的快乐。

第二部分用写一写、贴一贴"我的本领能量柱"的方式进行。首先请学生们回忆来到了观澜小学后,学会的新的本领。在"能量块"上写一写,然后贴在"能量柱"上吧！能量柱有4种颜色,红色表示学习方面；黄色表示运动方面；蓝色表示才艺方面；绿色表示其他方面。"我的本领能量柱"也是用直观呈现的方式让学生回顾自己本领的成长,在贴一贴之后的交流中,我先请他们谈谈"学会哪个方面本领的印象最深刻？"再通过"遇到过困难或暂时的失败吗？最后是怎么样成功的？"这样的问题让他们感受"成长的过程中也会有困难与挫折"。但是本课的核心是体验成长的喜悦,所以点到即止。最后的小结中,我还会提醒学生"我的本领能量柱"是进行式,还期待着他们去继续"升级"。

活动二是重点,只有体验了收获的喜悦和战胜挫折的快乐,学生们才会乐意为了将来更多的成功,现在付出努力。活动一带领学生走过时光隧道的过去,活动二陪伴他们重温现在的努力与收获。活动三自然是进入对未来时光的畅想。

4. 活动三：我的未来在前方

这个活动其实是微课作业"畅想二十年后的我"的反馈。结合三年级语文学习中的作文《二十年后的我》。我在课上进入微课平台,随机选择学生的作业,请他介绍自己的答案,引导他想象二十年后,心中理想的职业是怎样的情境。既然是自己的理想职业,学生们的想象一定很美好,我就在此基础上,提点他们,为了这美好的情景,现在必须开始准备了,并请他们说说可以做哪些准备,这也是为本模块的后面四课做铺垫。

最后,回到课题——走过时光隧道,我为学生们总结——今天我们"见证了身体的成长和本领的增长,重温了收获的快乐"。要相信在时光隧道前方,会有更精彩、更丰富的世界等着你们！孩子们,张开梦想的翅膀,勇往直前,因为你们的未来不是梦！全班齐唱《我的未来不是梦》,在洋溢美好梦想与光明未来的歌声中结束本课。

（本文获区中小学心理活动辅导课二等奖）

3. 我爱我"家"

少先队活动课程项目组

一、活动目标

(1) 了解改革开放 40 年来学校环境、校园生活的变化,切实体会改革开放后辉煌成就给人民带来的幸福感。

(2) 通过观澜校园的变化,进一步增强队员们的爱国情怀,激励队员们在学习中践行改革开放精神,增强爱国情感。

(3) 通过活动,激发队员们从小学习立志,从小学习创造,为建设更加美丽富强的祖国做好全面准备。

二、活动准备

(1) 以小队为单位,调查寻访改革开放 40 年来观澜校园的变化。

(2) 准备视频、制作 PPT,各部分串联。

(3) 节目排练,分角色演练,制作道具。

三、活动对象

五(11)班追梦中队全体队员

四、活动过程

(一) 三级报告

中队长:全体起立,追梦中队少先队活动准备开始,请各小队整队。

小队长:××小队全体立正!报数!队员:1、2、3……

报告中队长,××小队应到×人,实到×人,报告完毕!(敬礼)

中队长:接受你的报告。请稍息!(敬礼)

小队长:××小队稍息。

中队长:全体立正。(敬礼)报告辅导员老师:追梦中队参加"我爱我'家'"主题活动应到队员×人,实到×人,一切工作准备就绪,报告完毕。

辅导员:接受你的报告,祝你们的活动圆满成功!请稍息!(敬礼)

中队长:(回原位)稍息!

主持人:我宣布追梦中队"我爱我'家'"主题活动现在开始。

出旗!敬礼!

礼毕!唱队歌!全体请坐。

(旗手归队)

(二)飞天小队:寻找校园美景

主持人:

甲:有请我的主持搭档,×××,掌声欢迎!一百八十五年,岁月如歌;一百八十五年,风雨兼程。

乙:从1834年何士祁先生创办观澜书院到1903年黄炎培先生改书院为"观澜小学堂"到现在,我们观澜小学的变化日新月异、蒸蒸日上。

甲:这学期的开学典礼上,学校大队部向全体少先队员发出号召——"我爱我的国,我爱我的家",用我们的小眼睛来观察改革开放四十年来身边发生的巨大变化,用小画笔描绘浦东开发开放取得的辉煌成果。

乙:今天啊,我们就一起来说说我们的"家"——观澜小学,我们小队通过参加校史陈列室,寻访爷爷奶奶、外公外婆,以及学校老师,了解了我们"家"的发展历程。

队员1:我们的家有着185年悠久的历史。

队员2:黄炎培先生曾担任过我们的校长。

队员3:我们的父辈就在古城墙边的老校区内学习成长。

队员4:2014年随着迪士尼落户浦东川沙,我们有了第二个校区——川周校区。

齐:对对对,瞧!新川校区和川周校区分别位于川沙新镇的南北,北校坐落川沙古镇,紧邻着古城墙;南校靠近迪士尼乐园,邻近浦东国际机场。

队员5:哇!观澜可真是风水宝地呀!我特别羡慕生活在古城墙下的同学,我还没去过新川校区呢!

队员6:真巧,我收集了一段视频,我们一起来了解一下吧。

队员5:观澜可真是历史悠久的百年老校啊!但是相对于充满古韵的北校,我们更偏爱南校的青春活力。

队员7:瞧,(出示南校的一些别致的美景)这是最近刚刚选出的校园十四景。其中我们最喜欢这 4 个美景。

队员 8:校史广场——走进悠悠百年历史。

队员 9:游乐场——释放天性,快乐相伴!

队员 8:澜星果园——在这里,一起享受收获的美好!

队员 9:空中花园——宁静一隅,享受阳光!

队员 9、10(合):我们的校园真漂亮啊!在这个花园般的校园里每天快乐地学习,欢乐地游戏,正如那美妙的歌声。

歌词(娃哈哈伴奏)

我们的校园是花园,

花园里花朵真鲜艳。

和暖的阳光照耀着我们,

每个人脸上都笑开颜。

娃哈哈娃哈哈,

每个人脸上都笑开颜。

队员们呀快来游戏,

队员们呀欢乐学习,

手拉着手儿唱起那歌儿,

我们的生活多愉快。

娃哈哈娃哈哈,

我们的生活多愉快。

队员 1:美妙的歌声,伙伴们,为我们鼓起掌。正巧学校最近在征集"景名",我有个想法,我们一起为校园十景起个富有诗意的名字,大家说好不好?

队员 3:有了这些名字我觉得我们的校园更富诗情画意了呢!

小队齐说:是呀!是呀!

主持人(甲):我们的校园真美!作为观澜学子可真是幸运!

(三)感受生活的变化

队长(男):改革开放四十年来,除了学校的设施发生了巨大的变化,我们的校园活动也是变变变!你看这是什么?

队员 1(女):我知道,这叫沙包,我爷爷家就有一个特别旧的。

其他队员 2:哦,这就是沙包啊。

队员3:这用来干什么的呢?

队长:嘿嘿,这你们就不知道了吧,这可是个非常有趣的游戏呢!来我告诉你们怎么玩!

(男)队员2:(对队员3)我跟你一队!一定把他(队长)打得落花流水!

队员、队长(合):我才不怕你们呢!进行沙包游戏。

队员2、3:哈哈你们输了,我们厉害吧!

队员1:哼,你们爷爷的游戏有什么好玩的,我们奶奶的游戏才好玩呢!"跳橡皮筋"你们没玩过吧!

队员4(女):这个我玩过,我很会跳的!

队员5(女):我这里有皮筋,我们一起来玩!音乐响起来!

(玩皮筋,30—45秒之间。童谣两首:卖糖粥、炒黄豆)

队员6:现在,我们的活动要比以前丰富多彩得多(做一夸张动作)。

队员7:六一节、艺术节、科技节、体育节、数学节——最最热闹的要算爱心义卖活动了,我们的食品小铺最受欢迎了,琳琅满目的商品一抢而空!

队员8:我来说!我来说!艺术节的歌唱比赛至今我还历历在目呢!我们穿着自己设计的班服,在台上唱歌,别提有多骄傲了。队员们说是不是?

队员9:要说骄傲还是体育节的拔河比赛,我们可是赢了去年的冠军呢!厉害吧?

队员10:要我说,最厉害的。

(四)立志创造更美好

甲:刚才两个小队分别从校园环境和校园活动介绍了我们的家,你们知道为什么我们的校园会变得如此美丽?我们的活动会这么丰富多彩呢?

乙:对!对!对!大家讲得都很对,那么,作为走进新时代的观澜学子,我们该怎么做呢?前一段时间,彩虹小队的同学参加了"观澜杯"2018年浦东新区头脑奥林匹克创新学习活动亲子擂台赛,看看他们有什么金点子。

队员1:瞧,这是我设计的未来校园,以后学校停车场都是自动停车,老师们到了学校就可以直接下车,有机器人直接停到车位,停车再也不用愁咯!

队员2:我的设计,队员们一定会喜欢!未来的操场是虚拟世界,带上VR仪器,可以在同一块场地体验不同的体育项目。你们听说过吗?队员

3：最近我们上海将要举行一个重大活动,你们知道吗？

进口博览会呀！开了进口博览会,以后能买到的进口商品就更多了,价格还更优惠哦。对于进口博览会你们了解吗？来,我带你们去看看,仔细看、仔细听,看完后我可要提问的。

（看视频：边播放,边进行解说）

队员5：现在,你们对进博会有所了解了吗？那我要考考你们了,准备好了吗？

全体队员：准备好了！

队员5：看来大家对进博会还挺了解的！我们能为进博会做些什么？

队员2：我们要爱护自己的家,让校园美美的,到处听到书声朗朗,校园整洁漂亮,四季绿树成荫,鲜花开放。从小爱小家,长大建国家。

（播放校歌）

齐：从小爱小家,长大建国家。

集体唱《观澜校歌》（第一段左右点头,第二段左右摇身体）

主持人：请中队辅导员讲话。

辅导员：队员们,我为你们今天的活动点赞。改革开放给我们的国家带来了新的面貌新的气象,你们通过自己的眼睛从学校、从身边看到了改革开放带来的巨大成就,我感受到你们那颗小小的中国心里满满都是骄傲和自豪。新时代的你们,是未来的建设者,所以把握好现在,好好学习、立下目标,下一个40年一定会有你们！

（五）全体起立、呼号（辅导员）

（辅导员走到队列前,举起右拳,全体队员随之举起右拳）

领呼："准备着：为共产主义事业而奋斗！"

回答："时刻准备着！"

（领呼人放下右拳,全体队员自动放下右拳）

（六）（退旗曲）退旗、敬礼礼毕。

主持人：全体立正,退旗,敬礼！

追梦中队"我爱我'家'"主题活动到此结束。

4. 喜迎百年　领巾向党

——喜迎建党 100 周年　红领巾永远心向党

俞晓怡

一、活动目标

(1) 通过"庆祝建党一百周年"为主体的活动,对学生进行"学党史,感党恩,跟党走"的爱党教育。

(2) 通过"赞党歌曲""党史小视频""党史图片""党史小故事"等,让学生在生动的画面中,了解共产党发展的历史,激发孩子热爱共产党的情感,明确"没有共产党就没有新中国"的真正内涵。

(3) 通过主题队会的形式,在孩子幼小的心灵中种下"知党恩,跟党走"的爱党情愫,并立下"好好学习,振兴中华,为民族的复兴梦而不懈努力"的远大志向,决心做一个有理想、有道德、有文化、有素质的社会主义接班人!

二、活动准备

(1) 第一阶段:队员们进行探究分组,确定队名。

(2) 第二阶段:各小队制订探究计划,确定分工。

(3) 第三阶段:各小队收集探究资料,确定呈现形式。

三、活动对象

二(7)班全体队员。

四、活动过程

(一) 三级报告

中队长:全体立正,逐浪中队"喜迎建党 100 周年,红领巾永远心向党"主题队会准备开始。请各小队整队!

小队长 1:阳光小队全体立正!(跑步、敬礼)

报告中队长,阳光小队应到×人,实到×人,报告完毕!

小队长 2:春风小队全体立正!(跑步、敬礼)

报告中队长,春风小队应到×人,实到×人,报告完毕!

中队长:接受你的报告。请稍息。(敬礼)

小队长:(回原位)稍息!

中队长:全体立正!(跑步、敬礼)

报告辅导员老师,本中队应到队员×人,实到×人。报告完毕!

辅导员:接受你的报告,祝你们的队会圆满成功!请稍息!(敬礼)

中队长:(回原位)稍息!

主持人:全体立正,我宣布"喜迎百年 领巾向党"主题队会现在开始!

主持人:出旗——敬礼。

   礼毕。

主持人:齐唱《中国少年先锋队队歌》。

(二)活动过程

张:亲爱的伙伴们,今年是中国共产党建党多少周年?

金:嗯,100年来,从石库门到天安门,从兴业路到复兴路,从站起来、富起来到强起来……中国共产党与人民共命运,取得了一个又一个辉煌的成就。

张:我宣布,"喜迎百年 领巾向党"主题队会,(合)现在开始!

1. 学党史,勇竞答

金:今天让我们一起走近党、了解党。首先有请阳光小队和春风小队交流他们的探究成果。

队员 1:队员们,1921 年在南湖的一艘红船上,诞生了一个伟大的党——中国共产党。这是中国开天辟地的大事,请看大屏幕。

队员 2:好,现在我们要考考大家,你们敢应战吗?

5 个人读题目:

(1) 1927 年八月,_____起义打响武装反抗国民反动派第一枪。(南昌)

(2) ____年____月,中央红军开始两万五千里长征。(1934.10)

(3) ____年,新中国第一辆汽车下线,第一架喷气式歼灭机首飞成功。(1956)

(4) ____年,中国第一颗原子弹爆炸成功。(1964)

(5) 1970年,"_____"升空。(东方红一号)

2. 听党史,跟党走

张:大家真了不起,全部都答对了! 让我们为自己鼓掌!

共产党,真伟大! 让我们心怀敬畏和感恩。请听春风小队带来的快板《共产党,真伟大》

(春风小队快板)

——共产党,真伟大,带领人民打天下。

——你的梦,我的梦,民族复兴中国梦。

——共产党,真威风,困难重重都战胜。

——道路宽,花儿艳,祖国像个大花园。

——爬雪山,过草地,长征路上创奇迹。

——共产党,一百岁,我为党啊敬个礼。

——打日本,驱强盗,一个一个都赶跑。

——共产党,一百岁,我为党啊跳支舞。

——新中国,成立了,中国人民站起来。

——党是太阳,我是花,快乐成长笑哈哈。

——春风吹,战鼓擂,改革开放富起来。

——党是母亲,我是娃,学好本领报国家。

3. 心向党,赞党恩

金:朗朗上口的快板充满了对党的赞美。我们要好好学本领,将来报国家。(台下点头)颗颗童心永向党! 请欣赏阳光小队带来的歌舞表演《童心向党》。

(阳光小队歌舞表演)

童心向党

共产党像太阳,像太阳;

照得大地多辉煌,多辉煌;

人间处处,处处正能量。

爱你的歌儿天天唱。

我唱清风,清风扬希望;

我唱神州,神州美画廊;

我唱百姓享小康；

我唱家园爱无疆。

童心向党，童心向党；

好好学习，天天向上。

童心向党，童心向党；

播种理想，快乐飞翔。

4. 赞英雄，学榜样

张：百年沧桑，许许多多的榜样英雄抛头颅洒热血，用生命谱写了一个个感人的故事。请听檀维带来的榜样人物刘胡兰的故事，《生的伟大 死的光荣》。

刘胡兰，1932年出生于山西省文水县的一个贫苦农民家庭，小小年纪的她就对黑暗的旧社会产生了强烈的不满。1947年，刘胡兰被国民党军抓捕，面对敌人的威胁，她大义凛然，坚贞不屈地说："怕死不当共产党人！"敌人当着她的面铡死了六位革命群众，但她毫不畏惧反问道："咋个死法？"最后，她高喊一声："中国共产党万岁！"便从容地躺在铡刀之下，这一年，她只有15岁。刘胡兰，以自己短暂的一生谱写了永恒的诗篇，以不朽的精神矗立起生命的誓言，毛主席为她题词：生的伟大 死的光荣。

金：感谢檀维的分享。在我们的生活中有许许多多，不计得失的榜样。（PPT展示钟南山、张桂梅、陈薇、张伯礼等人）

我们要向他们学习，不怕苦，不怕累，争做新时代好少年，为实现中华民族伟大复兴梦而不懈努力！

5. 谈理想，宣誓言

张：实现国家富强，民族振兴，是我们每个人的梦，队员们，我们要怎么做？

金：感谢伙伴们的分享，要实现美丽中国梦，我们（要）

从小学习做人

    ——学做人

从小学习立志

    ——学立志

从小学习创造

    ——学创造

张:我们要高举队旗跟党走,学先锋、做先锋!

(三)辅导员讲话

主持人1:下面,请中队辅导员为我们提出希望!

队员们,今天的主题队会非常成功,我为大家点赞。通过这次主题队会,大家深深地感到,伟大的中国共产党真了不起,今后,我们要更加热爱党、热爱祖国,刻苦学习,勤奋练本领,以实际行动听党话跟党走,为实现中华民族伟大复兴的中国梦而不懈奋斗,做最美接班人!

(四)呼号、退旗

主持人:全体立正,呼号!

领呼:准备着:为共产主义事业而奋斗!

回答:时刻准备着!

合:我宣布,"喜迎百年 领巾向党"主题队会到此结束!

(敬礼)

5. 我的浦东，我的爱

黄智仪

一、活动目标

(1) 了解浦东。
(2) 了解浦东开发开放，知道浦东发展的大事件，感受家乡的巨变。
(3) 激发学生热爱家乡，将来报效家乡的美好愿望。

二、活动准备

(1) 分小组收集浦东的资料和相关人物事迹，并汇报收集的结果。
(2) 排练歌舞等节目。
(3) 准备音乐，制作 PPT。

三、活动对象

一(14)中队全体成员。

四、活动过程

(一) 三级报告

各小队长整队，并点清人数。用语为"××小队全体立正，报数。"

小队长小跑步到中队长那儿敬礼，中队长回礼(注意：小队长先敬礼放下，中队长还礼再说话)。小队长向中队长报告。报告词为："报告中队长，××小队应到×人，实到×人，报告完毕"。中队长："接受你的报告"。最后小队长敬礼，中队长还礼(注意：小队长先敬礼放下，中队长还礼放下再说话)。小队长小跑步回到队伍说请稍息。

中队长小跑步到中队辅导员那儿，敬礼，中队辅导员还礼(注意：中队长先敬礼放下，中队辅导员还礼后再说话)。中队长向中队辅导员报告。报告词为："报告中队辅导员，××中队应到×人，实到×人，一切工作准备就绪。报告完毕。"中队辅导员："接受你的报告，活动可以开始。并预祝你们活动活动圆满成功。"

（二）活动内容

1. 出旗

主持人：一(14)中队"我的浦东我的爱"主题班会正式开始。

（1）全体立正（中队旗手右手虎口握旗，贴于右侧腿部，稍息时，旗靠在右脚边尖，向外撑）。

（2）出旗（奏乐、敬礼、礼毕。全体队员行队礼时目送队旗前进，中队旗行进时，左手换上，右手换下）。

（3）唱队歌。

2. 正式活动

（1）学生介绍浦东。

主持人甲："浦东"，一个亲切的名字。"浦东"，一个温暖的地方。"浦东"是我们眷恋的家乡。

主持人乙：每个人对家乡都有一种独特的感情，热爱家乡必须先了解家乡，你了解我们的家乡——浦东吗？请第一小队的小导游们为大家介绍浦东。

第一小队表演小品节目《跟我一起游浦东》。小队成员分别表演介绍浦东的地理位置（交通）、经济发展、地标性建筑、美食景点等。

（2）了解浦东发展变化。

主持人甲：哇！我们的大浦东真是一天玩不够呢！听了这些小导游们的介绍，真叫人思绪澎湃，情不自禁为浦东的发展欢呼，为浦东的辉煌叫好。我们为有这样美丽、富饶的浦东而自豪。

主持人乙：这样的自豪可来之不易。几十年前，我们的浦东，也曾经落后。那时候的浦东全是农田，几乎没有楼房。百姓间还流传着："宁要浦西一张床，不要浦东一间房"。而近十几年来的浦东随着开发开放发展腾飞，一幢幢大楼像雨后春笋拔地而起，科技迅猛发展。接下来，请欣赏第二小队带来的快板节目《浦东发展数来宝》。

(3) 歌颂浦东开发开放。

主持人甲：从1990年到2020年，浦东开发开放迎来30周年。浦东从陈旧中走出，盛开出鲜艳的花朵。是改革的春风，吹遍了浦东的每一个角落，给浦东带来了勃勃生机，开放的细雨，滋润着浦东的每一寸土地，给浦东带来了欣欣向荣。请听第三小队带来配乐舞蹈《春天的故事》。

(4) 浦东少年诵浦东。

主持人乙：浦东是一面明镜，照出了上海的昨天和今天；是一根青藤，结满了改革开放的累累硕果。我们的家园——浦东正迈开气壮山河的步伐，走进了万象更新的春天。此情此景，浦东少年们有话要说，请听第四小队带来诗朗诵《我们的浦东》。

我们的浦东

世纪公园鲜花盛开，
世纪大道彩旗飘扬，
世纪广场群鸽飞翔。
浦东，
长桥飞虹，明珠闪烁；
浦东，
硕果累累，桃李芬芳；
浦东，
空港展翅，经济腾飞；
我们激动，
我们骄傲，
我们自豪，
我们是浦东的希望之光，
我们是开创浦东的未来先锋。
浦东的精神哺育了我们，
浦东的辉煌照耀我们成长。
我们是幼苗，
我们在春天里破土；
我们是蓓蕾，

我们在春天里绽放；
我们是雏鹰，
我们在春天里翱翔。
当我们看到鲜花的芬芳，
不能不想起走过的艰辛，
忘不了黄浦江边扬帆起航，
忘不了三十年开发，风雨沧桑。
当我们生命的开始，
浦东开发的号角，
在神州的东方奏响。
我们亲眼看到，
父辈们灯下绘制开发蓝图的背影；
我们亲耳听到，
长者们畅谈浦东开发的梦想。
是浦东建设洪流，
冲开了我们的生命之窗。
我们亲眼看到，
当年的芦苇滩，
变成了金沙碧浪；
我们亲耳听到，
世纪论坛的声音，
在世界回荡。
是小鸟的歌唱，
唤醒了我们沉睡的梦乡。
春天的阳光，洒满浦江；
一条条马路，四处延伸；
一座座高楼，竞相成长。
美丽的画卷在一天天绘就，
腾飞的家乡一天天变样。
浦东的儿女，
在中国共产党的领导下，

汲取了黄浦江的睿智，
吸纳了长江的倔强。
浩瀚的东海,是他们的胸膛；
喷薄的旭日,是他们的力量。
一双双智慧的臂膀，
铸造了东方明珠的辉煌。
让我们放眼浦东吧，
在湛蓝色的天空下，
黄浦江上,百舸争流；
东海之滨,银鹰翱翔。
磁悬浮列车，
标志着浦东发展的速度；
金茂大厦，
树立了浦东崛起的榜样。
我们的胸中燃烧着爱您的炽热情火，
我们集结在振兴中华的光辉旗帜下，
向哺育我们健康成长的浦东母亲，
向赋予我们智慧和力量的祖国和人民，
抒发我们的心愿和理想。
准备着：
——为共产主义事业而奋斗。
时刻准备着：
——接过前辈的旗帜,迎接未来的远航。
为了现代化的浦东，
为了更加灿烂的明天，
我们浦东的青少年，
手拉着手,肩并着肩，
以浦东儿女的名义庄严宣誓：
信心百倍,斗志昂扬；
勤奋学习,全面发展；
建设浦东,振兴家乡！

我们是花朵,
我们是希望,
我们是初升的太阳。
回顾过去,
浦东发展、我成长;
展望未来,
浦东腾飞,我们强壮。
让浦东的精神穿越时空,
让中华的伟业日益昌盛,
让我们用青春实现我们共同的愿望——
浦东的明天、将会更加灿烂辉煌!

(5) 说说浦东少年梦。

主持人甲:我们是新时代的接班人,未来的主人。

主持人乙:我们有着坚定的意志,高尚的情操。

主持人甲:作为浦东的儿女,我们该做些什么呢?

主持人乙:同学们,为了浦东的建设,说说你的愿望吧!

主持人甲:鲜花对季节的承诺,才让四季美丽芬芳。

主持人乙:我们对未来的承诺,才让你我奋发向前。

主持人甲:这是浦东少年对浦东的承诺。

主持人乙:浦东的明天将会因为我们更加美好。

合:让我们纵情欢呼,衷心祝愿浦东前程似锦,祝愿我们的家乡明天更美好。大合唱《新世纪的接班人》。

(6) 辅导员讲话。

辅导员:队员们,当地球的钟声再一次敲响的时候,那是未来在向你们提出挑战。在座的每一位队员,都是我们祖国建设的主力军。我们要继承少先队的光荣传统,做一个有理想、有道德,又有创新精神和实践能力的人,为家乡,为祖国的腾飞而奋斗!

3. 全体起立、呼号(辅导员领呼)

主持人:下面让我们对着少先队队旗宣誓。

中队长:全体立正,面向队旗,举起右手。

辅导员领呼:"准备着! 为共产主义事业而奋斗!"

生:"时刻准备着!"

4. (退旗曲)退旗、敬礼礼毕。

中队长:"退旗,全体立正,敬礼。(礼毕、请坐)"

主持人:"一(14)中队《我的浦东,我的爱》主题队会到此结束,谢谢各位领导和老师的光临!"

6. 挫折,我不怕

曹丹红

一、说课内容

从心理学的观点看,挫折是指人类个体在从事有目的活动过程时,指向目标的行为受到阻碍或干扰,致使其动机不能实现,需要无法满足时所产生的情绪状态。如果处理不当,它会给人造成心理压力,从而影响学习和生活,损害身心健康。

现代社会竞争激烈,生活节奏快,独生子女众多,父母都对自己的子女寄予厚望,无形中便给孩子带来了许多压力,包括身体素质、学习素养、人际交往、个性培养等方面。与成人相比,小学生的心理更娇嫩、更脆弱,更容易受到一些突发事件的影响,产生心理疾患的比例更高。现在的孩子,受不了半点委屈,经不住一句批评,碰到一点挫折更是不知所措。表现为:学习方面,达不到目标、没机会显示才能、求知欲得不到满足等;人际交往方面,不受老师喜爱、经常受到批评、受同学排斥、交不到知心朋友、与父母关系不良等;兴趣愿望方面,受过多责备、由于自身生理限制不能达成等;自我尊重方面,得不到信任、自我感觉良好却没成功等。因此,本活动有意识地帮助小学生认识到自己所碰到的挫折是成长过程中必不可少的,并寻找排除的途径,引导他们意识到正确对待挫折会给自己带来帮助,对成长是有利的。帮助小学生培养健康积极情绪,树立阳光心态,做一个阳光快乐的少年。

二、活动目标

(1)知道挫折是成长过程中不可避免的,面对挫折,不要害怕,要正确认识挫折。

(2)意识到只有积极面对挫折,挫折才会对成长有所帮助。

(3)能用积极可行的办法、心态战胜自己生活中所碰到的挫折。

三、活动准备

"YES-NO"投票棒、才艺表演、信纸、大信封、多媒体课件,"才艺小达人""抗挫小达人"奖章若干枚。

四、活动过程

（一）准备

先自我介绍，每位学生准备一张写有自己名字的习卡。讲清规则。

（二）课前热身

伴着音乐，跟老师一起来动一动。

（三）才艺达人吐苦衷——揭题

1. 谈话导入

师：同学们看过"中国达人秀"节目吗？看过的同学也许会为某种才能所折服，也许被某位选手的精神所打动。我从班主任×老师那里悄悄打听到，我们四（×）班也潜藏着众多才艺达人，今天我们班也来举行一个"班级才艺达人秀"，请小小才艺达人来亮亮相，全班同学都作为评委。

2. 才艺表演、颁奖

小小才艺达人（3位）先自我介绍，再进行才艺表演。其他同学拿出投票棒，表演完毕进行投票，颁"才艺小达人"奖章。

3. 现场采访

师：精彩的表演、出众的才能让我们过目难忘，可谁知道在这精彩背后，小小才艺达人所付出的辛苦和努力，当然还有一些不为我们所知的困难和挫折。现在我来现场采访一下他们3位，请他们谈谈自己碰到的挫折或经历的小故事。

（现场采访三位才艺达人，说说自己遇到的困难、失败或经历的小故事）

师：看来我们在日常生活中碰到的挫折还真不少，可同学们用自己的行动告诉我们了"挫折，我不怕"。（板贴课题）

（四）游戏感悟：猜拳

1. 宣布规则

（1）每组十人，像拔河一样分为面对面的两队。

（2）每队的第一个队员与另一方第一个队员猜"剪刀石头布"，输的一方其余4名队员立刻下蹲一次再站起，输的本人不用蹲下。第二个队员对另一方的第二个队员，以此类推。

（3）每人有3次猜拳机会，比完即止。

2. 游戏

(1) 两队示范。

(2) 游戏体验。

3. 小组讨论

(1) 当我输了,我怎么想?当我方输了,我受罚了,我又怎么想?

(2) 本次游戏和我们的主题"挫折,我不怕"有什么联系?(音乐停,讨论结束)

(五) 身边事例知挫折——析题

师:刚才班级才艺达人秀让我们有所感触,相信中国人达人秀更让大家难以忘怀。

(播放刘伟表演视频,视频快结束时音乐淡出,介绍刘伟简历、坚强语录:刘伟10岁时因触电意外失去双臂,伤愈后加入北京市残疾人游泳队。15岁,在全国残疾人游泳锦标赛上,一举夺得两金一银;19岁时,开始学习钢琴;今年参加东方卫视《中国达人秀》,获得冠军。刘伟尽管断了双臂,但是他还是能够像正常人一样生活,养活自己,虽然他体会不到拥抱别人的幸福感,但能够在琴声中感受到更多的幸福。他还说"没有手,用脚一样能弹钢琴。""刚开始困难简直是一座山,但是后来通过努力拿到全国第一时,再回头看那困难只是一个小小的台阶。")

师:此时此刻,你最想说什么呢?

学生交流感受,得出结论:刘伟的这种挫折是大挫折,一般人不太会碰到,但他正视了这个挫折,他也用行动证明了缺陷是可以弥补的。也让我们知道了如果生活中碰到挫折,可以换个角度来想问题,正像刘伟所说"就是你们用手做的东西,我用脚做,只是换了一种方式而已,没有不一样",同样能做好,因而对于挫折我们还是要说声谢谢。

师:在达人秀节目中,还有这样一位人物——朱晓明。让我们来看看面对肥胖和怪异的嗓音,他是怎么做的。

(播放朱晓明视频)

师:了解了朱晓明的想法、做法,你有什么感受呢?

学生交流感受,得出结论:让自己的长处放大、放大再放大,也可以让自己成功。有时,笑一笑,对自己说声没关系(两个袖珍人的图片);有时,退一步海阔天空;有时,往其他方面努力,或许柳暗花明又一村呢。

（六）寻求方法抗挫折——解题

师：这个学期刚开学，我就收到《知心姐姐信箱》中的一封信，信中写道：上学期期末考试，我因为语文没有考好，因此，没有评上"三好"学生。直到现在，一想起这件事就会掉眼泪，甚至有些灰心丧气。我也不愿意告诉爸爸妈妈，所以整天闷闷不乐，觉得做什么都没劲。

师：看到这里，你有什么感受呢？跟同桌交流一下。

学生讨论以上事例，老师引导学生讨论，交流得出结论：挫折是成长过程中不可避免的，要面对它，不要害怕，要正确认识挫折等。

碰到这样的挫折，有时不一定要向老师求助，伙伴之间的互帮互助也是很重要的。

四人小组讨论：作为一名知心小伙伴怎样帮助他战胜挫折，一人执笔，来给他回封信吧！

（课件显示：信，刚才的方法滚动播放）（音乐停，写完）

交流回信，随机小结：面对挫折，你微笑了；面对挫折，你成长了；面对挫折，你收获了；面对挫折，你成功了；面对挫折，你快乐了；看来，我们都可以勇敢地告诉别人：挫折，我不怕。

师：正视挫折，用可行的方法战胜挫折，相信我们小朋友不仅能够说到，还能做到。今天很感谢大家为这位同学出谋划策，想了很多好办法，我会将大家的回信带给他，让他早日勇敢地战胜挫折。

（收起回信，装进大信封中）

（七）班级抗挫达人秀——行动

师：老师将大家最近碰到的挫折进行了一次调查，我发现同学们在这三方面碰到的挫折最突出。

（显示三方面挫折）

"面对挫折，我会……"交流准备怎样与挫折抗争到底。交流中随机颁"抗挫小达人"奖章。

师小结：挫折是我们成长道路上无法避免的，我们要面对它，不能害怕，我们更要试着用一些方法战胜它，同时我们别忘了在别人遇到挫折，心情沮丧时，向他伸出友爱之手。最后我送大家一句话："天空虽有乌云，但在乌云的上面，永远有太阳在照耀。"让阳光永远照耀着我们的心灵，愉快地生活着。

（本文获上海市心理活动课设计一等奖）

课程开发

1. 劳动@自己,自我小主人
——观澜小学劳动教育课程之内务整理

设计:课程项目组

一、课程内容

主要包括内务整理、物品归整和衣物洗涤,其中内务整理的内容与难度见表1。

表1 内务整理的内容与难度

项目			内　　　容	
内务整理		一、二、三年级		四、五年级
	折衣服	难易程度:★	整理自己的衣物	难易程度:★
	叠被子	难易程度:★★	保持自己的衣橱整洁	难易程度:★★
	系鞋带	难易程度:★★★		

二、劳动教育内容与要求

课程分类:劳动@自己,自我小主人——内务整理。

内务整理具体内容见表2。

表2 内务整理具体内容

课程名称	内务整理——折衣服(一、二、三年级)
课程难度	★
课程简介	目标: 1. 把衣服正面朝上,底边朝里,平整地摆放在面前; 2. 把两条袖子折至衣服中间; 3. 手持衣服底边的两端,朝着领口向上对折,确保四角整齐,左右对称。

(续表)

课程时长	2分钟
课程名称	内务整理——叠被子（一、二、三年级）
课程难度	★★
课程简介	目标： 1. 把被子平铺在床上，四角整理平整； 2. 将被子叠成方块形，上下厚度匀称； 3. 被子上下两层要吻合，前后高度要一致。
课程时长	3分钟
课程名称	内务整理——系鞋带（一、二、三年级）
课程难度	★★★
课程简介	目标： 1. 鞋带系得又快又结实； 2. 鞋带要呈蝴蝶状； 3. 鞋带要在鞋面上，没有散在鞋面以下的带子。
课程时长	2分钟
课程名称	内务整理——整理自己的衣服（四、五年级）
课程难度	★
课程简介	目标： 1. 衣物叠放整齐； 2. 对破损和不穿的衣物进行处理； 3. 对衣服进行简单分类收纳。
课程时长	3分钟
课程名称	内务整理——保持自己的衣橱整洁（四、五年级）

(续表)

课程难度	★★
课程简介	目标： 1. 对衣橱衣物进行简单分类； 2. 使用合适的收纳工具进行分类收纳； 3. 拿放衣物要注意叠放整齐。
课程时长	3分钟

2. 劳动@自己，自我小主人

——观澜小学劳动教育课程之物品规整

设计：课程项目组

一、课程内容

主要包括内务整理、物品归整和衣物洗涤，其中物品规整的内容与难度见表1。

表1　物品规整的内容与难度

项目	内容			
	一、二、三年级		四、五年级	
物品归整	整理书桌	难易程度：★	独立整理书橱	难易程度：★★
	分类摆放学习用具	难易程度：★	独立整理衣橱	难易程度：★★

二、劳动教育内容与要求

课程分类：劳动@自己，自我小主人——物品归整。

物品规整具体内容见表2。

表2　物品归整具体内容

课程名称	物品归整——整理书桌（一、二、三年级）
课程难度	★
课程简介	目标： 1. 学会整理书桌的方法，会对桌面物品进行分类整理； 2. 摆放物品要整齐，要有一定的顺序； 3. 通过整理自己的书桌，体验到自己动手带来的干净、整洁的成就感。

(续表)

课程时长	2—3分钟
课程名称	物品归整——分类摆放学习用具（一、二、三年级）
课程难度	★
课程简介	目标： 1. 试根据学习用具的材料、颜色和大小特征进行分类； 2. 摆放物品要整齐、有序； 3. 养成分类摆放学习用具的好习惯。
课程时长	2～3分钟
课程名称	物品归整——独立整理书橱（四、五年级）
课程难度	★★
课程简介	目标： 1. 书本堆放要整齐、有序； 2. 对破损的书本进行修复； 3. 对不同类别的书本进行分类摆放。
课程时长	4～5分钟
课程名称	物品归整——独立整理衣橱（四、五年级）
课程难度	★★
课程简介	目标： 1. 对衣橱里的衣物进行分类、整理； 2. 用上合适的收纳工具对衣物进行分类收纳； 3. 拿放衣物时要叠放整齐。
课程时长	4～5分钟

3. 劳动@家人,家务小帮手

——观澜小学劳动教育课程之居家防疫

设计:课程项目组

一、课程内容

主要包括居家防疫、卫生清理、垃圾分类和照顾家人,其中居家防疫的内容与难度见表1。

表1 居家防疫的内容与难度

项目	内容			
	一、二、三年级		四、五年级	
居家防疫	每日自测体温	难易程度:★	每日自测体温	难易程度:★
	口罩的佩戴与保存	难易程度:★★	口罩的佩戴与保存	难易程度:★★
	通风与消毒	难易程度:★★★	通风与消毒	难易程度:★★★
			监督家人一起居家防疫	难易程度:★★★★

二、劳动教育内容与要求

课程分类:劳动@家人,家务小帮手——居家防疫。

居家防疫具体内容见表2。

表2 居家防疫具体内容

课程名称	居家防疫——每日自测体温(一、二、三年级)
课程难度	★
课程简介	目标: 1. 认识各类体温计; 2. 学会使用温度计自测体温并做好记录。
课程时长	5分钟

（续表）

课程名称	居家防疫——口罩的佩戴与保存（一、二、三年级）
课程难度	★★
课程简介	目标： 1. 学会正确佩戴口罩； 2. 掌握口罩在不戴时的收纳方法。
课程时长	10分钟
课程名称	居家防疫——通风与消毒（一、二、三年级）
课程难度	★★★
课程简介	目标： 1. 养成每天定时开窗通风的习惯； 2. 了解洗手的好处，知道正确的洗手步骤。
课程时长	10分钟
课程名称	居家防疫——每日自测体温（四、五年级）
课程难度	★
课程简介	目标： 1. 学会使用温度计测量自己与同住人的体温； 2. 绘制家庭体温记录卡并每日做好记录。
课程时长	15分钟
课程名称	居家防疫——口罩的佩戴、保存与清洗（四、五年级）
课程难度	★★
课程简介	目标： 1. 学会正确佩戴口罩； 2. 掌握口罩在不戴时的收纳方法。 3. 学会非一次性口罩的清洗。
课程时长	15分钟

4. 劳动@家人,家务小帮手

——观澜小学劳动教育课程之垃圾分类

设计:课程项目组

一、课程内容

主要包括居家防疫、卫生清理、垃圾分类和照顾家人,其中垃圾分类的内容与难度见表1。

表1 垃圾分类的内容与难度

项目	内容			
	一、二、三年级		四、五年级	
垃圾分类	四类垃圾分类	难易程度:★	正确垃圾分类	难易程度:★★
	自制分类垃圾桶	难易程度:★★	带动身边人一起垃圾分类	难易程度:★★★

二、劳动教育内容与要求

课程分类:劳动@家人,家务小帮手——垃圾分类。

垃圾分类的具体内容见表2。

表2 垃圾分类具体内容

课程名称	垃圾分类——四类垃圾分类(一、二、三年级)
课程难度	★
课程简介	目标: 1. 知道4类垃圾分类的名称,即:干垃圾、湿垃圾、可回收垃圾及有害垃圾; 2. 能够辨别4组垃圾箱的标志; 3. 能区分四类垃圾分类的颜色。
课程时长	5分钟

(续表)

课程名称	垃圾分类——正确垃圾分类（一、二、三年级）
课程难度	★★
课程简介	目标： 1. 了解干垃圾、湿垃圾、可回收垃圾及有害垃圾这4类垃圾的具体含义，并知道垃圾分类的重要性； 2. 懂得分辨生活中常见的垃圾，能快速将不同的垃圾放入对应的垃圾箱内。
课程时长	10分钟
课程名称	垃圾分类——自制分类垃圾桶（四、五年级）
课程难度	★★
课程简介	目标： 1. 积极寻找生活中废弃的箱子、盒子，利用好身边的可回收资源； 2. 能将废弃箱子、盒子自制成4种分类垃圾桶； 3. 建立初步的环保意识。
课程时长	15分钟
课程名称	垃圾分类——带动身边人一起垃圾分类（四、五年级）
课程难度	★★★
课程简介	目标： 1. 制定垃圾分类家庭文明公约，做好"环保小卫士"； 2. 积极实践，大手拉小手，带动家人一起参与垃圾分类。
课程时长	10分钟

5. 劳动@家人,创新小能手

——观澜小学劳动教育课程之加工食品

设计:课程项目组

一、课程内容

主要包括加工食品、手工制作、种植养护和其他创意类劳动,其中加工食品的内容与难度见表1。

表1 加工食品的内容与难度

项目	内容			
	一、二、三年级		四、五年级	
加工食品	择菜	难易程度:★	会用微波炉	难易程度:★
	洗菜、洗水果	难易程度:★★	煮阳春面	难易程度:★★
			烧番茄炒蛋	难易程度:★★

二、劳动教育内容与要求

课程分类:劳动@生活,创新小能手——加工食品。加工食品具体内容见表2。

表2 加工食品具体内容

课程名称	加工食品——择菜(一、二、三年级)
课程难度	★
课程简介	目标: 1. 把菜最外面的黄叶、老叶掰去; 2. 用剪刀剪去菜根; 3. 把菜叶一叶一叶掰开。
课程时长	3分钟

(续表)

课程名称	加工食品——洗菜、洗水果(一、二、三年级)
课程难度	★★
课程简介	目标： 1. 把择好的菜或水果放入盆里，放水浸泡10分钟左右； 2. 把每片菜叶或水果上的泥土或灰尘在水盆里轻轻揉去； 3. 在流动的水下冲洗干净每片菜叶或水果后，放入菜篮子控水。
课程时长	3分钟

课程名称	加工食品——会用微波炉(四、五年级)
课程难度	★
课程简介	目标： 1. 微波炉接通电源； 2. 打开微波炉，食物装在陶瓷或玻璃器皿中放进去，关门； 3. 调到加热大火功能以及加热时间，按"开始"键加热； 4. 戴好防烫手套把食物取出。
课程时长	2分钟

课程名称	加工食品——煮阳春面(四、五年级)
课程难度	★★
课程简介	目标： 1. 一锅水放在灶上点火煮开，水中加少许盐； 2. 面条放入沸水中，煮到浮上水面、面条变软； 3. 大碗中加适量盐、鸡精、油、葱花，倒入开水调好； 4. 将煮好的面条捞出盛入汤碗内。
课程时长	5分钟

(续表)

课程名称	加工食品——烧番茄炒蛋(四、五年级)
课程难度	★★
课程简介	目标： 1. 把3个鸡蛋打入碗中，用筷子调好； 2. 2个番茄洗净，切成小块； 3. 锅内放油加热，倒入蛋液，翻炒片刻后盛出； 4. 切好的番茄入锅翻炒，加适量糖、盐、水，煮2—3分钟后把炒好的蛋倒入锅里翻炒，收汁撒上葱花。
课程时长	6分钟

6. 劳动@家人,创新小能手

——观澜小学劳动教育课程之其他创意类劳动

设计:课程项目组

一、课程内容

主要包括加工食品、手工制作、种植养护和其他创意类劳动。其他创意类劳动的内容与难度见表1。

表1 其他创意类劳动的内容与难度

项目	内容			
	一、二、三年级		四、五年级	
其他创意类劳动	可回收垃圾的利用	难易程度:★★★	可回收垃圾的利用	难易程度:★★★
	现代家用电器的使用	难易程度:★★★	现代家用电器的使用	难易程度:★★★

二、劳动教育内容与要求

课程分类:劳动@生活,创新小能手——其他创意类劳动。

其他创意类劳动的具体内容见表2。

表2 其他创意类劳动的具体内容

课程名称	其他创意类劳动——可回收垃圾的利用(一、二、三年级)
课程难度	★★★
课程简介	目标: 1. 学会垃圾分类,选取可回收垃圾中可利用的物品; 2. 选用1—2件可利用的可回收物品,制作生活小物件; 3. 把制作的生活小物件在生活中和家人一起使用并交流使用心得。
课程时长	1小时

(续表)

课程名称	其他创意类劳动——可回收垃圾的利用（四、五年级）
课程难度	★★★
课程简介	目标： 1. 学会垃圾分类，选取可回收垃圾中可利用的物品； 2. 选用1—3件可利用的可回收物品，制作生活小物件； 3. 把制作的生活小物件在生活中加以使用并交流使用心得，并加以改进。
课程时长	1小时
课程名称	其他创意类劳动——现代家用电器的使用（一、二、三年级）
课程难度	★★★
课程简介	目标： 1. 认识家中已有的现代家用电器并能说出它们的名称，知道基本的用途； 2. 在烤面包机、榨汁机、智能吸尘器中选择一样学习使用并交流收获； 3. 使用一种学会的现代家庭电器做家务劳动或制作一样美食。
课程时长	1小时
课程名称	其他创意类劳动——现代家用电器的使用（四、五年级）
课程难度	★★★
课程简介	目标： 1. 认识家中已有的现代家用电器并能说出它们的名称，知道基本的用途； 2. 在豆浆机、烤箱、洗衣机中选择一样学习使用并交流收获； 3. 使用这一种学会的现代家庭电器做家务劳动或制作一种美食。
课程时长	1小时

家校沟通

1. 让"美育"成为我们的常态

——"相约星期六"家校沟通系列(一)

龚 怡

作为从教三十余年的一名美术教师,今天,和大家聊聊"美育"这个话题。

一、美育,到底是什么?

(一) 关于美感

"生活不是缺少美,只是缺少发现美的眼睛。" ——罗丹

不知你是否和我有过一样的感受:在某个早晨的上班途中,突然发现路边的梧桐已完全伸展开枝杈,与葱郁的树叶结成翠色穹顶,煞是好看;或是哪天黄昏的下班途中,远处的一轮落日映衬出高高矮矮的建筑剪影,格外火红,格外有温情。那些瞬间,你是否会觉得,"呀,真美!那些平日里不起眼的景致居然可以这么美!"

当你对欣赏对象感到一种精神上的愉悦和情感上的乐趣,这,就是美感,是人们对事物美的主观感受和体验。

美育,又称美感教育。

美育就是通过培养人们认识美、体验美、感受美、欣赏美和创造美的能力,从而使我们具有美的理想、美的情操、美的品格和美的素养。

(二) 美育的内容

"美育"的"美"不是单一地指美术,美育主要包括以下几方面。

(1) 艺术美,如音乐和舞蹈、书法绘画、影剧欣赏、文学等。

(2) 自然美,以大自然为审美对象所感受和体验到的美。

(3) 社会美,以社会生活中美好的人和事为对象而感受和体验到的美。

二、美育,离我们有多远?

吴冠中先生曾疾呼:"美盲比文盲更可怕"。

我们熟悉的朋友圈,就是一个可以充分体现个人审美能力的地方。比如图片和文字。图片是清晰具有美感的,还是模糊随意的,文字排版是易阅读的、精致的,还是很随便的。

审美的意义在于,通过提高人们的审美理解力,更好地感知美,判断美,表达美,以丰富自己的生活,使自己的生活更有审美价值。

审美是收拾得整整齐齐的房间,是出门前用心搭配的衣着,是桌前一束鲜花的芳香,是客厅里一幅能自得其乐的书画。审美能力决定了一个人的生活品质。

理性的科学征服了世界,感性的艺术美化了世界。偏废了任何一方,都不可能完美。

美感素质有高低,它需要通过美育来实现。所以,美育,存在于我们生活的每个角落。

三、美育,我们可以做些什么?

提高艺术素养不是一蹴而就的事,儿童美育着重启蒙和强化的是敏锐的感知力、丰富的想象力、真实的鉴赏力和大胆的艺术创作习惯。这个过程是逐渐熏陶,渗入人生的过程。

(一)儿童美育的特征和目的

(1)所有的教育都是在培养某种能力。美育培养的是一个人的感知力和表现力。感知力就是一个孩子从这个世界吸纳的能量,吸纳所有信息的能力,就是他采集信息的能力,应该先于表现技巧的提高。

(2)美育是关于快乐的。如果你能够跟你的技艺融为一体,一个写字的人能够和毛笔融为一体,一个唱歌的人可以和音乐融为一体,那么他是这个世界上最快乐、最幸福的人。

(3)训练,能让一个人真正静下来,磨炼出来的定力和冷静的观察,是孩子最宝贵的财富。

以美术学科为例,美术素养主要表现在图像识读、美术表现、审美判断、创意实践和文化理解5个方面。众所周知,美术属于视觉艺术范畴,只有看得到,才能感悟得到。看到、观察到是美术学习的先决条件。其中,美术学科独有的图像识读、美术表现最能体现一个人的敏锐性和创造性特征。

(二) 美育教育的分类

美育教育的范围十分广泛,大致可分为学校美育教育和家庭美育教育。

1. 学校美育教育

作为浦东新区艺术特色学校,观澜还是上海市美术教育教学研究基地试验学校,浦东新区书画研究会美育基地;上海市合唱联盟单位,浦东新区戏曲传承基地学校等,学校的品牌效应正日益鲜明。

学校为所有学生提供了丰富的艺术展示舞台,带领观澜学子在各级各类赛事中屡获佳绩,让每个层面的孩子都投入艺术实践体验,收获艺术成就感。

(1) 社团活动常态化。形式多样的社团内容,是学校培育学生美育敏锐性和创造性的途径之一。

(2) 校园活动系列化。校园艺术节涵盖乐器、声乐、水墨、绘画、写生、戏曲等丰富多彩的内容,注重学生艺术素养的全面提升。

2. 家庭美育教育

美存在于绚丽多彩的大自然中,存在于沸腾变幻的社会生活中,存在于五光十色的艺术宝库中。"美即是生活",一些艺术形式还不能完全整合于学校的课程之中去。此时,更加迫切地需要家长能将美育与生活实际相联系,引导孩子综合认识各种艺术作品,

(三) 如何从小培养孩子的艺术素养

美育教育贯穿着每个人的一生。并非只有在学校里上美学的课,或在机构里训练美术技法,才算是提高审美水平。美应该是一种生活方式,多让孩子接触美好的事物、美好的景象,带孩子感受自然之美、建筑之美、诗词之美、音乐之美、绘画之美……这些对美的感知和享受会藏在他的脸上,浸润他的内心,伴随终生。让探索艺术和追寻真善美成为家庭教育的必修课,与孩子共同成长,成为更好的自己,让"美育"伴随我们成为生活的常态。

1. 家庭环境

家庭环境的美,对孩子审美趣味的形成和发展有着重要的影响。

为孩子布置一个整洁或有趣味的房间,营造一个书香文艺的生活环境,有条件的家庭最好为孩子布置一间儿童室,或者家庭小艺术角。注意使孩

子的衣着、仪表和言谈举止符合美的要求,教育孩子言谈举止要文明礼貌,穿着整洁大方,反对奇装异服,更不能不修边幅;此外,家庭生活的和谐气氛,家庭成员的亲密和睦、相互关心,都会让孩子感到舒适、温暖、愉快。这些都有助于养成孩子良好的生活习惯,培养向善向美的情操以及健康的审美趋向。

2. 艺术熏陶

艺术就是表达感情,表达自我,所以孩子们都特别喜欢画画写写、唱唱跳跳。

艺术的学习具体来说是关于眼界、入手。如果在条件可能的情况下,让小朋友接触到经典,如民族民间艺术、非物质文化、地域文化等。

多看!大师的作品,好看的图片,获奖的照片,或者买尽量精美的绘本和画册,陪他一起看。

多去!多去美术馆,多去博物馆,多去看画展。让孩子从小接触那些造型艺术精品佳作,激发他对美工艺术的兴趣和热爱。一件好的瓷器,一件好的字画,像这种历史沉淀下来的美是无法超越的,也可以去模仿,去借鉴,了解这些优秀的经典文化。

不要以成人的思维去认为:小朋友会听不懂看不懂。对孩子来说他接触到什么,就是什么。我们所要做的是陪伴,陪伴的过程中,我们也在积累美和储备美。

3. 亲子美工活动

有机会时,陪伴孩子一起做做美工活动,使孩子热衷于创作劳动,家长要鼓励孩子大胆地用各种材料去表现他对周围事物的认识与感觉。鼓励、帮助孩子大胆地表达他的想法和感受;可以向孩子介绍有关材料,具体的性能与用途以及操作方法等,能大大发展孩子的创造能力和造型能力。

学校布置的"澜精灵"吉祥物设计、"食"尚招贴卡、爱心卡制作等,都是很好的实践机会。

千万别一味追求技法,孩子们最怕听到的估计就是"你画的怎么一点也不像啊?怎么做的那么丑啊?"之类的,只要孩子能表现出物体的主要部分和基本特征,并能表现出一定的情节性,就是成功。所以父母一定是在旁边鼓掌说,你真努力,要为他的勤奋和锲而不舍鼓掌。

可能因为他喜欢的某一个手艺,某一个艺术的种类,因为他内心的丰盈、眼界的开阔而散发出阳光的艺术气质,会得到他人的眷顾多一点,成功多一点。

4. 亲近自然

大自然是最好的美育教材。瑰丽的色彩、生动的形态、动听的音响、神奇的变化会使孩子感到其美无比、其乐无穷。

有条件的家长可以多带孩子去旅游,仔细观察大自然,为提高欣赏能力,对孩子要边看边指点,必要时可以驻足观赏,或者以小散文来启发情感,用摄影、画记忆画、做自然笔记等加深美的体验。不仅可以开阔眼界,丰富知识经验,寻找美、发现美,还可以播下热爱大自然、保护自然环境的种子。

(四) 书籍推荐

1. 给父母的推荐

(1) 蒋勋老师的书。

(2) 希腊神话相关书籍。

(3) 陈丹青主持的艺术类节目《局部》。

2. 给孩子的推荐

(1) 中信出版社有很多儿童艺术启蒙方面的书可选,如《DADA 全球艺术启蒙系列》等。

(2) 读库也有很多艺术启蒙和审美教育的书,如《书中有座美术馆》等。

3. 亲子共赏推荐

(1) 艺术的力量(BBC),涵盖多位艺术大师,如梵高;卡拉瓦乔;毕加索;贝尼尼;伦勃朗;大卫;泰纳;罗斯科等,观看地址:http://list.youku.com/show/id_z2f02cfd6c1ba11e196ac.html?spm=a2h0k.11417342.soresults.ddetail

(2) 百年巨匠之美术篇(CCTV),涵盖多位中国美术大师,如齐白石、黄宾虹、徐悲鸿、张大千、潘天寿、林风眠、傅抱石、李可染、刘海粟、吴作人、关山月、吴冠中、李苦禅、蒋兆和、石鲁、黄胄等,观看地址:http://list.youku.com/show/id_z0872c5e86b5a11e29498.html?spm=a2h0k.11417342.soresults.ddetail

(3) 美之壶(NHK),向世界介绍日本生活中各种隐藏之美的全新艺术鉴赏节目,涉及日本建筑、料理、工艺美术、风景等多方面。

2. 让孩子们跑起来

——"相约星期六"家校沟通系列（二）

俞振豪

亲爱的家长朋友，大家好！

我是俞老师，很高兴能有机会和大家隔空见面，作为学校的体育条线负责人，今天就来和大家说说关于学校体育学习与家庭体育锻炼方面的话题。

走进如今的校园，可以发现，不少孩子小小年纪，读书才开了一个头，眼镜却已早早架上；随着年级增高学生的近视率逐步攀升。和"小眼镜"同样让人心忧的，还有"小胖墩"。如今，不少学生用于学业和各类作业的时间过长，每天"从家门到校门"，久坐室内，忽视了体育锻炼。重智育轻体育的陈旧观念依旧存在，不少家长见缝插针地为孩子安排各类补习，却很少有补上体育锻炼的"欠账"。

长期与体育运动绝缘、体质不佳，加之身陷激烈的学业竞争压力，多种因素叠加，无形中也给孩子们带来了不小的心理压力，抗挫折能力差、意志薄弱、团队合作能力欠缺等种种难解的"病症"频发。正如一些教育学家所言，对一个人来说，意志力的培养往往不是靠智力，而是靠体力培养出来的。今年疫情期间，部分学生上网课时间较长，宅家久了，视力负担进一步加剧，体质问题也进一步凸显。这时候，习总书记提出"让孩子们跑起来"的要求，不仅体现了生命至上、健康第一的教育理念的应有之义，更是为学校体育课程教育指明了核心所在。

那么，我们观澜小学又是如何开展和落实"体育"，让更多的孩子热爱运动、参与到体育锻炼中的呢？浓厚的校园运动氛围，悠久的校园体育品牌缺一不可。我校是全国、上海市体育传统项目学校，全国学校武术项目联盟学校，上海市"一校多品"创建试点学校，教育部中华优秀传统文化五禽戏传承基地。2018年9月更是成为上海市"小学体育兴趣化、初中体育多样化"试点学校。为此，"兴趣化，助力孩子健康幸福成长"成为观澜小学体育课程与体育教学改革探索和创新的重中之重，也成为全校师生共同努力的方向。

学校严格按照上海市课程计划，严格执行基于课程标准的教学与评价。

多途径落实《学校"小学体育兴趣化、初中体育多样化"实施方案》。在一至三年级每周4节体育课,2节体育活动课;四、五年级每周3节体育课,2节体育活动课中将"1+4+X"课程落地。

这里的"1"就是国家课程——体育教材。

"4"是指"体育类社团课程""体育节、体育周课程""课间阳光活动课程""城市学校少年宫课程"。

学校加强"体育兴趣化"社团,运动队建设,做好学校的武术、围棋、体操等项目,做到普及与特色相结合,在培养学生兴趣的同时,选拔出有特长的学生。学校成立的体育兴趣社团有运动类,如武术、足球、体操、拳操梦之队、棒球、轮滑、乒乓、健身操、羽毛球、跆拳道等;智力类,如围棋、七巧板、数独、魔方等;还有武术、体操等社团天天训练,在刻苦训练中锻炼意志,形成个人体育特长。

"X"是指教师课程,学校形成教师就是课程的理念,每一个体育老师都有自己专长项目作为课程,非体育老师擅长运动也参与到运动课程中,有效地提升了体育课程的丰富开展。

除了"1+4+X"课程建设模式,每年一次的"澜星"体育节更是成为全体师生享受运动锻炼、交流学习的大Party。历时两个月的体育节,包括校园拔河比赛(三至五年级)、"澜精灵"趣味运动会暨校园吉尼斯擂台赛、学生广播操评比等一系列活动。

"澜精灵"趣味运动会全校师生人人参与,教师是教练和裁判,家长是助手,学生人人是运动员集体项目,班级与班级之间初赛,再到年级与年级之间展示,集体荣誉感爆棚;个人项目20多项,其实就是20多个游戏,人手一张"体育争章卡",更是激发了学生参与运动的热情。连续两届运动会,都像是一个盛大的体育嘉年华。大家在游戏锻炼中享受着运动的快乐与成长。

2020年,由于新冠疫情的缘故,原本线下的"澜精灵"趣味运动会改为了线上的"云动会"挑战赛。围绕着"极速30秒"的主题,以集体参与和自选参与两种形式开展,学生自主选择适合自身的项目进行居家练习和挑战。为期七天的"云动会",几乎人人参与,更是收到了近400位"澜精灵"上传的运动视频,网络云端成了孩子们学习交流,锻炼健身的新舞台。

最近,随着天气的转凉和疫情的反复,学校体育户外运动的开展受到了一定的限制。本着"安全第一"的原则,很多集体锻炼活动减少了,孩子们在校运动的时间被挤压了。在这特殊时期如何保证孩子们必要的运动时间与运动量,促进他们健康成长,成了亟须解决的首要问题。这不仅需要我们老师在学校内为孩子们努力创造适合安全的运动环境,同时也需要家长的大力配合,在家中积极创造锻炼机会,培养孩子们良好的运动习惯,选择合适的运动项目,引导他们在家积极参与运动锻炼。

曾经有些家长与我沟通,反映孩子在家完全没有运动的兴趣,让他们去锻炼都懒得动一下,很是苦恼。其实这很明显,就是孩子没有养成良好运动习惯的表现。那么家长该如何在家培养孩子的运动习惯呢?我觉得至少应该做到以下两点。

1. 父母以身作则最重要

孩子运动习惯的养成很大程度上受父母的影响,对体育运动没有兴趣的父母很难在行为上给孩子积极的示范。一项关于"城市少年儿童生活习惯研究",对6个城市的2 000余名小学三年级至初二学生和家长进行调查,结果显示,课余时间没有体育运动的孩子中,他们的父母有60.6%平时也不喜欢进行体育锻炼。喜欢运动的父母会为体育运动积极创造条件与孩子一起活动,而排斥体育运动的父母,也很少为孩子创造体育运动的条件。对父母而言,不仅要转变观念,强化自己运动健身的意识,还要从自己做起,创造条件与孩子一起做运动。

2. 让运动融入家庭生活

运动与吃饭、睡觉一样,是人的健康生活必不可少的组成部分,关系到家庭生活的质量。当孩子在运动的时候,我们父母有时间就可以多参与,营造运动的氛围,鼓励孩子慢慢地养成运动的习惯。比如,家长可以在有空时和孩子一起爬爬楼梯,在小区散散步、打打球。在家庭"体育"中,运动形式是次要的,重要的是全家人在共同活动中放松精神,感受运动的乐趣。

那么,在家里空间有限、运动器械有限的情况下,做什么运动比较好呢?下面我就为家长们推荐几种简单实用的基础运动项目。

(1) 跳绳:每次3—4组,每组1—2分钟。可以有效提高肺活量和耐力素质。父母可与孩子进行比赛,还可拓展花样跳绳,如开合跳、带人跳等。

(2) 原地高抬腿:每次2—3组,每组30次。要求大腿积极抬高,身体保持平衡。该动作可增强协调性,但要注意饱腹时不宜练习。

(3) 原地小步跑:每次3—4组,每组1—2分钟。有条件的家庭也可以选择在客厅内绕圈跑,但是要注意清理好周边的家具,注意安全。运动时要控制好摆臂与步频节奏,呼吸均匀。这一运动可促进心脏与肺部的活动量,增加持久耐力。

(4) 开合跳:每次3—5组,每组20—30个。身体自然伸展,两手两腿快速进行开合跳。可以增强心肺能力和协调性。

(5) 仰卧起坐:每次3—5组,每组20—40个不间断。双手放到双耳侧,动作到位。家长可与孩子互相协助完成,增加核心肌肉能力。

(6) 直臂支撑:每次2—3组,每组30—60秒;能力足够的孩子也可以使用平板支撑的动作。注意躯干与四肢均匀用力,身体成一条直线,体会腰腹肌发力。

如果这6个基础动作能按要求轻松完成,同时家里条件允许的话,大家就可以来挑战一下后面6个增强版动作,同样也是可以很好地锻炼到全身肌肉,增强协调性,提升心肺功能。这六个增强版动作的锻炼视频已经由体育组老师们发送到各班的晓黑板班级文件夹中,大家有需要的话可以去下载,和孩子们一起锻炼学习。

当然,在家中进行运动锻炼要讲究科学、适量,和一定的安全性,在此,我给大家提几点注意事项。

(1) 早起不宜剧烈运动。运动锻炼前60分钟可以适当吃少量易消化的食物,锻炼前30分钟内不可进食。运动锻炼结束至少30分钟后才可进食。

(2) 运动时,着装要舒适(易吸汗)并便于运动,以运动装和运动鞋为佳,要注意不能赤脚或穿拖鞋锻炼。运动过程中还要注意保暖防止感冒。

(3) 每次运动锻炼前必须进行至少5分钟的热身运动,防止运动中受伤。

(4) 运动过程中应根据锻炼情况采用"少喝(每次20—30 mL)多次"的方式适当补充水分,不宜大量饮用水。

(5) 家庭环境下运动锻炼时,家长应仔细检查锻炼场地的安全,做好保护措施,尤其是注意家具、墙体的锐角处,避免跌倒与撞伤等意外伤害。

(6) 运动锻炼应适量,过量锻炼反而会降低身体免疫力。运动过程中如发现身体明显不适,应立即停止运动锻炼。

要让今天的"小树苗"长成明天的"参天大树",必须坚持健康第一的教育理念,在育人上形成合围之势。习近平总书记在 2021 年 9 月 22 日发表了重要讲话,他尤其强调了正确的运动观念:让孩子们跑起来……让孩子们在体育锻炼中享受乐趣、增强体质、健全人格、锻炼意志。

在此,衷心希望我们可爱的孩子们在观澜学会学习、学会锻炼,健康成长,这是家长的心愿,亦是我们孜孜不倦追求的教育目标。让我们一起努力,共期未来!观澜的孩子们,定将迅速成长为德智体美劳全面发展的新时代好少年!

3. 乐舞飞扬　让童年有声有色

——"相约星期六"家校沟通系列（三）

金佩红

各位亲爱的家长朋友们，大家好！

我是金老师。很高兴和大家隔空相见。作为一名从教 27 年的音乐老师，今天我要和大家聊聊音乐美育的话题，今天分享的主题是《乐舞飞扬　让童年有声有色》。

以美育人，以美化人，美育已成为新时代的教育理念与全社会共同认识的热点。学校美育、家庭美育和社会美育是做好美育工作的三大支柱。而家庭教育是美育的基础，对孩子的影响贯穿人的一生。我们要让音乐润泽童心，让孩子的童年有声有色。

一、学会欣赏——让音乐走进孩子的日常生活

1. 音乐可以陶冶情操，促进身心健康

在我们的日常生活中，音乐无处不在。在紧张的学习或工作之余，听上一首优美舒缓的曲子能使人放松心情，能抚平内心的烦躁不安，而一首热情激昂的进行曲能激发积极向上的精神，消除疲惫，催人奋进。

2. 音乐可以开启智慧，形成良好性格

浪漫主义作家雨果说过：开启人类智慧的钥匙有 3 把，一是字母，二是数字，三是音符。音乐能激发人们的想象力和创造力。比如爱因斯坦酷爱音乐，能够熟练地演奏钢琴和小提琴，我国著名科学家钱学森、李四光也都与音乐有着不解之缘。在我们强调素质教育的今天，有很多音乐素质好的学生，在学习成绩上也是很突出的，这一切都是音乐给了他们灵气，启发了他们的智慧。

3. 让音乐走进孩子的日常生活

美是音乐的灵魂，无法感受美的人，必然无法以积极乐观的态度参与到工作、学习、生活中去。在当今社会，审美水平是评价一个人综合素质的重要指标。作为家长，要有意识地让音乐走进孩子的生活，丰富孩子的精神世

界。家长千万不要认为自己的孩子没有音乐天赋,而忽略了为孩子创造感受音乐、体验音乐的机会。相反,家长要多创造机会让孩子走进音乐,感受音乐的美。可以推荐孩子欣赏中外名曲名作或优秀作品,还可以指导孩子关注电影、电视、舞蹈中的音乐,帮助孩子准确理解音乐、丰富想象力。周末或假期,家长还可以带孩子走进音乐厅,听一场音乐会,开拓孩子的音乐视野,激发他们对音乐的兴趣和热爱。让孩子能亲眼看到各种各样的乐器,看看乐队指挥是怎样挥舞双臂打拍子的,舞者是怎样合作表演的,以及舞台上形式多样的演奏和演唱等,让孩子感受艺术的美,增强孩子对音乐的亲切感。还可以围绕一个主题开展亲子音乐探究活动,比如学校戏曲节"童谣""戏曲"探究活动,家长可以积极带领孩子参与其中。你们看,这就是第一届戏曲节中,孩子们和家长一起制作的戏曲小报。在今年的戏曲节中,有许多一年级家长带着孩子学沪语童谣和表演。我们来看一看孩子们的表演(视频)。我想,这样的亲子活动将是孩子童年学习生涯中一段难忘而美好的记忆。学会欣赏的孩子会因为有音乐的陪伴,内心更充盈,更能获得幸福感。

二、发掘特长——让音乐点亮孩子的成长之路

教育就是让每一个孩子成为主角,教育让每一个孩子都发光。好的教育一定要教给孩子发现美、追求美和创造美的能力。我校作为浦东新区艺术特色学校、浦东新区戏曲传承基地学校、上海市合唱联盟单位,学校着眼于全体学生的全面发展,历来非常重视对学生音乐素养的培养。

让每一个孩子站在学校舞台的正中央是观澜对每一个学子的承诺。

1. 全员参与毕业典礼

这是 2019 届毕业庆典上,全体五年级毕业生的演出。2020 年,在特殊的疫情期间,学校为 2020 届全体毕业生精心准备了一场特殊的毕业庆典,497 位观澜毕业生以特殊的方式,站在"学校舞台的正中央",以一曲《夜空中最亮的星》用歌声传递正能量,唱响对母校的爱,一颗颗"澜星"在校园熠熠生辉。

2. 特殊的云端艺术节

在特殊的 2020 云端艺术节活动中,通过全校海选的方式,为每一位有才艺的小朋友搭建交流展示的平台。许多家长积极响应,协助孩子拍摄视频,孩子们一个个自信阳光地亮出才艺,用歌声唱响对生活的热爱,用乐器

奏响爱的旋律,用艺术传递抗疫正能量。

3. 别有风味的戏曲节

在澜星戏曲节活动中,我们开展了多样的戏曲活动,全校3 800多名学生参与了活动,积极争当校园戏曲传承小使者。有266位选手获得了沪语小达人和戏曲小达人的称号。

音乐老师们通过音乐活动发掘了许多表演出色的艺术小苗。四(2)班晓琪、晓钰、晓韩3个孩子的合作表演让我眼前一亮,于是我推荐给学校沪剧社。这3个孩子在沪剧社学习中非常努力,演唱和表演进步非常大。在区政府国庆升旗仪式演出中,她们自信的笑容、优雅的表演赢得了老师们的赞扬。如今,有许多戏曲节涌现的新苗也成长起来了,在本学期参加了沪剧《红梅赞》《美丽川沙》的学习、演出和比赛。像这样的孩子,在学校各类活动中被老师发现,并推荐给校级社团培养的例子还有很多。

教育就是要发现孩子的特长,给孩子找到可以热爱、可以追随一生的兴趣。新时代家长对美育也越来越重视。有相当一部分家长想让孩子学习艺术,发展艺术特长,让孩子能拥有一双发现美的眼睛,发掘孩子身上的天赋、培养高尚的兴趣爱好。比如,学习乐器对孩子成长有很大益处。常常会有家长来咨询我,"金老师,我的孩子学什么乐器比较好?"我想,作为家长,首先要尊重自己的孩子,除了在日常生活中多观察孩子的喜好和兴趣外,可以和孩子沟通听听孩子的想法。记得我有一个朋友,他大女儿学的是二胡,在为他小女儿选择乐器时,他就带着孩子在少年宫每一个乐器教室里参观一遍,让孩子自己选择喜欢的乐器,结果小女儿选择了竹笛,多年后,这个孩子在区艺术单项比赛中荣获民乐金奖。如今在中学里学业虽然重了,但依然没有放弃艺术学习,学习成绩也是名列前茅。

对孩子的音乐教育,不是为了培养音乐家,而是让孩子能够受到音乐艺术的熏陶,培养孩子的音乐修养。音乐素养是孩子今后漫长的人生路上的一笔珍贵精神财富,能给予他们享用不尽的快乐。

三、贵在坚持——让音乐丰实孩子的精神世界

教育就是"你的童年,我从不缺席"。在对孩子一技之长的培养中,可能入门很简单,但要一路陪伴孩子坚持下来却不容易。音乐考验的是孩子的毅力,也是对家长的考验。有一些孩子刚开始学习乐器时积极性很高,但是

时间一长就开始感觉枯燥,有些孩子坚持不了干脆就半途而废了。作为家长,如何引导孩子在音乐学习之路上学会坚持不放弃?首先,家长在语言上要多给孩子鼓励,要看到孩子的点滴进步,及时给予表扬。在艺术学习的每一个阶段,孩子或许会遇到这样那样的困难,家长及时疏导和沟通,帮助孩子克服困难,培养迎难而上,坚持不懈的精神。家长的鼓励很重要。

教育就是"你的一万种尝试,我的始终支持"。沪剧社在排演经典折子戏《芦荡火种·智斗》中,有一位扮演阿庆嫂的孩子很有灵气,有一天孩子妈妈给我发来一段信息,告诉我孩子心理压力大,觉得自己表演上没有演刁德一和胡司令的两位男同学放得开,而且自己一紧张就会眨眼睛,内心很纠结,觉得自己演不好,所以想申请退出。我有些惊讶,马上和沪剧社老师了解情况,沪剧名师吉燕萍老师更是特意发信息告诉我,这个孩子综合表现特别棒,特别喜欢她,退出太可惜了。于是,我在和家长、班主任老师交流后,又找孩子谈心,孩子回到了沪剧社。相信,这个孩子一定会在沪剧表演中绽放精彩!

教育就是你的用心,他的惊喜。孩子的童年是短暂而美好的,在陪伴孩子艺术学习的过程中,有的家长非常有心,会拍下孩子表演的视频或照片在微信中分享孩子音乐学习的成果,让孩子感受到被关注的温暖。学校给孩子搭建了多样的展示平台,家长也要为孩子搭建平台增加孩子的舞台锻炼机会。在戏曲节活动中,许多一二年级的家长为孩子精心准备演出服,在家里陪孩子一遍又一遍练习,孩子在镜头前的表演自信而流畅,这样高质量的作品呈现给评委老师,展现的既是孩子的表演,更是家长对孩子的用心。活动不论大小,家长的用心,就是对孩子满满的爱,是一种态度,更是一种言传身教。有些家长怕麻烦,孩子想参与不支持;有的家长随随便便拍一段视频上传来应付自己的孩子;对比之下,高下立显。许多时候,家长的用心便是孩子成长路上最有力的支持。在爱心义演活动中,二(7)班小叶同学的表演视频入围了义演活动,孩子穿着长衫带着围巾有模有样的表演贯口的样子,赢得了满堂彩,让老师们看到了课堂外不一样的小叶。像这样在课堂上不敢展示,但是有才艺的孩子,在我们学校还有很多。赛场是舞台、课堂是舞台、网络也是舞台,家长要多给孩子助力,孩子才有机会绽放精彩。

各位家长,让我们共同努力,在孩子心田播撒艺术的种子,让孩子的童年有声有色。感谢您的聆听,谢谢!

第三节 科研能力

项目研究

1. 青年教师小课题的实施

"青年教师小课题的实施"项目工作计划表见表1。

表1 观澜小学项目工作计划表

项目名称	青年教师小课题的实施		
项目性质	中长期项目（ ）/阶段性项目（√）		
条线或部门	教科室	行政负责人	李俊峰
项目组长	瞿燕红	组长所在校区	新川校区
项目组人员	姓名	本项目中的分工	备注
	朱佳思	《以"表扬信"为载体，建构积极师生、师长关系的实践探索》	
	费俞佳	《"小""特"班会的实例研究》	
	顾思语	《青年新接班班主任首次家长会问题预设及应对研究》	
	严洁、汪璐	《小学英语低年级与中高年级评价方式的不同》	
	陆春妍、张丹、金如莹	《小学中年级语文学困生成因及转化对策的研究》	
	龚怡萍、杨洁、孙悦	《运用电子白板提高低年级数学课堂效率的实践研究》	
	乔培青、诸晨婷、陈诗意、赵佳丽、项韦呈	《小学高年级语文有效落实课前预习的研究》	
	庄忆玮、顾怡慧、蔡晓双、陈晓琳、李怡	《三年级语文写作成效的实践与研究》	
	朱奕纡、马思遥、邱依萍	《小学英语中高年级词汇教学方法的研究》	

(续表)

	姓　名	本项目中的分工	备　注
项目组人员	卫凤弘、胡燕敏	《美术作业的有效利用》	
	郑婷婷、凌霏珣、金晓婷	《小学中高年级学困生计算错误原因分析与改进》	
	瞿强、严尧	《小学低年级体育回家作业的设计与实践研究》	
	何亦微	《柯达伊音乐教学法之节奏训练在小学低年级唱游课中的应用研究》	

(一) 项目目标

《青年教师小课题》项目实施已有一个多学期了,在这期间,我校的年轻教师们能从日常工作中遇到的教育或教学问题为抓手,进行研究、思考解决对策,并动手撰写研究实施的过程,将教学与科研紧密结合,以科研促进教学。本学期,各小组青年教师将研究的内容整理成小课题研究论文,教科室检查初稿后将给出修改意见和建议,指导、帮助青年教师完成小课题论文,逐步引导他们进入教学研究领域。

(二) 实施步骤(时间节点、具体内容)

1. 各小组于5月31日前完成小课题论文初稿。
2. 教科室检查初稿,提出修改意见。
3. 各小组根据修改意见进行调整,并于第九周完成小课题论文最终稿。

(三) 完成时间和预期成果

4月中旬完成相关小课题研究论文

(四) 项目经费估算(包括工作材料、专家指导、奖励费等,请分项填写)

立项审核	执行情况检查			
	检查时间	实施情况	评价意见	检查人
校长: 　年　　月　　日				

2. 青年教师科研社

青年教师科研社项目工作总结表见表1。

表1 观澜小学项目工作总结表

项目名称	青年教师科研社		
项目性质	中长期项目（ ）/阶段性项目（✓）		
条线或部门	教科室	行政负责人	李峻峰
项目组长	瞿燕红	组长所在校区	新川校区
项目组人员	张丹、龚怡萍、张诗音、陆雯、郑婷婷、费俞佳		

（一）项目目标

小课题研究是青年教师快速成长的有效途径之一，也为青年教师的专业化发展搭建了一个重要的平台，教科室成立青年教师科研社，期待通过一段时间的研究、学习，使项目组的青年教师能在读、研、写3个方面都能有所收获。

(1) 通过小课题研究，促使青年教师拓展阅读范围，提升阅读能力。从广泛阅读中汲取养分和智慧，从阅读中完善知识结构、延伸阅历、开阔视野。

(2) 通过小课题研究，鼓励青年教师勤于思考、勇于实践，能够把小组研究的成果应用到教育教学实践中，提高自己搜集材料、组织材料、应用材料的能力。

(3) 通过小课题研究，引导青年教师能经常记录个人教育教学活动，有自己独特的认识和见解，为以后教研论文做好储备。

（二）推进与实施过程

1. 招募成员，成立小组

十月，教科室在南北校各招募了几名具有一定小课题经验的，善学习善思考，文笔较好的老师作为科研社的成员，成立了两个小课题小组。

2. 热门话题，参照选题

在科研社正式开始活动前，为了确定适合青年教师实践操作的、对学生成长有所帮助的研究主题，我自己先学习了2019年浦东新区各校区级课题的汇总表，梳理了十来个近年比较流行的研究主题，包括"创新素养""自然笔记""古镇文化与××教学的有机融合""长廊文化对规范小学生行为的实践研究"等。随后又把研究目标、研究范围缩小，修改成适合青年教师在班内实施的课题。经过项目组会议商议，南北两校的科研社的研究主题分别确立为《小学生劳动教育的实践研究》《基于实用教育的小学中低年级数学拓展型练习的实践与研究》。小学生劳动教育的小课题是德育类的，

(续表)

  2018年9月10日,习近平主席在全国教育大会上强调努力构建德智体美劳全面培养的教育体系,倡导大家能够辛勤劳动、诚实劳动、创造性劳动,将劳动教育提高到了一个战略性的高度。现在很多家庭重智力而轻德育,家长们只要宝宝学习好,家务劳动全包掉。我们几位年轻的班主任觉得在这个小课题中有很多可以挖掘与实施的内容,因此一致选定了这个主题。中低年级数学拓展型练习的实践研究这一小课题是学科类的,在学校实用教育课题的基础上,通过拓展型作业的设计,优化学生的数学作业方式,这一小课题的研究有利于学生创新潜能的发挥和创新个性的形成,有利于学生体会数学的应用价值,能有效地预防思维定式,拓宽学生的思路,促进高层次思维的发展,我们北校的几位数学老师很感兴趣。

3. 文献学习,初定计划

  研究的方向选定后,我在知网上找了一些与这两个课题相关的文献资料,学习有经验的老师是怎样开展课题研究的。通过学习,觉得对于小学生而言,劳动教育首先要学会自理,可以通过家务劳动和校内劳动来体现,而且可以通过晓黑板打卡等方式检查监督,适合青年教师操作实施;拓展型数学作业要注重层次性、灵活性、开放性,注重的是学生动手实践、自主探索、合作交流的学习方式。圈划重点后,我与科研社青年老师一起分享学习,初步定下两个组各自的实践计划(两份计划图)。

4. 撰写体会,指导改进

  定下实施计划后,我请两组的老师先在班内根据自己的理解进行实践操作。研究数学拓展型作业的老师设计了如统计班干部选举得票数、用100元去逛超市买东西、从家出发,走1 000米,可以到什么地方等生活化的拓展型作业;研究劳动教育的老师指导学生自己整理桌肚、餐后保洁、劳动教育与班级小岗位设置相结合等。有了一定的实践经验后,我指导老师们记录下实践过程,写写教育随笔。在检查这些教学随笔时发现,如拓展型作业设计这一小课题,有的老师只记录了布置的这项作业内容以及设计思路,我立刻进行了反馈,指导老师们不仅要记录自己是怎样设计、实施的,对学生的完成度、通过实践操作反馈出的信息也要有所体现,学生的收获成长是衡量这个小课题研究是否有意义,实施是否有效的最重要的依据。通过指导,教师在接下来的几次随笔中能加以调整改进,不仅有学生及教师的收获反思,还有不同的评价方式,激励手段的体现,老师们能举一反三,积累下了很好的素材。

5. 学习反思,适时调整

  实施了一个阶段后,发现在青年教师撰写的随笔中,尤其是小学生劳动教育的随笔,有几篇在内容上有些雷同,如一年级的学生在根据小视频学习理书包,三年级的学生也在理书包。如何使学生的劳动技能随着年级的增高循序上升呢,我想到了学校公众号上出现过的"各年级劳动清单",它对各个年级细致地罗列出了学生力所能及的劳动任务,通过这个劳动清单的实施,学生可以由易到难,逐步学会更多的劳动技能。我把这个想法与老

(续表)

师们交流后,得到了大家的认可,教育随笔的内容也迅速做出了调整。在12月27日观澜联盟活动中,我听到姚校长的"3+X"劳动教育方法,看到孩子们在农田里参与体验的劳动,受到启发,的确,劳动还包括农业劳动、公益劳动等,我们学校有几个班级的孩子在家委会的组织下也在参与收割稻子等农业劳动,如何挖掘家委会的力量使更多的学生参与到农业劳动或者是公益劳动,下学期,我们这几个班的家委会活动可以往这个方面开动脑筋。

(三)目标达成情况

本学期,两个小课题研究组撰写实施计划2篇,教学随笔16篇,小结2篇。通过小课题的研究与实施,也使老师们受益匪浅。

(1)"留心处处皆学问",这种基于课堂、基于问题、基于生活的小课题研究,让青年教师成为教学、成为科研的有心人,它使得青年教师从实际教学工作需要出发,处处留心,不放过任何有价值的东西,不断思考、积极探索。

(2)通过实践,青年教师也懂得了稳步前行,像劳动教育涵盖的内容很多,题目也很大,但我们可以根据学生实际需求,从小处着手,拟定符合实际的、能切实解决问题的方案,寻求解决问题的基本思路、行动计划和取胜策略。

(3)在项目实施过程中,这些青年教师按照行动方案尝试解决问题,理论联系实际,重在学习实践,细心体悟。

(4)老师们在实践中学会搜集整理解决问题过程中的现象观察、数据记录,以及理论学习的相关资料,对数据资料进行加工梳理,力求找到解决问题的方法。

(四)经费使用情况

专家指导费:800元左右

(五)其他说明

校务会审核意见

校长:

年　月　日

3. 观澜小学英语项目化学习案例分析

——5AM3U1 Planning a route of the study trip

项目设计：梁敏茜

一、项目的背景分析

五年级第一学期 M3U1 教学内容是"around the city"，本单元以"城市之行"为主要话题，要求学生在复习和掌握城市中常见场所、专有名词地名的表达，了解各个场所不同的设施、功能以及人们不同的行为表现的基础上，通过参观访问城市某一场所或景点的需要，学生需认读地图上的路名、站名、场所；借助地图，学习与运用 Excuse me., How do I get to…, please? 的问路方式，能与他人展开有关问路和指路的对话，丰富城市生活经验；选用的交通工具以及具体的路途表达，如 Walk along …, Turn left …, Turn right …等，分享正确的道路信息，形成一定的空间概念。与此同时，在描述城市中各个场所的方位的过程中，感受人文景观、城市文化及城市生活的美好。

基于以上分析，我们年级组项目主题设定为 Planning a route of the study trip（设计一条研学路线）。通过设计去川沙各个景点研学的路线这个目标任务，促使学生主动研究路线的表达，规划参观攻略，同时了解各个景点的背景知识，并向同学介绍自己设计的路线。在此过程中，培养学生之间的互相合作、分析和解决问题的能力，体验与同伴合作学习、获取知识、制作成果后的成功与喜悦。同时拓展他们的视野，了解语言背后的文化含义。

二、项目化学习的教学步骤的设计

根据单元教学的设计，本单元分为 4 课时进行，而在每一个课时，都设计了相应的教学目标，见表1。

表 1　课时与单课时教学目标

课　时	单课时教学目标
第一课时	1. 能识别国际音标/s/, /z/,并正确朗读含有该音素的单词; 2. 感知、理解有关场所类的核心单词 hotel, bank, hospital, bakery, museum, cinema 的发音、含义; 3. 在语境中理解并使用特殊疑问句 How do I get to ..., please? 来问路,并正确回答; 4. 看懂地图,在语境中能简单描述城市中不同场所及其位置; 5. 认识身边的公共场所,感受城市生活的便利。
第二课时	1. 能识别国际音标/tʃ/, /dʒ/,并正确朗读含有该音素的单词; 2. 在语境中较熟练使用特殊疑问句 How do I get to ..., please? 来问路,并正确回答;在语境中理解并使用祈使句 Walk along ..., Turn ...,尝试使用... take the underground ...描述路线; 3. 在语境中较熟练使用祈使句描述到达某个场所的方法和路线; 4. 合理规划路线,丰富城市生活经验。
第三课时	1. 能朗读含有/tʃ/, /dʒ/的音标词及相关句子; 2. 能在故事语境中感知、理解 shark, afraid, dolphin 等单词,并正确朗读; 3. 能在故事语境中进一步理解并运用祈使句 Walk along ..., Turn ...描述去某个场所的路线; 4. 能了解故事基本要素,理解故事大意,并获取相关信息,尝试语用表达; 5. 与家人相伴,感受城市生活的丰富多彩。
第四课时	1. 认识音素/s/, /z/, /tʃ/, /dʒ/的发音规律,并能区分、辨析其发音; 2. 能在语境中理解和运用本单元有关场所类单词 hotel, bank, hospital, bakery, museum, cinema; 3. 能在语境中使用特殊疑问句 How do I get to ..., please? 来问路,根据地图正确回答路线; 4. 能在语境中根据地图运用祈使句 Walk along ..., Turn ...来描述去某个场所的方法和路线; 5. 能在语境中,理解语篇内容,获取相关信息,进行简单介绍。

为了在 Planning a route of the study trip 主题背景下达到每课时的教学目标,在整个教学过程中,为本项目设置了确定研学景点、讨论参观路线图、绘制参观路线图、成果展示等系列步骤。同时把班级分为 6 个学习小组,每个小组的学生要学习收集信息、分析和组织信息、形成作品,并在各小

组之间分享,然后自我评价、组内评价、小组之间互评,相互学习。

三、驱动式问题的设计

在项目化学习中,设计驱动式问题时需要遵循的核心原则是能够引起学生兴趣。本项目主题是 Planning a route of the study trip,为学生比较感兴趣的主题。因此将主线问题定为 How to plan a route?(如何设计一条路线?)

同时将以下这些问题分别在课前、课中和课后布置给学生,并且要求学生必须要在小组内合作来完成问题的回答。如,川沙有哪些景点? 这些景点里有什么? 你想去哪些景点(What do you want to see?)这些景点在哪里?(Where are they?)你如何去这些景点?(How do you get there?)该如何设计去这些景点的路线图? 路线图上要有些什么? 你如何用英语介绍去这些景点的路线图? 这几个问题,学生们在老师的引导下,都能充分地、积极主动的完成分配给自己的部分,并在课上、课后都积极主动地参与到这些问题的回答中。这也表明驱动性问题的设计,能很好地引导学生思考问题,并通过小组合作解决问题。

四、学习任务的设计

学习任务设计见表2。

表2 学习任务设计

课　时	单课时教学目标	学习任务
第一课时	1. 能识别国际音标/s/,/z/,并正确朗读含有该音素的单词; 2. 感知,理解有关场所类的核心单词 hotel, bank, hospital, bakery, museum, cinema 的发音、含义; 3. 在语境中理解并使用特殊疑问句 How do I get to …, please? 来问路,并正确回答; 4. 看懂地图,在语境中能简单描述城市中不同场所及其位置; 5. 认识身边的公共场所,感受城市生活的便利。	1. 先完成既定语音任务的学习; 2. 讨论出在周末想要去的川沙研学景点; 3. 小组成员收集该景点周围的场所类核心词汇,并在组内交流,对其进行模仿朗读; 4. 理解本课时核心句型,并在课堂教学结束后,能简单运用。

(续表)

课 时	单课时教学目标	学习任务
第二课时	1. 能识别国际音标/ts/, /dz/, 并正确朗读含有该音素的单词； 2. 在语境中较熟练使用特殊疑问句 How do I get to ..., please? 来问路，并正确回答；在语境中理解并使用祈使句 Walk along ..., Turn ..., 尝试使用... take the underground ... 描述路线； 3. 在语境中较熟练使用祈使句描述到达某个场所的方法和路线； 4. 合理规划路线，丰富城市生活经验。	1. 先完成既定语音任务的学习； 2. 在组内讨论周日研学感想，梳理行程路线； 3. 运用核心词汇与句型对路线进行大致陈述。
第三课时	1. 能朗读含有/ts/, /dz/的音标词及相关句子； 2. 能在故事语境中感知、理解 shark, afraid, dolphin 等单词，并正确朗读； 3. 能在故事语境中进一步理解并运用祈使句 Walk along ..., Turn ... 描述去某个场所的路线； 4. 能了解故事基本要素，理解故事大意，并获取相关信息，尝试语用表达； 5. 与家人相伴，感受城市生活的丰富多彩。	1. 先完成既定语音任务的学习； 2. 先运用本课时核心词汇说一说, The Wangs 一家去海洋馆的路线及所闻； 3. 借助本单元的核心语言框架对于路线及路线周围的场所进行完整表述； 4. 动手绘制川沙研学景点路线图。
第四课时	1. 认识音素/s/, /z/, /ts/, /dz/的发音规律，并能区分、辨析其发音； 2. 能在语境中理解和运用本单元有关场所类单词 hotel, bank, hospital, bakery, museum, cinema； 3. 能在语境中根据地图运用祈使句 Walk along ..., Turn ... 来描述去某个场所的方法和路线； 4. 能在语境中，理解语篇内容，获取相关信息，进行简单介绍。	1. 先完成既定语音任务的学习； 2. 将本单元所学进行输出展示，运用核心句型描述研学路线图； 3. 相互评价、选出人气最高的参观路线。

学生们在每个实施的阶段，教师都会引导学生按照每课时的学习任务，进行小组活动，并实时地为学生答疑解惑。教师会根据教学目标，适当地帮

助、引导学生使用各种资源和多媒体来完成指定的学习任务,并在课后参与学生们每个学习小组的分享交流。

五、反思与收获

著名教育家陶行知先生一直提倡"教学做合一",这和"项目化学习"在教学中运用的理念不谋而合。"教学做合一"的教育理念,重在"做"。在本"项目"实施的过程中,反映出学生能以现有知识和生活经验为基础,在真实而有意义的语言学习环境中,借助各种学习资源,以活动为核心,以完成任务为目标进行语言实践,这其实就是一种"做"。

在学生完成学习任务的过程中,我们发现,学生能够充分发挥想象力和创造力,采取小组合作收集资料和信息,根据所得资源信息设计成不同风格的路线图;也都很乐于介绍小组作品的制作过程和经验,让他们真正感受到学习英语并非只是做练习、学习语法,更重要的是语言的表达和日常的交流,可以通过整个单元的学习,将所学内容进行整合,进行较好的输出表达。

单元中的核心内容不再只是通过教师"教"的方式习得,更多的是通过学生们在老师的引导下,有效地分配小组任务,自主地进行小组合作学习,同时利用网络对所需要的知识进行有选择的提取、分析、概括,充分地发挥了学生主体的积极性和学习主动性。

也希望之后能更系统化地开展更多对于项目化学习在小学英语教学领域方面的探究,从而帮助教师更好地引导学生、提高学生的英语综合能力和语言素养。

学生成果交流如图1所示。

图1 学生成果交流

成果展示如图 2 所示。

图 2　成果展示

4. 观澜小学项目化学习教学过程设计框架

——以四年级数学"毫升与升的认识"为例

一、项目主题

水龙头的"掉眼泪"。

二、涉及学科

数学。

三、项目实施年级

四年级。

四、项目设计

谢灵尧。

五、项目概述

（项目来源、驱动性问题、项目目标、项目预期成果等，简要概述）

1. 项目来源

四年级第一学期的数学教学内容之一是"毫升与升的认识"，主要认识毫升和升，建立毫升与升的量感。

2. 驱动性问题

学校里总有浪费水的现象，你知道一个滴水的水龙头一分钟能滴多少水？如果大家用完水都不关水龙头，那学校一天会浪费多少水？

3. 项目目标

通过探究"浪费了多少水"这个目标任务，促使思考水的计量单位，从而认识毫升与升。在经历项目化学习的过程中，初步认识生活中的毫升与升，建立毫升与升的量感，通过探究毫升与升的关系进一步了解毫升与升，从而思考如何解决问题，初步体验与同伴合作学习、获取知识、制作成果后的成功与喜悦。

4. 对应的课程标准

(学校综合活动要求,学科项目化学习要摘录本单元课程标准相关内容)

(1) 认识毫升和升,初步建立毫升和升的量感。

(2) 知道可以用毫升和升描述液体量的多少。

(3) 知道毫升和升之间的进率,会进行简单的换算。

(4) 经历寻找生活中升和毫升的过程,进一步加深对毫升与升的了解,体会到数学与日常生活的紧密联系。

(5) 通过探究学校内浪费水的量,感受节约用水的重要性。

5. 预期成果

见数学探究单。

六、框架问题(一般由基本问题和单元问题构成)

1. 基本问题

水龙头不关,一天浪费了多少水?

2. 单元问题

液体的度量单位是什么?毫升与升有什么关系?毫升与升一般怎么选择?生活中怎么度量水?有什么度量工具?

……

七、教学过程

1. 第一课时:项目启动

项目启动的内容包括激发兴趣、明确目标,形成合作小组,推选组长,小组内分工等。

建议:在明确目标任务——水龙头不关,浪费了多少水。让学生讨论一些单元问题,初步了解液体的度量单位,毫升与升。要求学生合作学习课本上内容,在生活中找一找用毫升和升做单位的物品并探究毫升与升的关系。可以将探究的过程记录下来,制作数学探究单。

2. 第二课时

探索:水龙头不关,一天浪费了多少水?

建议:通过交流大家寻找的物品,进一步认识毫升和升,建立毫升与升的量感,着重了解毫升与升之间的关系。组织学生讨论如何研究水龙头不关,浪费的水如何度量。根据讨论内容有意识地引导学生讨论选择合适的量具,从而进一步区分毫升与升。布置项目学习的目标任务:完成浪费多少水的探究,可以将探究的过程和计算的过程都记录下来,制作数学探究单。

3. 第三课时:成果展示

学生进行成果展示,交流探究的结果,说说感受,相互点评、自我评价等。

5. 单元整体设计的语文支架式教学

——语文第五册第五单元

观澜小学　张　丹

一、学习材料分析

本单元位于小学语文教材第五册的第五单元,本单元两篇课文,一篇习作。本单元主题为"留心观察"。读了这个单元的文章,希望同学们能够学习留心观察,积累生活素材,不断提高习作能力。学习材料分析见表1。

表1　学习材料分析

课文题目	课时	故事内容
《搭船的鸟》	2	"我"在去乡下的路上观察并认识翠鸟的过程。翠鸟美丽的外貌吸引了"我",也引发了"我"的疑问。看到翠鸟捕鱼的敏捷动作后,通过母亲的介绍,"我"知道了翠鸟搭船的原因。
《金色的草地》	2	描写了生活在乡村的小男孩,观察发现草地颜色的变化,并寻找原因的过程。
交流平台	1	第一部分回顾了两篇课文的作者观察的收获,并得出结论——"留心观察非常重要"。 第二部分列举了两篇课文的作者对事物的外貌、变化原因等所作的观察,并得出结论——细致观察是对事物深入了解的重要途径。
习作例文:《我家的小狗》《我爱故乡的杨梅》	1	《我家的小狗》:"我"经过观察,发现小狗"王子"淘气又可爱的特点,将小狗的淘气可爱写得活灵活现。 《我爱故乡的杨梅》:一至三自然段写了作者对故乡杨梅的喜爱和杨梅树的样子;四到六自然段写了作者观察到的杨梅外形、颜色、味道的特点。
习作:《我们眼中的缤纷世界》	1	第一部分3幅插图从不同的角度提示学生可以观察的对象,激发学生仔细观察周围事物或场景的愿望,进一步拓宽学生习作的选材思路。 第二部分提出本次习作的任务——把最近观察时印象最深的一种事物或一处场景写下来。

二、学生情况分析

紧扣本单元教学内容,分析学生的已知和未知及对学习材料的兴趣和学习方式的喜好,使教学设计更有针对性。学生情况分析见表2。

表2 学生情况分析

识记生字	学生经过两年的学习,已经学会了许多自主学习生字的好方法。生字的学习对于他们来说,并不是难题。只是在生字的音、形、义的细节处,学生还难以把握,所以在本单元的识字教学过程中,我将针对一些易读错的音,易写错的字着重进行指导。如:"鹦、蒲、耍"的读音;"篷"的偏旁是竹字头;"趣"书写时要注意"耳"的末笔改为提;"又"的末笔改为点等。
理解词句	本学期通过第一、第二单元的单元训练目标"运用多种方法理解难懂的词语"的学习,学生浅显地接触了一些理解词语的好方法,如查阅工具书、找近反义词、词素分解法、联系上下文来理解词语等。词语是一篇文章基本的构成元素,"字不离词,词不离句,句不离章",学生在读准、读通课文的基础上,简单的词语大部分学生能够通过各种方法理解;但较难的词语,如本单元中,"一本正经"等词需要老师通过各种途径引导他们去理解,从而使学生读懂文章内容,更好地感悟文本所传达的情感。
观察事物	本单元主题为"留心观察"。三年级的学生有一定的观察能力,但是还存在观察不细致、观察缺乏重点的特点。学生学习留心观察,目的是积累生活素材,让自己有内容可写,不断提高习作能力。本单元将引导学生做生活的有心人,留心观察周围的人、事、景、物,感受作者观察的细致,体会细致观察的好处,逐步养成观察的习惯。
学习兴趣	本单元都是叙述类课文,课文内容富有情趣,每篇课文都重点刻画了一样事物,学生喜读、爱读、能读。

三、单元整体目标

单元整体目标见表3。

表3 单元整体目标

知识与技能	1. 认识10个生字,读准1个多音字,会写27个字。 2. 学习用不同的方法理解词语,在理解的基础上主动积累词语29个。 3. 能正确、流利、有感情地朗读2篇课文,积累课文的精彩语段。

(续表)

过程与方法	1. 能通过讨论和同学交流自己观察到的动物、植物或场景及其变化情况。 2. 边读边想象课文描写的画面,感受所要表达的情感。
情感态度与价值观	1. 感受作者观察的细致,体会留心观察的好处。 2. 能继续仔细观察一种动物、植物或一处场景,把观察所得写下来。

四、单元教学重点

本单元承袭了一、二单元"运用多种方法理解难懂的词语"和三、四单元"边读边预测,顺着故事情节猜想"等重要训练点。本单元学生将学习"仔细观察,把观察所得写下来"。

引导学生在细致的观察中有所发现,对事物有更多更深的了解,在实践中学习、观察与表达,掌握运用多种感官以及抓住事物变化进行细致观察的方法,形成细致观察的意识,养成细致观察的良好习惯。

本单元每一课的课后练习中都设置了"观察并交流"的练习。单元教学重点见表4。

表4 单元教学重点

课文题目	重点目标	课后练习"观察"
《搭船的鸟》	通过描写翠鸟的语句,了解"我"对翠鸟的外貌、动作所做的观察,感受"我"观察的细致,初步体会留心观察的好处。	读课文,想想作者对哪些事物做了细致观察,说说你是从哪里看出来的。
《金色的草地》	能说出草地的变化情况,及变化的原因,体会"我"观察的细致,能自己观察某一种动物、植物或一处场景的变化情况,并和同学交流。	只要我们稍加留意,就会发现事物是变化着的。如,向日葵会随着太阳转动,含羞草被触碰后会"害羞"地低头……你留意过哪些事物的变化?和同学交流。
交流平台	能结合课文内容体会作者观察的细致,总结留心观察的好处,初步了解可以调动多种感官进行观察,并尝试写写自己的观察所得。	你在生活中观察到了什么?用几句话写下来和同学交流吧。

(续表)

课文题目	重点目标	课后练习"观察"
习作例文与习作	了解作者是怎样观察的,体会作者观察的细致,能继续仔细观察一种动物、植物或一处所,把观察所得写下来,与同伴分享自己的观察感受。	把最近观察时印象最深的一种事物或场景写下来,把你认为写得好的部分读给小组同学听,展示你的观察所得。

五、支架式教学策略

就本单元教学重点"仔细观察"设计支架式教学策略。

（一）引导

引导学生观察生活实际,基本流程见表5。

表5　引导学生观察生活实际

课文题目	基　本　流　程
《搭船的鸟》	1. 板书课题,观察翠鸟视频。 2. 引导学生说说翠鸟有什么特点。 3. 说话练习:这是一只_____的翠鸟。
《金色的草地》	1. 出示2幅草地图片。 2. 引导学生说说看见了怎样的草地。 3. 板书课题。
交流平台	1. 出示几组图片:一个苹果混进了马铃薯堆、一只小狗混进了一堆毛绒玩具里等。 2. 找一找图片中与众不同的事物。 3. 揭示课题:生活中要做个善于观察的有心人。
习作例文与习作	1. 出示教材第72页的3幅图。 2. 引导交流:这样的画面你曾经在什么时候、什么地方看到过? 3. 小结板书:我们眼中的缤纷世界

（二）了解

了解作者的观察结果,体会作者观察的细致,基本流程及分析见表6。

表6　了解作者的观察结果

课文题目	基本流程	分　析
《搭船的鸟》	1. 读课文,说说看到了一只怎样的鸟?找到翠鸟搭船的原因。 2. 交流(这是一只美丽的翠鸟,它搭船是为了捕鱼吃。)	本环节重在整体把握课文,通过思考自己的疑问和课后题,两次读课文,初步把握课文内容,初步了解作者用了多感官进行观察。
《金色的草地》	默读课文第三自然段,边读边圈划表示时间和草地颜色的词。 画出写草地变化原因的句子。	通过让学生自读、想象画面,抓住表示时间与颜色的词,引导学生发现草地的变化,并通过摆词卡、说变化等环节,引导学生初步感受作者观察的细致。

(三)交流

交流观察所得,产生留心观察的兴趣,基本流程及分析见表7。

表7　交流观察所得

课文题目	基本流程	分　析
《搭船的鸟》	1. 默读课文,说说这只翠鸟给你留下怎样的印象。 2. 圈划带给你这样印象的词并交流(翠鸟的动作和表示时间的词)。 3. 体会翠鸟的动作敏捷。 4. 补充阅读,感受作者观察的细致,交流两篇文章的相同点和不同点。	先引导学生聚焦动词,初步体会作者对翠鸟的动作所做的细致观察,再引导学生想象翠鸟捕鱼的情境,进一步感受作者观察的细致。
《金色的草地》	1. 你能说说不同时间草地的不同变化及原因吗? 2. 边读课文边做蒲公英花朵合拢和张开的动作,感受蒲公英的变化和草地颜色变化间的关系。	梳理草地在不同时间的变化和原因,加强学生对这个语段的整体把握,并充分利用活动式板书,在说中感受作者观察的细致和有序,在小节中进一步发现把草地变化"写清楚""写明白"的原因。

六、单元作业设计

单元作业设计见表8。

表8 单元作业设计

课文题目	具体作业内容
《搭船的鸟》	选择一种小动物,观察其在一段时间内的动作,用照片或视频等方式记录自己的观察发现,留心观察你身边的事物,做一个生活的有心人。
《金色的草地》	选择一种植物,观察它的变化,并用连贯的语言说一说它的变化过程。

——获上海市"乐学杯"比赛二等奖

专题培训

1. 知内涵　明方向　行致远
——项目化学习专题培训

为了进一步探索项目化学习，推进项目的实施，促进教与学的变革，2021年8月26日下午，我校举行了项目化学习专题培训，浦东新区项目化学习联络人、浦东教发院教研员陈久华老师莅临指导，为全体教师做《义务教育教与学的变革——项目化学习》的精彩讲座。

陈老师指出，当前的教育改革坚持立德树人，坚持"五育"并举，全面发展素质教育。"课堂革命"是教育改革的主战场，教学要实现接受式向体验式的转变，要开展研究型任务式、项目化合作式的学习，而项目化学习是当前教学改革的一个有效支架，是培养学生高阶思维能力、解决问题能力和终身学习能力的重要方式。

陈老师以"实例辨析"的形式诠释了项目化学习的内涵，通过详实的案例深入浅出地阐述了活动项目、学科项目与跨学科项目3种实施样态。活动项目化关注的是解决问题的方法，即培育学生创造性思维灵活解决问题的能力；学科项目化注重引导学生在学科学习中自主合作探索，深度理解学科核心知识，提升学科能力，培育学科素养；跨学科项目化关注的也是解决问题的能力，但它是用不同的学科知识和方法来系统地运用思维解决问题。

陈老师还针对"如何确定驱动性问题""如何设计和实施项目化学习"等项目化学习实践中的难点，配以浅显易懂的实施流程图为老师们答疑解惑：只有包含真实且有挑战性的驱动型问题、能够进行深入持续的探究、获取成果后公开成果、最后能够达到深刻理解，才是一个完整的项目化学习过程。

此次培训既有详实的理论指导，又有生动的实践案例分享，让大家更深入地理解了项目化学习的核心，也为后期的项目实践提供了理论支撑和实践模型。观澜教师将以实际行动研究课堂，推进项目化学习的实施，努力实现"教"与"学"的变革！

2. 撰写教育论文　促进专业发展

——专家科研培训

　　基于我校老师教育论文撰写的需求，10月22日下午，我校邀请到了浦东教育发展研究学院发展中心科研员俞莉丹老师，为两校区的老师们带来了现场和线上的讲座，此次讲座的主题是教育论文撰写"一二一"。为了让培训更有效，俞老师前期通过问卷的形式，对于老师们想写哪一个方面的文章有了一定的了解。

　　讲座伊始，俞老师通过孩子学本领的视频，形象地将其和教学相联系起来。在教学过程中，通过不断解决问题，积累经验，而这些经验提炼出来就会形成论文。要想真正写出好的论文，要有理论、有实践、有亮点、有思考。接着，俞老师向老师们介绍了论文类型、论文要素以及论文的基本结构，让老师们对于论文框架有了一定的认识。

　　关于论文的选题，俞老师为我们总结了四大方法，即经验术、"剥笋"术、迁移术、"凑热闹"术。通过具体案例的分析，让老师们轻松地了解如何进行选题。关于选题，要小题大做、主题明确、概念关联、视角新颖。通过与老师们的互动，让老师们对于选题的注意点有了清晰的认识。

　　关于论文提纲，分为并列式、递进式、纵横交错式。提纲要有针对性、对等性、逻辑性、独特性。关于论文的表达，引言部分要说明为什么这么做，主体部分要说明怎么操作，结语部分要说明取得的效果。俞老师通过具体的实例，让老师们对于论文的表达有了进一步的认识。同时通过对文章找茬的方式，与老师们进行交流，明确论文写作的注意点。

　　一小时的讲座，俞老师通过一个个实例以及和老师之间的互动，让老师们对于论文的撰写有了深刻的认识。通过此次培训，相信老师们会更规范地撰写教育论文，促进专业发展。

3. 行走在"增"与"减"的路上

——观澜小学第一届教师论坛

凉凉冬日

暖暖教育

思维碰撞的火花

承载观澜人教育的梦想

"双减"下,为了打造高效课堂,不断完善作业管理机制,促进学生的全面发展,观澜小学充分发挥骨干教师的引领辐射作用,于11月26日举办"2021年第一届教师论坛——语文数学专场"活动,本次论坛的主题为"'双减' 我们向美而行",学校全体老师参与了本次论坛。

看点一:聚焦"热点"——作业设计

论坛前期,我们收集、梳理了青年教师们在"双减"背景下的教育教学困惑,将此次论坛的主题聚焦在"'双减'下的作业设计",论坛紧扣住单元整体下单课教学的设计、课堂练习如何体现分层等中的疑难点问题展开。

看点二:创新模式——人人参与

本次论坛借助学校直播系统,采取"主会场+分会场"轮流学习研讨的模式,上半场川周校区进行的是语文专场,下半场由新川校区开展数学专场,两校区的教师人人参与、全程观摩、共同研讨。

研讨中,学校更是创新了方式,随机邀请教师现场进行点评。教师们联系教学工作实际,结合课堂教学片断,交流有效做法,引发思想共鸣,大家的点评、交流、探讨,不仅给予授课老师高度的评价,同时也提出了许多切实可行的改进意见和建议,让所有参与的教师受益匪浅。

这样的论坛形式让每一位教师充分感受到自己就是学校的主人,与学校共成长。

看点三：问题聚焦——8分钟教学片段

语文专场，老师们共同观摩了周小单老师执教的四年级《爬天都峰》一课的教学片段。周老师抓住单元教学目标"怎样把事情写清楚"，在设计写作练习时按"拔河前—拔河中—拔河后"，巧妙取材，截取重点部分，让学生学会从动作描写上把事情写清楚。

数学专场展示的是吴翊忆老师《三角形的分类》一课的教学片段。吴老师的课堂练习设计对标"双减"，让学生通过"动脑想一想、动手搭一搭、动口说一说"这几个层次分明的活动自主探究，高效巩固了教学内容，也就减轻了学生课外练习的负担。

两个会场的老师积极参与，认真观摩教学片断，一张张空白的纸页上写下了老师们的听课内容，也写下了这一次观摩的感悟，更记录着老师们的成长。

看点四：科研引领——骨干微论坛

1. 李俊峰老师《语文课本来应该有的样子》

李老师对语文教学片段中的作业设计进行了全面细致的点评，她指出，语文老师首先要有单元整体设计意识，要清晰单元目标，并在每一课的教学设计中落实单元目标。"双减"下，如何把学生头疼的写作落实下去，要通过"课上的指导、课上的演练和课上的反馈"，这就是双减的细微落地。

2. 蔡恋莉老师《优化练习设计 打造高效课堂》

蔡老师谈到，基于"双减"这一教育大背景，优化课堂练习设计就显得更为重要。如果学生能在课堂上通过当堂练习及时巩固本课所学知识和技能，势必能大大减轻课外作业负担。我们要以课程标准为指导，关注技能发展、关注动手实践、关注思维能力，设计适度的课堂练习，打造高效的课堂教学，为"双减"的落实提供最根本的保障。

总结

理念的引领，成果的展示，思想的交流，意犹未尽。第一届教师论坛虽已落下帷幕，但是"双减"下，关于作业设计的思考我们仍在路上，相信每一位耕耘在教育这片热土上的观澜人一定会继续齐心协力，共谱新篇。

4. 全员导师制　助力学生成长

——全员育德专题培训

"全员育人导师制"作为推进"个性化、亲情化"德育工作的一个有效载体,遵循的是"以人为本、因人而异、尊重个性、面向全体"的原则,强调的是"个性化、亲情化、渐进性好、实效性强"的教育模式。它着眼于学生的整体成长发展,关注学生的精神生活质量与个性化学习需求,进而让每一位学生都得到全面、和谐、可持续的发展。

5月28日下午,观澜小学全体教师齐聚川周校区阶梯教室,聆听了由上海市教科院普教所学生发展研究中心主任王枫老师带来的关于《试点"全员导师制",共筑"成长守护网"》的专题讲座,为我们对全员导师制背景下的育人思考与关注做了阐述。

王老师分别从推行全员导师制的"现实背景"与"价值导向"、落实全员导师制的"基本问题"和"关键策略"以及实施全员导师制的"学段要求"和"趋势展望"三大板块展开指导,为导师如何帮助学生形成良好的心理素质提出了切实可行的建议。

一、推行"全员导师制",why?

讲座开始,王枫老师就以大量真实生动的案例带老师们走进了中小学生心理健康问题频发的现实背景:全球青少年学生的心理健康问题和心理危机呈现"一高一低"的趋势。从心理学角度分析,王老师认为产生这一现象的因素包括生物、心理和社会环境等。

紧接着,王老师深入浅出地剖析了当代青少年群体性心理特征及心理问题的复杂成因,为老师们明确了全员导师制的必要性和重要意义,即通过全员导师制让每一个学生都能得到教师的陪伴式关怀,提供有效的教育支持,促进学生的身心健康成长发展。

二、落实"全员导师制",how?

为落实全员导师制的"基本问题"和"关键策略",王老师传授了导师与学生建立良师益友关系的沟通技巧,以倾听为纲领、通过积极关注肯定、用同理心感受,在成为良师益友和做好家校沟通两项基本职责的基础上,找到切实可行的教育契机。

正如王老师所言,全员导师制突破了原有的班主任受限于班级人数众多的教育瓶颈,引导每位导师依托于日常的教育教学工作和导师制"三个一"活动开展,深化对结对学生的全面了解,融入了人文关怀,记录点滴成长,是学生"思想上的引领者、学业上的指导者、生活上的帮助者、心理上的疏导者、生涯上的规划者"。

最后,王老师也向全体老师提出了展望:以培育适应未来社会变化和全面发展、终身可持续发展的人为教育目标,回归育人本源,把握学生成长规律,共筑学生心灵的成长守护网,才能在"变化"的不确定世界中找到教育的"不变"之义。希望每一位老师都能创新更好的经验,分享更多的做法,帮助学生奠定适应未来社会变化和终身发展的能力。

我们相信老师们将在自己的育人实践中不断探索,在困惑与思考中不断提升,真正做到助力每一位学生的身心成长!

评价及量表

1. "实用教育"课堂观察要素及相应观察点评价

表1 "实用教育"课堂观察要素及相应观察点评价一览

维度	要素	观察点（主抓点）	观察考量		
教师的"教"	实用目标内容融合	1. 实用教育学以致用的目标是否进入目标要求？	达成	基本达到	尚未达到
		2. 目标是根据什么（课程标准/学生/教材）预设的？适合该班学生的水平吗？			
		3. 课堂有无生成新的学习目标？			
	实效教学情境创设	1. 教师的提问（复习性提问/启发性提问/生成性提问/评价性提问）是否符合本班学生的学情？问题的指向性是否明确？（学生理解的问题/不理解的问题）	教师观察		
		2. 媒体呈现了什么？怎样呈现的？是否服务于教学目标的达成？是否有效地促进学生的学习？			
		3. 教学环节是怎样围绕目标展开的？怎样促进学生学习的？有哪些证据（活动/衔接/步骤/创意）证明该教学环节是有实用特色的？	有效观察		
	实在学习方法指导	1. 指导学生自主学习（读图/读文/作业/活动）怎样？结果怎样？	有效性好	有效性一般	有效性差
		2. 指导学生合作学习（分工/讨论/活动/作业）怎样？结果怎样？			
		3. 指导学生探究学习（实验/研究/作业）怎样？结果怎样？			

(续表)

维度	要素	观察点（主抓点）	观察考量			
教师的"教"	实在学习方法指导	4. 怎样凸显本学科的特点、核心技能？	另见观察表5《语文学科——学生朗读的有效性》			
		5. 课堂上是否落实"德育渗透"？	优	良	中	差
学生的"学"	实际态度观念建构	1. 学生是否精神饱满，注意力集中？	优	良	中	差
		2. 学习氛围是否和谐，学习兴趣浓厚？				
		3. 求知是否欲旺盛，主动参与学习活动？				
	实质知识技能发展	1. 有多少学生倾听老师的讲课？有多少学生参与思考、发现和提出问题？	课堂观察			
		2. 有多少学生倾听同学的发言？有多少学生善于参与学习实践活动，敢于发表自己的见解和判断？				
		3. 有多少学生善于与同伴合作探究，互动效益高？				
	适切生活能力生成	1. 是否有提高学生的"实用"德行能力的意识？	优	良	中	差
		2. 是否有健康向上的心理因素和价值要求？				

"实用教育"课堂观察视角及相应观察点评价见表2。

表2 "实用教育"课堂观察视角及相应观察点

维度	视角	观察点（主抓点）	观察考量				
教师的"教"	环节						
	呈示						
	对话						
	指导						
	机智						
学生的"学"	倾听						
	互动						
	自主						
	达成						

2. 出"实锤",敲开"评价"硬骨

——观澜小学落实"基于课标的教学与评价"的实践

一、引子：背景和缘起

"小学阶段基于课程标准的教学与评价"是一项系统的工程，只有以系统的眼光、做好顶层的设计，找准"突破口"，才有可能取得成功。诚如市教委文件所指出的："基于课程标准的教学和评价"，"并非单纯地控制或降低教学基本要求，而是要根据课程标准科学确定教学基本要求和评价要求，在教学与评价过程中既要关注知识与技能维度，更要关注过程与方法、情感态度与价值观这两个维度课程目标的落实，以及学生学习方式的变革。"

在反复学习和领会文件的基础上，我们认识到：要实现"基于课程标准的教学与评价"，前提是认真领会课程标准和精准把握学情，找到两者之间的有机整合点，以此为基础，精心设计"课堂教学""课后作业""学习活动"等灵活多样的教育教学活动，实现促进学生发展目标。

有着百年历史的观澜小学，从黄炎培到乔永洁，一直以"学以致用"为主线的"新实用教育"作为指导思想。一向注重"认真领会课程标准""精心设计教育教学活动"。在这个过程中，我们按照"让每个孩子都能顺利通过考试测验"为目标，重视"学情分析"，组织教学和评价。尽管在教学中，我们也感受到存在"偏离课程标准要求人为拔高""学生必要的学习经历被忽视"等问题，但总以为这是"社会发展"形成的"水涨船高"效应，总想着"顺应""提升"以满足家长或社会的需求，自觉不自觉地加重了学生的负担。我们意识到，这种"让每个孩子都能顺利通过考试测验"为目标组织的教学评价，存在着很大的局限性。改变势在必行。而且"评价"具有举足轻重的地位，更是实现预期目标的突破口。

二、思考：观念转变起步

确定从"以'精准把握学情'核心的'基于课程标准评价'"为"突破口"，但要真正落地，有许多问题。如"基于课程标准评价"与老师家长都习以为常的"让每个孩子都能顺利通过考试测验"的评价到底有什么区别？实行这

一方法后是不是不讲分数了?这对孩子们的学业会有哪些受影响?没有了"分数"作为标志我们又凭什么来评价学生学习的好坏?……这些疑问,不要说家长,就是老师们,也是懵懵懂懂的。

为此,我们认真组织教师学习文件、学习教学评价的基本知识,逐步厘清各种模糊认识。

(1)"分数"不是表征"学业水平"的唯一方式,滥用"分数"有弊端。
(2)学生在成长中,"终结性测试"未必能全面反映学生的真实水平。
(3)"纸笔测试"有其积极作用,但是测试方法不是仅此一家。
(4)"测试评价"结果只有得到合理解读,才能起到"评价"的作用

由此,我们想到了黄炎培先生的教诲:"教育之目的,括言之,对于被教育者,使之备具人生处世所需要而已。""析言之,即所谓德育者,宜归于实践;所谓体育者,求利于运用;而所谓智育,其初步授以生活所必需之普通知识技能而已。"也就是说,测试评价,要遵循"课程标准",注意"适应儿童实际、融合生活资源、体现学以致用",做到"关注品行陶冶、突出实践应用、强化主动学习""源于实际、巧于活用、归于实用",真正让"测试评价",从简单的"甄别",转化为"促进学生学习"的工具。

三、实践:初步探索举隅

(一)认真对标,架构评价框架

"基于课程标准的评价"的基础是"基于标准",因此,认真学习和把握"标准"是关键和前提,学校引导教师从解读绿标反馈报告入手,因为绿标评价反馈中的学科水平描述标准为学校提供了一个如何细化课程标准的范例。以此为标,学校通过对绿标评价的分析与解读,以上海市教委教研室所提供的《基于课程标准评价指南》为指引,聚焦教学目标和评价目标的对接,建构学校的评价实施框架,逐步形成了观澜"新实用"学科流程化评价框架,如图 1 所示。

(二)基于框架,落实评价路径

观澜"新实用"学科流程化评价是基于课程标准设计,以"关注每一位学生的学习起点,关注每一位学生的学习过程,关注每一位学生的学习效能"为目标任务。它的操作可以概述为"两环四途径",如图 2 所示。

第一环节,研读绿标反馈中的各学科水平描述标准,结合年级特点梳理出落实教学目标的细化路径,最终形成基于课标下的年段目标—学期目标—单元目标—课时目标体系。

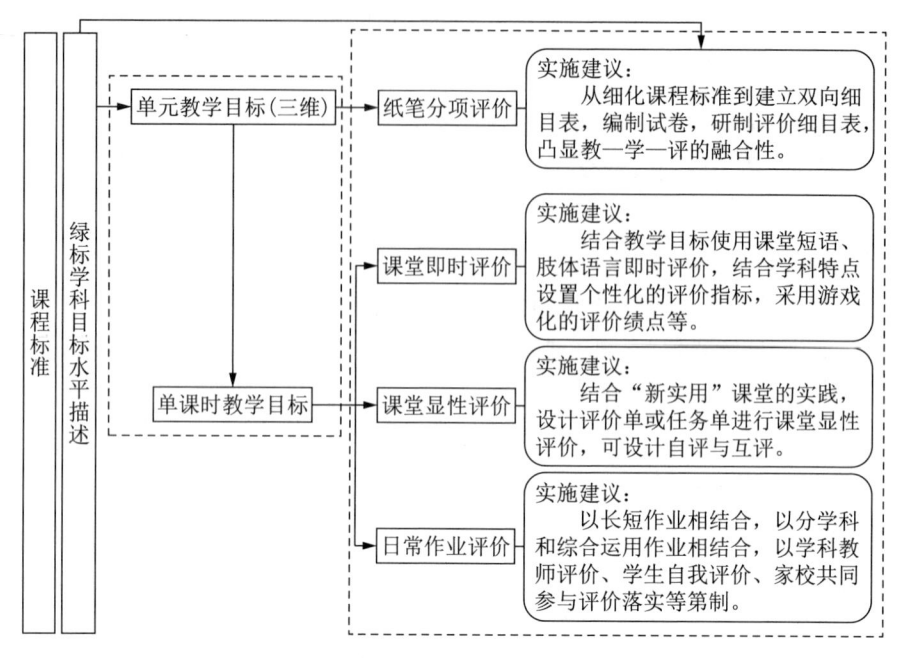

图 1 观澜"新实用"学科流程化评价框架

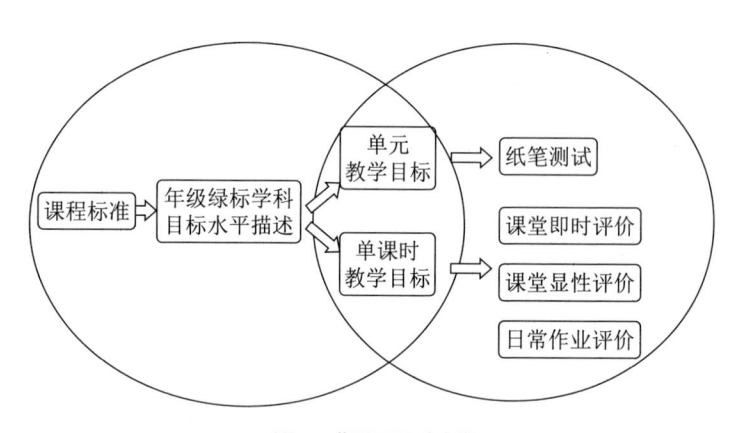

图 2 "两环四途径"

第二环节,把"教学目标"转化为"评价指标",并根据实际需求,灵活机动地通过纸笔测试评价、课堂即时评价、课堂显性评价以及日常作业评价这4个途径予以落实。

下面就从第二环节里选几个有特点的操作案例与大家分享。

1. 聚焦"教学目标"转化"评价指标",强化评价诊断功能

表1为单元教学目标细化表,教学目标所转化的评价见表2。

表1　单元教学目标细化表

单元	知识与技能				过程与方法	情感态度价值观
	语言知识			语言技能		
5B	语音	词汇	语法	听、说、读、写		
M3 U1	[l] like late black blouse [r] radio red grow grass 能区分辅音l, r在单词中的发音，运用读音规则朗读单词	telephone toilet restaurant exit entrance 正确朗读、拼写公共场所类标识，在语境中正确运用，完成听、说、读、写的语言实践活动。	【句法】 No ... ing! Don't ...! What does this sign mean? It says/means ... 能在语言实践活动中，选择适当的句子进行问答与表述。	【听】 1. 能听音区分字母 l-/l/ 和 r-/r/ 在单词中的发音。 2. 能借助媒体，在语境中听懂词汇、句型和课文内容。 【读】 3. 能借助图片、音视频知晓字母 l-/l/ 和 r-/r/ 在单词中的发音，并正确发音，掌握发音规则。 4. 能用恰当的语音语调朗读课本上的单词和句子。 5. 能借助媒体读懂相关语篇，并从中获取信息。 【说】 6. 能在语境中与同伴合作，用 What does this sign mean? 等句子来讨论交流。 7. 能在语境中就所见的公共标识和同伴做简单交流。 8. 能借助媒体读懂相关语篇，并能选择合适的语言交流所获取的信息。 9. 能为不同的场所选择合适的公共标识，并作简单描述。 【写】 10. 能正确书写公共场所类标识用语。 11. 能为不同的场所选择合适的标识并正确记录。	1. 通过观看视频、模仿跟读、听音比较等方式，知晓字母 l-/l/ 和 r-/r/ 在单词中的发音，掌握发音规则。 2. 通过观看视频、观察图片、师生问答、互动分享、小组合作等方式，学习了解生活中常见的标识。 3. 通过观看视频、模仿朗读、合作表演等方式，体验故事。 4. 在故事朗读与表演中，尝试运用，学会交流表达。 5. 通过听、说、读、写、演等方式综合训练，进行语用输出。	1. 了解标志的含义，感受标志的多样与作用。 2. 通过区分标识的类别，感受标识的无处不在。 3. 感受标志在生活中的作用，懂得遵守规则的重要性，学做文明小市民。 4. 通过故事阅读体会标识在生活中运用的重要性，学做有心人，感受智慧的力量。

表 2　教学目标所转化的评价

5BM3U1（听说训练）	学习兴趣	学习习惯	学业成果
优秀	对 Signs around us 这一话题学习有浓厚的兴趣,能积极参与模仿、朗读、对话、表演等活动。	能自觉认真倾听,仔细观察,眼神专注,积极模仿朗读,回答问题、与他人交流声音响亮。	能运用读音规则正确朗读含有 l 和 r 的单词;能在 Signs around us 的语境中正确流利地听、说单词和句子;在相关话题中,选择恰当的词汇与句型进行交流,语音语调优美。
良好	对 Signs around us 这一话题学习较有兴趣,能较自觉地参与模仿、朗读、对话、表演等活动。	能较认真倾听,较仔细观察,眼神专注,较积极模仿朗读,回答问题、与他人交流声音较响亮。	能正确朗读含有 l 和 r 的单词;能在 Signs around us 的语境中正确地听、说单词和句子;在相关话题中,选择恰当的词汇与句型进行交流,语音语调较优美。
合格	对 Signs around us 这一话题学习有一定兴趣,能在他人的提醒下参与模仿、朗读、对话、表演等活动。	能在他人提醒下倾听,观察,眼神专注,尝试模仿朗读,回答问题、与他人交流声音响亮。	能正确朗读含有 l 和 r 的单词;能在他人提醒下,在 Signs around us 的语境中听、说单词和句子;在相关话题中,尝试表达与交流。
须努力	对 Signs around us 这一话题学习缺乏兴趣,在他人的提醒下尚不愿参与模仿、朗读、对话、表演等活动。	在他人提醒下尚不能认真倾听,观察与模仿朗读,回答问题、与他人交流声音比较轻。	在他人提醒下,尚不能正确朗读含有 l 和 r 的单词;在他人的帮助下,尚不能在 Signs around us 的语境中听、说单词和句子;在相关话题中,尝试表达与交流。

可以看到,表 1 是教师根据牛津英语某一单元制定的单元教学目标细化表,表 2 是由教学目标所转化的评价指标。它们同根同源,却是截然不同

的表述方式。"拆解""分层""匹配""分配"的策略实现了"课程目标"→"课时目标"的逐级分解。在层层细化的过程中,教师了解了为什么教、教什么、教到什么程度,也关注到了学生到底要学什么、学到什么程度,现在这种格式列表已经被各学科普遍采用,从单元到课时,教师都可以通过设计列表来明确如何评价学生的学习兴趣、学习习惯和学业成果。

2.关注学习过程,强化评价的激励促进功能

(1)一看课堂即时评价:结合教学目标使用课堂短语、肢体语言即时评价,结合学科特点设置个性化的评价指标,采用游戏化的评价绩点,激励学生学习的持续性。

教师的即时评价应在每一节课中生成。但"你真棒!""表扬他!"这样的泛泛点评会让学生产生疲泛。为此学校借助现代网络辅助系统,以"小学生成长手册"为参照,根据学生的年段特点及学科特点设置不同的指标体系,如课堂即时评价、全学科课堂表现报告单、澜星成长卡、观澜小书虫、观澜小健将等,如图3—图7所示。

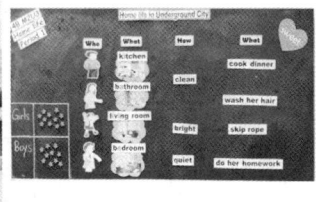

图3 课堂即时评价

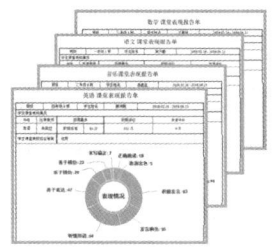

图4 全学科课堂表现报告单

图 5　澜星成长卡 　　　图 6　观澜小书虫 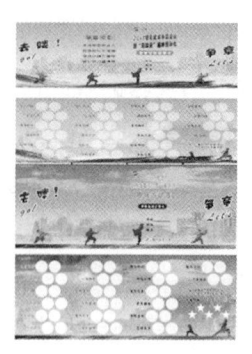　　　图 7　观澜小健将

这些课堂即时评价指标不仅激发学生的学习动力,也积累学生的发展数据,为教师期末填写成长手册提供了便利。

教师的课堂即时评价也不是一成不变,而是根据学科教学目标及时修正,表 3 所示为美术老师对学生作品的评价,看似简单的语言却为学生指明了学习方向,帮助学生自我改进。

表 3　美术老师对学生作品的评价

学生作品特点	教师评价语	评价关注点
涂色细腻工整。	涂色均匀整洁,说明你很细致!	强调创作习惯。
用色鲜亮并注意色彩对比。	色彩丰富明快,你一定活泼开朗!	关注配色方法技能和色彩知识。
用色接近,喜欢蓝绿或淡雅色调。	你的色彩感觉柔和,小清新风格嘛!	关注配色方法技能和色彩知识。
用色清淡,或涂色较轻。	你的作品淡雅、细腻,也很美!	尊重学生创作个性和个人风格。
用色浓重但粗糙。	你的作业效果浓郁醒目,如果能细致点,涂完整就更棒了!	保护创作个性,提示创作习惯。

我们的教师也会为课堂即时评价创造丰富的竞赛激励机制,既有个人的赛一赛,又有小组的比一比。所设计的豆宝积分奖励兑换制,非常受学生喜欢,让学生始终有澎湃的学习动力。

(2) 二看课堂显性评价:关注学生自我评价,结合"新实用"课堂的实践,设计评价单或任务单进行课堂显性评价,促进学生认知发展。

课堂显性评价与课堂即时评价有三大不同点。

第一,评价内容突出课时特点。从"学科共性评价"变为"课时训练重点评价"。

第二,评价主体多元化。从教师评价变为学生自评、互评和教师评价共存,尤其强调学生的自我认知评价。

第三,评价突出"学习导引"功能,从"激励为重"变为"方法引导、技术改进"为重。

如教学二年级《葡萄沟》一课时,教师设置了4个课堂显性评价环节,见表4。

表4 4个课堂显性评价环节

朗读小贴士	表达小贴士	讨论小贴士	写字小贴士
正确读	说清楚	有发言	姿势正
响亮读	说完整	能倾听	位置准
连贯读	有条理	会评价	字形好

学生朗读课文时出示"朗读小贴士",引导学生字字过目正确读,声音响亮连贯读。

在让学生学习作者按时间顺序介绍葡萄沟所出产的水果的表达方式,完成说话练习"根据提示按时间顺序介绍我们的活动和节日"时,出示"讨论小贴士"和"表达小贴士",让学生知道小组讨论时要积极参与,有序表达,还要善于倾听,能合理地评点他人的发言。

在指导学生写字时,"写字小贴士"又再次提醒学生端正书写姿势,看清笔画位置,认真写好每一个字。

一个个"小贴士"贯穿课堂始终,既对学生的学有引导作用,又是学生自评、生生互评及教师评价的依据,一举两得,无论是学生的学还是教师的教都能有的放矢,目标明确。

除了"小贴士","学习任务单"也是实施课堂显性评价的重要载体。我们把"任务"与"评价"紧密结合在一起,在数学《面积》教学中,教师设计的任务单与评价单如图8所示。

图 8　任务单与评价单

这样的设计，目的在于引导学生在完成学习任务的过程中，自己发现问题，自己改善学习，促进自我发展。

（3）三看日常作业评价：以长短作业相结合，以分学科和综合运用作业相结合，以学科教师评价、学生自我评价、家校共同参与评价落实等第制。

评价学生的作业是向学生反馈学习情况的一种形式，其目的是为了促进学生全面发展。学校注重作业评价的匹配性、对应性和多元性。

学校对教学评价的综合改革实践，深深影响到了教师，促使教师在自己的教学实践领域作出新的尝试。比如我们的语文老师，利用"晓黑板"软件，开展基于学习目标的特色作业，有写作、课外阅读、朗读等，如图 9 所示。

图 9　基于学习目标的特色作业

而作业的评价,采用了自评、互评、师评相结合,点赞、赋星、留言、语音自由选的方式。"接地气"的作业内容与灵动的评价方式加深了师生、生生乃至学生和家长、家长和家长、家长和老师间的互动,获得"打破平面的教育,建构立体的教育"的效果。灵动的评价方式如图 10 所示。

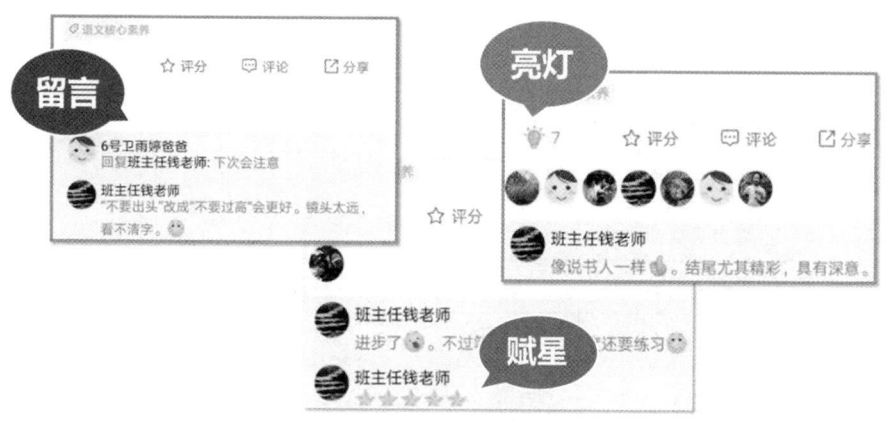

图 10　灵动的评价方式

(4)四看纸笔分项评价:从细化课程标准到建立双向细目表,编制试卷,研制评价细目表,凸显教—学—评的融合性。

纸笔测试,这是我们与中学教学衔接不可绕开的核心问题。跟所有的学校和老师一样,我们举步维艰;从认识到行动,经历了两个阶段。

第一阶段:星星转换制。我们的测试卷上不再出现分值,不再出现大叉。让孩子们的试卷增加了"颜值",但其实质就是用星数代替了分值。

第二阶段:分项等第评价制。为了解决教师操作上的瓶颈,学校对纸笔测试的流程进行了改进,重点加入了"双向细目表",见表 5。

在双向细目表中,教师不仅整合了本单元这些分项模块的教学要点,形成相应的知识要点,还考虑到题目形式与知识要点的匹配性。同时教师关注练习的水平分类和难易程度的匹配度,使学生能在练习中获得成功,树立学习的自信。

当"评价目标、双向细目表、评价标准"三位一体后,教师就能着手进行"评价内容",即纸笔化测试练习设计。在设计的过程中,教师可以结合学生的年龄特点,注重试题形式的丰富与多变,注重题目表达的清晰与逻辑,注意卷面排版的工整与舒适,尽量为学生提供一个能真实展示自己能力的机

表 5 双向细目表示例

板块与总题量	题目要求	检测内容 知识要点	题目类型					题量	水平分类			预设难度
			填空	选择	判断	排序	解答		知道	理解	运用	
Part I 听力 40	1. 选出听到的单词	词的音形义		✓				8		✓		B
	2. 听音填入字母	字母的发音	✓					6	✓			A
	3. 选出听到的句子	句子种类		✓				6	✓			A
	4. 听音给句子排序	句子排序				✓		6	✓			A
	5. 选出正确应答句	句子种类		✓				5		✓		B
	6. 听短文判断对错	语篇的理解			✓			4		✓		B
	7. 听录音完成短文	语篇的理解	✓					5	✓			A
Part II 词汇 与 语法 40	1. 正确抄写	句子抄写					✓	4			✓	B
	2. 判断发音	发音规则			✓			6				B
	3. 选出不同类单词	词的音形义		✓				5		✓		B
	4. 适当形式填空	词性与词形	✓					10		✓		B
	5. 选出最佳答案	词汇与语法		✓				10		✓		B
	6. 按要求完成句子	句子种类					✓	5				C
Part III 阅读写 话 11	1. 首字母填空	信息推理	✓					5		✓		B
	2. 读短文判断	语篇的理解			✓			5		✓		B
	3. 介绍一位朋友	综合运用					✓	1			✓	C

会,为教师和家长提供了解学生真实能力,促进学生再发展的机会。

基于对《基于课程标准评价指南》所提倡的评价方式多元化,图 11 所示为五年级语文分项等第制评价与评语相结合的案例。

本案例中除分项等第之外,教师设计了评语的留白,既有教师评价又有学生自评。教师的评价不仅考虑常规的知识能力,也导入了态度习惯。尽管整张卷子不见分数,但无论是学生还是家长,都可以从"双向细目表"上看出当前语文学习状况。学生也可以总结成功经验,提出针对性改进设想。

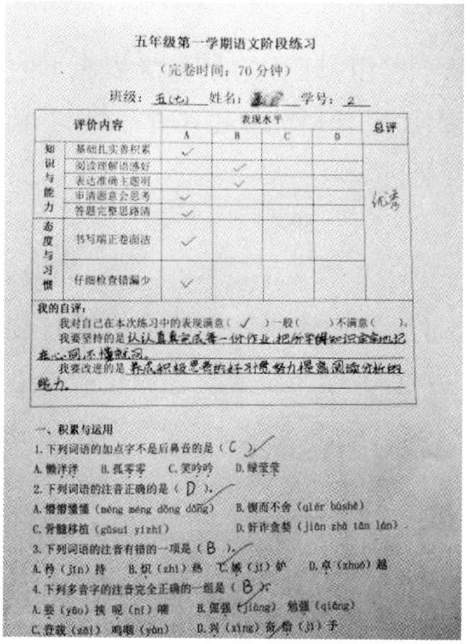

五年级第一学期语文阶段练习

（完卷时间：70 分钟）

班级：五（七）　姓名：　　学号：2

评价内容		表现水平 A	B	C	D	总评
知识与能力	基础扎实善积累	✓				优秀
	阅读理解语感好		✓			
	表达准确主题明		✓			
	审清题意会思考	✓				
	答题完整思路清	✓				
态度与习惯	书写端正卷面洁	✓				
	仔细检查错漏少	✓				

我的自评：

我对自己在本次练习中的表现满意（✓）一般（　）不满意（　）。

我要坚持的是认认真真完成每一份作业，把所学的知识牢牢地记在心间，不懂就问。

我要改进的是养成积极思考的好习惯，努力提高阅读分析的能力。

一、积累与运用

1. 下列词语的加点字不是后鼻音的是（C）。

A. 懒洋洋　B. 孤零零　C. 笑吟吟　D. 绿莹莹

2. 下列词语的注音正确的是（D）。

A. 懵懵懂懂（méng méng dǒng dǒng）　B. 锲而不舍（qiěr bùshě）

C. 骨髓移植（gǔsuí yízhí）　D. 奸诈贪婪（jiān zhà tān lán）

3. 下列词语的注音有错的一项是（B）。

A. 矜（jīn）持　B. 炽（zhì）热　C. 嫉（jí）妒　D. 卓（zhuó）越

4. 下列多音字的注音完全正确的一组是（B）。

A. 要（yāo）挟　呢（ní）喃　B. 倔强（jiàng）　勉强（qiǎng）

C. 登载（zǎi）　呜咽（yàn）　D. 兴（xìng）奋　给（jǐ）予

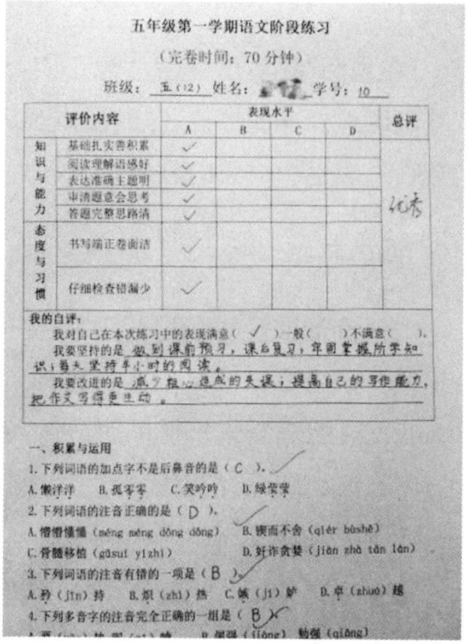

五年级第一学期语文阶段练习

（完卷时间：70 分钟）

班级：五（12）　姓名：　　学号：10

评价内容		表现水平 A	B	C	D	总评
知识与能力	基础扎实善积累	✓				优秀
	阅读理解语感好	✓				
	表达准确主题明	✓				
	审清题意会思考	✓				
	答题完整思路清	✓				
态度与习惯	书写端正卷面洁	✓				
	仔细检查错漏少	✓				

我的自评：

我对自己在本次练习中的表现满意（✓）一般（　）不满意（　）。

我要坚持的是做到课前预习，课后复习，牢固掌握所学知识；每天坚持半小时的阅读。

我要改进的是减少粗心造成的失误；提高自己的写作能力，把作文写得更生动。

一、积累与运用

1. 下列词语的加点字不是后鼻音的是（C）。

A. 懒洋洋　B. 孤零零　C. 笑吟吟　D. 绿莹莹

2. 下列词语的注音正确的是（D）。

A. 懵懵懂懂（méng méng dǒng dǒng）　B. 锲而不舍（qiěr bùshě）

C. 骨髓移植（gǔsuí yízhí）　D. 奸诈贪婪（jiān zhà tān lán）

3. 下列词语的注音有错的一项是（B）。

A. 矜（jīn）持　B. 炽（zhì）热　C. 嫉（jí）妒　D. 卓（zhuó）越

4. 下列多音字的注音完全正确的一组是（B）。

图 11　五年级语文分项等第制评价与评语相结合的案例

（三）机制建设，保障评价推进

“基于课程标准的教学与评价”要落实到每一个学科，实践在每一个教师，受惠于每一个学生，学校采用“研行并举、制度跟进、梯次推进、校本实施”等基于课程标准的教学与评价的工作推进机制。

1. 研行并举

采用“自上而下与自下而上相结合”的方式，坚持以问题为导向，以解决问题为宗旨，在汇聚、归纳、提炼并形成优秀实践经验的基础上形成好的经验和做法并推广实施。

2. 制度跟进

推动阶段性成果转化为管理制度，根据上海市教育委员会（沪教委基〔2013〕59 号）文件精神，制定了观澜小学“关于小学阶段实施基于课程标准的教学与评价工作的意见”，落实到教学常规管理中。制度中每学期一次校内专项飞行监察已经推进三年，形成长效。

3. 梯次推进

按照语数英同步开始、其他学科跟进，从低年级试行等依次推进，通过宣传学习、培训展示、交流推广等工作策略，推动学校各学科、各学段的全面实施。

4. 校本实施

在观澜"新实用"教育"源于实际、巧于实用、归于实效"指导思想下的"基于课程标准的评价"已经形成观澜"新实用"学科流程化评价框架,不断实践,形成更加成熟的成果作为案例共同研讨。

四、总结

"评价最重要的意图不是为了证明,而是为了改进。"鸡蛋,从外部打破是食物,从内部打破是生命!以评价之力,提升学生健康快乐成长的内生力,我们在努力!未来任重而道远,强化诊断、反馈、激励、引领等实用功能的评价永远在改进的路上!

发表于《浦东教育》

第五章　精神生活品质

文化建设

1. 红歌咏"四史"　师者唱"初心"
——观澜教工庆祝教师节暨第四届"观澜好声音"歌唱活动方案

一、活动目的

在第 36 个教师节来临之际，为丰富教工文化生活，陶冶情操，提升团队凝聚力，学校工会将开展第四届"观澜好声音"歌唱活动。本届好声音歌唱活动，以"四史"带红歌，以红歌带"红学"，在一首首红歌中，让全体教工了解党走过的峥嵘岁月，体会党在革命和奋斗中的艰难历程，激励大家在工作与生活中，不断汲取红色力量，坚守初心使命。

二、活动时间

9月5日下午1:00。

三、活动地点

南校体育馆。

四、参加人员

全体教职工、全体退休教工。

五、活动流程及演唱形式

1. 重温红色经典,在歌声中了解党史

形式:小组唱(以工会小组为单位)。

2. 坚守教育初心,用歌声传递信心

形式:独唱、二重唱、小组唱(自由组合)。

3. 歌曲:《大中国》

形式:全校合唱。

六、具体要求

(1) 8月25日前各工会组上报演唱曲目。

(2) 8月26日前上报独唱、二重唱、小组唱等曲目(自愿与推荐相结合)。

(3) 9月3日前各节目进行排练,并准备好伴奏音乐与相关PPT。

(4) 演出时,服装相对统一。

(5) 参与表演的老师领取奖品一份。

(6) 未尽事宜,另行通知。

观澜小学工会

红歌咏"四史" 师者唱"初心"
——"红歌赛"活动总结

一、活动背景

"看我弄潮博浪,多认真的亮相……"开场秀《无价之姐》惊艳登场,管理团队的动感舞步瞬间点燃全场,一场热情四射、激情澎湃的教师节庆典活动拉开序幕。

教师节年年过,今年盛况不一般。本次活动全体教职员工和观澜退休教师们齐聚一堂,以"红歌咏'四史'师者唱'初心'"为主题,以"观澜好声音"歌唱活动为载体,传唱经典红歌,传承坚定信念,全体观澜人在嘹亮的歌声中欢庆佳节。

二、活动看点

活动有何看点?且看我们的三"全"、三"美"、三"心"。

（一）三"全"

1. 全员参与

"让每个孩子站在舞台中央"是观澜的办学理念，"让每位老师都成为舞台的主角"更是观澜教师团队文化建设的初衷。从教师到教辅后勤，198人，人人上台，个个亮嗓，如璀璨之星，颗颗闪亮。

2. 全场红歌

整场演出，共有25首红歌。都是从共产党成立到社会主义发展过程中耳熟能详的歌曲。在一首首红歌中，老师们了解了党走过的峥嵘岁月，体会了党在革命和奋斗中的艰难历程。红歌激励着大家不断汲取红色力量，坚守初心使命。

3. 全程精彩

两小时的活动，观澜老师以无以言表的默契、热情、温暖呈现舞台上的无限精彩，展现百年观澜匠心精铸的学校精神。

（二）三"美"

舞台灯光美，服装造型美，心情笑靥美。

（三）三"心"

1. 一颗红心向着党

"没有共产党就没有新中国"，我们的国家和民族，从积贫积弱走到今天的繁荣强大，靠的是在中国共产党的领导下自强不息的拼搏奋斗。今天，我们用唱红歌的形式学"四史"，在硝烟年代的革命老歌中追寻新中国浴火而生的不易。红色歌谣中，有一种不可遏制的激情和生机在奔涌！唱响红歌，是对革命历史的追忆，更是对革命精神的继承！

2. 一片丹心颂中华

中国今天的盛世见证了中国共产党带领中华民族走在繁荣强盛的正确道路上。进入新时代的我们，更需要坚定理想信念，乘风破浪，拼搏奋斗！我们高唱赞歌，表达对祖国的无限祝福，诠释了中华儿女爱中华的赤子之心。

3. 不忘初心育栋梁

心相印，情相传，观澜今天的成就离不开所有前辈们的付出，今天，我们喜迎退休教师们回"娘家"！我们为退休教师们送上了表达祝福的美丽鲜花，祝老前辈们教师节快乐，身体健康，万事顺意！

退休教师沈德福激情献唱《五星红旗迎风飘,我为祖国把歌唱》,沈老师精神抖擞,声如洪钟,唱出浓浓观澜情,深深爱国意。

作为新生力量的观澜青年们,以满腔热情向前辈们致敬,也将接好前辈手中的接力棒,继往开来,为观澜的再次腾飞不懈努力!

让我们一起《相约百年观澜》,"不忘初心,牢记使命",共迎美好未来!

(四)余音不绝　共写续篇

红歌咏"四史",师者唱"初心",我们高歌祖国的繁荣富强、礼赞观澜的生生不息。全场齐唱《大中国》,为本次活动画上了圆满的句号。

三尺讲台,染苍苍白发,桃李满园,露美美笑靥。习总书记说:"今天的学生就是未来实现中华民族伟大复兴中国梦的主力军,而广大教师就是打造这支中华民族'梦之队'的筑梦人"。

致敬春风化雨、润物无声的伟大"筑梦人"。

三、活动感言

钱晓蕾:(幸甚至哉,歌以咏志)9月5日周六,学校体育馆,红歌咏"四史",师者唱"初心"。自选自制自演,全程全员全心。以国风涵养师魂,非一般庆祝,就在观澜!

张秀珠:动人的乐章谱写了观澜人的敬业,优美的歌声唱出了观澜人的梦想!我们用歌声庆祝节日,用真心歌颂祖国。不忘初心,方得始终。愿观澜的明天更美好!

尹春燕:今天是个好日子。我们一起用歌声来庆祝第36个教师节。一曲曲红色的旋律,一个个舞动的身影,一张张飞扬的笑脸,每一个人都成了舞台上的主角。我们用真情演绎对观澜的爱,用歌声祝福伟大的祖国!

周小单:唱起一首首红歌我们心潮澎湃,唱起一首首红歌我们热血沸腾。虽然时代在不断变化,但是不朽的旋律永远激荡在我们心中。踏着秋韵,最好的祝福送给最美的观澜人!

庄忆玮:我们的歌声将人民教师的光荣与梦想镌刻在脑海,我们的歌声将观澜人的初心和使命烙印在心中。红歌回荡,心情激扬,最好的祝福,尽在不言中!

陈霞:

观澜老中青,携手上舞台;

前辈共参与,同庆教师节。

红歌颂祖国,风采扬梦想;

祝福国更强,祝福校更美。

严新华(退休教师):今天的活动以唱红歌为主题,我们高举小红旗,随声高唱,仿佛又回到了青春的年代。年轻的观澜人还一个个手捧着鲜花送到每个老教师怀里,我捧着沉甸甸还散发着清香的鲜花,热泪盈眶。我爱我的祖国,更爱我的观澜。2020年,一个不平静的一年,而今年的教师节我们过得温暖而祥和。

2. 我爱"澜精灵"

——观澜小学教职工"澜精灵"吉祥物图案征集方案

在观澜,"澜精灵"这个名称已经耳熟能详。它是观澜学子活泼、聪慧、灵气的象征。为更加丰富校园文化的内涵,展示观澜学子的精神面貌和骄人风采,学校在第四届澜星心情节来临之际,特组织全校教职工开展"澜精灵"吉祥物设计图稿征集活动。

一、活动主题

我爱"澜精灵"。

二、活动宗旨

通过"澜精灵"吉祥物设计,发挥师生创新思维,激发师生艺术表现力和创造力,塑造出能够形象、生动地展示观澜学子风采的吉祥物形象,让"澜精灵"成为校园文化的重要组成部分,充分表达全体教工对观澜的热爱之情,向建校 185 周年献礼。

三、征集对象

全校教工。

四、作品要求

1. 设计理念

紧扣学校办学思想、文化特色等,寓意深刻,并体现在设计形象说明中。

2. 图案内容

构思新颖、创意独特、生动活泼、亲切可爱,富有艺术美感。

3. 呈现形式

彩色图稿,手绘、电脑设计均可,作品不可折叠。

4. 其他

应征作品均须原创,一经采用,作品著作权归学校所有。

五、活动流程

1. 准备阶段

第 7 周方案宣传,布置要求。

2. 创作阶段

第 7—8 周,教师开展创作活动。

3. 评选阶段

工会组长收齐作品,交学校工会。

六、奖项设置

本次征集活动设参与奖,入围奖若干,优胜作品将被学校录用。

七、投票环节

快来 PICK 你心中的最佳"澜精灵"!

柔暖的阳光透过树木洒满整个校园,在初冬的暖阳下观澜的"澜精灵"吉祥物入围出炉,闪亮登场啦!

校园吉祥物是学校的象征,是校园文化的重要组成部分。本次"澜精灵"学校吉祥物图案征集活动开展得如火如荼。

从午会课上的方案解读、升旗仪式上的"吉祥物"含义解析、少先队活动课上的创作交流展示,多方面激发了全体学生的创作热情。除此之外,我们还在学校微信公众号上发布征集令,工会面向全体老师征集设计稿。

在全体师生及家长的支持配合下,南北两校区共征集到学生作品 2 425 幅,教师作品 121 幅,充分表现出全体观澜人积极参与"澜精灵"吉祥物图案征集活动的热情和对观澜的热爱。

这些作品均围绕学校的办学理念和办学特色,进行了独特的构思和创作。每一幅作品都凝聚着作者的汗水与智慧。经过学校的层层筛选,现有师生作品 20 幅入围候选。

欣赏完这些风格各异、创意无限的作品后,终于迎来了激动人心的投票环节,请动动手指投票选出心中的最佳"澜精灵"。

观澜小学校园文化建设项目组

精彩活动

1. "巅峰乐团"奏出完美乐章
——团建活动(一)

炎炎夏日,观澜小学的团建活动如约而至。8月27日下午,"观澜红"齐聚在川周校区体育馆,体验了一次不一样的团建活动——"巅峰乐团"。

排列整齐的各种乐器,立马激起老师们的好奇心。主持人为我们揭开了本次团建活动的神秘面纱:在有限的时间里,组建临时乐团,进行公演PK!

不着急,让我们先做做热身运动!给你的队友来一次舒适的按摩。

瞧瞧我们那专注学习的样子吧!

老师们个个都成了优秀的"音乐人"。主唱、键盘手、鼓手和吉他手,各司其职,汇成一曲动听的《红旗飘飘》。

公演开始!

"披荆斩棘乐团"队员们默契十足;

"火火乐团"表演如烈火般热情昂扬;

"乘风破浪乐团"激情澎湃的表演瞬间点燃全场;

"乐队的夏天"吹来一股清新的夏日凉风。

我们把笑容留在相片里,把歌声留在记忆里,把温暖留在彼此的心里。结束是另一种开始,没错,新学期拉开了序幕,让我们一起凝心聚力,创造属于我们的巅峰时刻!

2. 同心　同步　同鼓舞

——团建活动（二）

　　火热的夏天已临近尾声，为了让全体教职工活力满满地迎接新学期，8月29日下午，观澜小学川周校区的体育馆鼓声阵阵，人声鼎沸。全体教职工齐聚于此，进行了一次别开生面的团建活动——鼓动力量暨非洲鼓音乐主题活动。

　　伴随着欢快的非洲乐曲，活动在大家的满心期待中揭开神秘面纱。

　　瞧，特意设置的U形座位拉近了彼此的距离，颇具趣味的讲解让大家对身前的非洲鼓有了初步的认识。一声声高昂的"WASAWASA"，一张张热情的活泼笑脸，几种基本的非洲鼓打法，老师们完成了最初的热身学习，非洲鼓之旅正式启程。

　　此次活动的亮点是部落间的斗鼓大赛。按照座位，先把大部队分成红、蓝、橙、粉、紫色部落，在大家的民主举荐中，每个部落依次选出酋长、王妃、歌姬、舞姬以及鼓手。拉进镜头看一看，每个部落都在忙活什么呢？这里有序分发着部落着装，那里互相帮衬着在酋长脸上进行彩绘，"酋长身份认证"GET！再戴上极具特色的头饰，非洲装扮变身完成！

　　再听，赛前练习正如火如荼地进行着。偌大的体育馆被强烈的鼓点声包围，观澜教职工们在专业鼓手的指导下同心协力一步步练习着，从杂乱无章到逐渐整齐，从手足无措到乐在其中，一声声鼓点，见证着观澜人的"同心"。而在一旁进行特训的歌姬、舞姬也毫不懈怠，独具韵味的非洲歌曲、热情洋溢的非洲舞蹈，大家为了部落认真练习着。特训结束后，歌姬、舞姬和鼓手们汇合，各部分融为一体，组合各自的节奏，完成"同步"，进行了合体彩排。

　　终于，激动人心的时刻到来了！斗鼓大赛由先锋——蓝色部落吹响号角。鼓手老师们跟着舞姬的舞姿律动，随着歌姬的歌声欢呼，每个人的手下是敲击的音符，每个人的脸上是大大的笑容，"同鼓舞"在观澜的舞台上精彩呈现。

　　紧接着，橙色、紫色、蓝色、红色部落也不甘示弱，欢呼声此起彼伏，击鼓声强劲有力。每个部落是一个团队，一个团队目标一致、互相配合，凝聚成一股强大的同心力，敲击出同一个强烈的节奏，收获了翻倍的快乐和满足。评分环节更是将斗鼓大赛推向高潮，不论对手分高分低，大家都以最热烈的鼓声感谢每个人的努力与付出。

别出心裁的非洲鼓团建活动在全体观澜人整齐划一的"合鼓"中落下圆满的帷幕，大家欢笑着演奏出属于我们的共同乐章，分享着收获与感受。

高涨的情绪、敲击的鼓点、默契的配合增加了老师之间更多的深度联系，建立更加紧密的合作圈层，让我们释放压力，用积极的心理状态迎接新学期的开始，同心、同步、同鼓舞！

快乐生活

1. 遇见美丽 "珍"贵有你

——观澜小学教工庆祝教师节活动方案

为丰富教工生活，愉悦身心，在第37个教师节来临之际，学校将组织教工开展制作珍珠首饰活动，让每一位教工获得一份专属自己的温润与优雅。

一、活动时间

2021年9月10日下午3:15—4:30。

二、活动地点

南校区：未来教室、自然教室。
北校区：多功能厅、美术教室。

三、参加人员

全体教工。

四、活动内容

体验亲手从贝壳里开采取出天然的淡水珍珠（人工养殖河蚌），并将亲手挑选喜欢的珍珠做成首饰（戒指、胸针、吊坠三选一）。

五、活动材料

每人材料一套，包括珍珠蚌1个、抗过敏合金配饰若干、用于收纳首饰的玻璃瓶、小礼盒1组。

六、活动流程

（1）学员进入场地，老师进行学前介绍说明、材料发放等。
（2）老师教授珍珠首饰的制作。

（3）学员制作。

七、活动总结

遇见美丽 "珍"贵有你

九月的阳光，温暖而灿烂
九月的果实，丰硕而飘香

珍珠象征着健康、纯洁和幸福。正值第 37 个教师节，学校组织教工开展珍珠首饰制作活动，让每一位教工愉悦身心，获得一份专属自己的温润与优雅。

活动中老师们热情高涨、兴致勃勃，在指导老师的带领下，开始选蚌、开蚌、挖珠、清洗，在老师们精心的操作下，颗颗珍珠展现在大家眼前。

老师们仔细琢磨着各个饰品的珍珠该如何选择、搭配，时不时和旁边的老师交流探讨，不亦乐乎。不一会儿，一个个做工精美、形状雅致的手工制品就呈现在眼前。

瞧！漂亮的胸针，美丽天成、风采独特。闪闪的戒指，浑圆温润、晶莹澄澈。别致的项链，独一无二、高雅柔媚。

"珍"爱一生，命中"珠"定。美好时光，短暂幸福，这一刻老师们收获满满，笑靥如花。

衷心祝愿老师们节日快乐！幸福久远！

观澜小学工会

2. 诵红色经典　庆祖国华诞

——观澜小学教师红色经典诵读比赛方案

为了庆祝祖国的70华诞,传承红色基因,弘扬革命精神,深入培育和践行社会主义核心价值观,营造良好的校园读书氛围,根据上级工会要求,学校将开展教师红色经典诵读比赛。

一、活动主题

我爱您,中国。

二、活动地点

南校区阶梯教室。

三、比赛要求

(1) 以各工会组为单位组队,力求人人参与。

(2) 作品诵读不超过5分钟。参赛作品自选,可参考诵读推荐篇目(见附件),内容应围绕社会主义核心价值观主题,重点突出庆祝祖国成立70周年的内容,抒发对爱国主义精神的颂扬、对幸福生活的赞美、对美好未来的畅想,内容健康向上,展现时代主旋律的诗歌、散文等作品。

(3) 5月8日前各组上交参赛表。5月15日前完成演示文稿。

(4) 活动主持、通讯:马思遥。

四、评比奖励

本次比赛设等第奖若干。

五、评分标准

1. 主题内容(20分)

符合本次活动要求,主题鲜明突出,内容积极向上。

2. 语言表达(50分)

(1) 吐字清晰,普通话标准;

(2) 语速恰当,符合作品要求;

(3) 正确把握朗诵作品的节奏变化;

(4) 感情饱满真挚,表达自然;

(5) 朗诵熟练,声音响亮优美,不超时。

3. 总体效果(30分)

(1) 服装整洁,衣着得体。

(2) 精神饱满,姿态大方。

(3) 形式新颖,灵活多样,整体效果好。朗诵形式富有创意,可配以适当音乐和PPT。

附件:

附表1 报名表

工会小组	参赛人数	作品名称	时 间

附表2 红色经典诵读推荐篇目(略)

观澜小学工会

3. 观澜红嗨翻天　唱支山歌给党听

——教师迎新活动

难忘鼠年

我们携手同行意盈盈

年关春暖

我们勇往直前情冉冉

一、"疫"路高歌·红色 2020

2020 年是极不平凡的一年，全校师生在抗"疫"路上，众志成城、坚韧不拔。艰难方显勇毅，磨砺始得玉成。开场秀《无与伦比的美丽》沸腾了全场，献给无与伦比的观澜，无与伦比的每一个观澜人！

"疫"情之下，观澜人在党支部带领下，共学"四史"勇担当，打赢了一场又一场硬仗。故事《急难险重是一种荣耀》，记录了微电影《追梦》进校园启动仪式、教育党工委调研、全国德育工作总结会等计划外硬任务中观澜人的执著和刚毅。

2020 年，我们经历了一段难忘的过去，也记住了无数温暖瞬间。校长兼书记金维萍向所有观澜人深情告白：

2020

我们在未知中彼此遇见"勠力同心"！

我们在坚守中努力践行"真实"文化！

我们在奋斗中充分彰显"实用"力量！

2021 年，是牛年！是中国共产党成立 100 周年，也是"十四·五"开局之年。观澜人要以"观澜三牛"精神，做强观澜不一样的 2021。

征途漫漫唯奋斗，任劳任怨老黄牛！

春蚕到死丝方尽，四有老师孺子牛！

十四五已经开局，敢做先做拓荒牛！

生逢盛世，当不负盛世。我们相约，奋斗向未来！展望 2021，锚定

2035，我们一起，坚定信念，追梦向前！

二、"疫"路有你·幸福 2020

2020 十大要事 & 十大喜事。

2020，观澜人"疫"路风雨，砥砺前行，用辛勤和汗水谱写最美的华章。

2020，观澜人坚守初心，破浪乘风，用拼搏和信念描绘璀璨的辉煌。

1. 守土尽责·护平安

防疫抗疫你我有责，已经成为教师常态重要工作！一系列"特殊数据"统计成为了班主任、年级组长、卫生老师、管理团队等重要的守护平安的重要工作。故事《守好"责任田"，护好"一校人"》，致敬所有观澜人。

2. 五育并举·育良才

德智体美劳全面发展，是学校教育的时代要求。观澜全面落实，严格管理，创新方式长效落实"一日督导"；在"变"与"不变"中求索，一横一划写好字，一撇一捺承传统，2020 年五年级写字等级考又大获全胜；劳动教育"承前启后"，观澜新时代劳动教育呈系统、有特色。

3. 聚焦师资·启新程

选择老师，就选择了责任。做"四有"好老师是总书记对老师的殷切期望，观澜启动"星火工程"全力打造教师队伍形成梯队。

师徒共努力，以赛促成长，青年教师在新区基本比赛、"新苗杯"比赛中斩获佳绩成为"新星"；科研助力，专业成长，努力成为智慧型教师；观澜名师已初见端倪，"正高"级教师开启观澜教师队伍新里程。

团旗跟着党旗飘扬，我们的队旗紧紧跟上，少年的梦融进中国梦。作为青年教师队伍建设的举措之一，本学期进行了三年期教师的队会课比赛。一等奖课例《从小学先锋长大做先锋》展示，规范的仪式，突出的主题、契合的内容，以德为先育栋梁，优秀教师初长成，献礼党的百年华诞！

三、"疫"路领先·荣耀 2020

不平凡的 2020，
勇敢的观澜师生从未退缩，
我们"疫"路前行，"疫"路收获，
"澜"天下，"澜星"璀璨！

>十年树木,百年树人,
>三尺讲台,三千桃李。
>　致敬
>用汗水浇灌花朵,
>谱写华章·奋进2021
>2020,我们共克时艰;
>2021,我们激情满怀!
>欢歌笑语吟国粹,观澜老师才艺绝!

看,我们以三"全"、两"热"和一"心",奋进2021。

1. 三"全"

（1）全员参与。"让每位老师都成为舞台的主角"再一次呈现,人人是主角,个个是"澜星"。

（2）全场歌舞。整场演出15个节目,都是歌舞,载歌载舞中甩手挥去2020的阴霾,踏步舞出2021的精彩。

（3）全程沸腾。全程迎新,笑声振耳,掌声不断,热血沸腾,展示了观澜人特有的豪迈奔放。

2. 两"热"

（1）热辣有牛劲。2021年是牛年,观澜人迫不及待地欢迎这个蕴含着"牛"味的一年,我们要在欢歌劲舞中"牛"转乾坤。

（2）热闹有年味。又是一年春来到,唱个京戏过大年。舞俩狮子送吉祥,扭起秧歌拜个年。欢天喜地过牛年,热热闹闹报平安!

四、"心"爱中国·崭新2021

>牡丹真颜色,花开动中国!
>引领众香泼彩墨,每缕春分都是歌!
>欢悦多喜悦多,花开动中国!
>每年春天的故事,都是你的杰作!
>我们高唱赞歌,表达对党的忠诚,
>对祖国的深情祝福,无限热爱!
>一元复始,金牛贺岁报春来!
>万象更新,紫气满堂迎锐志!

特殊的 2020，观澜人以昂扬的斗志和出色的表现为建党百年华诞献上厚礼。

崭新的 2021，观澜人正朝着美丽的蓝图，迈开坚定的步伐，追梦向前，奋力书写新时代"春天的故事"。

II 实践体会

第六章 实践体会

1. 潜心育德,让劳动教育落地生根

张 丹

教育界有这样一句广为人知的话:"教育就是一棵树摇动另一棵树,一朵云推动另一朵云,一个灵魂唤醒另一个灵魂。"这句话听起来很有情怀,可是做起来却并不容易。在我初为班主任时,常常会被学生的行为习惯、卫生习惯等气得跳脚,苦口婆心的劝说和严厉的批评警告轮番上阵,但学生却往往是消停没多久后又"原形毕露",曾让我产生过深深的挫败感。但我并不气馁,撸起袖子加油干,在不断的学习摸索和实践中,我慢慢地积累了一些经验,找到了适合自己的一些方法。薛法根老师说过:"理论如盐,只有化在实践的水中,才能变得有滋有味。"而我也一直在实践的道路上前行。

2020年,突如其来的疫情打乱了生活的节奏,学生由传统的课堂转为居家在线学习。风雨过后,终于等来了重返校园的日子,然而令我担忧的是,学生们出现学习和劳动不积极的现象,集中表现为上课心不在焉,懒懒散散,作业质量差,学习效率低;劳动能力弱,不想劳动,不热爱劳动,劳动观念淡薄;居家学习时生活单调,家庭中对待劳动的观念有偏差。

其实,这样的现象并不出乎意料。在线学习隔着屏幕,老师无法确定学生是否真正地认真听课,有部分学生甚至出现了不上课、不在线的情况。并且,学生的居家学习环境不同于学校,非常容易出现懒散、随意的状态,久而久之,原本建立的良好学习习惯就被打破了。每天面对电脑、手机和iPad,有的学生经受不住诱惑,在父母不知情的情况下偷偷玩游戏、看视频,将线

上学习置于一边。除此之外,家庭教育也是很重要的一部分原因。在家庭生活中,家长对于劳动的观念不正确,有的家长信奉"万般皆下品,惟有读书高",只要求孩子好好学习,其他什么事都不用操心。居家学习、上班期间,有些父母想趁此机会好好"监工",为孩子制订了周密的学习计划,包办了孩子的生活起居和学习。因此,孩子渐渐养成了懒惰的思想,生活自理能力差,劳动能力得不到锻炼,对劳动失去了热情。

一、新时代小学生劳动教育的意义

这么多年来,我们一直在强调德智体美劳五育并举。然而,与德智体美相比,劳动教育受重视的程度可以说是最低的,处于"喊起来重要,教起来次要"的尴尬境地。一提到要培养"核心素养",第一反应就是德育、学科文化的提升,而容易忽视学生体育锻炼、思想道德方面的培养。因为人们对劳动观念的偏差,劳动教育有时被狭隘地理解为单纯的体力劳动,我甚至见过新闻报道,有教师以劳动来惩罚犯错的学生,将学校劳动变成了惩罚手段,而这最直接的后果就是学生会越来越厌恶劳动。

中共中央、国务院已经发布《关于全面加强新时代大中小学劳动教育的意见》,对新时代的劳动教育做了全面部署,意义重大,影响深远。当下,疫情已渐渐常态化,这个全民战"疫"的特殊时期,我们要全面贯彻党的教育方针,做到劳动抗疫结合,抓住这个劳动教育的契机。

"新实用教育"是我们观澜小学的一个品牌,是观澜的一个标志。学校秉承黄炎培的实用教育思想,继承并加以发展。"新实用教育"倡导的是"立足实际、注重实用、讲究实效"的原则,坚持"学以致用",力求"从生活走向课堂,从课堂走向社会"。著名教育家陶行知先生倡导,"生活即教育,社会即学校,教学做合一"。新时代,劳动教育正当时,它是学校教育、家庭教育的主旋律。学校是劳动教育的主阵地,我们要根据不同年龄阶段学生的身心发展情况和特点,通过各种形式激发学生劳动的内在需求和动力。但劳动教育的场所不止于学校,更在家庭。家校合力,家班共育,才能帮助学生建立正确的劳动观念,获得劳动体验,体会劳动的幸福。以劳树德、以劳增智、以劳强体、以劳育美,为成就青少年学生的幸福人生奠定坚实基础,这是我们观澜劳动教育的宗旨和目标,是观澜"新实用教育"思想的体现。

二、家班共育推进劳动教育的实践

（一）劳动专题活动

我以培养学生正确的劳动观念为目标，在日常教育教学过程中，将学生劳动品质和劳动习惯的养成融入校园和班级文化建设中，同时树立家班共育理念，开展与劳动相关的各类主题活动，鼓励家长和孩子进行"亲子劳动"，转变家长对劳动教育的观念，指导家长进行合理的家庭劳动教育，从而进一步提升学生的劳动素养。

下面以我班进行劳动主题教育的两个活动为例。

1."家事我参与，我是小能手"主题活动

结合学校的假期主题活动，我和学生共同制定了我班的"劳动任务单"。每位学生利用假期承担家务劳动，养成劳动好习惯，并尝试掌握几项家事劳动技能。如"我是小厨神"活动，我开出两张菜单，分别是阳春面和蛋炒饭，并附上基础的操作步骤，鼓励学生向家人请教，积极挑战任务。同时，我在"晓黑板"App中设置了一个"晓活动"，布置了第一个学做阳春面的活动。当天晚上，孩子们都在家兴致勃勃地动手操作，上传了不少活动视频和照片至"晓活动"的讨论区。在讨论区内，孩子们互相留言和点赞，交流得热火朝天。有了第一次学做阳春面的经验，当我发布第二个"晓活动"任务——"蛋炒饭"时，孩子们的参与积极性更高了，除了活动给出的最基础的蛋炒饭操作步骤，有的孩子还做出了花式炒饭，图文并茂，隔着屏幕都仿佛闻到了阵阵香味，"晓黑板"的讨论区内也格外活跃。通过进行简单的家务劳动，学生们体验到了成功的喜悦和劳动的快乐，也锻炼了独立自主的能力，体会到了做好每一件事都需要用心。

根据学校市级课题《基于"实用思想"的家庭文明礼仪教育及其指导研究》的"深化要求"，我们也把"整理内务"放在首位，坚持"自己的事情自己做"，体谅长辈的艰辛，争做贴心"小棉袄"，用劳动小报、照片、视频来记录我们的汗水和付出。大家的肺腑之言让我惊喜地发现，学生们都能看到父母和长辈劳动的辛苦和不易，深深体会到了生活的幸福和甜蜜，更激发了坚持劳动和服务的信念。

2."劳动大比武，争当小能手"之"垃圾分类我能行"主题活动

《上海市生活垃圾管理条例》正式实施后，家家户户、各个生活小区都严

格遵守正确垃圾分类,学生们将自己的所学"大展身手",和家长一起将垃圾分得井井有条,观澜"新实用"的教育思想在学生身上大放异彩。

为了继续促进孩子们的垃圾分类意识,培养良好的劳动习惯,我们在校内举行了"劳动大比武,争当小能手"之"垃圾分类我能行"活动。我召开班会,先进行了正确垃圾分类的宣传,再解读了活动方案,明确了比赛规则:①将提供的 4 类垃圾卡片投放到正确的垃圾桶内;②时间为 1 分钟;③两人一组,班内先进行初赛,优秀者参加校级决赛。

我在"晓黑板"App 中开设"晓活动",上传了垃圾分类的宣传资料、演示视频和附件内容,请孩子们先在家练习,并上传练习的照片或视频至活动区。学生们兴致盎然,参与度极高,通过视频我发现,有的孩子思路清晰,动作敏捷,仅用十几秒便将垃圾全部分类,看来是下了不少功夫。

终于到了班内比赛的那天,孩子们激动万分,比赛过程紧张而有序,通过层层角逐,终于选出了两位学生代表班级参加校级决赛。通过此次活动,不仅增强了学生对垃圾分类的意识,更是激发了学生积极劳动的热情。

(二)在学科活动中渗透劳动教育

小学阶段是学生品格形成的关键时期,培养劳动意识对学生的人生发展有着重要的意义。小学语文学科的教学中,习作是重要的学习任务和能力之一,我在教学中也十分注重劳动意识的渗透。

如在教学《习作:观察日记》之前,我提早设计好教学内容,确定了本次观察日记的对象——绿豆,先告诉学生绿豆发芽的秘密,并给出基本的操作步骤,请学生回家亲自动手做一做绿豆发芽的实验,并仔细观察和记录,为之后的习作做好充分准备。我在"晓黑板"App 中设置了 7 天的打卡活动,学生们将每天的观察所得拍照上传,并加以文字记录和描述。学生欣喜地发现,绿豆一天一个样,经过了一星期,绿豆基本都发出了长长的芽。习作的素材来源于生活,有了这次亲身的劳动体验和直观的感受,学生在后续的习作过程中都能将作文写好、写实,写出感悟来。学生既在劳动中获得了快乐,教师也达成了教学目标。

三、家班共育推进小学生劳动教育的理性思考

(一)改变观念,搭建劳动教育的平台

教育家苏霍姆林斯基说:"儿童只有在这样的条件下才能实现和谐全面

的发展,就是两个教育者,即学校和家庭,不仅要有一致的行动,要向儿童提出同样的要求,而且要志同道合,抱着一致的信念。"

我会在"晓黑板"定期召开线上家长会和家委会会议,组织家长开展培训学习活动,为家长提供一些学习资料,努力转变家长的劳动教育观念,帮助其提升劳动教育的素养,明确劳动教育对孩子人生发展的重要性,不包办,不溺爱,放手让孩子大胆去做,培养孩子掌握一定的劳动技能,在劳动中体验生活,探索世界。我们要教育孩子们从小热爱劳动、热爱创造,通过劳动和创造播种希望、收获果实,也通过劳动和创造磨炼意志,提高自己。通过充分的家班合作和沟通,赢得家长的支持配合,使家长成为孩子进行家务劳动的指导者和协助者,家校同盟共同形成教育合力。在这一过程中,学生们才能够尽早地养成积极的劳动意识、良好的劳动习惯和正确的劳动态度,这对于他们的全面发展和终身发展具有重要意义和作用。

(二)多元评价,促成劳动习惯的养成

互联网＋时代,我们的评价方式也更加多元化,我班主要采用"晓黑板"App进行评价与反馈,发布"晓活动""晓讨论"后,学生在活动区内发布内容,老师、同学可以互相评价,进行点赞、点亮、语音和留言评价,家长也能在"晓黑板"内看到相关动态,充分了解孩子的劳动情况,与老师进行沟通和反馈,不断促成孩子劳动习惯的养成。

要上好劳动教育的这门"必修课",家庭、学校缺一不可,教师要充分发挥家班共育在推进小学生劳动教育中的积极作用,实现"五育协同",落实立德树人的根本任务。期待在我们的共同努力之下,劳动教育能落地,在学生的心中生根、发芽,枝繁叶茂,让学生成为"劳动最光荣、劳动最伟大、劳动最美丽"的践行者,在劳动中享受快乐,用双手开创自己的美丽人生。

参考文献

[1] 肖潇.核心素养下我国小学生劳动教育的现状及教育策略.扬州大学.

[2] 周洁.家校共育　推进劳动教育——"'小梧桐　爱劳动'"班活动的实践与哲思.

2. 德育教育在数学教学中的应用

——以《认识人民币》为例

郑婷婷

对于才初步接触小学生活的一年级的学生而言,德育课堂的重要性已经超过了知识传授。德育工作是我们中小学阶段开展素质教育的关键点,对于促进孩子们的身心健康成长起着积极而向导的作用。在数学课本中的语言、插图、所讲解决的问题及一些互补性的材料中,均蕴含了丰富多彩的爱国主义理念。

我们在小学数学课堂上有很多能够反映我们祖国建设历史和内涵的地方,如南京长江大桥、人工卫星、计算机等,它们都生动而又形象地反映着我们祖国伟大的繁荣和进步,可以强烈地调动和激发广大学生们的爱国热情。对于仍然处于适应时期阶段的一年级同学,要继续熏陶和弘扬爱国主义的精神,激发他们对祖国的大好河山的向往。就数学学科而言,在一年级下册《认识人民币》第二单元一课中可以将上述理念体现得淋漓尽致,这一部分新课的教学也是可以借鉴和引申到许多其他领域的德育,如爱国主义教育、爱护人民币、理性消费等。

一、预习单——养成储蓄习惯

人民币本是人们在生活中最常见的、最常用的交易媒介,本应人人都会使用,都特别熟悉,但是现在却成为学生们比较陌生、难理解的抽象知识点。这一现象源于家长在生活中限制学生自主使用人民币。同时,网上支付的全面兴起也造成了学生生活经验的缺失。在移动支付盛行的当今社会,很多人已经习惯了一部手机搞定一切的快捷消费方式,这也间接造成了孩子们接触人民币的机会越来越少。因此,在课前调查中发现许多学生对人民币的认识比我想象的要少得多。为了鼓励孩子们多接触人民币,并对人民币建立初步认知。我设计了预习单"我的小小储蓄罐"。

预习任务:

(1) 置备一个储蓄罐。

(2) 把平时买东西找的零钱储存起来。

(3) 按不同面值分类清点储蓄罐里的钱,填入下表。

(4) 在班里展示自己储蓄了多少钱。

面值	1角	5角	1元	5元	10元
数量					
总值					

本次预习主要任务就是引导全体学生把平时很少可以主动获得的零钱全部主动存入到储蓄罐,经过很长一段时间的学习清算"财产",自然也激发了学生们在日常生活中的储蓄动机,促使他们积极地对各种不同面值的个人钱币进行认识分类和收集整理,如10个1分可以凑成1角,10个1角可以凑成1元,10个1元可以凑成10元。如此,学生自然而然就基本掌握了元、角、分之间的变换关系,为新课的学习打下了良好的基础。同时,学生们通过本次预习任务,初步培养了在生活中储蓄的好习惯。

二、初感知——探究人民币中的图案

1. 认识人民币上的人物

第四套人民币是新中国首次采用的以人物形象头像作为主题,人物包括了老一代的领袖人物形象、各个民族的典型人物形象、工人和农民的知识分子所组合的人物头像。人民币上体现了党的光荣历史,通过介绍人民币上各族人民的画像引导学生们体会社会主义建设必须依靠各族人民,以及团结一切可以团结的力量。这些生动的画像向同学们展示出了在中国共产党领导下,中国各族人民意气风发,团结一致,建设有中国特色的社会主义国家的坚定意志。

通过引导学生在人民币上认识老一代领导人的画像,可以学习中国共产党党史,传承革命精神。同时,让学生了解建国初期人民币上工人农民知识分子的画像中人物形象,可以让他们体会广大百姓齐向一心为建设美好家园所作出的杰出贡献,学习艰苦奋斗的精神。

2. 领略人民币上的大好河山

钱币被称为"国家名片",而人民币则自然也就是文化名片。中华人民共和国自1949年成立以来，一共印制出版了6套印刷人民币。人民币的纸币背面还雕刻着中国的许多风景名胜。如人民大会堂、布达拉宫、桂林山水、长江三峡、泰山观日峰、三潭印月、井冈山、黄河壶口瀑布、珠穆朗玛峰、巫峡、八达岭长城等。学生们通过观看人民币上优美的自然风光，领略了我国的大好河山，知道了人民币不仅是用来商品交易的货币，还在960万平方公里的这片广袤土地上传递着浓缩自然、历史、文化为一体的中国文化精神。

3. 知道人民币的重要地位

人民币上除了有各种人物头像和美丽的风景，还印有国家的象征——国徽、人民大会堂、天安门城楼。人民币作为我国的法定货币，是对我国政治和经济社会发展的主要象征，代表着对国家威严。它综合地反映着我国少数民族的文化与精神风貌，是综合国力的体现。从一定的意义上讲，爱护人民币也是爱国的体现。在日常生活中要有意识地爱护人民币，任何损坏人民币的言论行为，都可能是在侵犯国家的威信和尊严。应该要从小培养学生自觉地爱护人民币的优良习惯与美德。爱护人民币，从我做起。

三、乐体验——运用人民币合理消费

学无止境，学习的脚印也就不应停留在课堂上、停留在习题上。由于是小学低年级的孩子，思想意识不够成熟且缺乏生活经验，在日常生活当中很少独自购物，所以对人民币的认知不够充分。因此除了课堂上的学习外还引导学生在课后进行适当拓展，开辟更广阔的数学理论和实践空间。为了能够引导学生从生活实践当中学习到如何合理使用人民币，加强学生综合运用数学知识于的生活素养，通过《购物小票背后的数学》课外探究型体验作业，进行数学知识的认知和拓展，唤醒学生的学习主动性，激发学生的学习热情。具体拓展实践作业任务单见表1。

本次拓展实践作业需要引导学生们通过动手、动脑、动心，调用不同感官来完成。首先是认识各种面值的人民币，有些人民币在生活中已经慢慢淡出了人们的视线，需要学生多观察多了解来帮助认识各种面值。然后是使用人民币的场景——超市，利用消费小票内容让学生能回想并理解人民币的使用方式，知道"付款""找回"等概念的含义，同时能够根据场景所搜集的信息还原成数学问题和设计解决方案。

表1 拓展实践作业任务单

快带上100元去购物吧！ 小票粘贴处：	要求：亲子活动，请家长和孩子一起阅读你的购物小票，从购物小票中获取数学信息。 购物地点：_____ 购物时间：_____ 我买的商品件数：_____ 计算所有商品的价格： 计算应该找回多少钱：

本次拓展实践任务单共下发80张，上交79张。大多数学生都认真地利用人民币进行超市购物，并根据超市小票上的数学信息，搜集得到重要的数学信息完成了任务单，并深刻地体会到了人民币在日常生活中的主要作用和意义。学生们通过自己的生活实践了解了数学知识，在具体的购物情境中学会了从数学知识中分析解决所遇到的数学问题，本次拓展实践任务有效增强了学生的社会适应能力。

图1 学生上交的任务单（部分）

图1所示为部分学生上交的任务单情况，我发现有不少学生用100元只买自己喜欢吃的零食和玩具。根据这一消费现象，我向学生进行作业反馈时，也注意帮助学生建立珍惜人民币的意识。学生们明白了在购物中，要买自己需要的东西，不能铺张浪费，要培养勤俭节约的意识，养成良好的购物习惯。

通过本次的课外拓展实践活动，使学生们将课内学习的本领在应用活动中有所延伸，通存钱和到超市买东西等活动，既巩固了数学知识，又让学生体会人民币的正确使用方式。这种体验与作业、生活结合的方式,贴合了新课改的要求,强化了数学教学的生活化,取得了较好的效果。

四、微延伸——从数字人民币了解时代发展

借助于媒体展示古今中外的各类货币,拓宽了学生的视野,让学生能够了解和掌握更多的货币种类及其有关的基础知识,将自己的学习方法延伸到课外。学生们在微课展示中得到启发,再结合访谈、上网等方式了解到更多与货币密切相关的历史知识,并对我国乃至当今社会常用的货币有了更深刻的感知。

以动画的形式生动地呈现"货币战争"和"通货膨胀"等货币相关的历史知识,引导学生们初步认识到货币对于一个国家的重要历史意义和积极作用,感受着人民币对我国经济政治和文化经济社会发展进步的巨大重要性和应用价值,从而激发民族自豪感和爱国热情。

近年来,随着移动互联网技术的不断发展,智能手机已成为人们生活中必不可少的工具,微信等移动支付手段也成为一种普遍的消费支付方式。从网络购物到实体消费,从外卖快餐到实体餐饮店,甚至各种娱乐消费、超市、流动摊贩都全面被覆盖,都使用无实体的钱包。引导学生建立正确的金钱的概念养成良好的移动支付习惯,不大手大脚,不购买很多并不需要的产品。学生自己没有收入来源,都是用的父母的钱,所以,在消费的时候要合理的使用。日常消费、学习用品的购买等,都要符合自身实际需求,不要进行无谓的攀比,在家庭经济能力许可的情况下,进行理性的消费。

五、总结

其实德育渗透,不单单只是出现在班会课堂上,也不仅仅是班主任的任务。作为学科教师,既是学生们学习知识的引路人,也是学生们锤炼品格的指引者。本文以一年级数学第二册《认识人民币》教学为例,结合课前预习、课上体验与课下实践,在教授学生数学知识的同时,在德育教育方面也做了渗透延伸。学生在接触人民币时,能引发许多不同的思想教育,除了爱国教育、爱护人民币、节约用钱等,其实还可以让学生们知道:父母赚钱不容易,辛辛苦苦养大我们更加不容易,所以我们要好好地读书,长大了要报效祖国。数学学科的教学,其实不单单指数学知识的传授,教师也要在其中渗透一定的德育思想。

积极向上的学习情感,健康的行为习惯,正确的价值观,对于小学生来说比数学知识更重要。在本课的教学中,结合教学内容,全面地对学生渗透了思想品德教育,真正做到了既教书又育人。

3. 给孩子们的一束繁花

—— 故事为语文教学工作带来无限可能

陆　雯

满怀欢乐，满怀期待，把孩子们迎接到我们这个名为学校的大家园当中来，除了各种专业知识，我们还应当给他们准备些什么？是故事，为了让孩子们愿接受学习，更健康成长，故事融合学习，帮助孩子更出彩。

《365夜故事》的序中说，故事像一只神鸟，让孩子们骑在背上，然后张开彩色的翅膀，飞向一个广阔、新鲜而神奇的天地。神鸟当然是会说话的，它一边飞翔，一边指指点点，用非常有趣的语言告诉孩子们，什么是美，什么是丑，什么是善，什么是恶，什么是自然的伟大创造，什么是人的更伟大的创造，给他们智慧，给他们勇气，给他们理想。

故事对于孩子们有着莫大的吸引力，以及极其深远的影响；故事会在潜移默化中改变孩子们的习惯、心态，更甚是想法；故事激发了孩子们的积极性，培养了孩子们的阅读习惯。

一、故事让语文教学工作绽放兴趣的繁花

语文，一门充满着趣味与智慧的学科，赏析让人潸然泪下的散文，讲解让人匪夷所思的小说，感悟充满人性思考的诗歌，语文课堂当是最活跃的课堂。作为一名语文教师，我却惭愧于这样的话："一个人离童话有多远，离文化就有多远；一个国家离童话有多远，离文明就有多远。"学习语文，兴趣是最好的老师，而故事教学是舟、是桨，抓住这点，方能到达小学语文教学成功的彼岸。

（一）故事引起孩子强烈的学习兴趣

故事是吸引人的，将故事穿插在语文教学中，语文教学就亦是吸引人的了。用故事吸引孩子更沉浸于语文学习中，何乐而不为。在教授《小蝌蚪找妈妈》这篇充满童趣的课文时，拓展环节，我告诉孩子们，课文的《小蝌蚪找妈妈》是原故事的删减版，并且把完整版的故事带来了，孩子们欢呼雀跃。

暖和的春天来了。池塘里的冰融化了。小蝌蚪找妈妈的故事开始咯！

……

他们一起游到鸭妈妈身边,问鸭妈妈:"鸭妈妈,鸭妈妈,您看见过我们的妈妈吗?请您告诉我们,我们的妈妈是什么样的呀?"

……

小蝌蚪看见头顶上有两只大眼睛,嘴巴又阔又大,他们想一定是妈妈来了,追上去喊妈妈:"妈妈!妈妈!"

……

小蝌蚪看见大乌龟有四条腿:心里想,这回真的是妈妈来了,就追上去喊:"妈妈!妈妈!"

……

小蝌蚪看见大白鹅的白肚皮,高兴地想:这回可真的找到妈妈了。追了上去,连声大喊:"妈妈!妈妈!"

……

小蝌蚪听了,高兴得在水里翻起跟头来:"啊!我们找到妈妈了!我们找到妈妈了!好妈妈,好妈妈,您快到我们这儿来吧!您快到我们这儿来吧!"青蛙妈妈扑通一声跳进水里,和她的孩子蝌蚪一块儿游玩去了。

孩子们听着老师把小蝌蚪认错妈妈找到妈妈的故事娓娓道来,与课文相似却又不同的《小蝌蚪找妈妈》,把孩子们吸引住了,他们快乐极了,对这篇课文更加有了深刻的认识。

故事是吸引人的,故事穿插在语文教学中,语文教学亦是吸引人的了。在本学期为《小蝌蚪找妈妈》这篇充满童趣的课文写教学计划时,我想到看过的《365夜故事》里的原版的《小蝌蚪找妈妈》,于是我把这篇课文的教学设计进行了改动,拓展练习加入原版故事的环节,预设了孩子们感兴趣的话题。孩子们故事听得津津有味,纷纷表示要角色扮演小蝌蚪找妈妈,增强了孩子朗读课文的积极性,课后读课文也更加积极主动了,故事在语文课堂中切切实实提高了孩子们的学习兴趣。

(二)故事培养孩子积极的阅读习惯

故事能培养孩子的思维想象力,口头表达能力,提高事物评价能力,使他们对课文理解更加深刻,发生质的变化。在课外拓展的时候,我会要求学生们展开想象,练习说话,也会让学生们讲一讲和课文相关的小故事。比如教授"小白兔和小灰兔"这篇课文的时候,可以再讲一讲其他关于小兔子的故事,比如《萝卜回来了》的故事,可以起到抛砖引玉的作用。

　　小白兔没有东西吃了,饿得很。他跑出门去找。小白兔找到了两个萝卜,想找小猴一起吃。小白兔抱着萝卜,跑到小猴家,敲敲门,没人答应。小白兔就吃掉了小萝卜,把大萝卜放在桌子上。

　　这时候,小猴在雪地里找呀找,他找到了几粒花生米,想找小鹿一起吃。小猴带着花生,向小鹿家跑去,跑过自己的家,他走进屋子,看见萝卜,就说:"把萝卜也带去,和小鹿一起吃!"小猴跑到小鹿家,门关得紧紧的。原来小鹿不在家,也去找东西吃了。小猴就把萝卜放在窗台上。

　　这时候,小鹿在雪地里找呀找,他找到了两颗青菜,想找小熊一起吃。小鹿提着青菜,向小熊家跑去;跑过自己的家,看见窗台上有个萝卜,就说:"把萝卜也带去,和小熊一起吃!"小鹿跑到小熊家,原来小熊不在家,也去找东西吃了。小鹿就把萝卜放在门口。

　　这时候,小熊在雪地里找呀找,他找到了三颗白薯,想找小白兔一起吃。小熊拿着白薯,向小白兔家跑去;跑过自己的家,看见门口有个萝卜,就说:"把萝卜也带去,和小白兔一起吃!"小熊跑到小白兔家,轻轻推开门。这时候,小白兔吃饱了,睡得正甜哩。小熊不愿吵醒他,把萝卜轻轻放在小白兔的床边。

　　小白兔醒来,睁开眼睛一看:"咦!萝卜回来了!"他想了想,说:"我知道了,是好朋友送来给我吃的。"

　　这是个萝卜回来了的有趣故事,孩子们纷纷阐述学会分享的美好,也积极举手要讲一讲自己听过的相关小故事,在讲故事的过程中,培养了孩子的口头表达能力,也激发了孩子们为了积累故事养成良好阅读习惯的兴致,这些都为孩子们的语文学习打下了良好基础。

二、故事为语文教学工作点燃智慧的火花

　　故事是生活的一个影子,让故事在课堂上说话,这是生活教育的一种积极的尝试。著名教育家陶行知先生说"生活即教育",所以教育不能离开生活,离开了生活,教育就不能称之为教育。用故事来讲述生活,让孩子在故事中体验生活,学会生活,苏格拉底说:"教育不是灌输,而是点燃火焰。"其实,故事就是点燃智慧的火焰,让校园生活焕发出生命的活力。

(一)排队无序争吵引发的小故事

语文练习课上,会出现很多各式各样的小问题,某一天,孩子们上来交练习作业的时候,,有两个孩子在一条只能通过一人的狭小走廊中争吵打闹起来,互不相让,互相指责对方应该让一让自己,其他孩子也纷纷开始发出声响,课堂纪律受到影响。语文课不仅仅教授知识,更是渗透德育的好时机,于是我请班级内所有孩子回到座位,包括这两个孩子,让他们一起听一个小故事,孩子们听到有故事听,立刻坐端正,眼睛中盛满了期盼的光芒。

这是一个《从瓶子里逃生》的故事。

一位来中国观光旅游的美国老太太拿出一个玻璃瓶子,瓶肚很大,瓶口很小。3个刚能单独通过瓶口的小球正放在瓶底,小球上各系着一根丝绳,攥在这个美国老太太的手里。"这3个小球分别代表3个人,这个瓶子代表一口干井,你们正在井里玩。突然,干井里冒出水来,水涨得很快,你们必须赶紧逃命。记住,我数7下,也就是只有7秒钟,如果你们谁还没有出来,谁就被淹死在井里了。"说完,她把3根绳子递给了3个中国孩子。

只见一个女孩很快从瓶里拉出了自己的球,接下来是一个男孩,他先是看了看比自己大的女孩,看到她鼓励的目光,他迅速地将自己的球拉出瓶口,最后是那个较年长的女孩,她从容地拉出了自己的球。全部时间不到5秒钟。

孩子们的表现让这位老人大吃了一惊。然而对于国人而言,扶危救困,舍己为人更是炎黄子孙代代传承的优良品德。

学生们听完故事,脑袋都积极思考起来,争相发言,阐述自己的观点与想法。这个故事告诉学生们谦让是一种品格,学生们的悟性超乎每个大人的想象,他们能明白每一个故事蕴含的小道理,两个互不相让的学生也明白了老师讲这个故事的原因,低下了头。

学生们能够从故事中学习到各种各样的优秀品格,感悟到真善美,这对于开展教学工作,简直如虎添翼。

(二)学生模仿妈妈签名引发的小故事

某日语文课,检查语文朗读作业的时候,有个学生悄悄在语文书上写下了妈妈的名字,当我检查到她的时候,认出了这不是孩子妈妈的字迹,我认真看了她一眼,让所有学生回到位置,又到老师讲个小故事的时间。

这是一个《诚实的孩子》的故事。

从前,有一个贤明而受人爱戴的老国王,他没有子嗣,眼看王位无人可继,他便昭告天下:"我要亲自在国内挑选一名诚实的孩子做我的义子。"他拿出许多的种子,分发给每个孩子,说:"谁用这种子培养出最美丽的花朵,那孩子就是我的继承人。"

所有的孩子都在大人的帮助下,播种、浇水、施肥、松土,照顾得十分细心。其中有一个叫雄日的孩子,他整天用心培育花种。但是,10天过去了,半个月过去了……

国王规定献花的日子到了,其他孩子都捧着盛开鲜花的花盆涌上街头,等待国王的奖赏。只有雄日站在店铺的旁边,双手捧着没有花的花盆,站在一旁流泪。

国王见了,便把他叫到面前,问道:"你为什么端着空花盆呢?"雄日诚实地将他如何用心培育,而种子却不发芽的经过告诉了国王。国王听完,满心欢喜地拉着雄日的双手说:"你就是我忠实的儿子。因为我发给大家的种子都是煮熟了的,根本就发不了芽,开不了花。"

其他孩子都羞愧地低下了头……

学生们纷纷高举起小手发表言论,而那个模仿妈妈签名的学生则脸红着低下了头,我知道她已经明白了自己做错了什么。果然,第二天的记事本上,她写道:老师我不会再这么做了,我会做一个诚实的孩子。

故事是生活的缩影,是能反馈给学生们的教育,对于淳朴可爱的低年级学生而言,在故事中学到的真善美可以为他们以后的人生观价值观奠定坚实的基础。

聪明的教师是决不会责备学生对于故事的贪婪的,因为这正是他们求知欲的表现,瞧,孩子们把眼睛睁得大大的,在他们的眼神里藏着多么恳切多么热烈的期望啊,当老师把一个又一个故事有序地穿插于课堂教学当中,就像养花人给刚刚吐芽的花木浇水,滋养灌溉着学生们对学习的浓厚兴趣。

教师在学生的校园生活中,穿插相关的简明短小的故事,吸引学生注意,激发学生听课兴趣,启发孩子思考,从故事中悟到蕴涵的道理,掌握知识技术,这种深入浅出、化繁为简、寓教于乐、喜闻乐见的方法,是学生心灵成长的一束繁花,为他们指明了走向真善美的一条蜿蜒小路。

4. 制定有效的阶段式规则

——班级管理中奖牌的规则

赵佳丽

规则是人们活动的规范，是人对规律的应用。认识规则是培养规则意识的前提和条件，让学生形成规则意识，这是教育的基点，因为没有基本的规则意识，学生将来就无法成为合格的社会公民，当他们离开学校走向社会，就会导致社会管理的失序，"明规则"失效、"潜规则"盛行。特别在小学阶段，制订科学、合理的规则，并对规则严肃执行，对学生来说，就是最好的规则意识教育。

规则意识，是指发自内心的，以规则为自己行动准绳的意识，它集中体现了一个人的行为性格与道德品质。没有规矩不成方圆。规则无处不在，需要从细节抓起，从学生的一言一行和生活学习点滴抓起。

我就以班级管理方面谈谈如何制定有效的奖牌激励规则，我在班中实行的阶梯式奖牌激励规则是结合学校《行为规范达标通行证》的内容，以及"争当'最亮澜星'"学生行为规范评价体系，以此来规范学生行为，达成学生自我提醒、自我教育的目的。

一、学生的"扬帆起航"

"扬帆起航"是我们班级的文化墙之一，利用"扬帆起航"——大拇指排行榜的活动来调动学生学习、劳动的积极性，每次学习和劳动后都对学生的成果进行激励性评价（贴大拇指），每月进行一次统计（清算），看谁的"大拇指"数量最多。数量最多的前几位学生可评选为班级本月"最亮澜星"，最终可获得学校学生发展处的奖励以及班级奖励。

"澜星"福利卡的兑换由学生发展部统一进行，对学生来说更有权威性以及价值感。每月月底，我们会在班会课上进行行规总结的自评、互评和师评（结合大拇指排行榜），评选出本月班级的最亮"澜星"（根据学校规定，人数控制在30%左右）。

福利卡的诱惑在哪里呢？一方面，这是学校学生发展部准备的，这代表着荣誉,更有意义;另一方面,抽盲盒形式的奖励更刺激,每个月底,是学生们最期待的时候,他们带好福利卡,听到广播里通知后,迫不及待地到指定地点兑换福利。

"奖牌"这件事儿,结合了班级及学校的活动就变得更加有意义了,学生们你追我赶,团结一心,扬帆起航。表1所示为阶段性的奖励制度示例。

表 1 阶段性的奖励制度示例

奖牌项目 (全学科)	阶段一	阶段二	阶段三	阶段四	阶段五
书写	作业★ 1张书写奖牌	满10张奖牌换取1个大拇指＋一粒糖果 (每日中午换奖)	每月统计每人大拇指数量,进行班级礼物兑换 (每月一清算)	根据大拇指数量排行,评选校级最亮"澜"星 (每月一清算)	配合家长的额外奖励 (学期奖励)
倾听	上课认真听讲 随机数量				
表达	上课积极发言 回答一次得1张				
阅读	早自习认真阅读 随机数量				
你真棒	行为规范、 劳动岗位所得				
奖状	个人: 一等奖5张 二等奖4张 三等奖3张 集体: 每人1颗糖果				

"扬帆起航"是换位思考的规则制定。学校的规章制度大都是以成人的眼光和思维的角度来制定的,如"不能在楼道里追赶打闹"等许多禁止性的

规定,而学生只是一个执行者,这种被动的执行带来的后果可能会是一种潜在的逆反。我让学生参与制定班级的奖励规则,呈现效果相对较好。因为"规定的制定者,注定是规则的受益者"。"扬帆起航"这项规则是由我和学生们共同制定的,在学生认可的基础上,这项规则就有了可实施性。"扬帆起航"中奖牌推行的有效性在于以下几方面。

（1）面向学生全方位的校园生活,即便是学困生或是比较内向的学生也可以从安静聆听、每日劳动中获得,所以人人都能有"奖"。

（2）每月一清算,不是以累加的方式统计,这样可以让学生知道每个月都是一次新的机会,通过努力给自己一个新的开始,有个阶段性的小目标。

（3）奖牌是可以"存"的,对于奖牌的处理方法,学生有自己的选择权,既可以选择"集满即换",也可以选择"集满存换",这样每个月的大拇指排行就又有另一番竞争形式。

（4）班级荣誉人人获奖,这是一项凝聚班级团结一致的好办法,集体发奖牌让学生懂得了班级的荣誉有我一份,我也要为班级付出努力。

（5）奖状换奖牌,有付出就有收获,这样的奖励调动了学生参加学校活动的积极性。

（6）糖果的诱惑力,"大拇指"的诱惑就是可以奖励一颗糖果,学生们会为了能在学校尝到一颗甜甜的糖果而付出努力。

二、老师的"波涛汹涌"

教育虽然以表扬鼓励为主,但是一直在鼓励中长大的孩子心内会比较脆弱,所以选用适当的惩罚方法教育孩子,对孩子的成长也是有好处的,有益于孩子规则意识的培养。有效的规则往往需要与惩罚相伴,相对于鼓励式的规则,老师的惩罚其实也是另一种激将法。在奖牌发放规则中,还有一项因表现不佳而"收回"原则。这一项措施能成为激将法的前提是,奖牌奖励已是学生都已认同的班级规则,并且学生是非常在乎奖牌的,所以当他因自己表现不佳而被收回奖牌时,这对于他来说是一种有效的惩罚,可以督促他改正坏习惯。收回的奖牌,让学生意识到自己在某一方面的不足或是退步,提醒学生需要改进。奖牌收回规则示例见表2。

表 2　奖牌收回规则示例

奖牌项目（全学科）	收回内容
书　写	作业△ 1张书写奖牌
倾听/表达	上课注意力不集中 随机数量
阅　读	早自习认真阅读 随机数量
你真棒	行为规范欠缺、未达到劳动要求 随机数量

在奖牌制度的实施过程中，有一位学生在他的作文中写道："赵老师的最大特点就是奖罚分明，有一次我为了偷懒，我的语文预习作业没做，被赵老师发现了，老师严厉地批评了我并扣了5块奖牌来惩罚我。被罚奖牌时的情景还历历在目，但收获奖牌时的快乐却令我记忆犹新，有一次，我一下收获了10块奖牌，这是多么令人激动的事啊！平时，我的默写很差要错十几个，一个默写奖牌都没有得过。这次我只错了一两个，虽然没有全对，但老师却在我的默写本上敲了一个明显的'你真棒'章。这个章是如此的醒目，深深印在我心中，给我信心让我不断前进！"

根据规则而来的奖罚分明，能让学生知对错，明是非，鼓励与督促齐头并进。

三、家长的鼓励

培养学生的规则意识和遵守规则的自觉性不仅仅只是在校内进行，在家庭教育中也更需要渗透。老师和家长的激励和期待可以将学生身上巨大的潜能调动并发挥出来，使他们找到自尊，找回自信，使他们在充满爱意的激励中获得源源不断的动力。

利用家校沟通的机会，我和家长一起商量探讨如何利用好奖牌规则。学生往往会表现出人前人后状态不一的现象，在老师和家长面前可能就是两种截然不同的样子。因此，家长对于学生奖牌的重视程度就是让学生学会遵守规则的一种无形的鼓励。家长想要了解学生在校的情况，不用天天询问老师，每天花一点时间和学生沟通下当天获得奖牌的数量以及种类。

显而易见地，如果学生一张"表达"的奖牌也没有，说明在课堂上的积极性还不够，家长应从这一方面进行鼓励和疏导。如果，学生的奖牌数量从无到有，说明他在努力，他在一点点地进步。通过奖牌就能了解学生的校园情况，简单清晰明了。

当然，家长不是只有了解奖牌的数量，他们也有发放和收回奖牌的权利，如果学生在家表现进步或是退步，可以和相关学科老师沟通，通过自评的方式发放和收回奖牌。这样，奖牌就能真真实实地反映学生的状态并且能起到激励的作用。相反，如果家长不重视奖牌规则，那么对于有些学生来说就会产生无所谓的态度，只有家校合一了，奖牌才能有一定的属于积极的约束性。

"不学礼，无以立"。要使班级管理中制定的规则切实有效，那么就离不开老师、家长、学生三者的共同参与。学生的行为准则、行动指南，都是养成习惯的依据，所以制定规则一定要注意全体性原则，让学生和家长都参与其中，而不只是老师的"一言堂"。这样，就可以使学生的遵守规则和家长的配合督促从被动的"要我做"，转化成主动的"我要做"。当然，良好的行为习惯的建立仅有良好的主观意愿是远远不够的，还需要严格的要求督导。既要学生自己努力，还要有同学、老师和家长的监督与指导的共同作用。

知易行难。在认同规则后，遵守规则是培养一个人规则意识的关键和核心。我深知，规则意识的养成不靠一朝一夕，更无整齐划一的手段，它的形成有一个循序渐进的过程，要经历一个从被动到主动的过程，要先由父母、老师管理和约束，最终达到学生自我管理，并形成习惯。实践下来，被学生认同的规则及学生喜爱的奖励是有效实行规则的不二法门。"扬帆起航"已经开展3年了，即使学生们临近毕业，他们依旧遵守规则，校园生活秩序井然。

纪律与规则是文明的支撑，是贯穿我们日常的生活和学习中不可缺少的重要环节，只有遵守纪律和规则的人，才会更懂得珍惜自己和他人的生命，在成长的路上才会少走弯路，人生才会更顺畅、更有序、更高效、更易成功并生活得有章可循。当我们开始学会享受规则，才能做到"随心所欲不逾矩"，而文明也能成为一种内化于心外化于形的事情。规则意识和执行规则能力的培养是一个社会和一个人文明程度的标志。因此，一个人的规则意识应从小开始培养，并持续一生。

自古以来，人才至上，人品至本，欲成大事，要拘小节。如果把良好的行为习惯看成是一种"精神储蓄"的话，我们可以这样说："人在其整个一生中享受着行为习惯所产生的利息。"作为教育者，我愿为此做出自己不懈的努力，在自己的工作范围内，努力培养学生的规则意识和遵守规则的自觉性。

5. "超限效应"在教育教学活动中的实践

张依依

一、问题呈现：对"问题学生"的再三提醒，反而使得学生对学习更消极

在平时的教学中，面对学习态度较差的学生，为督促其上进，我总是不停地唠叨道："你怎么又没有认真听讲，怎么又开小差，你应该这样，不应该那样"如此之类的语言。渐渐发现，由于学习上的"失败"，这些学生开始"不自信"，在人际关系上往往处于一种"难堪"的境地，自尊心受到挫伤，在老师和家长"双重压力"下，学生变得更加"厌恶"学习，课堂上打不起精神，提不起学习的兴趣，导致学习效果事倍功半。出于本能的反抗和自卫，他们的"神经"格外敏感，对周围的一切都持怀疑、警戒甚至敌视的态度。结果与老师的期望相违，学生对"训导"开始是内疚，接下来是不耐烦，最后是讨厌和反感。

二、心理策略：超限效应

马克·吐温听牧师演讲时，最初感觉牧师讲得好，打算捐款；10分钟后，牧师还没讲完，他不耐烦了，决定只捐些零钱；又过了10分钟，牧师还没有讲完，他决定不捐了。在牧师终于结束演讲开始募捐时，过于气愤的马克·吐温不仅分文未捐，还从盘子里偷了2元钱。而这种由于刺激过多或作用时间过久，而引起逆反心理的现象，就是"超限效应"。"超限效应"是一种刺激过多、过强且作用时间过久，从而引起被刺激者心理不屑一顾、极不耐烦直至讨厌或反抗的心理现象。在班级管理工作中，由于工作方法不当或管理力度和技巧不够，往往会产生这种效应，这种负面效应直接影响了班级管理工作的实效。为此，只有深入研究这种效应产生的原因，才能及时避免这种负面效应的影响。

三、解决过程

"超限效应"尤其在班主任和家庭教育中表现突出，当孩子犯错误或者某件事情没有做好时,大多数家长和班主任不是帮着分析找原因,指出应该怎么去做,而是一次、二次、三次不停地批评指责,或者总是用那几句孩子早已听得厌烦的话来教育,久而久之,孩子感觉不耐烦,因为此年龄段的孩子很不成熟,最容易产生逆反心理。

  对这类学生,我们首先要充分尊重他们的人格,理解他们的心情,体谅他们的难处,建立起"同理心",使其内心感受到老师的关心和爱护,从而取得教育的主动权。每位学生都拥有自己的优势领域和弱势领域,我们面对他们时要更加的耐心,我们要充分挖掘这些学生的优势潜能,多层面多角度地对他们进行激励性评价。比如我们班的小王同学虽然学习习惯不佳、行为规范不够好,但她主动参与劳动活动,关心友爱其他同学,经常能听到周围的小朋友来告诉我:"虽然小王上课不认真、作业也不能准时、保量地上交,但我经常看到她主动帮助金佳雨霏,另外,有时候看到垃圾掉落在地上也会主动捡起来,如果她能继续保持优点,改正缺点就更好了。"正当我找不到合适的机会时,在一节语文课上,我发现小王同学开始有些坐不住的苗头,于是我随即抓住此契机,在这节语文课上当我看见她的手往桌肚里伸,拿出了彩纸,时不时低头往下面看,手也伸在桌肚里动来动去,我知道她一定在桌肚里折纸,当下我没有立即批评她,而是在之后的课堂上有意无意地让她看到我在注意她,我发现她先停下了手里的小动作,但此时,我还在看她,她就开始左右环顾,试着和其他同学翻看到同一页内容,就这样,我感受到了她的惴惴不安,可能心里在想:"今天老师怎么没有批评我。"就这样,一直到下课铃响起,她一直认真地听课,她也没有再做小动作。课后,我走近她的座位旁,声音提高了几个分贝:"今天这节课上,我有一个惊喜的发现,刚这节课上我们的小王同学可认真了,我想她一定是想和大家做好朋友,所以才努力克制住自己心中的小懒虫,我要奖励她一张小奖券,也要请其他小朋友擦亮眼睛帮我一起看见她的进步。"说完,我发现小王一副受宠若惊的表情,我通过改变"提醒方法",却使得她有了如此大的进步,及时的肯定和鼓励,更使其实现自我肯定,树立自信心,培养进取和成功意识。除此以外,借助班会课、家校联动,尽量消除问题学生周围的一些消极因素,如家长的责难、同学的讥讽等,有意识地控制某些不利于他们的数据量化标准,如作业等第等,多方面激发他们潜在的求知兴趣,改变他们对生活和学习的看法和动机。在他们有小小的进步之后,也要主动去放大这些改变,让他们能够保持住。饭要一口一口地吃,指望孩子一天之内改掉一个甚至几个坏习惯是绝无可能的,如果在他们努力改正的过程中,我们不改"他错了我就说"的批评风格,只会让他们产生挫败感而干脆放弃尝试。其实,对于习惯了老师"唠叨"的孩子,表扬更管用。用表扬代替批评,有时效果会更好。

四、成效转变

"超限效应"在学生教育过程中,当学生因为不用心或者粗心大意而经常犯一些"低级错误"时,老师便会一次、两次甚至多次进行批评,导致学生从内疚不安到不耐烦最后到反感厌恶的地步,甚至出现"我偏要这样"的叛逆心理和乖张行为。人们常说"磨刀不误砍柴工",但是如果每天都在磨,甚至无时无刻不在磨,这样一来,不仅是占用了"砍柴"的时间,而且会将砍刀磨成薄片,最终没有砍成柴,还平白无故丢掉一把砍刀。

因此,教师对学生的提示和批评,不能超过学生的承受限度,孩子是不说不成器,但究竟怎么说,说什么也是要讲究成效的。如果每位教师都本着"犯一次错误,只批评一次"的原则,也许犯错的孩子也会努力实现"只此一次,下不为例"的诺言。即使我们不得已选择再次批评,也应该换一个角度,换一种说法,或者由学生发言,总结一下错误的所在。站在学生的角度看清楚问题的关键,不要简单重复,这样才有利于学生接受批评,改正错误。还记得有这样一个小故事:当许广平还是鲁迅先生的学生的时候,有一次,许广平请鲁迅先生帮她的论文《罗素的话》写评语。鲁迅先生看完论文之后,写下了:"拟给 90 分,其中给你 5 分(抄工 3 分,末尾的几句议论 2 分),其余的 85 分都给罗素。"很明显批评许广平的论文抄袭太多,自己的东西太少。但是,批评幽默简短,诙谐又中肯,最后许广平欣然接受了,并悟出了自己文章的症结所在,而且对鲁迅先生更加敬重和倾慕。中肯含蓄且幽默的批评,会让受批评者更愿意接受,比生硬直接和喋喋不休的批评要有效果得多。批评不是目的,是解决问题的手段,喋喋不休实在没有必要。

通过了解学习"超限效应",我认识到无论是表扬还是批评,学生都需要一段时间才能从心理上、情感上、理智上完全悦纳,其间如果老是重复,那种不耐烦、讨厌、反抗等心理就会高亢起来。为了避免这种超限效应在班级管理中的再一次出现,我开始逐渐转变"批评方式",对学生坚持"犯一次错误,只批评一次","有一次成绩,只表扬一次"的原则,不要重复批评、重复表扬,更不要老账新账一起算。有时候实在觉得有必要重复，可以灵活把握，换个角度、换个方法试试。有时候，对学生一而再、再而三犯的错误，我在开口批评时，在心里默数10个数，一是让自己冷静下来，而是利用这段"空白时间"让学生自己思考自身行为是否正确，我渐渐发现，眼神比言语更有效。其实任何事情都要掌握好"分寸"，把握好"度"，避免物极必反，切忌出力不讨好。讲话讲课，提倡精简，该讲的要准备好要讲到位，不该讲的让学生自己去感受、理解。《国语》言"川雍而溃，伤人必多"，"是故为川者，决之使导"。意思是说被堵塞的河流，一旦溃决，伤人更多，因此，治水的方法应该是开通河道，使之畅流。

作为教育工作者的我们要善于裁断"问题行为"中的"合理冲撞"，对学生的"问题"不要盯住不放，而要积极保护、引导、发展他们的个性，避免伤害可能蕴含于其中的积极的一面。记得有句谚语：去除杂草的最好方法是种上庄稼。我们应多渠道、多角度培养学生正确的是非观念，提高他们的审美情趣，长期坚持下去，这类学生的"问题"就会越来越少，从而变成"无问题学生"。

教育工作是一门塑造人心灵的艺术，面对这些千姿百态的鲜花——学生，我们作为教育工作者必须深刻地认识、准确地把握育人工作的本质特点和规律，学会高超的育人雕塑之技，只有这样才能创造出多姿多彩的艺术作品，使每个学生都能健康成长。

6. 传统水墨画走"进"家乡古镇

卫凤弘

水墨画以其独特的艺术风格与价值,在世界美术史上独树一帜,它蕴含着中华民族的悠久历史和文化底蕴,是优秀传统文化教育的绝佳素材。

儿童水墨则强调笔墨意趣,它以儿童稚拙的笔墨美感和大胆色彩为传统水墨画注入新意,富有现代美感,是小学生特别好奇和乐于尝试的画种。

作为"川沙文化古镇"区域的重要组成部分,我们学校享受着得天独厚的环境资源和文化眷顾,为学生对老城厢开展探访、写生以及水墨创作等美术教学活动提供了丰富的课程资源。而水墨特色的艺术韵味和老街的表现内容相得益彰。

为了满足更多学生对水墨画的热情,我们开展了《水墨·老城厢》拓展课,让美术课堂更好地走"近"传统水墨画,走进自己的家乡,带领学生尝试挖掘富有特色的川沙本土文化资源,探究以水墨形式为主的创作方式,旨在让学生通过美术活动学会技能、学会审美、学会传承、提升综合文化素养。

为了更好地丰富内容,注重实践能力,我们将"水墨·老城厢"特色课程主要分为三大模块:"水墨·老建筑""水墨·老街巷"和"水墨·老作坊",每个模块设置三大板块。由浅至深、由易及难,创设有层次、多样性的学习内容,注重学生的艺术表现、社会实践等方面的能力。除此之外,这也是将美术课堂迁移走"进"传统水墨画的一种重要方式。以"水墨·老城厢"特色课程三大板块之"水墨·老作坊"中的《老街小吃》主题活动二至四单元为例,课程板块的主要内容就是通过学生自主探究了解传统饮食文化后结合家乡的老街小吃,在更深入地了解传统文化的同时去写生,了解不同小吃的造型要素,并进行创意拓展,设计制作可以宣传家乡小吃的物品,真正做到把水墨画融进家乡文化,将艺术还原于生活。因此,经过筛选和整合,结合学校的多元美术课程,在教学中因地制宜地将川沙古镇融入水墨画教学中。

一、对美术课堂学习内容的延伸与拓展

水墨画创作对于小学生来说是有难度的,学生们的能力也存在着一定

的差异,再加上美术课堂教学的时间是有限的,因此,要找准课外延伸的切入点,迁移运用。在《水墨·老街小吃》拓展课中,我就设计让学生画画自己最感兴趣、最熟悉地方的小吃,由简入繁,循序渐进地开展水墨画教学,并结合中国传统饮食文化,每节课可以为家乡的老商铺设计各种富有水墨画特色的明信片、宣传卡、广告灯箱、布袋等,既可以延伸水墨的技法学习,又可以让学生的视野逐步开阔,创新能力也可逐渐加强。对于笔墨的运用,前期学生已经学习过用笔和用墨的方法,掌握了最为基础的笔墨技法,同时具备了一定的观察和写生的能力。所以拓展课主要在之前的用笔、用墨基础上,重点学习构图方法,理解画面主次关系的基本表现方法,凸显水墨画的韵味和意境,来表现川沙味道、家乡情感。课堂上,我也注重材料创新,打破传统,如画老街小吃粽子,粽子其实对于小朋友来说比较常见,但是如何跟身边的古镇小吃联系起来,又如何运用本节课学习到的国画知识呢?我的想法是在宣纸明信片上设计端午宣传,但是相对于平时训练的宣纸绘画,明信片的大小会比以前练习时更加难,但这对学生来说也是一种新的尝试。"大笔怎么画出小的物品呢?""感觉明信片的宣纸更容易晕染""水分要少,下笔要干脆",通过尝试在不同的材质上创作设计,既能进一步让学生感受水墨画的包容和笔墨意趣,又能培养学生运用水墨工具在不同材质上来表现老街小吃的能力。

二、用多元学习方法提升美术创意实践能力

图片展示一直都是美术教学的重要手段,所以在美术课堂上就更要做到充分欣赏,利用图片、动图、VCR、教师范作、学生作品等,在各个环节引导学生主动观察、主动发现,引发学生积极思考,加深认识,可起到事半功倍的作用。就像家乡古镇里的特色小吃虽然对于小朋友并不陌生,有时又能经常吃到,但真的需要通过水墨方式表现出来时却无从下手,有一种什么都知道但又什么都不会画的感觉,就像第二单元的"小笼包"一课和第三单元中的"生煎包"一课,其实如果只是用墨色勾勒这两样小吃的外形时,我们会发现很难区分,这时教师就要通过课堂上的示范加深学生对水墨画墨色"浓淡变化"的理解,为了能够让学生可以反复观看,还可以把示范步骤做成 GIF 动图,加深印象;而在经营构图位置时,可以利用拼图游戏形象生动地理解构图位置变化,理解通过物体的"聚散变化",在欣赏比较中直观认识各种小

吃的聚散组合可以让画面凸显主次关系。特别是在学习画粽子时,让学生主动参与"变一变"游戏,在变化位置的游戏中加深了解认识合理构图,凸显主次关系。教师示范既可以再次巩固复习水墨画粽子的方法,又可以通过彩墨浓淡变化让学生直观感受浓淡可以凸显主次关系,也为接下来的课堂活动打下基础,更好地解决了本节课的重点。丰富的教学手段加深了学生的思维理解,培养强化了主动习得的学习习惯。

最后,虽然因为孩子每个人的能力不同,作品的美感也不尽相同,但我认为简洁和稚拙都是一种美,是一种更加高级的艺术的美。虽然课堂中有的学生画的作品并不像有过基础的小朋友画的那么丰富、成熟,但他们有了这样的认识时,创作时也会显得很自信,在水墨拓展课上获得水墨技法不同程度的提升。更重要的是,从水墨拓展课能启发、引导学生感受水墨创作的乐趣,拓展延伸水墨画的绘画技能,提高发现艺术美的能力。

三、在特色科目中体验理解与认同家乡本土文化

拓展课《水墨·老城厢》中的《水墨·老街小吃》一板块,设计内容创新,融入乡情,就像在学习画粽子这节课时,前期学员们已经学习积累了"汤圆、青团、小笼包、生煎包"等老街人气小吃,并对老街小吃文化有了一定的探究与了解。根据教学时间正值很多不同节日,结合中国传统节日,将其融入水墨课程会使美术课堂变得更有意思。如在画粽子一课时,正值端午佳节,端午节的传统文化和习俗为大众所喜爱,粽子这一本地小吃更是在老街风行。

依托"川沙老城厢"丰富的社会资源,学员们通过探究寻访、整理提炼川沙老行当老手艺、老风俗老味道等,感受到家乡先辈心灵手巧、安居乐业的淳朴民风,从而使学生对家乡的传统文化产生强烈认同和归属感,培养学生发展的眼光和开放的审美心态。本节课的内容粽子不仅是川沙老街的特色小吃,也是中国传统节日端午节中必不可少的美食,孩子们用手中的画笔设计的水墨作品,用明信片的方式特别呈现,不仅为老作坊的商铺做了宣传推广,更让学生对家乡本土文化有了更直接更深入的体验与理解,爱乡爱国情感得到浸润与升华。

通过水墨拓展课《水墨·老城厢》的学习与体验,引领学生体会中国水墨画的笔墨情趣,了解中国优秀文化的传承和发展,进一步熟悉水墨画的基本材料和基本技法,并运用儿童水墨的方法表现川沙本土文化资源,探究收

集并梳理提炼图文资料进行水墨创作,尝试艺术表现和审美创造,初步养成良好的水墨画创作习惯和审美观念,培养学生对本土文化的认同和归属感,使其在艺术实践、探究能力、人文素养等方面得到综合发展。

四、以家乡古镇资源为题材为水墨教学定位

没有生活痕迹,缺乏情感文化的水墨画是平淡无奇的。生活是绘画题材的源泉。而我们观澜的学生最好的生活题材便是学校旁边的古镇老街,如何把身边熟悉的景、物、人、事画进我们的水墨画中?这需要在平时的教学中培养孩子的观察力与创造力,而日积月累的生活素材也会让孩子的画面越来越丰富。如重阳节时会吃的重阳糕,川沙古镇的重阳糕跟其他地方的区别是什么,会有什么形状,白色的重阳糕应该怎么用笔墨去表现,主要方法有哪些等。解决这些问题将为学生们的后期设计奠定基础。同样一样物体,不同的构图有着不同的画法,有的学生技法熟练,他会选择重点绘画主体;有的孩子,虽然笔法稚嫩,但构图新颖。在设计纸灯笼时,他们还通过自己了解到的、看到的校门口的古镇特色,设计出富有川沙特色的古镇韵味灯笼,每个孩子都能各尽所长,获得成就感和满足感。

通过以家乡水墨资源为题材的水墨教学,既引导学生了解认同本土传统文化,传承优秀的民族精神,也培养学生发展的眼光和开放的审美心态,树立起一定的文化价值观。学生的审美素养和综合实践能力都得到了提升,也提升了教师的研究素养。大力推进水墨教学,探索并形成观澜小学水墨特色课程的内容、途径和实施策略,可以丰富学生的艺术体验,提高艺术创造素质。

拓展型课程的开展,让传统水墨画真正走"进"自己的家乡,在水墨学习的过程中,也让儿童水墨画在美术课堂上大放异彩,让每一个感兴趣的学生参与其中,获得美术教育带来的审美文化和创新意识。我们也将继续让学生多接触、多记录、多创作,让他们在水墨学习中有"根"可溯,在生活创造的源泉中茁壮成长。

7. 英语活动引领，让德育在体验中"动"起来

华婷婷

小学，是学生学习和认识世界的关键时期，在小学阶段打好基础对以后学生自我发展有重大的影响。陶行知先生曾说过："道德是做人的根本。根本一坏，纵然你有一些学问和本领，也无甚用处"。小学生由于年龄较小，心智发育不成熟，他们正处于生长发育的重要时期，道德品质也将逐步形成，容易受到各种外界因素的影响。

身为一名英语老师，首先要明确英语学科的育人价值。它并不只是一门作为交流工具的语言，而是教师在课堂中创设特定的情境，令学生在学习过程中迸发思维，促进学生思维能力进一步发展；构建跨文化理解意识与能力，令学生悠然产生爱国主义的情感。

我们要做一个有心人，贯彻好"全员导师制"，认真负责地研究在教育教学中的每个环节。借助各种形式和方法，注重对学生给予正面的引导与教育，要坚持立德树人的理念，以此规范学生的行为，让每个学生都成为爱国爱家、品德高尚的人，将育人和教学的目标落到实处。

一、注重班级特色，挖掘德育因素

学习兴趣浓，班级氛围佳是我们班级的特点，虽然一部分学生思维一般，但都能在互帮互助、团结友爱的班集体中赶上大部队。

由于英语课时安排，很难在有限的时间中进一步激发学生的英语学习兴趣，创造更浓厚的英语学习氛围。有幸的是，我作为英语老师担任了本班的班主任工作，我就可以让我的孩子们更多地了解西方文化，更好地学习英语知识，为此后的英语学习打下扎实的基础。我更为我们班布置了一个"Happy Family"——快乐一家。在班级的最后面，黑板的旁边贴上一棵苹果大树。每一张照片就是我们班里的一名学生，42张照片就组成了一棵大树，大树代表了我们班是一个快乐、和谐的大家庭。从"英"你而美，争创"Happy family"这一主题开展各种活动，在班级内形成良好的英语氛围，培养学生对英语的兴趣和日常用英语交流的习惯；培养学生将行规要求落到

实处。并非是被动接受老师的教育,而需要学生做到自觉、互相监督,做到老师在教室或不在教室都是一个样,形成良好的班级氛围,也有助于学生健康成长。

(一) 英语学习广播

利用早读、午会的时间,播放英语歌曲与故事,以及一些比赛作品,让学生在轻松、活泼、生动的氛围中参与学习英语,浓郁校内英语学习氛围,如图1所示。

图 1 英语学习广播

(二) 英语歌曲(小诗)朗诵

利用每周开设的一堂兴趣课进行儿歌比赛,以个人为单位朗诵、歌唱(歌唱过程中可配动作)。小组朗读则是利用午会等进行交流,让学生个人和老师一起评价朗读的效果,评选出优胜奖。表演优秀的小朋友还能参加每学期一次的校级展示活动。2020学年的英语儿歌社团表演了《walking walking》英语儿歌,歌曲朗朗上口,节奏明快,孩子们边唱边跳,乐在其中。图2所示为英语儿歌社团在表演。

图 2 英语儿歌社团在表演

(三) 制作(评比)英语书签

书籍是人类宝贵的精神财富,理想的书籍是智慧的钥匙,读书使人灵秀聪慧,读书令人识趣明礼。书签制作可以帮助我们留下读书的足迹,小小的书签承载着我们对书本的珍爱。为进一步提高全体学生学习英语的兴趣，引导学生养成良好的读书习惯，我鼓励学生多阅读课外英语短文或英文绘本，并根据自己所阅读的内容进行设计和制作书签，书签形状不限，内容自定。被评上的"特色书签"，老师盖上小红花以示鼓励。

学生兴趣浓厚，巧动双手，在小小的纸片上绘制，并将其剪成各种有趣实用的书签，摘抄自己喜欢的英语句子，让它以种种灵巧的形式展现在我们面前，时时提醒你，阅读是我们最好的朋友。本次活动不仅增强了学生的实践动手能力，还让他们体验到了创作的乐趣和成功的喜悦。方寸书签，如一面镜子，映百态人生，"留下读书足迹"；方寸书签，如一扇窗户，窥千年文化，"书写阅读思绪"。

（四）英语学科文化周活动

2019年的英语学科文化周探究之旅"Shanghai in my eyes"，孩子们带着热情的心，怀着自豪的情，开启了。一年级的我们走进"第二届上海进博会"，开展了"进博会主宾国我知晓"的活动（见图3），活动中，我们比的是记忆和眼力，拼的是合作与速度。爱上海，让我们深深了解她；爱上海，让我们细细品味她。We love Shanghai! We are proud of Shanghai! 我们都是上海人，让我们为上海代言！

图3 "进博会主宾国我知晓"活动

2020年的英语学科文化周"Love @ the Double Ninth Festival"很特别，因为与中国传统节日——重阳节不期而遇，我们以探究、合作的方式走近the Double Ninth Festival；2020年的英语学科文化周又很温馨，小朋友们将学习成果化作满满的祝福传递给爷爷奶奶，感恩他们为我们撑起的一片蓝天。"Dear Grandfather and Grandmother, I love you."图 4 所示即为英语学科文化周的活动。我们为爷爷奶奶们朗诵起了爱的小诗,为爷爷奶奶们送上了节日的祝福。深情的朗诵,满满都是对爷爷奶奶们的爱与感恩。当"英语周"遇上"重阳节","澜精灵"们的学习有了新途径,语言实践有了新天地,大家说英语、用英语的劲头更足了!我们的重阳节也变得别样温馨而有意义。英语文化周践行了学以致用的"新实用"教育观,使孩子们英语学习与传统文化有了一次完美的交融,学习在"生活大课堂"真真实实地发生。

图 4　英语学科文化周的活动

二、创设真实语境,激发学习兴趣

小学英语教学的目的,是启蒙英语学习和夯实英语基础,为此,任课教师应针对教学目的合理调整学习方法,以培养学生核心素养为基础,在听、说、读、写多方面进行教学熏陶,让学生在敏锐的语言感知中主动学习,为学生创设合理的学习空间和学习氛围,为之后的系统性学习提供支持。

具体到英语学科核心素养,主要包括语言能力、思维品质、文化品格和学习能力 4 个方面。语言能力,指在一定环境下,通过语言来理解和表达思维意识的能力;文化品格,指学生对英语文化的理解和认知,以及表现出的态度;思维品质,指个人的思想特征、思维方式,反映出其逻辑性、批判性、创造性等方面的水平和特点;学习能力,指学生主动拓宽学习渠道,积极调适学习策略,努力提升学习效率的能力。语言能力、文化品格、思维品质相互影响、相互支撑,相辅相成。学习能力则贯穿于英语教学的始终,为前三者提供支持,同时语言能力、文化品格、思维品质又能在一定程度上助推学习能力提高,对英语学科核心素养的形成起到关键作用。

创设生动形象的情境,既能活跃课堂气氛,激发学生的学习兴趣,锻炼学生的语言能力,又能培养学生的思维能力和想象能力。如在 2BM1U2 Touch and feel(Period 2)Sharing gifts at the party 一课中,我延续第一课时 Dora 和伙伴们在盲盒店购买礼物的情节,创设了 Dora 和小伙伴们一起在派对上分享礼物的有效语境。在语境中,学生通过听一听、读一读,感知新授句型;通过学生创编对话,让他们在语境中操练运用句型,同时在语境中让感受到分享礼物所带来的喜悦。孩子们在欢乐愉快的氛围中巩固了所学的英语知识,而且由于与实际生活息息相关,还能真正地学有所用。在这种真实的情景中,学生们的学科核心素养得到了无形的提升。

三、结合生活实际,加强思想教育

教师要做一个有心之人,在日常教学过程中找到机会,渗透立德树人理念,加大对学生的思想教育力度。由于孩子们年纪尚小,又是家里的独苗,在校就比较以自我为中心,对于许多事情都持有事不关己的态度。在2BM1U2 Touch and feel(Period 2)Sharing gifts at the party 一课中,我借助了学生实际生活中经常接触到的物品、图片和感兴趣的话题来开展。通过丰富的游戏、选择、问答等操练方式,学生熟悉并乐意运用所学的知识进行交流,进一步感受不同事物的触感特征、事物质感特点的不同与多样和感受分享礼物所带来的喜悦。比如,最后的 Guessing Game(蒙眼猜物),学生自选了喜爱的物品后,用角色扮演的方式尝试语用输出,如图 5 所示。就这样,通过引导学生进行真实的、有意义的交流,提升学生的语用输出能力,让学生享受到用英语流畅表达的快乐,实现语言能力的突破。又能发挥出英语教育的作用,让孩子们感受到分享礼物的快乐,为学生的全面发展创造更加有利的条件。

四、改变教学方法,培养创造思维

培养小学生英语学科核心素质,符合教育部"立德树人"的育人要求,是实现小学生德智体美劳全面发展的关键,也是促进中国特色社会主义教育事业发展的重要手段。另外,随着课程改革的不断深入,国家对小学英语的教学也不断地提出新的要求,要求小学生不仅需要掌握听、读、说、写的英语基础知识与能力,还要树立

图 5　用角色扮演的方式尝试语用输出

团队合作的意识,促进学习和心智的共同发展。培养小学生英语学科核心素养,对于其保持学习自信心、学习积极性以及良好行为习惯的形成,都具有不可忽视的促进作用;在小学英语教学中融入核心素质的培养,不仅有助于学生对于知识的把握,更利于其体会到做人的道理,让学生具备学习与辨识的能力,拥有一定的创新意识,为之后的成长发展铺好道路。

学生的创造性思维特别重要。那么如何改变教学方法,培养学生的创造性思维呢? 以问题激活学生的思维是非常有效的方法。问题是创造过程的开始,科学地设置问题,可以激发学生的求知欲,激活学生的创造性思维。

问题的设置可以是深入挖掘式的,如在教授生气的表达方式时,首先可以提问学生平时生气时会做什么,然后做这些事情可能出现的后果,可能对自己,他人或社会造成的不良影响,然后以问题为引导。如:What can you do if you are angry? 启发学生从积极正面的角度如何宣泄这种不良情绪,学生可能会说:I can run when I'm angry. I can play football when I am angry.此时,学生的品格,行为素养的情怀已经全部融入英语教学中了,学生英语的核心素养也得以提升,水到渠成。

问题的设置还可以是开放式的。教师的课堂包括学生的教与学,现在的课改要求教师要尊重学生的主体地位,以学生为本,以学定教,顺学而导,这就要求教师要还课堂于学生,让学生成为课堂的主导。因此,教师应该转变教学方法,用开放性的问题激发学生创造性思维。如在语境要帮助城里人清除城里的老鼠时,设置了这样的一个问题:How can he help the people? 孩子们展开了激烈的讨论,有的学生说:I can catch a cat. The cat can eat the mice.还有的学生说:I can find some poison.学生们的回答五花八门,创造性思维得以在无形中形成。

英语教育的价值在于促进人的心智发展,塑造健康的人格,培养思维能力,这就要求教育改革的目标要回归到教育本真,即"树人",构建英语学科核心素养,尊重学生,启发学生。作为一名一线教师,我们要关注学生的发展,让学生在获得知识的同时成为有德行的人。

8. 磨课堂　乐学习　链生活

徐丽婷

古人云："知之者不如好之者，好之者不如乐之者。"可见，在知识的学习中，究其根本是培养学习的兴趣。兴趣是最好的老师，对所学的知识感兴趣，就会变被动为主动，以学习为乐事，进而演变成在快乐中学习，这样既能提高学习的效率，还能够加深对知识的理解，最终达到将所学知识灵活地运用的效果。

激发学生兴趣，提升教学效果，说着很简单，那该如何操作呢？新课标理念告诉我们，应当结合学生的认知发展规律，制定教学目标、通过有效交流和互动参与、寻找生活与数学之间的链接，对学生进行因材施教。正因如此，课堂中如何寻创新，如何找乐趣，就是我一直在寻求突破和追求的。

一、磨课堂——提升素养，锤炼课堂

（一）扎实基础累经验

成为好教师，对教材不熟悉，是万万不行的。因此，扎实基础和研读教材相当重要，并且这一定是青年教师前行的第一步。只有把握教材，才能根据教材更好地去备课，去上课。小学阶段，一至五年级的教材都应通读，贯通低中高年级，将所有知识相连接，做到心中有数。这样，在教学的过程中，可以更加从容，也能让学生为后续的学习做好铺垫。

但仅仅研读教材，是不够的。因为书上的内容仅限于书本，教学的重点更取决于课堂的发挥。毕竟在教学中，依旧会出现许多课前估计不到的情况，如表达含混、处理欠当、方法陈旧、演示失败、指导不力、知识性的错误以及教案与实际脱节等。所以当课堂中出现的突发情况或一时不知如何处理的问题时，我会及时记录下来，可能是一两个词语，也可能是一两句话，也是积少成多的。然后对自己的小记录进行认真的分析、思考，仔细查找根源，寻求对策，亡羊补牢，使之成为以后教学工作的前车之鉴。并能对促进今后的教学，进行科学研究积累大量有价值的资料。

（二）教研活动提素养

教研有道，探索无涯。提升教学素养和方法的另一途径便是多多参与各项教研活动。青年教师要想提升技能，可以通过各种听课、说课、评课，以及校、区教研等活动，广泛吸取、主动内化，努力提高自己的学科素养。借鉴其他教师独到的教学方法，学习其先进的教学理念，还可以记下听、评课中的精彩之处，反复揣摩，吸取其中精华，运用于自己的课堂。

本学年中，一至五年级各个年级的数学备课组活动也让我成长不少，收获颇多。轮到我们三年级组负责活动时，我积极参与试教评课，提供信息技术服务，只为在学校展示出三年级的教学风采。在这样的每一个备课过程中，我的教学能力以及教师素养也有一定的提升，在"共研"的同时，实现"共赢"。

（三）反复磨炼促成长

上好课，对老师而言，有这样一个字——"磨"。可是"磨"，谈何容易。我用我的见习期的考评课为例，来说说"磨"的故事。考评课，我执教的是《幻方》这节课，我一共试教了4次，每试教一次我都会有不同的感受。

第一次试教我选择了自己任教的其中一个班级，因为自己任教比较熟悉些，所以直接在教室里试了。但上下来其实我觉得效果不理想，一个是我对有些环节的把握不太好，然后小朋友们发言不够积极，合作探究摆幻方的时候有些混乱，所以这第一次很难忘。

第一次试教完，我就开始改课件，改教案。我暗自下决心，我一定要一遍一遍地背，一遍一遍地练，挑战自己。就这样我反复磨自己，后面的试教有了些进步。最终，这节课的结果还是不错的。所以，教学的进步，离不开备课组的协作，离不开反复磨课的历练。

二、乐学习——多样活动，激励学习

（一）小组合作变模式

作为教师，要明确课堂的主体是学生。因而，在课堂中，只依靠老师讲是绝对不行的，要充分发挥学生的自主学习能力，以学生为主体，才能将课堂变活。因此，我都会创设小组合作，比如同桌协作，四人小组合作等的方式，让学生主动探究，主动学习，找到自己探索完成的成就感。

既然有小组合作，就可以让学生产生一种"竞争感"。所以针对小组合作可以设立奖励制度。以一周或一个月为期限,在该周或该月中,表现最佳的小组,向该小组提供抽奖机会,小组中的每人获取一次抽奖权。所获取的奖励比如小零食,免一次作业,一日课代表等,学生在这样的过程中就会逐渐转变学习模式,不仅能提升学习主动性,也能感受到学习的快乐。

(二) 精彩游戏亮课堂

一堂课中,丰富的课堂活动,不仅能为数学课堂注入新的活力,其本身也是课堂的一大亮点。传统的教学方式中,不能呈现游戏模式,难免会使得课堂比较沉闷,缺少活力。因此白板中的课堂游戏非常符合新时代教学,在创新的同时,也提升了课堂乐趣。白板游戏包含小组 PK 赛,知识配对,判断对错等。在这些活动的过程中,可以让学生能更好地参与进课堂,不仅增添课堂趣味性,也增添老师与学生的互动性,寓教于乐,快乐学习。

在沪教版小学数学三年级的《年、月、日》一课中,学习了有关大月、小月和特殊月的知识后,我便运用白板的课堂活动,设计了"找大月""找小月"两个 PK 小游戏。这两个小游戏,以小组为单位进行两两 PK 赛,让课堂氛围一下子到达高潮,学生的学习兴趣一下子被激发。正是因为课堂活动,让学生在轻松快乐的游戏氛围中,更容易掌握新知,更容易理解大月、小月和特殊月。

(三) 及时评价乐学习

新课标指出:"课堂评价的主要目的是为了全面了解学生的学习历程、激励学生的学习和改进教师的教学。"小学生由于整体年龄较小,学生的学习主动性相较于初高中而言会较差。因此,对于小学教师而言,课堂评价尤为重要,我们应当将小学生的学习评价的重点放在过程性评价,评价过程给予学生多次评价机会,如果有学生回答问题不满意,允许学生重来,争取更好的答案。这样,既尊重了学生的个体差异,保护了学生的自尊心、自信心,也保护了他们对数学学习的兴趣。

将学生们本节课的表现进行评价,既能做到及时评价,精准到位,也能在一定程度上提升其学习积极性。所以在课堂上,针对学生的课堂行为表现进行实时评价,是教师课堂评价的法宝。这一评价方式,不仅能激发学生学习兴趣,同时也能让教师对学生的程度有进一步的认知,可以适当的进行分层教育。

三、链生活——数学课堂，融入生活

（一）联系生活感数学

接触到当今社会的学生，不少孩子缺乏一些生活常识，或者生活技能，所以联系着生活感知数学，不仅可以学习数学，也能将数学应用于生活，感知生活，生活与数学相辅相成。陶行知说："生活即教育"，相当正确。如何让学生通过观察、测量、交流、验证来读身边的数学尤为重要。紧扣教材，针对教材与生活中密切相关的问题素材，选择情景，提出符合学生实际能力的假设和想象，从而引起学生的注意和思考。由于学生想要解决，他们对数学知识的应用和对数学的兴趣就油然而生。

比如说，在学习《认识人民币》这一内容时，学生就比较不能理解，对人民币的认知较少。因为现在，科技发展飞速，支付依靠电子设备较多，实际的现金出入微乎其微。所以在教学这一内容是较为吃力，不少学生并没有使用过现金。所以教学新知前，我让学生提前预习，在爸爸妈妈的协助下，先感知人民币的面值大概有哪些。然后在课堂上，我也准备了各种面值的人民币，让学生独立解说每张人民币所代表的面值及它的特点。最后通过去超市买东西的活动，让学生更为直观地去认识人民币。

（二）学科渗透增体验

除了联系生活，数学内容的学习中还蕴含着丰富的教育因素，表现出科学性、知识性和思想性的统一，教学教育不仅具有巨大的智力价值，还具有极大的道德价值。德育在数学教学中的渗透具有诸多渠道，作为小学数学教师，我们在小学数学教学中要结合学生思想实际和知识的接受能力，提高渗透的自觉性，把握渗透的可行性，注重渗透的反复性，通过耳濡目染，潜移默化，以达到德育、智育的双重教育目的。

在沪教版小学数学二年级的《条形统计图》课中，在白板音频和视频的帮助下，我运用国庆 70 周年大阅兵的视频进行导入，和学生一起回顾祖国妈妈的生日在 10 月，从而引出本节课的统计内容——生日。结合视频导入的优势，增强学生们的视觉听觉体验，视频中气势恢宏的阅兵仪式，直接从感官上加深了学生们对国家富强民族兴旺的感触，这种强烈的感官冲击与知识教学的紧密结合，能在激发学生们爱国情怀的同时，提升他们对所学知识的兴趣。一举两得。并且，在此基础上，通过统计同学们的生日，可以进

一步调动学生们学习积极性,从而让学生尽快进入学习状态,帮助同学们更轻松更主动地掌握知识。

四、结语

以上是我的认知与感悟,对我而言教育工作任重而道远,毕竟我的教师之路如同初升的太阳,才微微发亮。这三年,经历"磨课堂"的自我素养提升,"乐学习"的学生态度转变,"链生活"的实用主义感悟。相信在我的不断努力和改进下,既能提高学生学习数学的主动性和积极性,也让学生对数学的学习保持长久的热情和求知欲。

用这样一句话,来告诫自己——"登上山顶之所以重要,只因为它证明了我们爬过山,爬山的过程才是真正的目标。"作为青年教师,作为数学教师,数学教学实践的脚步永不停住,相信在追寻理想课堂的过程中,我们能欣赏更加美丽的教育风景,享受更有意义的教育幸福。

9. 洗手的蝴蝶效应

——发育较迟缓的学生的行为规范的改变

檀 维

一、问题呈现

在班级的门口常常躺着一位同学,他是小蔡,是我们班有些特殊的一分子。发育稍显迟缓的他常常在交流表达上出现问题,但这段时间他也有了一个新的爱好:躺在地上晒太阳。下午的地上总是洋洋洒洒泄了一地阳光,温暖舒适。小蔡也热衷这一分暖意,每个中午过后,总是可以看到他惬意地躺在学校的地板上,殊不知这份惬意背后隐藏着极大的危险,无论是路过滚滚的餐车,嬉笑玩闹的同学又或是突然来到的学习工具,对于躺下的小蔡而言都是隐藏的危机。作为他的老师更是时时刻刻提心吊胆,为他着急担忧。即便我使出浑身解数,家校联系全方面监督,课后教育不断提醒,一转身他依然牢牢"黏"在地上。面对单纯天真的孩子,这份关心显然让他无法接受。不论是奖品激励还是利害分析都动摇不了他"躺下"的决心。面对屡教不改的小蔡,似乎只有时时刻刻把他"绑"在身边才可以避免安全事故的发生。但这又极大地阻碍了孩子的自主发展潜力,特别是在形成表达的初期,这样的"捆绑式"教育就是雪上加霜。不仅他自己的内心无法接受,他所处的环境也会有所影响。对孩子的行规教育迫在眉睫,但却又不得不面对这些复杂的因素。在多方面的环境影响下,需要寻找突破点,打破死循环。

二、心理策略——蝴蝶效应

蝴蝶效应,指在一个动力系统中,初始条件下微小的变化能带动整个系统的长期的巨大的连锁反应。

美国气象学家爱德华·洛伦兹(Edward N.Lorenz)1963年在一篇提交纽约科学院的论文中分析了这个效应。"一个气象学家提及,如果这个理论被证明正确,一只海鸥扇动翅膀足以永远改变天气变化。"在以后的演讲和论文中他用了更加有诗意的蝴蝶。对于这个效应最常见的阐述是:"一只南美洲亚马孙河流域热带雨林中的蝴蝶,偶尔扇动几下翅膀,可以在两周以后引起美国得克萨斯州的一场龙卷风。"其原因就是蝴蝶扇动翅膀的运动,导致其身边的空气系统发生变化,并产生微弱的气流,而微弱的气流的产生又会引起四周空气或其他系统产生相应的变化,由此引起一个连锁反应,最终导致其他系统的极大变化。他称之为混沌学。"今天的蝴蝶效应"或者"广义的蝴蝶效应"已不限于当初爱德华·诺顿·罗伦兹的仅对天气预报而言的蝴蝶效应,而是一切复杂系统对初值极为敏感性的代名词或同义语,其含义是:对于一切复杂系统,在一定的"阈值条件"下,其长时期大范围的未来行为,对初始条件数值的微小变动或偏差极为敏感,即初值稍有变动或偏差,将导致未来前景的巨大差异,这往往是难以预测的或者说带有一定的随机性。

当然,"蝴蝶效应"主要还是关于混沌学的一个比喻,科学家给混沌下的定义是:混沌是指发生在确定性系统中的貌似随机的不规则运动,一个确定性理论描述的系统,其行为却表现为不确定性—不可重复、不可预测,这就是混沌现象。进一步研究表明,混沌是非线性动力系统的固有特性,是非线性系统普遍存在的现象。牛顿确定性理论能够完美处理的多为线性系统,而线性系统大多是由非线性系统简化来的。因此,在现实生活和实际工程技术问题中,混沌是无处不在的。从洛伦茨第一次发现混沌现象至今,关于混沌的研究一直是科学家、社会学家、人文学家所关注的。研究混沌,其实就是发现无序中的有序,但今天的世界仍存在着太多的无法预测,混沌,这个话题也必将成为全人类性的问题。也是蝴蝶效应的真实反应。不起眼的一个小动作却能引起一连串的巨大反应。一件表面上看来毫无关系、非常微小的事情,可能带来巨大的改变。

蝴蝶效应说明,事物发展的结果往往取决于初始条件,即对初始条件有极为敏感的依赖性,初始条件的极小偏差,将会引起结果的极大差异。这便是我们心理策略的基础。

三、解决过程

面对小蔡出现的这样混沌的反应,我便开始了拟推,试着从小蔡出现这样表现的各个细节去寻找解决的方法。无论是将他的书包放置于走廊最远处又或是将他的座位移动到可以晒到阳光的温暖处,以减少他趴在地上的行为,但这些改变似乎都只是治标不治本,并无法让他停止躺在地上的行为。在多次尝试无果后,观察到小蔡的本子往往是脏兮兮的,由于长期接触地面,每一次扶起他时他的手都是黝黑的,手再一次触碰到本子上时,连带着本子也变黑了。我决定抓住这个微小的细节,改变孩子的生活习惯。首先我向小蔡科普了长期不洗手的危害,接着我带小蔡去洗手池进行了正确的洗手教学,将他的手里里外外都洗干净。对于这个孩子而言,他很难简单地判断自己的手到底算不算干净,于是我最后使用了一张湿纸巾,并制定规则:如果湿纸巾擦手后没有黑色的痕迹,就说明手是干净的,老师就会要表扬你。在几次我带着他洗手后,小蔡渐渐发生了转变,他很喜欢洗过手后干干净净还散发着淡淡的香味的小手,小手干净了,为了保护自己的小手不再变黑他也就不再趴在地上了,同时还养成了爱洗手的好习惯。

四、成效转变

这段时间,无论是艳阳高照还是微风细雨,班级教室前再也不见小蔡躺趴在地上,既减少了不必要的危险,同时也让小蔡养成了更好的习惯。"一只南美洲亚马孙河流域热带雨林中的蝴蝶,偶尔扇动几下翅膀,可以在两周以后引起美国得克萨斯州的一场龙卷风。"一个微小细节的变动也可以渐渐影响孩子的一生。我也想不懈努力找到每个孩子身上"隐形的翅膀",帮助他们茁壮成长。

10. "双线"融合 探索课堂新形式

龚雨晴

一、概述

新课标指出：信息技术是从根本上改变数学学习方式的重要途径之一，必须充分利用。在现今的小学数学课堂中，运用信息技术辅助教学也已成为普遍现象。突如其来的新冠肺炎疫情致使我们不得不停课在家，但各级各类学校积极响应，积极组织，利用信息技术探索实施了"空中课堂"的教学模式，保证了"停课不停学"，借助信息技术为学生疫情期间的学习生活保驾护航。

二、背景

在后疫情时代，"双线"融合的混合式教学是对传统教学方式的一种变革，就如何用好"空中课堂"等名师打造的线上教学资源，结合学情，探索出课堂新形式，进行了相关的实践与探索，也积累了一些行之有效的做法。

当前小学数学在教学模式上开始进入"线上"+"线下"模式，对小学数学教师而言这既是挑战，又是机遇。在此基础上，教师不仅要认识到自身的不足，要及时更新自身教学观念，完善自身技能素养，还应在现有基础上，立足教学实情，研究新的教学模式和方法，以有效推动小学数学结合线上教学效能的进步。

三、过程

教学模式是指某一教学思想和教学原理的指导下，围绕某一主题，为实现教学目标而形成的相对稳定的规范化教学程序和操作体系。"空中课堂"教学模式是依托信息技术，利用电脑、手机等智能工具上的相关软件让师生相聚，借助互联网上优质的教育、技术等资源进行互动的一种教学程序。

小学数学的学习内容具有一定的抽象性和逻辑性，小学数学教学不仅包括知识的传授、能力的培养,还包括数学思想的熏陶和数学思维的发展。如何保障学生疫情期间数学学习的有效性,需要教育工作人员精心设计"空中课堂"教学模式的应用路径。

(一)课前备课,推送优质学习内容

新的教学模式对教师的备课提出了更高的要求,备课的内容不再是知识点的堆积和平铺直叙。教师要能够精准地准备好一节课的内容。在备课时对所授内容能够进行有效的融合,对学生讲授时做到深入浅出,对知识的重难点能够精确并准确地予以解决。备课的过程就是知识积累、升华的过程,而这个过程是需要投入大量的时间和精力的,这一要求远远超出了传统的教学模式。

目前学校已建立了完善的"空中课堂"资源库,在课前备课时可反复观看空中课堂,修改原本教学设计中的不足,同时根据教学内容的需要,对一些环节或是知识点进行截图、编辑,运用在自己的课件中。除此之外为了能实现高效教学,我们也可以在课前推送相关的学习任务,如知识点短视频、微课、数学故事音频等,让学生明确目标,由学生首先自主学习。通过观看微课,学生可以对相关的数学知识有初步的认知和了解;通过聆听音频,学生可以了解数学文化,了解相关知识点的来龙去脉。

(二)课中点拨,借鉴严谨教学语言

"空中课堂"教学并不是将常规课堂直接挪到网络上开展。常规课堂40分钟一节课,而"空中课堂"应依据学生的年龄特点分学段缩短一次上课的时长。这就要求教师精心设计课堂教学的环节,抓住学生的注意力,提高课堂互动的有效性。因此一堂完整的优秀的"空中课堂"无论是在导入环节、新授环节还是练习巩固环节,均有它设计的巧妙性和严谨性,值得我们探究借鉴。如,趣味生动的视频动画、互动性较强的游戏环节等。并且,通过学习和借鉴这些由沪上名师把关,规范性和准确性都毋庸置疑的课堂语言,把脉课堂教学语言,同时也进一步引导学生用规范与精炼的数学语言进行数学表达,对于青年教师来说也有很好的模范作用。

在新模式下,课堂教学的组织结构发生了变化,教师的角色需从主导者转向引导者,从注重学生对知识的被动接受转向重视学生高层次思维能力的发展和综合素质的提升。教师在课堂上从"主角"转变为"导演",负责课堂的组织规划,让学生们为主体,尽显他们的风采。

(三) 课后反馈，养成良好复习习惯

"空中课堂"在每节课后均有本课小结，正如我们日常授课时，会请学生谈谈收获并总结归纳本课内容。因此将"空中课堂"呈现在最后，起到了帮助学生梳理的作用，也促进学生语言的精确性与精炼度。同时在课后复习时，根据每课教学的重难点，有针对性地选取空中课堂的重点内容，通过录屏的方式供学生复习巩固。

四、效果

(一) 教师层面

"双线"混合教学促进了教师及时地更新教学理念，转变教学方式，积极学习互联网信息技术。教师是学生数学学习的组织者、引导者与合作者，教师通过开展在线教研，备课，精选或者精制优质的教学资源，提高自身应对新教育形势的能力。尽管小学阶段家长参与辅导孩子作业已成为普遍现象，但在疫情期间，学生和家长居家防疫，同时也增加了亲子互动的机会。因此一些有效的亲子数学活动方案应运而生了，很好地指导家长辅助学生的数学学习。

(二) 学生层面

由于"空中课堂"不再受地域条件的限制，这就要求学生具备学习的自主性和计划性。学生应成为真正的学习小主人，积极配合教师的引导，完成每一个环节的学习任务，如果哪一部分学习的知识掌握得不够好，可以主动回看微课，并进行相应的练习。这使得学生学习成为一个主动和富有个性的过程，而不是被动接受的过程。"双线"融合教学，使得学生不仅在学校能实时学习，同时在预复习过程中也能及时根据"空中课堂"进行查漏补缺。

(三) 家长层面

家庭是儿童初始社会化的主要场所，父母作为儿童的主要抚养者，对于儿童各方面的发展起着不可替代的作用。在疫情期间，亲子互动机会较多，父母在言传身教的过程中对学生施加了无形的影响。小学阶段，年龄特点决定了学生的自主学习意识较弱，特别是低年级的学生，这就需要家长与学校密切配合，积极引导，使学生养成良好的学习习惯。后疫情时代，有了先前的经验，家长对于孩子的学习有了更进一步的了解与掌握。结合"双线"学习模式，对于辅导更得心应手，游刃有余。

五、反思

由于每个学生的成长环境和成长规律都有所差异。因此,若仅利用传统教学模式,难以做好全面兼顾,难以整体提高学生的素养和知识能力。而若结合"双线融合"的教学模式,则可较好应对这一困境。不妨截取部分空中课堂的内容,并将其归纳整理,从而将整个知识点进行细化,我相信这对于学生而言,应当会非常实用,学生不仅可以利用其进行知识的预复习。并且对于每个层次的学生来说也可以自由查看寻找所需内容,进行查漏补缺与归纳整理。再如,在学生学完了这一章节的知识点后,可以将这一章节的知识点串联起来,制作成思维导图,然后及时地推送出去,供学生和家长观看,使学生们能够拥有一个正确的方向,从而可以理清自己的数学思路,强化自身的数学思维,从而更好掌握相应内容。

"双线"结合的课堂教学模式刚刚兴起,还没有太多成熟的经验可以借鉴,所以我们要在实践的过程中发现问题,并且对于数学课堂上出现的问题予以积极地解决,自己总结教学经验,不断提升新模式的可行性,努力做到"双线"融合的课堂教学模式比传统课堂更加务实,更加有效率,更能帮助学生提升思维能力,这就需要教师擅于发现问题,抓住问题,解决问题,总结经验。

"双线"融合的课堂教学模式是新时代发展的产物,它在为教师和学生提供便利的同时,也对教师、学生、课堂提出了新的要求,对优化小学数学课堂具有十分重要的意义。相信经过不断的实践和探索,这种新模式会逐渐代替旧的课堂教学模式,在小学数学教学中起到中流砥柱的作用。

11. 巧用晓黑板助力小学一年级语文课外学习

顾怡慧

一、问题的背景

根据国家教育部"十四·五"规划的"新课程标准",语文课程应培养学生热爱祖国语言的思想感情,指导学生正确理解和运用祖国语言,丰富语言的积累,培养语感、发展思维,使他们具有适应实际需要的识字、写字能力、阅读能力、写作能力、口语交际能力。应重视提高学生的品德修养和审美情趣,使他们逐步形成良好的个性和健全的人格,促进德、智、体、美的和谐发展,在日常的课堂教学中,我们应该加强语文教学常规建设,提高课堂教学效率,不断拓展语文教学的空间,大力开发语文课程资源,为学生创设和提供良好的语文学习环境,提高学生的语文综合素养。特别是小学一年级,学生的各种能力处在刚刚形成阶段,只有多措并举,形成习惯,才能在学生的全面发展和终身学习中起到促进作用。

根据教育部等8个部门联合印发的《综合防控儿童青少年近视实施方案》规定:小学一二年级不布置书面家庭作业。这样的大环境背景对于教师来说无疑是一次巨大的挑战。一年级是幼小衔接的关键阶段,也是打好语文基础的关键性时期,要如何检验孩子们的学习成果,提升孩子们的学习质量是现阶段的难题。再者,有些一年级孩子对于作业内容表达不清,容易造成回家漏做甚至不做的现象,这部分孩子的学习情况也是会一落千丈。因此提升一年级的语文课外学习成了重中之重刻不容缓的事情。

二、概念界定

1. "晓黑板"App

"晓黑板"是由晓信科技专为老师们开发设计的一款"家校管理"软件。这是新媒体环境下帮助老师进行家校管理和教学创新的好工具。的确,"微信"这类社交工具能及时快速地传递信息,但群里的信息老师并不能掌控,整天被微信"绑架",反而增加了老师的负担。

现有网络工具大多是网状传播结构。以老师为中心，兼具"一对多"（如老师发布通知）、"一对一"（如老师回答个别家长提问）和"多对多"（家长们讨论话题）传播模式，本就容易形成信息超载，一些无意义的点赞更让信息冗余激增，最终不是提高而是降低了传播效率。而"晓黑板"是星状传播结构，以老师为主导，"一对多"传播模式。老师可以轻松获取自己想要的重要信息（如家长是否已经阅读通知）并对其他信息加以控制，不会再产生微信群里信息爆炸的情况。老师可以抓住主动权，沟通内容、方式、场景完全可控，大大提升了老师的工作效率。

2. 课外学习

课外学习是一种自主性学习，通过学生自主地对于课内教学内容或拓展类知识进行学习和巩固，培养学生良好的学习习惯，多方面培养学生的语文素养。

三、晓黑板功能对于一年级语文课外学习的作用

1. 及时纠正，培养习惯

一年级的小学生刚从幼儿园到小学，自我约束能力差。调查表明，不少的孩子在低年级学习成绩还名列前茅，可到了较高年级，成绩就逐步下降。因此，孩子学会学习，必须培养良好的学习习惯，我们不难发现，凡是学习成绩好而且稳定的孩子，都是从小培养形成良好的学习习惯；而成绩忽好忽坏的孩子，往往缺乏良好的学习习惯。良好的习惯不仅可以提高效率，而且有利于自学能力的培养。因此，培养孩子良好的学习习惯，是十分必要的。

部编版一年级的学前教育中就有对握笔姿势、坐姿、看书姿势等有明确的教学内容。有的孩子在握笔时容易出现大拇指超出笔杆的情况，还有的孩子握的距离较高或较低，这样都不利于孩子写字，还会影响眼睛的视力健康。老师不能面面俱到地去指导和约束，因此我们就要利用"晓黑板"。其中有一个"晓活动"功能，点击发布活动即可布置，把读书和写字要求发布在活动内容中，以便家长有效指导，呈现结果可以以视频或者是照片的方式。这样有利于培养学生课外学习的良好习惯。

2. 规范笔顺，拓展识字

识字是小学生学习的基础。一年级是学生识字的黄金阶段。当前困扰

低段语文学习的主要原因是学生识字少,识字能力差,对于阅读理解和解答问题的能力自然不够。很多孩子的识字能力甚至无法达到课标要求。

首先我们要让孩子意识到写字是有一定的规范的,每个字的笔顺都不一样,但是都是有规则可循:先横后竖,先撇后捺,从小到大,从左到右,先进后关,先中间后两边。认字时先要观察一个字的结构,然后再区分它该如何写。每次教学后,教师可在"晓黑板"的晓活动中发布一个今天教学的新字笔顺视频,然后让学生录制视频,说说这字的笔顺怎样写。如此往复,就能形成良好的写字习惯。

当然,为了拓展学生的识字能力,语文老师可以进行一些趣味性的课外学习活动,发布晓活动,说说你的姓氏笔顺应该怎样写?这样一来学生兴趣大增,再培养学生认字和积累时老师都可以这样做,将学生在课堂无法完成的活动,放置在课后的"晓黑板"中,进行拓展课外学习,让孩子能够在生活中寻找语文的元素。

3. 口语表达,能说会道

对于一年级教师来说,教学任务很多。因此在教学的实际操作过程中,很多教师忽略、忽视了口语交际的教学,其原因主要有这样几个方面:①考试不考,没办法量化;②教学效果不是马上可以彰显出来,不能很快地收到成效。但是如果教师长久如此,就是只见树木,不见森林。因为语文学习的最终目标是要形成一种综合能力,实现一种口语和书面的综合表达能力。因此,基础学段的"表达"就显得格外重要了。生活中,你也许不会写字,也许不能成文,但你不能不会说话,口语交际能力已经成为 21 世纪人的基本素养。

但是"晓黑板"可以帮助教师解决一部分的难题,这个难题就是量化的难题。一年级上有一课口语交际是《小兔运南瓜》,不仅要培养学生的观察能力,还要培养学生的口头表达和姿态。课上我虽然在教学结束后让学生同桌互相说了一说,但难免有浑水摸鱼的现象。所以我在"晓黑板"中布置了"晓活动"——口语交际《小兔运南瓜》,要求是:将故事按顺序说完整,语言流利大方。还将一说得较好的学生作为示范发在活动中,以供其他学生学习。学生以视频的方式上传了相关的课外学习内容。孩子都是有竞争意识的,看到其他孩子讲得好,自己也不甘落后。我发现很多孩子都能声情并茂地讲述这个故事,而且大部分孩子自信大方,体态较好,达到了很好的教学效果。我们在这次活动中也可以看到有些比较羞涩的孩子的进步,虽然有些孩子讲话时断断续续但是也完成了这次课外学习。这对于孩子们的口语表达来说无疑是一次巨大的进步。

假期里,我又发布了一次"晓活动"——成语故事我来说。我送给孩子们一本成语故事的小册子,册子里的故事很简短,我鼓励孩子为大家介绍一下这个故事。其实这也是一种推荐书籍的方式,不要求孩子们说的一模一样,但要求语言自信、流畅、体态大方。孩子们有了不少进步,一个个拿着小小故事书绘声绘色地说着这个故事,成长了不少。

语言表达是有一种长期需要训练的能力,而晓黑板则很好地帮助语文老师训练孩子的此项能力,让每一个孩子得到了说话的机会。

4. 热爱阅读,乐此不疲

培养孩子养成良好的阅读习惯是语文学习的根本。阅读是一个人生命外在的延伸。它是语文最重要、最根本、最普遍的学习方式。作为教师,我们要教会孩子读书,让孩子把阅读当成生活的一种方式。很多一年级孩子对于阅读接触不多,喜欢看图片,一本书把图片看完就算是完事了。如何让孩子爱上阅读?那就从朗读开始。

我在"晓黑板"中发布了晓活动——朗读你最喜欢的课文。一年级很多课文朗朗上口,而且经过课堂指导,大多数学生读得已经像模像样,让他们通过视频上传这次课外学习内容,一个是希望别的孩子能在其中取长补短,另外是希望孩子们发现朗读的魅力。教师可以抓住孩子们的优点进行表扬,抓住孩子们的缺点进行指导,鼓励其他学生来"点亮"你喜欢的朗读视频。

其次,我结合学校的国庆活动,发布了"晓活动"——献给祖国的诗歌。让学生来读一读红色诗歌或者是简单的给祖国妈妈的儿歌。学生各个读得声情并茂。不仅如此,部编版教材中有个一单元是"和大人一起读",亲子阅读不仅是学生阅读的一种方式,也是家庭教育的一种方式。

假期里,为了丰富学生的精神世界,我发布了"晓打卡",规定孩子们每天阅读20分钟,孩子们有的读古诗,有的读童话,有的读科普书籍,种类十分丰富。有效的课外阅读促进了孩子对于书籍的喜爱,也提升了他们的阅读理解能力。

四、收获与体会

"晓黑板"一改"微信"的单一界面,"晓活动""晓打卡""晓调查"等栏目丰富了教学活动的形式。

在一年级语文教学活动中,"晓黑板"起到了一个家校沟通的作用,通过晓黑板,教师能够及时发布学习任务,接受者能够明确任务,并且学习任务能够得到量化的提升,全面指导学生巩固上课所学,利用课外学习提升学生的知识涵盖面和对学习语文的积极性,探索生活中的语文元素,多元化的教学方式改变了以往语文学习的枯燥乏味。

12. 激活学习兴趣　提升数学课堂实效

胡晓岚

随着现代素质教育的推进,数学课程已经不只是停留在做题这个层面上。在《义务教育课程标准(2011年版)》的课程总目标中,在"问题解决"方面强调,在一种立足于掌握一定的数学基本知识的基础上,通过发现问题、提出问题并解决问题,让数学课"活"起来。如何设计有效的教学活动,如何创设灵活的教学情景,如何组织学生独立思考,如何组织同学间的有效合作交流,这些都是教师提升课堂实效的必经之路。

我校受黄炎培先生以"学用结合"为核心的"实用主义教育"思想的影响,开展了一系列研究。学生掌握了很多实用性学习活动的方法与技能,转变了学习观念,不是为了学而学,要学以致用。把数学课程与人们的学习生活紧密结合,在创设情景时选取与学生实际生活息息相关的内容,理解了知识的来龙去脉,这样就能让学生有更多直观的体验,容易产生共鸣,并能借助实际生活的经验解决问题,帮助他们思考与探索。

一、创设情境,引发思考,激"活"学习经验

为了避免千篇一律、枯燥乏味的数学课,需要生动的情景来激发学生学习的积极性。儿童心理学的专家指出,小学生的注意力最长只能坚持15分钟左右。如何在较短的时间内,吸引他们的注意力,完成教学任务。这才是重中之重。

比如:在学习沪教版四年级第二学期《小数的大小比较》时,我截取了朋友圈几张照片放在大屏幕上。同学们对朋友圈中的内容都非常感兴趣,通过阅读图片发现了大家都在为刚刚过去的冬奥会中500米短道速滑冠军武大靖喝彩。随后播放了当时比赛的精彩视频,同学们都有一个疑问:武大靖的速度这么快,他用时多少呢?紧接着,在一张照片中公布了三名选手的成绩。最终武大靖的比赛成绩是39.584秒,黄大宪的最终成绩是39.854秒,林孝俊的最终成绩是39.919秒。利用学生们已有的知识无法比较这3个数的大小,从而引发讨论并学习新知:如何比较小数的大小。

在本节课中,我挑选近期生活中的热点话题创设情境,激发学生的学习兴趣,引发学生的数学思考。该如何比较这些数的大小,通过比较,谁是冠军呢?此时,引发学生们的思考,激活他们原有的数学学习经验。学生们发现小数的大小比较还没有学过,可以从整数的大小比较这个切入点着手进行探究。整数部分都是39,大小相同。当整数部分相同时,比较小数部分,依次从高位开始比较,得到武大靖的比赛用时是最少的,因此他是冠军。

一节有活力的数学课,需要通过学生感兴趣的情境,引发思考,激发他们对新授知识的学习积极性。从被动学,到主动学,提升数学课堂实效。在课堂上不仅仅是把数学的基本知识点、基本数学思想等教授给学生,还要培养学生的爱国主义情怀。在数学教学中渗透德育,达到德育、智育的双重教育目的。

二、独立思考,合作交流,让学生的数学思维"活"起来

在课堂中,通常是以教师教、学生学为主,学习活动仅仅是单一的、枯燥的、以被动听讲和练习为主的过程。在教学中,教师会忽视学生自主探究的能力、师生与生生之间的交流互动,容易把学生的思维固定,只是机械性地学习教师教授的知识。教师的作用就是引导学生独立思考,组织学生进行合作交流。

以小学数学沪教版三年级的《平年与闰年》一课为例。在上一节课学习了有关于年、月、日的知识,知道了年、月、日之间的进率以及大月、小月的知识。本节课是在上节课的基础上继续学习有关平年与闰年的有关知识。在新课开始前,我让学生放开去提问,今天这节课上你们想学习什么知识?有什么问题想要解决的吗?同学们提了好多问题,如:①什么是平年、闰年?②今年是什么年?我们如何判断呢?③平年与闰年之间有什么规律吗?……

在设计本节课时,我也有许多的顾虑,担心学生没有问题,担心他们提的问题课堂上没法解决。但其实这些顾虑都是多余的。在学生们提了许多的问题后,我拿出了2000—2019年的年历表。找到其中的一个闰年并说说为什么这一年是闰年。学生通过观察和独立思考,马上发现2月有28天的这一年是平年,2月有29天的这一年是闰年。接着,通过观察年历表知道了平年闰年排列上的规律,即3平1闰或者4年1闰。本节课的难点在于

闰年年份之间的规律,学生不太能想到用推算＋4或－4。在本环节,我引导学生四人一组进行讨论。最后,他们找到了规律,并能用万年历来检验自己的结果。在总结时,我们共同回顾课的开始,同学们提的一系列问题,在整节课中都得到了解决。学生积极主动,思维在轻松愉悦的课堂氛围中得以唤醒。

基于学生的需求,他们想学什么、想知道什么,放手让学生自主提问、独立思考、合作探究,并利用万年历去验证自己的结论。在这一过程中,给足学生思考的空间,学生通过思考,提出问题、分析问题、解决问题、并验证自己的结论。尝试着用已学的数学思想方法去解决未知的知识,把数学学"活",充分体现了学生的主体性。在课堂上,教师鼓励学生大胆地把自己的想法与同学进行交流、与老师分享,在一次次的思维碰撞中擦出新的火花,提升自己的数学能力。在复杂的问题中,多角度的分析问题,开放原有的静态化数学课堂。让自身的数学思维活起来,让数学课堂活起来,创设一个灵动的数学课堂,让数学更有活力。

三、创新活动,注重个性发展,让学生的学习能力"活"起来

《数学课程标准》指出:动手实践、自主探究、合作交流都是学习数学的重要方式。在实际的教学中,我们也发现光靠教师课堂上教的是远远不够的,更多时候,还需要给予学生充分的课后活动体验。

为了带给学生更丰富、更精彩、更具有现实性的活动体验,受到淘宝直播间等主播带货的启发,我们设计了以"买""卖"为主题的澜星数学节。考虑到不同年级的同学的差异性,我们把活动分成两类,让全校学生都可以参与到活动中来。低年级的同学争做"最佳",在爸爸妈妈的配合下,为一家三口安排一天的三餐。先对100元的预算制订消费计划;再根据实际购买情况,进行统计,然后算一算消费总额,看一看是否超支,说一说自己的发现。同学们可以通过制定消费记录表或者视频的方式来呈现自己的活动成果。而高年级的同学则是要选定一个"带货"产品进行探究;对该"带货"产品的原料、成本、定价等进行分析,利用"单价×数量＝总价"等这些已学的知识进行计算,并制定优惠政策。学生可以独自完成,也可以几个人合作,组成探究小组,通过海报或小视频的方式,展示自己的探究成果并分析说明。

首先,这样的数学活动是学生们从没有参与过的,把"数学"与"直播"联

系在一起,形式新颖,没有固定的模式,能够让学生有很多的发挥空间。活动最后的作品呈现是综合性的,且不可复制,注重学生的个性化发展。

其次,基于不同年级、不同主题、围绕不同的目标,学生在完成作品的过程中可有许多的选择性。低年级的同学可以在爸爸妈妈的帮助下完成,高年级的同学可以独立完成,也可以组成探究小组合作完成。设计活动的本身就是让每个同学都参与进来,可以不同的形式、方法、甚至不同的主题供学生自主选择。这样最大限度上能够实现人人参与,也充分发挥了学生的主体性和自主性。

再者,利用现代化的信息技术微信公众号,将学生的优秀作品进行展示。学生就多了一些表现自己的机会,多了一点成功的喜悦。生活在数字时代,学生在信息浏览时,能够更直接地看到这些优秀作品。通过活动,将学生们所学的知识用不同的方式呈现出来,鼓励学生从不同角度分析问题、自我解决问题,也能保证学生能够积极、主动地参与整个学习过程。

在小学数学中能用创设生动、现实、富有个性的直观体验,帮助他们在自主探索、合作交流的过程中,改变原有的学习方式。能够让所有同学都慢慢参与进来,增加学生的体验感。而教师在这个过程中则是不断地把学生的经验激活、利用、引导、提升,在知识迁移的过程中,学习到新的知识,激活学习兴趣,提升数学课堂实效。

灵动的数学课堂来自真实,灵活的数学课堂来自运用。因此,教师必须走在时代的前沿,为学生去捕捉最新鲜潮流的资讯,激活学生运用多种思维方式去分析问题、解决问题。除了解决书本中的问题,还要解决书本外的,让数学课程"活"起来,提高数学课堂实效。

13. 快乐教学法在小学足球教学中的应用

瞿 强

摘要: 足球运动是我国现阶段非常重视的一项体育运动,在小学体育教学中融入足球教学,不仅能够锻炼学生的身体,活跃学生的大脑,促进学生身心健康,而且能够为我国的足球事业储备人才。在以往的小学足球教学中,存在着一些问题,如无法让学生在快乐中参与足球运动,导致足球运动效果不佳等,因此需要进行创新,应用快乐教学法展开教学。本文主要从创设生动有趣的课堂环境、有效开展游戏化模式教学、组织开展竞赛式足球教学、评价鼓励优秀的小组学生共4个方面进行探究。小学体育教师运用以上策略教学,可以提升小学生足球水平。

关键词: 快乐教学法;小学足球;课堂环境;游戏;竞赛

快乐教学法是用趣味语言、游戏活动、动手手势、示范表演等形式,创设一种自由快乐的情境,营造一种轻松愉快的氛围,利用多媒体等辅助教学手段,开展教学的一类高效教学方法。在小学足球教学中运用快乐教学法,能够有效激发学生学习足球、参与足球运动的兴趣,将学生学习足球规则和参与足球运动的积极性调动起来,能够有效培养学生运动能力与合作能力,提升足球课堂教学效率。因此,体育教师应该转变传统的小学足球教学模式,根据小学生的身体状况与认知能力,灵活运用快乐教学法开展教学,以此更好提高足球教学效果。

一、小学足球教学的现状与问题分析

随着新课程改革的推进,足球已经被更加广泛地融入到小学阶段体育课程体系中来,然而很多小学生对足球缺乏系统全面的认知和了解,同时小学足球教学的受欢迎程度不是很高,特别是部分体育教师并不掌握专业的足球知识,没有充分重视足球教学。另外,不同学校的规模与师资水平存在差异,一些小学的师资力量与场地规模相对较弱,在开展足球教学时力不从心。所以一线体育教师必须要尽可能营造良好的足球教学环境,引导和鼓励更多小学生参与其中,开展常态化的足球教学活动,同时体育教师自身要树立足球教育责任意识,主动更新思想认识,制订科学的足球教学计划,借助于快乐教学法来充分调动小学生对足球这项运动的兴趣,做好学生的引路人。

从当前的实际情况来看,小学足球教学依旧表现出一些突出问题。一方面,教师与家长因为传统教育观念的影响,对足球教学的重视程度不足,仅仅把足球当作是一种锻炼身体的游戏,体育教师在组织开展足球教学活动时内容过于浅显,教学模式相对单一,教学方法传统落后,整个足球教学活动的实际效果不强。另一方面,学生的学习积极性不高,由于枯燥的教学设计造成很多学生对足球的兴趣持续降低,加之学校相关硬件设施不完善,很多家长仅仅关注孩子文化成绩,对孩子参与足球学习抱着无所谓甚至反对的态度,在很大程度上影响了小学足球教学的开展。

二、小学足球教学的重要意义

（一）促进学生的身心健康发展

足球属于一项体能消耗相对较大的项目,如果长期坚持参与足球运动,能够在很大程度上促进小学生身体素质能力的提升。基于技术角度而言,足球运动涉及的很多技术动作以及运动规则对于小学生身体协调能力、力量、耐力、反应等都提出了较高要求,学生能够持续参与系统化的足球学习,不但可以让其熟悉了解足球运动的基本规则和一些基础的技术动作,同时有助于促进其身体综合素质的提升。另外现阶段很多小学生在完成学校基本课程功课外都会参与一些兴趣班或者特长班,学生所面对的学习压力较大,很多学生因此而放弃了参与体育锻炼的机会,而足球是一项具有趣味性的运动,如果可以采取科学有效的教学方法吸引学生积极参与足球训练,不但可以在很大程度上缓解他们的学习压力,同时对于培养和锻炼小学生的意志力也具有非常重要的作用,对学生身心全面健康发展是有利的。

（二）促进学生综合素质能力提升

随着现代教育理念的持续更新和进步,我国也更加强调对青少年学生综合素质能力的培养。对于体育课程而言,综合素质与能力一般来说涉及学生身体的健康水平、自主学习能力、自主锻炼意识、团队意识以及竞争意识等相关内容。足球运动表现出较强的竞技性、团队性、娱乐性以及锻炼性，借助于应用科学有效的教学方法，引导学生主动投入到足球训练活动中来，有助于其多元化素质能力的培养和提升。比如说团队合作意识的培养，足球本身便是一项团体性的运动项目，要让学生能够在足球运动中取得较好的成绩，必须要依靠所有队员的配合和努力，在运动中所有队员都应当各司其职，最终在团队合作下取得比赛胜利，整个足球比赛的过程便是让学生相互之间配合、合作、沟通、协调的过程，有助于小学生团队合作意识的提升。

三、快乐教学法在小学足球教学中的应用

（一）创设生动有趣的课堂环境，形成轻松愉快的学习氛围

小学足球教学中应用快乐教学法，教师应该根据小学足球的教学特点、小学生的认知特点等，在互联网上引入与足球相关的图文素材、视频资料等，将这些内容制作成多媒体电子课件与微课视频，为课堂教学做好准备[1]。在足球理论的课堂教学中，教师可以运用之前制作的素材创设生动有趣的课堂环境，让学生了解足球的发展历史、足球的运动规则等基础知识，形成轻松愉快的学习氛围。

比如，教师可以先利用多媒体展示世界知名足球竞赛的图片、文字与视频信息，比如有欧洲杯、欧洲冠军杯、南美解放者杯、英超联赛、意甲联赛、西甲联赛、德甲联赛、世界杯等，让学生感受足球竞赛的精彩与赛场上热火朝天的氛围。之后，教师还可以展示足球明星的图文资料，讲述他们的成长经历，比如梅西、C罗、内马尔等，让学生感受他们传奇的人生经历，在心目中种下一颗梦想的种子，在潜移默化中激励学生。最后，教师还可以利用动画视频、竞赛视频等讲解足球运动的基本规则，通过生动的视频讲解，可以更好地吸引学生，帮助学生在快乐中学习与理解，比如：场地是长 90—120 米，宽 45—90 米；每支队伍的队员为 11 名，其中一名为守门员；还有什么是越位，什么情况下犯规等。

（二）采取多元化教学方法，让小学生了解基本足球知识

多元化的教学方法要求教师采取快乐式的足球知识技能演示，对于小学足球快乐教学而言，我们在实际的教学过程中了解到大部分学生对于足球的一些技术动作没有准确把握，对足球的基本知识了解不够。小学阶段的学生认知水平还不是很高，行为能力较差，对足球技术动作和知识规则也

是一知半解,即使是相对简单的控球动作,很多学生也不能够把握好力度与方向。因此我们能够借助于信息技术,在互联网中搜集整理一些涉及足球规则技巧的视频、动画、插图等,充分利用这些素材来吸引小学生的注意力。如解说带球跑的呼吸技巧时,我们能够这样举例:"同学们看电视中经常会用有没有呼吸的方法来检验他是否活着,而在足球运动中,很多人都不会正确的呼吸方法,为什么这样说呢?因为呼吸与喘气是两个完全不同的概念,呼吸有其一定的技巧性,尤其是大家在踢球的时候,运动量大、体能消耗大,掌握正确的呼吸方式能够帮助我们节省体能,保护身体。"随后我们通过多媒体展示正确的呼吸方式并由教师进行示范,学生的观察也更为细致。另外我们还能够给小学生播放关于足球运动的音乐和 MV,如 2010 年南非世界杯主题曲《WAKA WAKA》,歌曲轻松欢快,富有节奏感,能够带动学生参与足球训练的热情,又例如说很多球迷喜爱的《We will rock you》《We Are One》等,这些经典名曲都能够帮助我们营造欢快的课堂氛围。

(三)有效开展游戏化模式教学,组织开展竞赛式足球教学

游戏是非常受小学生欢迎的活动,符合小学生的身心发展特点,各式各样的游戏能够让学生感受到快乐,在兴趣的驱动下更加积极主动地参与到游戏当中。在小学足球运动的教学中运用快乐教学法,教师就可以结合小学足球运动的教学特点,有效开展游戏化模式教学,引导学生积极地参与其中,让学生在快乐中学习足球运动规则,训练足球基本技能,从而提高足球教学的效果[2]。

比如,为了培养小学生带球跑动的基本技术,教师可以开展"贪吃蛇"的足球趣味游戏,这个游戏是利用半个场地,准备若干个彩色圆锥体,先将这些彩色圆锥体分为两份,在半场范围内沿着一条直线分开摆成两条线,每条线的距离不一,之后让两名学生沿着 S 型带球跑动,直到离球门比较近的地方射门,后面的学生以此按照以上方式进行,最后成功射门且用时最短的 3 名学生获胜,通过开展这个简单的足球游戏,可以有效训练学生脚部的灵活性。为了提高小学生的攻防能力,教师还可以开展"突破防线"的足球趣味游戏,同样是利用半个场地,将学生按照 8 人一组的规模分为若干个小组,其中 6 人为进攻方、2 人为防守方,进攻队员带球配合行动,通过防守队员的防守区域,防守队员只能在防守范围内破坏进攻,可以通过增加防守区域队员的方式增加该游戏的难度。

足球运动是一项群体性的运动,非常注重团队之间的协调配合,除了对于个人能力有基本要求之外,对于团队的协调配合要求更高,因此在小学足球教学中应该加强培养和提升小学生的团队合作能力。为了让学生能够快乐地参与到足球运动中,教师可以组织开展竞赛式足球教学,引导与促进学生积极参与到足球竞赛活动中,在快乐中提升学生基础的足球技能[3]。

比如,教师可以根据小学生的身体发育特点,组织学生参与五人制足球比赛,将比赛时间定为半个小时。在这项比赛中,进攻方需要后卫队员运球和传导球,从而将球传给中场队员,在前场队员的配合下完成射门;对于防守方,需要防守进攻队员,及时抢断和补位,在一名或者多名队员断球之后应该及时地跟进,掩护本队前锋完成射门。不论是进攻方还是防守方,都是一种相互转换的关系,都需要每名队员的协调配合,只有在团队协作下随机应变,才能更好地完成射门和取得好成绩,教师应该做好安全防范工作和相关指导,保障竞赛的正常进行。

(四)评价鼓励优秀的小组学生,更好起到重要的示范作用

对于学生的评价也是非常重要的,由于很多小学生都是刚接触足球运动,因此这个阶段的评价应该以鼓励性评价为主,特别是注意通过评价鼓励优秀的小组学生,这样可以很好地起到示范作用,带动其他学生更有兴趣地参与其中。

比如,在上面的足球比赛结束之后,教师可以先根据各组的成绩,奖励获胜方五角星和纪念奖品,之后在各组的队伍中间各选出一名学生进行表扬和奖励,鼓励所有的学生继续努力,不断提高自身的足球运动水平。选出的这名学生应该是每一支队伍的支柱,在比赛中间发挥了重要的作用,对这类学生进行奖励和表扬,才能更好地起到示范带头作用,引导其他学生向他学习,提高群体整体水平。

综上所述,本文主要探究小学足球教学中应用快乐教学法的主要策略,教师可以根据小学足球教学的基本要求,结合小学生的身体基础和认知能力,通过创设生动有趣的课堂环境、有效开展游戏化模式教学、组织开展竞赛式足球教学、评价鼓励优秀的小组学生的方式展开教学,从而引导与促进学生积极主动地参与到足球运动中,感受其中的快乐,学习基本运动技能,提高足球的基础水平。

参考文献

[1] 倪惠新.小学足球教学中如何运用快乐教学法[J].当代体育科技,2016,6(022):72—72.

[2] 姚姣妮.快乐教学法应用于小学足球教学中的实践探析[J].教育科学(全文版),2016,000(003):00094—00094.

[3] 关帅.快乐教学法应用于小学足球教学中的实践探析[J].新课程(综合版),2019(8).

14. 小学低年级双向互动式语文口语交际教学研究

李 怡

摘要: 随着教育事业的不断发展,人们对于学生的口语交际能力越来越重视,教育主管部门和各教学机构直至教育工作者,都逐渐树立了强化学生口语交际能力的理念。本文在写作过程中,仔细观察了身边小学低年级儿童的口语交际教学情况,发现大部分年轻教师还没有真正了解口语交际学习的内涵,在缺乏相关教学经验的客观情况下,对于教学目标和教学任务不甚明晰、在学情分析中做的工作不完备、口语交际信息化程度较低、学生互动较少、教师评价单一。因此本文立足现状,剖析原因,结合自身在小学语文低年级教学中的实际经验,针对上述问题提出相关建议和措施,主要从教师队伍建设、学情分析和口语交际信息化等方面入手,不断提升课堂质量,将教学目标和学生的努力方向完美融合,在强化互动中拉近师生关系,活跃课堂气氛,凸显学生课堂主体的身份,潜移默化地对低年级语文口语交际教学做出理念革新和教学提升。

关键词: 口语交际;互动;课堂;小学低年级

一、双向互动式口语交际教学的内涵和意义

(一)双向互动式口语交际教学的内涵

我国教育事业近年来最大的发展就是建立了以学生为中心的发展战略,在这种战略的指引下,教师和学生的关系发生了微妙的改变,从原有的"严师高徒"理念向着"师生一体"理念过渡,其中课堂的双向互动成为备受关注的问题,且明显改善了新时期的小学课堂教学质量。

1. 互动式教学的内涵

互动式教学来源于西方的教育理念,其主要是指利用教师和学生之间的互相交流和提问,支撑起整个课堂的框架,在课堂的一些小活动中,师生共同参与,在实践中摸索互动理论的一种教学方式。进入新的时代,我们可以从其初始定义中继续延伸,本文中的互动式教学具体是指学生、教师、文

本三方之间的互动,运用其灵活多变的形式,将课堂气氛不断活跃,最终完善教学效果,达到预期目的。

2.小学口语交际的内涵

口语是和书面语言相对的,我们在日常生活中的主要交流方式就是口语表达,在任何人的交往和接触中,口语表达是一个重要媒介,也是一个不可或缺的生活组成部分。在小学低年级的口语表达教学中,不少教育工作者已经总结出其内涵所在,主要因素就是教师要适应自身在新时期的位置,学会尊重学生、倾听学生,在学生成长中规范他们的口语表达,引导其文明精神,增强其社交能力。简而言之,双向互动式教学模式产生于一个相对民主和自由的课堂环境,教师在看似顺其自然中制定环环相扣的教学活动,在交流中完成教学任务,在互动中强化口语表达,根据学生的行为不断矫正教学方式,确保学生在课堂上学到知识、完成任务、得到提升。

(二) 双向互动式口语交际教学的意义

1.社会发展个人成长需要

口语是人们对外表达的一个重要方式。新时代以来,智能设备和智能网络逐渐普及,书面语和口语的转换也更加便捷,如在一些社交软件中,人们对着设备说话即可转化为文本文档。根据相关研究,人们在信息获取的过程中,有80%甚至以上的信息是来自口语交流,包括而不限于商务会谈、聊天交友的等方式。如果在口语表达上能力较差,不仅不能跟上社会发展的潮流,对于个人的自身成长也是一个巨大的阻碍,因此重视口语教学和强化口语训练是符合时代需求的。

2.口语交际自身特点需要

双向互动教学可以将教师和学生紧紧结合在一起,在这个教学过程中互相发现对方存在的问题和不足,然后进行改进和磨合。活跃的课堂氛围是一堂优质课的重要基础,因此在互补和促进中的交流,能形成一种有效的教学方式,不断锤炼学生的社会交际能力,达到新课标的具体要求。

3.口语交际教学现实需要

小学阶段是人们系统学习的第一个阶段,不同于幼儿园的游戏教学,进入小学低年级,语言学习的重要性逐渐凸显。根据相关研究表明,儿童从出生到完全熟练掌握母语需要经过4个阶段,具体为辨声练音期(0—7个月)、声语过渡期(8—12个月)、形成发展期(1—3岁)及成熟完善期(4—6

岁）。为了更好地顺应客观规律，在新课标的指引下不断创新教学理念，开展双向互动式口语教学是重要而必要的，帮助学生更加顺利地成长。

二、低年级小学生口语交际的现状

（一）词汇量少，表达不准

由于低年级学生年龄原因，他们接触社会较少，和他人交流的次数有限，因此在口语交际中存在词汇贫瘠的现象，面对内心想要表达的事物，找不到合适的词语和句子来形容，对词语和句子的储备量少，语言没有感情色彩，经常出现歧义，甚至在转述家长、老师话语的时候也出现不准确的现象。

（二）缺乏勇气，不敢发言

低年级学生在接触新环境的时候，内心有一个本能的抗拒效应，也就是对自身的保护效应，不敢大声说话，不敢大胆表达，热衷于将自己隐藏于集体中，不想被老师和同学关注，不想成为焦点，在自己发言的时候磕磕巴巴，恐怕受到老师和同学的批评和嘲笑。

（三）不会倾听，缺少思考

低年级学生因为生理原因，对于外界信息的倾听和接收不专注，简而言之就是没有学会如何倾听别人的观点，面对一些信息根本不用心思考，急于将自身的想法说出来，存在以自我为中心的现象，考虑事情不周密，回答问题还不全面，思考问题不得方法。

三、小学低年级双向互动式语文口语交际教学策略

（一）立足统编教材，突出学生主体

近年来，教育部要求全国小学教材统一为人教版，以便于统一推进语文素质教育工作。口语交际的知识在这一版本的教材中占有重要的地位，小学语文教师要秉承这个理念，活用教材，将创新性、创造性的教学方式贯穿于课堂中，突出学生为主、教师为辅的战略，带领学生融入小学语文学习。

比如，在一年级上册口语交际《我们做朋友》中，由于班级内的一年级新生来自不同的幼儿园，大家彼此还不熟悉，因此我们在授课前，应该充分考虑实际背景，将全班同学分成若干小组，以小组为单位，并提问学生：你们有好朋友吗，在我们班，你的好朋友是谁？你们还想和谁交朋友？老师做示范，他们在观察老师怎么说、怎么做时，会有自己的思考，接着让孩子们在自

己小组内自由发挥交朋友,最后他们会连说话带动作表演起来,从而进入互动状态。老师适当融入学生,成为小组中的一名成员,和他们一起交朋友,教师的直接参与,一方面有利于营造一种平等、民主的口语交际氛围;另一方面,能及时发现学生口语交际中出现的弊病,并现场予以提醒、点拨和纠正,指导的针对性和实效性都很强,这是进行互动教学的基础和前提。

(二)明确教学目标,完成学情分析

教育心理学认为,学生在不同的年龄阶段会呈现出不同的外在元素,在小学语文教学中,我们要牢牢把握好学生的年龄特点,进行针对性的教学。比如在低段的教学,特别是一年级新生的语文教学中,因为学生刚刚步入小学校门,大约在6—7岁之间,这个年龄段对于事物和知识的抽象认识能力是不健全的,所以我们对于这个阶段的学生要多用形象思维引入抽象思考,多用身边的具体事例进行兴趣引入。如在人教版教材一年级下册《听故事,讲个故事》口语交际时,有鼠的一家三口,即鼠妈妈、鼠爸爸、鼠女儿,还有太阳公公、风婆婆、大猫等多个角色,对话符合小学生口语特点,而动作、神态在图片上简单明了,符合低年级学生的心理特点。教师可以在教学开始前,将故事向学生讲述一遍,配合简单的肢体动作,让学生了解这个故事的来龙去脉,更重要的是可以通过老师的语言、语气、动作和神态等,学会和人交流时应该采取的正确方式,这正好契合了新课标对"有感情地朗读课文"的要求。针对不一样的教学内容,教学方式和教学目标也是不一样的,这需要教师采取灵活机动的方式,带领学生身临其境地感受语言的魅力和交际的快乐。如在《做手工》口语交际,教师就可以把要求告诉学生:①做一个自己喜欢的手工,带到教室供大家观赏;②向同学介绍自己所做的手工;③叙述一下自己的制作过程;④其他同学仔细听,记住主要信息,试着复述。有了这些详细、具体的听说要求,互动交流就不会感到困难。

(三)筹划兴趣课堂,强化语言设计

教师是学生的榜样,而课堂则是学生和老师共同成长的地方。在小学生语文口语教学中,教师要具有强烈的语言意识。教师的教学语言是独立于课本之外的,对学生有重大影响的"第二本教材"。因此在上课前教师需要做好课堂语言的设计,不能泛泛而谈,也不能只聚集在一个点上,要学会用艺术的语言和学生交流,这样才能激发学生的兴趣,才能使学生感觉到交流有趣,达到长知识的效果。多名身处教育一线的小学语文老师都用自己的经验证明，教学语言能决定课堂的活跃程度，能影响学生参与师生交流的态度，所以言传身教、为人师表的意思也在这个方面体现出来。我们在语文课堂上需要将语言设计成精炼、确定、生动于一体的程度，重视肢体语言和面部表情的变化，特别在有感情的朗读课文中，尽量用不同的音色进行不同角色的演练，这样才能让学生感到说话原来也是这么有趣、具有这么多知识的行为，利用学生的生理和心理特征，完全可以将学生带入一个求知的海洋。如在语文课上的小活动中，教师希望学生踊跃发言讲故事，不妨自己先讲一个；要想让学生朗诵诗篇，不妨教师先有感情地背诵一段课文。这就是榜样的力量，归根结底是语言艺术的力量。

（四）运用智能手段，活跃课堂氛围

教学从来不是一件古板的事情，反而是最灵活、最有趣的事情。随着社会的发展，智能化设备也在不断普及，我们要千方百计将智能的便捷带到课堂上，让学生从小养成对科学技术的认可和认识。低年级的学生对于书本有着本能的排斥，而对于一些画面和声音却又十分敏感而感兴趣，因此我们可以通过展示图片、播放动画、讲述故事等方式，活跃课堂气氛，吸引学生的注意力，增强学生的教学参与感，更好地完成互动，提升口语交际能力。

如人教版小学语文二年级上册《有趣的动物》口语交际教学中，教师可以利用多媒体，放映出各种小动物的图片，让孩子们观察试着说一说自己喜欢的动物，有趣的地方是什么？最后教师还可以制作微课小视频，让孩子们看一看小动物是如何介绍自己的，自己再补充补充，用寓教于乐的方式，调动了课堂的活跃氛围，又调动了生生、师生之间的互动，并且为学生营造了轻松愉悦的学习氛围。

（五）聚焦积极引导，重视互动评价

1. 鼓励双向互动评价

口语交际课着重于师生之间的互动，因此评价应包括师生。通过教师评价，低年级的学生可以理解口语交际课的要求，使学生的口语交流规范化，并大胆表达自己的想法。学生之间的相互评价可以让学生学习聆听，尊重理解别人，从而提高口语交际能力。在教师适时评价的同时，应让学生作为评价的主体，培养他们的参与意识，从而激发学生表达与交流的愿望，使课堂动起来。

2. 积极评价，因材施教

低年段小学生喜欢听到老师的表扬与鼓励，他们会认为这是老师对他们的肯定。对低年段学生的评价,要抓住他们的心理特点,专注于正面评价,使用激励性、积极性的评价。低年段小学生也存在口头表达能力强的孩子,必须及时称赞这一点,及时发现孩子的亮点,引导孩子学习,让他们感受成功的喜悦,如学生发现了教师板书的不规范的地方,教师要大方地承认,并且称赞他"你有一双火眼金睛";在班级组织的短剧排练中,对于积极参与的学生称赞他"你的表演真生动"等,这样他们会得到满足感,喜欢上口语交际课。

口头表达能力较差的孩子要给予肯定和鼓励,如:"你真了不起,你这个想法中的某某词用得太好了,相信下次你可以表达得更好""你很会独立思考,如果下一次能表达得更清楚那会更好"。这样他们不但不害怕说得不好,反而会让自己下一次表现得更好,增强了参与口语交际课的自信心。

四、结论

教书育人,百年大计。在小学低年级口语交际教学中,作为人民教师要明确身上责任,聚焦学生实际情况,拥抱大数据带来的智能生活,将口语和游戏进行完美的融合,通过丰富多彩的活动将学生带入神奇的语文世界。在上述工作中,教师要不断提升自身的业务水平和素质,牢记习近平总书记"一桶水"理论,在争做"四有好教师"的路上不断努力,将小学生的口语交际教学规范化、科学化,为教育事业的发展贡献出自己的力量,让每一个孩子都能在校园内快乐健康地成长。

参考文献

[1] 中国社会科学院语言研究所.现代汉语词典[Z].北京:商务印书馆,2016:9.

[2] 席小文.口语交际在小学语文教学中的重要性及实践策略探讨[J].儿童大世界,2019(7):123.

[3] 中华人民共和国教育部.义务教育语文课程标准[M].北京:北京师范大学出版社,2012:9.

[4] 邓红.论小学生口语交际能力的培养[J].焦作师范高等专科学校学报,2004(2):41—43.

[5] 丁炜.关于小学语文口语交际教学现状的调查[J].上海教育科研,2002(10):47—49.

15. 立足生活实际，重视数感培养
——以《万以内数的认识与表达》为例

费俞佳

一、提出问题，明确数感意义

1. 什么是数感？

"数感"一词，在我们的教学和生活中频频出现，是《义务教育数学课程标准》中所给出的十个核心概念之一。顾名思义，"数感"即是指"关于数与数量、数量关系、运算结果估计等方面的感悟。"它强调的是一种感悟，通俗地说，数感就是一种对数的敏锐、精确、丰富的感知和领悟，是我们可以自觉、主动去理解数和运用数的意识观念。

2. 为什么要培养数感？

《义务教育数学课程标准》提出："建立数感有助于学生理解现实生活中数的意义，理解或表述具体情境中的数量关系。"可见，"数感"的概念虽然抽象，但它和孩子们已有的数字概念相联系，也和怎样形成这些概念相联系。

比如学会估计2 000名学生在操场上观看儿童剧需要多大的场地，去超市或游乐场大约准备多少元，或是根据从家到学校的距离选择合适的上学方式之类的问题，都是我们在现实生活中会遇到的，学生在认识、思考、运用数的过程中发展了一定的数量感知意识。培养"数感"不单是知识与技能的学习训练，更是在数感的形成中帮助提高数学素养，能够让学生学会用数学的眼光去看待周边事物，立足于实际生活去思考，学会用数学思维去解决遇到的一些实际问题。

因此，在教学中我们不但要考虑学生的年龄特点以及认知规律，更要关注结合学生的实际生活经验来设计教学活动，让学生从数学活动中感受到数学是非常实用的，是和我们的实际生活息息相关的，在引导学生主动探究中，使其真正懂得生活中的数的含义，从而帮助学生建立数感。

二、立足实际,培养"万"的数感

(一)备学情,创设实际情境

在整数的认识中,认识万以内的数是基础,这不仅是学习多位数读、写的基础,也是为之后学习万以内的数算做铺垫。万以内数的认识是小学数学二年级第二学期《整理与提高》中的学习内容,包括数数、读数、写数、数的组成、数位的含义、数的顺序和大小比较、近似数以及整百、整千数的加减法。"万以内数的认识与表达"的教学内容是基于千以内数的知识的延伸拓展,在数的组成意义、读写方法及比较大小方法上,都与千以内的数有着共通之处。

生活中万以内数的应用普遍,学生在日常生活中也已有接触,如较大家电的价格、高山海拔、路程、重物的重量等都与万以内的数有关。基于学生的年龄特点,他们正处于智力开发的初级阶段,其观察、思考、练习、概括的能力正在形成中,在表达和交流方面尚有较大的提升空间,还需要在教师的引导下逐渐培养。为了使学生切实理解和掌握万以内数的概念,在教学时还是以借助直观,加强指导,激发兴趣为主,帮助学生理解数的概念。

在教学《万以内数的认识与表达》第一课时,我结合教材,联系生活实际,通过创设学生所经历过的"OM万人大挑战"(参赛人数近万人)为情景导入,使学生体会数学与生活的紧密联系,感受数学在生活中的实用性。

1. 教学片段:情景引入

创设情境:

瞧!这是"OM万人大挑战"的现场,小选手们正在看台等待比赛开始。
(出示比赛活动照片,回顾精彩比赛)
请你快速数一数,这张图中E看台有多少名小选手候场?
(E看台有636人,交流数数方法)
在数位表中该怎么表示呢?
(根据学生回答进行板书。)

2. 教学分析

数学教学要体现出数学来源于生活,又应用于生活的特点,使学生感受生活中处处有数学,数学离不开生活。在导入环节,我关注拉近知识与实际生活的距离,创设与学生相关的头脑奥林匹克科技比赛活动为主题情境,贴近学生生活。一组组精彩的活动瞬间的展现使学生们回忆起当时比赛的激烈氛围,充分调动学生们的高涨情绪,吸引到每一位学生有意注意,从而激发学习兴趣,使学生快速积极地投入到课堂活动中。通过引导学生进一步观察分析图中所出示的数量,帮助学生对所学过的千以内数的知识点进行复习回顾,为接下来学习万以内数作好铺垫。根据学生已有经验进行旧知复习,逐渐进入学习状态,课堂教学就能收到事半功倍效果的。

(二)重体验,联系实际感悟

史宁中教授指出:"对数感强调的是一种感悟,在小学数学教学活动中,不仅要让学生感悟'数是对数量的抽象',还应当反过来,让学生感悟'抽象出来的数与数量是有联系的'。"即"抽象的核心是舍去现实背景,联系的核心是回归现实背景。"因此,设计教学活动时,我根据二年级学生的认知规律,让学生"回归现实",用孩子们所熟悉的生活素材去构建对数"一万"的感知。

1. 教学片段:体验"10 000"

(1)我们已经认识了10 000,你们觉得一万多不多?这个数大不大啊?(学生自由表达想法)

(2)我们来体验一下10 000究竟有多大。

① 我们现在所在的教室如果能容纳50人,能容纳10 000人的地方有多大?

(大约200个教室那么大)

② 一张纸非常薄,10张纸叠起来大约厚1毫米。一万张纸叠起来有多厚呢?(1米)

③ 10 000米有多长?(大约沿我们的操场跑50圈)

④ 10 000天后的小朋友们会是什么样子的?

(大约27年,就和现在你们的爸爸妈妈差不多大了。)

2. 教学分析

小学数学中有许多知识是前后紧密联系的。对于大部分新知识都可以通过启发学生在已有旧知识的基础上推导得出。因此在感悟"一万"的活动中,我将抽象的"万"建立在生动的生活背景上,让学生通过对实景图或实物的观察、统计人数等现实活动,以小见大,自主探索,加强实践,合作交流,通过大量的感性认识,直观地去构造"万",形成数的表象,帮助学生建立"万"的数感,促进他们认知的建构。学生们在充分讨论和交流中发展了数感,同时也提高了主动学习和探究能力。

(三)强形成,发展数学能力

本课是在学生学习了百以内的数、千以内数的基础上,把认数的范围进一步扩大,学生已经掌握了一个一个、十个十个、一百一百数的方法,有了一定的读写数以及知道怎么样分析一个千以内数组成的知识和经验,生活中对万以内数也有了一定的认知与积累。因此在教学时,我结合具体情景,采用多种形式,从熟悉的材料中抽象出数,丰富学生对百、千、万为单位的数的感知,引导学生进行归纳小结,带动学生在体验万以内数的过程中进一步强化巩固了迁移能力。

1. 教学片段:探究分享

生活中有许多万以内的数,你收集到了哪些数?请你和小伙伴分享一下你的发现。

举例:京沪高速铁路由北京南站至上海虹桥站,全长1 318千米。

收集的数是<u>1 318</u>,读作<u>一千三百十八</u>。

这个数是由(1)个千,(3)个百,(1)个十和(8)个一组成的。

加法算式:(1 318)=(1 000)+(300)+(10)+(8)

填一填:我收集的内容是_____

从中,我收集的数是_____,读作:_____

这个数是由( )个千,( )个百,( )个十和( )个一组成的。

加法算式:( )=( )+( )+( )+( )

请小伙伴为你的分享进行评价:乐于分享★★

表达清晰★★

填写正确★★

2. 教学分析

本节课前,我给学生们布置了收集生活中的一些四位数的活动,让学生在收集过程中提前对万以内数有初步体验。通过信息的收集、整理、课堂上的交流分享让学生进一步感受到万以内数在生活中的应用范围广,在潜移默化中逐步建立、发展学生的数感。在活跃的探究氛围中,再一次让学生切实感受到了数学与生活同在,积累了用已有经验和旧知来探究数学新知识的经验。在活动中,我始终关注学生对"万以内数的认识与表达"这一知识的形成过程,学生们课前积极准备,以个人或小组形式,从书报、网络等多种途径收集合理的数据,兴致盎然,视野也得到了拓宽,在探究实时数据中关注培养学生对生活的观察能力与数据信息的整理能力;在与同伴交流时,关注培养他们的合作能力和表达能力,促进发展学生解决应用数学的综合能力,同时,融入具有导向性的即时评价更好地激发了学生学习潜能。

三、理解数感,感受数学之力

史宁中教授认为"培养学生的'数感'不仅是学习数学的需要,这也有助于培养学生认识和解释现实事物的能力,这是一种数学素养的教育。"的确,数感是一个人必须具备的能力,对于现实生活中的许多情况,我们都需要理解数与现实背景之间有着怎么样的联系,去思考这个数所提供的是什么样的信息,才能在现实生活中合理恰当地把握数以及其运算,也能根据现实问题背景所需选择合理的数,帮助我们解决生活中的实际问题。

培养数感并不是一朝一夕就能完成的,这是一个长期建立形成的过程。数感来自数学活动实践,是需要平时不断的练习与积累,对于学生来说数感的建立是滚雪球式的。小学阶段是我们培养数感的极佳时期,在数学教学时,我们教师应该依据学生当下的认知规律和已有的生活经验出发,善于挖掘和利用身边的素材,引导学生能用数学的眼光去观察认识事物,能用数学的语言去描述生活问题。我们可以创设学生感兴趣的学习情境,让学生在亲身经历实践探究学习中逐步体会数的产生、形成与发展的过程,能够运用所学过的知识解决一些实际问题,在与他人交流过程中增进对数量关系及其变化规律的理解,加强对数的感知,获得积极的情感体验,真正落实数学核心素养的培养到具体课堂教学过程中,让学生感受到数学的力量。

16. 浅谈如何调动小学生的阅读兴趣

王　盼

语文这门学科的主要教学任务和教学方向是培养学生听说读写的综合能力。阅读能力是现阶段小学生应该具备的重要能力,阅读是学生对世界产生认知的一个重要途径,更是能够培养学生自身的思维,促进学生语文水平提升的重要手段之一。但在学生日常学习的过程中阅读内容多以课本为中心,学生较少真正主动阅读、热爱阅读。因此,教师需要调动学生阅读兴趣,提高学生阅读能力,培养良好的阅读习惯。

一、趣味导读,激发兴趣

(一) 教师导读课

小学生在学习过程中缺少主动性,教师的引导至关重要,通过引导,让学生对于读书有一种新的认识和体会。一堂精彩的导读课,对于学生来说就是一场盛宴,带领学生初步认识作者,了解写作背景,感知书中不同人物的不同性格,走进故事的开端,猜测故事的发展与结局等,精彩的导读课给予学生视觉上的冲击力,让他们初步体会其中的"酸甜苦辣咸"的情节。这为学生的读书之旅开启了一道门,让学生真正和书接触,和人物对话,和作者交流,从而进行不断地思考与探索,提升阅读能力。如在《城南旧事》的导读课中:教师利用视频画面——"骆驼队来了,停在我家的门前……那样丑的脸,那样长的牙,那样安静的态度,它们咀嚼的时候,上牙和下牙交错地磨来磨去,大鼻孔里冒着热气,白沫子沾满在胡须上。我看得呆了,自己的牙齿也动起来"看后,教师让学生模仿"英子"——活泼可爱、惹人发笑,接着教师再以英子为中心展开,介绍相关的人物,学生听得仔细,沉浸其中,更主动、乐意去了解书中的精彩故事。

(二) 学生导读课

无论是课上的阅读教学,还是课下的读书活动,老师与学生之间一直存在距离感,在学生眼中教师的话就是一种不得不服从的命令。如果让读书变成任务,那读书就失去了他本身的意义。教师的推荐变成了不得不执行的任务，失去了阅读本身的意义。所以，让学生与书本直接对话，说出心中所想；让学生与学生之间交流感受，引起情感共鸣；让学生之间形成阅读氛围，共读一本书，共享书中世界。

1. 学生表演情景剧

学生表演情景剧的方式可以调动其他学生对阅读的兴趣。学生通过书中对人物语言、神态、动作等细节描写的分析来感受人物形象，知晓人物活动，了解事情发展的起伏变化。学生能够把所理解的内容展现出来，这就是一种很大的提升。而对于未读过这本书的学生，看过表演，有一种想读的欲望，这样就达到了目的。只有这样，才能让学生主动开始阅读，不会半途而废。比如：在学习沪教版五年级上册第九课《一颗小豌豆》这篇课文时，我让学生分别扮演小男孩、小女孩以及五颗小豌豆。学生把五颗小豌豆说话的口气模仿得惟妙惟肖，孩子们还自制豌豆头套，带来了玩具枪，配上了动作，这些都让观看的学生身临其境。接下来对于整篇文章的阅读和理解每一个学生都非常认真，他们有读下去的渴望，想知道五颗小豌豆的命运如何。所以整堂课学生积极踊跃，似乎已经走进书中，与书中人物进行情感交流。

2. 学生推荐阅读书单

课内阅读已经确定了阅读的内容，因此在引导学生进行课外阅读时，更多应该发挥学生的主体性，尊重学生的客观选择，拓宽阅读空间。教师可以让每一个学生把自己一个月所阅读的书籍列成清单，教师会惊喜地发现学生的阅读数量和阅读内容千差万别，但并不能因此进行批评，教师需要的是鼓励，激发学生的阅读兴趣。其次，利用中午的几分钟时间让每个孩子推荐自己喜欢的书籍，说出推荐的原因。交流后会发现不同学生喜欢书籍的种类也是不同的，有历史文学、校园亲情、智慧、生活、成长、友情、童话、成语等方方面面，学生在听的过程中有所体悟。

3. 读书交流会

莎士比亚说"一千个读者，有一千个哈姆雷特。"每一个人对于文章内容都有自己的看法和理解，学生也是这样。学生对文章内容、人物活动、作者想要表达的中心都会有自己的理解。围绕同一个问题讨论，碰撞火花，抛砖引玉，让学生更深入地思考，更有兴趣阅读书籍。

（1）个别交流，层层推进。学生阅读从图片到文字，交流也要形成阶梯，层层推进。教师可以先做示范，再由程度较好的学生展示。比如，在推进《西游记》这本书的阅读时,我会每天在班级定时交流。因为学生较小,所以把重点放在对文章内容的理解上,教会学生搜集、整理、提取有效信息,提高语言素养,增强阅读能力。首先由我来概括第一回的内容,给学生做示范,并以互动的形式和学生交流。第一回中提到四个州,都有哪些?师父是谁?学生在回答的过程积累文章内容,了解人物特征,同时教师也能够引导学生关注细节。之后再由学生分别讲第二回、第三回、第四回……每一个学生都会做好充分的准备,其他学生也能认真聆听,提出质疑,积极互动。有的学生站在讲台上讲故事情节时,还加上了自己的动作,表达自己的观点。其实,这时学生对文章的理解已经更进一步,开始有自己的思考,这才是每一位教师想要的效果。"授之以鱼"不如"授之以渔"让学生真正会读、真正感悟这才是最为重要的。

(2)全班交流,共同探讨。学生在共同读完一本书时,可以组织小型的读书交流会。让每一个学生说说自己读后的感受,说说自己喜欢的人物,说说自己不理解的地方,或是对文章的质疑等,这些都有利于学生再次阅读与思考。学生在听的过程中也会发现自己与他人的不同,提出自己的意见,说出自己的看法,促进全班整体的阅读氛围。真正让学生爱读书、会读书、有提高、有思考。

二、发展个性,多样阅读

在阅读过程中,教师要鼓励学生多种方式阅读。对于小学生而言,注意力难以长时间集中;大段阅读难度较大,容易无法坚持;读后易忘记。因此,首先,在读书过程中鼓励学生有计划阅读,每天坚持阅读几页,不要形成负担。其次,学生可以采取默读、朗读、听录音等多种形式进行阅读。慢慢地可以引导学生用自己喜欢的方式记录读书的过程,心得体会。

(一)亲子阅读

对于低年级的学生来说,阅读最大的问题就是识字量不够,只能通过看一些图片来进行阅读。孩子年龄小、理解能力弱,这就需要父母和孩子一起读书。父母是孩子的最好的老师,孩子也是父母的影子。父母读书时的动作,每一个细微的表情,读人物语言的声音,都会印在孩子的脑中,他们主动模仿。父母这样做也能够循序渐进地培养学生的阅读兴趣,养成良好的读书习惯。

（二）师生共读

与亲子共读不同，师生共读一本书更有一定的影响力。在小学阶段，学生喜欢、尊敬老师。教师的一言一行也会影响孩子的行为活动。教师和学生共同读一本书，每天交流读书心得，也会激励学生坚持阅读。比如，五年级要求读《西游记》这本书，书中语言半文言文式，并且有大量诗词，对于学生阅读有一定难度；《西游记》一书共有 100 回，分上下两册，程度较差的学生往往望而生畏，半途而废。如果教师可以和学生共同完成这项内容，学生也会备受鼓舞，愿意和老师一同读书，和老师一样知晓每一章回的内容。学生阅读认真仔细，交流侃侃而谈，这是每一位教师希望看到的。虽然在学生成长的路上不能长久陪伴，但每一位教师愿作领路人，引导学生不断探索。

（三）思维导图

低年级的学生阅读多以绘本为主，故事情节简单、有趣、生动。但高年级学生开始接触不同的书目，书中人物众多，关系繁杂。这就需要学生理清人物关系，分析故事内容，学会搜集整理信息。思维导图对于学生阅读来说是一种极好的方法。用树干、树枝等线条图绘出文章脉络、层次结构、人物关系、性格特点等，这些信息展现在一张纸上，学生在绘制思维导图过程中能够进一步理解文章中心，体会人物情感。

（四）插图式阅读

如果文字和图片在文章中同时出现，图片会很快抓住学生的眼球，形成强大的视觉冲击力，并且对于学生理解文章内容很有帮助。图片或表现故事内容，或表现人物状态，或表示周围环境，能让学生更快进入文章之中。在学生阅读过程中，可以鼓励学生发挥想象力，画出书中人物，给文章配图，真正走进文章。实践看来，很多女同学喜欢这种阅读方式，在她们笔下有可爱豌豆公主、有调皮的小矮人、有聪明伶俐的小狗，活泼可爱的小鸟等。男孩子也会画些手枪、弹弓等与文章内容相关的事物。这些纷纷出现在学生的阅读书籍或读书笔记中，能让孩子对文章的内容记忆犹新，也能够让学生继续阅读，对阅读充满兴趣，感受书中的奇妙世界。

（五）想象阅读

学生经过长时间的学习积累，渐渐对文章有了一定的想法。有些同学更具备一定的创造能力，学生愿意去思考故事的结局是否一定是这样；作者只给了一个人物的结局，那其他人物的结局又是怎样；他们会遇见什么？发生什么？这些问题都会萦绕在孩子的脑海中。这时鼓励孩子动笔来续写或改变结局,学生往往乐意创作。学生站在不同的角度思考人物不同的命运,开始从阅读转向表达,达到阅读的更深境界,同时也是阅读的最终目的。

"读书破万卷,下笔如有神。"只有让学生真正热爱阅读,才能打开更加宽广的语文世界。

17. 浅谈小学语文低年级趣味识字

戴梦莹

小小汉字，奥妙无穷。识字教学是小学语文低年级教学的重要内容，也是阅读和写作的基础。《语文课程标准》(2020年版)中明确指出："低年级要注重让学生喜欢学习汉字，培养学生主动识字的愿望，逐步形成识字能力，为自主识字，大量阅读打好基础。"斯霞老师认为："真正达到读准字音，认清字形，了解字义，学会应用，才是识了字。"对于刚入学的学生来说，注意力集中时间较低，更重要的是培养识字的兴趣，学会自主识字的好方法，而非单一枯燥地为了识字而识字。所以，识字教学要做到音、形、义相结合，学习与兴趣、应用相结合。以下，我将浅谈几点小学语文低年级趣味识字教学方法。

一、洞察造字规律，根据字理来识记生字

汉字是集音形义为一体的，字理识字就是根据汉字的构字规律，追本溯源，运用直观、联想等手段，引导学生采用灵活多样、触类旁通的方法来识记汉字，避免机械化的教学方法，采用生动的形式进行识字教学。字理识字可以让学生感受到汉字背后的传统文化，掌握音形义之间的联系，从而让低年级的学生对识字产生浓厚的兴趣，逐渐增强求知欲望，使识字教学达到事半功倍的效果。

（一）象形字

象形是用描写事物形状的构造方式造字，也就是把词所表示的事物的形状、特征、用线条描画出来，作为记录该词的符号。用这种构造方式造的字，叫象形字。比如，在学习"日月水火"这几个象形字的时候，可以充分利用多媒体技术，按照图形——古体汉字——楷体汉字的汉字的演变过程直接演示给学生，把汉字变成一幅幅美丽的图画，让学生由具体的图画一步步过渡到抽象的汉字，不仅大大降低了识记生字的难度，还吸引了学生的注意力，让他们觉得学习汉字很有趣。

（二）形声字

形声字占汉字的70%以上，形声字的"形"指形旁，表示意义，"声"则指

声旁,表示读音,合起来表示一个新的字就叫形声字。汉字里大部分是形声字,所以小学生要着重了解形声字。

比如,在教授统编教材一年级下册《小青蛙》这一课时,就是利用形声字的规律进行教学。在教"请、清、情、晴、睛"时,引导学生观察比较这组生字的相同点和不同点,从而得出结论:他们都有"青",但是偏旁不同。接下来,再引导学生谈论这些偏旁有什么不同含义吗?学生交流后得知,"睛"是目字旁因为与眼睛有关,"清"是三点水因为与水有关,等等。就这样,学生在开拓思维时,能够轻松掌握这几个字的音形义,学会区分,还能学会利用形声字的规律学习的识字方法,在课外也能自主识字,进行一定的拓展延伸。

(三) 会意字

会意字,是指用两个及两个以上的独体汉字,根据各自的含义所组合成的一个新汉字。会意字的学习也很有意思,在教"尖"的时候,可以直观地给学生出示铅笔的图片,告诉学生一头小另一头大,就是"尖"的意思。在教"男"的时候,可以利用多媒体播放古时候男人在田里干活的图画,男人出力在田里干活,就是"男"的意思。学生在记住字形的同时,也能轻松有趣地理解字的含义。

(四) 指事字

指事字就是在象形字上加上指示性的符号,以表示字义之所在。如在"木"的下部加上指示性的符号构成"本",字义表示"木"的根部;在"木"的上部加上指示性的符号构成"末",字义表示"木"的梢部。又如,用"一"盖住"火"就是"灭"字。教师应该先讲解偏旁的意思,然后可以用直观的图片搭配丰富的肢体语言,解释各偏旁间存在的关系,理顺之后延伸出新的字义,让学生在趣味中学习。

二、灵活运用多种形式,激发学生的学习兴趣

低年级儿童的认识过程与学前儿童还有许多相似之处,无意性和具体形象性仍占据着重要的地位。在识字教学方面,要教给学生丰富多样的识字方法,让他们在轻松愉悦的氛围中识字,从而激发学生识字的兴趣,提高学习效率。

(一) 猜字谜

低年级的孩子对于猜字谜兴趣盎然,通过猜字谜不仅可以巩固所学知

识,还能让学生集中注意力,培养逻辑思维能力。如"两个月亮手拉手"就是"朋";"一口咬掉牛尾巴"就是"告"……又如,在区分形近字"大"和"天"时,我编了字谜让学生猜"一人展臂大,二人飞上天",学生们兴趣盎然,纷纷举手,很快就猜出"一人展臂"就是之前所学过的"大"字,而"二人飞上""就是"天"字。学生们不仅从这则字谜中了解到"大"和"天"的字形区别,学会区分这两个形近字,而且还知道了这两个字的含义,一举两得。学生眼里闪着光,也代表着思维火花正在燃烧,还可以让学生自己试着编字谜,可以学生编给老师猜,学生之间编给对方猜,大家都纷纷开动脑筋,每个学生都成为了学习的主人,课堂氛围活跃。

（二）找规律

鼓励学生寻找汉字之间的规律,用自己喜欢的方法识记汉字。比如,使用加一加的好方法,日字旁加上"月"就是明天的"明";使用减一减的好方法,"清"减去三点水就是青蛙的"青";使用换一换的好方法,把"他"这个字的单人旁换成提土旁就是土地的"地"。作为班级的个体,在找规律中,会因为一个生字丰富自己的思维,让课堂显得生机勃勃,学生可以自主开拓思维,发挥主观能动性,充分利用学生已有的知识学会新知识,既区分了字形字义,培养了学生的识字能力,又归纳了识字方法,复习巩固、探究新知两不误,同时也为学生以后的自主识字打下结实的基础。

（三）讲故事

低年级的孩子都喜欢听故事,在识字教学中,如果能把一个个抽象的汉字演绎活化成一个个生动有趣的小故事,让学生通过听故事、讲故事,脑海中浮现一幅幅有趣的画面,在轻松、愉悦的氛围中识记生字,更能激发学生的识字兴趣。比如识记"熊"这个字时,讲一个有趣的小故事——一只能干的小黑熊,迈着4条小短腿,高高兴兴向我走来,想跟我玩游戏。学生边听边识记,也能牢牢记住"熊"下面是四点底,与"能"这个字区分开来。此外,还可以请学生自主开拓思维,编故事来识记生字,这时候,学生会因为自己编的故事更加别具一格而坚定自己的学习信心,享受成功的喜悦,逐渐爱上识字。

（四）玩游戏

低年级的孩子活泼、活动,喜爱游戏,在识字教学中也要选择合适的时机加入游戏环节,比如送字宝宝回家,在黑板上贴有带拼音的小房子,发给学生带有生字宝宝的小动物卡片,让学生快速找到动物正确的家里。有的游戏常玩常新,如摘苹果游戏,摘到鲜美可口的苹果后读一读,再用它找找朋友,不仅巩固了新字,还复习了旧知。又比如争当小老师游戏,随机分发生字卡片,小朋友要用自己喜欢的方法识记生字,同时让其他小朋友跟着他一起念,学生在过程中成为学习的小主人,享受当小老师的过程。各种各样的识字游戏活跃了学生的思维,让他们在学中玩,在玩中学,寓教于乐,培养了自主学习能力。

三、创造识字环境,让学生在生活中识字

生活是知识的海洋,要让生活成为识字的舞台。随着新课程的开展,要求低年级学生掌握的识字量大大增加,但是光靠语文课堂教学来提高识字量是远远不够的。其实识字教学的资源无处不在,充分利用生活环境识字,是有效的识字途径。在生活中识字更加贴近学生生活,是一种潜移默化的熏陶,有利于学生没有压力的学习,从而提高自主学习的信心。

(一) 利用姓名识字

一年级的新生刚入校园,对同学和老师都很陌生,教师应该鼓励学生多交朋友,同时借这个契机让学生利用姓名识字。让班级内的学生每人制作一张自己的"名片"——写有自己名字和拼音的卡片,把"名片"贴在桌角,然后开展"认名字竞赛",设置规则:最快认全并牢记本组同学姓名的可以做小组长,小组之间也互相PK,每周识记最快的小组被评为先进小组,每人奖励一颗小星星。低年级的孩子很有竞争欲,也很喜欢这样丰富有趣的识字方法,不仅能快速认识班级里的小伙伴,还能潜移默化识记生字,使识字效果事半功倍。

(二) 用校园环境识字

鼓励学生用心观察、自主探究,在学校里,黑板报、校园文化墙、宣传栏、花草树木上的标签等都是识字的好素材,教师可以带领学生们走进校园,先观察观察,再开展看"识字大王"的活动,让学生们用自己喜欢的方法巧识汉字,学生在这个过程中不仅能快速熟悉了解校园,培养识字的兴趣,享受识字的过程。

(三) 利用家庭环境识字

孩子的大部分时光是在家庭度过的,家庭环境对孩子有潜移默化的影

响,作为教师应该召开一些家长会,引导家长让学生利用家庭环境识字。在家庭生活的环境中识字是极方便的,比如给家用电器贴上标签让孩子认读,看电视时有意识地引导孩子认读字幕,对孩子喜欢的画报、卡片、图书进行认读。作为教师可以引导学生定期开展成果汇报活动,让学生品尝到识字成功的喜悦。

（四）利用社会环境识字

语文是最开放、最容易和社会发生联系的学科。因此识字教学也应该是开放的,不只局限于课堂,我们要运用好社会生活这个大课堂。在校外,电视广告宣传语、商品包装袋上的信息、电视动画、车牌站牌名等,到处都是识字的渠道。比如,统编教材一年级上册语文园地六中的展示台就有提及"我在路上认识了这些字,你呢?"这部分教材的编撰是在引导学生在社会生活中观察地名和场所名称。又如,统编教材一年级下册语文园地六中的展示台也在引导学生通过食品包装袋识字。教材有意识地引导,也可以促成学生养成在社会生活环境中识字的好习惯。

（五）利用课外读物识字

学生在认识了一定量的字后,老师就应该鼓励学生去阅读一些浅显的课外读物,培养学生的阅读兴趣,可以在班级里创设书香氛围,设立图书角,让学生每天借阅课外书,在课外阅读中学生还能认识很多字。长此以往,学生在课外阅读中自主识字,增加识字量,更有利于他们投入大量的阅读以及尽早地感悟祖国语言文字。教师还可以定期召开与读书有关的活动,如好书推荐、讲故事、成果交流会等,进一步激发学生的阅读兴趣和识字兴趣。

总而言之,识字教学不是一朝一夕的事情,而是在日积月累的过程中进行的,教师要发挥自身的主导作用,结合学生的思维特点,让学生积极主动地参与其中。授人以鱼不如授人以渔,在识字教学中,教师必须根据学生的实际情况,创设丰富多样的学习情境,争取因地制宜,灵活运用教学手段方法,巧妙点拨引导学生,激发学生的学习情趣,掌握识字方法,切实提高语文识字教学的效果。

参考文献

[1]浅谈小学低年级语文趣味识字教学的方法[J].刘玲艳.课程教育研究(新教师教学).2016,第030期.

［2］趣味识字收获多——浅谈小学语文低年级趣味识字教学[J].邱璨.百科论坛电子杂志.2020,第006期.

［3］让识字课堂充满趣味——浅谈小学语文低年级识字教学[J].李玲.小学生:多元智能大王.2020,第008期.

18. 情境生活化，促进学生思考感悟

——以小学《道德与法治》四年级下册"合理消费"为例

项韦珵

在课堂教学时，教师常常会通过设置不同的情境，激发学生的学习兴趣，带领学生探索新知。而在我们的道德与法治课堂上，情境所带来的情感共鸣，能够让学生更好地去思考和感悟自己的道德行为，带给心灵以强烈的震撼。

"合理消费"是小学《道德与法治》四年级下册第四单元的第 11 课。这个单元的主题是"做聪明的消费者"，旨在引导学生学习购买商品的技巧，学会合理消费，不攀比、不浪费。本课的学习重在让学生懂得不是所有要求都能得到满足，要学会选择，有所放弃，合理而有计划地进行消费。为了更好地开展课堂活动，促进学生更好地思考和感悟，我将"六一心愿"贯穿课堂始终，激发学生兴趣，引发学生思考，加深学生感悟。

一、激发兴趣，进行铺垫

师：同学们，再过一个多月我们就要迎来属于我们的节日——六一儿童节啦！你们期待吗？老师如果给你们买买买的机会，你们想要什么？让我们来填一填"六一"心愿卡吧！不过，最多只能填 3 个心愿哦！允许你大胆地想。

（填完后请同学交流）

生 1：老师，我最想要一台 iPad！

生 2：我希望爸爸妈妈带我去吃一顿大餐！

生 3：我想要新出的乐高积木。

……

师：老师发现了，同学的需求一般都是服装、学生用品、玩具类和食品大餐。我们每个人都有自己想要的东西，希望爸爸妈妈能够满足我们的要求。

本环节由学生最喜爱的节日——"六一"儿童节作为导入，以完成"六一

心愿卡"这种轻松愉快的方式激发学生的兴趣。通过学生生活中最感兴趣的、有话可说的情境导入调动课堂气氛,同学谈到"买买买"心情一定是非常兴奋和喜悦的,同时也拉近了教学内容与学生的距离,便于学生充分交流,提高学习积极性。学生通过写心愿、交流心愿,教师将心愿进行归类,使学生切实感受到日常生活中每个人都有各种各样的需求,也为后面"明合理"的环节做好铺垫。

二、情景创设,换位思考

师:大家听听这几位同学的心愿,想一想:他们的爸爸妈妈会帮他们实现心愿吗?

生1:最近我和妈妈在逛商场时看中了一个名牌书包,要3000多元,特别漂亮,虽然刚买了一个新书包,但是我还是特别想让妈妈给我买,要是背这个书包去学校,多有面子呀,肯定很多同学会羡慕的!

生2:我想要一本最新的《现代汉语词典》,这样我读到不懂的词语时就马上可以查阅了。我还想买一台平板电脑,这样上网课就很方便啦,休息时间还可以玩呢!

生3:爸爸妈妈总是不让我吃汉堡、薯条、炸鸡这类东西,他们说我太胖了,不能再吃垃圾食品了。要"六一"了,真想吃一回啊!

师:同学们,当我们提出一些要求时,父母会根据具体情况做出决定。如果你是这3位同学的父母,你会怎么说呢?

生1:我会对第一个小朋友说:"哎呀,你不是刚买过一个书包嘛,而且这个书包太贵了,要我半个月工资呢,太浪费了!书包能装东西就行啦!"

师:是呀,我们不应该比吃喝穿戴,应该集中精力好好学习。不能浪费爸爸妈妈辛苦赚来的钱。

生2:我会对第三个小朋友说:"小胖,你看你肚子上肉这么多,上体育课跑都跑不动,有时候多走一会儿就喘粗气,垃圾食品还是不要吃了,还是健康重要啊,坚持住!"

师:哈哈,这位爸爸从营养和健康的角度来分析问题,很有说服力。面对不健康食物的诱惑,我们需要意志力和毅力。

生3:对第二个小朋友我会说:"你想买词典的想法妈妈支持你,这个用得到,不过平板电脑妈妈还是不给你买了,你上网课用家里的台式电脑就好了,一会儿买了平板回来要是控制不住自己偷玩就要影响学习啦!"

师:不可替代、确确实实需要的物品是我们的必需品,应该支持购买。这位妈妈还考虑到了电子产品的利弊,有道理!

(结合父母实际情况、看看父母工作的图片,交流体会他们的辛苦)

课堂上,我们创设了与爸爸妈妈互换角色的情境,通过换位思考,学生学习在考虑问题时要从不同的角度衡量,不仅仅考虑自己的利益得失,看待问题时也会更全面。这样的方法在道德与法治课堂上很多时候都可以应用,比如讲到"爱护公共设施"时我们可以与长椅、路灯调换角色,讲到"节约资源"时可以让学生做一做"水"和"电",帮助"他人"说一说心里话。

本课在进行这部分内容教学时,通过课堂交流,针对学生许下的"六一"心愿卡引导学生发现不是每个人的所有愿望都能实现,激发了学生深入探究的欲望。

虽然有些家庭条件优越的学生父母可能会答应自己孩子的请求,但通过"角色扮演",学生学习换位思考,在体验中辨明合理与不合理的购物要求。学生平时在需求这方面肯定与父母有很多"切磋"的经验,所以课上说得头头是道。

教学内容是不变的,但是教学是不断生成的。我们在备课时要从本班学生的生活实际出发设计情境教学,也要在课堂上积极关注学生的态度和反应,适时进行教学调整。比如在本课的教学中,学生可能会提出质疑:我家经济条件很好,爸爸妈妈不在乎那些钱。

所以紧接着的环节是学生通过图片和交流感受父母劳动的艰辛,知道有时父母答应我们的要求是对我们无私的爱。让学生体会自己也应为家庭分忧,不应向父母提不合理的要求,培养他们的家庭责任感,懂得家里收入都是父母辛辛苦苦的劳动所得,要学会体贴父母,不能肆意挥霍,引导学生树立正确的金钱观。这些让学生有生活经验的学习过程其实也是帮助学生重新审视自己提出的心愿的过程。

三、着重体验,评价引导

师:看来我们的一些愿望看似很美好,但是确实不合理,难怪父母会拒绝。有时候买的东西并不是生活的必需品。合理的要求可以得到满足,而对于不合理的要求,我们也要学会选择和调整。再来看看我们的"六一"心愿卡,哪些心愿你会继续坚持?哪些愿望是你要改变的?小组讨论一下。

生1:老师,我觉得我刚买了一个新书包,还是不要再买一个这么贵的书包增加爸爸妈妈的经济负担了,反正书包都是用来装东西的,我想把心愿换成买一些新书,等我把书看完了还能把它们捐给有需要的小朋友,或者等到学校的爱心义卖活动时拿出来卖,这样更有意义!

师:你能够理智对待消费,你明白了作为小学生,我们不应该比吃喝穿戴,不要浪费。你还能想到把书放到义卖活动中去卖,让这份礼物发挥更大的价值,献出自己的一份爱心,使这份"六一"礼物变得更有意义了!

生2:我和他的想法很接近,我本来想买一双 adidas 的限量版的运动鞋,现在我觉得还是买一双李宁运动鞋吧,支持国货!

师:你的想法老师很支持,现在流行"国货风",我们的国货价廉物美,越来越受消费者的追捧啦,用国货多自豪呀!

生3:我仍然想买高级魔方,因为我将代表学校参加魔方大赛,高级魔方性能更好一些,我想为学校争光!

师:魔方战队的主力选手,老师也支持你!希望你能用好新魔方,赛出好成绩!

生4:我也改变了想法。听了同学的话,我觉得我还是不要吃汉堡、薯条、炸鸡这种容易发胖的食品了。老师总是教我们做事要有毅力,我已经超重了,为了身体健康,我要坚持住!我们小组刚刚讨论过了,过了六一就是端午节,我们准备小组成员一起来我家包粽子吃,我奶奶可会包粽子了,可以教我们。

师:面对不健康食物的诱惑,你能够坚持住,真是不容易呀!我们在端午节活动时也自己包过粽子,特别有趣,而且卫生又健康,相信你们做出的粽子滋味也是一级棒的!

师:看来同学们已经能够理智对待消费,辨别自己要的东西是否合理,并且能够根据实际需要,正确调整自己的购物需求,真不错!

这部分的任务情境和学生的家庭生活、学校生活息息相关,所以学生有经验、有话可讲。学生辨明哪些要求是合理的,哪些要求是不合理的之后,回过头来再对自己的"六一"愿望进行修改,提出合理的消费愿望,正确做出购物选择,加深对合理消费的认识。当然教师在评价时也要注意引导学生提高道德认知和道德情感。比如此环节中有学生提到买书除了自己看之外还可以在学校的义卖活动中进行售卖献爱心,教师在评价时引导学生认识"消费"不仅可以满足物质需求,还可以寻求精神上的富足。

同样的主题,对于不同地区、不同家庭环境的学生来说,所想要传递的价值导向是统一的,但是具体的要求或标准是不相同的。教师可以提出合理的建议,引导学生对于在合理消费有余的情况下,更好地支配自己的行为,这就是结合实际引导学生合理消费。通过活动引导将道德理念润物细无声地延伸到学生的日常生活中。

总之,情境的设置一定要生活化,而且离我们的孩子必须是近的。需要真实而有经验可循、有话可说。教师积极创造的学生自主道德学习的情境能增加教学中的对话和学生的主动参与,使学生在充分探究的基础上,自然而然地得出某种价值观。

四、结合活动,落实践行

师:我们学校有给低年级弟弟妹妹们上辅导课的传统,作为四年级的大哥哥大姐姐,如果让你去给弟弟妹妹们上《合理消费》这一课,你会告诉他们哪些是合理的要求,哪些是不合理的呢?

生1:我会告诉弟弟妹妹价格合适,不会给家里带来经济负担的生活必需品是合理的要求,不利于身体健康的是不合理的要求。

生2:如果想要的东西不适合我们的年龄,也是不合理的。就像手机,其实我们上学和生活中并不十分需要。性价比高的必需品是合理的。

生3:有意义的而且确实需要的是合理的,我觉得影响学习的也不能买。

师:同学们真有小辅导员的风范,弟弟妹妹们听了你们的话一定会对合理消费有更清楚的认识!

在交流中,我抓住学生反映出的生活中的问题为契机,对学生进行正确的引导,紧扣教育主题,在辨明购物需求是否合理并进行正确调整后,结合学校常规的小辅导员活动,抛出问题,因势利导,让学生自己去归纳总结购物要求的合理与不合理之处,交流分享克制自己不合理要求的方法,把课堂交给学生。

通过生活化的情境教学,学生饶有兴趣地用自己的经验、认识、思考和感悟去重新审视自己的行为,教师在这个过程中引导学生去体验、去反思自己的行为,帮助他们去更好地感受道德与情感,提高道德修养。利用好生活、学校中的资源,创设生活化的情境,激发学生的学习动力,去自主发现和解决问题。道德与法治课堂不是凭空说教的课堂,而是帮助学生学会审视问题,解决问题,提升道德品质的课堂。我们在道德与法治课堂教学时,也要始终坚持法制教育的宗旨,渗透道德情感,用心设计教学环节,用更生活化的情景化教学使学生获得更好的学习效果,更好地思考和感悟,提升自身道德素质和法治意识。

19. 让口语交际变得更有"料"

——以"我是小小讲解员"教学为例

王丽华

一、设计：解读单元任务，设计交际内容

统编教材五年级下册第七单元围绕"体会静态描写和动态描写的表达效果""搜集资料，介绍一个地方"两个语文要素，编选了阅读课文《威尼斯的小艇》《牧场之国》《金字塔》、口语交际《我是小小讲解员》、习作《中国的世界文化遗产》、语文园地等内容。

3篇阅读课文对单元要素侧重于认知与理解，在表达内容上呈现丰富性，在路径上呈现多元性，为后面"用自己喜欢的方式表达"做了很好的铺垫。

口语交际《我是小小讲解员》、习作《中国的世界文化遗产》、语文园地等教学内容聚焦"学会讲解"这一目标要素，从"口头"与"书面"两个路径进行落实。

口语交际课"我是小小讲解员"的"讲解"，教材提出讲解表达的具体要求，有语气语速的要求，有体态情态的要求，还有讲解时利用辅助资源的要求。展开这一部分的教学，还要落实讲解时应对的要求，即"根据听众的反应，对讲解的内容作调整"。

二、任务导学，自主策划

讲解前的准备任务繁多，学生要利用课余时间，动手、动口又动脑，处理好5个方面的工作：①确定主题，即你要讲解的是哪一类的；②搜集、整合信息；③编拟讲解内容；④准备辅助课件器具；⑤练习讲解表达。这些任务在教学之前通过学习任务单引导学生自主完成。学生们可以选一个最熟悉、最感兴趣的主题来讲解，或者可以实地看一看再做选择。

（一）确定主题

主题内容与讲解要点见表1。

表1 主题内容与讲解要点

课题	情境主题选择	内容	讲解要点
我是小小讲解员	学校有客人来，需要你帮忙介绍学校里有代表性的地方	讲解"物"	安澜园、汇智书屋、启梦广场、思源广场等
	亲友到你家做客，需要你介绍一下周边的环境	讲解"物"	小区里的景物、运动设施、周边的交通、环境、商场等
	暑假开始了，纪念馆需要志愿讲解员	讲解"物"	建筑的结构、外观、代表性的文物等
	中国的世界文化遗产	讲解"物"	历史背景、基本现状、建筑的外观和结构、历史价值。

在发布口语交际主题后，学生依据实际表达需要，以及借助外在资源完成学习任务的实际预估，选择相应主题。根据学生选择，我把学生分成5个相关学习小组。小组成员在组长的带领下，可开展线上交流，分享相关资料和学习经验。

(二)利用学习任务单搜集并整合资料

本次口语交际学习任务单的设计要引导学生自主完成搜集材料、编拟提纲和练习讲解。讲解场所信息的搜集与梳理，可以用问题引导。学习任务单要凸显对场所观察和信息采集的指导，问题应根据场所特点进行设计，突出重点，题目也不宜过多。针对不同的学习主题和不同小组的实际学习情况，提出不同的学习建议。

如，指导搜集"观澜小学南校区"资料任务单问题如下：观澜小学有哪些景点？每个景点的位置在什么地方？这些景点的起名有什么特殊含义吗？在背后又有什么故事或历史？搜集到的信息，哪些必须在讲解中介绍？任务单中问题的设计，要引导学生对信息进行甄别、筛选、取舍。

如针对展览馆、校史室之类，内容部分板块相对明显，学生一般能按图索骥采集相应的信息。如针对公园、小区之类，就可以依照方位或游览路线设计问题。

拟提纲是把讲解的内容要点写出来，通过要点把讲解材料串联起来。五年级的学生在中年级学过借助图文提纲等复述课文，对提纲有一定的认知基础。按任务单要求完成材料搜集、筛选、取舍，不难列出简单的条文式

提纲。如讲解"观澜小学南校区",学生可能编拟如下提纲:

(1) 在花卉的雕刻的学校校标和校名中介绍观澜历史。

(2) 在"弈空间"介绍观澜小学的特色项目:围棋。

(3) 在"安澜园"前体会上学的欢乐。

(4) 在"教学楼"里介绍我们一路走来的成长。

学生利用这样的条文式提纲,能将讲解过程的思维外显,对讲解内容有整体感知,容易把握讲解的顺序。

(三) 写串词串联材料

学生需要在试讲时准备一些串词,用来连接各主要内容板块,激发听众的兴趣,进行思想情感的交流。导学单可以呈现串词的要求和范例,引导学生根据自己的讲解内容设计串词。如讲解"观澜小学南校区"串词设计。

1. 我设计的开场白

尊敬的各位领导、各位来宾,大家好! 欢迎你们参观观澜小学。我是五年×班的×××

2. 我设计的串词

(1) 您知道观澜小学的历史吗? 您知道我们的校名经历了几次的改变吗……

(2) 请各位老师跟随我进入思源广场,共同了解校园的悠长历史……

(3) 现在的观澜小学的学生有3 000多名,每每看到澜星大道旁的银杏树、听到安澜园的潺潺流水声,都让每一位学生的上学路充满了欢乐,下面请听我介绍安澜园……

(4) "观澜"精神代代相传! 多年来,观澜小学培养了一代代优秀的学生,观澜人以传播、弘扬、塑造优秀、先进的文化为己任,如春风化雨,让我们励志不断发展!

3. 我设计的结束语

今天参观观澜小学到此结束。谢谢大家。再见!

三、模拟解说,及时调整

本课可能出现讲解图书馆、校史室、公园、小区等多种情景。讲解分为两个阶段,第一阶段是以小组为单位,成员轮流充当讲解员和客人。第二阶段是以班级为单位,小组推荐同学上台当讲解员,全班同学当客人。

(一)改变讲解内容的重点

讲解的内容是一个整体,其各部分紧密相联,又各有中心,各有侧重。"客人"可能对某一部分内容特别感兴趣,会就这部分提出问题以期获得更多的了解。如讲解"观澜小学"的"弈空间"区时,不少"客人"对大型棋盘特别感兴趣(往往是一些男生),提出不少问题,都想要上前自己体验一下围棋的乐趣。讲解员应及时对原讲稿进行调整,把"弈空间"作为重点进行讲解。讲解之前要熟知场所尽可能多的信息,有所准备,如果记不住一些次要的内容,可以制作一些小资料卡随身携带,根据现场情况随时启用。

又如,向同学讲解自己家附近的公园,本来准备重点介绍公园里最有特色的景点"九曲河与九曲桥",没想到小伙伴们不感兴趣,而是想了解九曲河上的水上游乐项目,讲解员应该及时调整解说重点,对"九曲河与九曲桥"这部分内容进行简要介绍。

(二)调整讲解内容的顺序

场所的讲解一般是按事先设计好的内容板块解说,多以事件发展、性质特征、时间空间等顺序传递给接收者完整、清楚的信息。有些场所本身设置时已经对内容进行系列编排,各板块之间有一定的逻辑关系,如博物馆、校史室等,讲解时不宜对内容顺序进行临时调整。公园、小区、家等场所,可以根据"客人"的需求对讲解顺序进行调整。如向小伙伴讲解家附近的公园,原来安排按"正门—盆景区—水景区—游乐场区"的顺序进行介绍,可是小伙伴听说公园的游乐场里开辟了攀岩活动专区,特别感兴趣,急着想听游乐场区的介绍,那么可以将讲解顺序调整为"正门—游乐场区—盆景区—水景区",并对游乐场区进行重点介绍。

(三)增删讲解内容

讲解要补充和增加解说对象的相关信息,主要是知识和情理的扩展,使读者了解到画面和实物本身无法传递和难以表达的涵义讲解过程。讲解时,还可以根据情境引用一些诗文。如讲解公园的盆景区的一盆假山流水造景时,吟上一首《望庐山瀑布》,让听众目睹眼前景,耳闻李白诗,心想庐山境,获得美的体验与感受。

四、改进：适度灵活指导，落实要素目标

当然，有些学生因缺乏学习动机、专注力不够、自主学习能力较弱、在线学习技能不足等问题，在遇到学习困难时也缺乏寻求帮助的意识与方法，难以围绕学习目标和教学计划有效开展学习，这时候需要我们课下"一对一"及时指导，针对学生困难给予帮助。

问题1：忽视交际活动的特征。

交际性是口语交际的典型特征。学生在对某个主题进行讲解时，最大的问题是忽视"交际"这一关键，交际性被复述或讲述取代，口语交际也就失去了应有的教学价值。

改进：向学生多问几个为什么。在学生尚未讲解之前，可指导学生与家长、学生与学生、学生与老师围绕所讲解的主题展开"提问"。用问问题的方式点拨学生去关注相关的资料，也可以鼓励其他学生进行补充。

问题2：未有效落实口语交际要素。

《我是小小讲解员》看似一节简单的口语交际课，但站在单元整体教学的角度看，这节课的不简单之处在于"学会讲解"要素的聚焦、认识、理解、迁移与运用。5个主题的内容应各有侧重，有的只需要把事物、事情讲解清楚即可，有的则提倡既见"骨骼"，又见"血肉"。除了讲清楚，还要考虑语言的生动、情感的真挚，让讲解语言生动形象，讲解效果富有情趣。

改进：针对以上现象，一定要把口语交际放在真实的学习活动中。我们可以借助成功的"样本""范例"营造现场感，比如在欣赏学生讲解视频《洗手歌》时，要指导学生"察言观色"，欣赏前要充分"暗示"：这位同学会讲什么？你想象她会怎么讲？暗示的目的在于培养学生的好奇心和求知欲。欣赏后要充分互动：这位同学讲了哪几步洗手法？你觉得她讲得好吗？好在哪里？互动中，学生明确了内容，掌握了讲得"好"的方法——声情并茂、情感充沛。最后是现场"演练"，把自己认识的、理解的表现出来。要在学习活动中解决问题，在互动中关注学习的过程和思维的品质。

五、总结

在进行"我是小小讲解员"语文口语交际活动时，学生对活动内容有了更深入的体会，也逐渐学会了基本的调查、搜集、整理资料等方法，使得研究意识与研究能力的培养有了实践的土壤。语文综合实践活动既实现了语文知识、技能、情感目标的达成,又使得学生在实践中对活动内容有了更为丰富的认识,值得我们在教学中不断地探究与运用。相信,这样的"亮点",一定会让习惯了窗内读书的学生更好地发现窗外的世界,了解生命的意义。更相信,这样的"亮点",一定会让口语交际教学更有"料",也更有效。

20. 让每个孩子成为最好的自己

陶宇馨

今天的孩子,无疑是幸福的,生活条件、学习条件都较以往更为优越,但今天的孩子,也无疑是辛苦的。随着竞争压力增大,为了让孩子不输在起跑线上,家长们不愿等,用各种兴趣班、补习班将孩子的课余时间填满。为了让孩子在竞争中高出一筹,老师们不愿等,不断扩容教学内容、不断加快教学节奏。

久而久之,大人们的攀比,成了孩子们辛苦奔波的理由。我们已经忘记了要尊重孩子成长的规律,让孩子拥有真正快乐的童年。我们也忘记了教育的初衷不是为了满足大人的成就感,而应帮助每个孩子成为最好的自己。唯有以自由为土壤、以尊重和爱为阳光,才能让每一个生命个体健康生长。教育之所以为教育,正是在于它是一种人格心灵的唤醒。也只有遵循儿童内在的发展秩序,才能在潜移默化与润物无声中,让心灵更丰满、人格更完善、个性更彰显。

作为教师,我们要知道,天空中不应只有闪耀的孤星,要群星闪耀。那么在一个班级中,不应只有少数同学获得大部分的关注,而要尽量帮助培养每个孩子顺应规律健康成长。作为教师,我们还要发自内心相信,每个孩子都拥有独一无二的潜力,并积极发掘其闪光点,让每个孩子成为最好的自己。

一、德育育人　润物无声

(一)留心班级内务,创造德育环境

1. 班级规则我制定

教育不能是一言堂,在日常德育工作中,可以充分展现更多学生的想法。从开学伊始,我就准备了一本班级日志,并详细说明了我们班级中需要遵守的一些日间自修规则。在劳动方面,学生根据劳动值日表,严格进行值日作业。通过具体的数据来给学生呈现班级纪律的每日变化,让孩子做到心中有数。

但如果只是教师自己定出规则,生硬地让学生遵守,孩子们在情义上一定是有一些波动的,执行起来就可能会有些偏颇。大家一起讨论,哪些规则适合班级,哪些规则执行起来需要大家注意。自己亲自参与制定规则,学生自然会对这个规则有所顾忌,当然遵守起来就容易接受一些。尤其是一些经常破坏纪律的孩子,更要参与到班规的制定中来。在平时学习中,如果发现某些问题,我会在班会课或午会课进行及时地讨论处理。比如前段时间,班级默写情况不理想,许多孩子回家没有认真复习好,我们针对这个情况进行了分析。在某次午会课上,我点名一些学习中基础比较薄弱但是默写却很有进步的孩子,进行了表扬,对于一些默写退步的孩子进行不点名批评,这几个人都低下了头若有所思。之后,我们进行部分学生发言,商量可以怎么处理,最后制定出了一些相关规定。针对错误达3个以上的孩子,自己回家进行自默,家长检查。另外我们还商量制定出了鼓励措施,默写5次全对的学生可以申请做一次默写员,大家有了奋斗目标,默写情况也得到了改善。

2. 教室环境我打造

走进一间教室,我第一眼会注意到的便是班级文化墙。每面墙面都有着属于它的故事。你有励志小短语,我有照片墙……若能经过师生共同努力,让墙面变得诗情画意,散发班级特色,那文化墙便会成为师生之间沟通的一种特殊方式。我们要努力构建班级特色文化,让教室的每面墙壁都能"说话",让每个角落都富有教育意义。苏霍姆林斯基说,"无论是种植花草树木,还是悬挂图片标语,或是办墙报,我们都将从审美的角度深入规划,以便挖掘出潜移默化的育人功能"。教室是学生的"家",在班级环境布置上,学生的参与在无形中能够强化他们的主人翁意识。为此,我期望做到定期更换,争取人人有机会展示。比如开学初,我就将学生在暑假制作的"我与图书比身高"小报进行筛选,选取认真阅读,积极分享的学生照片进行展示。有时,也可以采取班级内部小比赛,比如读书分享展示,优秀书写作业展示等。另外,还可以将展示范围扩展到与学校布置的活动结合起来,将优秀的小报作业进行张贴,学生的活动参与积极性就更强了。进入三年级以来,为调动学生写作积极性,我开辟了"我手写我心"这块班级文化墙,将每单元优秀写话打印张贴,并附上评价,鼓励同学们也可以使用便签条对墙上的优秀作品进行点评,同学们的写作积极性便被调动了起来,同时,这也成了学生间有序互动、良性竞争的渠道之一。班中还设置了一个你追我赶集星榜,将学生在卫生、纪律、学习等方面的表现进行量化管理,值周班长进行记录、管理。帮助学生做自己的主人,提升自我约束能力,不是做最好的学生,而是做最好的自己。这就需要学生对自己有所要求,拥有追求卓越的精神。

3. 学习风气我来抓

在班级中,对于一些简单的抄写作业,我会采取进行计时方式,在午自修统一时间大家一起做,看看哪组第一个收齐。通过竞赛方式,激励学生抓紧时间,不拖小组后腿。定期利用班级午会或者班会课时间进行小结,指出班级中的问题或者部分学生的问题,表扬一批人,批评一批人。不仅要表扬拖拉情况有改善的人,我也会表扬班上督促他们的孩子。这样时间长了,大部分人去共同监督少数几个人,今天谁又在拖拉作业了,自会有小朋友帮助我去提醒,渐渐的就会有效果,学生的责任心和能力也会逐渐提高,班级风气也会好转。

除了使用大部分人监督个别人的方法,还有一对一的帮助,更加强化了这个监督作用。有的学生作业无法及时上交,可能是因为他真的没有掌握这部分知识,所以完不成作业。对于这些学困生,我指定了班干部一对一帮助他们学习。对一些不会的作业,他们可以抽空询问这些指定的小朋友,这样能够帮助学生掌握新知识,也锻炼了班干部的责任感。而通过表扬有进步的小朋友,这些帮助他人的班干部也获得了成就感。还有一些因为纪律原因,不能及时完成作业的小朋友,也有督促他的人。我发现请一个拖拉问题有改善的去督促另一个拖拉的小朋友,往往收效更好。出于自尊心考虑,他们产生了攀比心态,也就有了做完作业再玩的想法了。

(二) 关注特殊孩子,感化改变

在德育过程中,努力培养学生学会从自赏→他赏→共赏。自赏,对自己的认知与态度,悦纳自我,树立自信;他赏,对他人的认知与态度,有包容之心,善于发现别人的长处;共赏,是人际之间的认知与态度,强调相互欣赏、彼此成全。每一位学生的个性、学习能力、行为习惯都是不一样的,有乖巧的、有懂事的、也有调皮捣蛋的。但是无论面对什么样的学生,我都会用心接纳他们,承认个体之间的差异。一个班级有那么多学生,关注到每一个是有难度的。但是关注的力量是无穷的,因此,我们需努力关注每一位学生,尤其是那些特别需要关注的学生。我觉得"积极关注"在班主任工作中显得特别重要,我们要相信"学生是可以改变的"。及时关注到学生身上的闪光点,及时表扬与鼓励,让学生拥有正向的价值观,从而具有改变自己的动力。如我们班的小屈常常作业拖拉、上课开小差,但是我发现他特别爱看书,也很会打扫卫生,脚下永远一尘不染。经常我就在班上表扬他是一个特别爱劳动的孩子,这种正向的关注与引导可以直接促使学生改正其他不良习惯。有时,老师的做法就是一面镜子,因为学生是最单纯、最会模仿的。对于一些调皮的,不肯学的孩子,有时候也可以叫他帮忙跑跑腿,然后马上表扬他;平时路上碰到,主动与他打招呼;在家长面前,多夸一夸他的点滴进步;课堂上捕捉他的闪光点,并及时点出,等等。"亲其师,信其道"就是这个道理。

二、课堂教学　启迪智慧

打破"一言堂"。常言道,听十遍不如讲一遍,这是人的认知规律,属于教学的科学性。教师创设情境,串起课堂环节,通过完成有阶梯的任务,使学习更有意义,如此,便形成师生"群言堂"。这就要求教师在教学目标的设立上要充分考虑到学生个体差异,有效设置梯度目标,可以调动每个学生的学习积极性和主动性,让每个学生都能成为一个活生生的个体。

(一)采用多元的、灵活多样的教学形式

灵活多样的教学形式可以调动学生学习语文的热情,提高学生的学习兴趣。有时也可以借鉴其他学科的一些导入方式,带动学生加入课堂。比如在教学一些童话类的课文时,可以采用小组表演的方式,帮助学生锻炼语言表达能力。在教学口语交际推荐我最喜欢的动画片时,可以提前布置搜集动画片的内容特点等作业,让学生演唱动画片主题曲,模仿名台词,把全班同学调动起来,参与展示。总之,通过灵活多样的多元教学形式能让每个学生都动起来,广泛地参与,让学生成为课堂的主体、学习的主人。

(二)重视多媒体技术手段的利用

多媒体教学是一种现代化的教学辅助手段,它可以帮助学生打破时空限制,拓展学生的思维,调动学生的学习兴趣。尤其是低年级教学,词语的理解是关键。光靠口述,学生还是不明白,但是运用图片演示,动画演示等方式,再教学就可以给学生留下很深的印象,比如演示小毛虫是怎么结茧,在小毛虫破茧成蝶的时候,一段视频就能吸引全班的目光。低年级生字教学中,我也常常运用生字起源的动画,帮助学生理解造字规律,让他们把生字记得更牢固。通过多媒体技术的运用,让原本枯燥的识字环节变得丰富多彩,吸引了学生的注意力,使学生主动地参与到课堂学习中来。

(三)恰当的评价培养学生自信心

在听课备课时,我发现好好准备评价语也是一件相当重要的事情。有时候,偷懒使用一些万能的评价语,如"你真棒!""真会观察!""真是个小侦探!"等,一开始学生还比较兴致勃勃,时间久了,他们也渐渐对这些评价语无感了。而在听课过程中,我发现有的老教师在课堂中提问可能未必是很独特的,也并不复杂。但是点评到位,一语中的。整堂课就是那么行云流水,充满语文味,学生们也学有所获,老师的教学目标也轻松达成。而这是一种需要经验的工作,需要我在学习中慢慢去熟练运用。在教学过程中把握良机,对于学生精彩的回答,要给予发自内心的赞赏,这表扬要具体,具有针对性,才能让学生真正获得成功的喜悦。言之有物的点拨有助于学生进一步完善自身问题。当然,如果学生没有回答出问题所在,教师也不要打击,可以选择暗示话语,引导学生答出问题。

了解学生,我们需要智慧,需要关注学生个体差异,需要唤醒学生的优势潜能。在平时的教育工作中,不断探索、提升自我,让每个学生都能成为璀璨耀眼的星星。

21. 如何避免学生走过场式劳动现象

范晓菲

一、情景描述

根据中共中央、国务院印发的《关于全面加强新时代大中小学劳动教育的意见》，上海市委、市政府印发的《关于全面加强新时代大中小学劳动教育的实施意见》，小学阶段注重基本劳动习惯养成。因此我校组织了"家事我参与，我是小能手"活动：一至四年级的各年级"劳动任务单"利用寒假承担一项家务劳动，持续打卡 21 天，养成一个劳动好习惯，并尝试掌握一项新的家事劳动技能。

在布置任务的时候，各位班主任都加大宣传力度，绘声绘色地描述可以进行哪些任务。我任教的是一年级的副班，班主任是这样对孩子说的："小朋友们你们在家中可以掌握的家务技能有很多。比如，怎么把地面扫干净，如何把筷子调羹洗干净，如何清理窗台和擦玻璃，等等。这些技能学会后你们就能自己打扫教室了。"

假期回来孩子们都上交了"劳动任务单"，并且不少的孩子还在晓黑板上传了自己劳动时的照片。看起来任务都完成得很不错，可是当第一次班级大扫除的时候发现只有半数的孩子是能够进行简单的大扫除工作。我和班主任就纳闷了问他们："你们不是在家学习了怎么做家务吗，所有小朋友都完成了打卡，为什么有人在大扫除的时候帮不上忙，不知道怎么做呢？"一个孩子扭扭捏捏地说："我们家有扫地机器人，不需要人扫地，妈妈直接在打卡的任务单上打了勾，让我拿着扫帚拍了一张照片。"另一个孩子回答："我爸爸不让我做家务，说浪费时间，让我去好好写作业，他帮我想办法做打卡任务。"还有一位小姑娘眼睛一红看着快掉眼泪了："老师一开始我做了家务，但是奶奶嫌弃我在帮倒忙，就不让我做了。"

二、问题归因

听着孩子们委屈的话语，问题可真不小，学校开展"家事我参与，我是小能手"活动是为了孩子们能利用假期时间学习一些基本的家务技巧。但是在操作上浮于表面,特别是家长和学生不能领会劳动教育的重要性,进行摆拍式、走过场式的劳动。如何避免劳动教育浮于形式引人深思。

（一）家庭中劳动教育的弱化

上海的生活质量比较高,很多家庭都有扫地机器人、自动洗碗机、自动吸尘器等高科技自动化机器。家长主要关注孩子的学习成绩,缺乏对孩子的劳动教育,不关注孩子是否会在家里帮忙做家务。生活中其实很多家长都不太舍得让孩子做家务,觉得做家务是大人的事,孩子反而会越帮越忙。但其实,做家务是孩子建立自信的一种方式,并能帮他们培养良好的生活习惯。教育从来都不是只局限在课堂学习,家庭生活中的各种锻炼机会能带给孩子更多。看似简单的家务劳动,却能带给孩子们独立、自信、快乐和能力,这将是他们一生的财富。

（二）劳动教育的内容过于局限

对于学校教育而言,小学劳动教育停留在成本较低的值日、大扫除,节假日的社会劳动;对于家庭教育而言,劳动教育被窄化为做家务。不管是学校教育还是家庭教育,这样"有劳无育"的教育形式都是对小学劳动教育的窄化,都不利于小学生形成对"劳动"的正确态度,都不利于小学生对于今后生活所需要的劳动知识和劳动技能的学习,都不利于实现学生的身心和谐发展。对于劳动教育,劳动实践是基础,但是基于劳动实践的教育也同样重要。

（三）劳动教育形式化严重

一般性学生在学校的劳动教育就是日常的值日、大扫除等,这样的活动非常容易将劳动教育形式化:日常的值日、大扫除往往只是"劳动"的形式,并没有体现劳动教育的实质。而布置在家中劳动也常常以打卡的形式体现劳动成果,这样的劳动教育实际效果并不明显,学生积极性不高,也并不感兴趣。

三、实践策略

家庭劳动教育是劳动教育的基础,更是"主战场"。学校要充分发挥自身的教育引导作用,积极引导家长转变观念,共同指导学生进行劳动实践,逐步构建家校合作的新机制,实现劳动的综合育人价值。我们需从4个方面着手。

（一）共情，让家庭劳动有动力

要让家长明确劳动教育的目的，与学校达成共识，这是形成家校共育合力的关键；要让家长认识到劳动教育的意义不仅仅在于劳动本身，而是丰富孩子成长经历，让孩子感受自身价值，丰盈自己内心，培育创新精神和创新能力的良好载体；要让家长摒弃舍不得的"爱"，给孩子创造劳动的机会，并当好孩子的"第一任老师"。

（二）课程，让家庭劳动有目标

由于家庭劳动教育是在家庭内部进行，没有固定的教学程序和组织形式，这就需要学校进行引导。学校针对劳动项目对不同年段学生的分层达标，从低到高、从简单到复杂，让家庭劳动教育的目标、内容更明晰。

（三）双线，让家庭劳动有效率

家庭劳动教育可以从线上、线下齐头并进。比如，学校在线上提供小视频，组织学生和家长亲子共学，家长根据已有经验对孩子进行相关指导并作评价，而孩子能将所学运用于日常生活中，体会"美好生活靠劳动创造"。

（四）评价，让家庭劳动有价值

为了使学生形成稳定的劳动兴趣，学校通过"自评""互评""家长评"等多元评价方式，对学生的家庭劳动予以评价和考量，从而促使学生在评价过程中体会到劳动的价值在于"以劳树德，以劳增智，以劳强体，以劳育美"。

四、实践支招

（一）创新劳动教育内容，扩展"劳动"内涵

研究了上述意见之后，我校对于劳动教育系列活动也进行了内容和形式上的修改。学校本学期开展的"红船心、劳动行"中的相关活动，将党的100周年纪念活动和劳动教育相融合，开展一系列"劳育"活动。

1. 劳动技能大比武

一年级：穿衣、叠雨衣。

二年级：穿衣、叠雨衣。

三年级：穿鞋带、系鞋带。

四年级：垃圾分类。

五年级：钉纽扣。

2. 田间学劳作,劳动我骄傲

"光荣属于劳动者,幸福属于劳动者",这是习近平总书记在今年五一致辞时致以全体劳动人民的奋进之语。党有号召,队有行动,观澜少先队员们,不断通过劳动来体现自身价值,在借以感恩时代、报效党和国家的同时,进一步践行"红领巾小主人"的爱国之心。

7月14日,观澜小学暑期学校来到了美丽的八灶村,走出校门学党史,劳动实践感党恩,开启一场别样的劳动党史学习之旅,即《走进美丽乡村——八灶村的历史变迁与发展》。

田间地头,一派美丽的农耕画面,队员们在这里体验"一棵菜的前世今生",挑选种子、垦松土地,播种浇水忙得不亦乐乎,亲手种下这颗绿色的幼苗,同时也在自己心中种下"劳动最光荣"的种子,用辛勤的汗水浇灌生活,一定会结出最幸福的果实。

在美丽的八灶村,学生们走进乡村看小康,学习党史,浸润红色;体验劳动的辛劳,播撒种子,采摘果实,边学边做。观澜少先队员们将会继续从"心"出发,以"行"落实,高举队旗跟党走,以红色营养滋润心田,勤奋劳动做主人,用奋斗汗水浇灌成长。

3. 寻访劳模活动

(1) 寻访任长艳(全国脱贫攻坚先进个人、上海闽龙达实业有限公司总经理)。

十年,3个工厂,9条产线,解决1 000余人就业,带动近20 000个种植农户脱贫……这一个个数字串起的是任阿姨十年来的坚持不懈、顽强奋斗和无私奉献……

从2010年起,任阿姨带领闽龙实业响应中央对口支援新疆工作会议号召,参与上海对口援建新疆工作,成为首批落户新疆泽普的企业。她经常深入田间地头,把关各个环节。艰苦的工作和恶劣的环境没有吓倒她,无论碰到什么困难和挫折,她都咬咬牙坚持了下来。这一干,就是十年。

十年来,她在沙漠上开垦红枣种植基地,戈壁滩上建设现代化加工厂。她手把手地教会工人生产车间各种设备工具的操作,倾注了极大心血,她用行动诠释了什么是"奉献",什么是"担当",什么是"责任"。

(2) 寻访五(6)班金梓芊爸爸(援鄂英雄)。

在疫情面前,医护工作者常常是冲在前面的第一人,在任何地方只要有需要,总能看到他们忙碌的身影。"我是一名共产党员,又是呼吸内科医师,'新冠肺炎'正是呼吸系统疾病,理应冲在第一线。"中医医院呼吸内科主治医师、共产党员金琦医生也在第一时间主动请缨加入抗击新冠肺炎疫情的队伍。

金晶护士长也为我们讲了好几个"无私奉献"的小故事。其中讲到这个阶段打疫苗针,有一位护士最多的一天打了396针,手都抬不起来。但她第二天仍报名抢着去,"因为我对扫码等流程熟悉了,如果派一名不熟悉的护士过去,可能就会少打几针。"为了能多打几针,她又出发了……而且她们中午只休息5分钟用来吃饭,吃了几口饭又去打针了……

这,就是"奉献"!

不顾辛苦劳累,没有抱怨计较,不计报酬,只有付出,甚至冒着生命危险……金叔叔和金阿姨为我们上了一堂生动的"无私奉献"的课!我们的心中涌起一股股暖流,这些暖流告诉我们也激励我们:在学习、生活中,要学会奉献,用自己微弱的一己之力去帮助有困难的人。

4."红船心·劳动行"活动

《傅雷家书》中有这样一段话:"劳动教育,看似简单,实则非常必要,人的一生与劳动息息相关,爱劳动的生活才会更温暖。"五月初,我校以劳动节为契机,开展学新技能,做掌控王——"红船心·劳动行"观澜小学2021年劳动教育之创新劳动主题活动。劳动内容充分考虑年龄特点、兴趣特点、时代的变化以及防疫期间的应用,设置了3种选项供孩子们挑选。

(二)"劳动者系列"家长课程群——立足多元、拓展体验

在家庭教育经验的交流与分享中,学校发现了很多各具特色的由家长根据自身的职业特点和兴趣爱好的家庭教育资源。应当充分发挥这些优秀的家长教育资源为更多的学生成长服务,学校组织每个班级的家长轮流申报"家长课程",同时请来家庭教育专家、班主任等给家长做课前培训、家长示范课程展示等。目前我校就有"家长学校""家长大课堂"等优质创新性学习资源,日后可以开辟一个"劳动者系列"专门宣传和科普创新性劳动教育。

(三)构建特色化的校本课程

学校首任校长黄炎培一生倡导劳动教育,他主张"劳动教育内容要有实用性和立体性,做学合一"100多年来,观澜小学一直关注学生劳动习惯和劳动技能的养成教育。近年来,学校将劳动教育纳入"新实用课程"体系,努

力构建"学校为主导、家庭为基础、社会为支持"的劳动教育格局。

家庭劳动课程是劳动教育课程的重要组成部分,由三大模块 11 个子项目构成,分年段设计,家校互动,让家庭劳动教育成为劳动教育的基础,助力学生们健康发展。

五、总结

劳动教育是五育并举的重要组成部分,是新时代小学生所必须具备的能力。我校在劳动教育的形式上参照要求精心修改力争开展一系列有意义的具有观澜特色的劳动教育系列活动。争取每位孩子可以有效果地进行劳动,得到有效经验,体验生活,争当劳动小标兵。

22. 数学课堂中渗透中草药知识探究

——三年级数学《周长与面积》教学设计

朱怡玲

为弘扬学生的科学素养和创造能力,结合我校"中药剂型发展"特色课程,普及中医药文化知识,提升青少年的健康素养,现将小学数学课堂与中草药知识进行连接,在我校三年级数学课堂中渗透中草药知识。中草药知识的渗透不是一堂两堂数学课可以做到的,这是一个需要教师在平日备课、教学中坚持不懈、潜移默化的过程。教师要将数学知识和中草药知识进行合理的连接教学,激发学生求知的欲望,提高数学课堂的学习氛围,活跃学生思考问题的方法。在每堂课中既让学生掌握了数学知识,也让中草药知识出现在课堂中,激起学生对它的求知欲和探索欲,为学生埋下一颗中草药知识的种子,静待它花开的那一刻。在教学三年级第二学期《周长与面积》一课时,教师从创设中草药相关的情境入手,设计"中草药"相关练习,在围出中草药种植地面积的教学环节中将中草药知识渗透到数学课堂中,又将数学课堂进行延伸,与学生一起种植中草药,真正做到一堂有质量的数学素养课。

一、创设中草药情境,引入新知

小学数学新课标指出数学课程目标之一是让学生体会数学与生活之间的联系,数学取之于生活,数学用之于生活。从现实生活情境中发现数学问题能有效提高学生的学习兴趣,激发学生思考能力,使学生产生强烈的学习欲望,发挥学生的能动性,有助于开拓学生的思维能力,对培养学生主动探索问题及积极解决问题的能力有很大帮助。在《周长与面积》这一课中想要渗透中草药知识,就必须考虑到本年级学生的认知水平以及理解能力。因此,在本课引入环节,为了较好地将中草药的基础知识教授给学生,创设了如下情境:有一位药农伯伯在阴暗潮湿的山坡林下种植了一片金钱草草药,金钱草喜好匍匐生长,为了防止人为踩踏破坏草药的生长,药农伯伯用篱笆将它围成了一个面积是512平方米的长方形草药地,已知长方形草药地的长是 32 米,求药农伯伯一共需要用多长的篱笆？药农伯伯又用同样长的篱笆围出了一个正方形的金钱草生长地,为了能使金钱草大丰收,药农伯伯在它生长旺盛阶段每隔 2—3 周进行施肥,那药农伯伯每次施肥的面积是多少呢？学生阅读中草药情境下的数学问题后,既解决了《周长与面积》这一课时的教学目标,学生通过习题清楚了对于长方形而言,只要知道长方形的长和宽就可以计算长方形的周长；对于正方形而言,知道正方形的边长就可以求面积,也让学生在设定的情境中对金钱草的生长环境和生长习性有了认识。同时,在解决完数学问题后,作为学生的课堂奖励,以药农伯伯的口吻,将金钱草的药用功效、种植技术等知识讲述给学生听,创设中草药情境,引入新知的教学方式,可谓一石二鸟,教师既完成了数学课堂的教学目标,也充分吸引了学生的注意力,达到了在数学课上有效渗透金钱草的相关知识。

二、设计"中草药"练习,巩固新知

小学数学新课标指出"学生练习是一种有目的、有计划、有步骤、有指导的教学训练活动,是学生掌握知识、形成技能、发展智力、培养能力、养成良好学习习惯的重要手段；也是教师掌握教学情况,进行反馈调节的重要措施。"因此,在设计《周长与面积》这一课时的练习时采用阶梯式递进的习题,通过判断题和填空题的方式对学生掌握知识的程度进行反馈。同时,为有效渗透中草药知识,根据我校"中药剂型发展"特色课程要求,三年级第二学期的学生还应认识吊兰、桂花、连翘、石榴、石竹这些中草药,又为使学生感受到数学来源于生活,存在于生活的角角落落,习题的设计都以上述中草药为背景。如：判断,小巧在一个长为 4 厘米,宽为 3 厘米的长方形花坛中种植石竹,这个花坛的周长是 14 厘米,面积是 12 平方厘米。在每次出示题目时,插入石竹等中草药的图片,映入眼球的图片让学生有一个更直观的对中草药的样貌认识,这符合小学三年级学生的具体形象思维。如此举措,可让学生在巩固练习本课数学知识的同时,激发学生对中草药的浓烈兴趣,此时,教师只需将学生领进门,在每一道数学题中点拨相关中草药的基础知识,学生便可牢记,也可鼓励学生在课后通过书籍、网络等途径进一步认识中草药,充分尊重不同能力的学生对于知识的渴望。

"中草药"练习的设计,营造了愉悦轻松的课堂气氛,每一位学生都积极主动参与到课堂中,聚精会神、自主思考、积极发言,有助于培养学生思维的

敏捷性和灵活性。使学生在巩固本课数学新知的同时，又学到了新的中草药知识，无限激发学生的求知欲望。

三、动手操作、渗透"中草药"

新课标提出"教师要抓住学生好奇探究的心理，善于激发学生动手解答问题的积极性和内在欲望，让学生在动手探究中分析问题、解答问题，实现学习能力的全面提升。"由此可见，数学课堂中动手操作的环节必不可少，是培养学生全面发展的方式之一。那么在学习数学知识的动手操作环节放入中草药知识，这有效增加了题目的趣味性，也让学生再次有了机会认识中草药。

在《周长与面积》的能力提升部分，设计了如下题目：药农伯伯要用20根栅栏围出长方形（包括正方形）的中草药种植地，如何帮助药农伯伯围出最大面积来种最多的中草药呢？（帮助药农伯伯的小朋友便可得到奖励。）为了让学生能进行动手操作，教师在课堂上用小棒代替了栅栏，每四人一小组进行合作。充分抓住了低年龄学生乐于助人的积极性，配合学生的好奇心和探索欲；小组合作的方式也增强了学生之间的交流表达能力，让学生在合作的过程中主动发现问题、分析问题并一起解决问题。在操作时，课堂气氛也变得活跃起来，学生的情感被激发，都积极投入到帮助药农伯伯解决问题中。在课堂巡视的过程中，教师发现学生们可以用20根小棒围出了不同面积的长方形，便可利用多媒体技术将学生拼成的长方形进行拍照投放到电脑上来收集学生的方案。通过学生们的动手操作、计算比较，由学生自主发现：当20根小棒围成的图形是正方形时，围成的图形面积最大。

学生们都兴奋与大家一起合作帮助药农伯伯围出了最大面积的中草药种植地，又介于前半节课中草药知识的渗透，学生迫切地想知道药农伯伯到底为他们带来了什么奖励。此时，教师便可拿出课前准备的桂花并给每一个小组进行分发，分发的同时进行桂花这一中草药基础知识的讲解。这样的能力提升题，将原本枯燥的数学问题与中草药进行了连接，课堂气氛佳，学生掌握的程度必定不会差，既让学生有了学到新知时的满足感与成就感，又让学生对于中草药的探索欲望进一步得到加深。

四、课堂延伸、种植中草药

激发学生的学习热情和提高学生的学习兴趣是义务教育阶段工作者的目标之一。秉着这一原则,教师将中草药知识不光在教室内的数学课堂中渗透,同时也鼓励学生在校园中、家中种植中草药,最大程度提高学生对中草药的兴趣,进而了解认识中草药。

作为拥有"中药剂型发展"特色课程的校园,学校为学生在校园中开辟了一块中草药种植地。面对这一块宝贵的种植地,便可引导学生发出疑问,如:这一块种植地的面积有多少?这就需要学生自主进行测量和计算。这么大的面积适合播种多少克的种子才能使中草药更好地生长呢?种植的中草药生长周期又是怎么样的?这些问题都会成为学生思考的内容。介于三年级的学生年龄较小这一特征,教师可将学生提出的相关问题进行整理归类成数学问题,再把问题反抛给学生,学生便可根据问题主动进行中草药种植的相关知识学习、在种植的过程中对中草药长势进行记录等。这何尝不是将数学课堂从教室迁移到了教室外,数学教学也就顺理成章地由被动教学转变成了学生主动发现问题并解决问题的过程。在一个中草药种植周期后,可让学生来说一说这段时间的收获,便可很好地反映出学生对相关数学知识的掌握程度以及呈现出学生对中草药知识的认识程度。

这样的户外课堂,深深吸引了学生的眼球,让学生在实践中体会数学的神通广大,我们的生活中处处都有数学的影子;又能在种植的过程中对种植的中草药进行一个自主的学习,充分培养了学生的主动性、自觉性。

五、小结

宣扬校"中药剂型发展"特色课程实属不易,在数学课程中向三年级小学生渗透中草药相关知识不是一件轻而易举的事情,这需要教师备课时间的叠加,教学设计的反复修改,以及教师本身处理数学知识与中草药知识之间联系的能力。但只要研磨数学教材、学习中草药知识,将数学知识与生活中的中草药进行合理的结合定会使课堂具有魅力。

在数学课中渗透中草药知识使学生和老师收获了很多。第一,原本枯燥的数学课变得有趣味性,提高了学生的上课注意力,发挥学生的主观能动性,促使学生积极投入到课堂中;第二,中草药的出现使教师更高效地完成了数学内容的教学目标,学生掌握数学知识的效率大大提高;第三,在数学课程中最大程度激发了学生对于中草药的兴趣,在潜移默化的过程中吸收了中草药知识,感悟了我国中草药国粹。

数学课程中渗透中草药知识是一件任重而道远的事情,我们不能力求立竿见影,只愿能在课堂中慢慢渗透、让学生对于原本陌生的中草药有一定的认识,认识到我国中草药技术的强大,在小学生心中埋下一颗中草药的种子,积极鼓励他们,愿他们有朝一日也能在中草药领域有所成就。

23. 四两拨千斤　"晓活动"大改变

周小单

以往我们总是认为信息技术就是将文字教材电子化,就是把教材和课堂教学结合起来用多媒体展示。我们却忽视了信息技术应用于教学的目的除了辅助教学外,更重要的是改善学生的学习方式,忽略了信息技术是作为手段应用于教学,而不是形式或模式。东北师范大学的解月光教授提出了基于整合理念的信息技术教学应用模式的观点,认为信息技术在学科教学的应用有两个层面:一是基于"辅助"的理念,将信息技术作为教学媒体、手段和方法来帮助教师或学生解决教或学中的问题;二是基于"整合"的理念,即信息技术作为构建自主、探究学习环境的重要要素来支持学习。我们可以这样理解:应用信息技术除了辅助教学外,还要构建自主、探究的学习环境,改变传统的教学结构与教育本质,与此同时提高学生的信息素养。

那么在"双减"政策下,如何确保学生作业负担不过重,又能为学生构建一个自主、探究的学习环境,这是我们在教学中时常思考的问题。借助"晓黑板"中"晓活动"这个栏目,我们用"三味真火"给学生营造广阔多样的自主学习环境,让学生乐学、爱学。在不加重学生负担的情况下,通过充满趣味的语文活动让学生在实践中巩固语文知识,既有课内外内容的结合,更有能力的综合,使学生语文素质得到更全面的锻炼和提高。

一、注入"情趣味"——丰富活动,妙趣横生

爱因斯坦曾说过:"教育应当使提供的东西让学生作为一种宝贵的礼物来接受,而不是作为一种艰苦的任务要他去负担。"兴趣是最好的老师,如果学生对学习产生了兴趣,其学习热情必然高涨,学习效果也会显著提高。因此我们的学习任务布置无论从内容、形式还是评价都应该更有情趣味,让学生在轻松愉快的氛围中完成既定的学习任务,让学生面对学习任务跃跃欲试。在空中课堂学习期间,我们尝试着开展了丰富的学习活动,让语文学习妙趣横生。

1."墨之香"书法我来秀

练字作业太枯燥？不如开一个书法展示会吧！借助"晓活动"我们开展"'墨之香'书法我来秀"活动。每位学生在"晓活动"中上传自己的练字作业，同学们可以自由地评价展示出来的一幅幅书法作品，并且评价的方式很丰富，可以是为作品点赞，可以是文字或者语音评价，甚至可以是用一些有趣的表情图片给优秀的书法作品予以鼓励。

有趣的方式点燃了学生的练字热情，在普通的课堂中一般只能展示个别优秀的作品，但是空中课堂给那些虽然达不到优秀却不断在进步的孩子也提供了展示的平台。一次次的"晓活动"记录了孩子们每一次的进步，也能让孩子欣赏到班级其他同学的作品，激励自己向优秀的作品学习。

2."春之歌"诵诗小舞台

古语有云"读书百遍，其义自见"。朗读对于课文的学习和理解是非常重要与关键的。但是有些羞涩腼腆的孩子因为怕读错、怕读不好被同学嘲笑，所以在平时的课堂中总是不愿张口。但是在空中课堂中，我却看到了这些孩子不一样的一面。没有其他同学和老师的注视，在放松的状态下，他们发出的朗读语音声音响亮、十分有感情，让人眼前一亮。这样优秀的朗读怎么能在平时的在线课堂中埋没呢？何不利用"晓活动"让他们发光发彩！"春之歌"诵诗小舞台应运而生。在小舞台上，同学们尽情地展示自己的才能，一首首声情并茂的春日诗歌，让这个因为疫情而有些冷清的春日又温暖了起来，也让那些平时腼腆的朗读达人们初露锋芒。

3."童之趣"我笔写我心

对于低年级的学生而言，书面表达已经是起步阶段，孩子们开始对写话萌发了许多热情，怎样让他们对写话的热情持续点燃呢？

我们利用教学中的"看图写话"环节创设"晓活动"——"童之趣"我笔写我心。鼓励学生尝试看图编故事，并通过这个平台为每位学生修改点评写话作业。将优秀的作品集结成电子文集在年级组中展示，让每个同学都能从中体会到写话的乐趣。

一个"晓活动"让每个学生有了展示的平台，也让每一个学习任务变成了展示的机会。平时的作业大多是学生个人完成老师单独批阅的，但是利用信息技术，学生的作业变成了诵诗会、书法展、电子文集，人人参与，多元评价，并激励发展。学生能乐在其中，学在其中，"晓活动"让孩子不再是单纯的完成学习任务,而是在自由的平台中展示自我,并学会倾听他人,欣赏他人,向他人学习。

二、融入"生活味"——贴近生活,实在实用

为什么学习语文?就是为了运用语文。语文源于生活,也必须回归生活。学生在课堂上学习的知识大多是系统化的、标准化的纯语文形式,因此联系生活设计学习任务能让语文学习更贴近学生生活,让学生能运用语文知识解决生活实际问题,展现语文的实用价值。

1. 过年春联我能写

在寒假期间,通过"晓活动"向学生发起了"过年春联我来写"活动。学生自己利用语文知识编写春联,虽然还略显稚嫩却也十分有趣味。一幅幅春联张贴在自家门口,年味十足。更有创意者给自家的宠物狗笼、猫窝也贴上了自编的春联,洋溢着语文的趣味,流淌着灵性的自由。为了写好春联,学生们对怎样写好毛笔字也充满了兴趣,枯燥乏味的练字变得极具趣味,有不少孩子宁愿放弃玩乐的时间也要写出一副漂亮的春联。从"老师让学"变成了"自己想学",充分调动起了学生的积极性。

2. 主题班会我主持

主题班会怎么上?"晓活动"中勇报名,交给学生自己来。在主题班会召开前一周,我在"晓活动"中发布了主题班会的标题,学生自己搜集资料,推选自荐主持人,撰写主持稿,准备小品、朗诵、课文剧等节目。在活动中,搜集资料拓展了学生的知识面,准备节目锻炼了学生的语言表达能力,这些是平时学生最容易产生畏难情绪的学习任务,而通过这样的方式,给学生带去了展现自我的机会,也带去了语文实践的机会。在实践中灵活运用学习过的语文知识,同时也让每个学生参与到活动中去。

3. 观澜景点我导游

在《黄山奇石》的语文课堂中,学生争当小导游介绍黄山的各种"奇石",课后我也利用"晓活动"进行课堂拓展,开展了"观澜景点我导游"的活动。学生可以选择自己熟悉的校园景点,学习《黄山奇石》中的介绍方式,录制景点介绍音频上传至"晓活动"中。学生将课堂中学习到的方法和技能在实践活动中付诸实施,让学生在生活中"学以致用"。不仅拓宽了学生的学习空间,也让学生体会到语文学习的价值和快乐。

学生的生活是丰富多彩的,是获取语文知识,进行语文实践的广阔天地。充满"生活味"的语文活动能让学生在实践中巩固语文知识,为学生开辟一个更广阔的空间和平台,既有课内外内容的结合,更有能力的综合,语文素质得到了更全面的锻炼和提高。

三、添加"自选味"——因材施教,尊重个性

两千多年前孔子就提出了"因材施教"的教育思想。现代教育学、心理学也表明人的智力、接受能力都是不同的。那么如果老师还是采用统一布置学习任务的方法,面对学习能力各有不同的学生,很容易出现有的学生"吃不饱",有的学生"吃不了"的现象。因此根据不同学生的接受能力分层次设计学习任务,给学生以选择的权利是非常有必要的。

著名教育家陶行知先生说过:"要尊重每一位学生的个性,要在学习上注重发挥学生的主观能动性,只有这样,学生才会乐学,才会学有收获。"所以在语文学习任务的设计中,要尽量给学生设计形式多样的作业,让他们根据自己的实际情况自主选择。跟着自己的兴趣和能力走,学生完成学习任务的积极性提高了,真正把"让我写作业"变成了"我要写作业"的良好局面。

比如,学习《肥皂泡》一课后,我设计了这样的"晓活动"可供学生进行选择参与:

(1) 选择文章中你最喜欢的一段话,为大家有感情地朗读。

(2) 用自己的话向大家介绍一下吹肥皂泡的方法吧。

(3) 你还喜欢什么游戏,能向大家介绍一下吗?

这3个活动由易到难,逐层递加,层层递进,给不同能力的学生一定的选择空间,学生可以根据自己的能力和兴趣选择适合自己的活动完成。因为是学生自己选择,所以学生在完成活动时更有自信也更有自己的想法。以最简单的第一个活动为例,有的学生在朗读时为自己加上了背景音乐,使朗读更富美感。有的学生甚至是将自己喜爱的段落声情并茂地为大家背诵展现。学生在"晓活动"中的精彩表现都能获得同学和老师的点赞和评论,使不同程度的学生在相同内容的学习中都有相应的收获和提高,尝到成功的喜悦。

随着社会的不断发展和进步,信息技术会越来越多地应用到教学中来,我们教师要利用信息技术为学生创设个性化和人文化的学习环境,在教学中不断为学生创造学习和交流的机会,引导学生开放思维、乐于创新,让他们真正成为学习的主人。我相信借助"晓活动"的"三味真火"一定能点燃学生的学习兴趣,让他们不是为了完成老师布置的任务而做,而是真正地愿学、乐学。

"晓活动"看似小却作用大,它是一个广阔的平台,加上老师的巧思,我相信定能不断拓宽学生自主发展的天地,营造学生广阔多样的自主学习环境,让学生自主、主动参与,创新发展,做到语文学习的"四两拨千斤"。

24. 关注点滴　用心育人

苏睿恒

随着时代的发展,21世纪的今天,教育不断改革,我们也在不断思考教育的意义,社会需要怎样的人才,国家需要怎样的栋梁,世界的未来是怎样的,我想,这便是教育的意义。教育,不是培养机器,而是培育身心健康、性格健全的人,因此,教育不应该仅仅关注孩子的学习成绩,更要关注孩子全面发展。作为新时代的教师,我们也应与时俱进,深刻剖析教育的意义,才能更好地培育祖国的下一代。我们的眼里不再仅有成绩,而是装满了学生的点滴成长,肩上更有着育人的责任,成绩重要,但育德也很重要,现代社会,"德育"占据重要地位,德与才二者在孩子的成长过程中并肩而行,才是教育的真正意义。

一、关注日常　培养良好学习习惯

身为老师,第一重任便是教书,在教学过程中,会遇到许许多多的问题,和学生朝夕相处,孩子们在班级生活和学习上的不足之处渐渐显现,我们教书的同时更应注重育人。孩子们在行为习惯和学习习惯上的养成离不开老师的督促与教育,因此在日常教学中,我也时刻关注班级孩子的日常行规与学习习惯,努力端正其学习态度。

低年级的学生,自控力比较薄弱,在没有人监督的情况下容易出现拖延,而老师需要兼顾四十多位孩子,往往不能面面俱到,这样一来,班中就出现了一些存在拖延情况的学生。一旦养成拖拉的情况,不但影响学习效率,还影响了孩子今后的个人发展。因此,对于班中有孩子存在拖延拖拉情况的问题,尤其是部分孩子已经养成了习惯,严重影响了这些孩子的学习效率,作为班主任的我看在眼里,急在心里,想帮助孩子改掉拖延的习惯,却又不知从何下手。

班级中设立了奖励奖牌制度,利用了这一制度,我想到了一项措施,帮助孩子改正拖延。当天的作业如果不能按时完成,作为惩罚,扣除一张奖牌。原先我认为对于有拖延症的孩子会起作用,然而渐渐发现这一措施不可行。对于作业完成速度慢、拖拉的孩子,身边没有多少奖牌,一张一张扣除,孩子渐渐变得麻木,不再珍惜自己先前的学习成果,直至没有奖牌可以扣除时,干脆"破罐破摔"拖拉情况愈发严重。每每看到孩子们松懈,我内心无比焦虑。孩子都是渴望得到肯定的,惩罚措施不可行,那奖励措施是否可行呢?班中的小刘同学是拖延情况较为严重的一位,家长也十分焦虑,时常与我交流,于是,我将激励措施在小刘同学身上实施,希望可以缓解孩子的拖延。我与小刘进行了交谈,询问他拖延的原因并表明我想让他担任他们组的组长一职,负责收发作业,我也向小刘说明,作为组长,是全组孩子的榜样,作业完成要迅速,才能督促组员交作业,任务重,但我相信他可以胜任,并征询孩子的意见是否愿意担任组长,孩子听后也向我表达了愿意担任组长,同时,我也看到了孩子眼中闪过的喜悦与激动。之后,我时常关注小刘的作业完成状态,原本下课后和同学嬉戏打闹的他,变得自觉了不少,开始利用课间认真写起了作业,速度也加快了,作业效率提高了,甚至开始催起了组员,看到小刘的改变,我也暗自窃喜自己的激励措施见效了。我将同样的方法运用到了其他存在拖延情况的孩子身上,各自设置小岗位,发现激励效果远远大于惩罚。

看到孩子们的改变,我十分欣慰。我想,这就是教师的职业幸福感来源。孩子们在自己的教育方式中慢慢取得进步、有所收获,我也收获了满满的成就感。孩子学习上出现了困难,我们应该积极想办法应对,帮助孩子养成良好的学习习惯。

二、关注学科　把握德育教育契机

德国教育家赫尔巴特认为"教学如果没有进行德育教育,只是一种没有目的的手段,德育教育如果没有教学,就是一种失去了手段的目的。"学科教学与德育之间存在密不可分的关系,学科教学不仅仅是传授知识,而德育教育也不能毫无依托空洞实施,只有将两者结合才能真正达到教育的目的。

语文学科是德育最主要的载体,在语文教材中蕴含着大量德育素材,因此在教学中我也时刻关注教材里的德育契机,将德育教育蕴含至日常教学。

在语文教材中有《传统节日》一课,作为新时代的少年,应当从小培养对祖国灿烂文化的自豪感与热爱,对传统的节日应该有足够的了解,但文本呈现的内容有限,孩子们无法深入了解,因此我抓住这一契机,教学结束后,在班中开展传统节日分享会,以小组为单位,交流分享对传统节日的了解,包含习俗、美食、典故、诗词等,孩子们在分享过程中既有了展示自我的平台,又在分享中更加了解传统节日,孩子们听得津津有味,相信在他们的心中,已经埋下爱祖国、尊重传统文化的种子,时刻关注学科特性,把握德育契机。

三、关注活动 渗透有效德育教育

1. 亲子朗诵,绽放自我色彩

百年瞬间我定格,改革开放以来,中国经历了许多坎坷,改革开放期间,英才辈出,他们为了祖国的发展付出了许多,为了纪念,学校开展了相关主题的亲子朗诵。班里有一位性格内向的孩子积极参与,上传的音频朗诵效果不错,我便推选她作为班级代表参赛,当孩子得知自己能代表班级参赛时,内心十分欣喜,通过孩子传来的语音我便能感知她的快乐。尽管内向腼腆,但孩子不放弃任何展示自己的机会,一次次练习、一次次调整,从语音语调到背景音乐和展示图片的选择,孩子积极投入,精益求精。这是一次锻炼的机会,让其大胆展现自己的风采。

到了比赛当天,我看到孩子在台上声情并茂地朗诵,和平时文静的她截然不同,自信大方的表现让我欣慰,最终,通过努力,取得了不错的结果,孩子自己也很欣喜很激动。学生通过这样一次活动得到了锻炼,胆小内向也能变得自信大方。

回到班级中,其他孩子送来了欢呼与称赞,看到孩子们脸上发自内心的笑容,我想,这应该就是活动的意义,结果可能不是那么重要,过程中,学生参与,上台克服胆怯,自信地表达,增加了自信心,由于和班级荣誉相关,又一定程度上增加了班级荣誉感,将德育落到了实处。

2. 班班唱红歌,绽放集体色彩

为纪念中国共产党建党一百周年,学校组织开展班班唱红歌比赛,这是新学期以来班级第一次隆重的集体活动,对于学生们的意义重大,孩子们脸上难掩激动之情,作为班主任,我积极做好后勤,从选曲到演出服的选择,从动作的编排到背景视频的制作,只为呈现最好的演出效果,给孩子们留下难忘的回忆。

一遍遍修改、一次次排练、一趟趟走台,孩子们乐在其中,尽管累却还是精神饱满对待,团结一心,平时调皮的孩子在此刻也十分配合,认真投入,丝

毫不懈怠。

比赛的当天,从化妆开始孩子们便激动万分,登台的那一刻,脸上依稀有些小紧张,但丝毫不影响孩子们的激昂,看到舞台上,大声歌唱的他们,自信绽放的笑容,在台下的我也感慨万分。这一刻,每位孩子都为了班级荣誉而努力,变得团结,在歌颂祖国、学习红色精神的同时,无形之中也团结了班级,增加集体荣誉感和凝聚力,在活动中发展学生,也是教育的魅力。

3. 缅怀先烈,培育爱国情怀

又是一年清明时节,万物滋长,思念绵长。四月一日,为了深切缅怀革命先烈,传承红色基因,发扬奉献精神,学校组织开展了"百年党史寻初心,英雄榜样我看齐"的清明节祭扫活动,班级两名孩子有幸参加了此次祭扫活动,她们怀着无比崇敬的心情来到烈士陵园,对保家卫国而献出自己青春热血乃至生命的革命英烈表示深深的哀悼。历史的长河记载了多少英雄的事迹,又有多少人为了保家卫国献出自己的生命,他们都是国家民族的功臣,是党的忠诚战士,是人民敬仰的革命先烈,他们为了后代的幸福生活不惜抛头颅,洒热血,不怕牺牲,甘于奉献,这种崇高的精神与品质深深震撼着我们。作为新时代的好少年,更不能忘记先辈的付出。两位孩子参加活动后也感慨万分,被现场庄重肃穆的氛围所震撼,所感动。回来后也向我诉说了诸多感受,我借此契机,对全班孩子进行爱国主义教育,缅怀先烈。

第二天,借着清明祭扫主题活动,我在班级中也开展了纪念英烈主题教育活动,让参加活动的两名孩子谈谈自己的感受与想法,带动其他孩子一起深思,一起缅怀先辈,一起谈感想。今年正值中国国共产党建党一百周年,也是一次很好的教育机会,在交流的过程中,发现孩子们对于革命先辈的了解不少,有的孩子谈论了英雄董存瑞,有的孩子则向大家讲了小英雄王二小的故事,在孩子们绘声绘色的故事中,学生一次又一次沉浸在革命先辈伟大的奉献精神中,一次又一次被深深感动,看到国家日渐强盛,更明白了如今幸福生活的来之不易。最后孩子们畅谈自己的理想抱负,愿意为了祖国的发展而努力奋斗,从现在做起,好好学习,以自己的实际行动来回报先烈们的付出,同时,对祖国母亲也爱得更加深沉。

通过这样的一次活动,抓住育德契机,孩子们感知了革命精神,传承了红色精神,在活动中深埋爱国种子,通过自身的努力,创造更加美好的未来。

在两年的教学生涯中,我关注学生的学业发展,重视学习成果,但也同样注重育德,在孩子的未来人生道路上,健全的人格是关键,作为老师,应当从小给孩子树立起正确的价值观,指明正确的方向,丰富其内心世界与精神境界。我们面对的是孩子,他们心中有理想、有抱负、有对未来的憧憬,我们应该意识到自己的教学是对国家、对社会的未来负责,因此,在日常的教学中,我紧抓育德的契机,适时教育。学生日常学习生活、学校开展的活动、学科教育中处处都有德育的影子,作为教师,我们要善于发现这些德育的契机,更好地对学生渗透。

树木易,树人难,德育为先,将立德树人作为首要教育任务;作为教师,必须树立德育理念,去感化学生、熏陶学生、影响学生。育德只有开始却没有尽头,育德这个主题很宽泛,需要老师从学生日常学习生活中发现细小的点,从点入手,以小见大,从一点一点的教育中去渗透,潜移默化中引导学生形成正确的价值观,拥有正确的人生信仰。每个学生都是一颗星星,如何让其发光发亮需要每位老师的努力,而德育工作正是我们努力的方向,通过德育思想的不断灌输,让每一颗星星一次比一次闪亮。通过一次次教育与努力,学生们的正直善良、养成的良好行为规范都让我欣慰,德育是一项长期的工作,需要一位用心培育学生的老师,而这也正是我今后所要努力的方向,通过自己的教育,引导学生成为一名"有知识更懂道理"的接班人。

25. 精彩探究　玩转垃圾分类
——"垃圾的分类"一课在延续

乔培青

一、案例概述

"垃圾分类"近两年成了一个热门词。上海市垃圾管理条例已经于2019年7月正式实施，如何才能让垃圾分类的环保意识在学生、社区中普及呢？为此我设计了一节探究课——《垃圾的分类》。这节课也引发了我的一些后续思考，通过学生的自主探究，来帮助他们深入了解垃圾分类的知识，学习一些简单的探究方法。学校也因此开展了一系列活动，让垃圾分类活动从班级走向学校，从学校走进了社区，起到了较好的辐射作用。

二、活动背景

垃圾分类成为了社会上的一个热点话题。和每一个市民的生活紧密联系，从社区到学校，大街小巷皆能看见垃圾分类相关的横幅以及宣传海报。

但是，许多小学生对垃圾分类的了解仅停留于海报和电视宣传，对于垃圾的类别和具体如何分还缺乏深入地了解。如何让孩子更好地理解垃圾分类的价值，落实垃圾分类行动，进一步带动周围的家人、朋友呢？结合《上海市浦东中小学课程方案》的要求，我有了主意。

《上海市浦东中小学课程方案》要求：建立以基础型课程、拓展型课程和探究型课程为主干的课程结构。探究型课程是一种自主性很强的课程，它的意义在于能够引导学生学会学习，激励学生自主学习，让学生在遇到问题时能运用多种方法进行主动探究。

因此，我决定以垃圾分类为主题开展一堂探究课来锻炼孩子们的自主学习能力，加深孩子们对垃圾分类的认识。活动旨在让学生通过查找资料、分析问卷、筛选信息、手工制作等方式了解垃圾分类的现状，知道垃圾分类的好处，增强环保意识；运用语言、文字、手工制作、多媒体等多种方式交流本组作品，熟悉收集信息，处理信息和表达信息的一般方法；体验合作学习的乐趣，感受自身价值，养成自主探究的习惯和小组合作学习的能力。

三、活动过程

本节课总共有3个学习过程。教学设计紧扣新课标所提倡的3种学习方法,即自主学习、合作学习和探究学习。

活动的前期计划过程,全班33位学生分成了调查组、宣传组、行动组和再利用组4个小组。每个组的探究方向各不相同:调查组通过问卷调查了解垃圾分类现状;宣传组通过绘制海报、印发传单、设计横幅、编快板等方式寻求宣传垃圾分类的好方法;行动组通过实践活动体验垃圾分类的方法;再利用组通过回收制作感受变废为宝的乐趣。课后,各小组依据探究的不同方向在教师的指导下撰写了小组探究计划,并依据小组计划分配组员任务。表1所示为行动组探究计划。

表1 行动组探究计划

小组名称	行 动 组
设计意图:	川沙的外来游客越来越多,那就意味着川沙的形象越来越重要,地上的这一张张废纸,一根根竹签都影响着川沙,乃至是上海的形象。通过此次活动可以帮助同学们树立更强的垃圾分类环保意识,同时也可以让大家了解垃圾分类的重要性,并积极倡导人们要从自身做起,从身边微小的事情做起,保护环境。
具体方案:	1. 活动前期准备 (1) 组内成员分成4个小队。 (2) 制定四个小队捡拾垃圾的路线。 (3) 准备12个垃圾袋、12份一次性手套、可回收垃圾、不可回收垃圾、危险垃圾的标志。 2. 活动流程 (1) 早上10:00所有志愿者现代广场集合,强调安全注意事项。 (2) 活动开始,对川沙路、新源路步行街上的废纸、果皮、易拉罐、烟蒂等垃圾进行捡取并分类摆放。 (3) 随行家长负责拍照、拍摄视频进行记录。 (4) 10:40全体参加活动人员回到现代广场集结,并清点人数。 (5) 10:50 活动结束。 3. 活动后期 撰写活动报告并制作汇报PPT。
组长:	×××
具体分工:	准备工作:×××打印垃圾分类标志 ×××负责制定活动路线 活动分工(略) 活动后期:×××撰写活动报告 ×××制作汇报PPT

小组中的每个组员都一定有自己的任务,能力较强的承担难度较大的任务,能力较弱的就承担相对简单的任务。每个任务都环环相扣,每个组员都缺一不可,一旦某位组员的个人活动出现问题就可能会导致整组的探究活动无法继续。这是对孩子们在学习活动中主动性和积极性的考验,充分调动了孩子们的自主意识,提高了他们的组织能力。而探究活动策划是否严谨、计划是否周密则直接影响了活动能否顺利实施。这就需要组员对探究计划进行反复推敲,仔细修改。

确定探究计划后,各组员分头对计划进行实施。在这个阶段中,孩子们实现了信息共享,把自己获得的资料和信息分享给其他组员。这考验了组员之间的团结协作能力,组员们必须彼此激励、互相帮助,共同完成探究任务。同时,孩子们在探究过程中还体验了多样的学习活动,如查找资料、信息筛选、制作问卷、信息分析、实践体验等。多样的学习活动锻炼了孩子们的自主探究素养,提升了孩子们的独立探究能力。即使今后遇到不同的探究主题,也能够运用相同的方式进行自主探究。

计划实施完毕后,各小组在探究课上对自己的探究过程和结果进行汇报展示。汇报前,我对汇报的小组和倾听的小组都提出了一定要求,如下。

(1)每组派代表进行汇报。说清楚,说明白,重点介绍探究的过程。

(2)其他各组成员,要认真倾听,仔细思考,同时填写评价表。

(3)边听边思考:听了他们的介绍,你觉得他们有哪个步骤做得特别出色?值得你学习。

附评价表见表2。

表2 评价表

评价内容	调查组	宣传组	行动组	再利用组
分工合理				
计划详细				
实施有效				
汇报精彩				

根据各小组的汇报,用1—3颗☆为他们打分。

小组代表的汇报环节,充分考验了孩子们的语言组织能力和表现力。

如何简要清晰地将小组的分工、计划、实施过程表述清楚是一个大难题。首先,汇报讲稿需要逻辑清晰,语言简洁;其次,如何更好地利用媒体协助汇报也是成功的一大关键。出色的讲稿和媒体还不足以获得观众们的认可,提升舞台表现力也十分重要。声音响亮、仪态大方、绘声绘色的讲解才能博得满堂喝彩。

本堂课上的评价方式主要是学生互评,评价要求有两项:一是以表格的形式为小组的规定表现打分;二是针对其他小组的汇报进行自由评价,分析优缺点。评价表(见表2)中的评价内容,是此次探究活动的汇报中需要关注的重点。评价表格的设计能够引导学生做到有目的、有重点的汇报。对汇报小组优缺点的分析,则是一次再学习的过程。在倾听、思考的过程中,评价人能够发现别组的闪光点,进行学习;而被评价小组经过他人点评则能够发现问题,吸取教训,再求进步。同时,评价环节能够提升学生们倾听的专注度和提炼信息的能力。只有足够专注才能抓住其他小组的汇报信息,合理打分,找出其他小组的优点,分析缺点。

某位同学指出调查组可以在本次探究活动后,进行二次调查,以明确本次探究活动的成效。学生们在评价活动中学会了思考,更好地完善了本次探究活动。

四、活动效果与反思

探究课后学生们对垃圾分类的知识有了更加清晰的了解,提升了学生们的环境保护意识。学生们在课后能更好地以身作则,带动身边的人做好垃圾分类,自主探究的能力也得到了提升。课堂重视学生在体验、实践中施展各项探究能力,如何制订计划、如何设计问卷、如何团队合作等,这都是在活动过程中需要解决的问题。从一次次实践的过程中,学生们逐步适应,提升了解决问题、研究问题的能力。

此外,这堂探究课在大队部活动中起到了引领作用。由于班级探究活动反馈良好,学校大队部仿照此次探究活动,在各年级中设立了垃圾分类探究小组,鼓励学生对垃圾分类进行自主探究。

在此基础上,学校召集部分同学,走进川沙八灶社区向村民们进行知识宣讲。"小老师"们的宣讲通俗易懂又生动有趣,收获了村民们的一致好评。学校还组织孩子们来到川沙新镇的繁华地带开展了"垃圾分类我在行"服务活动。活动中,孩子们通过分发传单、绘制环保袋、做游戏等方式对垃圾分类知识进行宣传。一系列的后续活动,真正做到了"教育一个孩子、影响一个家庭、带动一个社区"。

"授人以鱼不如授人以渔。"垃圾的分类这个主题,仅仅是开展探究活动的一个载体,其根本目的还是要训练孩子的自主学习能力。实际上,在学习生活中,还有很多问题可以借助探究活动来更好地解决,服务生活。教师应该把课堂还给孩子,让孩子们学习自己解决问题的方法。当然,在教学过程中也要注意,自主学习并不是一味地放手让孩子自己学。教师应当是一个指导者,为学生提意见,在各个环节对探究活动加以引导。让孩子们在教师的引导下、在一次次实践中掌握方法,学会自主学习。

相信每一位教师如果都能做一个有心人,在教育教学中用好探究活动,定能锻炼孩子们自主学习、合作学习以及探究学习的能力。

26. 以文化润心　助素养提升

唐依雯

语文课程标准明确指出:"无时无刻都可以进行语文的学习和实践,更多的是应该让学生在实践中学习语文,掌握语文规律。"在实践的过程中,校园文化是关键性影响因素。校园文化是学生学习语文的途径,打造"艺术"的校园文化,能够让学生的语文素养潜移默化地得到提高。

我校的新川校区拥有180多年的悠久历史,校园的历史文化、制度文化和精神文化,都有着深厚的历史积淀。2014年9月,我校的充满现代气息的川周校区正式启用。一校两区,文化归源,秉持着"凸显东方神韵,尽展现代气息"的校园文化建设理想,成为了陶冶学生语文素养的沃土。作为一名语文老师,要有一双会发现的眼睛,让校园的每一处景、每一面墙优化语文教学,拓宽语文课堂教学,从而提高学生的语文素养。

一、校园文化对学生语文素养的重要意义

校园文化建设对学生语文素养的提高,具有重要意义。在促进学生的人格发展的同时,增强学生对社会的感悟能力,对人格的塑造也起到了积极的作用。

1. 增强语文学习氛围

校园文化代表了一个学校的学习氛围。如果一个学校充满书香气息,就更能激发起学生学习的想法。校园中随处可见的美好的语言文字,使学生在校园文化的熏陶下提升语文素质。校园文化对学生的影响是持久的,潜移默化的影响着学生的语文素养。如果学生在一个校园文化建设并不好的学校,学生很难静下心去学习,更不用说提高自身的语文素养。充满艺术的校园文化建设,可以让语文学习的氛围在无形中提高,从而达到提高学生语文素养的目的。

2. 提供语文实践的平台

语文素质的培养,依靠的不仅是语文课堂中对语文的学习,获取语文能力的主要条件就是语文实践。校园文化的建设,让学生在文化氛围中受到

陶冶和知识上的丰富。在校园文化建设的时候,要运用有限的教学资源,让学生得到语文实践的机会。在对学业成果要求的同时,更重要的是引导学生在语文素养方面的提高。让学生成为校园文化建设的主体,得到丰富的实践机会,也可以使校园的艺术色彩更加浓重。

3. 激发学生学习语文的兴趣

在校园中举办语文知识竞赛、演讲比赛等语文活动,让学生的竞争意识在比赛中激发,培养学生学习语文的积极性。让语文的"之乎者也"那种枯燥的学习变得有意思起来。学生在学习语文时,由被动转变为主动,语文素养得到提高。

二、为校园环境赋予语文的内涵

学校中各种看得见摸得着的物质文化形态,如校容、校貌、自然物、建筑物、各种设施等,是校园文化的典型代表。校园物质文化具有"桃李不言"的特点,能使学生在不知不觉中自然而然地受到熏陶与感染。讲究人与环境"互动",引导学生走出课堂,在树影婆娑、花木扶疏处学习语文,在石上、亭间、路畔运用语文,可以提高学生的学习兴趣,激活学生的创造欲望。

1. "千锤百炼"园文化

观澜的新川校园处处是风景,景景有典故。全新的川周校园楼名从历史中走来,奔未来而去。新川校园有"文笔楼""云路楼""承志楼""丽泽楼""化雨楼",川周校园有"敬业楼""兴教楼""持志楼""文昌楼""奋飞楼"。从学校的文化积淀中挖掘、撷取而来,完全做到"名名有典故""楼楼有内涵",这些朗朗上口又含义深刻的楼名激励着每一位观澜师生勇于奋进。

在有了楼名后,学校还通过微信公众号发起了"定格校园一角,畅想别致景名"的校园景名命名征集活动,向全体师生征集"符合景点特色,体现观澜文化特质"的景名。充分发挥学生的想象力和文学才华。这样的活动无疑是一个语文学习的激发过程。因此在我校,路有名,石有意,景入画,园有文,人景相合,物与意相通,一走进校园没有人不心旷神怡,意兴盎然,这些命名活动也让学生真正了解学校,爱学校,更爱校园生活。

2. "三维设计"廊文化

我校川周校区以"为用而学,学以致用,提升素养"的"新实用"教育思想为指导,将教学楼内9条长廊构建成9个个性文化空间。

连廊一楼"体验生活之旅",吸引学生体验一场"动静结合"的阳光之旅;二楼"品味人文之旅",带领学生细细品味八大艺术的魅力;三楼"畅想奇幻之旅",引导学生与时空对话,播种爱科学乐创造的种子;四楼"成就观澜之旅",打造成一条见证学校180多年文化积淀的校史长廊。

综合楼四层楼道长廊分别以"翰墨飘香""乐舞飞扬""创想灵动""学科探趣"板块,作为展示学生兴趣社团以及文化周活动成果的主题文化墙。过道廊桥打造成特色"民乐廊",引领学生在传承民族文化艺术的同时享受别样的童年快乐。

纵贯"古—今—未来"的时间线,横贯"东方—西方"的空间线,联系"知识—生活"的实践线。三维交织的"新实用"教育阵地在厚实学生文化基础,提升社会参与性,获得自主发展中发挥其特有的文化魅力。

3. "八仙过海"室文化

良好的德育环境对学生的道德成长起着熏陶感染的作用。为了营造积极向上、团结和谐的班级文化,洞洞板与软木板相结合,平面与立体相结合,置物与收纳相结合,墙面展示与教师办公相结合。40个教室的文化布置,给各班创造个性化的班级文化带来新的施展空间。

教室里,"公告栏""图书角""绿化角"等常规项目一目了然,"个性墙""作品栏""争星榜"等自选项目各出奇招。一堵堵会说话的墙,道出了同学们健康向上、认星争优的美好心愿,增添了同学们为班级增光添彩的使命感、责任感。走进一间间教室,仿佛来到了一个个欢乐、阳光、幸福、向上的大家庭。

班级文化墙,向我们诉说着一个个班级的成长故事,更像一张张名片,展示学生才能,呈现学生特长,一颗颗"观澜之星"在这里冉冉升起。

三、校园文化提高学生语文素养的方式

一所学校的灵魂当指校园文化。校园文化不仅是学生的知识丰富起来。还可以提高学生的语文能力与素质,使学生具备更加开阔的思维和视野。

1. 创办学生导游团

语文素质包括学生的语言积累、语感等综合素质。创办学生导游团,让学生有语文交流或进行语文练习的地方。学生进行景点介绍词创作、景点

讲解等活动中都可以让语文素养得到提高。在了解景点中进行写作,让学生的脑海中的语言信息调动起来,语文信息有活跃的机会并且得到交流和利用,有助于巩固学生的知识点和语法,达到运用和巩固的目的。比如,让学生的讲解录制成音频或视频在校微信公众号上发表,不仅激发了学生的写作兴趣,还使学生的写作水平、语文素养在创作与修改中进步。在接待外宾时,由学生导游团进行校园景点的讲解,让学生在过程中提高语文素养。景点讲解是学生通过声音、动作、表情将一处美景及其背后的寓意表达出来。学生对文字加上自己的解释,加上自己的理解,使学生的语文素质得到提高。

2. 开放图书馆

书籍对于每个学生的语文能力的培养是十分重要的。在班级中设立图书角,开展图书进课堂活动,设计书签等活动。让学校充满书香气息的同时,也使学生的文学素养得到了很大的提升。学生走在校园的小路上,可以随手抄起一本书看,一起讨论书上有意思的细节或席地而坐安静阅读。图书馆可以天天对学生开放,实施鼓励措施,鼓励学生进入图书馆读书。这样可以大大增多学生读书的时间,让校园成为学生求知的天地。也使校园充满书香气,学生在不知不觉中陶冶情操,提高自身的语文素养。

3. 设计校园文化新标识

我校开展了校园吉祥物征集活动,在2 425件学生作品和121件教师作品中,经过层层筛选,广泛听取意见,诞生了校园文化新标识——"澜精灵"。它头戴印有"观澜"拼音的蓝色发带,身穿印着观澜校徽的白色T恤,蓝色的裤子上观澜的创始年份标识十分醒目。头顶的五棵嫩芽代表"五育"并举,学生在"观澜"沃土上德、智、体、美、劳全面发展,茁壮成长。手握的金色五角星,象征着每个"澜精灵"拥有自己独特的闪光点,调皮灵动的表情,尽展"澜精灵"的朝气与活力。在五育并举,全面发展的"澜精灵"的带领下,学生也会成为健康、活泼、聪慧、快乐的"澜精灵"。

4. 拓宽语文课堂

我校充分利用学校现有的教育资源开展各项文化活动,为构建良好的校园精神文化,注入新鲜的活力,让学生拥有更广阔的语文课堂。如我校开展的"澜·廊"文化周活动。各班学生在老师的带领下参观文化长廊。用文字和画笔与墙对话,与廊共鸣。活动中,学生主动参与,切身感悟,收获成长。廊文化帮助学生了解过去,认识现在,预设未来;展示灿烂的中华文化,也呈现丰富的海外文明,让学生加深国家认同,增强国际理解;不仅"呈现知识",还通过互动板块的设计引导学生主动"捕获信息""处理信息""运用信息",最终反馈运用于生活,让静止的墙面文化流动起来。校园文化资源的丰富,学生就能多得到一次语文学习的机会,语文学习就有更广阔的空间,语文能力就会得到提高。

综上所述,校园文化是学生语文素养提高的主要因素,它提高了学生学习语文的兴趣和语文学习的效率。校园文化对学生语文素养的提高主要体现在实践过程中,积极开展语文实践活动。能够让良好的校园文化为语文学习提供更大的课堂。教师在教授知识的同时,更注重对学习素养的培养。因此,充分利用校园文化的建设,可以使学生健康、积极、向上地发展。经常在活跃的校园氛围中学习,呼吸中充满艺术的空气,行走在学校中就可以感受到校园文化的熏陶,从而使语文素养潜移默化地提高。校园文化帮助完善学生人格,让他们在积极的环境中成长。我们对校园建设和语文素养的培养充满信心,通过"学用结合",向建设"文化"校园努力,不断提高学生语文素养。

27. 以德育人　润物无声

尹心怡

子曰："其身正,不令而行;其身不正,虽令不从。"在日常的教育教学中,教师是学生关注的对象,也是学生的榜样,要培养德智体美劳全面发展的社会主义建设者和接班人,教师自身应做到德才兼备,方能"传道授业解惑"。

作为一名青年教师,所带班级又是天真无邪的一年级学生,我以耐心和爱心灌溉教育之花,于无声处以德育人。

一、以德引领,创良好氛围

教师是学生学习的榜样,更是学生前行路上的引领者和带路人。小学生普遍好奇心与模仿性较强,一年级学生还会模仿教师的言行举止,因此我们教师的每一个行为都可能在潜移默化中影响学生的成长。因此,要想让一年级学生切实体会何谓"德",教师的一举一动就能起到最好的榜样引领作用。

犹记得上学期,孩子们刚入校,懵懂的双眼中闪烁着好奇与期待,他们就像一张张白纸,等待着和老师一起共绘斑斓未来。上学了,孩子们每天都要参与的第一件事就是升国旗,行注目礼。看似简单又普通的一件事,于一年级学生而言可没那么平常。他们好奇张望,左顾右盼:为什么高年级的哥哥姐姐胸前飘扬着鲜艳的红领巾,我却没有?为什么他们站得笔直,右手敬礼,我却只能双手放在两旁?孩子们一连串的疑惑便连带着出现了升旗时站不住、站不稳,小手蠢蠢欲动也想敬礼等一系列小动作,升旗仪式显得杂乱无序。该如何让学生们体会到升旗仪式的庄重呢?内容虚空的说教式教育显然对一年级学生不适用,不过,孩子们不是爱模仿吗?那请他们来玩一个"依样画葫芦"的小游戏吧!

于是,一节活动课上,我请孩子们全体起立,宣布"依样画葫芦"的游戏规则:老师做什么,小朋友做什么,一模一样为胜。游戏开始了,孩子们兴奋地紧盯着我,深怕错过一个动作。先站直,再挺胸,接着双手放两旁,紧贴裤缝。孩子们个个精神抖擞跟我学着,照我做着,站得笔笔直。

这时，我趁热打铁问："你们发现了吗，这个动作我们早上干什么的时候也会做呢？""升旗的时候！我们也这样站！""唱国歌的时候，也是这样！"

"是呀，那升旗的时候还有一个什么动作呢？""还要眼睛看着国旗，一直看着，直到国旗升到最上面！"

"是呀，那请你来做示范，其他小朋友继续依样画葫芦哦！""好！"……

轻松的气氛中，孩子们挺拔了身姿，记住了升旗仪式时该有的姿态，明白了对国旗该有的尊重。现在只要听到庄重的国歌声响起，孩子们都会自觉站好，而我也时刻以身作则，抬头挺胸人站直，手指伸直放两边，注视国旗心专注。如果有学生偶有不自觉，我会站到他旁边，以实际行动提醒他，引领他。

除此之外，打扫教室卫生也是我先做，学生们跟着做。记得有一次我看见教室地上有很多纸屑，于是弯下身子将纸屑一片一片地捡起来，学生们看见我在捡，也都加入了我的行列，教室很快就变干净了。短短几分钟我一句话没说，但却收到了很好的教育效果，我想这就是率先垂范的教育力量。

立德树人教育是一种精神层面的传递，我们教师要不断提高自身的道德修养，无论是在课堂教学环节还是日常和学生相处时，都要给学生树立良好的榜样。同时，在和学生相处时要有耐心，为学生树立为人处世的榜样。

二、以多途径展示，育德于无声处

今年恰逢建党100周年，开学典礼上"一艘红船越百年"正式拉开属于学生们的"百年党史寻初心英雄榜样我看齐"系列活动。爱国爱党是新时代好少年的必备条件，但是一年级学生对此概念较为模糊，因此我利用晓黑板这一平台鼓励学生将各类活动以照片或视频的形式上传，让孩子们互相分享、互相点赞。

如"童心向党·晒晒优秀小报""英雄榜样我来诵·亲子诵读"等，学生们积极参与，稚嫩画笔绘下童心向党的美好期盼，亲子诵读读出英雄榜样的光荣事迹，在亲力亲为中感受爱国爱党的深情厚谊。

除此之外，利用十分钟队会、活动课，我给学生展示的机会，一方讲台便是舞台。孩子们或手拿小报，响亮清脆地讲述党的故事；或声情并茂诵经典，一举一动表衷情。与此同时，我还予以评价指标，并请学生来做小评委，生生互评，互相分享。还会见缝插针地引导学生在别人交流时要学会倾听，懂得尊重他人，抓住每分每秒以育德。

三、以规矩意识，促方圆而成

自古有云"无规矩不成方圆"，规则意识是小学德育的重要内容，也是当代公民的必备素质。小学生是社会主义事业的建设者和接班人，小学阶段是学生接受教育的初级阶段，也正是养成好习惯的重要时期，在这个时期对学生给予必要的引导和教育，可以使孩子养成良好的规则意识。

要培养学生的规则意识，首先要明确规则意识的定义。所谓规则意识，是指发自内心的、以规则为自己行动准绳的意识，如遵守校规、遵守法律、遵守社会公德、遵守游戏规则的意识。在这些规则定义中，设定范围的共同点都是一个团体，不同的团体就有不同的规则。班集体作为教学中的一个重要团体，培养班集体的规则意识不仅可以促进学生之间的合作意识，同时也为教学工作更好地展开奠定了良好的基础。

本学期我所带的班级是天真无邪的一年级学生，在一年级的班级管理中，规则的讲解总是让我感到头疼，说得太深，学生们一双双明亮的大眼睛似懂非懂地告诉我，他们并不理解；说得太简略，学生们活泼好动的行为告诉我，他们记住了，但是做的时候，刚好忘记了。在几番尝试后，我开始尝试利用少先队活动课的时间或者是午会课等碎片时间，以读儿童绘本、看动画视频、听规则小故事的方式，渗透规则内容的讲解，如在绘本故事《蚯蚓的日记》中，我通过小蚯蚓憨厚、可爱的一声声"早安，早安……"中，教会了学生"我们要懂礼貌"的待人规则；在蚯蚓妈妈的"三件重要的事情"中，教会学生明白了地球给了我们需要的一切，同时我们也要尽自己的力量照顾地球，让他们明白了爱护环境是我们责任，这样的规则内容，学生们读得可欢乐了。同时在潜移默化中，学生的规则意识得到了强化，他们会记得见到老师要问好，得到帮助要道谢，做错了主动认错。

四、以奉献之心，呵护纯真心灵

没有无私奉献、爱岗敬业的精神，就不可能成为一名好教师，也决不可能为人民的教育事业创造业绩，作出贡献。教师是园丁，学生是花朵，只有靠园丁辛勤无私的浇灌，花朵才能茁壮成长，芬芳世界。

平日里，我常会利用碎片化时间于细微处引导学生与人相处要宽容无私。一年级的孩子丢三落四的事不少,铅笔橡皮找不到了偷偷抹眼泪,一开始,我会轻声询问具体情况,然后拿出教室里备用的文具帮助孩子解决燃眉之急。慢慢地,孩子们看到了我的举动,再有同学遇到这样的情况,我会在教室内"有意"轻轻一喊:"哦,忘记带尺了呀,那怎么办呢?"这时,此起彼伏的"我有多的""我给他"的回答在教室响起,还有心急的同学直接将一把尺送到面前。我会立刻朝着这些乐于助人的纯真心灵竖起大拇指,再问一句那位"小马虎":"小朋友帮助了你,你该说什么呢?""小马虎"也会立刻真诚地说一句:"谢谢你把尺借给我!"

一来一往间,班内互帮互助的氛围浓厚。有时遇上突如其来的下雨天,当我还在着急班内备用雨披可能不够,"老师,我带了两件雨披,可以借给小朋友。"糯糯的声音在身旁传来,清澈的眼神中饱含着的是无私与友好,孩子纯真的心灵令人动容。

作为一名小学教师,我们有责任、有义务做好教书育人,为人师表,努力弘扬"以爱育人,立德树人"的科学精神,把崇高的师德播撒在教书育人的各个环节,以爱心传道授业解惑,让学生德智体美全面发展。

以德育人,还要做到"三心俱到"。当一名教师,就应以"爱心、耐心、细心,"无论在生活上,还是学习上,时时刻刻关爱学生,给予学生一份爱心、一声赞美、一个微笑,少一些说教。要允许学生出差错,更要给予学生改正的机会,对学生细微之处的改变也要善于发现,发现他们"闪光点",多加肯定与鼓励,作为教师,人人都是护花使者,我们要传播爱和希望,滋润那些渴望成长的花朵,点燃他们的希望,照亮他们的人生,指引他们去追寻生命中的春暖花开。

"立德树人"是教育的根本任务,培养德智体美全面发展的社会主义建设者和接班人,更是教育工作者必须肩负起的历史使命。作为"立德树人"的参与者、践行者,我们应该清晰地意识到自己的责任,我们不仅仅是在给学生传授知识、技能,更是在为民族创造未来。

作为新时代的教师,我们要与时俱进、终身学习,做学生学习知识的引路人;理性引导、用爱呵护,做学生锤炼品格的引路人;打开思想的枷锁,做学生创新思维的引路人;爱党爱国爱人民,做学生奉献祖国的引路人。我们还应该做学生独立人格的引导者,关注学生未来的发展,让他们的聪明才智得以展露,让他们的意志品质得以锤炼,让他们享受教育的公平与学习的快乐,感受到时代所能给予的一切。这既是一种责任,也是一种使命。

因此,我们更要适应新要求、新期待,不但要做学生知识的引路人,锤炼品格的引路人,更要引导他们成为人格健全的人,以德育人也必定是我们要终身努力的方向!

以德育人,润物无声,让我们静待花开。

28. 渗透文化意识　激发学科情感

陈皓洁

一、背景介绍

学科情感，用最简单语言就是学生对于这门学科的兴趣和态度。《义务教育课程标准(2011版)》在培养学生情感态度方面的要求指出，"教师应在教学中不断强化学生的学习兴趣"，很多专家、学者、包括一线教师认为，培养学生持久的学习英语的兴趣是小学英语教学很重要的任务之一，我们也曾为了学生的兴趣培养和稳定持续绞尽脑汁：生动形象的图片，随着信息技术的普及，大量的视频、音频引入课堂，教师的激励性评价，游戏，趣味性的活动，等等。

《义务教育课程标准(2011版)》已明确指出培养学生文化意识的目标要求和意义，英语学科教学中文化意识的培养是不可或缺、不容忽视的。在文化渗透的研究与实践过程中，我梳理了适合小学生的文化知识和内容，汇总了小学二至五年级的每个单元主题，试图将罗列的文化知识和各单元的教学内容相匹配。但是，能直接匹配的很少，能直接匹配的单元本身文化特征比较明显——不仅要渗透文化知识，而且往往是要掌握这个文化知识本身。那么，文化特征并不明显的、无法直接匹配的其他单元和教学内容就不需要文化渗透了吗？很多经典的课和案例给了我们很好的启示，就是把缺乏文化内涵的、或者说文化内涵不凸显的课，通过各种方法和手段让学生潜移默化地感受文化特性。

在实践过程中，我发现凡是一堂课中文化部分的内容学生都有很浓厚的兴趣，我又通过不同方法的文化渗透实践验证了这一想法，发现了这样一个规律：英语课标要求培养学生的文化意识，这是学科的要求；在培养文化意识的同时，学生对这部分内容很感兴趣，由此实现了课标在情感态度方面的要求，学生要"乐于接触外国文化，增强祖国意识"。这种乐于接触外国文化、增强祖国意识在情感态度上影响了他对整个英语学科学习的态度、动机和信心。因此，我们可以用文化渗透来激发学生对课堂的兴趣，并迁移到学生对学习英语的兴趣和对英语学科的积极的情感态度。

二、挖掘文化内容的特质

学生为什么对文化知识有这么浓烈的兴趣呢？有很多是文化内容本身决定的，当然渗透的方式也起到了积极的作用。我觉得在渗透时可以挖掘文化内容的以下几方面特性。

（一）文化内容的新颖性

我在牛津上海版 5A Moduled 2 Unit 3 Period 2 Moving home for better life 一课中讲到了爱斯基摩人住的冰屋、我国北方的窑洞、渔民们长期居住的渔船、草原牧民住的帐篷等，这些对很多孩子来说都很新鲜，激起了他们的好奇心。

在上 5B Module 3 Unit 3 Period 5 Changes 这一课时，我把奥巴马、姚明、莱奥纳多、伊丽莎白二世等这些世界名人引入课堂，使课堂增加了不少文化内涵，同时出现了这些名人小时候的照片，顿时让课堂动感十足。

相对语言知识来说，文化内容对学生来说觉得有趣、新鲜，更没有知识掌握的压力，新鲜感是兴趣和好奇的源泉。

（二）文化内容的时代性

有一次在上 4A Module1 Unit 2 Ability Period1 My ability 这一课时，恰逢《达人秀》开播不久，最终获得达人的是一位没有手臂的叫刘伟的小伙。《达人秀》在当时可谓家喻户晓，脍炙人口，我就以刘伟这个人物介绍贯穿课的始终，来学习语言知识。这一内容具有很强的时效性，学生本来就了解这一个人，现在把这个人搬到了英语课中，学生的兴趣又增加了一分。

（三）文化内容的生活性

很多文化内容离我们生活很近，比如食物和我们很接近，五年级在教食物时，我就创设了中西方餐馆不同的场景应出现的不同食物，以及用餐的文化，强化了学生逐步建立起来的对中西方饮食文化的差异的认知。包括一些西方的节日文化，这种和学生生活很接近的文化内容，很容易引起学生共鸣。谈起食物，学生会津津乐道于喜欢吃的肯德基、麦当劳等。又如谈起上海的名胜，学生也会滔滔不绝。

如 4A Module 4 Unit 1 Period 1 Musical instruments 这一堂课中，学生学习日常中所见的一些乐器。音乐、乐器和我们生活很接近，经典的名曲，名家，是音乐文化的一部分。为此在设计教学时，将著名的音乐家和他们经典代表作让学生们一起欣赏。

(四) 文化内容的情趣性

文化内容的情趣表现在很多方面,英语词汇本身也会具有一定的文化特性,体现在习语、构词、语用、词语的文学、历史内涵等。有些学生不爱学英语,但对于一些有趣味的东西很爱说道,而且记得特别牢。比如他们会说,英语里的 traffic jam 我觉得这个词造得很好,非常形象,你说都像果酱一样的交通还能动弹吗? 讲到 rain cats and dogs 时他们不需要反复记忆,却始终没忘,他们感觉得这样的形容很有意思,一直在口上说道。还有类似于 lucky dogs,英语里是幸运儿,这样的词,学生只要说上一遍,他们就能记住。

所以我觉得用文化渗透来激发学科情感是可行的,课堂上的文化渗透可以说是一举多得的。

三、文化知识的渗透方式

那么,我们怎样才能把毫无文化迹象的教学内容变得有文化呢? 以下是我总结的几个方式,和大家一起探讨。

(一) 活动体验式,活动中体验乐趣

我对生日文化的渗透进行了探索,执教了 3A Module 1 Unit 3 Say and act A Birthday Party(《牛津英语》上海版)这一课。本课的文化教学目标是让学生感受西方国家过生日的一些活动和程序,将教学内容加以拓展和整合,使课堂变成"送礼物→赞扬礼物→吹蜡烛→许愿→分享蛋糕"等几个环节的模拟过生日场景,引导学生感受西方国家过生日的习俗文化。

5B Happy Halloween 是一堂有关西方节日学习的课,按照活动体验式,我在这堂课中用万圣节的音乐、视频创设了浓浓的万圣节氛围; 在掌握基本语言后,让学生走出自己的座位,模拟万圣节孩子们讨糖活动,把课堂气氛推向高潮,使学生在愉悦的氛围中,不知不觉地体验了万圣节。

活动体验式是利用课堂创设较为真实、合理的语境,以体验为核心,让学生在活动过程中浸润文化。

(二) 内容对比式,不同中引起好奇

三年级 3A What's your name? 这一课中,主要涉及了一些人名和称呼,西方国家的称呼和人名和中国还是有很大差异的,在这课中,让学生了解西方国家人的姓名与中国人的姓名的不同,以及中西方对老师称呼的不

同。在课堂中用中国人的姓名和西方人的姓名反复作比较,通过连线、扮演角色等活动使学生很快知晓中西方名字的差异。

中西方的对比,在 5A Module 3 Unit 1 这一单元交流涉及交通路线,在这个单元中,老师通过对比,让学生了解许多国家与我们国家在行进方位上的不同。中西方的饮食习惯不同,如吃的东西不同、使用的器具不同等;西方国家的对比,英美的发音不同,英美在很多表达也有不同,比如说对于楼层的表达等,这些都是文化的差异,学生觉得好奇。比如"乐器"这堂课中,中西方乐器的对比,在学语言知识的同时,学生也明确哪些是民乐,哪些是西洋乐,可能在今后的生活中,学生会有意识地判断中西方乐器,可能文化渗透的另一重要意义也在于此。

内容对比是为了感受文化差异,通过不同文化的对比,体现文化差异和所要学习内容的文化特性。对规范、得体的语言使用很有帮助。

(三)内容整合式,互动中获得渗透

在 5A Moudled 2 Unit 3 Period 2　Moving home for better life 这一课中,根据本单元的主题,我为了要让学生了解世界各地人们的居所因为气候、风俗习惯、地理环境等的不同而变得非常丰富这一文化目标,通过信息技术手段,把世界各地的居所做成微视频,让学生愉悦地欣赏。

在"乐器"这一课教学中,我整合了中西方乐器的一些文化,通过欣赏名曲、介绍乐器、认识名家等活动让学生参与,从而了解、引发兴趣,也可以说文化在课堂上起到了调味剂、催化剂的功效。

在执教的 5A Moudle 4 Unit 1 Period 1　Making tea 这一课时,教材内容要求用 first-next-then-finally 来说说泡茶的基本步骤,我以此为切入点,通过文本整合来了解茶的起源、茶的种类,让学生多了解一些中国的茶文化,并能用简单的英语介绍祖国的茶文化。在学习泡茶之后,我还根据学校的实际情况,介绍其他饮品的制作过程,巩固所学语言,如功夫茶的泡法,还有其他中西方饮品的制作方法,如咖啡、奶茶、果汁等,以此来了解更多的饮食文化,感受中西方文化的差异。

内容整合式是在教材内容的基础上,整合一些与教材内容密切相关的、文化性比较强的内容来帮助学生更好使用语言、获得更多文化知识。

(四)语境创生式,环境中感受文化

在 2B Module 2 Unit 2 第一课时 Food I like 这一课时,我选用了学生

喜欢的迪士尼影片中的情节——小老鼠想成为一名大厨作为课堂整体语境来推进学习。在 3A Module 3 Unit 3 第一课时 Happy Family Day 这一课中，我采用了西方国家比较流行的"家庭日"为语境推进学习，让学生感受到西方家庭日这样的一个文化。

"语境创生式"是整体的语境，它以一定文化为背景，在这个文化大背景中学习语言知识，把语言学习交融在文化背景中，通过气氛渲染了解文化。

四、文化知识的渗透原则

我们在进行文化渗透时，要根据学生的实际情况和教学内容进行有效渗透，为此，我们应该遵循以下几个原则。

（一）适切性原则

文化内容要和教学内容有机结合，不能为了文化而文化，也不可生搬硬套，不然反而弄巧成拙。

（二）适度性原则

文化渗透是必要的，但不能喧宾夺主，要根据教学内容和教学目标适度的渗透，不能忽视语言知识、技能的学习而一味地刮起文化风。

（三）适合性原则

文化渗透一定要符合学生的年龄特点和认知规律，不能为了文化而不管学生的实际水平，那样的渗透是低效甚至是无效的。

（四）交融性原则

我们要注意中西方文化的交融和对比，在英语课堂中，既要渗透西方文化，也要注意对本国文化的渗透，国际视野和祖国意识兼顾。

（五）体验性原则

我们要注意渗透的方式，小学阶段可以以活动、欣赏为主，可以让学生在各种活动中体验文化、习得文化知识，尽量避免讲述式。通过体验的、感受的文化往往比传授的、说教的印象更为深刻。

此外，我们可以采用兴趣活动以及课后看护时间来作为课堂教学的补充和延续，如鼓励学生观看原版电影、排演英语短剧、举办英语角等进行相关节日的交流体验，开展对热门话题的英语演讲比赛等活动。通过这些活动让学生对一些国家的民族特性、文化特点、风俗习惯等有所了解，使学生在增强文化意识的同时激发对学科的兴趣，从而形成稳定的学科情感。

29. 巧设话题，促使学生沉浸故事阅读

戴绮云

小学英语作为一门语言学科，虽与日常生活密切相关，但是单词短语多，知识点凌乱不齐，常使学生对英语学习望而却步。其实，小学英语学科零落的知识学习完全可以围绕某个话题展开，让学生通过对感兴趣的话题的讨论、思考，达到学习知识的目的。有趣的课堂话题是点燃学生英语课堂学习兴趣的"燃料"，能促进小学英语课堂教学氛围的提升，本文通过巧设话题，促使学生沉浸故事阅读，为学生的持续学习奠定良好的基础。

小学英语教学，不仅要求学生通过英语学习掌握一定的词汇、短语、句型，更要能将学到的英语知识应用到实际生活中，做到能听懂英语，能与他人进行简单的英语对话交流。所以，从某种程度上来说，用英语才是英语学习的最终目的，只有让学生沉浸故事阅读，才能促使学生持续地自我学习与发展。

一、借助热点话题，激发学生参与课堂的热情

小学英语教学中，话题教学互动性比较强，对提升课堂氛围效果明显。热点话题是社会群体普遍关注在意的话题，如生日派对、网络购物、共享单车等，这些话题与生活密切关联又是人们津津乐道的，当下的小学生对这些话题也普遍感兴趣。所以，在小学英语学习过程中，若有意识地引进这些话题展开课堂讨论，则能有效激发学生参与课堂讨论的热情。比如，在课堂教学实践中，很多学生都举办过生日聚会，每个学生都有可能有自己难忘的一次生日聚会记忆。所以，老师可以围绕生日派对开展讨论，让学生先练习较为简单的句型来询问对方生日的月份，通过这个问题的讨论，让学生掌握January、February、March、April等月份的表达。因为学生对生日聚会这个话题比较感兴趣，所以每个学生都比较乐意向同伴说出自己的生日。为了更好地推进话题讨论的继续，老师可以让学生先同桌讨论一下自己最难忘的生日聚会情境，再在班级与大家分享。此时，每个孩子都开动脑筋回忆

自己最难忘的生日聚会情形,并且还有部分学生还积极举手要在班级分享美好的生日聚会情形。这样通过热点话题的引入,学生的表达欲望被激发了,有效地调动了学生参与课堂的热情。

话题从本质上说就是与人交流和谈论的主题和中心,是一次对话或者交流需要围绕的核心,所用的对话内容都应该围绕这个主题和核心开展。所以,话题能将原本散乱的聊天和谈论,紧密地联系在一起,形成一个整体。在小学英语教学中,话题则能将一堂课的教学环节联系在一起,形成密切关联的课堂环节。

相对其他课程来说,小学英语学习需要更多地进行语言交流,才能达到词汇和句型的灵活运用。所以,课堂的氛围和学生的参与度,则深深地影响着小学英语课堂的教学效果。在小学英语教学中,课堂氛围的营造离不开话题的巧设,两者间存在明显的关联性。

(1)巧设话题,能点燃课堂教学氛围。在小学英语学习中,老师依据学生的爱好、社会的热点、身边的事件等设置话题,学生便会有话可说,愿意参与到课堂的讨论之中,发表自己的想法。学生在课堂的讨论和争辩中,能大大地提升学生课堂参与度,形成良好的课堂学习氛围。

(2)良好的课堂氛围,能促进话题讨论的深入展开。小学阶段的孩子,对事对人已经有了一定的主观判断,一旦点燃他们的说话欲望,他们则会对相关话题滔滔不绝地说出自己的看法。所以,老师营造良好和谐的英语课堂氛围,为孩子提供宽松的对话环境,有利于学生围绕话题展开更深层次讨论,让话题的讨论更透彻、深刻。

总之,话题的巧设与英语课堂氛围的营造两者并非隔断,是存在明显的关联性的。

二、依托冰点话题,促进学生沉浸故事阅读

所谓冰点话题就是冷门话题,学生易忽视但又比较重要的话题。这时,老师就可以在小学英语教学中有意识地将一些学生易忽视的知识引进课堂作为话题展开讨论,通过老师的讲解和班级学生的讨论,能让学生对一些易忽视或者不愿谈论和直视的话题,进行反思自我,进而达到融入课堂的目的。比如,在围绕主体句型 What do you want to be in the future? I want to be...学习时,课前可以先欣赏视频 I have a dream by Martin Luther King,

Step 1. Free talk

1. Who is he? What do you know about him? So today we'll go on learning our dream jobs.

2. As your teacher, I'll send you three sentences as the graduation gifts. When you finish a task, you'll get it.

3. Do you have questions about our title?

T：What's your dream? What do you want to be? What do you want to do in the future?

在这个环节中，导入环节通过经典演说 I have a dream 很好的引出了本节课主题 dream job 并与本节课最后的 Yong Martin Luther King 绘本形成呼应。从而让学生了解到平凡人可以因有梦想并为梦想奋斗而变成伟人。只要有梦想一切皆有可能。让学生感受到梦想的力量。第二环节，交代奖励机制即每完成一个 task，都能得到老师赠送的关于梦想的名言一句（共3个 task）。第三环节，通过同桌互动复习旧知，激活学生的相关单词储备，A、B层学生能展现更多的语言储备，增强自信心。

在教学设计时，教师应该根据教学目标定位和分析学生背景知识、思维水平、学习需求和兴趣爱好等学情，确定其最近发展区，优化教学目标，才能制定出真正从儿童出发的、能促进儿童发展的教学目标。

在准备的前期，我对于该课的教学目标设定仍紧紧围绕着目标句型 What do you want to be in the future? I want to(be)...及职业类单词的复习运用，根据目标设计的教学环节也都是相关活动，但在试教过程中，总有反复"炒冷饭"的感觉，即便用了有趣的情境、生动的活动，学生的语言输出却总是前3个课时已经反复出现的词句，不能体现第四课时的语言综合运用能力的提升。反复思考，再经名师点拨，我发现了设定目标时没有充分考虑学生的需要和现有水平，设定的教学目标不能到达学生的"最近发展区"，因而总体感觉是在原地打转，学生的语言输出和运用自然有限。后调整目标，将本课侧重于引导学生对梦想及实现梦想进行深层次的挖掘和思考，这样的目标设定，不再局限于书本的目标词句，将综合语言运用能力提出了要求，并将落实到写作作为目标。贴合学生的学习实际，并最终为学生较好的学习效果指引了方向。

三、延伸课堂话题,丰富学生讨论的内容

在小学英语话题教学中,巧妙的延伸话题,不仅能保持学生的注意力,还能有效丰富课堂讨论的内容。比如,在英语上课时,师生在上课前和上课后都会用英语进行简短的打招呼问候,如 Good morning, class, Good morning, teacher 等。关于课堂问候语这一话题,长期以来师生们都习惯了这种简短的问候。对此,老师可以围绕"课堂问候语"展开谈论,让学生想一想如何让课堂问候语新鲜、不死板。于是,学生便开动脑筋进行讨论思考,提出了一些新鲜有趣的问候语如:Today, are you OK?, How are you? Spring is coming, do you like it? 等。这样不拘一格的问候语,能让学生感到新鲜,且又能调动学生听课的注意力,锻炼学生口语表达能力。

在小学英语教学中,很多老师会运用话题进行英语课堂组织和教学。话题的设计并非无目的的,常是围绕课堂教学的需要展开,对课堂教学的推进意义明显,其作用主要表现如下。

(1)巧设话题,利于激发学生参与热情。课堂设置的话题常是经老师筛选过的,学生比较感兴趣的,如旅游、生日派对等。课堂中引入这些话题,则能大大激发学生表达的欲望,激发学生参与课堂讨论的热情。

(2)巧设话题,能让课堂有序、紧密。英语学习中,很多单词、短语、词汇的学习是比较散乱的,而话题的引入,则能让凌乱的知识点围绕话题展开,使课堂内容丰富但不松散,使课堂有序、紧密推进。

(3)巧设话题,利于促进难点突破。在话题设置中,老师可以围绕话题设置不同难度的问题,让学生依据问题展开层层讨论,能将难点问题逐步降低难度,进而达到攻破的目的。

话题是连接课堂内容的重要纽带,能让松散的教学内容紧凑、连贯,且能有效提升英语课堂教学的氛围。所以,作为小学英语老师应该在日常教学中有意识地巧设话题,吸引学生关注度,活跃课堂教学氛围。

30. 积极心理学在改善学生行为规范纪律问题中的作用

姚 叶

一、问题呈现

记得在刚踏上教师工作岗位不久之时,我常常会为学生的问题行为感到头疼,总为学生的日常行为规范和纪律问题感到困惑。而培养学生良好的行为习惯,教会学生如何做人,是教育的基本任务。身为二(11)班的副班主任老师,在管理班级时,我注意到了小朱同学身上的行规和纪律问题。

我们班的小朱同学白白胖胖,他天真单纯,憨憨的笑脸十分可爱。但这个孩子行为规范纪律很差,课堂上思想往往不集中。特别表现在下面几个方面。

(1) 坐姿问题。上课时,他要么趴在桌上,要么把桌子抬起来架在腿上,他的座位前后间距总是最宽的,因为他总在不断地移动桌椅,坐姿不安定。四周的同学受到他的影响后,时常会有矛盾。

(2) 个人卫生问题。课间休息时,他总是喜欢在地上爬,玩得身上满是黑黑的灰尘。打扫卫生时若没有老师的提醒,他甚至会半躺在地上扫地。用餐时狼吞虎咽,往往弄得桌上、地上、身上到处都是。他的衣服上总是有一块块的污渍,非常邋遢。

(3) 放学时间整理书包,他也总是速度最慢的一个。每天放学时总要老师、同学盯着他、催着他,他才磨磨蹭蹭地整理书包。而他的"整理"也只是把课桌内杂乱的书本卷子,一股脑塞进书包,"塞不下了"是他的口头禅。到最后又得同学帮忙一起,重新按照课本、练习本、试卷分类叠放,进行二次整理。久而久之,对于理书包这件事他越来越消极。

二、心理策略

小朱同学身上这样那样的问题,使他对学习、对校园生活失去了他本应该有的活力和兴趣,这是我们不愿意看到的。为了帮助小朱同学改善他身上的纪律问题和行为习惯问题,我学习借鉴积极心理学理论,希望能培育他的正向力量,发挥积极潜能,从而使他获得自主、乐观、快乐,取得进步。

积极心理学是一种关心人的优秀品质和美好心灵的心理学,它从关注人类的疾病和弱点转向关注人类的优秀品质。对个人成长而言,积极心理学主要提供积极的心理特征,如爱的能力、工作能力、积极地看待世界的方法、积极的人际关系、审美体验、宽容和智慧灵性等。积极的心理品质包括一个人的社会性、作为公民的美德、利他行为、对待别人的宽容、社会责任感等。

我希望能运用积极心理学的方法,通过各种教育教学手段,用正向的鼓励激励取代批评说教,激发小朱同学心中向上向善向美的潜能思维,改善他的行为习惯,从而改善他与同学的人际关系,构建他乐观的态度。

三、解决过程

1. 坐姿问题

我请他向他的同桌学习,让他看到良好的坐姿是美的,是老师和同学都喜欢的,只有身姿挺拔了人才会自信好看。我鼓励他,告诉他,其实他坐端正的样子非常帅气。每当他在我的唱游课上做到坐姿端正时,我就马上表扬他,夸他进步越来越大了,小朋友们也非常认可他的表现。当他看到老师和同学都对他的表现如此肯定,他的腰杆挺得更直了,脚并得更整齐了,脸上也露出了自信的笑容。

2. 个人卫生问题

借着坐姿进步的契机,午饭后我请他来我办公室,准备奖励他一本笔记本。

我事先准备了两本,请他自己选择,一本笔记本包着亮亮的塑料皮套,内页平整干净;另一本笔记本则是旧旧的,封面有压痕,内页已经泛黄了。他当然选择了干净整洁、封面亮亮的那本,因为没有人是不爱干净的。这时,我用湿巾帮他擦擦刚吃完饭沾到衣服上的油渍,他不好意思地低下了头。我告诉他,吃饭时要细嚼慢咽,这样不仅能更好地吸收饭菜的营养,帮助消化,还不容易把饭粒油渍弄得身上桌上到处都是,衣服上就不会脏了,你身上干干净净的,小朋友们就会喜欢和你做朋友了。

3. 理书包问题

其实在一年级入学时,学生看过学校拍摄的理书包教程视频,大家也一起学习过。视频中的老师将书本文具按照大小和学科分类，有条理地一一放进书包，小朱同学书包的杂乱情况是不应该出现的。我请他再次学习这个视频，将自己的学习用具和书本重新整理。并要求他在白天上课时，每节课下课都要将课桌内按照这个方法整齐摆放所有物品，因为课桌内整齐了，他在学习时使用、寻找书本会非常方便，这能帮助他更好地集中思想听讲、学习，并且放学时理书包的速度和效率也能大大提高。

刚开始时，仍会出现速度慢的情况，但他已经在慢慢掌握方法，不再需要同学的帮助。我将理书包的教程视频发给他的妈妈，对他的进步表示表扬，告诉小朱妈妈，在家里也要鼓励小朱自己整理房间，刚开始时动作慢不要紧，因为他能有意识地主动创造整洁舒适的学习生活环境，就是一种美好的心理体现。

四、成效转变

久而久之，在老师和家长的鼓励引导下，在同学们的帮助下，小朱各方面的行为习惯渐渐进入佳境，进步越来越明显。家长告诉我，他在家中也慢慢学会了收拾整理自己的房间和书桌，在家中用餐时，坐姿也端正了不少。大家都为他的进步感到高兴。课间愿意与他玩的小朋友也越来越多了。随着朋友越来越多，他的性格也越来越开朗，他对学习也越来越有信心，学习成绩有所进步。

积极心理学呼吁：心理学应该转换为研究人类优点的新型科学，必须实现从消极心理学到积极心理学模式的转换，研究人类的积极品质，关注人类的生存与发展。

我想，于教育而言，表扬、鼓励、肯定孩子，是让孩子感受到积极心理的最直接的方式。教育孩子是一项长期而艰巨的责任，我们不仅仅只停留在孩子的学习成绩上，更要关注孩子的心理发展。每个孩子身上都有自己的优缺点，作为老师，要放大优点，加以鼓励表扬和肯定，哪怕是微小的进步，也要及时鼓励他、表扬他，这样才能促进更大的自信心和进步的决心，然后对自己提出更高的要求，有进步的动力。多一点鼓励，就能有多一点进步！

第三部分　成长篇

第七章　教师成长纪实

1. 悦努力，悦成长

郭　晨

"同学们，这是'聪'字，耳加总就是聪。你们记住了吗？"

"记住了。"

……

"今天的默写很糟糕，三分之二的同学把'聪'字都写错了。老师不是教过你们嘛，怎么还错这么多。"

这个场景我一直记忆深刻，是刚刚踏入教学岗位上的一次教学经历。当时我没有什么教学经验，不管是在识字上还是课文上的理解，我总是这样干巴巴地教学，很明显教学效果也不理想。起初我简单地以为只要把知识交给学生就可以了。所以稚嫩的我一直认为教学不是很容易嘛，同样的一节课只要多看看一些老教师的视频，模仿着去上课不就行了。于是我照着自己的想法模仿着其他老师一节课一节课上着，当时我觉得很轻松。可是我渐渐发现我的课堂"走味"了。孩子们不再活跃，积极性也越来越差，我问下去的问题只有几只小手举起。我开始迷茫了，教学上越来越没有方向，就连做教师的梦想好似也在一点一点破灭。于是我带着疑问去听了其他老师的课，明明教学环节大同小异，明明是同样的知识点，为什么其他老师的课堂气氛这么活跃，课堂效率也极高。我越来越怀疑自己，离星级教师也有着很大的差距。记得后来有一位老师告诉我："教学没这么简单，每个班级学情不一样，每一位老师也有着不同的教学风格，我们得针对不同的班级采用不同的教学方式。总之，在观澜用心学，你将收获颇丰。"

于是，我开启了在观澜的"求学"之路。

首先让我改变最大的是师傅的带教和身边老师的影响,在她们身上我看到的是她们"忠于初心"的职业情怀。我亲眼所见老师们放弃自己的休息时间,经常"泡"在班级里;下班时间到了,她们依然在笔直地坐在办公室里;哪怕自己身体不舒服了,还是会坚持上课到最后一秒,这都是作为一名教师的责任心。也正是因为心里有班级有学生,所以在管理班级上,更是有一套。很多次我去听课,除了教学内容,学生的反应也是吸引我的地方。很多老教师的课堂里,学生朗读声音好听,积极动脑举手,回答问题时个个一副"小大人"的模样,根本不怯场。哪怕是在写字课上,有同学用橡皮擦拭了,也会把桌子擦得干干净净,不留一点橡皮屑。老教师们的敬业精神和专业管理能力,无不一一让我佩服。所以我也开始慢慢地分析自己班级学生的情况,制定出合理的班规,改善班级积极学习的风气。

不仅是班级的管理上我收获颇丰,在教学和专业的领域上,我也在"更上一层楼"。观澜是一片沃土,在这里有大平台更有无数的机会。我把观澜的一系列培训列为"静"和"动"。

"静"则我听。每个学期学校都有不同层面、不同方式、不同主题的培训和学习,比如专家的讲座、年级组的教研活动、组内听课、网上学习等,在不断的听课、讲座中,我认真地记录每一次的内容,我会重点学习老师、专家们对教材把握的能力和他们对教材的理解与解读。这些学习都使我在专业知识上得到很大的提升。就像我刚刚开始教学语文时,我只会简单地让学生在课题质疑,但在学习和培训后,我开始懂得如何巧妙地让学生对关键句或者对文本整体质疑;也会学着思考如何将课本知识与生活实际联系在一起等,这些都让我对教材的把握越来越牢固。所以"静"的培训是专业知识与技能的提升,是理论的讲解,更是作为一名教师的精神食粮。

"动"则我行。学以致用才是自己的本领,学校的各项培训和学习就是为了让我们将学到的"干货"实实在在地运用到自己的课堂上,提升专业技能,呈现出一堂堂精彩的课程。所以学校提供了许许多多的上台展示自我的机会。不论是精心准备的公开课,还是平常的磨课;也无论是紧张的评比课,还是线上的网课。一堂课就是一次能力的提升。在每一次上课的背后,都是无数的汗水与努力。我们与师傅和伙伴一次又一次对教案的打磨,细到抠一字一句;精到每个板书的笔画。为了上好一节课,无论是在通宵、周末还是在休息时间,手里拿的是教案,心里装的是教学设计。想想这里设计能不能再新颖一些,看看这个评价方式是否合理,这里又怎么凸显学校"真实"理念等等,每一次的精雕细刻都是一次成长的足迹,每一次比赛中的突飞猛进,更是教学上的无价之宝。

学校"动""静"结合的方式让我不断地沉浸式的学习和历练,在专业的能力上引领我有了质的飞跃。一次次的进步让我在教育教学的岗位上充满了自信,为了更好地在追梦路上飞扬,我努力摸索经验、不断积淀方法。学无止境,教无止境,我结合学校的和自身情况,努力提升自己的教学水平,还会找自己与其他老师上课时的差距和需要学习的地方。结合自己班级的学情做出调整和提出自己的想法。渐渐地,我经验丰富了,教学上也开始有自己的风格了,于是我不再像之前这么草率的只会"拿来主义",因为我意识到了,别人的东西是"偷"不来的,自己的经历才是弥足珍贵的。终于,我的教学不再是干巴巴地"教",而是有方法地教,学生有兴趣地学。

学校为我们青年教师搭建好了舞台,我便不负韶华努力展示自我。在学校的培养下,我的梦想在不断地发芽、在慢慢地开花。一分耕耘一分收获,终于尝到了一点胜利的果实。很幸运,我在见习时期评比课、家校课等屡获好评,在青年教师基本功比赛中荣获一等奖。在教育岗位上前五年上过大大小小的各种公开课,班里的学生也多次获得市级、区级等语文方面的奖状和荣誉称号……这些甜蜜又幸福的果实都是勤奋的结晶,不知疲倦、乘风破浪的奋斗让我的青春变得厚重又精彩。在教育这块热土上,在观澜的舞台上,我愿挥洒自己的汗水,我愿倾注我的青春。因为我相信,成长的喜悦是靠不断的努力换来的!

"同学们,这是'聪'字,跟我读顺口溜:
带上小耳朵
睁大小眼睛
动动小嘴巴
记得要用心
我就是小聪明
记住了吗?"
……
"还记得'聪'字怎么写吗?"
"耳朵听、眼睛看、嘴巴说、用心记,我就是最聪明的小学生!"

2. 我会成为一颗"闪亮"的星

陈晓琳

2020学年，我校全面实施区级课题《打造"星级"特质教师培养机制的实践研究》。一年来，我为了成为一名"有专长、有情怀、善学习、爱学生、会生活"的星级特质教师，积极参加学校设计开展的各类各项教育教学实践活动，在经过实践—体验—反思—总结后，提高了自身的专业技能，丰富了专业素养。

一、立足课堂，钻研文本

我始终坚信，要想上好一堂课必须得认认真真地备课。因此，每堂课我都在课前做好充分的准备，并根据本班实际修改课件，尽可能吸引学生注意力。积极参加学校的各类文化周活动、区级比赛等。上课时力求抓住重点，突破难点，精讲精练。没有一个学生会喜欢死气沉沉的课堂，于是我运用各种教学方法，使学生兴趣盎然，积极性大大提高，整个课堂洋溢着快乐的气氛。我注意照顾到全班同学，鼓励后进生回答简单的问题，提高他们的自信心。课后及时将每课的知识要点，归纳成集。另外利用好记事本、微信等手段，经常与家长联系，及时沟通学生情况。

本学年迎来了联盟学校的督导。在几周时间内，从分析课文、设计教案、课件，到结合我带的两个班级不同的情况来预设答案，真可以说是一次令人印象深刻、收获颇丰的人生体验。因为学校的"专业能力"专项训练培养了我、锻炼了我。曹老师曾评价我是一位"思考型"教师，因为我在设计教案时会考虑很多、挖得很深。但是因为扣得太细，总会占用朗读的时间，并且破坏课堂的完整性、艺术感。所以这次上课前，我再三提醒自己，一定要根据学情确定好这堂课的重难点，并在设计教案时牢牢把握。督导那天，当我看到孩子的小脸憋得通红、小手举得高高，我就知道我把课上到了他们的心里。我的这堂《雾在哪儿》收获了听课老师的一致好评和表扬。

在以后的教学生涯中，我要时刻提醒自己把课上得朴实一些，课文要读到孩子的心里，训练要练到孩子的心里，这样就能让孩子们多一些收获。

二、与时俱进，自我成长

伴随着网络信息技术的飞速发展，教育和互联网越来越紧密地被联系在一起。教育信息化的最大优势就是可以运用多媒体技术手段，使课堂图文并茂，利用网上的优质教学资源，弥补课堂教学中存在的不足，提升课堂教学效果，并有效吸引学生注意力，开发学生的思维能力和想象力，最大限度地使知识留在学生的脑海里。疫情期间，教师在家通过互联网授课，更让我们感受到在信息科技方面的欠缺，我们每天核心组在线上相遇、讨论重难点，把新问题一一有效解决。于是一复课，学校就举行了"观澜之星微课比赛"，以赛促学，鼓励教师学习信息化技术，独立设计并上完一节微课。单有教师授课，没有学生回应的新颖形式令我非常感兴趣，而20分钟的时限需要对教学重难点有更精确的把握，这无疑加大了比赛的难度。我做足准备，按照学情，精心设计好教案，预设学生答案并录好。没想到正式上课时，空荡荡的录播室却令人异常紧张。还好前期做足了准备，让我顺利拿到了"观澜之星微课比赛"的一等奖。除此之外，"希沃白板""晓黑板""纳米盒"等App也为我平时的教学带来了便捷。

三、积极实践，总结经验

2021年11月我校为观澜联盟教师专业成长搭建平台以"坚持立德树人，落实五育并举"为主题进行专业论文征集活动。我在学习了"德育""智育""美育""体育""劳育"的相关文章后，开始总结平时的教学经验。

"晓黑板"作为一款高效的家校管理工具，具备讨论、通知、习惯养成、调查、活动、发布作业等功能。在指导学生预习时，我常用到的是"晓作业""晓讨论"功能。教师可以将有关视频、音频、图片等上传"晓作业"，学生按照"预习单"要求上传图片、音频等格式的作业，教师在线评价并回复，还可以将质量较高的作业设为"优秀"，优秀作业会被置顶，以便其他同学学习。此外，教师还能清楚地看到作业提交情况，并"一键提醒"没交的同学。

"晓讨论"功能具有很强的互动性，在预习环节，当我需要和学生进行实时的沟通交流，如进行读书交流、展示画画小报、谈谈兴趣爱好时，就会使用"晓讨论"功能。学生和教师可以进行实时互动，以图片、音频、视频、文字等形式多次交流沟通。教师还可以利用"发言相互可见"按钮，随时掌握学生们的话题讨论节奏。

我经常利用"晓黑板"协助预习，充分利用其可以推送图片、视频等图文并茂的教育资源的优点，以及在线讨论，实时反馈的功能，有效地激发学生预习兴趣，提高预习效果。

我还根据单元重点、学习内容，以问题为导向，设置了阶梯式预习任务单供学生进行预习，题目力求少而精，以避免引起家校矛盾。每套题目分为基础知识、阅读理解、积累与拓展，呈阶梯式。第一阶梯是基础知识，可以包括难读字注音、多音字辨析、形近字、同音字组词等；第二阶梯针对课文内容，注重边读边思，可以包括词语理解、句子转换练习、修辞手法的练习等；第三阶梯可以包括造句、片段仿写、积累好词好句、收集学习相关资料等。

我不仅注重分层，还关注学情。依据学习能力的高低，我将预习单分为A、B两套。A套适用于阅读理解能力偏低的孩子，他们在朗读和阅读上有一定障碍。针对这部分学生，预习的关键是把课文读通读顺，提升学习起点。B套是针对语文基础知识比较扎实，有较高阅读理解能力，学习自觉的孩子，需要鼓励他们了解一些和课文相关的背景知识。学生可以根据自己的水平，力所能及地选择一套甚至两套题目进行课前预习。

在此次结合"五育并举"的教育理念实践中，我主动学习、积极实践、大胆创新、认真总结。最终，我撰写的论文《当"套餐式预习单"遇上"晓黑板"》被观澜联盟论文集征用。

区级课题《打造"星级"特质教师培养机制的实践研究》为青年教师的成长搭建了一个无限延伸的平台，使我们有机会成为一名"有专长、有情怀、善学习、爱学生、会生活"的星级特质教师，具备强大的学习能力，在发挥自身特性的同时也挖掘出自己最大的潜力。

3. 我这样成长着……

郑婷婷

2020学年是我校全面实施区级课题《打造"星级"特质教师培养机制的实践研究》的一年。学校设计整合了各类各项的教育教学实践活动，切实提升了教师的专业素养。一年来，在学校提供的实训中，我积极参加、努力学习、不断反思、勇于突破，致力于成为一名"有专长、有情怀、善学习、爱学生、会生活"的星级特质教师。

一、读书活动——学无止境，汲取知识

在平时的教学研修活动中，我校在寒暑期以及每月都会落实读书活动。学校结合教育前沿理论、教师需求、教育心理等方面精心为老师们挑选优秀的悦读学习资料。如《因疫居家：师生同研"五课"共筑"成长"》《学习大师"树魂立根"教师读书活动》《学科单元设计要注意哪些地方》等。

这些优秀的阅读资料让我在闲暇时可以细细阅读，我也经常认真研讨学习。每次在阅读学习后，还会根据读书活动反馈表上所需填写的内容，进行二次深入思考，去理解相关教育概念、内化教育知识、思考如何实施教育策略。在一次次的读书学习中，慢慢地，我开始在脑中形成了较为完整的教育理论，汲取了大量优秀的教育案例，学习了经典的家校沟通理论。这些知识的沉淀让我犹如拥有了一个百宝工具箱，能灵活处理各类教育学的突发事件。

二、学科文化周——信息技术，提升效率

疫情期间，教师们在长时间的线上教育中熟练掌握了各类教育App和教学软件的使用，为线下课堂教育的信息技术应用打下了扎实的基础。疫情后期返校后，学校结合"数学学科文化周"以录屏的形式进行"片段式练习讲解"比赛。此次活动，不仅为教师提供了展示自我的舞台，还为教师们提供了相互学习、相互交流的机会，提升了数学教师们的练习讲解能力和信息技术能力。

在信息化逐渐普及的今天，小学的教室里除了传统的黑板还安装了触屏式电子白板屏幕。随着新课改的不断深化，要求小学教师在实际教学过程中不断创新，不断优化，为学生们营造智慧互动的课堂氛围，切实提升教学效率。在平时的教学中，我利用"希沃白板"这款相对新颖的教学软件，通过研究其各种课堂互动功能，如"游戏导入""小组竞技""智能播放"等在实际数学课堂中各环节的应用，来打造智慧互动课堂，引导学生带着兴趣学习，灵活地学习、高效率地学习。

在传统的教学模式中，教师只是单一地进行知识讲解，虽然是借助多媒体教学，但是很难对传统的教学现状实现改变，教师往往仍然是主体，学生处于被动学习状态，学习积极性不高，学习效果不明显。所以，灵活使用"希沃白板"，就要发挥其优势，为学生提升学习效率营造良好氛围。在趣味、互动的课堂交流活动中，培养学生的数学核心素养，也建立教师的教学自信。新颖的教学软件是教师打造智慧互动课堂的好帮手。

结合此次对"希沃白板"的实践应用撰写的教育论文《巧用"希沃"信息技术　打造智慧互动课堂》在"上海市浦东新区信息教育技术协会"论文比赛中获二等奖。在此次实践研究中，进一步提升了我对信息技术的应用能力和论文撰写能力。

三、五育并举——积极实践，总结经验

2021年11月我校为观澜联盟教师专业成长搭建平台以"坚持立德树人　落实五育并举"为主题进行专业论文征集活动。在领导的鼓励与悉心指导下，我开始认真学习"德育""智育""美育""体育""劳育"的相关文章，努力将"五育并举"的理念融入日常的教育教学活动中，并结合实际案例积极撰写相关实践论文。

伴随着网络信息技术的飞速发展，人们的学习与生活越来越和网络紧密地联系在一起。在"坚持'五育'并举，全面发展素质教育"的时代教育大背景下，如何与家长建立直接的、有效的、紧密的联系是一个重要的话题。在这种网络环境的大趋势下，"晓黑板"App的"打卡"功能以它独有的有趣及方便快捷的姿态展现在学生、老师和家长面前，为家校合作共育提供了一条崭新的路径。

在实际使用晓黑板的打卡功能一段时间后，我发现晓黑板打卡功能不

仅可以运用在学生的学习上,同时,在辅助学生学习运动技能以及培养积极的劳动意识有着显著的优势。我根据学生年龄特点和心理特征精心设计实施了两项打卡活动,分别是"我们来学跳绳"和"争做爱劳动的观澜少年"。

通过"晓黑板"的打卡功能,打破了传统的学校、家庭的壁垒。学生们可以将家中的学习表现、锻炼表现、劳动表现上传到网络平台。教师通过接收的语音、文字、图片、视频等打卡信息进行即时点评反馈。在坚持"五育"并举,全面发展素质教育的背景下,教师可以充分利用网络资源,让劳动教育从课堂技能理论学习走向居家劳动实践,从学校教育走向家校共育。

在此次结合"五育并举"的教育理念实践中,我主动学习、积极实践、大胆创新、认真总结。最终,我撰写的论文《五育并举云打卡,综合素质强少年》荣幸地被观澜联盟论文集征用。

在信息时代的今天,学生家长的信息来源丰富,教育理念的更新速度很快。只有不断学习,随时更新储备知识,才能成为一名合格的教师。在学校实施打造"星级特质"教师的各项活动过程中,通过不断地积极学习强化了我的专业理论知识,更新了我的教育理念,使我紧跟时代步伐。这些学习体验,让我明白想要成为一名"星级教师"需要更加努力地不断学习、完善各方面素养。

4. 成长路上的脚印

邱依萍

2016年,带着对未来的憧憬以及涉世之初的满腔热情,我踏上了教师的道路,与大多数的同龄人一样,都想使自己的人生走向卓越,奔向崇高,计划在自己的工作中开拓出一片新天地。然而,任何成绩的取得和理想的实现,仅仅靠一腔热血是绝对不够的。年轻的我们必须要学会规划自己的职业,在工作中努力探索,大胆实践,走出一条属于我们自己的成长之路。虽然这个过程未必一帆风顺,但是在前进道路上遇到的所有困难与曲折,都是自己日后走向成功的奠基石。

一、激情满怀"萌新"上线

在2016年9月,我光荣地成为一名人民教师,如今回想起见习期的生活依然历历在目,很高兴自己的辛苦没有白费,向师傅学习、讨教的过程中,也渐渐找到了适合自己的教学方式,一些文件也都保存得比较完整,这些对于其他人来说不太重要的东西,对于我来说却是弥足珍贵的宝贝,正是这些见证了我这名"萌新教师"的蜕变与成长。

赞可夫说:"在给学生上课的过程中,教师的全神贯注是很重要的,教师身上产生的高涨情绪,在很大程度上取决于教师与学生之间的精神交流。"激情是一种强烈的情感,它能使人兴奋、充满活力。面对陌生的老师,相互间并不熟悉的同学,如何快速拉近彼此的距离,同时又能让学生感受到我的热情呢?

低年龄段的孩子在刚开始接触英语学习时会产生一些害怕心理:害怕不会说、害怕说错等,但他们也会对任何事情都有一种好奇心,尤其是对自己没有接触过的东西,好奇心更强。根据这个特点,我在每次课堂教学中就会借助一些小奖牌,对于课上表现积极的学生进行鼓励,每一次的奖励规则不同,有时小组奖励,有时个人奖励,有时同桌奖励,通过这样不同的方式调动起学生的积极性,长此以往便有越来越多的孩子参与课堂活动中。

除了利用奖励机制调动学生的兴趣之外,我自己也会做一些教具,以便在课堂教学中到达更加直观的目的。小学生年龄小,缺乏知识经验,抽象思维不够发达,所以,借助直观形象进行教学很有必要。在课前准备好各种各样的单词卡片、图片或实物等,有时还可以通过电多媒体创设的动画效果等方式,吸引学生的注意力,使他们能够更好地沉浸在课堂气氛中。

初为人师,更多的是向前辈们学习,当然最重要的还是自身对教学的热情与热爱,只有真正地爱学生,爱教育,爱自己的职业岗位,我才能在教师的队伍中收获更多的成果欢乐。

二、锋芒初露"新苗"发芽

一年见习培训让我懂得了如何规范地做一名合格教师;一次教案撰写评比让我看到了一份完整的教案需要认真钻研教材;一场"新苗杯"比赛让我体会到了一堂精彩的课所承载着所有人努力的心血;一次次新区公开课更是提高了自己作为一名教师的学科文化素养。

2018年3月28日,这个日子我至今记忆犹新,因为那是我第一次上公开课。我所执教的是3BM2U3 Clothes,主题是和衣服相关,因此我很好地利用了学生自己的衣服,在课堂中加入展示自己服饰的环节,既能直观明了地进行教学,还能联系学生生活,进行实用教育。除了新授的句子是学习难点之外,在本课时中还有另外一个难点则是需要学生正确区分 these(这些)和 those(那些)之间的区别,但是这两者会随着参照物的不同位置而发生改变,那么如何帮助学生简单易懂地区分成了我们需要突破的地方。最后我们利用学生座位的远近不同,并且由学生展示自己的衣服,最后学生自己提问,就能很好地分辨"这些"和"那些"。通过这一次的备课与上课,我发现只有让学生在生活中学习,在学习中生活,使学生在学中用,用中学,才能让他们掌握真正有生命力的语言。

自此次公开课后,我珍惜每一次机会,每一个展现自己的平台,课前认真准备,课后反思不足并进行总结。三年的磨炼与成长让我现在能够自信地走进教室,站在讲台前,用自己的教学方式与特点吸引学生的学习兴趣,培养学生的学习习惯。

三、融合前沿资源,做"创新型教师"

2020年,一场疫情使得空中课堂已经成为教育领域的热门话题,这是一种新型的多媒体教学方式,是疫情期间教师开展教学活动的主要方式。空中课堂的教学内容和教学资源优质丰富,结合了视频、音效、动画效果、图片等多种教学手段和资源,这些多媒体技术的应用很大程度上吸引了学生的眼球与学习兴趣,从而更能调动课堂的活跃度。但若只是一味地"拿来主义",没有根据学生的实际"因材施教",空中课堂的精华之处就无法真正落到实处。作为一线教师,我们要清晰地认识到:回归校园后,空中课堂资源的作用仅在于指引和借鉴,在线下的课堂教学中,教师还是要根据学生的实际情况重新调整或设定教学目标以及教学内容上的难易程度,只有线上线下的有效融合和延展才能在回归课堂后快速唤起学生的学习习惯、提升学生的学习质效,与此同时更能提高自身的教学设计能力和灵活应变能力。

空中课堂资源都是以视频方式呈现,而这一方式在实际的教学中往往由于缺少师生之间的互动而达不到理想效果,在学校中进行的线下教学是师生面对面的教学,教师能够通过创设浓厚的课堂学习氛围充分激发和调动学生的学习兴趣和积极性,并能够在课堂中根据学生的当堂反馈及时作出有效的评价,这是空中课堂所无法替代的效果,若仅仅只是让学生跟随着视频一起学习,那与居家学习又有何区别呢?有了正确的认识,在如今的线下教学中,我会深入研读教材内容,认真观摩在线课堂,结合学生实际情况,厘清教学设计思路,调整课堂教学策略,取其精华,去其糟粕,将每一节课的视频资源有删选、有调整地做成 PPT 课件,从而确保"以学定教"的原则,更好地为学生有效的"学"提供教学保障。

新课程改革的主要目标是培养学生的创新能力和实践能力。我们改革课堂教学结构,变被动接受为主动探索,提高学生发现问题、分析问题和解决问题的能力。在教学设计中,我们的个人能力存在局限性,教学资源也不够丰富。而线上教学资源相对较为丰富,融合了多位教研员和骨干教师的精髓,正好弥补了我们基层教师的这一短板。线上教学设计立足于单元整体,教学方法科学化、多元化,并能多角度、多方位地设计教学问题,充分调动学生的想象力和思维力,全方位激发了学生的创新思维,也为基层教师拓宽了教学思路,值得我们借鉴和学习。

2016—2021 年,在这五年间我从一名青涩的大学生变成一名赋予学生希望的青年教师。教师生活让我无不感受到自信的存在,不论是刚入职时的朝气蓬勃、青春焕发,还是经过时间的磨炼变得沉稳内敛、缜密思考。如今的我能用自信的热情与孩子一同享受快乐;能用自信的眼神向家长传递正确的教育信息;更能用自信的话语组织好每一次的活动。教师这一份职业为我的人生扬起了新的风帆,带领着我书写精彩华章。

5. 温暖团结　心有所依　见证成长

黄嘉钰

当一切以"人"为出发点和归属点时，人的价值才可得以实现。"以人为本"的学校管理理念也促使教师快乐工作，快乐生活。丰富的精神生活、高尚的审美、丰富多样的兴趣爱好等促进教师个性全面和谐发展，使之努力成为生活丰富、充实、幸福的人。

从2017年加入观澜这个大家庭开始，让我感受到了观澜人的真心与热诚，带教导师的倾囊相授，备课组老师们的耐心指导，同事间的相互支持，所有这些都给予了我无限关怀与前进的动力，让我稳步成长。

一、团队力量促提升　暖暖心意励前行

职业成就人生，学校注重教师个人职业价值的体现，多维度、多方向开展针对性的教研活动，专家老师们的专业指导让青年教师快速成长。根据在校青年教师较多这一情况，为进一步促进教师成长，学校搭建多平台，创设教学评比机会，鼓励青年教师展现风采。从区级的见习考评课、二年期的教学设计比赛、三年期的新苗杯，到校开展的"观澜之星"教学评比、学科文化周、"澜星教学节"评比等，大小赛事激励并促进我们不断提高自身的专业知识，锤炼专业技能，实现自我超越。每每比赛，总离不开带教师傅和教研组老师们忙碌的身影。还记得去年的新苗杯比赛，备赛过程让我感受到了观澜大家庭的温暖，师傅邱老师精心指导，曹老师热心帮助，组内的老师齐上阵，她们为我精准把脉，有的关注我的课堂把控情况，课后为我指出不足；有的走进我的班级，指导我训练孩子们的朗读。邱老师不厌其烦、一遍又一遍地听我说课，逐字逐句指导我的语音语调，手把手地教我把板书写得端正、漂亮。成绩背后，有这样一个温暖的团队给予我支持，有这样一群友爱的伙伴们给予我鼓励。短暂的备战时间，观澜前辈们的无私奉献，这份爱岗敬业的热忱，同时给予了我不断进取的力量。

集体的温暖不仅体现在比赛上对我的扶持，更渗透在日常工作中的点点滴滴。第一次做班主任时，缺乏班级管理经验的我在副班主任老师的耐

心指导下逐步习得方法,慢慢积累经验,学会控班的技巧,学习如何和家长有效沟通;第一年上课时,同组的老师们主动对我开放课堂,让我有机会去听课、学习。师傅邱老师时常走进我的班级,听我的课,对我提出建议,翻看学生的作业本,了解我班学情;记得任教两个班级的语文时,我教学经验不足,对教材重难点的把握也有偏差,尤其是习作单元的教学。组内的老师纷纷献计献策,关注我班级的日常教学,了解我的教学进度。遇到自己不理解的地方,她们总是为我耐心解答,传授方法,办公室里其乐融融,教学氛围浓厚。除此之外,同年级的老师之间关系融洽,互帮互助,前辈们乐于分享自己的教学、班级管理经验,让我收获颇丰。

我们沉浸在忙碌之中,沉浸在这样氛围热烈的大家庭中,在忙碌中长本领、也沉淀情谊,在工作中找到了归属感,获得成就感。

二、社团活动增乐趣　丰富体验获幸福

作为教师,除了要有专业发展的幸福感,也不能忽略作为一个独立个体该有的生活幸福感。对教师来说,还需要有健康的身体,健康的心理,这是幸福的重要组成部分,学校也为这种生活幸福感的形成提供平台。一直以来,学校非常关心老师们的工作和生活,组织了各式各样的社团活动,丰富老师们的精神生活。

恰逢第 34 个教师节来临之际,学校举办了教职工点心制作活动,老师们分工合作,忙得不亦乐乎。在主厨们的指导下,让我们平时不进厨房的小菜鸟也习得一些技能,做饼干、做蛋黄酥、包饺子……大家在活动中不断提升自己的素养,放松心灵,提高了生活乐趣的同时,也增强团队的凝聚力。

为了愉悦身心,缓解压力,学校组织开展了教工社团活动——学唱歌曲《无与伦比的美丽》,在歌声中放松心情,感受音乐世界的快乐。跟着教唱的老师们一字一句耐心学,他们悉心指导,激情洋溢,感染着每一位老师,大家学得认真,唱得起劲,工作之余,我们沉浸在音乐中,快乐工作,快乐生活。

为了让老师们亲近自然、放松身心,感受人和自然的唯美与和谐,营造积极向上的团队氛围,学校还组织老师们来到崇明,参观游览了备受瞩目的第十届中国花博会。大家置身花海,分享喜悦,驻足合影,在欣赏美景的同时陶冶身心,让我们更加热爱生活、热爱工作,保持旺盛的精力和新鲜的活力。

建党100周年之际,为丰富教职工业余生活,学校组织开展了"DIY彩绘"活动,新鲜且趣味十足的活动激发了老师们的兴趣,在学校美术老师的指导下,我们拿起色彩斑斓的画笔,给布包、扇子点线勾勒、绘图上色。大家发挥着想象力,兴趣盎然地创作着属于自己的画作,体会生活中平凡事物中蕴含的艺术美,感受动手创作的成就和快乐,让我们获得职业幸福感的同时,收获生活幸福感。

社团活动中,我们放松身心,团结协作,分享快乐,学校开展的多形式的娱乐活动帮助我们缓解压力,也增进了同事间的情谊。

学校重视"人文精神",工作上,提供专业平台锤炼技能,扎实专业素养,夯实教师基本功;生活上,创造条件开展丰富多样的文体娱乐活动,引导教师追求精神生活品质,会工作,爱生活,提升身为观澜人的成就感、幸福感,并将积极乐观的处世心态感染身边的人。在这样的环境下,作为青年人的我们,正在不断成长着。

6. 多彩的我　多彩的观澜

——星级教师成长故事

朱奕纾

不知不觉,进入观澜已有6年多的时光。岁月用温柔的手抹去了我的青涩,赋予了我不一样的成长经历。观澜,用它丰厚的底蕴与温暖的人文情怀,引领着我不断地突破、超越自己。而我,已不再是初为人师的一张白纸,展开画卷,多彩的教师生涯已慢慢绘就。

一、绘卷之路·启航

前苏联教育家加里宁说:"教师是人类灵魂的工程师。"因此,一名合格的教师应该是富有理想、坚持信念、拥有信仰的人。那么教师的信仰是什么呢?初为人师的我,在"澜星讲堂"中找到了属于观澜教师的教育初心。

还记得入职观澜后第一次的"澜星讲堂",那一年正逢观澜180周年校庆。借此时机,讲堂为我们讲述了百年观澜的人和事。印象最深刻的还是乔永洁老师的故事,这位观澜的前辈老师,用自己的信仰和对教师这份职业的敬畏,为观澜的后继者们留下了宝贵的精神财富。他的两本备课本,满满的手写记录,甚至是躺在病床上还时刻想着学生的精神,令我动容、敬佩。

于是我思考我该怎么做?还记得第一年见习期,有一次被通知第二天行政要来听课,心里有点忐忑,但好在师傅带着我拿出课件和教案,一点点抠细节。哪里要问哪个问题,哪个地方要学生自己发挥想象,师傅让我在教案上做好标注,又一遍遍地让我试讲给她听。那晚回家时,已经九点多了。回家后,我始终觉得还不够安心,于是拿出了教案和课件,一句句在纸上写下了上课自己要说的每一句话。每个环节预设的问题、回答,也尽数地写下来。那一夜,我至今难忘。

可能这是每个职初老师都有过的经历,一次次的备课磨课,不断提醒着我,让我意识到,对职业的敬畏和尊重,才能让自己在讲台上站稳、做强。也是从那时起,我积累起厚厚的手写教案、十几页的说话稿,记录着自己的成长轨迹。

二、绘卷之路·逐梦

在观澜，青年教师是"最幸福"的。为什么呢？观澜的平台多，机会多，这就意味着成长的速度实为迅速。对于我而言，6年多的教师经历更是如此。在前两年的学习中，对于专业不对口的我来说，对于教学有热情但缺乏技巧，那两年学校请了专家、教研员多次给我们做教学指导、教研培训，通过学习，我们逐渐地对教学的把握更精准了，教学的技能也慢慢提升了。第三年可以说是我教学生涯的关键一年。"新苗杯"教学比赛，让我对自己有了重新审视。

五年级的课，一开始备课组的老师都有点担心会不会对我来说有点难度。但困扰只是暂时的，接到通知的下午，备课组的老师们就开始为我群策群力了。组里的骨干教师们充分发挥了他们的长处，先将进度内的课本内容带着我仔细解读、翻阅，分析不同课型的难度。听完她们的指导，仿佛听完了一个微讲座。上课内容选定后，又开始新一轮的头脑风暴了。如何有新意地设计这节课，如何能够体现我的教学能力，这都成了我们每天下班后的话题。讨论稿、课件，足足磨了有七、八稿。正是充足的准备，让我在比赛当天能够发挥出自己最佳的状态。

六年的成长中，经历了校级观澜之星教学评比、爱岗敬业教学基本功评比、乐学杯教学设计比赛等，一次次的教学比赛机会，让我不仅磨炼了自身的专业能力，也看到了外界的实力。所以，成长的脚步从不停歇，而是始终坚定地、不断地向前奔走着。

如今，我的观澜成长路已经到了新的起点，中级职称的顺利晋升，激励着我要向更高的目标出发。带着观澜教育人的初心，在观澜的沃土上，我将结出更多丰硕的果实，绘出更绚丽的职业画卷。

7. 我从"零"开始成长

尹 迪

在数学中,零可以表示起点、可以表示没有、可以表示界限,等等,当零和任何数在一起,还可以变成无限可能……今天我要讲一讲属于我的"零"的故事。

一、第一个"零"——我从"零起点"高位起跑

说实话,在我下决心成为一名小学教师的时候,我的心中有些忐忑。那时候,我印象中的教育教学工作约等于"黑板""讲台""作业",在大学所学的专业和教育教学没有任何联系,对教育教学理论和课堂常规教学没有任何涉猎,这就意味着,想要成为一名教师,一切都要从"零"开始。

我至今还深深记得,自己站在入编考试最后一轮面试的等候区时,那种焦灼的心情。可当我推门进去时,看到了一个熟悉的身影——姚剑强老师,顿时亲切感油然而生,那一丝忐忑和焦灼也烟消云散。当然,姚老师并不认识我,让我觉得亲切的原因,是我在观澜实习时,学校就有高端的学科领路人,我有幸多次聆听这位数学"大咖"的学科讲座、主题报告、教学研讨,给我带来理论上的引领和专业上的指导,因为观澜,我的"零起点"和别人有所不同,我想,这算得上是高位起跑。

二、第二个"零"——我和专家"零距离"

如今的我教龄1年半,如何在专业上迅速成长适应教学工作需要,是我面临的一项重大课题。幸运的是,观澜"星火"工程、观澜联盟工作室等平台,专家和我们"零距离",面对面给我们专业引领、精准助力。实话实说,其实很多时候,我对专家讲的内容云里雾里、懵懵懂懂的。但是,我暗暗在心里跟自己说,这么好的机会不能错失,就算是囫囵吞枣,我也要先吞下去,然后再自己慢慢消化。我发现这个方法真的不错,某个一知半解的点会在教学实践中变得豁然开朗,这应该就是理论和实践的融会贯通吧。

记得姚老师在《单元学习活动的思考》中指出,数学单元活动是在数学

单元教学目标、流程确定的基础上，为促进学生对数学知识的理解与运用，以及实践、探究、创造能力的发展，针对具体单元的教学内容，开展教学单元学习活动。小学数学单元学习活动设计，既有外显的操作活动，又有内隐的心智活动。通过活动，学生可以加强对知识发展过程的体验，有机会在一个单元的学习中运用多种学习方式，丰富教学经历；通过活动，可以引导教师关注学生的学习过程，加强对学习过程和学习结果等评价的研究和实践，更好落实数学课程的三维目标。

　　从中我也深刻认识到数学单元学习活动设计需要注意三大设计要点：①要为学生提供适度丰富的感知素材。不管是用来动手操作，还是直接观察感知，都要关注素材的趣味化、结构化，以便更好地引发学生"神入"其中、自主参与，亲历体验。②要有适度的留白和等待，保障每一位学生独立操作体验的时空，尊重学生"个体化"、"独特"的自我体验。任何的对话、交流、合作都是以每一个个体独立思考形成自己的感受和见解为基础的。③重视对话交流的有序组织和有机引导，促进个体自我体验的进一步内化与升华。通过对话与交流，学生获得表达思想、反思体验的机会，将自己的切身体验与人共享、交流收获、反思不足，进而能进一步的归纳提炼。

　　由此，我在一次磨课《长方体和正方体的体积》中，通过新旧知识的衔接，并以此逐步延伸，引导学生通过观察、对比、动手操作等方式，探究体积的计算方法，从而归纳出体积公式，并在一个个真实情境中运用新知解决问题，学生的空间观念和思维能力得到了发展。

三、第三个"零"——我要创造"零"的无限可能

　　当"零"遇上了"1"，就可以创造无限可能。给大家细数一下我最近的"1"：一次新区校本联盟学校活动、一次观澜联盟数学工作室活动、一次名师工作室教学研讨活动、一次观澜青年教师科研活动、一次新区创新思维教研活动、一次"基于互联网+课程标准的教学与评价"展示活动、一次观澜联盟教学专场……我"忙碌并快乐着"，每个"1"都在给我输送养分，让我在教学上扎根、发芽、壮大，让我更加从容与自信地投入工作，让我在未来创造无限可能。

　　我在观澜幸福成长，幸福收获！

8. "澜"天下成长　青春正飞扬

——参加上海市见习教师基本功大赛有感

顾舒悦

时光飞逝,不知不觉,成为一名人民教师已经第四年了。回首第一年的见习教师基本功大赛,五光十色又五味杂陈。这一年时间里,培训大大小小参加了不少,收获也积累了很多。为师第一年是辛苦的,是忙碌的,也是丰收的。这一路有欢笑、泪水,有困惑、不安,有感动,也有幸福。这第一年,我一路在奋斗,庆幸的是奋斗路上有尊敬的各位领导的热心支持和帮助以及亲爱的导师们为我保驾护航,让我这一年收获太多的成长。

一年里,基地整个培训过程中内容丰富,形式多样,有各级专家的专题报告,有专业名师的提点指导,有名师与新教师的同备、同课、同研,也有学员的互动讨论,更有专家的指导、引领,同样有理论的培训学习,现场的教学观摩。因此,这一年的学习,对我既有观念上的洗礼,也有理论上的提高,既有知识上的积淀,也有教学技艺的增长。

一、"小主任"大艺术

班主任工作是一门艺术。在班主任工作中,我把关爱学生放在首位。一旦发现问题,我会积极地与家长进行有效的沟通,和家长一起携手寻找教育学生的有效方法,及时发现问题,以合适的方式方法去处理问题。

在本班中,有一位行为规范存在较大不足的学生。他总在上课时画画,突然之间会站起来做跳舞似的动作,嘴里发出声音,扰乱课堂秩序。一遇到不顺心、不开心的事便大声喊叫,甚至乱跑,等到老师请他才肯回教室。在与同学的交往中,他也爱打打闹闹。中午时分,小朋友们都能做到安静用餐,他总是不肯吃饭。对此,我一度感到十分困惑,一直在思索怎样将此同学的注意力集中到课堂中,使他融入班级大家庭中。

问题棘手,经验不足,我求助了我的班主任导师钱老师,参加了她的"班主任工作室",在钱老师的宝贵提议下,钱老师和我深入剖析孩子行为产生的原因,给予针对性的指导,还抽出空来和孩子深入交流,也使我在处理班级各类事务上得心应手起来。看到钱老师循循善诱、耐心引导让小赵慢慢恢复自信,他立志要做出改变的决心,在一旁学习的我极其感动。我反思自己有时不够有耐心,没有深入了解小赵内心焦虑的原因便急于教育孩子的错误行为,却没想到实际上都是事出有因;也为孩子有幸和钱老师交流,敞开心扉谈话而高兴。这让我认识了一个不一样的他,也让我认识到,在教育生涯中,我们要立足孩子的心理,从他们的角度思考问题,能更好地为他们的成长助力。在班级中,我努力营造积极正面的氛围,让每一个小朋友在友爱、互助的氛围中健康成长。对于小赵这样特别的孩子,要多多给予鼓励,而不是一味地批评指责。这样,他就会卸下防备,自信起来,和同学更融洽地相处下去。于是,我留心观察,及时表扬他的进步,并邀请他与我共进午餐,告诉他可以与我互相分享午餐。这一招真有效!孩子很乐意和我一起吃午餐,吃得香香的、饱饱的,不再抗拒在校吃午餐。在行规教育方面诸如此类的问题,我严加教育,力图创造一个团结互助、积极向上的班集体,着力规范学生言行,提高全班学生的思想素质,促进良好班风学风的形成。

二、课堂是门"艺术活"

要说这一年中印象最深的事,无非是两次考评课以及一堂主题队会课。这三堂公开课锻炼了我。初出茅庐,公开课是想都未曾想过,尤其是第二学期的区级评优课,从未遇到过这情况的我,内心忐忑又激动。由衷地感谢导师们的辛苦付出,为我精心设计每一教学环节,细节之处也认真细致地教给我自然衔接的方法,这才让我呈现出一堂精彩的公开课。在导师们身上我感受到了观澜人的情。准备过程中,师傅——我的学科导师——曹老师亲力亲为,事无巨细地听我试教,为我备课,助我上课。一个眼神,一个动作,一句过渡语,师傅都一一为我把关,用休息时间为我悉心指点,力求做到最好。班主任导师钱老师常常召开形式新颖、实用的早餐会,在轻松的氛围中聆听我们的问题,为我们一一解决疑惑。要上主题队会课了,钱老师为我精心设计了教学环节,让课堂变得精彩起来。像这样的事还有很多,有了师傅的帮衬,为师第一年,我走得踏实且坚定。

在学校领导和师傅曹老师的关心、支持下,我有幸参加了见习教师考评课与评优课。此前,我陆续聆听了我的带教师傅曹老师的多节课,让我受益匪浅。

通过这两轮见习期间的公开课,让我成长不少。我明白了上一堂公开课,背后要付出的真的很多。从一开始制定教学目标,师傅就给我引导和帮助,教我制定的目标要可操作并实用,目标制定不好,教学设计就会很散。我上的分别是《大还是小》和《四个太阳》这两节课,课前无论是教师还是学生都需要提前进行大量的训练。曹老师为我悉心指导,牺牲了自己的休息时间,给予我细致的指点。在后来的几次试教中,每次师傅总能从我的课堂中提出一针见血的建议,每次给我的评课都让我深受启发、收获很多。在师傅的点拨和导航下我的课逐步成型,渐入佳境。在日常教学中,遇到问题,曹老师也总是为我排忧解难。正是师傅细致热情,不断冒出好点子,不停给予我帮助,才有令人满意的课堂效果。真的十分感谢师傅的指点与付出,充实我的教学理论、技巧,让我能更信心十足地面对一次次挑战。

三、"高压"参赛

就这样,我迎来一个愉快的假期,那是我为师第一年的第一个暑假期,设想着和它甜蜜的"约会":美景,一路拍;美食,使劲吃……还有各种约。

事实不是这样,7月4日就手机响起,就"有约了",出乎意料的是基地负责人李老师,还没问什么事?李老师电话那头就兴奋地说了:小顾呀,你好了不起,新区见习教师基本功大赛,脱颖而出,要参加市里比赛啦。我一阵狂喜,要知道那是9/1 300呀,全新区小学语文老师的中的第一位啊,和中举了一样哦。我成为了区里这光荣的九分之一,我的心中既激动又惶恐。

"不过……"电话那头的传来的声音是"……两月不外出,好好训练哦"。当天下午,新区领导"火速"召集我们开会,会议强调了此次比赛对新区、学校以及自身的重要性,放下一切,认真备战。但是我能肩负重任吗?能获奖吗? 一下子汗涔涔了。

会上,在坐的老师们都是极为优秀的选手,每位老师都有其不同的风格,有的气场强大;有的妙语如珠;还有的淡定沉稳,这不禁让我紧张起来。说实话,当得知消息的那一刹那,我感到自己误打误撞,何其幸运,能够拥有这样宝贵的机会与这些优秀的伙伴们坐在一起共同学习。而我也不禁讶异于参赛对手之强大,使我为即将到来的严峻挑战感到担忧与不安;我深感学习时间之紧迫,距离现在仅有一个多月;我惊叹于评比范围之广泛,赛前要准备四堂课、三笔字、信息技术、教学设计、教育案例、教学智慧、现场演讲等内容。要知道,对于新教师而言,一年认真准备好一堂课已是高度紧张状态,何谈四堂课的压力。

紧张之后我淡定,我知道这一年,观澜给我了专业的全方位提升,"四项技术"全面考验我,没多久,温暖"家庭"来了,就是学校专门建了一个群,群里有一支强大的团队,告诉我,无论我走到哪里,有一支强大的队伍在后方,他的名字叫观澜。还有一群"伙伴"来了,让我明白大家一起走可以走得更远。新区专门建了大赛筹备群,老师们时不时给予我们宝贵的学习资料,通知我们参加专家培训,这么多力量给我们保驾护航,我悬着的一颗心放下来了,跟着培训的节奏一步步开启我这个特殊的暑假。就这样,我愉快地和他们相约着。

原来,事先要准备四堂课的内容,到比赛前一周才能通过抽签知道自己上哪一课。这对见习期的我而言无疑是个艰巨的挑战。于是,我把二年级的教材看了又看,成熟的教案翻了又翻。师傅曹老师带着我解读教材,细致准备,多少个黑夜,师傅为我倾囊相授,我们积极准备着……

在练字方面,平时我就十分注重认真写字,为了比赛更是加强练习,学校也给我创造了不少条件。虽然不是为了比赛而比赛,而是不断为自己的教师生涯进行储备和积累,但我依然全力以赴,为自己打气,时刻准备着!

信息技术的培训,我校专门有项目组,我在那里也学习了点小技术,这次接受任务,我就将技术好好呈现。

回首见习期一年的成长历程,与别人不同的是,我有这样参加大赛的锻炼机会,令人倍感幸运,直到现在,还不禁连连感叹,当时的次次培训真是有用处,让我成长得更快了。

最后我收获市比赛单项奖和综合奖。见习培训的收获更教育我要懂得珍惜这样一个给自己专业成长的平台,我们要把握住每一次来之不易的提升自己的机会。锻炼自己的过程需要经历很多磨炼,而我时常感到幸福的是,我有着观澜这个强大的"后援团",有一个校本培训的大平台,带给我意想不到的成长惊喜。

9. 点亮那盏灯

曹晓红

前不久,92岁的于漪老师曾这样寄语青年教师:教师的神圣职责是点亮生命的灯火,学生的以及自己的。人的生命有灯火照耀,方能真正脱离蒙昧,心明眼亮,生机蓬勃,明辨方向,奋然前行。

去年,在我从教的第二十个年头,我就遇到了这样一位"点灯人"。她,就是我们观澜联盟"星火工程"的导师,特级教师——高永娟老师。我们观澜语文团队,也在高老师的带领下更踏实稳健地走在专业发展之路上。

一、一次讲座——初见时结缘

初见高老师,是在一个明媚的秋日。高老师给我的第一印象,归结成一个字,那就是她的姓——高。高挑颀长的身形,知性优雅的气质,干练沉稳的风范,博学不凡的谈吐让人顿生敬意与亲切感。趁热打铁,聆听讲座,高老师将新教材"口语交际"板块的教学策略娓娓道来,精要精彩,实用实在。拜师学教,留个合影,与高老师的师徒之缘就这样开启了。

二、一组活动——研学中收获

初见分别后,我想着高老师远在徐汇区,再见面可能得隔多些时日了。没想到的是,接下去的三个月,我们月月都能见面。因为高老师所带的名师基地有每月一次的教学研讨市级展示活动。活动凭票入场,每一次都座无虚席。如此宝贵的学习机会,高老师心牵观澜,总会提前寄来入场券。一次次全程参与,让我们几位老师啧啧称道,受益良多。高老师和她的团队真开拓、实教研,既有高屋建瓴的理论,又有扎实灵动的课堂,为我们这些拿到统编教材后还心有迷茫的一线教师开辟通途,指明方向。后来,在疫情期间,高老师还特意为我们送来了有关单元教材解析的讲座视频,为我们全校语文老师提供了不可多得的学习资源。我们云端分享组织专题教研,各年级组成主备小组,分单元研究在线教学"思考与讨论"环节的设计,开展教师学科文化周案例撰写比赛,青年教师微课、微视频比赛等。在专家的带领下,我们团队研学,携手同进。

三、一堂磨课——成事中成人

首届联盟教学节的闭幕式上,我们要上一堂展示课。接到任务后,我们组建备课团队,用心打磨课堂。高老师还来听了我们的试教。听课后,高老师并不急于讲具体环节的改动,而是与我们探讨起单元教学视野下,对于语文要素的理解。高老师从整套教材编排的宏观角度到本单元的教学重点与教材前后的关联,耐心讲解。我们恍然,原来本单元要求的"把握文章主要内容"并非等同于我们所理解的概括课文主要内容;还有课上过多的宣情看似营造了氛围,实则并没有从学生的角度考虑,为他们提供更多的学习经历。高老师字字珠玑,让我们茅塞顿开。在高老师的指点下,我们信心满满。我们组织四年级备课组悉心研读了高老师赠阅的《小学语文单元设计与实施案例》一书,从单元整体设计入手开展教学实践;我们大胆推翻第一版的教学设计,重起炉灶,重新备课,并把试教视频通过网络发给高老师。百忙之中的高老师看了之后,再给意见,我们再修改,再试教,周而复始,不知疲倦。夜深了,高老师的指导电话一打就是半个小时,一个细节一个细节地调整;稿子上,红红的修改痕迹从单元整体设计到教案的规范写法,精细到一句措词,一个标点,桩桩件件,都令人感动。

这些年,准备过很多公开课,而这节课很特别。历时两个月,试教六七回,有了高老师全程跟进的指点,我们收获的何止是这一节课,而是从这一节课、一个单元生发开去,我们整个备课团队的老师们对单元整体教学的认识从理论与实践两个层面都有了实实在在的提升。今天的课,我们向高老师作了汇报,也把这节课在联盟进行展示,或许还不完美,但它却是我们专业成长之路上的一个坚实足印。回头看走过的路,我也深深体会到高老师所说的"在成事中成人"这句话的深意。

四、一路明灯——相伴中行远

千里之行,始于足下;良师为友,何其幸哉。

在观澜,我们是幸运的,有名师指引,为我们点亮那一盏灯,照明前行的路。在观澜,我们是幸福的,这里有一方教育的热土,有一群同行的伙伴。

聚是一团火,散是满天星。愿你我都能燃亮生命的灯火,尽情地发光发热,汇成一片教育的星空——美好,璀璨。

10. 观澜，让我变得更好

徐丽敏

提到观澜，许多人都会跷起大拇指，因为它是一所具有 180 多年悠久历史的百年老校。观澜又是一个欢乐、幸福的大家庭，我正在这幸福大家庭中成长着。

17 年前，我怀着好奇和忐忑的心来到了这所百年老校，对我这样一个从乡村学校来的老师来说，这里的一切都是陌生而新奇的，心里不禁有一种压迫感。一方面这里的老师都很优秀；另一方面，这里对老师的要求比较高。怀着这种心情我走进了我的办公室，办公室老师一张张甜美的笑脸，一声声亲切的问候，让我的心一下子放松了许多，原来观澜的老师都是很热情的。

从那一天起，我便与观澜结下了深厚的感情。观澜的教研氛围、严谨的治学态度给了我太多前进的动力。

一、"读书"让我变得更好

读书，不只是语文老师的专利，作为数学老师，更需要经常读书来充实自己的头脑。比如书中的许多先进的理论体系，教育思想，一些名人的专业指点，在平时的教育教学工作中是根本接触不到的。以往我总是有各种推托看书的理由，比如工作忙、没有时间买书等。自从加入观澜这个大家庭后，有了学校的"馈赠"，同仁们的感召，书又重新走进了我的生活，读书又成了自己生活的一部分。

每个月，学校经常会给我们一份"大礼包"，这份大礼包里有理论知识的读书活动、有当今教育理念的读书活动、有如何当好一名优秀班主任的读书活动，等等。这些不仅是思想上的充电，还有自身素养的充电，通过研读这些"精髓"，感觉自己的自身素养也随着一次次的学习、一次次的思想碰撞在逐步提高。有时对于教学中产生的一些想法、疑惑等，会自觉去找一找相关解释。书成了我的案头常客，读书时圈圈点点、摘摘写写，倒也乐在其中。书更新了我的观念，增加了我的底蕴，指导着我的行动。在动力与压力之中,我边学习边思考,在不知不觉中教育教学的方式也在潜移默化中发生着改变,经常站在学生的角度考虑问题,师生关系也变得越来越融洽。我,在读书中变得更好了。

二、"聆听"让我变得更好

观澜的教研活动丰富多彩,每学期学校都有磨课活动,在磨课活动中让我得到了历练,让我从其他老师身上学到了上课的"技巧"。除此之外,还有许多名师、大咖的讲座,如俞莉丹老师的《教育论文撰写一二一》、姚剑强老师的《单元作业设计》、陈久华老师的《义务教育教与学的变革——项目化学习》等,还有观澜联盟的教学评比活动。每一次的培训,安排都很紧凑也很实用,对于我的教育教学起到了很好的示范和指引作用。执教者们和专家们的睿智语言、独到的教材解读、"大雪无痕"的教学艺术,无不深深震撼着我。多次培训更是解开了一直压制心头的迷惑,找到了努力的方向。每一次的聆听都给了我新的思想、新的启发。这一切都为我的教学注入了新的活力,我,在聆听中变得更好了。

三、"锻炼"让我变得更好

"纸上得来终觉浅,绝知此事要躬行。"光有理论知识是不够的,还要在实践中学习感悟才行。进入观澜也给我带来了机遇,给我提供了锻炼自己的舞台。我积极参加了上海市愉快教育所举办的教学评比,对于我来说真是压力山大,但反过来这正是让我表现的机会。于是我回家便认真研究教材,认真备课,三天后,我进行了试教。然而试教后,得到的回答是教案不够成熟,经过一阵痛苦思索和学习后,我终于发现了症结所在。原来自己追求的是教师所谓的教学艺术,只顾着展示"个人才华",却忽略了对学生学习主体的研究。

随后在"观澜团队"的帮助下,我调整了自己的角色,更多地站在学生的立场上考虑问题,力求让不同层次学生的潜能都得到发挥,这个地方学生会有什么问题,哪些学生能自己解决,哪些学生需要帮助,我都了然于胸。终于,经过了反复修改的一稿、二稿、三稿……和一次又一次不断改进的试教,我的教案终于颇具成熟。让课堂成为了充满期待的人性课堂,使全体学生享受到学习的乐趣,成功的喜悦。参赛那天,学校的领导第一时间来安慰我,叫我不要紧张,对我说:"小徐,你一定能行的。"面对领导的抚慰,我紧张的心也平静了许多,并暗暗下决心:一定要上好这节课,不辜负领导对我的期望。终于,我的课得到了愉快教育所领导的肯定,在这次教学评比中,我得到了市二等奖。我深深感到"观澜"是我成长的平台,让我实现自我完善、自我发展的最佳场所。我,在锻炼中变得更好了。

7年在乡村学校的光阴让我褪去无知,走出幼稚;在观澜17年的岁月让我收获了一点成功,曾获全国说课比赛一等奖、上海市探究型课程教学评比三等奖、区一等奖。连续两年成为了区探究型课程的中心组成员,让我走在了探究型课程的前列,体验到了快乐。我收获的太多,我想要做的也太多了。现在,我要先学着慢下来,更慢一些,看沿途的风景,找发光的"彩石",继续努力向前。

11. 静待花开

——我的教师成长之路

吴佳伟

每一个学生都是一朵花的种子,每一颗种子都有自己特有的花期。有的会很快露出笑颜,有的只是默默生长,无论是快是慢,最终总会开花。而陪伴在学生身边的我们,又何尝不是这样呢?教师之路,最终也会发芽、开花。需要被雨水灌溉、被阳光照耀滋润。每一个步骤都是大自然的恩惠,每一步都是那么值得骄傲!

一、初见——渐入佳境

记得刚进入观澜小学时,因为上来就让我带一年级,自己好多事情都不懂,讲课经验为零。讲起课来也是东一句西一句,想起什么就说什么。因此感觉一节课35分钟太漫长了。自己该如何去适应新的工作、新的环境和人呢?

1. 以案为纲,随机应变

教案是一节课的灵魂所在,师傅跟我说过,要想讲好课就得多看教学设计,得看进去,所以当年下班后回到家里备课、写教案就成为了我的家庭作业,遇到棘手的问题我都会第一时间找师傅寻找答案,对待事情都孜孜不倦。每次看完师傅的指导,我都有一种满足的感觉,然后在脑海中演练自己在课堂走台,讲解的剧本。

2. 手中有案,眼中有生

我曾经因为过于吃啃教案而忽略了眼前的学生,导致课堂死板,及时向师傅宋老师请教之后,她告诉我教案是好东西,但不能整体性质的按部就班,如果教法形式和内容太过整齐划一、课堂就显得很生硬。宋老师告诉我,一定要多听其他老师上课,不管是不是同一学科,要能找到老师上课的优点,将优点运用于自己的课堂中。不仅如此,每次去外面参加听课学习,师傅都尽量为我安排,经过多次听课培训,我努力提高自己的理论文化知识,进一步地提高了自身的理论文化知识和基本功。俗话说:"师父领进门,修行靠个人"。慢慢的我学会了教学预设、课堂提问、临场组织学生秩序等环节的技能技巧,工作也开始熟悉并进入了轨道。

二、磨炼——从量变到质变,成长路上难忘的大事件

每学期都有各种各样的区级、校级比赛,以及每位老师的磨课交流、教师技能赛,正是在这样的学习气氛中大家共同进步、成长,从稚嫩走向成熟。

在青年教师第三年新苗杯比赛中师傅陪着我一次次地试讲、备课、修改。这节课是《立定跳远》,为了让各个环节都自然高效,我可是动了一番脑筋:在这节课上,孩子们模仿小青蛙通过层层考验找妈妈贯穿了课堂的始终,整堂课学生都学得轻松愉快。这样大大小小的比赛我也参加了不少。也有幸参加了2021—2023年度浦东新区新区新秀评选,通过三轮的考验,终于成功入围。在成长中的这些大事件之所以让我记忆犹新,不仅因为获得了荣誉。更多是过程中的历练成长以及让我充满了感激和感动的点点滴滴。体育组伙伴们的支持、师傅和同仁们的陪伴让我更加有勇气面对一次次的挑战,一次次的沉淀,逐渐成熟。作为体操项目组组长,每天关心体操生学习,生活情况,定期做好家校沟通,与教练协作配合,随着体操队伍逐步强大,体操奖项也是收获颇丰。作为散打助教,配合教练进行学生的常规训练,加急训练,同时也增长了自身的武术技能。

三、沉淀——不停止成长的脚步

1. 认真对待每一个35分钟

面对同一个教学内容和不同的学生群体,课堂也绝对不是简单地复制和粘贴。对学生来说,每一个35分钟对学生而言都是学习提高的时间。对于教师来说,每一个35分钟也是不断思考、反思、沉淀并继续成长的舞台。

2. 宽容理解学生,做一位亦师亦友的老师

回想刚上班时,遇到的第一波调皮的学生,那时候总觉得头痛,上课说话不听讲,就会觉得他们太过分。当我从一个父亲的角度再看这些孩子时,自己的心态更加平和,对孩子们也多了一份宽容理解,我突然觉得他们都是一个个可爱调皮的天使。

现在有时我会在课堂上和孩子们即兴开个小玩笑,逗孩子们乐活跃一下课堂气氛。有时也会偷偷了解孩子们最近关注的新动态,了解他们的喜

好。孩子们和老师的距离拉近了,学习他们本来就喜爱的体育课自然就容易多了。学员导师制的推行,让我与孩子走得更近。

3. 善"变",让孩子们时常体会课堂的新鲜

《王牌》《奔跑吧兄弟》《青春环游记》这些热门电视节目也有很多小粉丝。我将游戏经过改良用在课上,孩子们特别愿意参与。课上孩子们开展"撕名牌""模仿接力"。多给学生新刺激,让他们对学习常保持新鲜和兴趣,体育本就来源于生活,任何游戏都能起到锻炼的作用。

四、感恩——成长路上一路相伴

常怀感恩之心。提起成长,就不得不提我成长道路上遇到的一个又一个良师益友。我们体育组的老师们对我是"有求必应",正应了那句话,"一个好汉三个帮"。凝结团队力量互帮互带,一贯是观澜小学特色。受大家的恩泽,我也在积极回报。全组共同学习进步。

五、不忘初心、静待花开!

我知道"机会总是青睐有准备的人",我要继续不懈拼搏,做一个永远"有准备的人",一辈子做观澜教师,一辈子学做观澜教师。

12. "观澜":有魔力的学校

王 盼

来到观澜已经有一年多了,时时被感动,处处被触动。180多年的办学发展历程,让观澜的文化在观澜的老师、学子身上尽情展现。观澜以校训"诚、勇、勤、朴、实、新"为校训,意在培养"德智体美劳"全面发展的学生们,而老师们始终坚持实用教育,脚踏实地,当好学生成长路上的引路人。

为此学校着眼于培养学校优质教师,激励教师多途径专业发展,作为一个刚刚调入观澜的老师,我有着切身的体会。

一、团队带教——学习、实践促成长

(一)团队共磨一节课

青年教师的成长,离不开师傅的引领,离不开老教师的帮扶,刚来到观澜,一切都是陌生的,但很快我就被备课组共同研讨、共同学习的氛围所吸引。

因为要上教研课《青蛙卖泥塘》,备课组里的老师都陪着我全力以赴,共同研讨,这可给这初入观澜的我吃了一颗定心丸,有团队真好!陈老师是我们的备课组组长,是我们办公室里有着24年教龄的老教师。她拿过教案认真研究,每一个细节都不放过。记得陈老师在教案上写上了各种读的方法,如指名读、齐读、轻声读、小组读等。陈老师还帮我改变教学方式:"刚才我们用读一读,找一找,划一划的方法学习了课文的3、4自然段,现在请你用同样的方法来学习课文的5—7自然段。请你读课文5—7自然段,用'——'划出野鸭说的话,用'～～～'划出青蛙的想法和做法。"虽然只是简单的变化,却培养了学生的思维,也让我受益匪浅。就连板书陈老师都做了精心的设计和研究,学生刚刚二年级,图片的内容可以多一点,青蛙、小鸟、蝴蝶、老牛用图片更好些,更能吸引学生注意力;词语概括出来要对称,"种了草"和"引了水"这样会更好。陈老师连格式和标点也不放过,都做了细致地修改,数字1后面要有一个小点,小1下面再分应该有小括号。其他的老师也提出了很多宝贵的意见,让我感受到备课组的力量,在上课的过

程中也对语文有了进一步的理解和认识。

（二）专家讲座开眼界

在观澜还有最专业的专家做引领，每一次讲座，如醍醐灌顶，给我以无限的启示。每次活动都有不同的主题：聚焦作业设计，聚焦减负增效，聚焦单元整体活动等，次次精彩，收获满满。

高永娟老师是语文团队的专家，总是能以最专业的眼光给予青年教师意见。对于新教材应该如何教，之前在沪教版中出现的课文还能像以前一样教吗？高老师一直为青年教师指点迷津。一次教研活动中高老师以《慈母情深》为例，做了详细的说明。在沪教版中这课所在的单元重在体会人物的形象，教学中教师往往会抓住描写母亲的动作、神态、语言、心理活动的句子来体会，感悟母亲的伟大。但在部编版语文教材，这一课的单元目标是体会场景描写的作用，所以教师就要在这方面指导学生，让学生透过场景来分析人物背后的心情，从而走进人物的内心世界，为以后的语文学习形成方法指导。那么首先教师就要知道场景就是对一个特定的时间与地点内许多人物活动的总体情况的描写。如文中描写了车间的样子，母亲工作等场景，通过品读这些场景体会作者内心的自责、愧疚、后悔等。

坐在下面认真聆听的我也在不断思考，原来同样的一篇课文，因为单元语文要素的不同，教法也大不相同。同样一篇课文在不同年级出现，教法也大相径庭。语文要素不同，所以要求达成的目标也不同，训练的点也是不同的。而自己对于语文要素的理解也不够深刻，又如何交给学生呢？"路漫漫其修远兮，吾将上下而求索。"看来，语文真是一门学问呀，需要我不断思考、探索的学问。

二、专家引领，撰写、反馈促发展

以前的我，提起写论文就满面愁容，写什么呢？怎么写呢？我最怕的就是写论文了，每每拿起笔，绞尽脑汁也写不出几个字。但是来到观澜，这里有培训、有反馈、有指导，让我一步步勇往直前，不断超越自我。

"其实写论文很简单。""这次讲座一定要让在座的老师知道论文该怎么写。"俞莉丹老师自信满满地说。对于在这方面有需要的我可真是一场及时雨呀！讲座的题目是"教育论文撰写一二一"，俞老师在讲座中将深奥的论文浅显化。针对老师们选题的问题，俞老师提前设计了调查问卷，并且在表格中一一给了意见,当看到这一幕时,我内心是无比感动的:这个老师真认真、负责,她真的想让讲座有时效,有作用。之后,她交给老师们很多的方法,如经验术、剥笋术、迁移术、凑热闹术等,都十分有趣、有效。之后又教给老师写论文的提纲,如并列式、对等式等,逻辑性与独特性兼备,思路清晰、娓娓道来。关于论文的表达,俞老师从引言、主体、结语分别要写些什么入手,要注意什么一一做了阐述。俞老师还以文章找碴的方式,让教师参与互动,还赠给教师书目。

这次讲座是我听过的印象最深的、最受益的讲座,真想现在就立刻动笔写一篇文章呢!感谢观澜,用最专业的培训来促进教师成长。

除此之外,来到观澜每每上交的文章,都有专业发展部的老师给予反馈、修改意见,这是我以前从未感受过的。在写与改的过程中,我也在不断成长,不断进步。

三、文化孕育,讲堂、师德永传承

在观澜,不仅让我在专业上有所发展,也让我更自信地站在舞台上。观澜让我真正感受到"每一个人都是主角",在丰富多彩的活动中增加文化认同感、使命感。

一年一度的迎新活动是学校特色文化的展示活动,教职工全员参与,让每位老师都登上舞台,人人是主角,个个是"澜星"。节目精彩纷呈,有讲述故事、诗歌朗诵、载歌载舞、小品短剧等。教师们化身为舞台明星,充分展示自己的才艺。2020年初来观澜,参加了2021年的迎新会,真正有了看"春晚"的感觉,老师们多才多艺,组织者尽心尽力,真是堪比"奥斯卡"。

每学期开学伊始都有一次道德讲堂,在道德讲堂上我们与时俱进,学习新思想、新理念。记得那一次次庄严的宣誓,记得"三牛精神"和"红船精神",一切的一切都深入我心,也更加坚定了我以责任心完美我的教育教学的决心。

观澜,遇见你是生命中最美的遇见,给予我成长的养料、空间与关爱。以梦为马,不负韶华,我也会不断要求自己,乘风远航。

13. "专业"之光照我前行

苏瑞恒

荏苒的时光悄然而去,转眼已是我踏上教育岗位的第三个年头,回眸近三年的执教生涯,感慨万千,初登讲台时青涩稚嫩,在前辈老师们的带领下,去探索、去磨炼、去钻研,我这一棵小树苗渴望成长的雨露,在学校与前辈老师们的教导中不断扎根、不断生长。

学校对于青年教师的培养很重视,提供了许许多多助力青年教师成长的平台,我也从这样一次又一次的活动中收获积累着。学校开展的"青年教师沙龙"帮助老师们获得教学技能,也给予老师们一个极好的平台,可以分享交流自己的教育心得,也可以相互答疑解惑,更上一层楼。每学期的磨课也是青年教师们展示的一个舞台,在磨课中打磨自己,汇集建议和评价,帮助自己积淀。学校会时不时组织专题培训,如何撰写论文、如何提升教学能力等,每一次培训都有目的性地开展,让我们获得相关技能,在教育道路上行得更稳。成为教师的第一年,见习期,学校作为见习基地,用心组织了"三笔字"训练课程、各类课程的观摩活动,让我在这一年中迅速成长,快速适应教师这个角色。学校用心开展的各项活动让我在各方面都得以提升,受益匪浅。其中,我印象深刻并从中收获满满的还是参加"班主任工作室",成为工作室学员的一年,在工作室主持人钱筱蕾老师的引领下,我渐渐胜任了班主任这个岗位。

钱筱蕾老师是我校的一名优秀班主任,她在教育岗位上辛勤耕耘了几十年,尽心尽责。着优雅旗袍的她总是透露着文雅的书香气息,是校园中一道独特又亮丽的风景线。

很有幸,去年我加入了钱老师班主任工作室,成为工作室的一名学员,钱老师便成了我的班主任导师。钱老师有着丰富的班主任岗位经验,班主任工作也做得十分出色,去年是我第一年担任班主任这个岗位,内心十分忐忑,对于很多东西都一头雾水,但一年的学习让刚担任班主任的我受益匪浅,从中学到了许多,也积累了许多实用性经验,是一次宝贵的人生经历,在一年的学习生活中,我获得了许多作为一名班主任应当掌握的技能,同时也深刻感受到钱老师身上的职业力量,非常值得我们青年教师学习。

以前,我都是从其他老师口中了解钱老师,而在一年的工作室学习中,我对钱老师有了更加深入的了解,她耐心倾听每一位学员的想法,用钱老师的话说就是:"大家畅所欲言,我在和你们一起学习。"还记得工作室第一次开展活动便是钱老师组织的"茶话会",成员老师们来自不同的年级,为了更好地了解工作室成员,钱老师带着熟悉又和蔼的笑容,认真倾听着我们的介绍,热心地为我们答疑解惑,在工作中遇到问题钱老师都会竭尽所能帮助我们克服困难,让我这个新手班主任安心了许多。

考虑到担任班主任后,需要提升班级管理能力,发挥班干部的作用,钱老师便组织我们前去观摩自己班级的班干部会议。我十分钦佩钱老师的班级管理方法,她赋予班干部重任,每位班干部带领一个小组,全班学生齐头并进,不放弃一位孩子。钱老师定时安排一次班干部会议,由班干部总结,将舞台留给学生,钱老师则及时记录,了解班级每位孩子各方面的情况,再根据小干部的汇报完成班级发展表,尽管过程稍烦琐,但钱老师从不喊苦喊累,反而乐在其中,就是这样的用心培育了一个又一个优秀的班级。这样一次小小的班干部会议,既让老师充分了解班级每一位孩子的情况,更锻炼了班干部的组织能力,优化班级管理。从这一次简短的会议中,我学到了一项班级管理技能,那就是充分发挥班干部的作用,由点到面,带领班级稳步前进。

担任班主任需要上主题班会课,而刚接触班会课的我一头雾水,不知该如何上好一节班会课,于是钱老师召集我们几位老师前去观摩自己的主题班会课《嗨,我来了》,课堂上钱老师神采奕奕,激情满满,自信大方的教态、一个个清晰的环节,让我豁然开朗,获得了许多启发,对主题班会课的流程有了更清晰的认知,钱老师为我指引了明确方向,也让我对之后自己执教主题班会课有了信心。

每一次任务,钱老师都会认真阅读我们所写的内容,提出实用的建议,适时进行补充,将自己所写分享于我们,引导我们完善自己的学习成果。不知不觉,一年工作室的学习进入了尾声,回想一年以来的活动,每一次活动钱老师认真设计、精心准备,从实际出发,让我们青年教师从中学到东西,快速成长,每每遇到困难,钱老师总是在我们后方保驾护航。

历经一年的学习,我渐渐褪去了初出茅庐的青涩感,变得更加沉稳。尽管只有短短两年担任班主任的经验,但现在的我已经掌握了许多班级管理的技能和专业能力,也似乎已经可以从容地面对班中发生的事,不再害怕、不再恐惧。因为有了积淀,在课堂中面对学生时变得愈发自信大方,从容不迫,在面对学校组织的活动时,也可以自信大胆地展现。钱老师是我的班主任导师,更是我人生的导师,有了钱老师的用心引领,相信在教育路上、在人生路上,我也会绽放出属于自己的独特色彩。

14. 2020，200 & 100

——入选全国"活力校园优秀案例评选"200 强背后的故事

尹 杰

2020，因为新冠肺炎，居家隔离、空中课堂、云端健身……成了体育老师的热门话题！

观澜体育人努力地做"线上达人"，做好特殊时期的体育教学。大家一起积极面对、迅速做出调整，有惊无险地度过了2019学年第二学期！

回想这一段特殊时期，是艰难的，一度也很痛苦，但是我们都挺过来了，也收获了从来没有过的幸福！

特殊疫情，观澜体育人，交出了一份出色的"答卷"！

2020，200 & 100 是3个数字，也是我入选全国"活力校园优秀案例评选"200 强的故事。

一、我的优秀案例，是这样诞生的

我的案例诞生，分三步走。

第一步，集思广益　攻坚克难

回想，2月初，得知要延长假期，线上教学，作为信息技术不高、没经验、没方法的体育老师，我顿感六神无主、手足无措。

但是，方法总比困难多。为此，教研组内开展了集思广益，如何进行教学？如何针对教学重难点进行巩固与提高？宅在家中，如何进行运动？最后商讨决定在《空中课堂》后，与学生互动20分钟，内容包括知识点的巩固与提高、有趣的身体素质小练习、欢乐的亲子游戏和课后锻炼。

其中，最值得一提的是运动小视频的拍摄与制作。由于时间紧，分为3组人马分头拍摄制作，30多个短视频，一周时间就完成了，观澜体育人创造了个小奇迹。

第二步，群策群力　日臻完善

除了确定以上内容之外，还把15个任课老师分成5个年级，每个年级3人一组备课，一起讨论关于线上课堂的相关事宜。同时规定，每周安排3—

4次线上教学研讨时间,每次为晚上8点到9点,主要讨论明天课中重难点与互动环节,同时根据学生课中的互动环节的表现,进行改进。从一开始的无声互动,到后来的学生上传运动视频互动,都是一次次研讨后的改进。

经过努力,15位体育人,有技术、有方法、网上"云运动"有智慧。

第三步,水到渠成　案例创生

当接到全国"活力校园优秀案例评选"的通知,就让我萌生了参加的冲动。因为有我们的努力与团结合作,有我们15位体育人创造的网上"云运动"智慧。

经过几周时间的归类梳理、埋头苦干,《网上打卡"云运动",创新实效新改变》案例终于完成了。案例中网上打卡运动的视频清晰、照片精美、数据翔实,案例丰满。我撰写案例设计思路、具体内容、达成目标等表格内容时,脑海中,闪现的都是我们体育组商议研讨的画面、在家制作视频的画面,感动而温暖。

最后,当我在案例报告封面,作者一栏,写上"尹杰"两字的时候,我告诉我自己,这个"尹杰"不是我,是观澜体育组,是观澜15位体育人!

当然,我为能成为大家的代言人,自豪而骄傲!

二、我的前100,感恩学校

难忘2020,疫情始料未及。

难忘2020,我的案例进全国前200强,也让我猝不及防。幸福来得太突然! 真的可以用"我心飞扬"来形容当时的心情。

从8月5日,到8月11日这7天时间中,每天给观澜体育人,投出了强有力的一票一票,又一票。

(一)自个投,偷着乐!

8月5日,网上投票第一天,第一票是我自己投的,偷着乐了很久。

(二)组投,很自豪!

很快,区小学体育教研员陆志英老师电话乔主任,全国共有2 000多篇案例参赛,初选的前200篇进行网络投票,现在前200强中,要进前100名。立刻,乔主任在体育组的群内说道:"尹杰获得这样的成绩真不容易,这份荣誉不光属于他个人,也属于我们体育组,因为他所写的这篇案例就是我们体育组在疫情期间体育工作的真实写照,大家转发拉票! 争取一定要进前

100 名!"

随后,组内成员纷纷转发。作为观澜体育人,我很自豪。

(三) 群投,感恩无极限!

接下去,在座的大家,都是主角了! 真心感恩在座的您(向大家鞠一下躬)。

感恩的故事太多,今天选几个分享。

退休在家的老阿哥张国华,身在家中,心系学校,天天为我拉票、转发,了解他的人都知道,他原本是不发朋友圈的人。

感谢每一位班主任老师转发班级、发动学生、家长、亲人一起投票……

最后两天,来了一股旋风,每天涨票1万+,原来观澜教育联盟的师生是强大的幕后推手……

最后,我们的票选定格在了全国第十三!

在兴奋、幸福、庆幸之余,钱筱蕾老师在朋友圈拉票所说的一段话,让我深思让我成长:"虽然对于网络票选活动我向来是质疑且反感的,但是在特定环境中,它会成为集体向心力、行动力的一种另类检验。看着几天来家长们主动发来的投票截屏从几百到千再过万,我感受到得是'集腋成裘',有我们的一份力。"

投票,投的是向心力、行动力;投的是集体荣誉感,团队凝聚力。我的小小案例,在点赞自己的同时,200 强要感谢我的体育小团队,200 进 100,检验出了观澜大团队的团结、向上。

我为我的小团队骄傲,我为我的大团队自豪。

三、努力,是奇迹的别名

网上投票结束两周多,但我们观澜体育人对于工作的余温不减。

暑期武术训练不停歇,教练们和孩子们不叫苦,每天坚持两小时的专业训练;武术、围棋、体操项目的深化工作;五星体育对我校体育教学工作的专题采访准备工作;2020 学年第一学期,区小学武术教学展示活动的准备工作;积极参加上海市武术套路锦标赛等,都在紧锣密鼓地筹划中。只有这实实在在的工作效率,体现着观澜体育人的活力与热情。对于过去的成绩只是历史,我们不沾沾自喜,我们要继续合作,我们要勇往直前、不断攀登。

这份幸福是源源不断的,只有在工作中才能深刻体会到的。

我们为什么会如此幸福？是因为"观澜"。在我们"观澜"这个大家庭里,有太多太多无怨无悔、不求回报、爱岗敬业、助人为乐！无私奉献的"观澜人"在我们身边,他们用实际行动感染着我们。

所以,今天的我们,因观澜而幸福,明天的我们,因观澜而骄傲。

15. 我的科研能力成长之路

周 英

教育教学是一门有艺术的科学,因为教育教学的过程需要严谨的逻辑思维和科学的方法。比如教学设计,需要我们理解整册教材的教学目标,从而有目的性、针对性地规划单元整体教学目标和分课时目标,才能达到良好的教学效果。因此,教育科研能力就成为了现代教师从事教学实践活动的一项基本能力。我们只有深入开展课程实施、课堂教学、教学管理等方面的行动研究,在不断地实践、反思、学习和研究中解决教育教学实际问题,才能不断提高自己的教师专业素养。

近几年来,在学校科研工作的引领下,我积极参与教育科研能力培训和学校科研课题研究,提高了对教育科研的兴趣,也逐步提升自身的教育科研能力。

2014年,经学校推荐,我参加了浦东新区第十八期青年教师教育科研培训班。培训时间历时一整学年,培训的频率是每周一次。每次培训都有一位来自教发院的科研专业教师给我们做讲座,让我们对教育科研理论有了全方位的了解。除了理论学习,我们更是进行了实践研究,每人申请了一个区级研究课题,在整个培训学习过程中不断推进自己的研究课题。在培训的最后阶段,我的研究课题顺利通过,发表于《教育科研新蕾》一书。我还代表学习小组在论文总结会上进行了论文的交流。回顾这一年的培训过程,虽然来回的路很远、学习过程中的压力很大,但我仍然觉得非常值得。专业的培训坚实了我的科研理论基础,为我之后的科研活动注入了信心。

理论永远要与实践相互结合才能真正提升我们的科研能力。在科研培训之后,我参加了学校一个又一个的区级课题研究,在科研之路上不断探索,一点一点地提高着科研能力,同时提升着自己的专业素养。

2016学年,我参与了学校区级课题《基于实用教育思想,优化学生学习方式的实践研究》。在课题研究中,我在教科室的带领下与课题组成员们一起厘清什么是学生常用的学习方式,梳理了可以优化的学生学习方式,并通过查找网上专业论文等资料,结合学校教师们的相关案例,撰写了分报告

《基于实用教育思想,优化学生预习方式的实践研究》。经过此次课题研究,我对如何从课题出发厘清概念,如何确立研究的基本框架,如何去寻找资料、结合案例进行课题报告的书写有了一个充分的认识。

2017学年,我参与了学校区级心理课题《基于"实用教育"思想,优化课堂干预方式的心理学策略的实践研究》。同样是立足于我校"实用教育思想",我与课题组成员们一起梳理课堂中出现的典型性问题,再通过讨论、查找文献、学习相关论文等方式寻找相应的心理学策略,撰写了《小学高年级课堂发言消极的行为干预》这一部分。在此次课题研究中,我又一次深切地感受到了教育科研对教育教学的支持作用。有许多令老师们头疼的问题,尤其是教育管理问题都可以找到现象背后的心理原因,由此就能找到相关的心理学策略。有了这些心理学策略,就犹如掌握了打开问题行为大门的钥匙,就能有效地解决我们所遇到的教育教学问题。

2020学年,我参与了学校区级心理课题《新入职小学教师遇到的教育教学困惑》和学校区级课题《"星级特质"教师专业理念实训下的星级教师打造实践研究》,撰写了"教师专业能力"子课题之教科研能力研究报告。每一次的教育科研都是一个从零开始不断探索的过程,都不容易。所幸,我们有"教师专业发展部"这个坚强的后盾,在课题研究的实施过程中给我们确定好研究方向,组织我们进行一步一步的理论学习或教学实践,并带领我们将理论与实践相结合撰写相关子报告、分报告。在撰写报告的过程中,教师专业发展部总会多次审阅我们的稿子,给我们提出修改意见,并邀请专家给我们面对面的专业指导。一次次的打磨才形成了最终的报告。我想说,在观澜,只要跟着学校的课题走,我们就能提升自己的教育科研能力。教师专业发展部永远是我们发展教育科研能力的支持者和引导者!

16. 我不是"一个人"在战斗

——记一次特殊的"新苗杯"比赛

张 丹

上完"新苗杯"比赛课,我悬着的一颗心稍稍落了下来。坚持到现在,且不管结果如何,于我而言这是一场特殊的经历,是对教学能力的考验,更是对心智的磨炼。

从知道新苗杯初赛入围开始,乔老师便时时提醒我们,比赛估计在十月份,大家可以着手准备起来了。翻了翻书,还没教过三年级的我有点茫然,比赛课到底选哪篇才好?蒋老师立刻出马,帮助我一起选课。蒋老师结合教学进度安排和我自身的教学风格,备选了几个题目,经过再三分析,终于敲定。接着便抓紧时间开始磨教案,蒋老师陪着我,字句斟酌,这里的过渡语应该怎么说?这个词用得是否合适?评价语可以说点什么?我们探讨着,一字一句地记录着。初步磨完教案,我进行第一次试教,华老师、李老师和组内的老师们都纷纷来听课。第一次试教下来,有许多不满意的地方,老师们为我提出不少建议。趁热打铁,当天中午,蒋老师和李老师放弃休息时间,陪着我继续磨教案,根据试教时的课堂效果,原本的许多设想被推翻,但老师们非常耐心,重新为我出谋划策。中午的时间一晃而过,可教案还没修改好,不行,下午的课上完后继续改。不知不觉天色已黑,早已超过下班时间许久。我的心里十分过意不去,心情也略显焦躁,但老师们反过来安慰我,鼓舞我,夸我这个"大大皮"不容易。其实,最不容易的是你们,自己的工作很忙,但为了我却牺牲了自己的时间,毫无怨言地将教学计策倾囊相授,并且毫无保留。

蒋老师为了我"新苗杯"的课,好几次加班到深夜,想方设法为我的课增色。我在台上说课,她在台下当学生,帮助我顺环节,一丝不苟地指导我的站位、板书、语音语调等,蒋老师的认真、执着和敬业让我深受感动。除了语文学科的老师们为我献锦囊妙计,英语学科的张老师也给了我不少启发,正如张老师所说,学科之间是互通的,认真学习,仔细钻研,总有收获。

一堂课的背后凝聚了那么多人的付出,我不愿辜负期待,因此丝毫不敢松懈。都说"一孕傻三年",我生怕自己把要修改的内容给忘了,每天回家吃完饭便赶紧整理教案,完善课件。那时的我真恨不得一分钟当一小时用,晚上睡觉时,脑子里还在回想刚刚修改的内容。课堂教学如同艺术园地,我如今就像蜜蜂一样,在这百花园中,辛勤地采集花粉,酿造自己课堂教学的蜜。

准备"新苗杯"比赛的过程是痛并快乐的。老师们在教学上对我严格要求,却总不忘叮嘱我几句:晚上好好休息,身体要保重;压力不要太大,我们一起努力……走在校园里,看见我这个"大大皮",老师们也总来关心我,和我絮叨几句。这些温暖的话语都化成了我心头涌动的暖流,成为我前进和向上的动力。

"新苗杯",我不是"一个人"在战斗。怀着宝宝上课,既是一次磨炼成长的机会,也是一次棒棒的胎教机会。感谢老师们全力以赴的支持,陪着我一次次打磨课堂。一堂课是一个人的演绎加上一群人的助力,你们的陪伴和教导,让我在挑战和磨炼中得以成长。

未来的路,我不是"一个人"在战斗。因为有你们——观澜的伙伴们!让我们一起砥砺前行!

17. 磨课·励人

尹心怡

都说来观澜工作节奏特快,伴随的是忙碌和辛劳。是的,作为一名年轻老师,我体会到了,但是我体会到更多的是在观澜,我成长得也更快。温暖的团队、专业的培训、信赖的师傅,都缩短了我的成长期。

一、第一次"推门课"

平日里,我的师傅总是忙得不见身影。偶尔在校园里碰到她,也总是在想事的模样,令我在初识曹老师时,面对她不禁心生却步,怕打扰师傅忙碌的步伐。

犹记得见习第一年,第一次接触三年级教学的我可谓是每天和学生们一起在学习新的知识,应对课堂中突发的学生提问,我常常不能应对自如。即使前一晚我已经进行了备课,但对课堂的把握能力还是不够到位。平常的一天,我正要迈步走进教室,刚开始上课,曹老师突然"推门而入":"小尹,我来听你上课。"伴随着一句简短的话语,曹老师在教室后落座。我虽内心慌乱,但还是尽我所能,将课堂完整呈现在师傅面前。听课之后,曹老师当即把我叫到身旁,我忐忑不安等待师傅为我指点迷津,而一向在我眼里不苟言笑的师傅这时轻柔地对我说道:"别紧张。这节课你备课一定备了吧?"我连连点头,把手写的教案递给师傅,师傅莞尔一笑,肯定了我认真的态度。但细心如她,更关注我的不足之处:"好的地方就不说了,说说这节课有什么问题吧,这样你进步得更快,是吧?"我连连点头,凝神倾听曹老师的指导。师傅告诉我,备课不仅仅是把教案捋一遍,更要结合课本、教参上的单元学习目标,有重点地进行备课、上课。学生刚进入三年级的学习,从低年级到中高年级,各方面都有所转变,因此作为老师在教学时要循序渐进,教会学生掌握学习的办法,而非把知识一股脑地让学生在一节课内全部接受。有了曹老师的指导,我对我的备课进行了调整,每节课都有重点、有选择地进行,并通过敲章集星的方式鼓励学生积极开动脑筋、大胆表达自己的所思所想,课堂气氛活跃有序。

第一次的"推门"课,我知道了师傅现在的"揭短"是为了我更好地胜任教学,也让我下定决心,跟着师傅,黏着师傅,做一个"多思、多想、多问"的新手老师。

二、两堂考评课

见习的那一年,我上了两堂考评课,也正是这两堂意义非凡的课促使我在学科教学上迅速进步。为了这两堂课,我付出了不少精力和时间,但最辛苦的无疑是我的师傅,即我的学科导师——曹晓红老师。

"站上讲台,开始上课,你说的第一句话一定要有感染力,让人眼前一亮。"这是师傅曹晓红老师指导我上考评课时提出的一个要求。而看似简单的一个要求,真正落实就要巧妙地设计课堂导入部分。曹老师告诉我,一节课的导入部分,教师的话要少,注重与学生的互动,才能在开始就吸引学生的注意力,调动上课气氛。试教时,曹老师逐字逐句地教导我:"这里你说太多了,不需要。""这个地方,边说手可以顺势指过去。""太平了,要有起伏,像我这样……"一句用词、一声语调、一个手势,曹老师都不厌其烦地亲力亲为,反复改、反复试,直到有成效为止。师傅尽心尽责地指导我上好《瑞雪》这篇课文,她总是见缝插针地逐字逐句帮我修改教案,解读教学目标,明确教学重、难点,指导我以"读、圈、说"的学习方法品味重点词句,感受事物特点,体会情感。正是曹老师陪伴着我,支撑着我,做我最坚强的后盾,我的第一堂考评课备受好评,每每回想起当时的情境,我的内心总是澎湃不已。师傅的细心和耐心让我安心,师傅的字字斟酌和事无巨细让我感动。

有了第一次的经验,第二堂考评课,一接到通知,我就和师傅商量选课题,敲定上《蝙蝠和雷达》这一课。如今回顾这一段有师傅相伴的真心旅程,感受颇深。

一堂好课需要无数次的打磨,通过这两堂考评课我着实将"打磨"二字贯彻到底。

"这堂课,你感觉到了吗?没有亮点,不够吸引人。"这是这堂课第一次试教后,师傅曹老师"一针见血"的评价,我点点头,道出我的疑虑:"师傅,这种科普性的文章我有点摸不着脉络,要讲清楚的话,上课内容就很无趣,但是要上得学生全情投入,又不像《瑞雪》那样可以通过朗读表现。所以有点无从下手。"听了我的苦恼,师傅开始为我指点迷津。曹老师让我以学生为主体,结合单元学习目标,让学生通过所掌握的方法理解关键词语,通过抓住关键词朗读感受科学试验的严谨性。同时,曹老师告诉我,课堂是培养学生实践活动的主要阵地,因此师傅又指导我设计了小组合作探究,完成试验报告,理解蝙蝠探路靠的是嘴和耳朵的配合。同时借助板书,发挥学生的主体地位,让学生做个小老师,到黑板上画一画并且说一说雷达让飞机安全夜航的过程,鼓励学生大胆发言,展现自我。

一对一的试讲之后,我又借班试教了两次,环节清晰了,学生的课堂参与度也相较之前高了很多。每次的试教,都有师傅的陪伴,每次试教结束,也都能听到师傅细致入微的点评。也正是有了这一次次的试讲和试教,到了真正上课的那天,我有了十足的底气和信心,才呈现出了一堂精彩的公开课。

三、伴我成长,促我前行

我在师傅的指引下,快速成长为学校的语文备课组长。2019 年,特殊的一年,在疫情中我送别了我的第一届毕业班,看着孩子们成长的模样,我百感交集,更是在一个个告别的拥抱中感受着为师的幸福感。转眼,新学年如期而至。这一年,又很不一般。我来到了一年级,从未接触过的低年级教学让我有点"懵圈",天真可爱的一年级学生让我有点措手不及,备课组长的身份更是让我始料未及!面对这三重未知的挑战,我手忙脚乱,这时师傅的一条微信如一股暖流,直入我心:

> 这学期做了组长,肩上任务重了,辛苦啦!要加油哦💪有问题或有困难尽管来找我😊

一段不长的文字,两个可爱的表情,字里行间却满是关切的叮嘱,更饱含着师傅对我的期望。望着这条信息,我心头一热。隔着屏幕,我仿佛看到师傅笑意盈盈的模样,她一直是我最坚强的后盾。

师傅是这样叮嘱我的,她更是于无声处给我最大的支持。第一次担任备课组长的我,经验值为零,对于从未接触过的一年级也不知如何备课、如何上课，好像一切又回到了起点，我倍感焦虑只能向师傅求助。师傅倾囊相授，让我多关注学生的基本常规，在一年级打好基础，这样一步步升上去循序渐进。担任组长的第一年，不尽如人意的地方可不少，如组内的写字教学层次不齐，大家的教学进步也不够统一……师傅见状，立刻为我"开小灶"，告诉我欠缺之处，更耐心劝导我作为组长，要带领大家劲往一处使，教好每一个学生。那天，师傅的神情是严肃的，语气却是温和的，她知道我现在还没有章法，她愿意以己之力促我进步。在师傅的指导下，我学着、试着在备课组内多多组织教研活动，更多的是"微"教研。这些活动不在于大，而在于小而精。每周甚至每天，我努力利用早上的碎片时间，集合大家的智慧，把握住每篇课文的重难点，大家分享各自的看法，互相汲取经验，为上好每一节课而共同努力。

现在我也能比较自如地带领组内人员开展教研活动，对于组内的教研实践课我也能像曹老师一样大胆地提出我的想法和意见，帮助组内老师一起共成长。

我也积极参加各类比赛活动，在区青年教师教学设计比赛中荣获一等奖，新区新苗杯获得三等奖，校内的学科文化周比赛获得优秀。

18. 努力做"全能"老师

瞿 强

"环境可以塑造一个人,环境可以改变一个人。"我,一个平凡的体育老师,因为观澜,使我变得更好,改变了我的惰性,开发了我曾经以为的种种"不可能"。我在学校"星级"教师打造路上实践着学习之路、追求之路和奋斗之路。回眸自己的成长历程,心中倍感幸福。

记得临近毕业那会儿,大学老师曾告诫我:不想当将军的士兵不是一位好士兵。只是,立志于在教育战线奋斗一生的我,虽然很想做一名好老师,却是因为惰性而让自己失望。幸好我加入了观澜这个大集体,有好的师傅、好的团队、好的平台。就拿我的新苗杯比赛来说,那一天是比赛前的两个星期,我收到了通知:十月八号新苗杯比赛。

什么?这么突然的吗?中间还有一个国庆假期,那不就是仅剩七天在校准备的时间啦!这么一个打响头炮的机会落在了我的头上,既惊喜又慌张。

第一次试教可以说是一塌糊涂,最终草草收场。课后整个体育团队面色沉重,师傅的脸色非常难看,就连平时一直嘻嘻哈哈的俞老师也露出了狰狞的表情,看到这个场景,我心想:这次完了,虽然我以前在准备区级、校级公开课时,也曾试教得不成功过,但从没有像这次这样失败过。本来自我感觉良好,区区一节试教课嘛,预估着上好后顶多被大家稍微说几句,修改几处细节嘛就完事啦。没承想最后等来的是一阵疾风暴雨的批评,各种缺点、漏洞,教学重难点抓不住,课堂组织严重出问题,兴奋度不够等,感觉自己瞬间要崩溃了。

等到第二次试教,我想这次总能比上次好了吧,再怎么也不至于像第一次那样出大问题了吧。然而我还是太乐观了,新问题如影相随地出现了。师傅一针见血地指出:你对教材一点都不熟悉,整个环节上下来还是不顺畅。这样肯定不行,假期不准休息了,我和体育组老师来学校陪你一起模拟上课。好在我有一位万分细心、不遗余力、倾囊相授的师傅,还有体育组同仁及其他小伙伴全心全力地默默支持和帮助,最后一天晚上,师傅还特意提醒我第二天的上课的状态和流程环节,甚至连小朋友的穿着要统一也一一叮嘱到位。就连上课当日的一早还拉着体育组的小伙伴们来充当我的学生,抓紧最后的机会让我再试教一次,我看得出她这个"老法师"比自己上课还要紧张。

下午的比赛如期地进行了,就如大家预期的那样,我顶住了压力,释放了自我,获得了成功。看到小伙伴们一个个赞许的眼神和肯定的大拇指的那一刻,我如释重负。

回首我这六年中,我们学校作为兴趣化试点学校,参与项目研究,新区教研员让我们全体体育老师编写新区新版教案教学设计,做为以后新区里培训的模板。同样观澜作为武术特色学校,要有属于自己的校本课程,学校体育团队自己去策划、构思和编写。所以我们每个人都各司其职负责找自己所要的资料、素材等,方便之后的课程编写。2020年初,全国的新冠疫情突如其来,打乱了原有的一切教学计划,从原先的面对面授课转变为线上教学,我相信很多老师都是第一次遇到这样的教学模式,看似短短简单的线上教学这四个字,但前期的准备工作可是相当的大,大也就算了,关键我还第一次遇到这种教学,不知道从何下手,大脑一片空白,是每晚的云端教研活动给了我方向。联盟学校的展示活动,体育老师的我要上澜星讲堂做主持人。这对于我这位不善言辞的老师来说何尝又不是一种种挑战,学校专门给我量身打造,一下子,我的表达顺畅了许多。

这些挑战对我而言,是一个宽广的舞台,是一个精彩的舞台,更是一个展现自己的舞台,在这个良性竞争的多彩舞台上,我摩拳擦掌,与伙伴们相互切磋,相互提高,我坚信一定会在这个舞台上继续发光发亮!

我自己也深知作为一名体育老师,要有丰富的理论知识,也要有扎实的体育基本功和对体育教材的把握。今年我担任了一年级和三年级的体育课,每周18节体育课和2节棒球兴趣课。在体育课堂上师傅教会了我考虑学生的身体和年龄特点及结合教材实际设计教案,做到合理搭配,环节清楚,使每位学生都能有适合自己的活动内容和活动方式,增强学生的自信心。在一年级的教学中,我重视学生的行为习惯和思想教育的培养,主要安排了基本队列、走、跑、跳、投、广播体操和游戏化教学等。在一年级的广播操教学中,我花了大量时间和精力,亲身示范,从一拍一拍的游戏化教学结合起来到一节一节地练,用心用力地争取教会每位学生,为学生创造一个游戏化情境化的氛围,同时指导三年级学生自我锻炼、合作锻炼,体验体育课带来的乐趣。学校棒球兴趣社团课是我们学校体育工作的重要组成部分,对活跃学生课余文化生活,促进学校体育工作的开展,发挥他们自身的体育特长,培养后辈的棒球梯队有积极作用。在国庆假期那场棒球比赛中,我和棒球队员们放弃了假期的休息,在炙热的太阳下进行比赛训练,配合教练有计划性、针对性的训练,队员们从不叫苦,我知道我和队员们都渴望这次比赛。因为这次比赛学生们可以出去见见外面的棒球比赛水平,我也可以积累带队比赛经验,为之后可能有的比赛积累更多有效的、合理的训练方法方式,做好准备。

如今的我,逐渐锻炼成一个全能老师,然而任何成绩的取得和理想的实现仅仅靠一腔热血绝对不够的。我更需要在春的希望、夏的炙热、秋的收获、冬的等候这一成长过程中继续探索,走出一条属于我自己的成长之路。

19. 点点星光引我路　阵阵清波推我行

周小单

岁月不居,时节如流,转眼间踏上教师岗位已是第四年,回首过往,在观澜,忙碌伴随着经历,汗水孕育着成长。

一、新苗初露

初为人师的我是摸索前进的初学者,是岗位上的"愣头青",是"太仓一粟中"的小嫩苗。望着身边那些成熟的教师,羡慕、敬仰、渴望充斥于心。正在迷茫前路时,一个温暖的怀抱将我拥入其中,告诉我:"别怕,让我们给你引路,带你前行。"

见习教师的评优课,是我为师第一年中面临的最大考验。我不禁问自己"我行吗?"带着想要获得认可的心,我在师傅的帮助下修改教案,准备课件,制作板贴。评优课是学期初,各种事务繁重,师傅更是忙上加忙。总是在办公室见不到师傅的身影怎么办?这时候微信架起了我和师傅间沟通的桥梁。"李老师,今天我在一(14)班第一节试教哦。""好,我来听。""李老师,我的简案发给您了。""好,我帮你改改"。师傅再忙也总是为我挤出时间,听我一遍遍的试教,为我找出需要改进的地方。不论是学生服装的统一,还是教案封面上的一个日期,师傅总是事无巨细地为我考虑周到,再加上一句句微信上来自师傅"好"的回复,让面对评优课手忙脚乱的我渐渐定下了心。在师傅尽心教导下,评优课顺利落幕,而我也逐渐从"我行吗"成长到了"我能行"。不负每天都被风吹了一脸的奔忙,不负拥有阵容强大导师团队的幸运,我的第一年以考评优秀画下了圆满的句号。

努力和幸运并存,让我这颗种子破土而出。

二、春风化雨

三天,准备课件教案,录制说课视频。听来仿佛是不可能完成的任务,时间紧迫,任务繁重。刚经历评优课的小苗立刻被二年期基本功比赛压弯了脑袋。幸好又得贵人相助,师傅的关心、学校的支持,让我背靠大树好成长。从教材的选择到说课的用词,师傅跟我一起斟酌,一起讨论,纸稿出炉后又让我反复试讲,精益求精。统一录制,精心剪辑,学校强大的技术支持,让我再无后顾之忧。"化淡妆,衣服大方。""根据内容绘声绘色,注意要恰当的表情。""加油,为学校争光,为自己添彩。"带着观澜人们的嘱托和期许,我这株初生的嫩苗被托举上了更高的舞台。捧着一等奖的证书,我真切地感受到在观澜,走进课堂的教师永远不是孤军奋战,背后有专业的团队给我提供源源不断的力量。

三、磨砺成长

教师即是研究者,教育科研是教师专业成长的内在驱动力。而项目组工作更是一个施展才能的广阔平台。在项目组工作过程中付出的艰辛和收获的喜悦是我宝贵的财富,也是我成长路上的丰富"养料"。

在青年教师科研社中,我通过小课题研究,以小窥大,不断学习,更新教育观念,做一个教育的有心人,不断积累和修炼,拥有一双善于发现问题的眼睛,提升自我学习和反思的意识。

在劳动教育课程校稿组中,我整合学校教学资源,通过调整教材中有难度的内容、规范教材语言,增强课程活动的可操作性,培养学生创新素养,提升动手能力和生活情趣,激发他们劳动实践的兴趣。

《八百工程》修改编撰项目组有我活跃的身影,"百项非遗、百种草药、百项发明、百处名胜、百首名曲、百幅名画、百篇佳作、百位名人"用传统文化浸润学生内心。《朝观夕澜》项目组有我留下的痕迹,开发观澜小学劳动与综合实践活动校本课程,通过"学习—实践—体验—感悟",培养学生创新素养,提升动手能力和生活情趣,并激发劳动实践兴趣。

无数个日夜的埋头苦干,无数次的冥思苦想,只有"厚积",才能"薄发"。当一册册成品落在手中,这份沉甸甸的果实是我成长的积淀。"宝剑锋从磨砺出,梅花香自苦寒来。"专业成长之路并不易,但有点点澜星指引,让我无惧前路,勇敢前行。

"要给学生一杯水,自己要有一桶水"。作为一名青年教师,不断地学习和积累,时时充电,才能让我有自信站上讲台为学生"传道授业解惑"。这是我成为一名教师的第四个年头,回首过去,那些我写过的一篇篇反思一篇篇总结,参加过的比赛,上过的公开课,写过的论文组成了几个G的资料,这是我这几年的积累和沉淀,也是我越来越有自信站上讲台的源泉。回想第一年,面对杂而多的工作,我抱怨过,流过眼泪,每天回家倒头就睡。但是当我拿到第一份见习教师的优秀证书,我觉得一切都值得了。苦过、难过,收获时才更美。学校的活动、项目组、班主任工作室我都参与进去,在和同事的协同合作里我收获了很多,取他人之长补己之短。在各类比赛里,我力争上游,虽然有赢有输但是自己得到了磨炼。每完成一项工作就像给自己这个桶里舀进一瓢水,水多了,底气也就足了。我很庆幸,周围那么多热爱工作热爱生活的老师影响着我,让我也像他们一样,保持热爱,保持激情。

虽然我是一个初出茅庐的教师,但面对困难与考验,我希望自己有"雄关漫道真如铁,而今迈步从头越"的勇气,希望自己可以保持"踏遍青山人未老,风景这边独好"的坚持与付出,更希望不久的将来可以获得"待到山花烂漫时,她在丛中笑"的成功。同时也希望,以渺小启程的我,会在路上与所有的美好相遇,最终成为观澜天幕中最亮的那颗星。

20. 绿叶对根的情意

——"星级特质教师"成长记

蒋欢欢

为什么我的眼里常含泪水？
因为我对这土地爱得深沉……

——题记

每每带着文学社的孩子们信步观澜的校园写作时，我小心翼翼地抚摸着古城墙青灰的身躯，沿着它坚实的胸膛，忆其峥嵘岁月稠。

和孩子们一起，站在敬业楼前熟悉的黄金树下，立于澜星大道的银杏树下，深秋，看那片片树叶如翩翩蝴蝶般在空中划出一道道优美的弧线，完成他们生命的谢幕，初春，又在根的滋养下萌发新叶，茁壮生长。

绿叶与根紧密相连，情牵一线，就像我与观澜。"观水有术，必观其澜。"在观澜工作至今的我，在观澜文化中浸润着成长的我，深情地注视着观澜的校园，这种绿叶对根的情意千丝万缕，连绵不绝，奔腾不息……

一、观澜，梦想开始的地方

成长于"四代从教"家庭的我，2000年离开大学校园，踏上了教育这片热土，开始了为梦想而奋斗的历程。

秉承观澜第一任校长黄炎培先生"理必求真、事必求是，言必守信、行必求果"的精神，初出茅庐的我怀着一颗善良、丰盈和美好的心灵，挥洒青春与汗水，没有天花乱坠的语言，没有慷慨激昂的表情，只是默默汲取观澜的人文思想乳汁，奋斗的道路上我感谢遇上卫校长这样的伯乐，让我拥有了为梦想前行的力量。

诗意的留晖廊引领我走进育人的殿堂，光影里飞檐翘角的教学楼引领学生闪耀着求知的星光。"用爱心去塑造，用真心去感召，用榜样去激励，用人格去熏陶"是我的为师之道。在每天《家校联系册》的留言中，每天课后的"说说心理话"交谈中，每周周五的"畅所欲言"心灵笔记本上都留下我对孩子们充满爱心和温情的句子或语段，留下他们点点滴滴成长的足迹。或许是"别有一番滋味在心头",但我依然执着地引领学生快乐成长,收获孩子们的爱戴和喜爱,赢得家长的敬重和信任。

二、观澜,成长蓬勃的地方

观澜是我成长的摇篮,一路走来,向观澜优秀的前辈教师学习,采撷丰富的经验,"诚、勇、勤、朴、实、新"用不同的方式验证。还记得在语文教学上有幸得到导师们的指点,多位导师参与,精益求精修改《瑞雪》教案和课件,最终轮轮晋级站在新区新苗杯决赛的讲台前,获得第一名的情景;还记得参加新区教师全能大赛挑灯夜战,团队伴随我一遍遍说课《狼和羊》,最终获得全能一等奖的情景;还记得区公开课前,专家组老师为我出谋划策的情景;还记得新区教师风采大赛获一等奖后,我担任学校教研组长的情景。桩桩件件,历历在目,眼前展现的是观澜对我的引领和培养,是各位导师对我的关心和帮助,是身边同伴对我的友爱和鼓励。观澜给了我一路成长,展现才华的舞台。

"醉过知酒香,爱过知情重",多年来,基本上每一学期都会有市区级比赛或市区校级公开课或外省市交流展示课的我,沐浴着爱,磨炼成长。我深深地陶醉于以一个师者的角度去教学经典文学。一个个夜深人静的夜晚,我独自反复研究,撰写教学设计选自朱自清《说扬州》的《扬州茶馆》、尤今笔下的《叙利亚的卖水人》、老舍笔下的《母鸡》、出自班固《汉书·苏武传》的《苏武牧羊》、选自萧红《呼兰河传》的《火烧云》、选自屠格涅夫《猎人笔记》的《麻雀》等,教学展示时追求豪放中透着细腻,激情中带着幽默,上出有文化魅力的语文课。

因为喜欢,所以热爱。当一篇篇论文获得全国、市、区级各奖项,在各级刊物发表时,当经过激烈地角逐在区级中青年教学评比获奖时,当经过材料审阅、上课评比、现场答辩后成为一名浦东新区语文骨干教师时,当经过层层选拔考试成为浦东新区名师基地教师时,当荣获浦东新区优秀辅导员、浦东新区见习教师基地优秀导师时,我由衷地感谢观澜这个大家庭给予我慷慨深情、鼎力相助的领导和老师们,感谢你们把精魂给了我,把柔情给了我,把关爱给了我,让我蓬勃成长。

三、观澜,精神洗礼的地方

观澜从建校第一天起,就把培养具有良好的道德品质、知行合一的人放在教育的首位,直到今天,依然薪火永继,传承不息。身在观澜,我也深受精神的洗礼。

我一直坚信自己的初心"语文,要用生命来歌唱",课上写写催人奋进的随笔与学生共享,读读坚强人物的故事让学生感悟,循循善诱地引导学生步入学习经典文学的殿堂,把真情和师爱播撒进孩子们的心田,在每届的读书节活动中和他们一起品味着闪耀着优秀人文精神的优美文字。

"人间正道是沧桑",观澜经历了历史的风风雨雨,虽然艰难,但依然坚韧,我在观澜的每一个阶段都有不同的收获充实自己的精神世界。一撇一捺写个人,一生一世学做人。在观澜"学做人,学做事"的过程中我像一张磁盘,随着岁月的打磨,磁盘的表面不再崭新,内容却越来越厚重。80后的我从风华正茂时"鹰击长空,鱼翔浅底,万类霜天竞自由"的激扬文字到如今学着面对各种传闻与流言蜚语更加坚定自己人生的信条"凡事怎能都随人意,但求无愧我心"。

四、观澜,师道传承的地方

师道传承育匠心。观澜培养了我,精神滋养了我,我的导师对我的帮助指导也感染着我传承师道,匠心育新苗。

每一个成长阶段的每一段经历都是我的一笔财富。参加的每个课题研究提升了我的思维能力,在团队中合作共进。在课题《打造"星级"特质教师培养机制的实践研究》过程中,担任浦东新区见习教师规范化培训基地的语文学科导师已有9年的我,带教本校青年教师顾思语、项韦珵、乔培青、郭晨、唐依雯等人,带教外校4人,外省市优秀教师5人,基于单元整体的教学研究,在观澜联盟校中点评教学和开设讲座。如果有其他青年教师教学上遇到困惑,我也乐于提出建议为他们解惑。从教学目标的明确到教学环节的设计,每一页纸张上留下我们密密麻麻的修改;下班后的夜幕下,敬业楼、兴教楼、持志楼、文昌楼里留下我们挑灯奋战的身影。看着她们的努力,或获得区级考评课优秀,或获得区级奖项,或成长为观澜的新生力量,我更能体会授人玫瑰,手有余香,更感恩多年来我的导师一路陪伴我成长的孜孜不倦和精益求精。

凝聚诞生希望,团结产生力量。一幅"心怀观澜,追求卓越"的画面跃然于眼前:我和同伴们一起继承观澜的历史文化"财富",凭借苦干的精神,实干的态度,巧干的智慧,时时处处创新,做时代的"弄潮儿",打造观澜新的品牌。观澜硕果领杏坛,老树着花贯长虹,这是我对观澜的祝愿!

春夏二季,根给了树叶无限的滋养与关怀;秋冬二季,叶帮助根孕育新的生命。不论送走多少叶,根,不会忘了叶,因为他们是自己的生命;不论飘落何方,叶,也不会忘了根,会化作春泥更护根,因为是根养育了叶。这是绿叶对根的情意,也是我对观澜的情意,因为我是观澜的一片绿叶,我的根在观澜的土地……

第八章　学生眼中的"明星"老师

1. 夜空中最亮的星

四（1）班　杜芯知

夜空中最亮的星，指引我前行，曹老师，您是我的启明星，照亮我前进的道路。

我的曹老师，有一头乌黑的短发，一双炯炯有神的眼睛，圆润的脸上还嵌着一张能说会道的嘴。

曹老师的语文功底很深厚，朗读、书写样样精通。曹老师的声音温婉甜美。当她读到《大自然的声音》时，她那慢慢的，柔柔的语音语调，使我仿佛置身于美妙的大自然中；当她读到青头快被牛吃掉时，老师的语速加快，语气急切，我的眼前仿佛就看到了这幅紧张的画面，我的心怦怦直跳；当她读到卖火柴的小女孩快要被冻死时，老师的声音低沉，我突然感到脸上痒痒的，原来是我被老师的声音感动了，留下了两行热泪。

曹老师不仅朗读水平高，她的字也苍劲有力，就连书法老师的爸爸看了曹老师的字，都直夸她写得好。曹老师每节课的板书，都工工整整，一行行、一列列对得整整齐齐，令人看了赏心悦目。我暗暗发誓，以后一定要好好写字，要写得和曹老师一样好。记得她刚教我们写字时，她总是不厌其烦地在我们每个人的本子上写好样子，让我们照着她的样子写，等我们写完，她就仔细地检查，一旦发现写得不好的地方，她就给我们指出问题的根源，教我们怎么样能写得更好。我在曹老师的潜移默化下，越来越喜欢写字，字写得越来越好，还参加了上海市书法比赛，得了一等奖呢。

曹老师真可谓是我的良师益友，她对我非常关心。有一次，我考试没考好，心里难过极了。我看着试卷上赫然写着两个鲜红的"合格"，好像它们也在嘲笑我，我的心里又愧又悔，真恨不得挖个洞钻进去。我一把抓起试卷，扔在了地上，泪水"哗哗"得往下流。曹老师看见了，走过来摸着我的头，轻声安慰道：一次考得不好没关系，下次继续努力。每次都认真复习，多做题，勤思考，成绩自然会提高的。我看着她那关切的眼神，点了点头。从此，我在语文学习上再也不敢懈怠了。功夫不负有心人，我的语文成绩真的进步了很多，这都是曹老师的功劳。

曹老师，您是夜空中最亮的星，指引我在语文的浩瀚宇宙中穿梭。

2. 我的"盛大师"

四（1）班　郎天明

我们班的美术老师盛老师经常穿着格子衬衫和迷彩裤，衣着年轻时尚的他上课时也十分幽默风趣，是我心中的明星老师。

记得有节美术课上介绍印象主义画家的先驱——梵高。老师说梵高有许多自画像，老师给我们一一展示并让我们思考梵高没有的是哪只耳朵。同学们你看看我，我看看你，有的说左耳，有的说右耳。最后盛老师把谜题揭晓："是左耳！为什么呢？因为梵高是对着镜子画的，所以画中自己的脸和平时看上去是左右相反的！"

盛老师不仅上课幽默，还会跟我们讲一些绘画知识和相关的小故事。比如，他教我们临摹"星月夜"时，就向我们介绍了很多梵高的生平事迹："他出生于1853年，代表作品有我们现在临摹的'星月夜'，还有我们以后会欣赏到的'自画像'以及'向日葵'。他身体状况非常差，手还经常抖得厉害，但他总是趁手不抖时作画，我们要向他学习这种坚持不懈的精神。"我的老师脑海中的知识可真多呀！也就因为这样，让我每次上美术课时，都异常认真，精神十足。

课余时，我还会把我的绘画作品通过"晓黑板"发给盛老师看，盛老师都会抽空回复。每当盛老师给予我肯定与鼓励时，我的心中就会升起烟花，满心绚烂，让我对绘画更加热爱了！我的一幅幅成品，也就这样随之诞生了。

因为盛老师的耐心讲课，细心指导，以及时常的鼓励，让我更热爱绘画，感谢他给我打开了绘画新世界的大门，让我在绘画的学习道路上，拓宽了眼界，充实了知识，更增添了学习绘画的动力！

3. 亦师亦友——我的姐姐老师

四(2)班　钱祎然

像月牙般淡淡的眉毛下有一双炯炯有神的大眼睛,玲珑娇小的鼻子下有着一个唇红齿白而且能说会道的樱桃小嘴。

这个早晨,风和日丽。校园里,老师的阵阵朗读声格外动听,抑扬顿挫的语调让大家全神贯注,同学们的心情也特别舒畅。再看看黑板上的字,令人赏心悦目,临摹帖上的字,更是笔走龙蛇,令人敬佩不已。

"叮零零,叮零零",下课钟响,操场上变得热火朝天,人声鼎沸,就算到考试前几周也一样热闹,这个时候,老师却还是勤勤恳恳地为我们的学业尽心尽力,肩膀上背负着教育我们的压力,这也是老师的伟大。

一次,一节趣味的体育活动课开始了,这次游戏与往常一样,只不过多了一个伙伴,那个人就是老师,大家玩得比以前更加兴奋和热烈,纷纷手舞足蹈,欢天喜地,不亦乐乎。

记得有一次,快放假了,我高兴极了,心想:"这次,我能整整玩七天"。却把老师千叮咛万嘱咐的作业给忘得一干二净!开学前一天,我整理书包时,发现了记事本上的作业,急得就像热锅上的蚂蚁。连忙拿起笔,"唰,唰"地写了起来。"啊!"我自言自语着,"终于补完了!"第二天,老师批作业时,突然说:"钱祎然,过来。"我的心脏都从嘴里跳出来了,低垂着头。老师只是缓缓地说:"孩子,学习是为了自己,现在你可能还体会不到,但以后你就会知道了"。于是,我把这句话深深地记在心里。

这位老师亦师亦友,温柔的时候是微风,她轻轻拂过我们的脸庞,严肃的时候,是责备也是爱的目光,她扫视了嬉皮笑脸的我们。在这三年里,我

们的生活在我的脑海中留下了许多快乐印记,每一个快乐印记,都是老师留给我们的经验与道理,还有一个个美好的回忆,它们会永远伴随着我,它们越来越丰富,最后编制成了一本在我心中的《人生哲理》。它是老师们为我留下的精华。

哲理故事中的一则篇章,正述说着我的明星老师——付老师。

4. 我的"三心"徐老师

四(4)班　张　伊

在大家心中,明星都是歌手和演员,可对我来说,明星就在我的身边,她就是我最喜欢的徐老师。

徐老师身材中等,头发卷卷的,打扮得时尚又漂亮。她虽然外表严厉,但内心却很温暖。在我心中,她是一位非常有责任心的老师。

去年冬天,因为爷爷奶奶途经了中风险地区,所以我也被要求居家隔离,不能去学校上课。当我得到这个消息的时候,伤心极了。徐老师发现了我的小情绪,马上过来安抚我,她轻轻地拍了拍我的后背,温柔地跟我说:"别担心,14天很快就会过去的,老师相信你一定可以渡过这个小小的难关。"在徐老师的安慰下,我的心情平复了不少。接下来我就开启了居家学习的模式,徐老师每天都会把上课的内容、笔记以及各科作业通过晓黑板发给我,还把各科的作业放在门卫。徐老师坚持了14天,我内心感动极了,徐老师真是一位有责任心的好老师!

徐老师不仅对我的学业认真负责,还非常关心我的心情。复学后到了发福利卡的时候,可是我因为居家学习没有小红花而未领到福利卡,内心非常失落。这时候,细心的徐老师发现了我的失落,她站在讲台上说:"小伊同学居家学习期间,每天都能认真完成作业,老师要奖励你一张福利卡。"我高兴极了,内心充满了对徐老师的感激,感谢徐老师对我的鼓励,她真的是一位细心、温暖的好老师!

徐老师不仅对我是这样,对待其他同学也是如此。有一次,一位同学

朗读没有读好,徐老师不但没有批评同学,反而关心地问怎么了。同学回答:"我早饭没吃,去练了武术,还去了合唱团。"徐老师二话不说,拉起了她的手去了办公室。过了一会儿,她回来了,说徐老师给了她一些饼干,我们的徐老师是多么善解人意呀!

　　这就是我们的徐老师,暖心、细心、有责任心,关心我们的学习,关心我们的心情,关心我们的身体!她是我心中最闪亮的那颗明星,照耀着我们前进的道路,她就是我的明星老师!

5. 明星老师，宝藏湾

四（9）班　谭涵衍

"观澜，观澜……春风暖，雨露浓……百年书院，学子乐园……"声声校歌唱出了我们心里的话儿，学校就是我们的乐园，我们的家。而在这个乐园里，有一群各不相同，却又共同爱着我们的老师们。他们一个个都是我们心中的"大明星"。

第一个登场的是"全能明星"——谢老师。你瞧！那边放在玻璃柜里被我珍藏着的正是谢老师专门为我画的肖像。画里边仿佛克隆出了另一个卡通的我——小寸头下架着一副黑框眼镜，正咧嘴大笑呢！谢老师简直就是一个绘画高手，我们只要表现优秀，她就会手绘贺卡，给我们写珍贵的信，这都是独一无二的。谢老师还会弹尤克里里，没想到吧？而且据说已经到了炉火纯青的地步，虽然她已经是老师了，但她还经常背着琴去上课。而这样一位多才多艺的老师，居然是教我们数学的。她还是一名非常棒的数学老师，帮我们整理概念，帮我们改数学小日记，在谢老师的带领下，我们的数学成绩可棒了！怎么样，谢老师够全能吧？

接下来出场的是"古典明星"——李老师。听，李老师正在上课呢！再仔细一听，原来是在讲《饮湖上初晴后雨》这首诗。听着李老师为我们范读，我仿佛身临其境，眼前出现了西湖那泛着白光的水面和细雨迷蒙的山色。而这时站在讲台上的，正是穿着碧绿的衣裳，身材修长，像一位古典诗人的李老师。李老师经常会在上课时跟我们讲许多课文以外的文学知识，字为什么这样组合，诗该怎么吟诵，她的肚子里藏着许多博大精深的知识，再配上李老师亲切、优雅的模样，对我们来说，真是一种美的享受。

那位年轻可爱的是我们的"智趣明星"——黄老师。她对我们很亲切，爱用轻松的方式给我们上课。为了让我们记住一些单词，黄老师可有"妙招"。比如"ladybird"这个单词，有个男同学怎么都记不住，黄老师就告诉他："这个瓢虫啊红红的，上面有黑点点，是一位优雅的女士，它能飞，所以跟鸟一样，这不就记住了吗？"这招还真有用。还有一次讲 butterfly 这个单词的时候，黄老师还给我们讲了个苍蝇叮黄油的小故事，我们一下就把这个单词背出来了！多么聪明智慧的老师呀！

最后登场的是"暖萌明星"——计算机老师陆老师。陆老师胖胖的，非常白，大大的眼睛配上一副科技感十足的眼镜，我们私底下都觉得他可萌了。陆老师虽然是男老师，但特别有耐心，特别温柔，我们犯错误的时候，他总是轻轻地提醒、教育我们，从来不发火，特别照顾我们的面子。有些同学很调皮，有时候会把机房的电脑弄死机了，陆老师也不生气，嘴上说没事的，给同学换了个机器，手上可也没停下，一会就把死机的电脑弄好了。陆老师真是深得我们同学们的心，大家都很喜欢他。

我爱学校这个温暖的大家庭，爱这"申江东岸，古城墙边"的一草一木，更爱这里每一位"催我向前"的老师们。他们是属于我们的大明星，他们的臂弯就是指引我们走向成功的"宝藏湾"！

6. 我身边的"灰原"

四(9)班　吴绎泽

一头乌黑微卷的长发，一张充满亲和力的笑脸……我闭上眼睛，脑海中悄无声息地出现一个淡淡的轮廓，渐渐地，人物细节也变得清晰起来。弯弯的眉毛，明亮的眼睛，樱桃般的嘴巴……如同自动拼图一样，人物形象不断饱满起来。耳边传来那不时回响在走廊上"嗒嗒嗒"的脚步声，没错，就是她——我的班主任谢老师。

突然，脑海中又出现了一个人物，和谢老师重叠交织了起来。我凝神一想，原来是自己最喜欢的动漫人物《名侦探柯南》中的灰原同学。为什么两人会同时出现呢？我不禁又思索起来。

动画里的灰原同学对柯南总是一副严厉"慈母"的样子，发现柯南推理的漏洞从来不"心慈手软"。记得有一次下课时，教室还是和往常一样热闹非凡。只听一阵"嗒嗒嗒"的脚步声，谢老师拿着昨天的测验试卷"闯"了进来，教室瞬间就鸦雀无声。只见谢老师先用犀利的眼神扫视了整个班级，然后着重批评了还是做错了在课上反复讲解过的题目的同学——而我就是那个恨不得将头埋在课桌里的"鸵鸟"同学。

就像灰原同学实际上非常爱护柯南一样，在柯南遇到危险时总是及时"雪中送炭"。记得还有一次，我正在课间做练习，心想着赶紧完成作业回家

看《航海王》，正当我如行云流水般地即将完成时，竟卡在了最后一题上。左思右想却不得其解，不知道什么时候，一只纤细的手指点在了题目的一处，"原来是这样，呀，谢老师，你怎么在这……？"

我会一直记得谢老师那天对我的微笑，就好像刀子嘴豆腐心的灰原同学一直深深地爱护柯南一样。这就是我的明星老师，谁说不是呢？

7. "神侦探"老师

四(10)班　蔡瑜涵

我心目中最敬爱的老师是我们班的班主任——蔡老师。

蔡老师有一头乌黑亮丽的短发，一双黑珍珠般美丽的眼睛，平时戴着一副眼镜，给人一种和蔼可亲的感觉。她平时很关心我们，经常在中午吃饭的时候，把她自己可口的饭菜分给一些"馋嘴"的同学吃。在下午的活动课上，蔡老师经常带我们一起做有趣的游戏，这时候的蔡老师和我们就像好朋友一样亲密无间。

有一件事让我发现了蔡老师的另一个特征——她就像一位大侦探，散发着智慧之光。今年六一儿童节的时候，家长们给我们全班同学买了电风扇，那天有一位同学没有来，我们把电风扇放在了她的课桌里。可是第二天，这位同学的电风扇却不翼而飞了。蔡老师知道后，在班级里询问了一圈，大家都说不知道风扇去哪了。这可把大家都急坏了。蔡老师不慌不忙，她组织同学们一起帮忙找小风扇，可翻遍了教室的每一个角落都没有找到，丢了风扇的同学只好羡慕地看着大家的小风扇，失落地坐在座位上。

当天中午，电风扇忽然鬼使神差地出现在了一位同学的课桌底下。全班哗然，教室里顿时议论纷纷，大家猜测着究竟是谁偷偷把风扇放在了椅子下，又不敢承认。看这个架势，这件"案子"恐怕是无法结案了。这时，蔡老师想到了一个办法，她先鼓励大家，做错事情没关系，只要敢于承认，勇于改正，依旧是个值得被信任的人。接着她神秘地递给每人一张纸条，要求我们各自在纸上写"是我做的"或者"不是我做的"，只要标注上学号即可。同时蔡老师也向我们承诺，如果放风扇的同学自己在小纸条上主动承认了，并保证以后不会再犯同样的错误，老师将会帮他保守这个秘密。几

分钟后,我们把写好的纸条一一放入老师的教学篮里,回到座位观察老师的表情。其间蔡老师一一仔细翻看同学们的纸条,脸上带着担心和期待的表情,最终我看到她的脸上露出了欣慰的微笑。蔡老师果真信守承诺,没有将他的名字告诉大家。

老师用她的爱和智慧巧妙地化解了一次尴尬,守护了一个犯了错的孩子的自尊心,我们的蔡老师是不是很足智多谋啊?这就是我心目中最敬爱的老师。

8. "可咸可甜"的张老师

四(11)班 杨罗隽

在我们的人生中,除了父母,还有一个人,她给予我们有时候像父母一样的慈爱,有时像朋友一样的关怀。在家里,最爱你的是你的父母,在学校里最疼爱你的是老师。在进入小学的三年里,我有幸遇上了一位好老师,她就是我们的班主任——张老师。

张老师"海拔"不算高,长着一张能说会道的嘴巴。常常穿着漂亮的裙子或很潮的牛仔裤,脚踏一双发出"哒哒哒"声响的高跟鞋,远远就能让人感觉到她正在靠近我们。张老师很热情,一下子就让我爱上了语文课,老师的声音很温柔,如同黄鹂在树枝上唱歌,她用她如歌的声音,为我们讲述着一个个优美的诗句,一篇篇优美的文章。老师的瓜子脸上戴着一副红框眼镜,一头齐肩大波浪,笑起来眼睛弯成了两个月牙,让人觉得很可爱。

张老师很爱我们,但在纪律方面对我们要求很严格,这就要从她对我们的酸甜苦辣来分析啦!

"酸"就是张老师太疼我们了,有时候在教室里或办公室里,张老师会叫我们"阿囡啊阿妹啊——"之类的称呼,特别是当着大家的面叫,被叫的心里喜滋滋脸上红彤彤,听的人心里可酸呢,都酸成了一个个"柠檬精"!

说"甜"那可真是高兴的事。张老师特别大方,她布置的作业只要书写认真、端正就能获得一张小奖牌,收集满十个就可以去兑换小奖品和奖励卡,比如换座位卡、值日班长卡等,如果我们希望有其他类型的奖励也可以写小纸条告诉张老师,她会帮我们实现自己的愿望。作文写得好也能获得小奖品,上课坐得端正、积极举手发言也会获得小奖牌……奖励的形式多种多样,这下可便宜了我们,使我们暗中拉开了一场场比写字、赛作业、比上课表现等活动,同时也让我们班级的整体表现也提高了,老师们公开课都喜欢借我们班来上呢!张老师真聪明,管理班级真有一套!

"苦"也就是张老师对我们作业的要求很严格,只要你的作业不认真写,字奇差无比,那你就得重做一遍。但是这也是对我们有好处,让我们端正态度认真书写,奋勇向上,拥有漂亮的"第二张脸",进而取得优秀的成绩!

"辣"是我们自己惹的祸,当张老师去开会不在教室的时候,如果教室里吵吵嚷嚷乱成一锅粥,张老师回来就会不慌不忙地从嘴里吐出一句:"来,一号本继续抄!"一顿麻辣大餐向我们砸来的瞬间,班级里顿时静悄悄的一丝声音都没有了。嗨,这能怪谁,还不是怪我们自己!不遵守纪律,吵吵嚷嚷就是不对!

　　酸甜苦辣,不论是酸也好,甜也好,苦也好,辣也好,这都是张老师对我们深深的爱。看吧,这就是"可盐可甜"的张老师,这个温柔又严厉的老师!

9. 我的 Super Star 蒋老师

四(12)班　张善灵

世界上的老师千千万万，世界上的明星也数不胜数。但我的老师却是一位 Super Star"明星"老师！

她是一位女老师，也是我们班的班主任。她就是蒋老师！她每天来学校都穿得干净清爽。我们每次看到她就是这样：乌黑的头发中夹杂着几根白发，有时扎一个马尾辫，有时扎成一个圆球。她圆圆的脸上，没有一丝化妆的痕迹，除非是参加一些比较重要的活动，才会化一点淡妆。又大又亮的眼睛上架着一副红色边框眼镜，看上去很精神，很认真。正好的鼻子，不大不小的嘴巴和两个"3字形"耳朵，一起看，再笑一笑，就成了一张完美的脸。

那蒋老师为什么叫"明星"老师呢？在我心中蒋老师对我们一遍一遍耐心教育，一天一天爱护关心，无微不至，叫她"明星"是由三大特点组成的。

特点1：认真负责。蒋老师认真负责的痕迹出现在很多地方，其中一条出现在我的作文本上。有一次，组长们把刚才蒋老师修改好的作文本发了下去。发到我的时候，我赶紧打开，让我大吃一惊！打开作文本的一瞬间，我看见的是一片红色的修改笔迹，还有写给我的悄悄话，有对我进步的肯定和提出的建议，让我感觉自己就是 VIP。蒋老师的认真负责感染了我，我低下小脑袋，誊写作文时就更认真了！

特点2：知识丰富。蒋老师将名言名句用在指正教育同学做人的品格上。有一次，我们在上课的时候，蒋老师指正一位同学不诚实的行为时，严肃地来了一句："若要人不知，除非己莫为。"蒋老师接着又说："过而不改，是谓过矣。知错能改……"我们接上去："善莫大焉。"这些名言蒋老师都说了几百遍，我们已背得滚瓜烂熟了。蒋老师依然继续用许多名句教我们做一个诚实正直的人。

特点3：多才多艺。有一次课间，小卢在帮钱钱默写英语单词时，蒋老师正好听到，也参加她们的组合，出乎意料地说了两句英语，我们探着脑袋，竖起小耳朵听着，居然一个英语单词都没说错，这让全班大吃一惊！啊，原来我们的蒋老师还会多种语言，真是多才多艺。

这就是我心中的 Super Star"明星"老师,我们全班最爱的班主任,语文老师蒋老师。

10. 爱在心底，温暖四季

四(14)班　张一依

从我步入小学的第一天，朱老师就成了我们的班主任。现在想来，朱老师已经陪伴我们度过三个春夏秋冬了。

朱老师漂亮极了，她有一双水汪汪的大眼睛，可以看透我们的内心；她长着一张樱桃小嘴，却能够说出许多好词好句；她还有一双灵巧的手，能写出笔势有力、灵活舒展的字。朱老师对我们的爱就如四季那么美丽！

朱老师的爱就像春天的蒙蒙细雨，润万物于无声之中。朱老师把我们的同学分成6组打扫卫生，每天放学朱老师都会陪我们一起打扫教室。有的同学打扫卫生特别认真，总是让教室一尘不染，可有时候同学在打扫卫生时有些粗心，会有轻微瑕疵。朱老师总会在放学时默默留下来再仔仔细细地检查并打扫一遍。就是因为她每天的反复检查，配合她上午以及中午对我们的管理，所以我们才能在干净整洁的教室里学习生活，我们的班级还连续拿到了好几次行为规范示范班。朱老师的付出，让我们更爱这个集体，也为自己是班级的一员而感到光荣。

朱老师的爱就像夏天的徐徐清风，凉爽而又惬意。激烈的接力跑运动会开始了，我们个个摩拳擦掌，想要取得好成绩。朱老师细致地指导我们接力的方法，还鼓励我们每一个参赛的同学大胆表现，尽力赛出自己的最高水平。比赛时，朱老师不停地为我们加油助威，我们轻松赢得了比赛的胜利。可是比赛结束后，朱老师最关心的不是比赛成绩，而是给我们每个同学，递上清甜的水，补充体力，朱老师的关爱，就像是我们的亲人那样无微不至。

朱老师的爱就像秋天的硕硕果实，成熟而又甜美。"'澜'天下的至爱"是我们学校一年一度的义卖活动，每年朱老师都会和我们一起策划和张罗义卖活动，亲力亲为完成义卖的准备工作，朱老师说："生活需要播种才能收获一季的快乐和富足。"朱老师希望通过她的努力，让我们每个人都亲身参与义卖，并体会帮助别人的快乐。

朱老师的爱就像冬天的灿灿暖阳，热情而又执着。上学期，我们全年级要参加红歌比赛，每个班都铆足了劲。朱老师为了让我们取得好成绩，特地空出自己的休息时间来和我们一起排练,她还用自己专业的教学素质把语文课文的内容变得通俗易懂,这样我们就能在不影响学习的情况下,把多余的时间用来排练。在排练的过程中,我们的国旗和红星挥的方向总是不一致,所以朱老师就在讲台前一遍又一遍地帮助我们反复练习,不厌其烦地辅导大家保持方向一致。正式表演的那天,朱老师在台下和我们一起挥舞小国旗,我们也表演得格外认真,虽然表演当天的天气不晴朗,但是表演结束后,台下观众阵阵的掌声让我们的心像阳光一样灿烂。

我们的人生会经历无数的春夏秋冬,朱老师用知识滋润着我们,用爱融化着我们。朱老师就像一支神奇的画笔为我们的心灵增添了一份成熟,为我们的人生绘出了精彩。四季走过,留下了一道又一道回味无穷的倩影。

11. 我喜欢的老师

四(15)班　张芷晴

圆圆的脸蛋,长长的头发,短短的眉毛,大大的嘴巴,小小的鼻子上还架着一副眼镜。她就是我们的班主任——徐老师。

徐老师长得并不漂亮,但是很有气质,同时对事业很有责任心。记得在一次数学课上,老师突然带着"小蜜蜂"来上课,我们都以为老师是要演讲,没想到是老师的喉咙哑了,因为马上临近考试,徐老师一连几天给我们上课,下班了还要加班批改作业,真的是太辛苦了。那声音明显比平时上课轻了许多,我们上课也比平时安静了许多。虽然老师喉咙哑了,但还是坚持着上课,看着她疲惫的小小身躯,让我们非常感动,徐老师真是个负责的好老师。

徐老师不但很有责任心,而且还很好。每个月的月底,老师就会评选两名最好的学生来实现他们的一个小愿望。但是也有要求,必须要行为规范好,上课认真听讲,字迹端正,上课被老师表扬,成绩有所提升,样样都要保持。这给我们带来了一些学习的压力,但也很好地调动了大家的积极性。最后经过同学们的投票选出最好的两位同学,徐老师就会让他们实现愿望,满足他们一个小小的心愿。

徐老师不仅对我们好,同样也很严格。每次上课的时候都是一张严肃的脸庞,不苟言笑,认真地给我们讲解题目,分析知识点,对大家不懂不会的问题重点分析。对我们的课堂纪律要求严格,要求我们要保持良好的坐姿,保持良好的精神状态,上课时,要不交头接耳影响他人学习,同时还要积极发言思考问题。记得在一次数学考试中,同学们的成绩不理想,徐老师就严厉地批评了我们,给我们分析了考试不理想的原因并加强了题目的分析。还有一次,同学们在自修的时候发出了声音,影响了大家的学习,徐老师毫不客气对这种不好的习惯进行了批评教育,把这种不良的学习习惯遏制在萌芽状态。但就因为老师严格,所以我们的考试成绩经常是全年级数一数二的。

老师不但关心我们的学习,而且还关心我们的生活。有一次我们正在午休,突然有个小朋友肚子痛得直冒汗,老师知道后赶忙跑去教室,仔细询问了情况,并安慰她,让那个同学多喝水,立即和家长取得了联系进行了沟通,同时将她送到了医务室进行进一步的治疗。这时的徐老师又成了我们的亲人,对我们关心备至。

不仅如此,徐老师还非常和蔼。每当有同学不会做题,徐老师就会很耐心、很细心地把做题方法教给同学,偶尔老师也会把高年级的知识点稍微给我们透一下,让我们拓宽了知识面,那么学起来就更简单了。

徐老师不仅是我们的班主任,更是我眼中的"明星"。

12. 全能的数学老师

五(1)班　沈天皓

徐老师是我们班的数学老师,她留着一头短发,戴着一副近视眼镜,显得十分干练。

徐老师板书和绘画特别好,她漂亮的字迹,给人一种极大的享受。她是我们班的副班主任,她指导我们出黑板报时非常耐心细致。记得刚学出黑板报时,同学们还不太会用粉笔画画和写字,徐老师一边示范一边指导:"我们出黑板报,先要根据板报主题确定大字,我们这次的主题是'爱眼护眼看未来',然后分成几个板块,有几个板块就画几个边框,可以参考《黑板报集锦》中好看的边框,也可以自己设计。"说着,徐老师就用粉笔轻轻在黑板上留出写大字的地方,然后画了四个边框,有的是书本形状的,有的是长方形的,有的是虚线的,还有的是平行四边形的。接着,徐老师和同学一起选了几幅和主题相关的图画,板报的左边画了小朋友在放风筝,中间画了几只小鸟,右边画了几棵大树。徐老师还教同学怎么涂色:"面积大的地方,把粉笔横着涂色;面积小的地方就竖着涂色。"在徐老师和同学们的合作下,一期图文并茂的黑板报诞生了,大家都觉得很有成就感。

每次期末考试前,徐老师都会在前面的黑板前写下鼓励督促的话语,比如"认真审题、仔细答题""冷静仔细,考出佳绩"……徐老师常常用粉红色的粉笔写,写得很醒目很漂亮。每当考试时,看到黑板上的大字,就好像看到徐老师鼓励的眼神,我们会更加积极投入,考出理想的成绩。

徐老师上课幽默风趣,一些难懂的知识点,在徐老师深入浅出的讲解下,我们就很容易地理解了。有一次我们上关于"商不变性质",徐老师说:"被除数和商是一对好朋友,而除数和商是死对头,除数乘以10,商就要除以10。"大家听了很快地就记住了。

徐老师教学精湛、多才多艺,是我心目中的明星老师,也是我成长路上那盏温润明亮的指路明灯。

13. 我的偶像老师

五(2)班　祝文萱

一头乌黑柔顺的秀发，目光透过镜片洒在我们的身上，鼻子上的眼镜让她显得有点严肃，但那只樱桃小嘴却能说会道，时常对我们笑着……这究竟是谁呢？她就是我们的"明星"老师——顾老师。

顾老师是一位"脱口秀演员"，每次上语文课，我们好像置身脱口秀大会的现场。课本上的知识在顾老师的讲解下，不再是那么的枯燥无味，而是变成了一个个充满风趣和幽默的小故事。记得有一次，我们学习《记金华的双龙洞》这篇课文时，老师教我们"臀部"这个词。还没等老师开口，一个调皮的同学便大声喊："臀部不就是屁股吗？"大家便哄堂大笑。老师严肃地说："屁股这个词是普通人说的，而我们文化人要说'臀部'。你们要当文化人吗？"说完，班级里便充满笑声，同时这些知识也深深地印在我们的脑海中。

我很好奇顾老师怎么会有这么多有趣的小故事呢？于是我怀着好奇心，趁着下课期间，偷偷翻开了顾老师放在讲台上的语文书。嚄！上面写得密密麻麻，全都是字！我惊呆了，也全明白了：顾老师课上那么多风趣幽默的故事，都是她精心准备的；为了让我们更加轻松愉快地接受知识，她花费了很多心思，付出了很多时间和心血。我仿佛重新认识了和我们朝夕相处的顾老师，感到她可爱、可亲又可敬。

顾老师的出名除了因为幽默风趣，还因为拥有神奇的透视能力。不知是二郎神转世拥有神奇的第三只眼睛，还是孙悟空转世自带火眼金睛，她总能把班级里的事情看得清清楚楚、明明白白。班级里总也少不了淘气的孩子，喜欢趁着老师板书时，你摸我一下，我拽你一下，或者说几句悄悄话。有一次，一个同学趁着顾老师写板书的时间，跟同桌小声地说话。刚说完一句，顾老师转身叫出了那位同学的名字。我们都认为顾老师一定是后脑勺上长了眼睛。当然，顾老师的"透视"功能不仅用来监管班级纪律，还用来关心每一位同学：哪位同学不舒服，哪位同学有心事，哪位同学遇到了难事……顾老师都能看出来，并给予帮助。有时候我甚至觉得顾老师比很多同学的妈妈都了解我们小孩的内心。

在"明星"顾老师的带领下,我们的班级——雄鹰中队也成了学校里的明星班级。顾老师带着我们认真准备每一次活动,每一次比赛;不管是品德上、学习上、文艺上、还是体育上,我们班都表现得非常出色。从一年级到五年级,顾老师看着我们一步步地成长,为我们取得的成绩感到欣慰和骄傲;我们也为拥有顾老师这样的明星老师感到幸运和自豪。

14. 我心目中的"NO.1"老师

五(3)班　徐佳琪

我的"NO.1"老师是我们的班主任兼语文、道德法律和体育活动老师。在我的印象中，她样样精通，无所不能，接下来，请大家跟随我一块儿去认识她吧！

她姓庄，名忆玮，我们都亲切地称她为庄老师。庄老师最显著的特征就是她的一双大眼睛，戴着一副圆框金边眼镜，忽闪忽闪的眼睛像会说话一样，让人过目不忘。她还有一头乌黑发亮的长发，让我很是羡慕，我最喜欢庄老师长发披肩的样子，特别好看。

庄老师的语文课可有意思了！她上完当天课的内容后，如果有时间，就会把课上同学们觉得有趣的知识点再拓展一下，如发生的历史年代，地理环境等内容，还和我们分享她在旅行途中的所看所学，不仅使我加深了对课内知识的记忆，还让我觉得干巴巴的历史、地理等知识原来是那么的有趣。于是，我让妈妈买了《明朝那些事》《写给儿童的中国历史》《地理学原来这么有趣》等书籍，增加了我其他知识的储备量。我的理想就是等我长大了，也要遍访祖国的大好河山，并且去异域国度见识不同的人文风景。

庄老师不仅知识丰富，还写得一手好字，每次写板书的时候，都是端端正正，有棱有角的。有一次，庄老师还给我们看了她在寒假期间练习的字，哇！真漂亮。哎，我在写字方面能力实在有所欠缺，还要平日多加勤奋练习，早日练成像庄老师那样好看的字。

庄老师还有两项隐藏技能——画画和唱歌。先来说说画画，有好几次我们出黑板报，面对复杂的样稿，实在不知从何下手，磨蹭了好久。庄老师看不下去了，挥动粉笔，就帮我们画了好看的图画，让我和其他同学们眼冒崇拜的"小爱心"。再来说说唱歌，有一次我们学校要进行歌唱比赛，她指导我们如何提高歌唱技巧，我们都觉得庄老师唱起歌来真是好听，歌声嘹亮、节奏准确。在庄老师和其他老师以及全班同学的努力下，我们获得了校年级二等奖，全班同学和庄老师都很开心，争取下次力争第一名。

这就是我心目中的"NO.1"老师，虽然庄老师教我的时间不是很长，但是庄老师就像哆啦A梦一样，能带给我们许许多多的惊喜。这就是我最喜欢的老师，希望你们能通过我的描述，也能喜欢上她。

15. 我们班里的"魔术师"

五（4）班　韦思璇

在学校里，我认识许多老师，其中最特别的就属我们的班主任兼语文老师——黄老师啦，她可是老师中的魔术师呢！

黄老师高高的个子，白白的皮肤，一头黑色的长发像瀑布一样披在肩上，圆圆的脸盘上架着一副金丝眼镜，透过镜片一双炯炯有神的眼睛一闪一闪，就像魔术师一般，眼神中都透着一丝神秘感！

黄老师风趣幽默，上课时语调跌宕起伏，让人仿佛身临其境。课堂上她总是会有很多小惊喜，她的"魔术袋"仿佛是个无底洞，总有用不完的小道具。上课时，她一会儿变出"小视频"，让我们更形象地理解知识；一会儿"背景音乐"和"空中课堂"来做客，让课堂乐趣横生……

记得有一次，我们正在上"语文园地"，这节课是本单元知识点的梳理，同学们都有点提不起兴致——这么多的知识学起来会不会很枯燥乏味啊？

只见黄老师不慌不忙的，一会儿变成"词语字典"，为我们解释词语的意思；一会儿变成"寓言大全"，讲述寓言背后有趣的故事；一会儿又变成"历史故事"为我们讲述"日积月累"环节中俗语的来历和背后的历史知识……课堂上同学们都听得津津有味，在一个个故事中学到了知识，铃声响了还意犹未尽，舍不得下课呢！

黄老师的"魔术袋"里不仅有各式各样的书籍，还有丰富多彩的游戏：成语接龙、先"画鼻子"后写作文、角色扮演、小火车读课文……她总能变出各种有趣的游戏，让每一个同学在欢乐中轻松掌握知识,完全不会觉得学习是件枯燥无味的事情。黄老师经常说,学习知识只是一个方面,最主要的是让同学们看到语文的美,让大家爱上语文学习,让我们的语文课永远充满着欢乐的气氛。

这就是我们的语文黄老师,她犹如舞台上的魔术师一样闪闪发光,带我们遨游在奇妙的语文世界里。她就是我心目中最闪亮的明星老师!

16. 红黄蓝的交汇

五(5)班 孙右有

红黄蓝是众所周知的三原色,但在我看来,这三种色彩正巧对应了我们班的语数英三位老师——

蓝色,深邃而宽广,像我们的语文张老师。张老师文笔好,口才也好,讲起课来滔滔不绝。她喜欢教我们"咬文嚼字",比如从一个"跳"字,品出海上日出的神奇壮观,从"不敢"一词感受老舍先生对母鸡的敬畏与赞美。像这样,一些看似平常的语句也能被她分析出几层含义来,令我们茅塞顿开,豁然开朗。她像一位资深的导游,带领着我们畅游语言的天地,领略文字的魅力。她对我们非常严格,作业本上的小小错误别想逃过她的"法眼",连那几个不规范的笔画都无处遁形,令我们叹服不已,不敢马虎。

黄色,明亮而活泼,如我们的英语汪老师。汪老师很年轻,浑身上下充满了青春活力,就像我们的大姐姐。她的课堂很有趣,那些枯燥的英文单词被她一讲解一比画,顿时变得鲜活起来,令我们学习的兴致盎然。汪老师工作很负责。有一回,她摔伤了,脚上绑了厚厚的石膏。但为了不耽误我们的学习,她坚持一个多月拄着拐杖进教室上课。那时候,她坐在椅子上,费力

地给我们讲课的情景令我至今记忆犹新。

　　红色,热情而奔放,是我们的数学胡老师。胡老师是我们的班主任,她像妈妈一样无微不至地关心着我们的学习和生活。就拿吃饭这件事来说吧,有几个不爱吃饭的同学总想着"捣糨糊"混过去,胡老师早就"未卜先知",总能"对症下药",一番"软磨硬泡"之下,那几个挑食大王也只得乖乖投降,好好吃饭。别看胡老师平日里热情洋溢、和蔼可亲,但要是我们不乖的时候,她可是会"竖眉毛,板面孔"的哦。每每这时,教室里的温度会瞬间降至"冰点",我们一个个吓得连大气都不敢出。但我们都知道胡老师每次凶凶地"发火"可都是为了我们好呢!

　　深广的蓝,明快的黄,热烈的红,交汇在一起,构成我们多姿多彩的校园生活。老师们风格不同却都一心为了我们,陪伴我们成长,为我们绘就一个斑斓美好的童年。

17. "懂"我们如你

五(7)班　徐依可

在一个春光明媚的早晨，一缕缕柔和的阳光透过教室的窗户洒在书桌上。只见一个纤细的身影正认真地给我们讲课，这就是我的语文老师兼班主任——张丹老师。

张老师像电影明星一样貌美，皮肤白白的，她长着一对丹凤眼，两只沉在"水潭"下的黑宝石般的眼眸，总是闪着锐利的光，连一粒尘埃都逃不过这双眼睛。她总是梳着高马尾，在她激情四射的讲课时，马尾便会高高甩动，像一面飘动的旗帜，洋溢着青春、健康的气息，活力四射。

张老师多才多艺，我们最喜欢上语文课，因为所有同学都喜欢听张老师朗诵课文，她的声音如同有着魔力一样，根据课文情节随意切换感觉，时而激奋、时而温柔、时而哀怨……，总是能一下子把我们带入到课文的情境之中。上完一节语文课就像演完一部电影，张老师就是"主角"，我们每个人都能在她朗诵时找到自己对应的角色，我们曾是"山"、是"水"、是"英雄"、或是那醉人的"秋风"……，张老师还写了一手好字，她的字如同她的人一样，娟秀俊美，笔画铿锵有力、飞扬而又一丝不苟。

我们最爱张老师的原因是她最"懂"我们，她常常像大姐姐般和我们谈心。她对优秀学生的认定标准从来都不是学习成绩，她最关注的是我们的身心健康、思想品德、学习态度，正是这样的指引下，往往会有意外惊喜，常常是一个同学品德进步了，学习认真了，学习成绩就飞速提升了。

我正是这样的学生，我是二年级下学期才转入本校的转学生，在很长一段时间里，我孤独、抑郁，甚至自卑，完全不能融入到新的学习环境中。在学校里没有朋友，每天上学路上祈祷自己不要被批评，常常放学回家躲起来偷偷哭泣，当然学习成绩也非常不理想。直到四年级遇到了张老师，她就像从天而降的"神"，及时拯救了我。她总是能读懂我的心思，在我落寞自卑时，及时找我谈心、鼓励我、肯定我。课堂上总是有意无意让我回答问题，总是想方设法表扬我，就这样我越来越阳光、越来越自信，变得喜欢举手回答问题，爱参加各种活动，同学们也越来越喜欢我。我的学习成绩突飞猛进，在本学期末被同学选举为："优秀少先队员"，同时还当选为班干部。

怎么样？这样一位多才多艺、关心学生身心健康的好老师，是不是很"明星"？

18. 我粉上了语文老师

五(8)班　徐沁音

初见老师，
靓丽的脸庞
就像明星，
让人
一见就喜欢。

她的声音
清澈干净。
严厉训斥时，
有一点点可怕，
诵读课文时，
抑扬顿挫，
仿佛
把我们带入书中，
令人
一听就入迷。

上课时，
我们有疑问，
老师
总是
耐心讲解，
直到我们
完全弄懂。

下课时，

脑筋急转弯、谜语……
老师
也能
一一作答，
竟然
难不倒她！

从此
我成了老师的
小迷妹，
爱上了
语文
这门课。

19. 陈老师的魅力

五(9)班　范远航

叮铃铃,上课铃响了。

陈老师挺直着身板,左手夹着数学书,右手拿着她的"超级大辅助"——三角尺,脸上洋溢着她标志性的笑容,昂首阔步地走进了教室。一进教室,陈老师就悄然掩上了门,神神秘秘地对我们说:"我们今天要做一道超级难的拓展题,我来看看班级里会有多少同学能解出来。"话音未落,同学们便炸开了锅,你一言我一语,个个跃跃欲试。随着陈老师在黑板上奋笔疾书,同学们也开始摩拳擦掌,纷纷在草稿纸上演算起来。作为数学课代表的我,岂能落后,我盯着黑板,仿佛那一个个数学符号像美食一样,诱引着我去把它们都吃掉。

我埋头演算着,一会儿抿抿嘴,一会儿挠挠头,随着周围的讨论声越来越大,还没有算出答案的我急得像热锅上的蚂蚁。

陈老师照例在同学们演算的时候,踱步巡视着教室,查看着同学们的答案。"还有一分钟哦!"随着她的"号令",我终于在最后关头算出了答案。心里呼了一口气……

"时间到。"同学们放下手中的笔,抬头看着陈老师,一个个准备着被"检阅"。只见陈老师眯了眯眼,笑着说:"果然这道题目很难哦!"同学们面面相觑,都希望自己的答案被"宠信"。"陈老师,我们算出来的答案是2,对不对?""我也是……""我也是……"

"什么,2?"我看着自己和大部分同学不同的答案,内心失落起来。"果然是一道难题,我竟然没有算对啊。""同学们这么自信是2吗?"陈老师的脸上露出了一丝笑容。"完了,陈老师都笑了,他们肯定都是对的。"我低下头看着自己的答案:这次数学课代表要马失前蹄了。

"但是,这道题目的答案不是2哦!"陈老师加大了她的分贝。"什么!那我还是有对的机会的!"我抬起头,紧紧盯着黑板上正在认真演算的陈老师……

"因为……,所以……。又因为……,所以答案是8!""什么,是8! 我是对的!"我看着自己的答案,心里顿时笑开了花。随着同学们纷纷的懊悔声,陈老师又发话了:"这道题目难就难在有陷阱,其实刚刚有几个同学是做对的,但是因为你们互相讨论,对自己不自信,所以改了答案。全班只有课代表小航同学一个人是对的!"随着话音,陈老师向我投来了一个温暖而又肯定的眼神。

  我的心一颤。这是多么令人敬佩的老师。感谢陈老师,原本我以为自己在一个小小的角落,没想到她早就关注到了我;感谢陈老师,总是在课堂中兢兢业业教我们数学知识;感谢陈老师,除了教书外还懂得育人,这一堂课让我明白了:多一份自信,少一份盲从。感谢我的启明星——陈老师!

陈老师和我们一起庆祝十岁生日

20. 寻"蜜"之旅

五(10)班　李乐怡

您的名字很特别，
一听，
便激起了我的好奇。
是谁如此直白，
将美好显露在其里？
就是您——瞿蒙蜜，
我的瞿老师！

横看成岭侧成峰，
远近高低各不同。
而您，
听着、看着、赏着，
用心感受着，
都是，
同样的美好！
让我开启这段寻"蜜"之旅，
一探究竟！

在您的诵读中，
找到了！
吐字声线，
犹如叮咚般的泉水，
清清凉凉，
沁入心脾。
语气音调，
时而宛转悠扬，

时而铿锵有力，
听得我痴醉入迷。

在您的书写中，
找到了！
手执粉笔，
一阵轻舞飞扬。
字形结构苍劲有力、变幻灵动。
行笔之时，
如飞流直下三千尺；
收笔之间，
劲挺有力，气吞山河。

在您的摄影中，
找到了！
览阅您的朋友圈，
就仿若赏尽世间美好。
您有一双善于发现美的眼睛，
能在顷刻间，
按下快门，
捕捉刹那精彩。
在您的照片中，
我看到了您爱极生活的样子！

在感受您的爱中，
找到了！
您的爱，
并非只是笑容相觑，
如春风三月温暖人间。
您的爱，
不仅有层次，

还饱满着。
当我失落的时候，
您一声轻喃细语，
解开我内心的愁，
让我坦然依旧，
昂首阔步向前走。
当我自满的时候，
您一席犀利言辞，
熄灭我内心的傲，
让我谦逊始终，
脚踏实地不忘初心。
有您的地方，
连空气都甜如蜜。
您的蜜，
不仅滋润了我的心田，
更是柔中带刚，

有一股行而上的力。
您工作严谨,
力所能及追求完美。
对待生活一丝不苟,
尽情享受忙碌之余的丝丝惬意;
对待健康坚持自律,
不断超越曾经的自己。

瞿老师,
您如此甜蜜,
怎叫我不敬仰?
怎叫我不欢喜?

21. 我的"启明星"

五(12)班　尹子赫

人们把老师比作春蚕,比作蜡烛,而在我的眼里,我的语文老师,是黑夜中一颗闪亮的启明星。

记得刚上四年级时,我的字写得一塌糊涂。当我在一旁忐忑不安地看着别人的一手好字,心里默默责备自己时,一抬头,总会看到一双眼睛,充满了亲切的目光,正望着我。顿时,我的不自信又跑到九霄云外去了。让我最感动的一次,还是那个下午。

那个下午,第二节课的上课铃打响了,语文老师抱着一沓大笔记本走进来,说:"这节课,我们要练习写硬笔字,请同学们认真书写,写完的同学交上来后就可以去自由活动。好了,开始吧。"顿时,班里除了写字的沙沙声,什么声音也没有。

大家都开始动笔了,而我却呆呆地坐在那里,心里想着:"完了,我的字不好看,一定会被嘲笑的,太丢人了,怎么办?"可是不写也不行,算了,认真写吧!我默默地鼓励自己,慢慢地动笔写起来。抬头看看周围其他同学,他们的字如行云流水,挥洒自如,字还工工整整,漂漂亮亮。而看我,不但写得慢,还写得歪歪扭扭。就这样,时间艰涩地流动着,"叮铃铃……",第一节课下课了,很多同学交上作业本就走了,但是我连一半还没写完。一阵凳子移动声,又一个同学走了,不一会儿,人几乎走完了;又过了一会,就剩下我自己了。这回我可是麻烦了,语文老师一定会训斥我的。但是,出乎我的意料,语文老师正朝我走来,走到我面前,温和地说:"怎么了?字写得不好?别着急,慢慢来。横要平,竖要直,要记得顿笔。"说完还握住我的手,手把手地教我写了一个"住"字,"来,你试试看。"我答应了一声,拿起笔,心里默默回忆着老师手把手教我写字的感觉,"横要平,竖要直。"我几笔下去,字比先前的进步多了。老师又鼓励我说:"不错,有进步。来,按照我说的继续写吧。"我一笔一画,认认真真地写着,写完了,再看一看,字明显大方、漂亮多了。

从那以后,我的字大有进步,是语文老师把我从写字不好的阴影里拉了出来,如黑暗中一颗启明星。在语文老师的鼓励下,我的字越写越好,我也越来越自信,在年级的写字模拟考试中,我也取得了不错的成绩,我的语文老师,就是我心目中那颗闪闪发光的启明星!

22. 幽默大师——郭老师

五(13)班　方乐恒

收到暑假作业的时候很幸运被分到写这篇文章,要问哪位老师是我心中的"明星",那我一定毫不犹豫地说我的班主任郭老师;要问为什么郭老师?那就听我娓娓道来吧。

先容我对心中的"明星"老师外貌简单地描述一下吧,我的班主任老师是我们的语文老师,她不高不矮的个子,站姿非常挺拔,梳起长长的马尾辫显得非常青春活力,气质就像美美的"明星"一样,课堂上郭老师妙语连珠,幽默而富有哲理的话语,立刻把我们征服。

郭老师非常善于用幽默的语言鼓励我们,非常清楚记得有一次语文课上过来提问我的时候,由于我的语文功底不是太好,临场发挥能力欠缺,所以有点紧张,我忐忑地站了起来,心中焦虑不安,一直在想我能回答正确吗?同学们不会嘲笑我吧,我犹豫了半天都没有开口。郭老师仿佛看穿了我的心思,她走过来拍了拍我的肩膀,笑盈盈地说:"你大胆讲出来,不用害怕,就算有妖怪来了,郭老师也会变成孙悟空!"教室里爆发出一阵阵欢声笑语。我也被郭老师的幽默逗乐了,顿时放下心来,流畅地大胆地回答了问题。

郭老师不仅善用幽默的语言鼓励我们,还会用诙谐的话语帮助课堂习惯不好的同学,比如我们班的调皮蛋星星,上课经常插话,郭老师转过头看着他,慈祥的目光中带着一丝严肃:"我发现你口才很好,都要超越老师了。"话音刚落,教室里顿时一阵大笑,爱插话的同

学从此改了很多。

郭老师还是我们班上公认的诗朗诵"明星",她在课堂上经常会给我们朗诵一些名著。朗诵的声音就像悦耳叮咚的山泉,亲切似潺潺的小溪,大家都听得入神,听得津津有味。

郭老师睿智幽默、知识渊博、多才多艺深深吸引着我们,因此很多同学都因为她而喜欢语文课,这就是我心中的"明星"老师。

23. 我们的"魔力"老师

五(14)班　黄心妍

中等个头,一头乌黑的长发,眼睛不大但炯炯有神,时而犀利,时而温柔,爱笑,笑声爽朗,她就是我们的语文老师——张老师。在我们的心目中,张老师是一位有魔力的老师。

张老师的眼神是有魔力的。我们班有一些调皮鬼,喜欢捣蛋,他们经常把班级里搞得乱哄哄:有大声喧哗的,有窃窃私语的,还有跑来跑去的……简直比菜市场还热闹。这时候,只要张老师会出现在教室门口,用犀利的眼神对着我们扫视一遍,教室里瞬间安静下来,这几个"肇事者"立马乖乖就擒,一切都好像没有发生过一样,真是太神奇了!

张老师的话是有魔力的。你知道吗?以前的我可是个胆小鬼,从不敢举手发言,若老师叫我回答问题,我是战战兢兢,不敢站起来,一说话就紧张。这些老师都看在眼里,每一节课她总是细心观察我的学习情况,给予我表现自己的机会。当我回答不出而害羞时,她一句"没关系,慢慢说,老师相信你可以做到"瞬间给了我安慰和力量。在张老师一次次的耐心鼓励下,如今的我有了很大的进步,回答问题早已不那么紧张,还常常主动举手回答呢!每当我在学习中、生活中遇到困难和挫折想要退缩时,那句话就会一直闪现在我的脑海里,温暖着我,也激励着我。

张老师的课是有魔力的。她每次读起课文来是那么吸引人:"我忽然觉得自己仿佛就是一朵荷花……一阵微风吹来,我就翩翩起舞,雪白的衣裳随风飘动……"她的声音时高时低,时快时慢,时而温柔,时而深沉,让我们如临其境,浮想联翩,课文读完了,我们还陶醉在荷花的世界里。老师也酷爱读书,读书之余会把心得体会与我们分享,还常常给我们推荐一些适合的书。她爱书的热情影响了我,也影响了我们班,让不甚爱书的同学开始爱上阅读,班级里读书氛围浓厚。正是有极高的文学素养,语文课上张老师总能侃侃而谈,讲得妙趣横生,举手投足间都流露出一种自信,我也从此爱上了魅力十足的语文课。

这样一位有魔力的老师,自然深受同学们的喜爱。我们在遇到开心事或碰上烦心事时，都愿意跟张老师分享，老师也乐于倾听我们的心声。在她的身边，魔性得很，我们的快乐翻倍了，烦恼消失了！

24. 非常大明星

五(14)班　刘梓溱

我的老师们像一个个大明星,各个身怀绝技,在学校这样一个五彩缤纷的大舞台上,展现着他们迷人的光芒。

能干智慧的"神笔马良"

我的美术老师就像妙笔生花的"神笔马良"。她在教室的黑板上刷刷随便一画,就是一幅惊艳的大作。远远看去,画里的内容栩栩如生、惟妙惟肖,同学们连连赞叹,惊得下巴都要掉了。"神笔马良"不只画工好,还特别幽默。上课的时候,班里的"不法分子"总喜欢小声说话,老师背后像长了眼睛一样,精准地点到了不守规矩的同学,笑嘻嘻地请他走上台前,搬了把椅子,让他做起了同学们的小模特。全班几十双眼睛齐刷刷地盯着他,这可让他憋屈坏了。这就是我们幽默又可爱的"神笔马良"。

武艺高强的"关中女侠"

我的武术老师就像一位武艺高强的"关中女侠"。别看她在教室里文绉绉的,一旦上了操场,瞬间就变成了英姿飒爽的女侠。连跑带跳都不带大喘气,偶尔心血来潮时还会给我们耍一段太极拳,柔中带刚、刚柔并进,气场强

大到让班里的几个"活跃分子"立马安静了下来。这就是我们潇洒又霸气的"关中女侠"。

治愈心灵的"音乐法师"

我的音乐老师就像治愈心灵的"音乐法师"。她弹着钢琴唱着歌,声音悠然纯净,让我们时而像穿梭在花丛中的小蜜蜂,时而像飞翔在碧蓝天空中的自由小鸟,时而像随着音乐奔腾的小浪花……每次上完温柔又优雅的"音乐法师"的课,一天的烦恼都被赶走了。

如果你到我们的学校来,我一定要将我们的大明星们一一介绍给你,我想他们也一定会成为你的大明星。

25. 非凡老师，我们最闪亮的明星

五(14)班　赵静琪

我叫琪琪，在一个不平凡的班级里学习。为什么说我们的班级不平凡呢？因为我们的"明星"老师们。

多面能手

如果你问我，我们班的多面能手是谁？我毫不犹豫地告诉你，是我的语文老师——张老师。张老师的朗读十分动听，声音时高时低，有时温柔，有时深沉，让我们仿佛置身于其中。张老师博学多才，不管名人名言还是历史知识，她都不在话下，滔滔不绝。在课堂上，不管有什么出人意料的难题，她总是能够不慌不忙当堂解答。

对于突发事件，作为班主任的张老师应变自如。记得有一次，我们班有一位同学因身体不适把早饭全部吐出来，我们都既嫌弃又慌张。张老师神色不变，迅速覆盖好呕吐物，轻声细语地询问同学哪里不舒服，同时通知卫生室老师和家长，随后带领我们有序去隔离教室学习。一切难题，只要有张老师在，都可以迎刃而解——这就是我们心目中完美的明星老师。

画画大师

我们的画画大师是数学曹老师，想不到吧！为什么呢？记得有一次，曹老师在给我们讲解一道几何相关题目时，很多同学空间想象能力不是特别好，理解得不是很透彻，一个个脸上都带着一知半解的神情。曹老师见状，不慌不忙地拿起了一支粉笔，左一笔，右一画，三下五除二地就画好了立体图形，我们都惊呆了。老师指点我们观察这个形象的立体图形，同学们纷纷点头，恍然大悟，原来是这么回事啊！似乎再难的数学题，只要是经过曹老师之手一画，每一道题都可以那么简单易懂，数学也可以变得不那么枯燥，一个个形象立体起来。

外交翻译官

韩老师——我们的英语老师,完全就是外交天团成员之一。不管我们是用多么蹩脚的中式英语还是其他口音很重的英语,她总能听懂,并很有耐心地一一帮助我们纠正发音。韩老师经常推荐我们听一些经典的英语歌曲,灵活多样学英语,让我们意识到英语可以活学活用;还时常给我们讲解国外的风土人情和俚语典故,带我们领略异国风情……我们班的外交翻译官还特别接地气,批改我们的作业尤其细致,你们的外交翻译官呢?

我的明星老师还不止这三个,还有竺老师、宋老师、卫老师……在这不平凡的班级中,在明星老师的教导下,我们正努力汲取知识的营养,播下希望的种子,开出理想的花朵。

感谢你们——我的明星老师们,你们辛苦了!

图书在版编目(CIP)数据

打造"星级"特质教师培养机制的实践研究 / 金维萍主编 .— 上海 : 上海社会科学院出版社,2022
 ISBN 978 - 7 - 5520 - 3896 - 5

Ⅰ. ①打… Ⅱ. ①金… Ⅲ. ①师资培养—研究 Ⅳ. ①G451.2

中国版本图书馆 CIP 数据核字(2022)第 125622 号

打造"星级"特质教师培养机制的实践研究

主　　编：金维萍
责任编辑：杜颖颖
封面设计：黄婧昉
出版发行：上海社会科学院出版社
　　　　　上海顺昌路 622 号　邮编 200025
　　　　　电话总机 021 - 63315947　销售热线 021 - 53063735
　　　　　http：//www.sassp.cn　E-mail：sassp@sassp.cn
照　　排：南京理工出版信息技术有限公司
印　　刷：上海盛通时代印刷有限公司
开　　本：710 毫米×1010 毫米　1/16
印　　张：44
字　　数：717 千
版　　次：2022 年 9 月第 1 版　2022 年 9 月第 1 次印刷

ISBN 978 - 7 - 5520 - 3896 - 5/G · 1190　　　　　　　　　　　　定价：139.80 元

版权所有　翻印必究